觀濟 李南奭 敎授 追慕論叢

한국고대사와 백제 고고학

한국고대학회 편

서경문화사

• 간행위원회

정운용(한국고대학회 고문, 고려대학교 고고미술사학과)   양정석(한국고대학회 총무이사, 수원대학교 사학과)
조법종(한국고대학회 회장, 우석대학교 역사교육과)   이종수(한국고대학회 연구이사, 단국대학교 사학과)
하문식(한국고대학회 부회장, 세종대학교 역사학과)   양종국(공주대학교 사학과)
박현숙(한국고대학회 부회장, 고려대학교 역사교육과)   서정석(공주대학교 문화재보존과학과)
이   훈(한국고대학회 연구위원, 공주대학교 공주학연구원)   이현숙(공주대학교 박물관)
백종오(한국고대학회 편집이사, 한국교통대학교 교양학부)   박종욱(한국고대학회 편집간사)
정호섭(한국고대학회 학술이사, 한성대학교 역사문화학부)

• 집필자

양종국(공주대학교 사학과)   정해준(가경고고학연구소)
정재윤(공주대학교 사학과)   최병화(가경고고학연구소)
서정석(공주대학교 문화재보존과학과)   강지원(중앙문화재연구원)
조원창(한얼문화유산연구원)   최욱진(천안박물관)
이상엽(가경고고학연구소)   이상원(京都大學 文學研究科 博士後期課程)
이문형(원광대학교 마한·백제문화연구소)   이종록(고려대학교 한국사학과 박사수료)
이병호(국립미륵사지유물전시관)   류미나(공주대학교 박물관)
이현숙(공주대학교 박물관)

觀濟 李南奭 敎授 追慕論叢
한국고대사와 백제 고고학

초판인쇄일	2018년 4월 5일
초판발행일	2018년 4월 7일
집 필	한국고대학회 편
발 행 인	김선경
책 임 편 집	김소라
발 행 처	도서출판 서경문화사
	주소 : 서울시 종로구 이화장길 70-14 105호
	전화 : 743-8203, 8205 / 팩스 : 743-8210
	메일 : sk8203@chol.com
등 록 번 호	제 300-1994-41호
ISBN	978-89-6062-205-0 93900

ⓒ 한국고대학회, 2018

정가 42,000

주모글 – 아당(峨堂) 이성우 作 (홍련역사문화원기념관장)

추모그림 **공산성의 그리움** - 이종옥 作

추모사진 웅진천도–백제왕의 꿈 – 양종국 作

활동사진

▲ 웅진동고분군 발굴조사 중 사진찍는 모습

▲ 1979년 웅진동고분군 실측모습

▲ 1982년 공산성 만아루지 앞쪽 성벽 실측

◀ 1987년 공산성 추정왕궁지

1993년 러시아 크라스키노 ▶

◀ 1993년 러시아 크라스키노

1994년 백석동유적 ▶

◀ 1995년 보령 천방지구
　　발굴현장에서

1997년 용원리 발굴현장에서 ▶

◀ 웅진시대 백제문화의 재조명
(1997. 10. 9)

2000년 박물관 이전개관식 ▶

◀ 2004년 연기 응암리유적에서

2005년 광대리 현장 ▶

▲ 2011년 공주 공산성

2003년 서천 지산리 ▶

◀ 1999년 공주대와 원광대 단합대회

1999년 중국 남경 답사 ▶

◀ 중국 남경 답사에서

2000년 충청지역 ▶
발굴조사연구자 체육대회

◀ 2003년 일본에서 연구자들과 함께

백제학회 ▶
금강유역권 신출토자료와 그 해석
(2012.6.2)

◀ 한국고대학회
　강진의 고대문화와 월남사지
　(2013.6.21)

한국고대학회 ▶
한강유역 횡혈식석실묘의 성격 검토
(2014.7.17)

◀ 1991년 교수임용

▲ 1994년 답사에서

▲ 1998년 용원리 9호 석곽묘 흑유계수호 조사 당시

◀ 1996년 내장산 답사

1998년 용원리 9호 석곽묘 조사 모습 ▶

▲ 2005년 청파기념실 개관식

▲ 2003년 서천 지산리유적 출토 계형토기를 손에 들고

2010년 공산성 발굴조사 현장 ▶

◀ 2011년 정관19년명 옻칠갑옷 발굴 모습

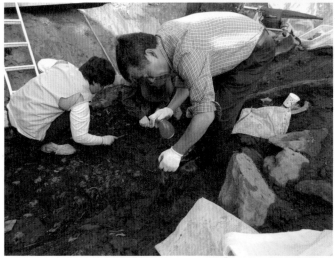

2011년 정관19년 ▶
옻칠갑옷 출토 상태
(양종국 교수와 함께)

◀ 2011년 옻칠갑옷 조사 모습

2011년 공산성 현장 전시회 ▶

◀ 2011년 대통령상표창

2012년 스승의날 제자들과 함께 ▶

◀ 2015년 관제선생 회갑을 기념하는
제자들과 함께

관제선생 모습 ▶

"삽질 끝에 닿은 갑옷 더미… 순간 몽롱하더라"

공산성 백제 유물 발굴 주역
이남석 공주대박물관장

"열심히 땅 파고 있는데 삽 끝에서 뭐가 느껴지는 겁니다. 명문(銘文) 적힌 갑옷이었어요. 아, 이거 사건이구나. 순간 멍해졌지요."

발굴 순간의 느낌을 물었더니 이런 밋밋한 답이 돌아왔다. 짜릿한 전율 같은 걸 기대했던 것과는. 26일 만난 이남석(60) 공주대박물관장(사학과 교수)은 그저 "멍하고" "몽롱했다"고 했다. 영락없는 충청도 남자다. "발굴할 때 유물이 한 번에 딱, 하고 나타나는 게 아니라 조금씩 윤곽이 드러나요. 목곽고는 한 달 동안 만지작거렸더니 막상 다 나왔을 땐 감동이 없었죠. 그런데 발표하려고 문화재청 관계자들이 와서 보더니 난리가 난 겁니다."

지난주 충남 공주 공산성에서 1400년 만에 쏟아져 나온 백제 타임캡슐 얘기다. 백제 멸망 당시 나당 연합군과 벌인 전쟁 흔적을 보여주는 갑옷 세트가 나왔고, 나무틀 저장시설인 대형 목곽고(木槨庫)가 최초로 확인됐다. 문화재계에선 '올해의 발굴'로 손색없다는 평가다.

– 30년 넘게 공산성을 팠다던데.

"내가 공산성 발굴의 산증인이다. 1980년 백제문화권 개발사업으로 공산성 발굴이 시작됐다. 그때 마부터 맏단 조사원으로 참여했고 1985년 왕궁지 발굴부터 실무 책임을 맡

백제 멸망 당시의 갑옷 세트가 출토된 공산성 저수지 발굴 현장. 이남석 공주대박물관장은 "삽질은 내가 했다"고 말했다. 신한종 기자

았다. 1993년까지 진행된 발굴에서 연못, 임류각 등을 찾았다. 2008년부터 성안마을 발굴이 시작돼 현재 진행형이다."

– 2011년 발굴된 '貞觀十九年(정관19년·서기 645년)' 옻칠 갑옷은 대단한 성과였다.

"사실 우연이었다. 갖은 고생을 해서 백제 층을 찾아냈고 촛대·배수로 등 백제 건물지가 온전히 확인됐다. 그것만으로도 됐다고 좋아했다. 그런데 공주시에서 '좋은 유적 찾았으니 백제문화제 때 시민에게 공개하자'고 했다. 개막까지 보름 남았

> 80년부터 공산성 발굴만 30년
> "한 달에 걸쳐 드러난 목곽고
> 1400년 전 타임캡슐일 줄이야
> 이 나이면 현장서 손 떼지만
> 난 남의 무덤 파 밥먹는 사람"

는데 그때까지 발굴팀을 더 운영하려면 일거리를 찾아야 했다. 그래서 저수지를 팠는데 갑옷이 나왔다. 게다가 글자까지! 비상 걸린 거지."

– 당시 갑옷이 '백제 것이냐 당나라 것이냐' 논란이 있었는데.

"이번 발굴로 잠재워졌다. 중국

것이었으면 동반 유물이 나오지 이것만 나오진 않는다. 두 갑옷 세트가 물속에 수장하고 볏짚으로 채워 덮은 흔적이 명백하다. 그 위에 불에 탄 층이 있다. 전쟁 직전 백제 장수들이 결의를 다지고자 의례용으로 묻었을 것으로 추정된다."

– 옻칠 갑옷 명문은 어떤 내용인가.

"일종의 외교문서 같다. 각종 관직명이 있고, '~모델로 삼는다' '중국 4번 갔다 온 후' 같은 내용이 확인됐다. 갑옷은 개인의 소유물이 아니라 백제가 중국과 교류하면서 중국에 전달된 선물 같다. 백제

사가 베일에 많이 가려져 있는데 명문이 모두 판독되면 백제 멸망기 역사의 비밀을 밝힐 자료가 될 거다."

이 관장은 공주사범대(한국사)를 졸업하고 고려대에서 석박사 학위를 받았다. 그는 "현재 50대 후반~60대 초반 학자들이 고고학 기틀을 세웠다"며 "맨땅에 헤딩하면서 엄청나게 땅을 팠고 시행착오를 겪으며 눈이 떠졌다"고 했다. 전공은 백제 석실무덤. "남의 무덤 파서 밥 얻어먹는 사람"이라고 했다.

– 발굴 후유증 같은 건 없나.

"1986년 논산 육곡리에서 백제 처녀분(도굴되지 않은 무덤) 하나가 발견됐다. 혼자 손전등 들고 나무뿌리를 헤쳐가며 입구로 들어갔는데 바닥에 시신 3구가 깔려 있었다. 30분 동안 살피는데 정신이 혼미해졌다. 그날 밤 누웠더니 현장에 낮에 본 인골이 그대로 펼쳐졌다. 다음 날도 그다음 날도. 미치는 거지. 무덤 하나를 더 파내곤 없어지더라."

그는 "고고학자는 선입견을 갖고 발굴하면 안 된다. 출토된 자료를 갖고 해석해야 되는데 이론을 들고 자료를 꿰맞추는 게 우리 학계에 있다"고 비판했다. 환갑의 발굴단장이지만 여전히 직접 삽질을 한다.

"이 나이가 되면 지휘만 하고 현장에선 손을 떼는데 고고학자는 땅을 파야만 감이 있지요. 노하우를 가진 사람이 현장에서 움직여야 성과가 나옵니다." 공주=허윤희 기자

▲ 2014년 10월 1일 조선일보 관제선생 관련 기사

노을과 선생님

외길 백제
-觀濟 李南奭 교수님 추모논총에-

나태주

(시인)

일찍이 공주 땅이
백제의 서울이었던 것은 몇 년 전의 일이던가
세월의 강물을 뛰어넘어 공주 땅에
백제의 얼을 좇아 평생을 살아간 사람들
그 또한 몇몇이나 됐던가

그 가운데에서도 이남석 선생은
가장 가열하게 백제의 얼을 좇아간 사람
두리번거리는 일 도무지 없이 오로지
백제만을 찾아 세상을 뒷걸음질로 산 사람

다른 세상의 일들이야 내 몫이 아니거니
백제만을 푯대삼아 앞으로, 앞으로 나아가
공산성을 만나고 무령왕릉을 만나고

호서의 곳곳 백제의 흔적을 만나
드디어 백제의 속살을 찾아낸 사람

애석하다 짧은 인생
보다 많은 일들 앞에 두고
보다 많은 사람들 정다운 눈빛을 뒤로 하고
더 많은 좋은 일들 기다리고 있는데
이승의 날들을 돌려보내야 했으니

서둘러 돌아간 그곳에서
그렇게도 애닯게 사랑하여 마지않던
백제의 혼을 만나셨는지요!
여기 당신을 닮아 참하고도 좋은 제자 한 사람
울면서 글을 청하기에 글을 쓰거니와
당신은 학문 복도 좋았지만
제자 복도 많은 분이시군요!

외길 인생
외길로 뻗어간 백제 인생
백제를 미치도록 사랑한 날들
이전에도 없었거니와 이후에도
당신 같은 사람은 더 있기 어려울 것입니다.
부디 그 땅에서 평안하시고
미소와 평화의 나라 백제와 하나 되소서.

觀濟 이남석 교수 약력

- **출생지**

충남 공주시 옥룡동

- **생몰연월**

1954.5.20(음 2. 20)~2017.3.20(음 2. 23)
부친 이철호(李哲鎬) 선생과 모친 이만봉(李萬鳳) 여사 사이의 3남 2녀 중 2남으로 출생

- **가족관계**

처 정금희(鄭金姬) 여사와 1남 1녀

- **학력**

1975.02.	공주 영명고등학교 졸업
1982.02.	공주사범대학교 역사교육과 졸업
1985.02.	고려대학교대학원 사학과 석사(역사고고학)
1995.02.	고려대학교대학원 사학과 박사(역사고고학)

- **학위논문**

1985,『靑銅器時代 韓半島 社會發展段階問題』, 高麗大學校 大學院 碩士學位論文.
1995,『百濟石室墳 墓制의 硏究』, 高麗大學校 大學院 博士學位論文.

• 주요경력과 학회활동

1982.03~1990.02.	공주사범대학교 박물관 조교(학예연구사)
1990.03~1991.03.	공주대학교 박물관 조교(학예연구사)
1991.03~2017.03.	공주대학교 인문사회과학대학 사학과 교수
1995.01~1997.12.	백제문화재단 이사
1997.03~2001.08.	공주대학교박물관장
1997.02~2017.03.	충청문화재연구원 이사
2002.09~2006.08.	공주대학교박물관장
2003.03~2006.02.	한국고대학회 편집위원
2003.04~2005.03.	문화재청 전문위원
2003.04~2005.03.	호서사학회 학술이사
2006.01~2011.12.	한국고대학회 부회장
2008.08~2010.12.	백제문화제 집행위원회 위원장
2008.03~2017.03.	국립부여박물관 운영자문위원
2008.03~2017.03.	천안박물관 운영자문위원
2012.01~2013.12.	한국고대학회 회장
2011.03~2017.03.	공주대학교박물관장
2014.01~2017.03.	공주시 고도보존육성 지역위원회위원
2014.01~2017.03.	충청남도 문화재위원
2015.10~2017.03.	충청남도 지역개발조정위원회위원

• 상훈

2000.03.	공주대학교 우수교원 표창
2006.05.	공주시 교원총연합회 우수교원 표창
2011.10.14.	대통령표창 수여
2014.10	공주대학교 대학발전유공자 표창 등 다수

觀濟 이남석 교수 학술활동

1. 학위논문

1985, 『靑銅器時代 韓半島 社會發展段階問題』, 高麗大學校 大學院 碩士學位論文.

1995, 『百濟石室墳 墓制의 研究』, 高麗大學校 大學院 博士學位論文.

2. 저서

1995, 『백제 석실분연구』, 학연문화사.

2002, 『백제묘제의 연구』, 서경문화사.

2002, 『백제의 고분문화』, 서경문화사.

2002, 『웅진시대의 백제고고학』, 서경문화사.

2004, 『백제의 무덤이야기』, 주류성.

2004, 『백제문화의 특성 연구』, 서경문화사.

2004, 『백제부흥운동사 연구』, 서경.

2007, 『백제 성왕과 그의 시대』, 부여군 백제신서.

2007, 『백제문화의 이해』, 서경문화사.

2007, 『백제와 금강』, 서경문화사.

2010, 『공주 공산성』, 서경문화사.

2010, 『송산리 고분군』, 서경문화사.

2014, 『한성시대 백제의 고분문화』, 서경문화사.

2014, 『사비시대의 백제고고학』, 서경문화사.

2014, 『백제 기억의 보물창고 무령왕릉』, 학연문화사.

2016, 『유적과 유물로 본 웅진시대의 백제』, 서경문화사.

2016, 『백제 웅진의 품에 안기다』, 서경문화사.

3. 논문

1) 청동기시대 및 고인돌

1985, 「靑銅器時代 韓半島 社會發展段階問題 -무덤변천을 통해 본 남한지역사회발전-」『백제문화』16, 공주대학교 백제문화연구소.

1987, 「忠南 西海岸 고인돌 2例」『백제문화』17, 공주대학교 백제문화연구소.

2) 백제고분

1989, 「百濟時代 石築墓의 一考察 -88년 公州熊津洞 調査古墳-」『백제문화』18·19, 공주대학교 백제문화연구소.

1990, 「百濟 冠制와 冠飾 -冠制·冠飾의 정치사적 의미고찰-」『백제문화』20, 공주대학교 백제문화연구소.

1992, 「百濟 橫穴式 石室墳의 構造形式 硏究」『백제문화』21, 공주대학교 백제문화연구소.

1992, 「백제 초기 횡혈식 석실분과 그 연원」『先史와 古代』3, 한국고대학회.

1993, 「百濟 橫穴式 石室墳의 硏究」『고문화』42·43, 한국대학박물관협회.

1994, 「百濟 竪穴式 石室墳 -變遷과 橫口式의 發生-」『先史와 古代』6, 한국고대학회.

1995, 「熊津時代의 古墳과 文化」『백제문화』24, 공주대학교 백제문화연구소.

1996, 「公州 汾江·楮石 古墳群 檢討」『백제문화』26, 공주대학교 백제문화연구소.

1997, 「공주 송산리 고분군과 백제 왕릉」『百濟硏究』27, 충남대학교 백제연구소.

1999, 「中西部地方 百濟 甕棺墓」『역사와 역사교육』3·4, 웅진사학회.

1999, 「百濟의 橫穴式石室墳 受容樣相에 對하여」『韓國古代史硏究』16, 한국고대사학회.

2000, 「陵山里 古墳群과 百濟王陵」『백제문화』29, 공주대학교 백제문화연구소.

2000, 「百濟 橫口式 墓制의 檢討」『역사와 역사교육』5, 웅진사학회.

2002, 「百濟墓制의 展開에서 본 武寧王陵」『백제문화』31, 공주대학교 백제문화연구소.

2001, 「百濟古墳과 益山 雙陵」『馬韓, 百濟文化』15, 원광대학교 마한백제문화연구소.

2001, 「백제 흑색마연토기의 고찰」『先史와 古代』16, 한국고대학회.

2001, 「백제시대 흑색마연토기의 산출과 재현연구」『문화재』34, 국립문화재연구소.

2005, 「百濟 初期 橫穴式石室墳의 檢討」『중앙고고연구』1, 중앙문화재연구원.

2005, 「서울 지역 삼국시대 석실분의 연구」『鄕土서울』66, 서울특별시사편찬위원회.

2005, 「고구려와 백제의 고분문화」『고구려발해연구』20, 고구려발해학회.

2007, 「漢城期 百濟 石室墳의 再認識」『진단학보』103, 진단학회.

2007, 「백제 금동관모출토 무덤의 검토」『先史와 古代』26, 한국고대학회.

2009, 「고대 한국과 중국의 문화교류 -橫穴式 墓制의 淵源과 展開-」『先史와 古代』30, 한국고대학회.

2011, 「中西部地域 墳丘墓의 檢討」『先史와 古代』35, 한국고대학회.

2012, 「東亞細亞 橫穴式墓制 展開 武寧王陵」『백제문화』46, 공주대학교 백제문화연구소.

2013, 「마한분묘와 그 묘제의 인식」『馬韓, 百濟文化』22, 원광대학교 마한백제문화연구소.

2013, 「新羅土器出土 百濟 石室墓의 檢討」『白山學報』97, 백산학회.

2013, 「백제 적석총의 재인식 -석촌동 백제 고분군의 묘제 검토-」『先史와 古代』39, 한국고대학회.

2016, 「경기지역 3~5세기대 묘제환경의 검토」『중앙고고연구』21, 중앙문화재연구원.

2016, 「百濟喪葬儀禮의 研究 -錦江流域 상장의례 遺蹟의 意味-」『백제문화』54, 공주대학교 백제문화연구소.

3) 백제도성과 왕궁성

1988, 「百濟 連花文瓦當의 一研究 -公山城 王宮地出土品을 中心으로-」『고문화』32, 한국대학박물관협회.

1996, 「백제문화권 개발의 현황과 과제 -공산성 발굴조사를 통한 재조명-」『열린충남』6, 충남발전연구원.

1997, 「熊津地域 百濟遺蹟의 存在意味 -百濟의 熊津遷都와 關聯하여-」『백제문화』27, 공주대학교 백제문화연구소.

1998, 「백제 무령왕릉 및 송산리 5·6호분의 현황과 보존대책」『自然科學研究』7, 公州大學校 基礎科學研究所.

1999, 「百濟 熊津城인 公山城에 對하여」『馬韓, 百濟文化』14, 원광대학교 마한백제문화연구소.

2001, 「公州 公山城內 百濟 推定王宮址」『백제문화』30, 공주대학교 백제문화연구소.

2002, 「백제 대통사지와 그 출토유물」『호서고고학』6·7, 호서고고학회.

2006, 「수촌리 고분군과 백제의 웅진천도」『역사와 역사교육』11, 웅진사학회.

2007, 「百濟 熊津 王都와 熊津城」『馬韓, 百濟文化』17, 원광대학교 마한백제문화연구소.

2010, 「考古學資料를 통한 百濟 泗比遷都의 再認識」『백제문화』43, 공주대학교 백제문화연구소.

2012, 「公山城出土 百濟 漆利甲의 銘文」『목간과 문자』9, 한국목간학회.

2013, 「百濟王都속의 熊津城」『馬韓, 百濟文化』21, 원광대학교 마한백제문화연구소.

2014, 「泗沘都城의 景觀과 羅城의 築造背景」『백제문화』50, 공주대학교 백제문화연구소.

4) 기타

1989, 「全義地域 古代山城 考察」『백제문화』18-19, 공주대학교 백제문화연구소.

1990, 「九龍寺址 試掘調査 簡報」『백제문화』20, 공주대학교 백제문화연구소.

1997, 「忠南地域 百濟遺蹟의 研究現況과 課題」『열린충남』7, 충남발전연구원.

1998, 「原三國時代 住居地 一例 -天安 龍原里 遺跡의 古墳群內 住居地-」『先史와 古代』11, 한국고대학회.

1998, 「천안 백석동 토성의 검토」『한국상고사학보』28, 한국상고사학회.

1998, 「瑞山 富城山城의 考察」『고문화』52, 한국대학박물관협회.

1999, 「충남 천안시 두정동 지역의 매장문화재 확인을 위한 지자기탐사 및 발굴 비교연구」『자연과학연구』8, 公州大學校 基礎科學研究所.

1999, 「禮山 鳳首山城(任存城)의 現況과 特徵」『백제문화』28, 공주대학교 백제문화연구소.

2002, 「水源寺와 水源寺址」『역사와 담론』32, 호서사학회.

2002, 「백제 대통사지와 그 출토유물」『호서고고학』6·7, 호서고고학회.

2006, 「수촌리 고분군과 백제의 웅진천도」『역사와 역사교육』11, 웅진사학회.

2008, 「百濟의 冠帽·冠飾과 地方統治體制」『한국사학보』33, 고려사학회.

2009, 「공주지역 백제문화유적의 유산적 가치: 세계문화유산 등재를 위한 검토」『백제문화』40, 공주대학교 백제문화연구소.

2010, 「계룡면 용동리 신석기시대 주거지」『한국신석기학보』18, 한국신석기학회.

4. 보고서

1987, 『公山城 百濟推定王宮址 發掘調査報告書』, 公州大學校博物館.

1988, 『論山 表井里 百濟古墳 發掘調査報告書 −1985年度 發掘調査−』, 百濟文化開發研院.

1988, 『論山 六谷里 百濟古墳 發掘調査報告書 −1986年度 發掘調査−』, 百濟文化開發研院.

1990, 『公山城 城址發掘調査報告書』, 公州大學校博物館.

1990, 『公州 南山里·松鶴里 百濟古墳 發掘調査報告書』, 百濟文化開發研究院·公州大學校博物館.

1991, 『舒川 漆枝里 百濟古墳群 發掘調査報告書』, 百濟文化開發研究院·公州大學校博物館.

1991, 『洪城 星湖里 百濟古墳群 發掘調査報告書』, 百濟文化開發研究院·公州大學校博物館.

1992, 『公州 보통골 百濟古墳群 發掘調査報告書 −1990年度 發掘調査−』, 百濟文化開發研究院·公州大學校博物館.

1992, 『公山城 建物址』, 忠淸南道·公州大學校博物館.

1992, 『大田~晋州間 高速道路建設豫定地域(錦山地區) 文化遺蹟 地表調査 報告書』, 公州大學校博物館.

1993, 『論山 茅村里 百濟古墳群 發掘調査報告書 −1992年度 發掘調査−』, 百濟文化開發研究院·公州大學校博物館.

1993, 『公州 新基洞, 金鶴洞 百濟·高麗古墳群 發掘調査報告書 −1991年度 發掘調査−』, 百濟文化開發研究院·公州大學校博物館.

1994, 『論山 茅村里 百濟古墳群 發掘調査報告書(Ⅱ) −1993年度 發掘調査−』, 百濟文化開發研究院·公州大學校博物館.

1994, 『러시아 연해주 발해유적』, 대륙문화연구소.

1995, 『魯城山城』, 公州大學校博物館·論山郡.

1995, 『南舘里 遺蹟』, 公州大學校博物館.

1995, 『九龍寺址』, 公州大學校博物館·公州市.

1995, 『安興鎭城』, 公州大學校博物館·忠淸南道 泰安郡

1995, 『公州文化遺蹟』, 公州大學校博物館·公州市.

1995, 『公州地域百濟古墳調査』, 公州大學校博物館 · 公州市.

1996, 『千房遺蹟』, 公州大學校博物館 · 韓國水資源公社.

1996, 『所斤鎭城』, 公州大學校博物館 · 忠淸南道 泰安郡.

1996, 『烏石里遺蹟』, 公州大學校博物館 · 韓國道路公社.

1996, 『雲住山城』, 公州大學校博物館 · 忠淸南道 燕岐郡.

1996, 『君德里 住居遺蹟』, 公州大學校博物館.

1997, 『汾江 · 楮石里 古墳群』, 公州大學校博物館.

1997, 『公州 熊津洞古墳』, 百濟文化開發硏究院 · 公州大學校博物館.

1998, 『濟 · 羅會盟址 就利山』, 公州大學校博物館 · 忠淸南道 公州市.

1998, 『白石洞遺蹟』, 公州大學校博物館 · 忠淸南道 天安市.

1998, 『燕岐 雲住山城』, 公州大學校博物館 · 忠淸南道 燕岐郡.

1999, 『舟尾寺址』, 公州大學校博物館 · 忠淸南道 公州市.

1999, 『水原寺址』, 公州大學校博物館 · 忠淸南道 公州市.

1999, 『公山城 池塘』, 公州大學校博物館 · 忠淸南道.

1999, 『公州 山儀里遺蹟』, 公州大學校博物館 · 大田地方國土管理廳.

1999, 『公州 灘川面 三角里 迂廻道路敷地 遺蹟調査結果報告』, 公州大學校博物館 · 大田地方國土管理廳.

2000, 『龍院里 古墳群』, 公州大學校博物館 · 天安溫泉開發 · 高麗開發.

2000, 『佳橋里陶器窯址』, 公州大學校博物館.

2000, 『白石 · 業成洞遺蹟』, 公州大學校博物館.

2000, 『大通寺址』, 公州大學校博物館 · 忠淸南道 公州市.

2000, 『斗井洞遺蹟』, 公州大學校博物館 · 天安市經營開發事業所.

2001, 『보령 관창리 고인돌 試掘調査報告書』, 公州大學校博物館.

2002, 『胎封洞遺蹟』, 公州大學校博物館 · 天安-論山間高速道路株式會社.

2002, 『安永里遺蹟』, 公州大學校博物館 · 天安-論山間高速道路株式會社.

2002, 『開泰寺址』, 公州大學校博物館 · 論山市.

2002, 『山儀里百濟古墳』, 公州大學校博物館 · 天安-論山間高速道路株式會社.

2003, 『鹽倉里古墳群』, 公州大學校博物館 · 大田地方國土管理廳.

2003, 『藍浦邑城』, 公州大學校博物館 · 保寧市.

2003, 『靑陽 牛山城』, 公州大學校博物館 · 靑陽郡.

2003, 『신관5지구 개발부지 試掘調査報告書』, 공주대학교박물관 · 대한주택공사.

2004, 『富城山城』, 公州大學校博物館 · 論山市.

2004, 『예산-신양간 도로공사 구간내 文化財試掘調査報告書』, 公州大學校博物館 · 大田地方國土管理廳.

2004, 『청운대학교 주차장시설부지 내 洪城南長里瓦窯址』, 공주대학교박물관 · 청운대학교.

2004,『충남중부권광역상수도 사업부지 내 文化財試掘調査報告書』, 公州大學校博物館 · 忠南中部圈水道管理團.

2004,『正覺里 · 凌山里古墳群』, 公州大學校博物館 · 大田地方國土管理廳.

2004,『러시아 연해주 크라스키노 발해 사원지 발굴조사보고서』, 고구려연구재단.

2004,『牙山 水鐵里古墳群』, 公州大學校博物館.

2004,『공주 인풍리유적』, 공주대학교박물관.

2004,『천안 용곡동유적』, 공주대학교박물관.

2004,『공주 학봉리 건물신축 예정부지 내 文化財試掘調查報告書』, 公州大學校博物館.

2005,『舒川 芝山里遺蹟』, 公州大學校博物館 · 한국도로공사.

2005,『洪城 上下里遺蹟』, 公州大學校博物館.

2006,『天安 新芳地區 宅地開發敷地 文化遺蹟 試掘調查報告書』, 公州大學校博物館.

2006,『靑陽 安心里 遺蹟』, 公州大學校博物館.

2006,『瑞山 遊溪里 遺蹟』, 公州大學校博物館 · (주)현대모비스.

2007,『洪城 古岩里 遺蹟』, 公州大學校博物館.

2007,『天安 陽谷里 粉靑沙器 窯址』, 公州大學校博物館 · (주)에스원.

2007,『공주 중학동 132 · 1번지 일대 公州 中學洞遺蹟』, 公州大學校博物館.

2007,『牙山 葛梅里(1地域) 遺蹟』, 公州大學校博物館 · (주)중앙하우징.

2008,『靑陽 鶴岩里 遺蹟(Ⅱ)』, 公州大學校博物館.

2008,『공주 웅진동 주택개발사업 부지 내 公州 熊津洞遺蹟』, 公州大學校博物館.

2008,『夫餘 大陽里 遺蹟』, 公州大學校博物館.

2008,『합덕-신례원(제2공구)간 도로부지 내 禮山 新宅里遺蹟』, 公州大學校博物館 · 大田地方國土管理廳.

2008,『公州 錦興洞 遺蹟』, 公州大學校博物館 · 韓國土地公社.

2008,『공주 성안마을 시굴조사 '公山城'』, 公州大學校博物館 · 公州市.

2008,『魯城山城 南門址』, 公州大學校博物館 · 論山市.

2008,『燕岐 鷹岩里 遺蹟』, 公州大學校博物館 · 忠淸南道綜合建設事業所.

2008,『燕岐 龍湖里 遺蹟』, 公州大學校博物館 · 忠淸南道綜合建設事業所.

2009,『공주시 반포면 상신리 368-1번지 九龍寺址 周邊 建物址』, 公州大學校博物館.

2009,『海美 機也里遺蹟』, 公州大學校博物館 · 國防科學硏究所.

2009,『天安 白石洞土城』, 公州大學校博物館 · 忠淸南道 天安市.

2009,『靑陽 光大里 白磁生産 遺蹟』, 公州大學校博物館 · 韓國農村公社.

2010,『牙山 新化里 遺蹟』, 公州大學校博物館 · 현대모비스(주).

2010,『公州 燕尾山 · 月尾洞 遺蹟』, 公州大學校博物館.

2011,『鷄龍 龍洞里 遺蹟』, 公州大學校博物館 · 육군본부.

2012, 『牙山 東化里 遺蹟』, 公州大學校博物館.

2012, 『靑陽 池谷里 遺蹟』, 公州大學校博物館 · 大田地方國土管理廳.

2012, 『禮山 曾谷里 遺蹟』, 公州大學校博物館 · 保寧製藥(株).

2012, 『公山城 성안마을 朝鮮時代 遺蹟』, 公州市 · 公州大學校博物館.

2013, 『唐津 三峯里 遺蹟』, 公州大學校博物館 · 大田地方國土管理廳.

2013, 『웅진성 공산성(熊津城 公山城)』, 공주시 · 공주대학교박물관.

2013, 『백제 웅진도성 고증을 위한 公州 古都地區 內 문화유적 전수조사』, 公州市 · 公州大學校博物館.

2014, 『靑陽 白谷里 遺蹟』, 公州大學校博物館 · 대전지방국토관리청.

2015, 『공주시가지 내 각지 유적 발굴조사보고서』, 公州大學校博物館 · 公州市.

2015, 『공산성 토성지 발굴조사보고서』, 公州市 · 公州大學校博物館.

2015, 『공주 반죽동 건물지』, 公州市 · 公州大學校博物館.

2016, 『공주 공산성 백제 건물지 -(구) 추정왕궁지-』, 公州市 · 公州大學校博物館.

2016, 『公山城 城廓 發掘調査』, 公州市 · 公州大學校博物館. 등

내 친구 觀濟 이남석 교수

양종국
(공주대학교 사학과)

내가 이남석 교수와 전혀 준비되지 않은 이별을 한 날이 2017년 3월 20일 아침이다. 어느새 1년이란 세월이 흘렀다. 그러나 지금도 주변 어딘가에서 열심히 자신의 일을 하고 있는 이교수를 다시 만날 수 있을 것만 같은 생각이 든다. 내 자신은 아직 이교수를 저세상으로 떠나보내지 못하고 있는 모양이다. 생전의 이교수와 주고받은 정이 그만큼 깊었던 탓일까? 이 글을 쓰며 지난 추억들을 떠올려 본다.

1975년 3월 공주사범대학 역사교육과에 입학하면서 이교수와 나는 처음 만났다. 죽마고우는 아니지만 선머슴 같던 대학초년생 시절부터 이후 60이란 이순(耳順)의 나이를 훌쩍 넘길 때까지 42년을 알고 지냈다. 결코 짧다고 할 수 없는 시간이다. 대학을 졸업한 뒤 우리 둘의 전공은 백제사와 중국사로 갈라졌지만, 고려대학교 대학원에서 석사과정과 박사과정을 밟은 것도 그렇고, 공주대학교에서 함께 조교생활을 한 것도 그렇고, 또 교수가 되어 같은 공주대학교 사학과에서 학생들을 가르치며 지내온 것도 그렇고, 우연인지 필연인지 처음 만나서부터 줄곧 똑 같은 길을 걸어왔다. 이런 인연도 흔치 않을 것이다.

중국사를 전공하는 내가 대학원 시절 한국 고대사 강좌를 수강하며 그 분야 대학원생들과 가깝게 지낸 것이나, 교수가 되어서도 백제사, 특히 의자왕과 웅진도독부 문제에 관심을 기울이며 틈틈이 논문과 책을 써온 것이나, 백제사에 대한 나의 관심이 아무리 컸다 해도 이교수가 옆에 없었으면 이런 일은 이루어지기 힘들었으리라 여겨진다. 나의 졸저 『백제 멸망의 진실』도 이교수의 적극적인 권유로 글쓰기가 시작되었음을 여기에서 밝힌다.

이교수는 백제의 두 번째 왕도인 공주에서 태어나 자랐고, 나는 백제의 세 번째이자 마지막 왕도인 부여가 고향이다. 그러고 보니 역사교육과의 지수걸 교수는 백제가 처음 왕도로 삼은 서울에서 태어났다. 이교수와 나는 사학과이고 지교수는 역사교육과로 소속 학과도 다르고, 이교수는 백제 고고학, 나는 중국 송대사, 지교수는 일제강점기를 중심으로 한 한국근현대사로 전공분야와 시대도 서로 다르지만, 우리 셋은 교수 초년시절 공주대학교에서 삼총사로 불릴 만큼 자주 어울렸다. 학내에서 만이 아니라 공주 주변의 산과 들에서 수렵은 아니어도 어로와 채집을 즐겼고, 여기저기 이교수의 발굴현장을 찾아가서는 발굴내용 자체보다 인근의 맛 집에 더 관심을 기울이기도 했다.

이교수의 강직한 성격은 알 만한 사람은 다 안다. 그러나 이는 겉모습이고 실제로는 외강내유라고 할 수 있다. 외유내강인 나나 지교수와는 반대의 모습이다. 그러면서도 이교수와 내가 보수적이라면 지교수는 진보적인 성향이 강한 편이다. 이렇듯 각기 개성차이가 있고 전공 영역도 다른 세 사람이 삼총사로 어울린 이해 못할 일이 가능했던 것은 우리 셋 모두의 마음 속에 백제의 심성이 깃들어있기 때문이 아닐까 싶기도 하다.

서울, 공주, 부여라는 지역차이도 있지만, 동시에 이 세 지역은 옛 백제의 왕도라는 공통점도 지니고 있다. 백제의 왕도 세 지역을 각각 고향으로 두고 있다는 공통점, 그래서 모두의 마음속 깊이 따뜻한 백제의 심성이 자리를 잡게 되었고, 이러한 마음이 통하여 우리 세 사람이 막역한 사이로 지내오지 않았을까 내 자신은 생각한다.

개인적인 추억담은 이 정도로 그치고 이제 이교수가 살아온 삶의 궤직을 들여다보고 싶다.

같은 공주에 살면서 내가 만나본 이교수의 가족들로는 인자한 어머니 휘하에 누나, 형, 예쁜 여동생이 있었고, 평생의 반려자인 아내를 만나 가정을 꾸리면서는 남매를 자식으로 두고 오붓하게 지냈다. 아버지는 일찍 작고하셨고 몇 년 전 어머니도 돌아가셨지만, 어머니 생전에는 홀어머니를 위해 가까운 시골에 그림 같은 전원주택을 지어드리고 주말마다 함께 지낼 정도로 효자였으며 형제들과의 우애도 깊었다. 그러나 무상한 세월 속에서 아름다운 그 집에 지금은 누나만 남아있으니 안타까울 뿐이다.

남편과 아버지로서의 이교수는 무척이나 가정적이었다. 부부의 속사정은 당사자들만 안다고 하지만, 아내에게는 최선의 남편이 되기 위해, 자식들에게는 엄격하면서도 자상한 아버지가 되기 위해 애쓰는 모습을 늘 보아왔다. 자식에 대한 교육열도 남달라서 아들과 딸을 모두 캐나다로 유학 보낸 뒤 그 뒷바라지를 위해 아내까지 캐나다로 떠나보내고 10년 가까운 세월 외로움을 꿋꿋이 견디며 기러기 아빠, 기러기 남편으로 지내는 모습도 지켜보았다. 말로만 들었지 나는 꿈도 꾸지 않으려 했던 현대판 독수공방 생활을 과감하게 실천에 옮긴 이교수에게서 경외감이 느껴질 정도였다. 그 덕에 아들은 이교수의 뒤를 이어 역사학자로서의 길을 걷고 있고, 딸은 부모라면 누구나 부러워할 의사가 되어 주변의 인정을 받고 있으니 고생한 만큼 보람도 느꼈으리라고 본다.

이교수는 대학원은 서울에서 나왔으나, 나머지 초등학교, 중학교, 고등학교, 대학교 생활은 모두 고향인 공주에서 했다. 직장생활도 공주대학교 박물관에서 조교를 시작으로 전임강사, 조교수, 부교수, 교수를 거치며 학교는 물론이고 지역사회를 위해 많은 역할을 해왔다. 영웅호걸도 자신이 태어난 고향에서는 대접받기 힘들다는 말이 있는데, 평생을 고향의 품안에서 살아온 이교수는 이러한 상식 아닌 상식이 맞지 않는다는 것을 몸으로 보여준 행운아였다.

전공이 백제고고학이다 보니 공주대학교 박물관장으로 활동하며 공산성을 중심으로 수많은 백제관련 유적들을 발굴했고, 그 결과물 중에는 최근 공산성에서 출토된 대형의 저장시설 백제목곽고나 "貞觀十九年" 등의 글자가 쓰인 옻칠 갑옷처럼 백제 왕도인 공주와 함께 이교수 자신 역시 언론의 집중조명을 받게 만든 눈부신 성과들도 거두었다. 그뿐 아니라 학내에서는 우수연구자 감사패를 수상하여 연구자로서의 뛰어난 능력도 보여주었고, 백제문화제집행위원회 위원장이라는 중책을 위임받는 등 지역사회에서도 그의 역량과 리더쉽을 모두가 인정할 정도로 성공적인 생활을 했다. 또 집안에 대소사가 있을 때는 고향친구와 마을의 이웃들이 자신의 일처럼 돕는 모습을 보면서 향당(鄕黨)에서 얼마나 화목하게 지내며 신뢰관계를 쌓아왔는지 느낄 수 있었다.

이교수는 학문적으로도 성공적인 삶을 살았다. 이교수가 쓴 많은 책과 논문들은 그의 학문적인 업적이 얼마나 대단한지 잘 보여준다. 교수 초년병 시절부터 고려대학교 김정배 교수님이 아직 총장이 되기 전 고구려연구재단 이사장으로 계시면서 추진한 러시아 연해주의 발해유적 발굴 팀에 합류해 러시아 팀과 공동 발굴을 하는 등 무언가 범상치 않은 모습을 보여주더니, 이후 국내의 크고작은 백제유적 발굴에 착수하면서는 그 성공적인 결과를 정리해 발굴보고서로 편찬한 것만 해도 헤아리기 벅찰 정도다.

그중에서도 30년 넘게 진행되어온 공산성 발굴은 이교수를 빼놓고는 말할 수 없다. 지금은 작고하신 공주대학교 초대 총장 안승주 교수님이 박물관장으로 있을 때 시작한 공산성 발굴 초기단계부터 박물관 조교로 발굴현장의 궂은일을 도맡아 하며 그곳에서 살다시피 했고, 교수가 되어 자신이 박물관장으로 있으면서는 공주시의 지원을 받아 공산성 발굴조사단을 직접 이끌면서 발굴을 주관해왔다. 초기 발굴은 쌍수정 광장의 추정 왕궁지에 관심이 쏠렸었지만, 2008년부터 공산성 성안마을에 대한 발굴이 시작되고, 이후 이곳에서 전쟁의 흔적을 생생하게 보여주는 백제유적층과 백제시대의 각종 유물 및 건물지를 비롯한 생활흔적들을 찾아내면서 매스컴과 국내외 연구자들의 관심이 이곳으로 집중되도록 만들었다.

2011년 "貞觀十九年" 글자가 있는 옻칠갑옷이 출토되었을 때는 발견하자마자 나에게 전화를 하여 발굴조사단 말고는 내가 이 갑옷을 가장 처음 보고 사진을 찍을 수 있도록 배려해주기도 했다.

이러한 성과들을 모아 2013년 『웅진성(熊津城) 공산성(公山城)』이란 제목으로 공산성의 역사를 새롭게 들여다볼 수 있는 책도 편찬했다. 생전에 이 책이라도 나왔으니 그나마 다행이지 싶다. 다만 이교수의 발굴 결과물들에 대한 정리와 해석 및 공산성 발굴은 앞으로도 더 진행되어야 하고, 이교수가 직접 눈으로 볼 수 있기를 그토록 원했으면서도 아직 밝혀내지 못한 웅진시대 백제의 왕궁지를 찾는 일도 미완(未完)의 과제로 놓여있다. 이는 남아 있는 연구자들이 해결해야 하리라고 본다.

발굴만이 아니라 이교수는 백제사 연구에 대한 열정도 남달랐다. 틈만 나면 자신의 연구내용을 가지고 나를 찾아와 장황한 설명과 함께 중국사 입장에서 바라본 나의 견해를 듣기 원했다. 덕분에 나 역시 감염되어 백제와 관련된 일이라면 내 일처럼 여기게 되었다. 공주대학교 사학과를 백제사와 향토사 분야로 특성화시키려는 누리사업을 시행할 때는 나도 백제와 관련된 여러 편의 글을 쓰며 학과장으로서 이 사업 계획단계부터 깊이 관여했는데, 이 또한 이교수의 영향과 도움이 컸다고 할 수 있다.

이교수는 넓게는 백제의 역사와 문화 전반에 걸친 이해에도 관심을 기울였지만, 근무처가 고향인 공주이기 때문인지 특히 웅진시대의 백제에 관한 연구에 힘을 많이 쏟았다. 백제고고학이 전공인 만큼 주로 유적과 유물을 통해 웅진시대의 백제를 새롭게 조명해보려고 노력했다. 이교수의 또다른 학문적인 업적으로는 백제 무덤에 관한 연구를 들 수 있다. 이교수의 전공을 세분한다면 백제고고학 안에서도 백제 무덤, 백제 무덤 안에서도 백제 석실분이 주 전공이었다고 할 수 있다. 그만큼 백제 석실분 연구에 심혈을 기울였다.

유적과 유물로 본 웅진시대의 백제사 연구도 그렇고, 백제의 고분문화와 백제의 묘제를 체계적으로 정리하고 분류해 놓은 연구도 그렇고, 백제 석실분에 대한 심층적인 연구도 그렇고, 모두 백제고고학과 백제사, 더 나아가서는 한국고대사 연구의 큰 성과로 손꼽을 수 있으리라고 본다. 이교수가 한국고대학회 회장으로 추대를 받아 활동했었다는 사실, 또 지금 이렇게 추모논집을 만들기 위해 한국고대학회를 중심으로 많은 연구자들이 노력하고 있다는 사실 자체가 그의 학문적인 교류와 학계에서의 위치, 그리고 그의 학문적인 성취를 동료 연구자들이 어떻게 받아들이고 있는지 잘 보여준다고 하겠다.

이제 마지막으로 스승으로서의 이교수에 대해 말해 보겠다.

이교수는 교육자로서 훌륭한 제자들을 많이 길러냈다. 공주대학교 사학과 학생들은 사학과 모든 교수의 제자이지만, 학부를 졸업하고 자신의 전공이 구체적으로 정해지는 대학원에 진학하면 그 전공에 따라 특정 교수와 더 깊은 스승과 제자 관계를 맺을 수밖에 없다. 공주대학교 사학과 대학원 과정에는 학내 졸업생만이 아니라 타 대학을 졸업하고 찾아오는 원생들도 많다. 백제고고학, 백제사, 향토사 분야에 원생들이 많이 몰리는데, 이교수의 경우 지금까지 대학원에서 사제관계를 맺은 원생이 50명을 넘는다. 내가 볼 때 이 정도면 하나의 학파를 이룰 정도로 아주 많은 제자를 두었다고 할 수 있다.

이교수가 이처럼 많은 제자를 거느리게 된 이유가 있을 것이다. 백제고고학이라는 학문 자체의 매력과 역사학 관련 전공분야에서는 그나마 취업이 잘 된다는 현실적인 장점도 한몫을 했겠지만, 여기에다가 이교수에 대한 주변의 평판과 이교수 개인의 인간적인 매력도 크게 작용했다고 나는 생각한다. 그 호방한 성품과 탄탄한 전공실력은 많은 제자들을 끌어들이기도 했지만, 한편으로는 폭넓은 인맥을 형성하는 데에도 도움을 주었고, 제자들의 진로개척에서도 큰 힘을 발휘하여 거의 대부분의 제자들이 대학이나 박물관, 연구기관, 관공서 등의 관련부서에서 현재 자신의 역할을 다하고 있다. 그 모습이 보기에 좋다.

전공을 같이하는 대학원생들은 동료끼리는 물론이고 스승과 제자 간에도 끈끈한 정이 싹트기 마련이다. 이교수의 경우도 더하면 더했지 덜하지 않았다. 이교수는 생전에 스스로 호(號)를 만들어 사용한 적이 없다. 백제를 꿰뚫어 본다는 의미를 지니는 그의 호 "觀濟"는 사실 제자들이 만든 것이다. 제자들이 스승의 호를 만든 이런 예가 얼마나 있는지 궁금하다.

공주대학교 박물관 개관 50주년이자 이교수가 회갑을 맞이한 기념으로 2014년에 제자들이 이교수의 그동안 활동내용이나 제자들과의 추억이 어린 사진들을 수집해 두 권의 기념사진집을 만들고는 제목을 정할 때 중지(衆智)를 모아 만든 호가 "觀濟"다. 백제 속에 파묻혀 살아온 이교수의 정곡을 찌르는 이 호에는 이교수에 대한 제자들의 깊은 애정과 존경의 뜻이 담겨있다고 할 수 있다. 이교수와 제자들 사이에 형성된 남다른 사제관계를 엿볼 수 있는 대목이다.

내가 추모의 글을 쓰는 일 없이 이교수가 살아서 지금까지 해온 것보다 더 많은 일들을 할 수 있다면 얼마나 좋을까. 그러나 이제 이교수는 떠나고 없다. 하늘에서 살아야 할 용(龍)이 개울에 있으면 하찮은 거머리조차 우습게 알고 덤빈다고 했다. 답답하고 피폐해진 개울 같은 이승의 현실에서 벗어나 이교수는 자유로운 용이 되어 하늘나라로 올라갔다. 어떻게 사는 것이 잘 사는 건지, 어떻게 사는 것이 보람 있게 사는 건지, 어떻게 사는 것이 멋지게 사는 건지, 자신의 맡은 바 일에 최선을 다하다 우리 곁을 떠나간 이 교수가 우리에게 남긴 영원한 명제(命題)다.

제자의 글

올곧게 한길만을 가고자 하셨다

이 훈

(공주대학교 공주학연구원 연구위원)

남쪽에서는 산수유 꽃, 매화 꽃이 피고 봄이 이미 와 있는데, 이곳 3월은 아직 춥다.

갑자기 떠나신 뒤 그 아픔과 아쉬움, 그리움에 가슴이 먹먹하지만 세월은 모든 것을 빠르게 잊게 하는가 보다.

계시던 곳, 텅 빈 그 자리는 너무 크게 느껴지고 이정표 없이 길을 가는 것처럼 한 때는 막막하기만 했었다. 선생님과 함께 했던 기쁘고 즐거워했던 순간들, 아프고 아쉬워했던 순간들을 뒤돌아보곤 한다. 선생님께서 잘했다고 칭찬하시던 것보다는 잘하라고 혼내시던 모습이 더 눈에 선하다.

나와 선생님과의 첫 인연은 1985년 공산성에서 발굴하던 봄이었으니, 벌써 33년이란 세월이 지났다.

그 후 89년에 되어서 박물관 연구원이 되어 선생님을 만났을 때는 쉴 새 없이 바쁜 발굴의 계절이 막 시작되고 있었다.

지금 생각하면 참 바빴지만 행복했고 열심히 했던 시절이었다.

선생님께서 백제사연구의 불모지나 다름없었던 충청지역에서 어렵게 제자들과 함께 발굴현장을 누비실 때에는, 발굴복도 유물복도 참 많다고 주변 사람들의 부러움을 샀었다.

나 역시 선생님과 고고학이라는 한 배에 탔을 때, '고고학자는 유적과 유물로만 말하는 법이야'라는 말로 당신의 고고학에 대한 사랑을 알 수 있었고, 함께 하는 것을 자랑스러워했다.

많이 파 본 사람이 가장 잘 알 수 있는 것 아닌가?

다른 길을 찾지 않은 오직 한 길만을 바라보시던 그 분.

선생님의 이런 노력이 백제고고학을 이끌었고 많은 후배와 제자들이 그 뒤를 따랐다.

2015년 봄인가 박물관 앞에서 우연히 만났고, 주변에 지인들도 학생들도 없어서 그날따라 서먹하게 둘이서 술잔을 나누게 되었다.

암 수술 이후 술을 가까이 하지 않으셨기에 나만 취했던 것 같다.

춘흥에 취했었던지 처음 발굴을 시작했던 80년대 이야기들을 추억했다.

선생님과 함께 한 많은 시간들 속에서 서운했던 감정들, 아쉬웠던 과거사를 돌이켜보면서, 어른들의 흉도, 후배, 제자들의 흉도 들춰내면서 …

스승이신 우제 안승주 선생님께서 전공이 백제고분인데도 무덤 안에 들어가시는 걸 극히 꺼리셨다는 이야기부터 옛 이야기들이 술을 따를 때마다 매듭 하나씩 풀듯 풀었었다.

오랜만에 속마음을 나누었었는데, 더 이상 선생님과 함께할 수 없다는 것이 너무 가슴이 아프다.

선생님과 박물관에서, 발굴현장에서 함께 하면서 여러 번에 걸쳐 언쟁이 있었다. 부부간에도 다툼이 있는데 어찌 매일을 함께하는 사이에 갈등이 없었겠는가!

1995년이던가. 박물관 안에서 유물 정리하던 중에 너무 많은 유물 때문에 이제 발굴 좀 그만해야 할 것 같다고 푸념하자 선생님께서 크게 화를 내시며 '고고학자에게 이런 기회가 또 언제 올 것 같은가' 하셨다.

나는 '박물관에 수장된 이 유물들은 앞으로 10년 동안 연구해도 모자랄 판이고 전시도 중요하다'고 얼굴을 붉혔고, '그것은 나중에 해도 얼마든지 할 수 있어'였다.

이제 보면 90년대 중반 이후 중요한 유적들이 선생님과 나에게 정말 천운처럼 주어지고, 유물 또한 화려해서 많은 사람들이 발굴복이 많다고 부러워했던 것을 기억나게 한다.

선생님은 어떤 유적이든 당신이 가장 먼저 보고 싶어 하셨다. 발굴을 시작하면 중요한 부분은 제일 먼저 삽을 들고 트롤을 잡았으니까.

1993년 논산 모촌리고분을 발굴했던 때였다.

여름날 수혈식석곽묘 중 가장 상위 무덤으로 생각된 5호분의 내부를 정리하고 시상대 위에 얇게 덮여 있는 퇴적토를 걷어내려고 하는 순간 선생님께서 도착하셨다.

그대로 고분 안으로 들어가시더니, 딱 그곳에서 은상감환두대도의 환두 부분을 노출시켰다.

아하! 고고학자에게 있어서 제일 처음 발견하는 기쁨을 뺏어가 버린 선생님.

논산 모촌리고분군 발굴 중에는 아찔했던 적도 있었다.

그때만 해도 선생님께서 직접 사진촬영을 하셨다. 사다리에 올라가 무덤을 촬영하다가 미끄러져 사다리에서 뛰어 내릴 때 마침 사다리를 잡고 있었던 학생이 발목을 붙잡아 크게 다칠 뻔 했다. 그렇지만 떨어지면서도 카메라를 몸으로 안아서 지켜내는 걸 보면서 고고학자의 신념을 보았다.

그 때 선생님의 발을 붙잡았던 학생이 홍천우였는데 거꾸로 천우신조라는 우스개소리로 오랫동안 우리들만의 이야기로 남았다.

1998년에 천안 용원리고분군을 발굴했을 때도 아쉬움이 있었다. 1호분 수혈식석곽묘의 용봉문 환두대도를 확인하고 노출하려고 할 때, 역시 선생님의 선점으로 첫 노출의 감격을 놓쳤다.

당시에 발굴조사된 천안 용원리유적은 중부권에서 한성백제시대 연구의 일획을 그을 수 있을 만큼의 중요한 유적으로 환두대도와 흑유계수호 등 화려한 유물들은 당시 학계의 이목을 집중시켰던 유적이다.

공산성 성주!

선생님의 손을 거친 중요한 고고학적 성과는 손으로 꼽기 어려울 만큼 많지만 그 중에서도 백미는 공산성이다.

1980년대 초반부터 연지, 추정왕궁지, 각종 건물지, 성안마을 등 공산성을 수십여 차례에 걸쳐 조사해오던 그 언젠가부터 우리는 선생님을 공산성 성주라 칭했다.

공산성의 모든 것을 누구보다도 더 잘 알고 더 깊게 생각하셨기 때문이다.

그 발굴 중에서도 2011년 '… 행정관19년 …'명의 옻칠갑옷과 함께 쏟아진 화려한 유물들의 발굴은 고고학계를 발칵 뒤집어 놓았다. 백제사 연구자들에게 많은 기대와 함께 의문 또한 던져준 사건으로 학계에 커다란 파문을 일으켰다.

그 동안 공산성에서 뚜렷하지 않았던 백제층과 백제유물의 발견은 공산성의 성격과 가치를 확실하게 보여준 발굴이었던 것이다.

공산성에서 옻칠 갑옷 편이 확인되었을 때도, 아마 모두를 제치고 제일 먼저 트롤과 대칼을 잡으셨을 생각에 고개를 끄덕이게 한다.

2013년 가을 언제인가 술자리에서 '내가 공산성 발굴만큼은 열심히 했는데, 그 정도면 공산성 성주로서 역할을 충분히 한 것 아니냐라고 하시며 크게 웃으셨던 것이 기억에 남는다.

유적이든 유물이든 고고학자로의 욕심은 학문 발전의 원동력이다.

선생님의 새로운 발견에 대한 열정은 80년대 아직 기초가 부족하였던 백제고고학을 단단한 기반 위에 놓았다.

그리고 교육에 대한 열정의 결과는 후배와 제자들 모두 나름대로 전공분야에서 훌륭하게 성장하고 있고 활발한 활동과 역할을 하고 있다.

90년대 이후 공주대학교가 종합대학교가 되고 사학과와 대학원이 설치되면서 많은 후배와 제자들이 고고학자의 길을 걸었고, 그들은 지금 공무원에서부터, 박물관, 연구기관 등에서 활발한 활동을 하고 있다.

선생님의 주무대는 연구실보다 박물관이 아니었나 싶다.

아담한 돌집은 박물관으로는 작은 규모이지만, 소장되어 있는 수많은 유물들은 백제사를 풍요롭게 만들 자료들이었다.

선생님의 30여 년이 훌쩍 넘는 동안 행한 수백 건의 조사활동은 역사 연구자들에게 단비와 같은 귀중한 자료로 쓰였고, 수많은 저술서는 현장조사와 발굴을 통해서 얻어진 생생한 것들이기에 백제사 연구에 최고의 밑거름이 되었다.

백제유적과 유물에 대한 새로운 해석들 역시 직접 발굴한 경험 속에서 우러나와 많은 연구자들에게 큰 영향을 끼쳤다.

어쩌면 선생님은 지인들보다도 박물관의 제자들과 많은 시간을 함께 했던 것 같다. 발굴 복, 유물 복 많은 선생님의 일복에 제자들은 땀으로 보답했고, 가끔은 낭만과 여유도 즐겼다.

금강 둔치 그 뜨거운 여름 땡볕 아래서 땀 뻘뻘 흘리며 함께 공을 차던 일, 누가누가 잘하나 속도전 시합, 봄이면 꽃게장을 직접 담가 주시며 함께 나누어 먹던 일, 답사를 갈 때면 직접 샌드위치를 만들어 오시고, 특허를 내도 될 만큼 맛있게 만들어 주시던 닭발요리, 그리고 밖에서 맛있고 좋은 음식을 드시면 꼭 제자들을 데리고 가서 사 주셨던 정이 넘치는 사람냄새 나는 기억들 …

이렇게 긴 겨울을 지나 봄꽃이 피는 계절에는 개화주를 함께 하시던 선생님.

문득 함께 동해안, 서해안, 그리고 유적지를 찾아 함께 여행을 떠났던 기억이 새롭다.

지금 생각하면 너무나 짧게 사시고 가신 선생님.

우리의 안식처처럼 찾아가는 박물관 돌집. 그곳에 소장된 수많은 유물들을 볼 때마다 생각나고,

그 돌집처럼 우리 가슴 한가운데 자리한 선생님.

백제인으로 사셨다. 오직 한 길만을 걷고 싶다고 하셨다.

선생님이 가신 뒤 그 공백이 너무 크다. 그리고 못다 하고 가슴에 품고 가신 것들은 어떻게 풀어야 할까.

선생님께서 바라보셨던 올곧은 그 뜻이 후배와 제자들이 가는 길의 이정표가 되기를 …

어느새 또 그 모습, 그 말씀이 그리워진다.

부디 모든 것을 내려놓으시고

안식하소서.

선생님을 그리워하고 존경하는 제자들과 함께

목 차

• 추모글 … 3

• 추모그림 … 4

• 추모사진 … 7

• 활동사진 … 8

• 추모시 … 22

• 觀濟 이남석 교수 약력 … 24

• 觀濟 이남석 교수 학술활동 … 26

• 내 친구 觀濟 이남석 교수 … 33

• 올곧게 한길만을 가고자 하셨다 … 38

제1부 고구려 · 백제사의 재조명

제1장 高句麗와 玄菟郡의 관계와 幘溝漊 설치 배경 검토 ………………………… 51

이종록(고려대학교 한국사학과 박사수료)

Ⅰ. 머리말   51

Ⅱ. 滄海郡의 설치와 第1玄菟郡   54

Ⅲ. 第2玄菟郡의 高句麗 관할 방식과 幘溝漊   63

Ⅳ. 高句麗와 玄菟郡의 관계에 관한 중국의 高句麗 인식   73

Ⅴ. 맺음말   80

제2장 웅진 · 사비기 백제 왕실의 조상 제사 변천 …………………………………… 83

이병호(국립미륵사지유물전시관)

Ⅰ. 머리말   83

Ⅱ. 공주 무령왕릉과 유교적 상장례   85

Ⅲ. 부여 능산리고분군과 사원의 건립   101

Ⅳ. 맺음말   108

제3장 사비 천도의 배경과 시행 과정에 대한 고찰 ················· 113

      정재윤(공주대학교 사학과)

Ⅰ. 머리말   113

Ⅱ. 웅진 정도(定都)와 한계   115

Ⅲ. 무령왕대 생산기반 시설의 구축   122

Ⅳ. 성왕대 사비 천도의 결정과 배경   125

Ⅴ. 맺음말   132

제4장 흑치상지와 백제부흥운동 −재검토의 필요성−················137

      양종국(공주대학교 사학과)

Ⅰ. 서언   137

Ⅱ. 흑치상지의 역사적 위상   138

Ⅲ. 흑치상지의 출생과 흑치지방   144

Ⅳ. 임존성과 백제부흥운동   150

Ⅴ. 흑치상지의 항복과 웅진도독부   152

Ⅵ. 결어   156

제2부 마한 · 백제 고고학의 재조명

제1장 중서부지역 주구토광묘의 등장기 묘제상 검토 ················· 161

      강지원(중앙문화재연구원)

Ⅰ. 머리말   161

Ⅱ. 주구토광묘에 대한 인식   163

Ⅲ. 선행 묘제에 대한 접근　　　　　　　　　　　　　　167

Ⅳ. 주구토광묘 등장기 변화상　　　　　　　　　　　169

Ⅴ. 맺음말　　　　　　　　　　　　　　　　　　　　179

제2장 中西部地域 墳丘墓와 周溝土壙墓의 文化的 接變 ……………………………… 183
　　　정해준(가경고고학연구소)

Ⅰ. 머리말　　　　　　　　　　　　　　　　　　　　183

Ⅱ. 문화적 접변 현상이 나타나는 분묘유적　　　　　185

Ⅲ. 분구묘와 주구토광묘의 이해　　　　　　　　　　191

Ⅳ. 분구묘와 주구토광묘의 문화적 접변현상　　　　198

Ⅴ. 맺음말　　　　　　　　　　　　　　　　　　　　211

제3장 아산지역 2~5세기 고대유적의 현황과 의미 ……………………………… 215
　　　최욱진(천안박물관)

Ⅰ. 머리말　　　　　　　　　　　　　　　　　　　　215

Ⅱ. 2~5세기 유적 발굴조사 현황　　　　　　　　　　218

Ⅲ. 유적의 분포 현황 및 출토유물 검토　　　　　　　228

Ⅳ. 유적의 존재의미　　　　　　　　　　　　　　　　241

Ⅴ. 맺음말　　　　　　　　　　　　　　　　　　　　247

제4장 원통형토기를 통해 본 3세기 중반 이후 곡교천유역의 사회상 검토 ……………… 253
　　　이상엽(가경고고학연구소)

Ⅰ. 머리말　　　　　　　　　　　　　　　　　　　　253

Ⅱ. 연구현황 및 출토현황　　　　　　　　　　　　　254

Ⅲ. 원통형토기의 제작기법 및 형식분류와 기원 검토　260

Ⅳ. 공반유물을 통한 원통형토기 피장자의 집단 내 위계 및 사회변상상 검토　275

Ⅴ. 맺음말　　　　　　　　　　　　　　　　　　　　286

제5장 고고자료를 통해 본 고대 당진지역의 문화사적 성격 ················· 291

　　　이현숙(공주대학교 박물관)

　Ⅰ. 머리말　　　　　　　　　　　　　　　　　　291
　Ⅱ. 당진의 지형환경과 특징　　　　　　　　　　　292
　Ⅲ. 당진지역의 원삼국~백제시대 유적현황　　　　297
　Ⅳ. 고대 당진지역의 문화사적 성격　　　　　　　305
　Ⅴ. 맺음말　　　　　　　　　　　　　　　　　　315

제6장 호서지역 백제시대 수혈유구 용도에 관한 검토 ················· 319

　　　류미나(공주대학교 박물관)

　Ⅰ. 머리말　　　　　　　　　　　　　　　　　　319
　Ⅱ. 호서지역 조사사례 현황　　　　　　　　　　　321
　Ⅲ. 수혈유구의 분석　　　　　　　　　　　　　　324
　Ⅳ. 수혈유구의 존재양상과 그 용도　　　　　　　334
　Ⅴ. 맺음말　　　　　　　　　　　　　　　　　　342

제7장 고창 봉덕리 1호분 4호석실 출토 청동탁잔에 대한 小考 ················· 347

　　　이문형(원광대학교 마한·백제문화연구소)

　Ⅰ. 머리말　　　　　　　　　　　　　　　　　　347
　Ⅱ. 봉덕리 출토품과 비교 검토 자료　　　　　　　348
　Ⅲ. 기원에 관한 검토　　　　　　　　　　　　　354
　Ⅳ. 맺음말 −분석결과로 대신하며−　　　　　　　358

제8장 궐수문 장식을 통해 본 철병 살포의 부장의미 ················· 361

　　　이상원(京都大學 文學硏究科 博士後期課程)

　Ⅰ. 머리말　　　　　　　　　　　　　　　　　　361
　Ⅱ. 철병 살포의 분포　　　　　　　　　　　　　364
　Ⅲ. 철병 살포의 형식　　　　　　　　　　　　　370

Ⅳ. 철병 살포의 변천 ······ 375

Ⅴ. 철병 살포의 부장 양상 및 의미 ······ 381

Ⅵ. 맺음말 ······ 386

제9장 百濟城郭 內 우물의 登場과 造成過程에 대한 硏究 ················· 391

　　　최병화(가경고고학연구소)

Ⅰ. 머리말 ······ 391

Ⅱ. 城郭 內 우물의 調査現況 ······ 393

Ⅲ. 우물과 城郭 內 用水施設의 區分 ······ 396

Ⅳ. 우물의 立地와 構造 ······ 401

Ⅴ. 우물의 水文學的 環境과 造成過程 ······ 413

Ⅵ. 맺음말 ······ 428

제10장 百濟 泗沘期 木塔 築造技術의 對外傳播 ················· 433

　　　조원창(한얼문화유산연구원)

Ⅰ. 머리말 ······ 433

Ⅱ. 백제 사비기 목탑지의 자료 검토 ······ 435

Ⅲ. 백제 조탑기술의 일본 · 신라 전파 ······ 451

Ⅳ. 맺음말 ······ 461

제11장 거제 다대산성을 통해 본 신라산성의 구조와 축성법 ················· 465

　　　서정석(공주대학교 문화재보존과학과)

Ⅰ. 머리말 ······ 465

Ⅱ. 다대산성의 현황 ······ 468

Ⅲ. 성벽의 축성법 ······ 476

Ⅳ. 부대시설의 특징과 그 의미 ······ 480

Ⅴ. 맺음말 ······ 483

제1부
고구려 · 백제사의 재조명

제1장 高句麗와 玄菟郡의 관계와 幘溝漊 설치 배경 검토
제2장 웅진 · 사비기 백제 왕실의 조상 제사 변천
제3장 사비 천도의 배경과 시행 과정에 대한 고찰
제4장 흑치상지와 백제부흥운동

제1부 제1장

高句麗와 玄菟郡의 관계와
幘溝漊 설치 배경 검토

이종록

(고려대학교 한국사학과 박사수료)

Ⅰ. 머리말

Ⅱ. 滄海郡의 설치와 第1玄菟郡

Ⅲ. 第2玄菟郡의 高句麗 관할 방식과 幘溝漊

Ⅳ. 高句麗와 玄菟郡의 관계에 관한 중국의 高句麗 인식

Ⅴ. 맺음말

Ⅰ. 머리말

『三國史記』高句麗本紀에서는 기원전 1세기경 夫餘로부터 남하한 朱蒙集團이 주변 집단을 통합하여 高句麗를 건국했다고 한다.[1] 주몽집단의 도래 이전 桓仁·集安 일대에서는 이미 적석총으로 대표되는 문화를 공유하고, 고구려라는 국가의 基底가 되었던 '高句麗社會'[2]가 존재하고 있었다. 반

---

1 『三國史記』卷13 高句麗本紀 東明聖王 元年.
2 '高句麗社會'는 기원전 3세기부터 1세기 후반의 압록강 중류유역과 그 지류인 혼하, 독로강, 즉 환인에서

면 중국 측 기록에 따르면 이 지역은 기원전 107년 漢武帝에 의해 설치된 玄菟郡의 영역으로, 고구려사회는 아직 통합된 정치체제를 이루지 못하고 군현의 지배하에 예속되어 있었던 것으로 나타난다. 그러나 기원전 75년 이전 현도군은 고구려인으로 추정되는 夷貊의 침략을 받아(夷貊所侵) 치소를 현재의 신빈 방면으로 옮기게 된다. 그리고 기원후 106년에는 또다시 그 치소를 撫順으로 옮기며 중국 본토 방면으로 퇴축을 반복하였다. 이러한 현도군의 퇴축은 곧 고구려의 성장에 따른 郡縣의 후퇴를 나타낸다고 보는 것이 일반적이다. 당초 현도군의 지배하에 있던 소집단들의 집합체인 고구려가 점차 정치적인 통합을 이루어 내고, 이로 인해 현도군을 몰아낼 수 있던 것으로 파악한 것이다.

이렇게 보면 고구려 초기의 국가형성은 주변 小國들을 통합해 나가는 동시에, 한편으로는 현도군에 대한 저항의 과정이었다고 할 수 있다.[3] 때문에 고구려 초기의 국가형성을 추적하는 기존 연구들에서는 『漢書』 地理志 및 『三國志』 東夷傳에 기록된 현도군 관련 사료를 통해 현도군과 고구려사회의 관계 및 그 변천을 추적해 왔다. 특히 기원전 75년 현도군이 그 치소를 이전한 사건을 압록강 중상류에서 혼강 일대에 小集團으로 산재해 있던 고구려사회의 정치적 성장에 있어서 중요한 기점으로 파악하는 경우가 적지 않다. 이들 연구들은 현도군의 퇴축을 이 지역의 소집단들이 상당 수준의 정치적 통합을 이루어 낸 결과로 보거나,[4] 『三國志』 東夷傳의 消奴部 중심의 聯盟體가 형성된 결과로 추정하였다.[5] 이에 더 나아가 기원전 75년에 현도군을 축출한 세력을 이전 시기에 이미 이 지역에서 형성된 독자적인 정치체로 보는 근래의 시각[6]들도 근본적으로는 현도군에 관련된 사료에

집안 일대에서 적석총문화를 공유하는 貊系 집단 전반을 지칭하는 개념으로 박경철에 의해 제시되었다(박경철, 1996, 『高句麗의 國家形成 研究』, 고려대학교 박사학위논문, 43~103쪽). 고구려가 본격적으로 국가를 형성하기 이전 이 지역의 주민집단을 지칭하는 용어는 연구자에 따라 '原高句麗社會'(池炳穆, 1987, 「高句麗 成立過程考」 『白山學報』 34) 혹은 '句麗種族社會'(여호규, 1997, 『1~4세기 高句麗 政治體制 연구』, 서울대학교 박사학위논문)로 칭하기도 한다. 본문에서는 주몽집단에 의해 성립된 하나의 국가로서의 고구려와 이들 집단을 구분하기 위해 위의 견해를 수용하여 '고구려사회'라고 모두 지칭하기로 한다. 본문 내에서 직접적으로 명시하지 않는 한 高句麗人 혹은 고구려라고 지칭할 경우에는 모두 이 고구려사회를 가리키는 것이다. 이들과 하나의 정치체로서의 고구려를 구분하는 문제는 상세한 검토가 필요하다고 생각하기 때문에, 이는 후일의 과제로 남겨 둔다.

3   김미경, 2007, 『高句麗 前期 對外關係 研究』, 연세대학교 박사학위논문, 33쪽.

4   임기환, 1995, 『高句麗 執權體制 成立過程의 研究』, 경희대학교 박사학위논문; 2004, 『고구려 정치사 연구』, 한나래, 66쪽; 박경철, 1996, 앞의 책, 126쪽.

5   노태돈, 1999, 『고구려사 연구』, 사계절, 60쪽; 김현숙, 2007, 「고구려의 종족기원과 국가형성과정」 『大丘史學』 89, 15쪽; 여호규, 2014, 『고구려 초기 정치사 연구』, 신서원, 172~173쪽.

6   박노석, 2015, 「고구려의 발전과 현도군 책구루의 변화」 『전북사학』 46, 41쪽; 장병진, 2015, 「초기 고구

서 반영된 현상을 해석했던 것이다. 다시 말해서 사료에 나타나는 고구려사회와 현도군의 관계 대한 명확한 이해는 곧 고구려사회가 소집단들의 집합체에서 하나의 국가를 형성하는 과정을 추적하는 일과 직결된다고 할 수 있다.

그런데 지금까지의 연구에서는 兩者의 관계를 고구려의 성장-현도군의 퇴축이라는 대립으로서의 측면에 주로 집중해왔기 때문에, 이 관계의 또 다른 측면에 대한 검토는 상대적으로 미진했던 것으로 생각한다. 특히 이 문제에 대한 해석의 중심이 桓仁·集安 일대의 고구려사회였기 때문에 한나라의 입장에서 양자의 관계가 이민족에 대한 군현 지배체제 내에서 어떤 의미를 가지는지에 대해서는 검토가 비교적 소홀했다고 생각한다. 예컨대 『漢書』地理志의 玄菟郡條에서 나타나는 현도군의 특수성에 대해서는 기존 연구에서 다양한 해석이 제기되었지만 이것이 고구려의 성장에 따른 郡의 퇴축 혹은 그로부터 파생된 결과로 보는 데에는 이견이 없다. 그러나 기원전 75년 이후에도 양자의 교섭이 단절되지 않고 '幘溝漊'와 같은 형태로 지속되고 있었기 때문에, 그 관계를 일괄적으로 相爭으로서 파악하는 것은 문제가 있다. 즉 양자의 관계는 시종 대립하는 것이 아니라 일정한 타협을 통해 관계가 유지되고 있었던 측면도 분명히 존재했다는 것이다.

이와 같은 양자의 타협은 그 설치시기에서도 암시되고 있다. 현도군은 漢四郡 중에서 홀로 1년 늦게 설치되었다는 점을 보아도 나머지 3개 군과는 다른 과정을 거쳐 설치되었을 가능성이 나타난다. 때문에 무력으로 衛滿朝鮮을 정벌한 후 설치한 樂浪郡과는 달리, 토착 집단이 한나라의 군현 설치에 협조적인 자세를 취하여 현도군이 설치되었을 가능성은 기존부터 제기되어 왔다.[7] 그럼에도 고구려와 현도군의 대립에 주로 집중한 나머지, 이에 대한 구체적인 검토는 상대적으로 충분히 이루어지지 못했던 것으로 생각한다. 만약 현도군이 고구려의 협조를 토대로 현도군이 설치될 수 있었다면 양자의 관계는 최초부터 협력적이었던 것이 되며, 이 관계가 이후 대립으로 돌아섰다고 보아야 할 것이다.

이런 의미에서 『三國志』東夷傳 高句麗條의 幘溝漊관련 기사를 재검토하는 것은 고구려사회와 현도군의 관계를 새롭게 살펴볼 수 있는 적절한 수단이 될 것으로 생각한다. 책구루에 관한 기사는 이전부터 현도군과의 관계를 논하는 데에 있어 중요한 사료로 취급되어 관련된 연구도 다양하다. 지금까지는 주로 책구루 설치의 배경으로 고구려가 一元化된 대외교섭권을 성립하여 현도군과 1대 1로 교섭한다는 고구려의 정치적 성장을 중심으로 논해왔다. 이렇게 본다면 책구루의 설치는 고구

려의 주도세력과 현도군」『한국고대사연구』77.

7 김광수, 1983, 『고구려 고대집권국가의 성립에 관한 연구』, 연세대학교 박사학위논문; 김기흥, 1985, 「夫租薉君에 대한 고찰 -漢의 對土着勢力 施策의 一例-」『韓國史論』12, 18~19쪽.

려사회의 현도군에 대한 하나의 정치적 승리라고 할 수 있으나, 비록 형태는 다르다고 해도 현도군과의 관계가 단절된 것이 아님을 유념할 필요가 있다. 그 과정에서 양자가 서로 적대적인 입장을 취했다고 하더라도, 책구루 설치는 결국 현도군과 고구려 양 쪽이 모두 합의한 결과였다고 보아야 하기 때문이다. 곧 책구루 설치와 이에 이르는 전후의 사정은 양자의 관계에서 설치 당시부터의 타협적인 측면의 연장선상에 있었을 가능성을 검토해야만 할 것이다.

따라서 고구려의 현도군 축출을 논하기에 앞서, 최초부터 고구려사회가 한나라와 어떤 관계를 통해 현도군을 설치할 수 있었는지를 먼저 살펴볼 필요가 있다. 이 문제를 명확하게 한다면 사료상에서 나타나는 이후 고구려와 현도군의 대립의 성격도 보다 분명해질 것이기 때문이다. 특히 현도군 이전에 설치된 滄海郡 단계에서부터 반영되는 고구려사회와 한나라의 관계를 검토하고, 이후 제2현도군의 이전과 책구루 설치로 이어지는 과정을 논하고자 한다. 이를 통해 양자의 관계에서 일관되게 나타나는 현상을 추적해야만 당초 어떤 과정으로 군을 설치할 수 있었는지 이해할 수 있을 것이다. 본고에서는 먼저 최초에 함흥에서 압록강 중상류 일대에 현도군이 설치된 과정과, 고구려가 그 영역에 포함되게 된 배경을 논하도록 하겠다. 그리고 이 과정에서 고구려가 군현의 지배를 수용한 배경과, 이후 『漢書』 地理志를 비롯한 사료에 어떠한 형태로 나타났는지 살펴볼 예정이다. 나아가 이 과정을 통해 고구려와 현도군 사이에 성립된 관계를 검토하여 그 의의에 대해 의견을 제시하도록 하겠다.

Ⅱ. 滄海郡의 설치와 第1玄菟郡

현재까지의 사료에서 고구려사회가 어떤 과정을 거쳐 현도군에 포함되었는지 구체적으로 적시하는 사료는 없다. 때문에 현도군이 설치되었을 당시의 정황을 검토하여 간접적으로 유추할 수밖에 없는데, 이 문제는 현도군의 관할 영역과 치소 문제와 직접적으로 연관이 있다. 잘 알려진 대로 현도군은 기원전 107년 최초로 설치된 이후 토착 집단의 저항과 중국 내부의 정책 변화 등으로 인해 2차례나 영역을 변경해야만 했다. 이 중 설치 직후부터 기원전 75년 무렵 신빈으로 치소를 이전하기까지의 현도군,[8] 곧 '제1현도군'의 치소에 관해서는 『三國志』 東夷傳 東沃沮條의 다음 기사가 언

---

8 『漢書』 昭帝紀에 따르면 元鳳 元年 정월에 군국의 무리를 징발하여 현도성을 쌓았다고 전하여 현도군의 이전이 기원전 75년까지 이루어 진 것을 확인할 수 있다(『漢書』 卷7 昭帝紀7 6年 "春正月 募郡國徒 築遼東玄菟城.")

급하고 있다.

A-1　漢武帝 元封二年 伐朝鮮 殺滿孫右渠, 分其地爲四郡 以沃沮城爲玄菟郡 ① 後爲夷貊所侵 徙郡句麗西北 今所謂玄菟故府是也.[9]

위의 기사에 따르면 현도군은 그 治所를 최초로 沃沮城에 설치했다고 전한다. 옥저성은 곧 함흥으로 비정되는 낙랑군의 夫租縣과 동일한 지역으로, 제1현도군이 설치되었을 당시에는 현도군의 관할 하에 있었다는 것이다. 이 사료만 놓고 본다면 최초에 현도군이 설치되었을 당시 관할 대상은 옥저였으며, 그 영역도 함흥 일대로 비정된다. 그런데 『漢書』지리지에서 등장하는 高句驪縣의 존재와,[10] 『後漢書』東夷列傳에서 고구려가 漢武帝에 의해 縣民으로 편제되어 있었다는 기록[11]들을 본다면 현도군의 관할 대상에 환인·집안 일대의 고구려사회 또한 포함되어 있었다. 이들을 모두 신뢰할 경우 제1현도군은 환인·집안 일대에서부터 동옥저를 포괄하는 형태가 되지만, 그 영역이 지나치게 넓을 뿐만 아니라 현도군이 옥저와 고구려라는 별개의 집단을 동시에 관할하는 형태가 되어 쉽게 납득하기 어려워진다.

제1현도군의 관할 영역과 대상은 조선시대의 유학자들부터 일제강점기의 日人 학자들 사이에서 많은 논란이 있던 주제이다. 과거 조선시대의 유학자들 사이에서는 현도군이 고구려사회를 대상으로 설치하였다고 보는 관점이 지배적이었기 때문에, 대개의 경우 고구려의 중심지였던 환인·집안 일대에 현도군이 위치했다고 보아왔다. 그런데 조선 후기에 들어서는 韓鎭書,[12] 安鼎福,[13] 丁若鏞같은 실학자들이 기존 설을 비판하면서, 제1현도군이 함경남도 함흥에 설치되었다고 주장하였다. 특히 정약용은 자신의 『我邦疆域考』에서 현도군이 2차례에 걸쳐 그 영역을 이전하는 과정을 고찰하면서, 『후한서』의 기사가 『한서』지리지가 제2현도군을 반영한 사실을 알지 못한 결과로 보며 신뢰할

9　『三國志』卷30 魏書30 東夷傳 東沃沮.

10　『漢書』地理志의 내용에 관해서는 3장에서 후술.

11　『後漢書』卷85 東夷列傳 高句驪, "漢武帝 元封二年 伐朝鮮 殺滿孫右渠, 分其地爲四郡 以沃沮城爲玄菟郡 ① 後爲夷貊所侵 徙郡句麗西北 今所謂玄菟故府是也." 몇몇 연구들에서는 이 기사가 뒤에 고구려가 옥저 및 동예를 예속시켰다는 기록과 모순되는 점을 지적하며, 『후한서』의 찬자가 『한서』地理志의 高句驪縣을 誤讀한 결과로 보기도 한다. 손영종, 1990, 『고구려사』1, 과학백과사전종합출판사, 52쪽; 기수연, 1998, 「『後漢書』「東夷列傳」〈高句麗傳〉에 대한 분석 연구」『史學志』, 664쪽.

12　『海東繹史續』卷4 地理考4 四郡.

13　『東史綱目』附 下卷 四郡考.

수 없다고 여겼다.[14] 또 일제강점기에 들어 현도군에 주목한 日人 학자들 또한 『삼국지』 동이전 동옥저조의 기사에 보다 무게를 두는 경우가 많았다. 비록 조선의 식민지지배에 대한 정당성을 밝히기 위한 의도로 한사군에 대해 연구하는 과정에서 도출된 결론이기는 해도, 이들의 연구는 『삼국지』 동이전의 기사를 취신하여 현도군의 강역을 비정한 데에는 조선시대 실학자들과 공통점이 있다.[15]

그런데 이병도는 현도군의 설치 당시의 영역을 遼寧省 興京 일대에서부터 압록강 유역으로 비정하면서, 다음의 세 가지 문제점을 들며 『삼국지』 동이전 동옥저조의 기사를 부정하였다. 첫째로 해당 기사에서는 현도군의 치소가 옥저성이었으나 "夷貊이 침략을 받아(夷貊所侵)" 郡을 옮기게 되었는데, 정작 옥저는 樂浪郡의 屬縣으로 그 존재를 유지하고 있었다. 만약 옥저가 현으로 여전히 유지할 수 있었다면 당초부터 郡治를 이전할 필요가 없었을 것이다. 또 漢四郡이 설치될 당시 하나의 군이 진번과 임둔처럼 하나의 土着集團을 대상으로 설치되었으나 옥저와 고구려가 동시에 포함될 경우 2개 이상의 집단을 관할하는 상태가 되어 이상한 구조가 된다. 그리고 옥저성이 위치한 동해안 방면은 엄연히 임둔군이 존재하고 있었는데 군이 2개의 군으로 나누어 설치하는 것은 납득할 수 없는 현상이다. 따라서 제1현도군의 치소는 옥저 지역에 존재할 수 없으며, 그 치소를 집안에 설치된 고구려현으로 보아야 한다는 것이다.[16] 이러한 이병도의 논의는 이후의 여러 연구자들에 의해 수용되어 제1현도군의 첫 치소를 집안의 고구려현이라는 전제 하에 현도군 혹은 옥저에 대해 검토해 왔다.[17]

그런데 90년대 이후 제출된 연구들은 제1현도군의 영역이 고구려와 동옥저를 모두 포괄하는 영역, 곧 함흥 일대에서부터 압록강 중류 지역으로 비정하는 경우가 적지 않다. 이는 현도군의 치소를 옥저라고 보는 『삼국지』의 기사와 현도군의 관할 대상이 고구려라는 점을 모두 긍정하면서, 양자를 절충하는 입장에서 현도군의 영역 및 치소를 비정했다고 할 수 있다. 이 沃沮-高句麗說은 50년대

---

14 『我邦疆域考』 卷1 玄菟考 "又按 後漢書北史等書皆云 武帝置玄菟郡 以高句驪爲屬縣 皆誤讀班志 以爲武帝之制也 其實班志所載 皆昭帝始元之制 孔安國書傳 豫擧駒驪之號 豈非梅賾僞案乎."

15 白鳥庫吉, 1912, 「漢の朝鮮四郡疆域考」 『東洋學報』 2-2; 稻葉岩吉, 1928, 「漢四郡問題の攷察」 『朝鮮』 154; 池內宏, 1940, 「樂浪郡考」 『滿鮮地理歷史硏究報告』 16; 1978, 『滿鮮史硏究』 上世1冊, 吉川弘文館.

16 이병도, 1930, 「玄菟郡及臨屯郡考」 『史學雜志』 41-4(1976, 『韓國古代史硏究』, 博英社, 161~169쪽에서 재인용).

17 김기흥, 1987, 「고구려의 성장과 대외교역」 『韓國史論』 16; 이현혜, 1997, 「동예와 옥저」 『한국사』 4, 국사편찬위원회, 248~251쪽. 한편 김광수의 경우 『삼국지』 동옥저조의 내용을 일단은 신뢰할 수 있을 것으로 보았으나, 여기에서의 옥저가 함흥의 東沃沮가 아닌 별도의 옥저가 존재했으며, 이는 조선 및 고구려와 지리적 연접성을 갖는 지역에서 찾아야 한다고 보았다. 이 견해는 곧 현도군의 치소를 고구려와 관련된 지역으로 보아야 한다는 점에서 이병도의 견해와 공통점이 있다고 할 수 있다(김광수, 1983, 앞의 책, 20쪽).

에 和田淸이 이미 제시한 바가 있으나,[18] 여기에서는 제1현도군의 치소를 고구려현으로 보아 이후의 연구와는 차이가 있다. 반면 옥저-고구려설을 취하는 연구자들은 대체로 『삼국지』 동이전 동옥저조를 긍정하는 입장에서 郡의 治所 또한 옥저성으로 비정하는 한편, 압록강 중상류 및 혼강 일대도 그 영역에 포괄하는 것으로 보았다.[19]

이와 같이 제1현도군의 영역에 대해서는 기존부터 많은 논란이 있었으며, 현도군의 관할영역에 고구려사회가 포함되는 여부는 이 논란의 핵심적인 사항이었다고 할 수 있다. 즉 현도군의 주 관할 대상이 고구려였던 것이 보편적인 인식임에도, 『삼국지』의 기록을 신빙할 경우 동옥저 또한 설치 당시 현도군의 관할 대상으로 포함되기 때문이다. 특히 위만조선 멸망 이후 설치한 郡들이 진번과 임둔처럼 하나의 토착 세력을 대상으로 설치되었기 때문에, 현도군이 옥저와 고구려를 동시에 관할했다는 사실은 분명 이질적이 된다. 특히 함흥은 압록강 중상류 일대와 지형적으로도 낭림산맥 등으로 격절되어 있는데다가 함흥이 위치한 원산만 일대에는 임둔군도 설치되어 있었다. 때문에 함흥 지역만 굳이 분리해서 현도군에 소속시키는 것은 더더욱 부자연스럽게 된다.[20]

따라서 이 문제에 대한 해명을 위해 기존 논자들 중에서는 『삼국지』 동이전의 기사를 긍정하면서도 그 해석을 수정해서 이해하거나, 혹은 옥저와 고구려를 동시에 관할할 수 있는 종족적, 문화적 배경을 제시해 왔다. 예를 들어 제1현도군의 중심지를 압록강 중류 일대로 보는 입장에서는 동옥저조의 기사를 기원전 82년 진번군과 임둔군이 폐지되었을 당시 임둔군 소속이었던 沃沮가 현도군에 귀속된 사실에서 파생된 내용으로 보기도 한다. 즉 현도군의 중심 관할 대상은 처음부터 고구려 사회로 한정되어 있었으나, 동옥저가 군현 재편 과정에서 현도군에 일시적으로 포함되었다고 본 것이다. 그리고 『삼국지』에서 전하는 내용은 이 시기에 대해 시차를 무시하고 기록한 것으로 해석한다.[21]

---

18 和田淸, 1951, 「玄菟郡考」 『東方學』 1; 1955, 『東亞史硏究 滿洲篇』, 東洋文庫, 12~14쪽.

19 田中俊明, 1994, 「高句麗の興起と玄菟郡」 『朝鮮文化硏究』 1, 12쪽; 김미경, 2002, 「第1玄菟郡의 위치에 대한 재검토」 『실학사상연구』 24; 윤용구, 2008, 「현도군의 군현 지배와 고구려」 『요동군과 현도군 연구』, 동북아역사재단, 116~117쪽; 박대재, 2017, 「위만조선의 영역과 濊貊」 『문헌으로 본 古朝鮮과 衛滿』, 고려대학교 한국사연구소·고려사학회 주최 2017년도 고조선 학술회의. 한편 이성제의 경우 환인·집안의 고구려가 제1현도군 관할 하에 있었다고 보지만, 이 지역에 縣이 설치하는 단계에는 이르지 못했다고 보아 차이가 있다(이성제, 2011, 「玄菟郡의 改編과 高句麗 : 夷貊所侵'의 의미와 郡縣의 對應을 중심으로」 『한국고대사연구』 64, 298~302쪽).

20 이현혜, 2010, 「沃沮의 기원과 문화 성격에 대한 고찰」 『韓國上古史學報』 70, 50쪽.

21 이들 연구 중에서는 『後漢書』 濊條에서 현도군이 "다시 句麗로 옮겨 설치하였다(復徙居句驪)"라고 기록한 구절을 들어 최초에는 고구려현이 치소였으나, 일시적으로 옥저성이 현도군의 치소가 되었다가 이후(제2현

반면 제1현도군의 치소를 옥저성으로 보는 연구에서는 고구려와 동옥저가 넓은 의미에서 '濊貊'이라는 권역으로 묶인 집단으로 비정하며 동옥저와 고구려가 동시에 관할되었던 사정을 설명하기도 한다. 여기에서는 현도군에 앞서 설치된 滄海郡에 주목하면서, 창해군 설치 대상이었던 '예군남려'의 28만구는 고구려와 옥저, 濊를 포함한 예맥집단으로 상정하였다. 곧 이 예맥은 예군남려를 대표자로 하여 결집되어 있던 단일 집단으로, 이들이 위만조선으로부터 이반하여 한나라에 투항함에 따라 창해군이 설치되었다는 것이다. 그리고 이후 현도군도 창해군과 마찬가지로 예맥을 대상으로 설치되었기 때문에 동해안에서부터 환인·집안을 아우르는 영역을 포괄하게 되었다고 주장하였다.[22]

이처럼 기존 연구에서는 현도군이 고구려를 대상으로 하여 설치되었다는 관점을 전제로 하되, 『삼국지』 동이전의 기사에 대한 합리적인 설명에 주력하였다고 할 수 있다. 그러나 현재로서는 『삼국지』 동이전의 기사를 특별한 모순이 없는 한 부정하거나 그 해석을 수정하는 것은 어렵다고 본다. 이것이 사료 내부의 논리로서도 郡 설치 당시부터 옥저가 현도군에 포함되었다고 기록하고 있기 때문에, 옥저성이 임둔군 폐지 이후 현도에 병합된 사실을 의미한다고 해석하는 것은 무리가 있다.

또 제1현도군의 관할 대상에서 환인·집안을 제외하는 것도 불가능하다. 왜냐하면 제1현도군 설치 당시 고구려사회가 관할 대상이 아니었는데 제2현도군 시점에서 갑자기 고구려를 관리 대상으로 두는 것은 기존 연구에서 지적한 대로 부자연스럽기 때문이다. 따라서 제1현도군의 관할 영역은 기원전 82년까지 혼강 상류에서부터 환인·집안을 거쳐 함흥에 이르는 영역이었으며, 그 치소는 『삼국지』 동이전이 전하는 대로 옥저성으로 보는 것이 현재로서는 가장 적절한 것으로 생각된다.

그렇다면 그 관할 영역이 고구려와 옥저를 동시에 포괄하고 있다거나, 치소가 주 관할 대상일 것인 고구려와 이반된 지역에 설치되었다는 문제는 어떻게 이해해야 할까? 이는 기존 연구에서도 지적했던 대로 창해군의 존재를 염두에 둔다면 일정 부분 해명이 가능하다. 즉 창해군이 설치되었을 때의 체제가, 제1현도군에 그대로 이어졌기 때문에 이와 같은 형태를 가지게 되었다는 것이다. 창해군이 설치되었을 당시 그 치소는 대표자인 예군남려가 위치하고 있던 지역에 위치했을 것이며, 제1현도군의 치소 또한 마찬가지였을 것이다. 곧 제1현도군의 치소인 옥저성은 창해군의 치소이기

도군 시점) 다시 고구려현으로 옮겨졌다고 보는 경우가 있다(기수연, 2007, 「현도군과 고구려의 건국에 대한 연구」『高句麗研究』29, 186~188쪽). 또는 임둔군과 진번군이 폐지된 당시 임둔군의 영동 7현이 일시적으로 현도군에 합속되었던 시기의 상황을 반영한다고 보기도 한다(이현혜, 2010, 앞의 논문, 50~51쪽).

22 김미경, 2002, 앞의 논문, 29~30쪽.

도 했으며, 예군남려는 이 지역의 토착 세력의 수장이었다는 것이다.[23]

이 가정이 옳다면 창해군의 설치를 가능하게 한 28만구의 집단의 정체는 고구려가 현도군의 영역에 포함되는 과정을 파악하는 데에 중요한 단서가 될 수 있기 때문에, 이를 먼저 살펴볼 필요가 있다.

B-1　彭吳賈〈滅〉朝鮮 置滄海之郡 則燕齊之間 靡然發動.[24]
B-2　東夷薉君南閭等 口二十八萬人降 爲蒼海郡[25]
B-3　① 唐蒙司馬相如始開西南夷 鑿山通道千餘里 以廣巴蜀 巴蜀之民罷焉 則燕齊之間靡然發動 ② 彭吳穿穢貊朝鮮 置滄海郡[26]
B-4　元朔元年 薉君南閭 畔右渠 率二十八萬口詣遼東內屬 武帝以其地爲蒼海郡 數年乃罷[27]
B-5　元朔三年 張歐免 以弘爲御史大夫 是時通西南夷 東置滄海 北築朔方之郡 弘數諫 以爲罷敝中國以奉無用之地 願罷之 於是天子乃使朱買臣等難弘置朔方之便 發十策 弘不得一 弘迺謝曰 山東鄙人 不知其便若是 願罷西南夷滄海而專奉朔方 上乃許之[28]

이들 사료에 따르자면 창해군은 元朔 元年인 기원전 128년(B-4)에 薉君南閭라는 인물이 이끈 28만구의 집단을 대상으로 설치되었다(B-2, B-4). 이 창해군의 설치는 彭吳라는 상인이 주도했다고 하며, 군의 개척에는 燕과 齊의 주민이 동원되었다(B-1, B-3-②). 이렇게 설치된 창해군의 영역은 요동 동북부에서부터 압록강 중류를 지나 동해안에 이르는 광대한 영역을 관장하고 있었을 것으로 추정되며, 관할 대상은 고구려와 옥저를 비롯한 滅의 일부를 포함하고 있었다.[29] 그러나 창해군은

---

23 옥저성이 있었던 함흥 지역은 낙랑군의 소속으로 나타나는 夫租縣이 위치하던 지역으로, 1958년 평양의 정백동 1호분에서 발견된 "夫租薉君"의 인장의 주인은 이 지역의 토착 수장으로 추정된다. 곧 이 지역의 수장을 "薉(滅)君"으로 칭했던 것이며, 예군남려의 예군 또한 옥저성에 있었던 토착 수장을 칭하는 것으로 볼 수 있다고 생각한다. 한 연구에서는 이 부조예군을 이 지역이 현도군에서 낙랑군으로 이전되는 시기의 인물로, 당초 현도군의 통치에 협조하면서 토착 사회에서 자신의 지배권을 유지하고 있던 인물로 파악하였다(이승호, 2014, 「漢의 沃沮 지배와 토착 지배층의 동향 −夫租薉君 사례에 대한 검토를 중심으로」 『동국사학』 57).
24 『史記』 卷30 平準書8.
25 『漢書』 卷6 武帝紀6 元朔 元年 秋.
26 『漢書』 卷24 食貨志 下.
27 『後漢書』 卷85 東夷列傳 滅.
28 『史記』 卷112 列傳 公孫弘.
29 이 시기 설치된 창해군의 범위에 대해서는 현도군과 마찬가지로 요동반도설, 부여설, 동해안설, 동해안−압록강 중류 일대설 등 다양하지만, 오늘날 창해군과 현도군의 관계에 주목하는 연구들에서는 대체로 제1현

불과 몇 년 후에 폐지되었는데(B-4), 그 이유는 군의 개척에 드는 비용으로 인해 재정에 부담이 된다는 公孫弘의 주장 때문이었다(B-5).

위의 B-2에서는 "薉君南閭 等 28萬口"라고 했기 때문에 예군남려가 이 집단을 아우른 수장으로 볼 수 있는 여지를 준다. 또 B-4에서는 보다 직접적으로 衛滿朝鮮의 右渠에게 반기를 들어 이 28만구를 이끌고(率) 한나라에 來降하였다고 하여, 마치 예군남려가 이들의 정치적 지도자인 것처럼 묘사하고 있다. 때문에 예군남려의 28만구 집단이 처음부터 정치적으로도 결집되어 있다고 보는 경우도 있지만, 현재까지의 자료로 이들이 어떤 정치체를 형성하고 있다고 보기에는 무리이다. 이 기록에서 28만구라는 숫자를 신뢰한다면 이 집단은 「樂浪郡 戶口簿」에서 전하는 구 진번군과 임둔군의 일부를 포함한 낙랑군의 인구와 비슷한 숫자인데, 위만조선이 존재하던 시점에서 이 정도의 규모를 가진 정치적 집단이 존재하는 것은 상상하기 어렵다.[30] 또 이 28만구에 고구려인들을 포함한다면 이 시점에서 옥저 지역의 수장이 환인·집안의 고구려사회를 아우른 집단을 결집할 수 있는 역량을 보유했던 것이 되지만 『三國志』 동이전 고구려조나 동옥저조에서 나타나는 고구려와 옥저의 관계를 감안한다면 이것이 가능한 일일지도 생각해 보아야 할 문제인 것이다.[31]

이런 점을 보면 창해군과 이후 현도군의 관할 대상이었던 예군남려의 28萬人의 집단은 정치적인 이해로 인해 임시로 결집되었을 가능성을 주목해 볼 필요가 있다.[32] 즉 창해군 설치에 호응한 집단이 28만에 이르렀다는 결과를 위의 사료에서는 마치 하나의 집단이 내투한 것으로 기록한 것이며, 예군남려는 이 과정에서 한나라와 1차적으로 교섭을 주도한 인물이었다는 것이다. 이 문제에서 주목되는 부분은 창해군 설치에서 주도적인 역할을 했던 것으로 생각되는 상인 팽오의 존재다. 이 팽오라는 인물은 사료상에서 창해군을 설치했다고 하거나(B-1) 예맥, 조선으로 이르는 길을 개통했

도군과 그 영역이 유사했을 것으로 추정한다. 관련 연구사 및 창해군의 영역에 대한 논증은 박대재, 2017, 앞의 논문, 24~30쪽 참조. 본고에서도 요동반도에는 이미 요동군이 존재하고 있었다는 문제나, 개척에 어려움이 있었다는 기록과 부합하지 않는다는 문제 등을 감안하면 동해안-압록강 중류 일대, 곧 제1현도군의 전신으로 보는 것이 가장 타당하다고 생각하여 이를 따른다.

30 「樂浪郡 戶口簿」에서 전하는 낙랑군의 口數는 약 28만명이다. 이 수치는 기원전 44년에서 45년 사이에 집계된 호구수를 반영하고 있으며, 진번군과 임둔군의 폐지 후 이들의 일부 속현을 포함하는 수치이기 때문에 위만조선의 실제 인구가 그대로 나타난 것은 아니다. 그럼에도 28만이라는 인구를 보유한 정치체가 위만조선과 병존했다는 것은 어려울 것으로 보인다. 호구부의 내용 및 판독은 윤용구, 2010, 「낙랑군 초기 군현지배와 호구 파악」『낙랑군 호구부 연구』, 동북아역사재단, 54~55쪽 참조.

31 한 연구에서는 3세기 중반경에 이미 양맥, 동옥저, 동예 등이 고구려에 예속되어 있었으며, 사회 분화 단계도 고구려에 비해 늦은 상태인 점을 감안하여 예군남려의 주도세력을 압록강 중상류 일대의 주민집단, 곧 고구려로 비정하였다(여호규, 2014, 앞의 책, 158~159쪽).

32 이성제, 2011, 앞의 논문, 294~295쪽.

다(穿)고 전하고 있을 뿐(B-3) 구체적으로 어떤 일을 하였는지는 나타나지 않는다.

　그런데 B-3에서 창해군 설치와 함께 언급되고 있는 唐蒙과 司馬相如의 西南夷 개척①은 구체적인 창해군 설치 과정을 추측할 수 있는 단서를 준다. 『史記』 西南夷列傳 및 司馬相如列傳에서는 창해군과 비슷한 시기 설치된 巴蜀 지역의 犍爲郡과 夜郎縣 등의 개설을 전하고 있는데, 해당 기사들은 다음과 같다.

　C-1　建元六年 … ①蒙歸至長安 問蜀賈人 賈人曰獨蜀出枸醬, 多持竊出市夜郎 夜郎者 臨牂柯江 江廣百餘步 足以行船 南越以財物役屬夜郎 西至同師 然亦不能臣使也 蒙乃上書說上曰 … 誠以漢之彊 巴蜀之饒 通夜郎道 爲置吏 易甚 上許之… ②遂見夜郎侯多同 蒙厚賜 喻以威德 約爲置吏 使其子爲令 ③夜郎旁小邑皆貪漢繒帛 以爲漢道險 終不能有也 乃且聽蒙約 還報 乃以爲犍爲郡.[33]

　C-2　唐蒙已略通夜郎 因通西南夷道 發巴蜀廣漢卒 作者數萬人… ①是時邛筰之君長聞南夷與漢通 得賞賜多 多欲願爲內臣妾 請吏比南夷 … 乃拜相如爲中郎將 建節往使 副使王然于 壺充國 呂越人馳四乘之傳 ②因巴蜀吏幣物以賂西夷.[34]

　C-1에서 언급되는 건위군은 창해군처럼 漢武帝代 주변 이민족에 대한 공격적인 확장을 시도하는 과정에서 설치되었으며 그 시기도 유사하지만, 지역적으로나 종족적으로도 전혀 다르기 때문에 직접 비교는 무리가 있다. 다만 건위군 개설 방식이 한나라의 정책과 크게 이반되는 점이 없다면, 창해군 또한 유사한 과정을 거쳤을 가능성은 적지 않다고 본다.

　해당 기사의 건위군 설치 과정은 세 가지 점에서 창해군과 비교할 수 있는데, 첫째로 건위군 또한 창해군처럼 상인의 활동이 계기가 되어 군의 설치가 진행되었다는 사실이다(C-1-①). 둘째로 해당 지역의 특정 토착 집단의 수장이 중심이 되어 이후 주변의 집단이 한나라와 일종의 '계약'을 형태로 군을 설치할 수 있었다는 점이다. 그리고 세 번째는 해당 군의 설치가 그 인접한 지역에서 한나라와 적대하던 세력과 관련하여 설치되었던 것이다. 곧 창해군의 경우는 위만조선이며, 건위군의 경우는 牂柯江으로 교류하고 있던 南越이 이에 해당한다.

　눈에 띄는 점은 이 설치 과정에서 야랑 주변의 小邑들이 한나라의 繒帛을 탐하였기 때문에 당몽의 약을 받아들이고, 그 결과 건위군이 설치될 수 있었다는 기록이다(C-1-③). 이 당몽의 약이 구체적으로 어떤 내용인지는 위의 기사에서 나타나지 않는다. 그러나 전후의 맥락을 고려했을 때 이 約이란 군 설치의 대가로 한나라의 물품을 제공하거나 혹은 교역을 허용한다는 조건이었음을 유추할

---

33 『史記』 卷116 西南夷列傳.

34 『史記』 卷117 司馬相如列傳.

수 있다. 한편 C-2의 司馬相如의 열전은 같은 시기 邛·筰의 군현 편제 과정을 전하는 기록으로, 이들 또한 야랑과 유사한 과정으로 한나라의 군현으로 편제되었던 것으로 전한다. 특히 이 기록에서는 唐蒙과 야랑을 언급하면서, 邛·筰의 사람들이 南夷가 한나라와 통교하여 賞賜가 많았다는 말을 듣고 그들과 같은 조치를 청했다고 하여, 군 설치를 받아들인 목적이 한나라의 재물에 대한 욕구였음을 직접적으로 드러내고 있다.

기존 연구에서 지적했던 것처럼 예군남려의 28만구가 위만조선을 이반하고 한나라에 투항한 원인은 위만조선이 주변 집단과 한나라의 通交를 차단하고, 중계무역으로 이득을 차지했던 것이다. 때문에 예군남려를 비롯한 집단은 위만조선에 반기를 들어 한나라와 직접 교섭을 시도하였으며, 그 결과 창해군을 설치할 수 있었다는 것이다. 그렇다면 예군남려의 28만구의 내항과 창해군 설치 또한 당몽의 약과 유사하게 한의 문물을 제공해주는 대가로 군현의 설치를 약속하는 방식으로 진행되었을 가능성이 있다고 본다. 곧 한나라 측에서는 토착 세력과 문물 제공을 대가로 '約'의 형태로써 郡을 설치했던 것이다. 따라서 예군남려의 28만구는 동해안에서 압록강, 혼강 일대에서 한나라가 제시하는 조건에 호응한 집단을 총칭했던 여겨진다. 그리고 예군남려는 夜郞侯 多同과 같이 한나라가 상인 팽오를 통해 교섭을 시도한 인물이었으며, 그를 중심으로 하여 고구려사회를 포함한 주변 소집단을 회유했던 것이다.[35]

창해군은 불과 몇 년 만에 폐지되었지만 위만조선을 정벌하고 이 지역에 다시 지배권을 확보한 한나라에서는 기존 창해군의 조직을 부활시켜 현도군을 설치했던 것으로 추정된다. 이는 처음부터 군현 설치에 호응하였던 집단이었기 때문에 이를 그대로 복구하는 것으로 가능했던 것이지만, 군사적으로 지배권을 확보하여 설치한 낙랑군과는 운영 방식에 차이가 있을 수밖에 없었다. 제1현도군의 관할 영역과 치소가 여타 군현들과 구분되는 이질적인 형태는 여기에서 기인했던 것이다.[36] 곧 압록강 중상류의 고구려인들은 당초 한나라와의 직접 교섭과 그 조건으로 창해군 설치에 호응했던 집단 중 하나였으며, 이러한 과거의 관계에 기인하여 이 지역이 현도군의 영역으로 포함되었을 것

---

35 최근의 연구에서도 한 주변의 세력은 한의 물품에 대한 요구가 있었으며, 이를 통해 건위군과 창해군이 설치될 수 있었다고 보았다. 김남중, 2017, 「위만조선의 멸망과 1세기 이전 낙랑 지역에 대한 諸 인식」, 『문헌으로 본 古朝鮮과 衛滿』, 고려대학교 한국사연구소·고려사학회 주최 2017년도 고조선 학술회의, 44~45쪽.

36 건위군을 설치할 수 있었던 당몽의 약은 야랑 주변의 小邑들이 한나라 문물 교류를 위해 개별적이고 자발적인 형태로 당몽과 교섭한 것으로 나타난다. 또 이때 당몽의 약을 처음 수용했던 야랑후는 정작 건위군이 아닌 다른 군의 소속으로 현으로 편제되며, 건위군 또한 여러 차례 군의 분할과 축소를 거듭했던 것이다. 이는 한나라가 설치한 군이 단일 토착 집단을 그대로 설치했다기 보다는 당시 한나라의 영역확장 과정에서 편의에 따라 군의 편제를 유동적으로 변경할 수 있다는 의미로 보아야 할 것이다.

으로 생각한다.

사정이 이랬다면 한나라 문물을 토착 세력에게 제공하는 것은 현도군의 유지를 가능하게 한 중요한 조건이었을 것으로 생각할 수 있다. 당초 토착 세력이 한나라의 군현 설치를 수용했던 것은 이를 통해서 한나라의 문물을 수용할 수 있을 것으로 보았기 때문이다. 위의 司馬相如의 열전에서 나타나는 대로, 토착 집단은 한나라의 문물을 탐내 內臣을 자처하거나, 관리의 설치를 청하는 식으로 한의 군현 설치에 자발적으로 참여하였다. 이것은 이 시기 한나라의 군 설치가 일방적인 지배-복속이 전제된 것이 아니라 한나라 문물의 제공을 조건으로 한 교섭이었음을 방증하는 것이며, 환인·집안 일대의 고구려 또한 이와 같은 교섭이 이루어졌을 것으로 추정된다. 곧 창해군이나 현도군이라는 기구의 존재가 토착 집단에게 있어서 하나의 문물 수용의 창구로써 받아들여졌기 때문에, 이들 郡縣의 설치에 동의했다는 것이다.

이상의 논의는 모두 지나친 비약일 수도 있겠지만, 적어도 현도군과 창해군이 토착 세력과의 일정 부분 협조 및 합의에 의해 설치되었을 가능성, 그리고 그 합의에는 이 지역만이 아니라 한나라가 변군을 설치한 지역에서 보편적으로 적용되었을 가능성은 적지 않다고 여겨진다. 그리고 이러한 가설이 옳다면, 이후 고구려와 현도군의 관계에서 이 文物의 제공 문제는 양자의 관계를 유지하는 데에 있어서 중요한 요소로 작용할 수 있었다고 보아야 할 것이다. 이상의 전제를 바탕으로 하여 다음 장에서는 위의 전제를 바탕으로 고구려와 현도군의 관계가 보다 직접적으로 드러나는 제2현도군 시기의 사료를 검토하면서, 양자의 관계와 그 변화를 살펴보고자 한다.

Ⅲ. 第2玄菟郡의 高句麗 관할 방식과 幘溝漊

앞 장에서는 제1현도군의 설치 과정을 검토하여 환인·집안 일대의 고구려인들은 합의에 의해 현도군에 소속되어 있을 것으로 비정하였다. 그런데 기원전 75년 '이맥소침'으로 나타나는 군현에 대한 항거로 인해 이 지역에 縣을 설치하여 직접적으로 이들을 지배하려는 중국 측의 시도는 군현이 정착하기 전에 무산되었다(A-1-①).『漢書』地理志에서 나타나는 제2현도군은 고구려의 중심지인 압록강 중상류 일대에서 멀리 떨어진 지역으로 이전되어 군현을 통한 직접 지배는 불가능한 형태가 되었기 때문이다.

이와 같이 최초에는 협조적이었던 양자의 관계가 어째서 변화했던지는 '이맥소침'의 원인이 분명히 적시되지 않아 구체적으로 알기 어렵다. 그러나 앞서 사례로 든 건위군이나 야랑의 경우도 당초

문물에 대한 욕구로 인해 군현 설치를 받아들였음에도, 막상 한나라로부터 이들로 통하는 길을 개척하는 과정에서 반란이 일어나 잦은 置廢를 거듭했던 것을 본다면 현도군 또한 유사한 이유로 토착 세력의 반발이 일어났을 가능성이 있다.[37] 즉 처음에 현도군 설치가 이루어진 것은 단지 문물에 대한 욕구에 기인한 합의에 지나지 않았으며, 실제로 군의 형태를 갖춰 직접 지배를 실시하는 과정에서 분란이 일어났던 것이다.[38]

그럼에도 한나라의 관념 속에서는 고구려를 현도군으로부터 분리시키지 않고 이 지역의 고구려인들을 현도군의 소속으로 취급하였던 것으로 추정된다. 제1현도군이 이전된 시점에서 고구려는 이미 현도군의 제어 범위를 넘어선 정치적 결집력을 보유하고 있었지만, 이 현실이 한나라와 현도군의 제도에서 그대로 적용되지는 않았던 것이다. 그리고 이 체제를 유지하기 위해서는 기존과 마찬가지로 군의 설치의 조건이었던 문물 제공 또한 유지할 필요가 있었다. 이를 확인하기 위해 먼저 『漢書』 地理志에서 나타나는 신설 2현도군의 구성을 살펴볼 필요가 있다.

> D-1 玄菟郡 武帝元封四年開 ① 高句驪 莽曰下句驪 屬幽州 戶四萬五千六 口二十二萬一千八百四十五 縣三 ② 高句驪 遼山遼水所出 西南至遼隊入大遼水 又有南蘇水 西北經塞外 上殷台 莽曰下殷 西蓋馬 馬訾水西北入鹽難水 西南至西安平入海 過郡二 行二千一百里 莽曰玄菟亭[39]

이 기사에 따르면 그 首縣이 군국의 치소가 되는 『漢書』 地理志의 규칙에 따라[40] 치소는 기존의 옥저성에서 高句驪縣으로 변경되었으며, 屬縣은 高句驪縣 외에 上殷台 · 西蓋馬가 있었음을 확인할 수 있다. 高句驪縣의 경우 오늘날의 渾河인 (小)遼水가 그 경내에서 발원한다고 했으므로 현재의 新賓縣 永陵鎭의 古城으로 비정되며, 이는 대부분의 연구자들이 동의하는 사항이다.[41] 현재의 영릉진고성을 현도군의 치소로 본다면 『三國志』 東沃沮條에서 현도군을 (高)句麗의 서북쪽으로 옮겼다는 기록과도 부합된다.

---

37 『史記』 卷116 西南夷列傳 "當是時 巴蜀四郡通西南夷道 戍轉相饟 數歲 道不通 士罷餓離溼死者甚衆;西南夷又數反 發兵興擊 秏費無功."

38 현도군에 앞서 설치된 창해군의 경우는 한나라의 재정 문제로 인해 불과 몇 년만에 폐지되었기 때문에, 토착 세력과 어떤 불화가 생길 여지가 적었던 것으로 생각된다. 때문에 창해군을 대신해서 현도군이 설치될 수 있었으며, 이후 30년의 시간을 거쳐 정식으로 군을 개통하는 과정에서 현도군과 고구려사회 사이에서 분란이 일어났던 것으로 추정할 수 있다.

39 『漢書』 卷28下 地理志 玄菟郡.

40 日比野丈夫, 1950, 「西漢郡國治所考」 『羽田博士頌壽記念東洋史論集』.

41 윤용구, 2006, 「高句麗의 흥기와 幘溝漊」 『고구려의 역사와 대외관계』, 서경문화사, 11쪽.

서개마현의 경우 현의 영역 내에 흐른다는 마자수와 염난수가 어떤 강인지 문제가 되는데, 현재는 마자수가 강계에서 서북쪽 만포진으로 흐르는 禿魯江, 염난수는 압록강으로 보는 데에 의견이 일치되고 있다. 그렇다면 서개마현 또한 압록강 중류에서 독로강 부근을 크게 벗어나지 않을 것이다. 이를 통하여 현의 중심지를 강계 일대로 비정한 연구도 있었지만[42] 대개의 경우 환인과 집안 일대의 동쪽 방면에서 신빈의 남방 부근으로 추정하고 있다.[43] 상은태현의 경우 그 위치를 짐작할 단서는 없지만, 고구려현과 서개마현의 중간에 기재되어 있으므로 신빈의 영릉진과 압록강 중류의 사이에 어느 지역에 위치했을 것으로 추측되고 있다.[44] 이 속현의 배치를 본다면 제2현도군은 압록강 중류 및 혼강 일대의 고구려에 대한 대응을 의식하고 있던 구조였음을 확인할 수 있다.[45]

이『한서』지리지의 제2현도군에 대한 기록은 몇 가지 돌출적인 면이 있어 그 구조에 특별한 사정이 있었음을 추측할 수 있다. 첫 번째로 ①의 "高句驪, 王莽은 下句驪라고 했다(高句驪 莽曰下句驪)"라는 구절이다.『漢書』地理志에서는 郡의 이름과 戶口를 기재한 원문 사이에 郡의 설치시기를 명시한 후, 이어서 명칭의 변경이나 國으로의 편제를 서술한 후에 소속 州를 기재하고 있다. 예를 들어 沛郡의 경우 "옛 秦의 泗水郡이다. 高帝가 이름을 (沛郡으로) 변경하였다. 王莽은 吾符(郡)이라고 하였다. 豫州에 속했다(故秦泗水郡 高帝更名 莽曰吾符 屬豫州)"[46]라고 하여, 郡의 연혁을 기재하는 것이 일반적이다. 그런데 몇몇 郡의 경우는 군의 설치와 소속 州 사이에 관할 지역 및 해당 지역의 특별한 지형, 혹은 특수 행정 구역을 기술하고 있다. 예컨대 遼西郡條에서는 "진나라가 설치하였다(秦置)"와 "유주에 속했다(屬幽州)"라는 구절 사이에 "작은 물길이 48개가 있는데, 나란히 3천 46리를 흐른다(有小水四十八. 并行三千四十六里)"라는 설명을 추가로 기록하였다.[47]

문제는 현도군조의 고구려는 패군처럼 郡의 명칭 변경이나 國으로의 전환, 혹은 요서군과 같이 지형이라고 보기는 어렵기 때문에 어느 사례에도 속하지 않는다는 점이다. 만약 지리지에서 郡이 관할한 어떤 특정한 이민족 집단을 기재했던 원칙이 있었다고 가정한다면 西河郡條에서 남부도위

---

42 和田淸, 1951, 앞의 논문, 9쪽.

43 윤용구, 2008, 앞의 논문, 122~123쪽; 이성제, 2011, 앞의 논문, 303쪽. 제2현도군이 설치된 시점에서는 현도군이 강계 지역에 대한 영향력을 상실하였다고 파악되므로 후자의 가능성이 더 높다고 보인다.

44 노태돈, 1999, 「고구려의 기원과 국내성 천도」『한반도와 중국 3성의 역사문화』, 서울대학교 출판부, 322~325쪽.

45 박경철, 1996, 앞의 책, 122쪽; 이성제, 2011, 앞의 논문, 301~303쪽.

46 『漢書』卷28上 地理志 沛郡.

47 『漢書』卷28下 地理志 遼西郡.

가 다스린 "塞外의 翁龍과 埤是(塞外翁龍埤是)"[48]나 河南郡의 '雒陽'[49]이 가장 유사한 사례가 된다. 그러나 옹룡과 비시는 비록 그 이름이 서하군에 존재했던 이민족을 말한다고 해도, 여기에서는 顏師古가 주석으로 설명한 것처럼 해당 지역의 障를 가리키기 때문에 현도군과는 다르다.[50] 또 낙양도 중국 본토의 행정구역에 해당하기에 이것도 직접 비교는 무리가 있다.[51] 즉 이 '高句驪'의 경우는 『한서』 지리지에서 예시를 찾을 수 없는 특이한 사례라는 것이다.

이 구절에 대해서 과거 日人 학자들은 이를 高句驪縣에 관한 서술이 잘못된 위치에서 기재된 것으로 파악하기도 했다. 원래는 이 구절이 제2현도군의 縣에 관한 註文(②)에 들어가야 했으나, 착오로 인해 郡에 관한 주석에 포함되었다는 것이다.[52] 그러나 '莽曰下句驪'라는 구절만이라면 고구려현에 관한 註文이라고 볼 수 있다 해도, 굳이 '高句驪'라는 이름을 다시 반복할 필요는 없다는 문제가 있다.[53] 『漢書』 地理志의 체제상 왕망이 縣의 改名을 언급할 때는(莽曰) 그 이름을 다시 반복하지 않기 때문이다. 때문에 여러 국내 연구자들은 이 구절을 고구려현이 아닌 환인·집안 일대에서 당시 郡 바깥에서 현도군과 반 예속관계에 있던 고구려를 지칭한다고 해석한 바가 있다.[54] 이는 제2현도군 시점에서 고구려가 사실상 독립된 상태에 있었다는 기본적인 이해에 더해서, 후술하겠지만 해당 구절의 '莽曰下句驪'가 나타내는 사건인, 고구려가 독립적인 집단으로 왕망의 신과 대립하는 양상을

---

48 『漢書』 卷28下 地理志 西河郡 "西河郡 武帝元朔四年置 南部都尉治塞外翁龍 埤是 莽曰歸新 屬並州 戶十三萬六千三百九十 口六十九萬八千八百三十六 縣三十六."

49 『漢書』 卷28上 地理志 河南郡 "河南郡 故秦三川郡 高帝更名 雒陽戶五萬二千八百三十九 莽曰保忠信鄕 屬司隸也 戶二十七萬六千四百四十四 口一百七十四萬二百七十九 有鐵官 工官 敖倉在滎陽 縣二十二."

50 『漢書』 卷28下 地理志 顏師古 註 "師古曰 翁龍 埤是 二障名也 埤音婢."

51 河南郡은 본래 秦의 三川郡으로 漢 高祖 2년에 河南郡으로 개칭하였다. 본문에서는 그 사실을 기록한 후에 '雒陽'이라는 행정구역을 별도로 기입하고 그 戶와 司隸에서 관리한다는 점, 그리고 왕망이 이후 이곳을 '保忠信鄕'이라는 이름으로 이름을 바꿔 사실상 그 격을 降等하였다는 사실을 전하고 있다. 그 성격이 같다고 볼 수는 없겠지만, 현도군의 '高句驪'처럼 아무 설명 없이 단지 '雒陽'이라고 기록되어 있는 것에서 기술 방식은 유사하다고 할 수 있다.

52 今西龍, 1916, 「眞番郡考」『史林』 1-1; 稻葉岩吉, 1928, 앞의 논문.

53 이병도, 1976, 앞의 책, 179쪽.

54 이병도, 1976, 앞의 책, 180~181쪽 ; 윤선태, 2010, 「한사군의 역사지리적 변천과 '낙랑군 초원 4년 현별 호구부'」『낙랑군 호구부 연구』, 동북아역사재단, 261쪽; 윤용구, 2011, 「소자하 유역의 중국군현과 교통로」『한중관계사상의 교통로와 거점』, 동북아역사재단, 95쪽. 김광수 또한 현도군의 영역 하에 독자적인 高句麗勢力이 존재하였으며, 같은 군의 고구려현은 이를 羈縻 統制하는 구조였다고 해석하였다(김광수, 1983, 앞의 책, 20쪽).

감안하여 도출한 결론이다.[55]

현도군의 기록에서 돌출적인 또 다른 사항은 그 戶口數에 있다. 낙랑군의 경우 25개의 縣에 인구는 406,748명으로[56] 현당 평균 약 1만 6천명, 요동군은 18개 縣에 272,539명으로[57] 평균 1만 4천명의 인구를 가지고 있었다. 그에 비해 현도군은 평균 7만 3천명의 인구를 보유하는 것으로 나타나, 그 수가 지나치게 많다는 점이 문제가 된다. 『漢書』 地理志 상에서 縣의 인구가 평균 7만 이상인 경우는 대규모 인구가 밀집한 중원의 경우에만 해당되며, 이외에는 대체로 1만 5천에서 2만의 인구를 보유하는 것이 일반적이다. 樂浪郡의 屬縣이자 治所가 위치한 朝鮮縣의 경우 6만에 가까운 인구를 보유하고 있지만 이곳은 본래 위만조선의 수도였기 때문에 예외로 보아야 한다. 게다가 낙랑군의 나머지 속현들도 대부분 2만 이상의 인구를 넘어가지 못하는 것이다. 때문에 현도군이 한번 그 영역을 재편하였다는 점을 감안하여 인구수는 제1현도군 시기로, 속현은 제2현도군 시기의 기록을 담고 있었다고 보거나,[58] 호구수는 王莽代 이전으로, 속현은 왕망대 이후의 것으로 보기도 한다.[59] 그러나 『漢書』 地理志의 속현의 구성과 호구수 모두 前漢 말기의 일괄 자료로 추정되고 있기 때문에,[60] 이와 같은 이해는 근래에는 거의 받아들여지지 않는다.

따라서 이 호구수는 앞서 제기한 『漢書』 지리지의 "高句驪 莽曰下句驪"라는 구절과 이것이 현도군에 명목상으로 소속된 고구려를 의미한다는 가설과 함께 이해할 필요가 있다. 곧 이 인구는 현도군의 직할 호구만이 아니라, 환인·집안 일대의 고구려의 인구를 포함한 숫자였을 가능성이 높다는 것이다.[61] 즉 현도군의 과다한 인구는 고구려사회의 인구를 포함한 것이며, 본래 이들을 관리하기

---

55 그러나 이 견해 또한 중국의 다른 변군에 소속된 여러 이민족의 집단 중에서 왜 유독 고구려만 위와 같이 기록해야만 했는지 알 수 없는 문제가 있다. 이 문제에 대한 검토는 IV장에서 후술.

56 『漢書』 卷28下 地理志 樂浪郡 "樂浪郡 武帝元封三年開 莽曰樂鮮 屬幽州 戶六萬二千八百一十二 口四十萬六千七百四十八."

57 『漢書』 卷28下 地理志 遼東郡 "遼東郡 秦置 屬幽州 戶五萬五千九百七十二 口二十七萬二千五百三十九 縣十八."

58 이병도, 1976, 앞의 책, 177~187쪽.

59 末松保和, 1961, 『玄菟郡の戶口數について』 『和田博士古稀記念東洋史論叢』.

60 윤용구, 2006, 앞의 논문, 12쪽. 한서 지리지의 기사에서 군국별 호구수는 기원전 2년, 군국별 소속현의 목록은 기원전 9년에서 8년 사이의 추산을 반영하고 있다고 여겨지고 있다(周振鶴, 1982, 『西漢諸侯王國封域變遷考』 『中華文史論叢』 3, 4).

61 한편 이 호구수를 실제 현도군이 관할하던 속민으로 보며 속현의 수가 적은 것은 변군에 고구려를 제압해야 하는 입장인 현도군의 특수성이 반영되었다고 추정하는 경우도 있다(이성제, 2011, 앞의 논문, 303~304쪽). 그리고 이와 같은 과대한 인구를 보유하게 된 설명으로 제2현도군 설치 당시 고구려에 대응하기 위한 정책으로 대규모 徙民의 결과로 이해하기도 한다(박대재, 2017, 앞의 논문, 31~32쪽). 제2현도군 시점에

위한 속현이 이전되었음에도 그 屬民으로 기재하고 있었다는 것이 된다. 이와 같은 관점을 가진 연구들에서는 『漢書』 지리지 단계에서 고구려는 실질적으로 독립을 유지하였음에도 현도군에 명목상으로 소속되어, 그 인구가 현도군조에 포함되었다고 이해하기도 한다.[62] 그리고 '高句驪'가 가리키는 대상은 곧 『後漢書』 東夷列傳 등에 등장하는 句驪侯 騶의 세력으로 비정하였다.

이렇게 볼 경우 『漢書』 地理志의 관점으로는 고구려가 독립된 이민족의 집단으로서의 교섭 대상이 아닌 현도군의 屬民으로 기록한 것이 된다. 그러나 제2현도군 시점에서 고구려현이 고구려사회의 중심지에서 멀리 떨어진 지역에 설치된 점으로 보아도 실질적인 지배권은 행사할 수 없었을 것이다. 그럼에도 고구려사회에 대해 군현 지배를 관철하려 했다면, 제1현도군 시점에서 고구려에 대해 중국 문물을 제공하는 조건으로 군현을 설치하는 정책은 제2현도군 시기에도 일정 부분 유지해야만 했을 것이다. 이러한 현도군의 사정은 다음의 『삼국지』 동이전 고구려조를 통해 확인할 수 있다.

E-1　①漢時賜鼓吹技人 常從玄菟郡受朝服衣幘 高句麗令主其名籍 ②後稍驕恣 不復詣郡 ③于東界築小城 置朝服衣幘其中 歲時來取之 ④今胡猶名此城爲幘溝漊 溝漊者 句麗名城也[63]

위의 기록은 잘 알려진 대로 현도군이 쌓은 幘溝漊라는 城과 이를 통한 고구려와의 교섭을 전하는 기사이다. 이 책구루의 설치시기는 기원전 75년 전후설, 琉璃王代設,[64] 유리왕 말기에서 大武神王代設,[65] 太祖王代設 등 다양하게 제기되었으며, 그 성격에 대해서도 의견이 분분하다. 이처럼 다양한 설이 제기된 이유는 위의 사료에서 그 시기를 분명히 적시하지 않아, 이것이 치소를 2차례나 옮겼던 3개의 현도군 중 어느 시기에 대한 서술인지 알 수 없기 때문이다. 또 이 기사는 특정 시점에 한정되지 않고 장기간에 걸친 현도군과 고구려의 관계 변천을 서술하고 있기 때문에 더욱 그 시

서 현도군의 고구려에 대한 방어가 중요한 문제가 되었던 상황을 보면 현도군의 실제 호구수도 적지 않았을 것이다. 따라서 지리지의 호구수가 실제 현도군이 통치하였던 속민일 가능성도 적지 않다고 생각한다. 다만 본고에서는 이를 감안한다고 해도 현도군의 속현 수가 지나치게 적다는 점이나, 이후 사료상에서 나타나는 고구려와 현도군의 관계를 보아 먼저 그 호구수에 고구려사회가 포함되어 있을 가능성을 중심으로 검토하고자 한다.

62　윤용구, 2011, 앞의 논문, 77~78쪽; 윤선태, 2010, 앞의 논문, 261쪽. 末松保和는 비록 현도군조의 기록에 시차가 있다고 보았으나, 그 인구수는 구려후 추의 집단을 포함한 것으로 파악한 데에서 전자의 견해와 공통점이 있다.

63　『三國志』 卷30 魏書 東夷傳 高句麗.

64　이종욱, 1999, 『한국의 초기국가』, 아르케, 315쪽.

65　김미경, 2007, 앞의 책, 83~84쪽; 김현숙, 2007, 앞의 논문, 22~25쪽.

기를 특정하기 어려워진다.

따라서 책구루의 설치 시점을 논하기 위해서는 먼저 이 기사의 시간적 단계를 구분해서 해석할 필요가 있다. 기존 연구들을 참고하여 시기를 구분하면 크게 4개의 단계로 나눌 수 있는데, 먼저 ① '漢時'라고 표현된 시점에서 고취기인을 하사받았으며 그 명단을 高句麗縣의 縣令이 관리하던 시기, ② 어떤 시점에서 고구려인들이 '교만 방자해져서' 현도군에 찾아오지 않았던 시기, ③ 현도군이 '책구루'를 설치해 조복과 의책을 고구려에게 전달하던 시기로 구분된다.[66] ④의 시점은 『삼국지』 동이전이 작성된 시점이기 때문에, 여기에서는 제외된다.

이 책구루와 관련해서 기존의 많은 연구자들이 주목해왔던 지점은 ②의 단계에서 한동안 조복과 의책 등을 가져가다가, 어느 시점에서 현도군에 찾아오지 않은 고구려인들의 태도 변화였다. 한 연구에서는 이 태도 변화를 그간 고구려사회의 小集團 수장들이 독자적으로 중국과 교섭하던 외교활동을 고구려의 왕실이 등장하면서 이들을 통제한 결과로 해석한 바가 있다. 즉 ①의 단계에서는 고구려의 '那'등의 집단이 개별적으로 외교권과 무역권을 행사하여 현도군과 교섭하였으나, 이후 단계에서는 고구려의 왕실, 즉 계루부 아래에 一元化 되었다고 본 것이다. 그로 인해 현도군과의 교섭은 ③의 단계인 '책구루'라는 이름의 단일한 창구를 통해 이루어지는 방식으로 대체되었다는 것이다.[67] 이 고구려의 군소집단이 통합과 단일한 외교 창구의 설립은 고구려의 部體制의 성립을 반영하며, 곧 고구려의 대외교섭창구 一元化를 의미한다고 추정된다.[68] 이후의 여러 연구자들이 이 견해에 동의하면서 고구려에서 五部 체제가 성립된 太祖王代에 책구루가 설치되었다고 보았다.[69]

책구루 설치의 의의는 그 시기에는 논란이 있다고 해도 고구려의 소집단들이 현도군과 개별적으로 교섭하던 체제에서 교섭 창구의 일원화를 나타낸다고 보는 점에서는 대부분의 연구자가 공감하는 사항이다. 그러나 太祖王代에 五部의 통합과 部體制의 성립이라는 설명을 받아들인다고 해도, 책구루의 설치시기를 태조왕대에 한정할 필요는 없다는 지적에는 유념할 필요가 있다.[70] 계루부에

---

66 박경철의 경우는 ①과 ②의 시기를 구분하여 ②의 단계를 기원전 75년 이후 현도군이 주도하던 양자간의 교역이 고구려사회의 정치적 통합의 결과 互惠的인 그것으로 변하는 단계로 구분할 수 있다고 하였다(박경철, 1996, 앞의 책, 102~103쪽). 한편 여호규 또한 박경철과 같이 ①과 ②의 시기를 구분해서 해석하였으나, ①의 단계가 기원전 75년 이후의 상황을 반영한다고 하여 차이가 있다(여호규, 2014, 앞의 책, 170~174쪽).

67 노태돈, 1975, 「三國時代 部에 대한 研究」 『韓國史論』 2, 12~13쪽.

68 노태돈, 1975, 앞의 논문, 12~13쪽; 1999, 앞의 책, 118~121쪽.

69 김기흥, 1987, 앞의 논문, 38쪽; 김창석, 2004a, 「高句麗 초·중기의 對中 교섭과 교역」 『新羅文化』 24, 103~105쪽; 여호규, 2005, 「고구려의 국가형성과 한의 대외정책」 『軍史』, 25~34쪽.

70 이성제, 2011, 앞의 논문, 313~314쪽.

의한 五部體制의 성립과는 별개로 고구려는 기원전 75년 무렵 '이맥소침' 사건이 증명하는 것처럼 현도군에게 적대적 입장을 취했기 때문에, 태조왕대 이전에 이미 고구려가 현도군과의 교섭을 중단했을 가능성은 존재하기 때문이다. 때문에 ②의 단계를 『삼국지』 동이전에 기록된 夷貊의 현도군 침략, 곧 당초 현도군의 영역에 포함되었던 고구려가 현도군을 공격하여 양 자의 교섭이 단절되었던 사건의 결과로 해석하는 경우도 적지 않다.[71] 그럼에도 현도군은 고구려에 대한 통제의 일환으로 책구루를 통해 조복과 의책을 사여하였으며, 이것이 ③의 단계에 해당한다는 것이다.

이처럼 기존에 주로 주목했던 지점은 고구려사회와 현도군의 관계 변화가 나타나는 ②의 단계이며, 적지 않은 근래의 연구들은 이를 기원전 75년 이전 현도군의 이전을 야기한 夷貊의 현도군 침입을 반영하는 것으로 본다. 그런데 현도군과의 관계에 대해서는 ②에서의 변화상을 살펴보기 이전에, 먼저 ①의 단계를 좀 더 주목해 볼 필요가 있다. ②의 단계를 기원전 75년 이후의 사실로 보는 연구에서는 ①의 단계를 제1현도군 당시의 사정을 나타낸다고 이해하고 있다. 그러나 해당 기사는 전후의 맥락을 볼 때 ①의 단계에서부터 ③의 단계에 이르기까지 현도군에서 東界를 설정할 수 있는 시기의 상황을 반영하며, 곧 동일 지역에서의 현도군의 사정을 반영한다는 지적[72]대로, 사료 내에서는 특별히 현도군의 위치가 변경된 상황은 나타나지 않는다. 또 제1현도군 시기에는 고구려현 또한 집안 혹은 어떤 지역에서든 고구려사회와 직접적으로 통교할 수 있는 위치에 설치되어 있었을 것이다. 그런데 ①에서는 "항상 현도군에 나아가 조복과 의책을 받았으며, 高句麗令이 그 名籍을 관리하였다(常從玄菟郡受朝服衣幘 高句麗令主其名籍)"라고 해서, 고구려령이 주재하던 지역과 조복 · 의책을 받아가던 고구려인들이 있던 지역이 분리되어 있는 것처럼 나타난다. 게다가 이후 관할 영역의 변동에 관한 별다른 언급이 없이 책구루가 양자 사이의 '동계'에 설치되었던 점을 볼 때, ①의 단계에서 이미 고구려현과 고구려사회가 괴리되어 있었다고 보는 편이 옳을 것 같다. 무엇보다도 ②의 단계에서 나타나는 양 자의 관계 변화가 '이맥소침'으로 인한 것이었다면 이에 대한 구체적인 언급이 없는 것은 납득하기 힘들다. 군사적인 충돌에 현도군 전체를 재편해야 할 정도의 사건에 대해 아무 설명이 없이 단순히 '교만하고 방자해져서' 군에 오지 않았다고 표현하는 것은 어색하기 때문이다.

이렇게 본다면 오히려 ①의 단계는 현도군이 고구려사회에 대한 직접 지배를 기도하던 제1현도군 단계보다는, 현도군의 치소가 신빈 방면으로 이전된 기원전 75년 이후의 관계를 반영하고 있다

---

71 박경철, 1998, 「高句麗社會'의 發展과 政治的 統合 努力」『한국고대사연구』 14, 300~306쪽; 윤용구, 2006, 앞의 논문, 19쪽; 이성제, 2011, 앞의 논문, 300쪽; 박노석, 2015, 앞의 논문, 41쪽.

72 여호규, 2014, 앞의 책, 171쪽.

고 보는 쪽이 자연스럽다. 여기에서 유의할 사항은 ①의 단계가 문제의 '이맥소침' 이후의 사건이라면 현도군은 고구려사회가 적대적인 자세를 취했음에도 계속해서 조복과 의책을 사여하였으며, 이후 고구려가 '교만하고 방자해져서' 군에 찾아오지 않았음에도 현도군에서는 책구루라는 성을 쌓아가면서까지 교섭을 유지하려고 했던 사실이다. 즉 조복과 의책 사여와 책구루 설치는 고구려보다는 현도군의 필요로 인해 설치되었다는 것이다.[73] 다시 말해서 방식은 바뀌었다고 해도 ③의 단계에 이르기까지 현도군이 조복과 의책을 제공했던 이유와 그 의미에는 변화가 없었을 것으로 생각된다.

그렇다면 현도군 측에서 '이맥소침'으로 인해 적대적인 자세를 취한 고구려사회에 대해 조복과 의책 제공을 유지한 이유는 무엇일까? 이 문제를 이해하기 위해서는 책구루를 통해 전달되었던 조복과 의책의 의미를 다시 살펴볼 필요가 있다. 조복은 글자 그대로 관원이 조정에 나갈 때 입는 예복을 뜻하고, 의책은 冠帽와 의복으로 구성된 복식의 일반을 뜻한다. 기존 연구에서는 이 조복과 의책이 가진 성격에 주목하며 이를 전달하는 것은 한나라 측에서 해당 지역의 대표자임을 공인해주는 일종의 책봉 행위로 보기도 하였다.[74] 그런데 조복과 의책에 특정한 官爵의 의미가 부여되어 있다고 보기에는 이를 매년 정기적으로 가져갔다고 하는 점에서 문제가 된다. 또 이들을 하사받는 행위 그 자체에 의미가 있었다면 양자가 서로 접촉조차 하지 않았던 것으로 묘사하지는 않았을 것이다. 오히려 책구루를 통한 조복과 의책 사여는 사료를 액면 그대로 받아들여 이해할 필요가 있으며, 이것은 현도군의 소속되는 것을 조건으로 하는 下賜品이라고 보는 것이 적절하다고 생각한다.[75]

---

73 박노석, 2015, 앞의 논문, 40쪽. 해당 연구자는 또한 고구려인들이 현도군에서 조복과 의책을 받아가는 것에 응한 것은 필요해 의해서일수도 있으나, 강압에 의해 어쩔 수 없이 받아갔을 수 있다는 가능성도 있을 것으로 보았다. 다만 필자는 전후의 맥락으로 볼 때 조복과 의책을 받아가는 것이 고구려의 정치적 지도자들에게 이득이 되었기 때문에 이와 같은 체제에 응했다고 생각한다.

74 김창석, 2004b, 「한국 고대 유통체계의 성립과 변천」『진단학보』97, 6~10쪽; 장병진, 2015, 앞의 논문, 34쪽. 장병진은 이 조복과 의책이 漢에 臣屬한 존재임을 표현하기 위한 상징적 의미로 사여되었다고 정의하였다. 반면 그 외의 연구들에서는 이들을 재화 교환의 의미로 해석하면서, 책구루가 중국이 夷族과의 교역을 위해 국경 지역에 설치한 시장인 互市의 일종으로 파악하기도 한다(윤용구, 2006, 앞의 논문, 20~21쪽). 다만 互市로 본다면 책구루에서 고구려와 현도군 사이에 交易이 이루어졌던 것이며, 고구려도 조복과 의책에 상응하는 대가를 지불해야 했을 것이다. 그러나 상징성이 강한 물품들인 조복과 의책에 대해 어떤 대가를 지불할 수 있을지 의문이라는 점을 들어 책구루가 호시라는 설에 문제가 지적되었다(김창석, 2004b, 앞의 논문, 93쪽). 박노석 또한 책구루에 호시로서의 성격도 가지고 있을 것으로 보았다(박노석, 2015, 앞의 논문, 43쪽).

75 『史記』의 司馬相如列傳에서 南夷가 야랑현 및 건위군 설치를 받아들인 조건인 한나라의 문물을 "賞賜"라고

이렇게 본다면 ①의 단계에서 한나라가 고취기인 및 조복과 의책을 제공했던 것은 창해군과 제1현도군이 설치되었던 과정과 같은 맥락으로 이해할 수 있다. 前述한 대로 한무제 시기 이민족에 대한 중국의 문물을 제공하는 것은 군현 설치 과정에서 토착민들의 협력을 이끌어 낼 수 있는 중요한 조건이었으며, 창해군과 그 後身인 현도군에서도 유사한 방식으로 郡을 개척하였을 것으로 추정하였다. 그러나 기원전 75년 무렵 현도군은 그 치소(고구려현)를 고구려의 중심지에서 멀리 떨어진 곳에 이전하게 되어 현도군과 고구려사회는 공간적으로 분리되게 되었다. 그럼에도 현도군의 체제속에서 고구려사회가 분리된 것은 아니었으며, 여전히 현도군의 소속으로 취급했던 것이다. 때문에 이 관계를 유지하기 위해서는 기존의 조건, 즉 한나라의 문물 제공을 지속해야만 했으며, 고구려 또한 필요로 했던 한식 문물을 계속해서 수용하는 형태로 관계를 유지하였다. 고구려사회 소집단 수장들이 조복과 의책을 멀리 떨어진 현도군에 찾아와 받아가는 ①의 단계는 이와 같은 이유로 성립되었던 것이다.

그러나 고구려사회의 정치적 결집이 진전됨에 따라 현도군과의 개별적인 접선조차도 점차 사라지게 되고, 현도군은 책구루라는 기구를 설치하여 고구려사회와 1대 1로 교섭하는 형태로써 그 관계를 유지하였다. 이는 고구려에 대한 유화책이기도 했지만, 비록 일시적으로 반발했다고 해도 이 지역에 대한 지배를 포기할 수 없었던 현도군이 고구려의 제 집단을 군현제의 형식 하에 묶어놓을 수 있던 수단이었기 때문이다. 다시 말해서 책구루를 통한 교섭은 ①의 단계와 같은 기존 방식의 변형이었지만, 이 지역 주민들을 문물 제공을 조건으로 郡에 속하게 한다는 정책 자체는 일관되게 관철되고 있었던 것이다.

이상의 가정이 옳다면 한나라에서는 책구루로 연결된 이 압록강 중상류 일대의 집단을 기원전 75년 이후에도 여전히 현도군에 소속된 집단으로 취급했던 것으로 생각된다. 곧 현도군이 속현의 숫자에 비해 과다한 인구가 기록된 것은 바로 이 고구려인들을 현도군의 소속으로서 포함한 결과였던 것이다. 그러나 한편으로는 책구루가 고구려와 현도군 東界에 설치되어 있었다고 언급하는 점을 본다면 고구려에 대해 직접적인 통제는 불가능하였으며, 고구려와 현도군은 현실적인 차원에서 서로 구분되어 있었다. 즉 제2현도군 당시 중국의 관점에서 현도군은 고구려사회를 명목상 군의 소속으로 취급하였음에도, 실제로는 독립적인 집단으로 병존하였던 이중적인 형태를 취하고 있었다. 그리고 책구루가 설치된 무렵부터 고구려사회는 '高句驪'라는 이름을 가진 단일 집단으로써

표현한 것이나(C-2-①) 西夷에게 나눠준 물건을 "幣物"이라고 하는 점을 보면(②), 이들은 한나라 측에서 제공하는 하사품의 성격이라고 여겨진다. 현도군의 설치과 이들과 유사한 과정을 통해 이루어졌다면, 책구루에서 고구려사회에 제공한 문물 또한 유사한 성격으로 볼 수 있을 가능성은 적지 않을 것이다.

인지되었지만, 책구루를 통한 교섭 자체는 중국 입장에서는 어디까지나 현도군의 屬民으로서 문물을 수용하던 형태의 변형이지, 독립적인 집단과의 교섭이 아니었다. 때문에 『漢書』 지리지 현도군조에서 전례를 찾을 수 없는 형태로 기입된 '高句驪'란 바로 이 책구루를 통해 연결된 양자의 관계를 반영하고 있었으며, 이 양상은 책구루 그 자체가 여타 집단과는 다른 특이한 형태의 교섭이었기 때문으로 볼 수 있는 것이다.

그렇다면 책구루는 기원전 75년 이후 어느 시점에 설치되었다고 보아야 할까? 현재까지의 사료에서 책구루의 설치를 어느 특정한 기년으로 확정할 수 있는 단서는 없다. 또 책구루 설치의 계기가 된 ②의 단계, 곧 고구려인들이 현도군과의 교섭을 중단한 과정 또한 장기간에 걸쳐 이루어 진 것으로 보이기 때문에 그 시기를 특정하기가 더더욱 어렵게 된다. 그러나 책구루는 그 성격상 제2현도군 이후에서부터 중국 측 사료에서 고구려사회의 정치적 수장이 나타나는 시점 사이에서는 책구루 설치가 이루어졌다고 보아야 한다. 따라서 중국 측이 고구려를 단일 정치체로서 인지하고 그 수장을 책봉하는 사례를 통해서 확인할 필요가 있으며, 이에 대해서는 다음 장에서 검토하도록 한다.

Ⅳ. 高句麗와 玄菟郡의 관계에 관한 중국의 高句麗 인식

『삼국사기』를 비롯한 국내 측 사료에서 고구려와 현도군의 관계를 직접적으로 기술한 사료는 왕망의 신과의 대립 기사 이전까지는 전무한 실정이다. 때문에 고구려의 입장에서 제2현도군과의 관계를 확인하는 것은 쉽지 않다. 그러나 앞서 책구루에 관한 기사에서 나타나는 조복 및 의책과 같은 위세품의 사여와, 이 시기 고구려의 양상 및 위세품의 의의를 함께 살펴본다면 일정 부분 추정이 가능할 것으로 생각한다.

앞서 설명한 대로 제1현도군이 설치에서 '이맥소침'의 단계까지 고구려는 아직 대외적으로 통합된 조직으로써 현도군과 교섭한 체제는 아니었다. 그러나 제2현도군 시점부터 개별적인 교섭이 중단되고, 마지막에는 그 교섭 창구가 일원화되는 과정을 본다면 적어도 책구루 설치 시점까지는 고구려가 일정 수준의 정치적 통합이 이루어 져 있다고 보아야 할 것이다. 『삼국사기』 高句麗本紀의 다음 기사에서는 이 배경을 추측하게 할 수 있는 정황이 발견된다.

F-1　王見沸流水中有菜葉逐流下 知有人在上流者因 以獵往尋 至沸流國 … 松讓曰 我累世爲王 地小不足

容兩主 君立都日淺 ① 爲我附庸可乎 王忿其言 因與之鬪辯 亦相射以校藝 松讓不能抗[76]

여기에서는 夫餘로부터 남하한 주몽집단이 주변 집단을 통합하는 과정에서, 沸流國의 松讓과의 相爭을 묘사하고 있다. 그런데 송양은 처음 조우한 주몽에게 자신의 附庸國이 되라는 제안을 한다. 이는 당대 환인과 집단 일대에 산재한 군장사회들이 단순히 독립적으로 존재하고 있었던 데에 그치지 않고 하나의 군장사회가 다른 사회를 附庸하는 上下關係가 성립되고 있었다는 증거인 것이다.

그런데 『東國李相國集』에서 전하는 『舊三國史』의 東明王篇에서도 송양의 附庸國 제안이 등장하는데, 여기에서 양 자의 상하를 결정하는 근거로 주목되는 언급이 있다.

G-1 王曰 ① 以國業新造 未有鼓角威儀 沸流使者往來 我不能以王禮迎送 所以輕我也 從臣扶芬奴進曰 臣 爲大王取沸流鼓角而 ⋯ 於是扶芬奴等三人往沸流取鼓而來 沸流王遣使告曰云云 ② 王恐來觀鼓角 色暗如故 松讓不敢爭而去 ⋯ 來觀屋柱故 咋舌還自愧 松讓欲以立都 先後爲附庸 王造宮室 以朽木爲柱 故如千歲 松讓來見 竟不敢爭立都先後[77]

鼓角은 威勢品의 하나로 국가형성기의 군장사회 단위의 소집단들에게 있어서 수장의 권위를 상징하는 것으로 인식된 물품이다.[78] 때문에 기존 연구에서도 이 기사의 고각 또한 고구려 내에서 왕격을 상징하는 도구로 이용되었다고 추정하였다.[79] 그런데 주몽은 鼓角의 위엄이 부족하기 때문에 송양이 자신들을 아래로 보게 되었다고 토로한다. 즉 주몽의 도래 이전 비류국(송양)과 같은 小國들 사이에서는 附庸을 통한 상하관계가 설립되고 있었고, 鼓角과 같은 위세품은 이를 상징하는 의미를 가지고 있었던 것이다. 물론 해당 사료는 설화적인 색체가 강하기 때문에 그 세부적인 내용을 액면 그대로 받아들일 수는 없다. 그럼에도 주몽과 송양의 대립과 이후의 지배–복속의 관계가 성립하는 과정에서 위세품이 적지 않은 의미가 있었다는 기사의 기본적인 주제는 고대 사회에서 일반적인 위세품의 가치를 감안할 때 신빙성이 있다고 여겨진다. 주몽집단과 송양의 경쟁이라는 역사적 사실에서 위세품에 관한 당대의 의식이 고각의 위엄이라는 형태로 반영되었던 것이다.

이렇게 해석할 경우 유사한 시기 E-1의 사료에서 중국 측이 배분한, 곧 위세품으로 사용할 수 있는 문물은 고구려인들에게 그 의미가 적지 않았을 것이다. 그러나 중국 군현은 E-1의 ①단계에

---

76 『三國史記』 卷13 高句麗本紀 東明聖王 元年.

77 『東國李相國集』 卷3 古律詩 東明王篇.

78 장지훈, 1979, 「古代國家의 統治理念에 대한 一考察 : 샤마니즘을 중심으로」 『韓國史研究』 98, 50~51쪽.

79 노태돈, 1999, 앞의 책, 118~119쪽; 조법종, 『고조선 고구려사 연구』, 신서원, 336~337쪽.

서 보이는 바와 같이 이들에게 북과 피리, 조복과 의책 등의 위세품들을 각 군장에게 "縣으로 찾아오게 하여" 분배하였다고 한다. 이는 고구려사회의 諸集團들이 현도군-고구려현의 아래에서 병렬한 형식을 취하게 되기 때문에, 이 지역의 정치적 통합을 저지하는 효과도 있었다.[80]

그러나 현도군의 방식은 하나의 집단이 나머지 집단을 부용국으로서 복속시키는 정치적 결집이 진전되어 가던 이 지역의 흐름에 역행하는 것이었다. 당초 현도군이 이 지역의 고구려인들을 속현으로 포섭할 수 있었던 원동력은 이러한 중국에서 제공하는 위세품이었지만, 고구려의 내부적 통합이 진전됨에 따라 현도군의 교섭 체제는 공존할 수 없게 되었던 것이다. 그럼에도 제2현도군 단계에서 고구려가 현도군의 물품 사여를 완전히 거부하지 않았던 것은. 고구려의 수장들에게 있어서 중국의 문물은 여전히 가치가 있었기 때문이었다. 따라서 책구루 설치는 이 시기에 고구려사회의 대외교섭권 일원화가 일정 수준 진전됨에 따라 현도군과 1대 1의 교섭을 요구하고, 현도군이 이것을 수용한 결과로 생각된다.

이렇게 본다면 책구루의 설치의 하한선은 적어도 중국 측에서 고구려사회의 단일 수장을 인지하고, 이를 통해 교섭한 시점 이전으로 보아야 할 것이다. 현재까지 확인되는 중국 측 사료에서 가장 이른 시기에 등장하는 고구려의 수장은 高句驪侯 騶이다.

I-1　(始建國四年) 先是 ① 莽發高句驪兵 當伐胡 不欲行 郡强迫之 皆亡出塞 因犯法爲寇 遼西大尹田譚追擊之 爲所殺 ② 州郡歸咎於高句驪侯騶 嚴尤奏言 貊人犯法 不從騶起 正有它心 宜令州郡且尉安之 今猥被以大罪 恐其遂畔 ③ 夫餘之屬必有和者 匈奴未克 夫餘穢貊復起 此大憂也 莽不慰安 穢貊遂反 詔尤擊之 尤誘高句驪侯騶至而斬焉 傳首長安 莽大說 下書曰…其更名高句驪爲下句驪 布告天下 令咸知焉 於是貊人愈犯邊 東北與西南夷皆亂云[81]

I-2　… 莽大悅 布告天下 更名高句驪爲下句麗 當此時爲侯國 漢光武帝八年 高句麗王遣使朝貢 始見稱王[82]

I-3　… 莽大說 更名高句驪王爲下句驪侯 於是貊人寇邊愈甚 建武八年 高句驪遣使朝貢 光武復其王號.[83]

『한서』 왕망전에서는 新의 건국 4년째인 기원후 12년에 胡를 정벌하기 위하여 '高句驪兵'의 징발하였으며, 이 과정에서 "高句驪侯 騶"를 죽이고 高句驪를 下句驪로 개명하는 과정을 기록하고 있다. 이 기사는 『삼국지』 동이전 고구려조 및 『삼국사기』 고구려본기에서도 확인되는데, 『삼국사기』의

80　박경철, 1998, 앞의 논문, 301~302쪽; 조법종, 2006, 앞의 책, 332~343쪽.

81　『漢書』卷99 王莽傳.

82　『三國志』卷30 魏書 東夷傳 高句麗.

83　『後漢書』卷85 東夷列傳 高句驪.

기준으로는 '高句驪侯'는 琉璃王이며 그의 재위 31년에 해당하는 사건이 된다.[84] 이 사건에 대한 설명은 사서들마다 그 과정에 대한 서술은 대체로 일치하는 반면 결과는 조금씩 다르게 기록하는 특징이 있다. 예컨대 『삼국사기』에서는 엄우가 살해한 대상이 고구려후가 아닌 고구려의 장수인 延丕였던 반면, 중국 측 사서는 일관되게 "고구려후"를 살해했다고 한다. 또 가장 시기가 이른 『한서』의 기록에서는 이 전쟁의 결과로 단지 高句驪를 下句驪로 改名한 사실만 기록하고 있으며, 그 대상도 명확하지 않다. 반면 『삼국지』에서는 "句麗侯 騶"를 살해했다고 해서 표기에 차이가 나며, 高句驪(麗)를 下句驪(麗)로 개명한 부분은 『漢書』와 일치하지만 이때 侯國이었다가 이후 王으로 봉해졌다고 하는 내용이 추가되었다. 그리고 『후한서』에서는 이 사건의 결과 왕망이 高句驪王을 下句驪侯로 강등했다고 하여 『한서』 및 『삼국지』에는 없는 王에서 侯로의 강등 사실을 전하고 있다. 그리고 이후 光武帝代에 高句麗의 王이 조공하여 다시 侯에서 王으로 復職시켰다고 기록해, 처음으로 후국이 되었다고 하는 『삼국지』와도 차이를 보인다.

이 기사에서 나타나는 騶가 처음부터 侯였는지 王이었는지를 현재로서는 확인하기 어렵다. 그러나 적어도 이 기사의 시점에서는 중국 측에서 고구려를 단일의 집단으로 보며 그 대표자를 인지했던 것은 믿을 수 있을 것이다. 그렇다면 중국 측에서 "高句驪侯"라는 작위를 騶나 혹은 그 이전의 인물에게 수여한 시점은 언제일까? 현재까지의 사료에서 이 시기 중국이 고구려의 수장에 대한 책봉을 확인할 수 있는 기사는 찾을 수 없다. 그러나 왕망의 新 이전에 이미 고구려가 단일한 정치집단으로 인지되었음을 추측할 수 있는데, 이는 다음의 『漢書』 王莽傳의 기사들에서 확인할 수 있다.

H-1 (始建國元年) 五威將奉符命 繼印綬 王侯以下及吏官名更者 外及匈奴 西域 徼外蠻夷 皆卽授新室印綬 ①因收故漢印綬 … 莽策命曰 普天之下 迄於四表 靡所不至 其東出者 ②至玄菟 樂浪 高句驪 夫餘[85]

이 사료에서는 王莽의 新 건국 元年에 四夷에 五威將軍들을 파견하여 옛 前漢에서 책봉을 받으며 하사받은 印綬를 회수하고, 新 황실의 인수로 교체하는 왕망의 조치를 전하고 있다. 왕망은 즉위 직후 기존 漢의 郡縣名을 모두 개칭하고, 西南夷의 수장 중 하나였던 句町王이나 西域의 이민족 수장들 중 왕호를 책봉 받은 자들을 모두 侯로 강등하는 등의 정책을 취하는데, 위의 사실 또한 이

---

84 『三國史記』 卷13 高句麗本紀 琉璃明王 31年.

85 『漢書』 卷99 王莽傳.

정책의 연장선상에 있었다.[86]

그런데 해당 기록에서 오위장군들을 파견한 대상 중 '高句驪'가 등장한다는 것이 눈에 띈다. 여기에서 고구려는 玄菟·樂浪·夫餘와 더불어 나란히 印綬를 회수하는 대상으로 지목되고 있다. 이때 회수한 印綬가 구체적으로 어떤 爵位에 대한 것이었는지 알 수 없으며, 이를 정식 册封으로 보아야 하는지도 불분명하다. 그러나 분명한 것은 王莽의 新 건국 이전에 '고구려'라는 이름을 가진 집단을 대상으로 한나라에서 인수를 수여하였다는 사실이다. 그렇다면 新이 건국된 기원후 8년 이전인 전한 시기에 고구려사회를 대표하는 수장에게 작위를 수여하였으며, 이후 왕망과 대립하게 되는 '구려후 추'는 이 과정에서 책봉된 작위가 이어진 것으로 볼 여지가 있다.[87] 또 해당 기사에서는 인수를 회수하는 지역에서 고구려가 현도군과 구분되어 언급되는 것이 주목된다. 왕망이 사신을 파견한 지역이 이민족의 수장으로써 책봉을 받은 자가 존재하는 곳이라는 점을 감안한다면, 전한 말에 고구려는 이미 중국으로부터 하나의 집단으로 인지되어 그 수장이 작위를 수여받았다는 것이다.

대무신왕대의 조공 기사 이후 고구려가 중국과 교섭하는 기사는 태조왕대에 이르기까지 한동안 나타나지 않는다. 그러나 고구려가 중국 조정에 인지되며 책봉을 받는 단계에 이르렀다면, 이후 E-1의 ①과 같이 현도군이 고구려의 소집단들에 대해 개별적으로 통제할 수는 없었을 것이다. 따라서 책구루의 설치는 기원전 75년 이후부터 적어도 유리왕대인 기원후 12년 이전의 어느 시기에 설치되었을 것으로 생각된다.

종합하자면 처음 창해군 설치 과정에서 성립하였던 고구려사회와 한나라의 관계는 재물의 賞賜를 조건으로 한 현도군 설치의 수용이었으며, 이 방식은 이후 고구려의 정치적 성장에 따라 그 형태를 변화해 왔던 것이다. 기원전 75년 이후에서부터 유리왕대 이전 어느 시점까지 고구려사회의 수장들은 고구려현에 방문하여 이 한나라 문물 제공의 일종이었던 조복과 의책을 받아갔고, 名籍에 이름을 올림으로서 형식적이나마 郡의 일원으로 소속된 형태를 취했다. 그러나 이 방식조차도 고구려사회의 정치적 통합이 진전됨에 따라 단일 교섭 창구를 통한 조복과 의책 수용으로 바뀌게 되었다. 곧 책구루를 통해 고구려가 제2현도군과 교섭하는 단계는 조공과 책봉을 통한 중국과의 교

---

86 『漢書』卷99 王莽傳 "南出者 逾徼外 歷益州 貶句町王爲侯 西出者 至西域 盡改其王爲侯."

87 이 구려후라는 작위는 騶라는 이름을 볼 때 「廣開土王碑」에서 기록된 鄒牟, 곧 주몽을 책봉한 것이었을 가능성이 있다. 그러나 이때 고구려의 왕은 유리왕이었음에도 추라고 칭한 이유는 중국 측에서 왕이 교체된 것을 인지하지 못한 결과가 아닌가 한다. 실제로 피살된 구려후 추가 고구려의 기록으로는 유리왕이 아닌 고구려의 장수 연비였다는 기록하여 차이를 보이는데, 고구려본기의 기록을 신뢰한다면 중국에서는 侯를 책봉한 인물에 대해 정확하기 알지 못했을 수도 있다. 다만 구체적인 관련 사료가 없는 이상 현재로서는 이 작위의 정체와 수여 대상에 대해서 확정할 수 없기 때문에 가설로 남겨 둔다.

섭이 성립하기 이전까지의 과도기적인, 혹은 일시적인 형태였다고 볼 수 있다.[88]

그렇다면 책구루가 설치되거나, 혹은 고구려후가 등장한 시점에서 고구려사회는 현도군과 완전히 분리되었던 것일까? 그러나 앞서 설명한 대로 고구려사회에 대한 현도군의 체제와 현실 사이에서는 괴리가 있었으며, 이는 책구루가 설치된 이후에도 현실적인 규모를 무시하고 여전히 적용되었을 가능성이 높다. 이 점은 H-1이나 I-1의 사료에서 반영되고 있는데, 이들은 액면 그대로 보자면 고구려가 마치 고구려사회가 중국과 독립적인 집단으로서 인지되고 있는 것처럼 보인다. 그러나 한편으로는 이들 사료에서 나타나는 중국의 고구려에 대한 인식은 독립적인 집단에 대한 인식과는 상충되는 모습 또한 간취된다. 먼저 왕망의 흉노 정벌을 위해 징발하였던 고구려 병사는 이에 응하지 않고 도망간 이들이 '出塞'하였다는 구절이나, 이후 嚴尤가 이 사건의 책임을 구려후 추에게 돌릴 수 없다고 하는 점을 감안하면 현도군의 고구려현 소속 주민들을 징발하는 것으로 보아야 한다. 그런데 애초에 州郡이 이 사건의 원인을 구려후 추의 탓으로 돌렸다거나, 엄우가 "貊人들이 죄를 범했으나 그 죄의 책임이 구려후 추에게 있지 않다"거나, 죄를 씌운다는 언급 등은 군현제의 지배 대상에 적용되는 표현들이다.[89] 이는 고구려후 추의 집단을 여전히 현도군의 소속으로 본 인식의 발로였다고 보아야 할 것이다.

또 하나 주목되는 부분은 왕망에게 구려후 추를 달랠 것을 진언하는 엄우의 발언에서 구려후 추에 대해 강경책을 쓰면 부여가 호응할 위험이 있다는 지적이다(H-1-③). 이 시기 부여가 고구려와 특별히 연합하는 것으로 나타니는 사료는 없으며, 전후의 시정을 고려해도 부여기 이 문제에서 언급되는 이유가 분명하지 않다. 그런데 부여가 고구려와 마찬가지로 명목상 현도군에 소속된 집단으로 취급되는 점을 감안한다면 엄우의 발언의 의미를 파악할 수 있다. 즉 고구려에 대한 강경책은 이들이 현도군의 이탈을 야기할 수 있으며, 역시 현도군과 연결하고 있던 부여 또한 이에 호응할 위험을 지적했던 것이다. 반대로 얘기하자면 이 시점에서 중국 측에서는 고구려를 현도군의 소속으로 보는 인식이 유지되고 있었던 셈이 된다.

고구려와 부여에 대한 중국의 관점이 이러했다면 H-1에서 나타나는 인식과는 달리, 명목상으로 고구려를 여전히 현도군의 소속으로 취급하였던 것이 된다. 이와 같은 이중적이고 모순되는 중국의 이민족 인식은 비단 고구려나 부여로 한정되지 않는다. 앞서 설명한 당몽의 犍爲郡 개척 과정

---

88 이정자, 2008, 『고대 중국정사의 고구려 인식』, 서경문화사, 68쪽. 해당 연구자는 이 책구루를 통한 현도군의 고구려 통제를 '편법'이라고 하여, 공인된 정치체에 대한 외교도, 군현질서 내에 포함된 屬民을 다스리는 구조도 아닌 방식임을 지적하였다.

89 김한규, 1982, 『古代中國的世界秩序研究』, 일조각, 370~371쪽.

에서 야랑은 중국의 현으로 편제되었음에도, 그 수장은 侯의 작위를 보유한 채 독립된 세력을 유지하고 있었다.[90] 前漢의 이민족에 대한 정책이 언제나 군현으로 편제하는 직접 지배나 朝貢-冊封을 통한 관계로 명확히 이분되는 것은 아니라는 방증이며, 고구려 또한 이러한 예외적인 상황의 하나였다고 보아야 할 것이다.[91]

이 고구려와 현도군의 현실적인 관계에 모순되는 중국의 인식, 곧 이들을 현도군에 소속된 집단으로 취급하는 관념은 현도군 설치 당시부터 내려온 양 자의 관계가 잔존했던 결과였다. 즉 고구려는 창해군 설치 당시에 예군남려의 28만구에서 하나의 집단에 불과했던 단계에서, 지속적인 정치적 통합과 성장을 토대로 현도군을 축출하여 단일한 정치집단으로서 한나라와 교섭할 단계로 발전하였다. 그럼에도 불구하고 한나라에서는 고구려를 현도군에 소속된 집단이라는 기존의 인식에 기인한 체제를 유지하려 했던 것이다. 그리고 이 관계를 유지하는 조건이었던 한나라 문물의 제공은 고구려의 정치적 지도자들에게 있어서도 자신들의 권위를 높이는 중요한 수단이었기 때문에, 양자의 이해가 일치하여 책구루로 나타나는 교섭이 유지되었던 것으로 풀이된다. 그리고 책구루 설치가 증명한 것처럼 고구려가 하나의 단일 정치체로 인지된 이후, 이 집단의 수장에게 侯의 작위를 내림으로서 고구려의 독립된 정치체로서의 위상을 간접적으로 인정했다고 할 수 있다.

이와 같은 관계는 곧 왕망의 강경책으로 촉발된 전쟁으로 인해 붕괴되었을 것으로 여겨진다. 이후 대무신왕대에 중국과의 교섭이 회복되었지만, 이 단계에서 고구려는 이미 중국 조정에 직접 조공을 하는 단계에 이르러 있었다. 즉 이 시점에서 고구려와 현도군은 책구루와 같은 형식상의 예속관계조차 사라졌던 것이다. 그럼에도 이 사건을 기록한 『漢書』 지리지 찬자의 인식 속에서 고구려는 현도군에 포함된 집단이었으며, 그 호구수도 현도군의 일부로 포함되어 있었다. 때문에 『漢書』 地理志 玄菟郡條에 삽입된 高句驪는 구절은 찬자가 Ⅰ-1의 사건을 기록해야 했으나, 그 改名의 대상인 고구려사회가 지리지의 체제 어디에도 포함할 수 없었기 때문에 불가피하게 이와 같은 방식으로 기록했던 것이 아닌가 한다. 곧 현도군의 소속이었음에도 실제로는 郡의 체제에 포함되지 않았

---

90 『史記』 卷116 西南夷列傳. C-1에서 등장하는 夜郎侯는 이후에도 계속 독립적으로 활동하며 한의 조정에 조공한 후 야랑왕으로 책봉되지만, 한편으로는 夜郎縣은 『漢書』 지리지가 편찬되는 시점까지 계속 현으로 유지된다.

91 이 서남이의 특수한 관계를 들며, 이들이 중국의 '內臣'이나 '外臣' 어느 쪽에도 속하지 않는 특이한 존재였다고 본 바가 있다(栗原朋信, 1960, 『秦漢史の研究』, 吉川弘文館, 220~227쪽). 또 다른 연구에서는 한나라가 이민족에 대해 郡縣的 지배체제를 적용하는 관계를 內屬關係로 규명하면서 이를 2가지 유형으로 분류하였는데, 이 중 고구려와 부여 및 서남이의 경우는 형식적으로는 군현적 지배체제 내에 편입되었지만 실질적으로는 한의 封朝體制에 참여하여 독자적인 통치권을 보존하는 "內屬Ⅱ"체제에 속한다고 보았다(김한규, 1982, 앞의 책, 342~377쪽).

던 고구려라는 집단의 변칙적인 상황이 반영되었던 것이다.

Ⅴ. 맺음말

　　지금까지 高句麗와 玄菟郡의 관계 성립 과정과 그 성격을 검토하였으며, 이를 간략하게 정리하자면 다음과 같다. 먼저 현도군의 설치에 관한 기존 연구들을 검토하면서 압록강 중상류와 혼강 일대는 제1현도군 시점에서 관할 영역으로 포함되어 있었다. 나아가 현도군은 그보다 앞서 설치된 滄海郡이 부활하는 형태로 설치되었던 것으로 추측된다. 또 창해군 설치는 중국 문물을 토착 세력에게 제공하는 조건으로 설치되었다는 가정 하에, 압록강 중상류의 고구려사회는 당초 郡 설치에 호응하였던 예군남려의 28만구의 집단 중 하나로 보았다. 그리고 고구려와 현도군의 관계에서 이 文物의 제공은 창해군 설치 시기부터 이어진 것이었으며, 이후에도 양자의 관계를 유지하는 중요한 조건으로 작용했을 것으로 추정하였다.

　　Ⅲ장에서는 『漢書』地理志 玄菟郡條 및 『三國志』東夷傳 高句麗條의 책구루 기사에 나타나는 현도군의 특수성을 논하였다. 신빈 방면에 이전된 제2현도군의 구조는 그 속현 수가 불과 3개인데 반해 인구가 지나치게 많은 특성과 더불어, 여타 기록에서 찾을 수 없는 형태로 高句驪라는 이름이 명시되어 있는 등 그 존재 양식에 특별한 사정이 있었던 것으로 나타난다. 이는 제1현도군을 축출할 수 있었던 정도의 정치적 결집력을 완성시킨 고구려에 대해 기존의 군현지배체제를 유지하려고 했던 한나라의 정책이 혼합된 결과로 이해된다. 그리고 책구루는 고구려가 현도군을 이탈하는 것을 군현제의 이념에서 인정할 수 없던 현도군이 고구려와의 타협에 의해 설치된 것으로 해석하였다.

　　마지막으로 Ⅳ장에서는 고구려의 정치적 통합과 이 과정에서 현도군과의 관계를 유지해야만 했던 배경을 간략하게 논하였으며, 이 관계가 고구려사회의 정치적 수장들에게 어떤 의미가 있었던 것인지 검토하였다. 나아가 왕망대까지 지속된 중국 측의 고구려에 대한 관념이 지닌 현실과의 괴리와, 그 인식의 변천을 살펴보았다. 결론적으로 고구려와 현도군의 관계는 군의 소속이라는 명목상의 관계와 이를 대가로 중국의 문물을 回賜하는 형태였으며, 이것은 창해군 개척때부터 추진되어 온 한나라의 이 지역에 대한 군현 편제 시도와, 토착 세력의 반발로 인해 이 시도가 무산되어가는 과정에서 성립되었다고 추측한다.

참고문헌

1. 사료

『史記』

『漢書』

『三國史記』

『三國志』

『後漢書』

『海東繹史續』

『東史綱目』

『我邦疆域考』

『東國李相國集』

2. 논저

今西龍, 1916, 「眞番郡考」『史林』1-1.

기수연, 1998, 「『後漢書』「東夷列傳」〈高句麗傳〉에 대한 분석 연구」『史學志』.

기수연, 2007, 「현도군과 고구려의 건국에 대한 연구」『高句麗研究』29.

김광수, 1983, 「고구려 고대집권국가의 성립에 관한 연구」, 연세대학교 박사학위논문.

김기흥, 1985, 「夫租薉君에 대한 고찰 -漢의 對土着勢力 施策의 一例-」『韓國史論』12.

김기흥, 1987, 「고구려의 성장과 대외교역」『韓國史論』16.

김남중, 2017, 「위만조선의 멸망과 1세기 이전 낙랑 지역에 대한 諸 인식」『문헌으로 본 古朝鮮과 衛滿』, 고려대학교
　　　한국사연구소 · 고려사학회 주최 2017년도 고조선 학술회의.

김미경, 2002, 「第1玄菟郡의 위치에 대한 재검토」『실학사상연구』24.

김미경, 2007, 「高句麗 前期 對外關係 研究」연세대학교 박사학위논문.

김창석, 2004a, 「高句麗 초 · 중기의 對中 교섭과 교역」『新羅文化』24.

김창석, 2004b, 「한국 고대 유통체계의 성립과 변천」『진단학보』97.

김한규, 1982, 『古代中國的世界秩序研究』, 일조각.

김현숙, 2007, 「고구려의 종족기원과 국가형성과정」『大丘史學』89.

노태돈, 1975, 「三國時代 部에 대한 研究」『韓國史論』2.

노태돈, 1999, 『고구려사 연구』, 사계절.

노태돈, 1999, 「고구려의 기원과 국내성 천도」『한반도와 중국 3성의 역사문화』, 서울대학교 출판부.

稻葉岩吉, 1928, 「漢四郡問題の攷察」『朝鮮』154.

末松保和, 1961, 「玄菟郡の戶口數について」『和田博士古稀記念東洋史論叢』.

박경철, 1996, 「高句麗의 國家形成 研究」, 고려대학교 박사학위논문.

박경철, 1998, 「'高句麗社會'의 發展과 政治的 統合 努力」『한국고대사연구』14.

박노석, 2015, 「고구려의 발전과 현도군 책구루의 변화」『전북사학』46.

박대재, 2017, 「위만조선의 영역과 濊貊」『문헌으로 본 古朝鮮과 衛滿』, 고려대학교 한국사연구소 · 고려사학회 주최 2017년도 고조선 학술회의.

白鳥庫吉, 1912, 「漢の朝鮮四郡疆域考」『東洋學報』2-2.

손영종, 1990, 『고구려사』1, 과학백과사전종합출판사.

여호규, 1997, 「1~4세기 高句麗 政治體制 연구」, 서울대학교 박사학위논문.

여호규, 2005, 「고구려의 국가형성과 한의 대외정책」『軍史』, 25~34쪽.

여호규, 2014, 『고구려 초기 정치사 연구』, 신서원.

윤선태, 2010, 「한사군의 역사지리적 변천과 '낙랑군 초원 4년 현별 호구부'」『낙랑군 호구부 연구』, 동북아역사재단.

윤용구, 2006, 「高句麗의 흥기와 幘溝漊」『고구려의 역사와 대외관계』, 서경문화사.

윤용구, 2008, 「현도군의 군현 지배와 고구려」『요동군과 현도군 연구』, 동북아역사재단.

윤용구, 2010, 「낙랑군 초기 군현지배와 호구 파악」『낙랑군 호구부 연구』, 동북아역사재단.

윤용구, 2011, 「소자하 유역의 중국군현과 교통로」『한중관계사상의 교통로와 거점』, 동북아역사재단.

栗原朋信, 1960, 『秦漢史の研究』, 吉川弘文館.

이병도, 1930, 「玄菟郡及臨屯郡考」『史學雜志』41-4.

이병도, 1976, 『韓國古代史研究』, 博英社.

이성제, 2011, 「玄菟郡의 改編과 高句麗 : 夷貊所侵의 의미와 郡縣의 對應을 중심으로」『한국고대사연구』64.

이승호, 2014, 「漢의 沃沮 지배와 토착 지배층의 동향 -夫租薉君 사례에 대한 검토를 중심으로」『동국사학』57.

이정자, 2008, 『고대 중국정사의 고구려 인식』, 서경문화사.

이종욱, 1999, 『한국의 초기국가』, 아르케.

이현혜, 1997, 「동예와 옥저」『한국사』4, 국사편찬위원회.

이현혜, 2010, 「沃沮의 기원과 문화 성격에 대한 고찰」『韓國上古史學報』70.

임기환, 1995, 『高句麗 執權體制 成立過程의 研究』, 경희대학교 박사학위논문.

임기환, 2004, 『고구려 정치사 연구』, 한나래.

日比野丈夫, 1950, 「西漢郡國治所考」『羽田博士頌壽記念東洋史論集』.

장병진, 2015, 「초기 고구려의 주도세력과 현도군」『한국고대사연구』77.

장지훈, 1979, 「古代國家의 統治理念에 대한 一考察 : 샤마니즘을 중심으로」『韓國史研究』98.

田中俊明, 1994, 「高句麗の興起と玄菟郡」『朝鮮文化研究』1, 東京大學文學部朝鮮文化研究室.

조법종, 『고조선 고구려사 연구』, 신서원.

周振鶴, 1982, 「西漢諸侯王國封域變遷考」『中華文史論叢』3, 4.

池內宏, 1940, 「樂浪郡考」『滿鮮地理歷史研究報告』16.

池內宏, 1978, 『滿鮮史研究』上世1冊, 吉川弘文館.

池炳穆, 1987, 「高句麗 成立過程考」『白山學報』34.

和田淸, 1951, 「玄菟郡考」『東方學』1.

和田淸, 1955, 『東亞史研究 滿洲篇』, 東洋文庫.

웅진·사비기 백제 왕실의 조상 제사 변천

이병호

(국립미륵사지유물전시관)

Ⅰ. 머리말

Ⅲ. 부여 능산리고분군과 사원의 건립

Ⅱ. 공주 무령왕릉과 유교적 상장례

Ⅳ. 맺음말

Ⅰ. 머리말

고대 중국인들은 인간의 영혼이 魂과 魄으로 이루어져 죽으면 魂이 하늘로 올라가고 魄이 땅으로 돌아간다고 믿었다. 이를 神魂體魄이라고 부르는데 '신혼'은 神主에 의지하여 사당에 모셔지고, '체백'은 이상적인 쉼터인 무덤에 모셔졌다. 중국에서는 이러한 이원적인 영혼관에 근거하여 일찍부터 宗廟 제사와 무덤 제사[墓祭]를 지냈다. 그러나 양자에 대한 제사는 시대의 흐름에 따라 내용이나 형식에 변화를 겪었다. 상주시대의 祖靈 제사는 무덤과 관계없이 종묘에서 시행됐지만 진한시대 이후에는 유교적 孝 관념의 확산과 더불어 점차 무덤 제사가 중시되는 경향이 나타나고, 무덤 제사의 경우도 고분의 형식이나 능침제도에 많은 변화를 겪었다.[1]

---

1   巫鴻, 김병준 역, 2001, 「종묘, 궁전 그리고 무덤」 『순간과 영원』, 아카넷; 楊寬, 장인성·임대희 역,

고대 한국인들도 중국인들과 마찬가지로 인간의 영혼이 혼백으로 이루어졌다는 영혼관을 가지고 있었지만 그들과 똑같지는 않았다.[2] 이는 고구려, 백제, 신라의 상장례에 대한 최근의 연구에서도 공통적으로 지적되고 있다.[3] 고구려의 경우 고국양왕 말년(391)의 종묘제 개편 이후 불교적 세계관의 확산과 유교에 대한 이해 증진으로 무덤 제사가 침체되고, 왕실만의 종묘 제사가 강화되었다는 연구가 있다.[4] 중국 고대의 종묘 제사와 무덤 제사의 변화상을 고구려사에 투영해 본 것으로, 무덤의 구조나 출토유물을 중심으로 한 기존의 고분 연구를 반성하는 점에서 나름의 의미를 갖는다.

그렇다면 백제의 경우는 어떨까. 지금까지 백제사 연구자들은 국가(왕실) 제사의 변천과 고분의 변천을 각각 별개의 것으로 파악해 왔다. 문헌사학자가 중심이 된 백제의 국가제사에 관한 연구에서는 한성기의 東明廟와 天地 合祭가 사비기의 仇台廟와 天 · 五帝 제사를 중핵으로 하는 祀典 체계로 변했다고 하면서, 주로 致祭 대상의 성격이나 국가제사가 가지는 정치적 의미, 祭場 등을 논했다. 고고학자의 경우 서울 석촌동고분군과 공주 송산리고분군, 부여 능산리고분군 등 백제 왕실의 주요 고분군을 중심으로 하여 고분의 구조나 출토유물의 변화상과 더불어 주변 유구들의 의례적 성격에 대해 관심을 가졌다. 그 과정에서 무령왕릉과 정지산유적을 중심으로 한 백제 왕실의 상장례가 가진 특징이나 능산리고분군과 능산리사지를 중심으로 한 고분과 사원의 연관성에 관한 논의가 이루어졌다.

이 글은 그간 국내 학계에서 이루어진 웅진기와 사비기 백제 왕실의 조상 제사의 변천에 관한 문헌사학과 고고학 분야의 연구성과를 재검토한 것이다. Ⅱ장에서는 무령왕릉의 묘지석과 매지권, 정지산유적을 중심으로 이루어진 기존의 연구성과를 비판적으로 검토하면서 웅진기 백제 왕실의 상장례에 대해 검토했다. Ⅲ장에서는 『일본서기』 欽明期에 나오는 성왕 사후 처리 과정에 대한 사료들을 능산리사지의 발굴 성과와 대비시켜 사비 천도 이후 이루어진 백제 왕실의 조상 제사에 대해 분석했다. 그간 제기된 다양한 분야의 여러 문제점들을 다루다보니 곡해나 오독이 많을 것으로 생각되며 많은 叱正을 바란다.[5]

2005, 『중국 역대 능침 제도』, 서경; 黃曉芬, 김용성 역, 2006, 「종묘제사에서 분묘제사로」『한대의 무덤과 그 제사의 기원』, 학연문화사.

2   나희라, 2008, 「장법을 통해 본 영혼관」『고대 한국인의 생사관』, 지식산업사, 48~49쪽.

3   권오영, 2000, 「고대 한국의 喪葬儀禮」『韓國古代史研究』 20; 나희라, 2008, 「상장례와 생사관」『고대 한국인의 생사관』, 지식산업사; 채미하, 2012, 「한국 고대의 죽음과 喪 · 祭禮」『韓國古代史研究』 65.

4   강진원, 2015, 「고구려 국가제사 연구」, 서울대학교 박사학위논문.

5   이 글은 문화재청 신라왕경사업추진단에서 개최한 "동아시아 종묘와 무덤제사의 비교고고학"이라는 국제학술대회에서 발표한 「백제 왕실의 조상 제사 변천에 대한 시론」을 수정 보완한 것이다. 당시 발표 자료 중 한

Ⅱ. 공주 무령왕릉과 유교적 상장례

웅진기의 국가제사와 관련해서는 동성왕 11년(489)에 "왕이 祭壇을 만들어 天地에 제사를 지냈다 [王設壇祭天地]"는 기록밖에 남아 있지 않다. 이때의 하늘에 대한 제사는 한성기에 제단을 만들어 천 지에 제사를 지내는 것과 연결되는 것으로 보이기 때문에,[6] 왕실의 조상 제사나 무덤 제사와 관련시 켜 보기는 어렵다. 따라서 한성기의 동명묘나 종묘, 墓祭에 대한 제사가 웅진기에 어떤 형태로 변화 했는지는 관련 자료가 없어 추정할 수 있는 방법이 거의 없다.[7] 다만 웅진기에는 무령왕릉에서 왕 과 왕비의 墓誌와 買地券이 발견되었고, 무령왕비의 殯殿으로 추정되는 정지산유적이 발굴되어 백 제 왕실의 상장례에 대한 많은 논의가 이루어졌다.

공주 무령왕릉은 塼築墳이라는 새로운 墓制와 백제 왕실의 상장례를 추정할 수 있는 묘지석 및 매지권이 발견되어 많은 연구자들의 이목을 집중시켰다.[8] 무령왕릉에서 발견된 묘지석과 매지권 에 근거하여 왕과 왕비의 상장례 과정을 간략히 정리하면, 영동대장군 백제 斯麻王(무령왕)이 계묘년 (523) 5월 7일에 사망하여, 을사년(525) 8월 12일 大墓에 안장했는데(A-1), 같은 날 525년 8월 12일 에 申地를 구입하여 무덤을 만들었다(B-2). 성왕의 어머니인 王大妃(무령왕비)는 병오년(526) 11월에 사망하여 酉地에 居喪하다가 계미년(529) 2월 12일에 改葬하여 대묘에 합장했다(B-1).

무령왕릉의 묘지석에서 상장례와 관련하여 가장 중요한 대목은 왕과 왕비가 사망한 후 27개월 3년상을 치렀다는 점이다. 『주서』나 『북사』 등 중국사서에는 백제의 상장제에 대해 "부모나 남편이

성기의 왕실 조상 제사에 대해서는 별도의 논고로 공개할 예정이다.

6   차용걸, 1991, 「백제의 제천사지와 정치체제의 변화」 『백제사의 이해』, 학연문화사; 채미하, 2008, 「웅진 시기 백제의 국가제사」 『百濟文化』 38.

7   백제에서 종묘와 관련된 직접적인 자료는 찾기 어렵지만 3세기 후반 이후에는 존재했을 것으로 생각되며(여호규, 2015, 「삼국 초기 도성의 형성 과정과 입지상의 특징」 『삼국시대 국가의 성장과 물질문화1』, 한국 학중앙연구원출판부), 구체적으로 풍납토성 경당지구 44호 건물지를 종묘로 비정한 견해(노중국, 2010, 「국가제의 체계의 정비: 한성도읍기」 『백제사회사상사』, 지식산업사)가 있어 참고된다.

8   무령왕릉을 중심으로 한 백제 상장례에 대해서는 다음을 참조.
    권오영, 2000, 「고대 한국의 상장의례」 『韓國古代史研究』 20; 장인성, 2000, 「남조의 상례연구」 『百濟研 究』 32; 장인성, 2000, 「무령왕릉 묘지를 통해 본 백제인의 생사관」 『百濟研究』 32; 권오영, 2002, 「상장 제를 중심으로 한 무령왕릉과 남조묘의 비교」 『百濟文化』 31; 권오영, 2005, 『고대 동아시아 문명 교류사 의 빛, 무령왕릉』, 돌베개; 이한상, 2007, 「백제의 장례풍습」 『백제의 문화와 생활』(백제사대계12), 충남역 사문화원; 조경철, 2009, 「백제 왕실의 3년상」 『東方學誌』 145; 채미하, 2012, 「한국 고대의 죽음과 喪・ 祭禮」 『韓國古代史研究』 65.

죽으면 3년 동안 治服(居服·持服)하고 여타의 친족들은 장례가 끝나면 곧바로 상복을 벗는다"고 했다(C-1·2). 또 『수서』에는 구체적인 기록 없이 "喪制가 고구려와 같다"고 했다(C-3). 그런데 같은 책의 고구려조에는 "고구려의 경우 사람이 죽으면 屋內에서 殯을 치르고 3년이 경과하면 길일을 택해 매장했는데, 服喪 기간은 부모와 지아비는 3년, 형제는 3개월을 입는다"고 했다. 『주서』·『북사』 고구려조에도 거의 동일한 내용이 수록되어 있다. 문헌기록을 통해 고구려와 백제에서는 모두 3년상을 치렀음을 확인할 수 있으며, 무령왕릉의 지석으로 백제의 3年喪이 실증되었다.

그런데 『수서』 고구려조에는 "사람이 죽으면 屋內에 殯을 치르고 3년이 경과하면 吉日을 택해 매장한다"는 내용이 나온다. 殯의 사전적 의미는 "사람이 죽어서 매장할 때까지, 시신을 棺에 斂해 두는 것"이며, 고대일본에서는 "사람이 죽은 뒤 매장할 때까지, 작은 집 안에 假埋葬하는 葬制"라고 한다.[9] B-1의 왕비 지석은 보통 '원래 酉地에 居喪했다가 改葬한 후 대묘에 안치했다'고 해석된다. 따라서 무령왕과 왕비의 시신도 殯殿에 임시로 모셔두는 '殯葬 27개월'을 거친 다음 현재의 무령왕릉에 안치한 것으로 이해되고 있다. 중국의 3년상이 喪服을 입는 기간을 가리키는데 반해 백제는 사망 후 무덤에 매장하는데 필요한 빈장 기간을 가리키며, 이러한 차이는 중국의 상장례를 수용하는 과정에서 이루어진 백제적인 변용으로 이해되고 있다. 즉 웅진기 백제 왕실은 중국으로부터 유교적 상장례를 수용하면서도 일정하게 변형된 형태로 이를 수정하여 실행했다는 것이다.

A-1 寧東大將軍百濟斯麻王, 年六十二歲, 癸卯年五月丙戌朔七日壬辰崩. 到乙巳年八月, 癸酉朔十二日甲申, 安厝登冠大墓, 立志如左. □. (무령왕 지석 표면)

B-1 丙午年十一月, 百濟國王大妃壽終. 居喪在酉地, 己酉年二月癸未朔十二日甲午, 改葬還大墓, 立志如左. (무령왕비 지석면)

B-2 錢一万文右一件. 乙巳年八月十二日, 寧東大將軍 百濟斯麻王, 以前件錢訟. 土王土伯土父母上下衆官二千石, 買申地爲墓. 故立券爲明, 不從律令. (무령왕비지석 이면-매지권)

C-1 父母及夫死者, 三年治服, 餘親, 則葬訖除之. (『周書』 권49 백제전)
C-2 父母及夫死者, 三年居服, 餘親, 則葬訖除之. (『北史』 권94 백제전)
C-3 喪制如高麗. (『隋書』 권81 백제전)

D-1 死者殯在屋內, 經三年, 擇吉日而葬. 居父母及夫喪服皆三年, 兄弟三月. 初終哭泣, 葬則鼓舞作樂以送之. 埋訖, 悉取死者生時服玩車馬置墓側, 會葬者爭取而去. (『隋書』 81 고구려전)
D-2 死有棺斂, 葬送起墳陵. 王及父母妻子喪, 居服一年. (『北史』 권94 신라전)

---

9   和田萃, 1995, 「殯の基礎的考察」『日本古代の儀禮と祭祀·信仰』(上), 塙書房, 11쪽.

D-3 死有棺斂, 葬起墳陵. 王及父母妻子喪, 持服一年. (『隋書』 권81 신라전)

D-4 死者斂以棺槨, 親賓就屍歌舞, 妻子兄弟以白布製服. 貴人三年殯於外, 庶人卜日而瘞. 及葬, 置屍船上, 陸地牽之, 或以小輿. (『隋書』 권81 왜국전)

공주 정지산유적의 발굴은 6세기 백제 왕실에서 이러한 殯을 행한 결정적인 자료로 간주된다.[10] 이 유적은 송산리고분군과 공산성과 지근거리에 위치하며, 기와 건물지 1동과 벽주건물지 7동을 비롯한 다수의 유구가 확인되었다(도면 1). 발굴조사단을 비롯한 많은 백제사 연구자들은 건물지의 구조와 유구상황, 출토유물의 성격 등을 종합해 볼 때 이곳이 백제의 국가제사 시설, 그중에서도 특히 '무령왕비의 殯殿'이었을 가능성이 높다고 보고 있다.

이를 좀더 자세히 살펴보면, 먼저 유구의 측면에서 기와건물지 1동과 2동의 벽주건물지(1호와 3호)가 品자형으로 배치되어 건물 축조의 기획성이 엿보이고, 유적의 동쪽과 북쪽 사면에 木柵列이 확인되어 외부와 격리되어 있는 점이 주목된다. 이곳에서 발견된 기와건물지는 초석을 사용하지 않았고 벽주건물지들 역시 벽체의 힘만으로 건물 상부를 지탱하는 취약한 구조를 하고 있어 일상용의 건물이 아닌 것으로 생각되며, 존속기간이 짧고 내구성이 떨어져도 별 문제가 없는 특수한 시설이었을 것으로 생각할 수 있다고 한다.

둘째 얼음을 저장하던 氷庫와 물을 저장하던 저수시설이 존재한다는 점이다. 고대사회에서 얼음은 시신의 부패를 방지하고 조문객들을 접대하는 등 상장례에서 매우 중요한 물품의 하나였다. 이곳에 빙고를 비롯한 殯殿인 기와건물과 祭場인 광장, 송산리고분군(무령왕릉)이 일직선상에 배치된 것은 이 일대가 국가적으로 중요한 시설로 체계적으로 관리되었음을 시사한다.[11]

유물의 측면에서도 연화문와당과 사격자문전이 발견되고, 제사와 관련되는 장고형기대편을 비롯하여 스에키 파편, 고창·나주·고령 지역 등 외지에서 반입된 토기가 포함되어 있기 때문에 제사 관련 유적으로 생각할 수 있다는 것이다. 정지산유적에서 발견된 유구나 유물들은 무령왕릉 지석과 매지권에 기재된 申地를 사서 무덤을 만들고(B-2), 酉地에서 居喪(가매장으로 해석)했다는 기록과 관련이 깊고, 왕궁으로 생각되는 공산성을 기준으로 할 때 무령왕릉이 申地, 정지산유적이 酉地에 해

---

10 정지산유적과 빈전에 대한 논의는 상기 권오영 교수의 2000년과 2002년 논고 이외에 다음을 참조.
국립공주박물관, 1999, 『정지산』; 김길식, 2001, 「빙고를 통해 본 공주 정지산유적의 성격」 『考古學誌』 12; 김길식, 2002, 「고대의 빙고와 상장례」 『韓國考古學報』 47; 이한상, 2012, 「발굴에서 해석까지-정지산유적의 사례」 『한국 고대사 연구의 자료와 해석』, 사계절.

11 정지산유적 기와건물지 내부의 柱穴처럼 파인 4개의 구덩이가 시신을 입관한 柩가 놓인 시설이며 한 가운데 구덩이는 시신의 부패를 방지하기 위해 얼음을 담은 氷盤이 놓인 곳으로 보기도 한다.
김길식, 2001, 「빙고를 통해 본 공주 정지산유적의 성격」 『考古學誌』 12, 66~68쪽.

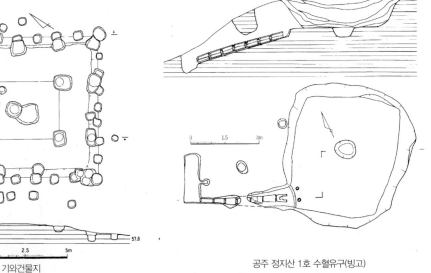

범례
□ 대벽건물지
◆ 주거지 (수혈식, 지정식)
■ 타원형 수혈
⊙ 저장공
▨ 석실묘 (백제, 고려)
◎ 고려토광묘
▼ 통일신라화장묘

瓦建物址

0   20m

기와건물지

공주 정지산 1호 수혈유구(빙고)

〈도면 1〉 공주 정지산유적 유구배치도

당한다고 할 수 있다. 따라서 백제 왕실의 경우 중국처럼 궁궐 내부 전각에 빈전을 꾸미지도 않았고, 27개월 동안 상복을 입은 것이 아니라 빈장을 행하는 특징이 있었다고 평가된다.

정지산유적의 발굴은 무령왕릉 발견 묘지석과 매지권뿐 아니라 백제 상장례, 나아가 고대의 상장례 연구 전체에 활력을 불러 일으켰다. 그러나 무령왕과 왕비가 왕궁에서 죽은 다음,[12] 빈전인 정지산유적에서 가매장했다가 27개월 뒤 현재의 무령왕릉으로 다시 묻혔다는 가설이 실제 실현 가능한 것인지 의문을 제기하지 않을 수 없다. 만약 이를 인정한다면 현재 비교적 온전한 상태로 남아 있는 무령왕릉에서 발견된 왕과 왕비의 목관은 공산성에서 정지산으로, 정지산에서 다시 송산리 분군으로 두 차례나 이동한 것이 된다. 이 경우 백제 왕실에서는 적어도 두 차례 發靷하여 運柩했다는 것이 되는데 그것이 실제 가능했을까 하는 의구심을 떨치기 어렵다.[13] 다음에서는 정지산유적 빈전설이 가진 문제점과 무령왕·왕비의 27개월 빈장설이 가진 문제점을 비판적으로 검토하고자 한다.

정지산유적을 빈전으로 보는 학설에 대한 최초의 비판은 故이남석 교수에 의해 제기되었다.[14] 그는 먼저 이 유적이 크게 세 시기로 구분되는 점에 주목하여, 웅진 천도 직후 일반 주거시설로 구성된 1기 유적들이 2기에 들어와 갑자기 왕실제사 유적(빈전)으로 변경될 수 있을지, 나아가 왕실의 신성한 공간에 3기인 백제 말기에 고분들이 곧바로 조성될 수 있을지 의문을 제기했다. 둘째 기와 건물지나 벽주건물지의 양상이 공산성 쌍수정 아래에서 발견된 일군의 건물지(추정 왕궁지)와 매우 유사하기 때문에 그것이 백제의 중요한 국가시설이라는 점은 인정되지만, 공산성에서 정지산까지, 정지산에서 무령왕릉까지 접근성이라는 점에서 볼 때 이곳을 빈소로 보기에는 어렵다고 했다. 셋째 출토유물에서도 몽촌토성이나 부소산성, 죽막동유적 등과 비교할 때 왕실 주도의 제사 유적으로 보기에는 그 양이나 질이 지나치게 빈약하기 때문에 수긍하기 어렵다고 했다.

최근에는 한발 더 나아가 벽주건물지나 氷庫만으로 정지산유적에 특수성을 부여하기는 어렵다

---

12 공산성 내부에 관한 발굴이 진행된 이후 공산성 내부에 웅진기 왕궁이 위치했을 가능성이 높아졌다(이남석, 2013, 「공산성은 백제 웅진성이고 왕성이다」『공산성』, 국립공주박물관).

13 무령왕릉은 지금까지 발굴된 백제 횡혈식석실분 중에서 외국산 목재인 금송을 사용하고 관고리를 사용하여 장식성을 높인 첫 번째 사례로 '들어나르는 관'이었다(吉井秀夫, 2007, 「古代東アジア世界からみた武寧王陵の木棺」『日中交渉の考古學』, 同成社; 吉井秀夫, 2011, 「원삼국시대·삼국시대 무덤에 쓰인 '棺'의 지역성과 그 변천」『考古學論叢』, 경북대학교 고고학과). 만약 27개월 외부에서 殯을 행한 다음 현재의 왕릉으로 운구했다면 목관 내부의 유물들이 발굴 당시처럼 남아 있을 수 있을지 의문이다.

14 이남석, 1999, 「정지산 유적의 성격에 대한 검토(토론문)」『정지산』, 국립공주박물관.

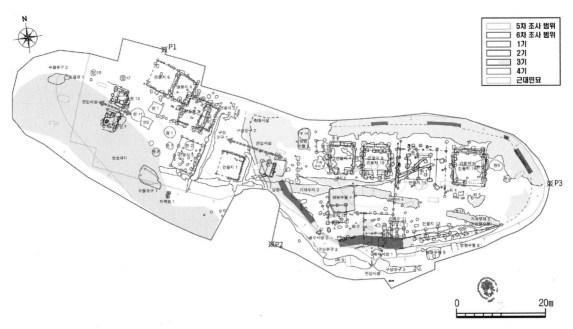

〈도면 2〉 부여 청산성 정상부 유구배치도

는 점을 강조했다.[15] 벽주건물지의 경우 한성기 말부터 출현하기 시작하지만 사비 천도 이후에는 일반인의 주택으로 보급될 정도로 일반화되었기 때문에 이를 임시적인 시설이나 특수 용도로 볼 수는 없다는 것이다.[16] 빙고와 관련해서도 부여 구교리 구드래 일원과 연기 나성리유적에서도 빙고가 발견되었기 때문에,[17] 빙고가 존재한다는 것만으로 해당 유적을 국가 제의 시설로 볼 수는 없다는 것이다. 나아가 부여 청산성 일대에 관한 조사에서는 벽주건물지와 굴립주건물지가 조합된 국가 시설물이 확인되었는데(도면 2),[18] 부여나성 동북쪽에 위치한 이 유적은 백마강과 그 주변을 한눈에 조망할 수 있는 장소에 입지하고, 강변에 위치하면서 외부를 조망할 수 있는 입지적인 특성이나

---

15 이남석·이현숙, 2016, 「백제 상장의례의 연구」『百濟文化』 54, 319쪽.

16 벽주건물에 대해서는 다음을 참조.
권오영·이형원, 2006, 「삼국시대 벽주건물 연구」『韓國考古學報』 60; 조선영, 2008, 「백제시대 벽주건물의 구조와 전개과정에 대한 연구」, 전북대학교 석사학위논문; 李南奭, 2013, 「百濟大壁建物の現況と意味」『明日香風』 124; 김진환, 2013, 「백제 벽주건물지의 변천과정 연구」, 공주대학교 석사학위논문.

17 이홍종 외, 2015, 『연기 나성리유적』, 한국고고환경연구소; 심상육·이명호, 2017, 『부여 구교리 구드래 일원 백제 건물·도로·빙고 유적』, 백제고도문화재단.

18 심상육·성현화·이미현·김태익, 2017, 『부여나성-북나성 Ⅴ·Ⅵ』, 백제고도문화재단.

건물지들의 배치양상, 기와나 토기, 중국제자기가 발견되는 등 출토유물에서도 정지산유적과 공통된 점이 많다. 이러한 점을 종합적으로 고려할 때 정지산유적의 성격은 왕실의 상장례가 아닌 다른 차원의 검토가 필요할 것이다.

한편 정지산유적에서 출토된 연화문와당에 대해 부여 동남리사지 출토품과 同笵品이고, 이 제품들이 청양 관현리 기와가마터에서 생산되었을 것으로 보는 견해가 일찍부터 제기되었다.[19] 이 주장은 정지산유적이 웅진기의 왕실 제사유적이기 때문에 연화문와당 역시 사비 천도 이후로 편년할 수 없다는 선입견 때문에 받아들여지지 않았다. 오히려 정지산유적 연화문와당의 문양이 공주 대통사지로 알려진 중동이나 반죽동 일대에서 발견된 와당들이나 무령왕릉에서 발견된 연화문전과 유사하기 때문에 당연히 538년 사비 천도 이전으로 소급시켜 보아야 한다고 생각했다.

그러나 정지산유적 연화문와당은 동남리사지나 관현리 기와가마터의 연화문와당과 문양이 일치할 뿐만 아니라 제작기법과 태토, 소성이 일치하는 동범품이며, 笵傷의 진행 과정을 볼 때 동남리사지−정지산유적−관현리 기와가마터 순서의 상대서열이 확인된다(사진 1).[20] 이러한 사실은 정지산유적 기와건물지가 적어도 사비 천도 이후인 6세기 후반까지 계속해서 존속했다는 것을 알려준다. 정지산유적 빈전설을 주장하는 연구자들은 이곳이 사비 천도 이후 더 이상 빈전으로 기능하지 않았다고 보았다. 그런 점에서 6세기 후반에 속하는 연화문와당의 확인은 기존 빈전설의 입지를 더욱 좁아지게 한다.

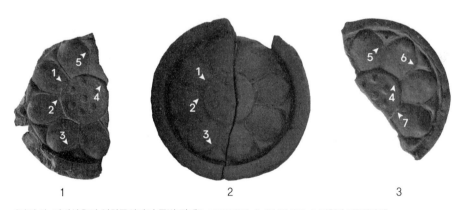

〈사진 1〉 정지산유적 연화문와당의 동범 관계(1.정지산유적, 2.동남리사지, 3.관현리 기와가마터)

19 淸水昭博, 2003, 「백제 大通寺式 수막새의 성립과 전개」『百濟研究』 38, 64쪽.
20 이병호, 2018, 「공주 지역 백제 수막새의 특징과 계통」『百濟文化』 58.

정지산유적의 3기 유구 중에는 7세기대로 편년되는 석실묘 1기와 옹관묘 2기가 포함되어 있다. 만약 이곳에 웅진기 백제 왕실의 殯殿이 있었다면 사비기에도 그러한 기와 건물이 유지되고, 백제 멸망 이전에 이러한 소형 무덤들이 조영될 수 있을지 의문이 제기될 수밖에 없다. 이러한 사실들을 종합해 볼 때 정지산유적을 백제 왕실의 빈전으로 보는 기존 견해는 성립하기 어렵다고 생각한다. 필자의 경우 그 대안으로 유적이 위치하는 입지적 요소나 건물지의 배치, 출토유물의 양상 등이 부여 청산성 일대에서 발견된 건물지군과 매우 유사하기 때문에 일단 군사적인 성격을 가진 국가시설이었을 가능성을 고려하고 있다. 다만 두 유적 모두에서 무기류나 군사와 관련된 자료가 거의 출토되지 않아 일단 과제로 남겨둔다.

최근 정지산유적 빈전설에 대한 일본 연구자의 비판이 주목을 끈다.[21] 정지산유적을 빈전으로 보는 초기 연구가 일본의 문헌사학이나 고고학 연구 성과를 적극적으로 인용했던 점을 상기하면 주목할 필요가 있다. 이 연구에서는 먼저 고분 주변에서 장기간 빈이 행해졌을 것이라는 기존 견해에 대한 고고학 분야의 연구 성과를 원용하고 있다. 즉 기존에 고분 주변에서 빈과 관련된 의례 행위의 흔적으로 알려진 유구들이 실제로는 고분을 조영할 때 사용한 작업 공간이나 무덤을 지키는 관리 시설의 일부로 생각되기 때문에 매장지 부근에서 빈이 행해진 고고학적 증거를 찾을 수 없고, 人骨에 관한 분석을 통해 볼 때 빈이 시행된 기간도 10일 내외로 매우 짧았다는 것이다.[22]

『일본서기』에 기록된 빈이 행해진 장소(殯宮·喪屋)를 보면 분묘 부근에서 빈이 행해진 사례는 확인되지 않고 대부분 거주 구역인 왕궁과 가까운 곳에 설치되며, 『萬葉集』에 나오는 挽歌에 관한 분석을 통해서도 매장지 부근에서 빈이 행해진 증거는 찾을 수 없다고 했다. 빈이 행해진 장소가 왕궁 등 거주 구역뿐 아니라 분묘나 그 주변에서 행해졌다는 기존 견해를 부정하고, 殯期 또한 매우 단기간에 이루어진 사실을 부각시킨 매우 의미 있는 논고로 생각된다.[23]

정지산유적에 빈전이 있었다는 殯殿說이나 무령왕과 왕비가 27개월 동안 빈장했다는 殯葬說은 이처럼 많은 문제를 안고 있다. 특히 무령왕과 왕비가 27개월 동안이나 殯葬했다는 것은 '빈'의 개념이나 설행 기간을 오해했다는 비판에서 자유롭지 못하다. 고대사에서 빈과 관련된 사료는 D-1 『수서』 고구려전의 "사람이 죽으면 집안에 빈하여 두었다가 3년이 지난 뒤에 길일을 택해 장사를 지

---

21 稻田奈津子, 2017, 「殯宮の立地と葬地─艇止山遺跡の評價をめぐって」『東京大學日本史學研究室紀要』21.

22 田中良之, 2004, 「殯再考」『福岡大學考古學論集』, 小田富士雄先生退職記念事業會.

23 稻田奈津子씨는 정지산유적에 기와 건물지와 왜계 유물이 섞여 있고, 그 對岸에 취리산 회맹지로 추정되는 연미산이 있는 것에 주목하여 그 성격이 외교 의례와 관련되었을 가능성을 제기하였다(稻田奈津子, 2017, 「殯宮の立地と葬地─艇止山遺跡の評價をめぐって」『東京大學日本史學研究室紀要』21, 15쪽).

냈다[死者殯在屋內. 經三年. 擇吉日而葬]"는 기록이 매우 중시되었다. 이 기록은 D-4『수서』왜국전의 "귀한 사람은 바깥에서 3년 동안 빈을 치른다[貴人三年殯於外]"는 기록과 대비되어 殯이 옥내나 옥외에서 3년이라는 장기간에 걸쳐 이루어져도 전혀 문제가 없는 것으로 인식되었다. 나아가 B-2 왕비 지석의 "居喪"이나 "改葬"이라는 표현은 백제 왕실에서 1차장인 '빈'이 있었고, 그것을 개장해서 본장인 2차장을 행했다는 인식을 확산시켰다.

그러나『禮記』檀弓上에는 "죽은 사람을 창 아래에서 飯하고, 지갯문 아래[실내]에서 소렴하고, 조계[東階]에서 대렴하고, 객위[西階 위]에서 殯하고, 뜰에서 祖[매장하기 전에 보내는 예]하고, 묘에서 장사 지낸다[飯於牖下. 小斂於戶內. 大斂於阼. 殯於客位. 祖於庭. 葬於墓]"고 했다. 즉 殯은 죽은 자의 저택 내부에서 실시된 것이지 정지산유적처럼 매장지 부근에 설치되지 않는다.[24] 이것은 고려시대나 조선시대도 거의 예외가 없었다.

고려시대 국왕의 빈전은 宣德殿에 가장 자주 설치되었는데, 불교의 서방정토 관념에 따라 궁궐 내 서쪽 건물에 안치한 것으로 생각된다.[25] 조선시대 국왕의 빈전이 설치된 장소는 일정하지 않지만, 왕이 승하한 장소 인근에 설치된 경우가 많았다.[26] 이는 아침저녁으로 빈궁에서 哭을 하고 上食을 올리는 의례(朝夕哭奠及上食儀)가 매일, 그리고 삭망으로 진행되었기 때문에 동선이나 공간이 치밀하게 계획된 결과였다.[27] 빈궁에서 아침저녁으로 제물을 차리고 곡을 하는 유교적 상장례는 고려시대에도 그 시행이 확인되고 있다.[28] 따라서 무령왕의 장례에 27개월 3년상이라는 유교적 상장례가 실시되었다면 빈전이 설치된 장소 역시 후왕이 이동하기에 가장 편리한 장소인 왕궁 내부의 어떤 장소에 설치되었다고 보는 것이 자연스럽다.

백제는 무령왕대에 들어와 양나라와 적극적인 교류를 실시했으며 특히 505년 양무제가 國學에 五經博士를 설치하자 백제에서도 太學을 두어 五經을 연구하고 인재를 양성했을 것으로 생각된다.[29] 513년 단양이, 516년 고안무를 왜에 파견한 것은 백제에서 외교 관계에서 오경박사를 활용하고 있는 모습을 잘 보여준다. 오경박사는 易經·書經·詩經·春秋·禮記 등 경학에 능통한 전문가를 말하

---

24 위의 논문, 6쪽.

25 김인호, 2010,「고려시대 국왕의 장례절차와 특징」『韓國中世史硏究』29, 272~273쪽.

26 신지혜, 2010,「조선 숙종대 왕실 상장례 설행 공간의 건축 특성」, 경기대학교 박사학위논문, 24쪽.

27 조재모, 2013,「조선시대 국장의 절차와 공간이용」『대한건축학회논문집계획계』29권 2호(통권292), 174쪽.

28 박진훈, 2013,「고려전기 국왕 빈전의 설치와 의례」『韓國中世史硏究』43, 235~236쪽.

29 양기석, 2013,「백제 박사제도의 운용과 변천」『百濟文化』49, 135~139쪽; 박현숙, 2014,「백제 태학의 설립과 정비과정」『歷史敎育』132, 114~117쪽.

며, 여기에 『禮記』가 포함된 것은 무령왕대 백제에서 이미 유교적 상장례를 알고 있었다는 단서가 된다.

이 때문에 가장 전형적인 유교적 상장례가 실시된 조선시대의 국상 절차를 잠시 언급할 필요가 있다.[30] 〈표 1〉에서 알 수 있는 것처럼 조선시대에는 국왕이 승하하면 염습과 소렴·대렴을 하고, 승하한지 5일째 되는 날 梓宮을 빈전으로 옮기게 된다. 빈전은 재궁을 안치하는 欑宮과 그 남쪽에 혼백을 모신 靈座, 그리고 찬궁 동쪽에 평소에 사용하던 베개, 옷, 이불 등을 놓아두는 靈寢으로 구성된다(도면 3).[31] 欑宮은 무덤에 안장하기 전까지 재궁을 보관하기 위해 임시로 만든 집 모양의 구조물을 가리키는데, 조선 초기에는 사면 내벽에 청룡·백호·주작·현무 등 四神圖를 그려 넣기도 했다. 만약 정지산유적에서 27개월 동안 빈장을 했다면 이와 같은 찬궁의 형태로 모셔졌을지도 모르겠다.

그런데 빈궁에 빈을 하는 기간은 신분에 따라 달랐다. 『예기』에 따르면 천자는 7일만에 빈한 다음 7개월만에 장사지내고, 제후는 5일만에 빈하고 5개월만에 장사지냈다고 한다.[32] 빈전기간은 고려시대의 경우 짧게는 12일부터 길게는 27일이 소요되었는데 이는 易月短喪制 때문이다.[33] 하지만 세종대 이후에는 점차 3년상 제도가 정착되어 5개월의 빈전의례가 지켜졌다.

〈표 1〉 조선시대 국상의 절차와 기간

단계	斂襲儀禮			葬送儀禮		喪制儀禮			
기간	당일	3일	5일	6일	5개월	13개월	25개월	27개월	부정기
주요 절차	復·襲	小斂	大斂·成殯	成服·嗣位·加漆	啓殯·發靷 / 虞祭·卒哭	練祭	祥祭	禫祭	祔廟
망자	體魄			攢宮	大轝 / 玄宮	王陵			
	魂帛			魂帛	神輦 / 吉帷宮	혼전(虞主/練主)			宗廟
의례공간	승하소			殯殿		도로·산릉 / 혼전·종묘			

30 조선시대 국장에 대해서는 다음을 참조.
    정종수, 1994, 「조선초기 상장의례 연구」, 중앙대학교 박사학위논문; 안희재, 2009, 「조선시대 국상의례 연구-國王國葬을 중심으로」, 국민대학교 박사학위논문; 이현진, 2017, 『조선 왕실의 상장례』, 신구문화사; 이욱, 2017, 『조선시대 국왕의 죽음과 상장례』, 민속원.

31 신지혜, 2010, 「조선 숙종대 왕실 상장례 설행 공간의 건축 특성」, 경기대학교 박사학위논문, 107·112쪽.

32 이것은 남조의 상장례에서도 준용되었다(장인성, 2000, 「남조의 상례연구」『百濟研究』 32).

33 박진훈, 2013, 「고려전기 국왕 빈전의 설치와 의례」『韓國中世史研究』 43, 236~237쪽.

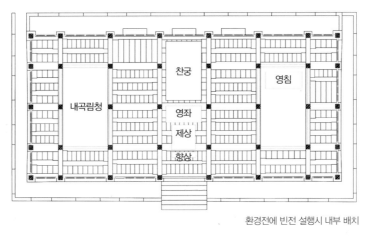
환경전에 빈전 설행시 내부 배치

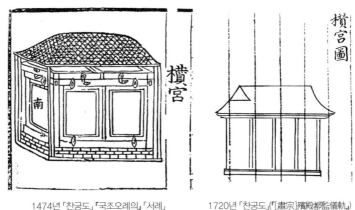
1474년 「찬궁도」 『국조오례의』 「서례」   1720년 「찬궁도」 (『[肅宗]殯殿都監儀軌』)

〈도면 3〉 조선시대 빈전 설행 모습과 찬궁의 사례

빈전 의례가 정치적으로 중요했던 것은 이곳에서 왕위를 잇는 의식인 嗣位가 이루어졌기 때문이다. 사위 의식은 보통 국왕이 승하한지 6일이 지나 喪服을 갖추어 입는 成服 의례 이후에 실시된다. 조선 초 文宗의 경우 재궁 앞에서 遺命을 받들고, 빈전 문 밖의 정전에 나아가 즉위식을 행했다고 한다. 조선시대에는 사위 의식을 새로운 왕이 즉위하면 이러한 사실을 중국에 알려 국제적으로 인준받기 위한 부고를 하고 諡號를 정했다.[34] 시호는 짧게는 1개월, 길게는 사후 5개월 정도가 소요되었다.[35] 국왕이 승하한 후 5개월 정도의 애도 기간이 지나고 山陵 조성이 마무리되면 빈전에

---

34 정종수, 1994, 「조선초기 상장의례 연구」, 중앙대학교 박사학위논문, 117~122쪽.

35 왕이 죽은 지 최소 1개월이 지나서 달을 넘겨 시호나 묘호, 능호를 정한 것은 어버이가 아직 죽지 않은 것으

모셔두었던 재궁을 능소로 옮기는데 그 행차를 發靷이라고 한다.

발인 이후 산릉에서 국왕의 시신을 묻는 것으로 끝나지 않았다. 망자의 육체를 대체할 상징물, 즉 神主가 만들어지게 된다. 산릉에서 만든 신주는 궁궐로 모셔와 임시적인 사당인 魂殿에 모셔진다. 그후 첫 기일을 맞이하면 練祭를 지내고, 두 번째 기일에는 祥祭, 상제를 지낸 뒤 3개월째 되는 달에 禫祭를 지내는데 담제는 상례의 공식적인 마지막 의식이었다. 27개월의 상기가 모두 끝나면 신주는 宗廟로 들어가게 되는데 이를 祔廟라고 한다. 부묘는 보통 27개월 상례가 끝난 후 처음으로 맞이하는 四時祭에 이루어졌다. 그 후 선왕의 시신과 혼령을 모시는 왕릉과 종묘에 대한 주기적인 제사를 드리게 된다.

이상 조선시대 왕실의 상장례를 간략하게 살펴보았는데 이와 비교해도 무령왕과 왕비의 27개월 殯期는 지나치게 장기간이고 이례적이다. 무령왕과 왕비의 장례가 27개월 3년상으로 실시됐다면 오히려 그 기간 동안 염습부터 담제를 드리고 종묘에 부묘하는 모든 장례 절차가 마무리된 것으로 볼 수는 없을까. 필자는 27개월을 3년상이라고 하면서 그 전체를 殯期로 설정하는 것은 문제가 있다고 생각한다. 이러한 인식은 『수서』 고구려전이나 왜국전의 "3년 동안 殯했다"는 기록(D-1·4)을 곧이곧대로 믿은 오해였다. 고구려의 경우 殯期 3년을 증명할 방법이 없지만, 고대일본의 경우 『일본서기』 등을 보면 그 기간이 1년 이내인 경우가 대부분이다. 후계자 문제가 정리되지 않았을 때 장기화되는 현상이 확인될 뿐이다.[36] 따라서 적어도 D-1과 D-4의 "3년 동안 빈했다"는 기록은 비판적인 관점에서 분석할 필요가 있다.[37]

그 연장선에서 백제의 "喪制가 고구려와 같다"는 『수서』 백제전(C-3)의 기록이 같은 책 고구려전(D-1) 상제와 관련된 기록 전체를 가리키는 것인지도 의문이다. 백제의 상장례에 대해 『주서』와 『북사』에서는 3년 服喪制에 관한 규정만 기록(C-1·2)하고 있다. 따라서 『수서』 백제전에 "상제가 고구려와 같다"는 기록도 고구려의 상장례 전체를 가리키는 것이 아니라 『주서』나 『북사』처럼 3년 복상제의 규정이 같다는 내용에 한정되었을 가능성이 높다. 이는 『수서』 신라전(D-3)에 고구려·백제와 달리 1년 복상제로 기록된 것과도 연관된 서술로 볼 수 있다.[38]

로 여겼기 때문이다. 정종수, 2005, 「유교식 상장례」『상장례, 삶과 죽음의 방정식』, 두산동아, 130쪽.

36 和田萃, 1995, 「殯の基礎的考察」『日本古代の儀禮と祭祀·信仰』(上), 18쪽.

37 남조 귀족들도 사망 이후 단기간에 매장된 것이 확인된다. 江介也, 1999, 「東晉南北朝墓にみる合葬の諸樣相」『考古學に學ぶ-遺構と遺物』, 同志社大學考古學シリーズ刊行會, 810~811쪽.

38 한편 『수서』 백제전에는 "衣服이 고구려와 대략 같다[其衣服與高麗略同]"는 기록이 있다. 이와 거의 동일한 내용이 『주서』에는 "其衣服 男子略同於高麗"로, 『북사』에는 "其飮食衣服, 與高麗略同"으로 나온다. 따라서 『수서』 백제전의 "상제가 고구려와 같다"는 표현 역시 같은 책의 고구려전뿐 아니라 『주서』나 『북사』 백제전

지금까지 정지산유적 빈전설과 무령왕과 왕비 27개월 빈장설이 가진 문제점을 제시했다. 현재 고대사학계나 고고학계에서 통용되어 정설의 위치에 있는 기존설은 일반적인 유교적 상장례에 비추어 볼 때 빈이 행해진 장소나 기간이 지나치게 이례적이기 때문에 재검토할 필요가 있었다. 하지만 이러한 비판에도 불구하고 기존설을 극복하기 위해서는 또 하나의 관문이 남아 있다. 왕비의 지석에는 "居喪在酉地"와 "改葬還大墓"라는 표현이 있어 "유지(서쪽)에 居喪했다가 改葬하여 大墓에 올렸다"는 해석이 가능하다. 그리고 이때의 "居喪"에 대해 '三年喪을 지냈다'는 뜻이며, "在酉地"는 정식 장례를 치르기 이전에 임시 假埋葬 곧 殯을 의미한다는 견해가 일찍부터 제시되었기 때문이다.[39]

그러나 居喪在酉地를 반드시 "서쪽 땅에 (빈전을 설치하여) 삼년상을 거쳤다"로 해석할 필요는 없다. "居喪"은 사전적인 의미가 '상을 당하고 있다' 또는 '상 중에 있다'는 의미에 가깝다. 『禮記』 曲禮 上에는 '거상'이 服喪 중인 유족이 倚廬(廬幕)에서 근신하며 생활하는 것을 가리키는 용례가 확인된다.[40] 따라서 왕비 지석은 "(왕궁의) 서쪽인 유지에 (의려를 설치하고 유족이) 服喪을 하였다"고 해석할 수 있다.[41] 이와 관련하여 조선시대 국왕의 상장례에서는 빈전 의례가 행해지는 동안 임금이 정침에 들지 않고, 빈전 주변에 간단하게 의려를 설치한 사례가 남아 있어 참고된다(사진 2).[42]

〈사진 2〉 고종 국장 때 빈전의 중문 밖에 설치된 의려 모습

의 상제와 관련된 내용을 찾아 함께 검토할 필요가 있다.

39 임창순, 1974, 「매지권에 대한 고찰」 『武寧王陵』, 문화재관리국, 58쪽.

40 居喪하는 예절은 몸의 헐고 수척함이 뼈가 드러나게 하여서는 안되며 시력과 청력이 쇠잔하여서는 안되며 조계로 오르내리지 않으며 나가고 들어갈 때에 문의 한 가운데로 통행하지 않는다. 居喪하는 예절은 상주의 머리에 부스럼이 있으면 머리를 감으며 몸에 종기가 있으면 몸을 씻으며 병이 있으면 술도 마시고 고기도 먹지만 병이 그치면 다시 처음으로 돌아간다(居喪之禮, 毀瘠不形, 視聽不衰, 升降不由阼階, 出入不當門隧. 居喪之禮, 頭有創則沐, 身有瘍則浴, 有疾則飮酒食肉, 疾止復初. 『禮記』 곡례상).

41 稻田奈津子, 2017, 「殯宮の立地と葬地」 『東京大學日本史學研究室紀要』 21, 14~15쪽.

42 신지혜, 2010, 「조선 숙종대 왕실 상장례 설행 공간의 건축 특성」, 경기대학교 박사학위논문, 60~61쪽.

그렇다면 "改葬還大墓"는 어떻게 해석할 수 있을까. 대부분의 연구자들은 '改葬하여 대묘에 모셨다' 정도로 해석한다. 그리고 이때의 '개장'은 앞 문구에 나오는 서쪽에 居喪[가매장]했던 것을 다시 장사지내어 정식으로 대묘에 장례[本葬]를 치렀다는 의미로 이해한다. 그러나 필자처럼 居喪을 가매장으로 보지 않으면 어떻게 될까. 이때 가장 먼저 고려해야 할 것이 '개장'의 주체, 혹은 장소가 될 것이다. 즉 누가, 어디를 개장해서 대묘로 모셨는가 하는 점이다. 무령왕릉은 523년 5월에 왕이 먼저 죽고 그 뒤 526년 11월 왕비가 죽자 합장한 무덤이다. 따라서 이때의 '개장'을 후왕인 聖王이 먼저 죽은 父王의 무덤을 개장한 것으로 볼 수는 없을까.

B-1에서 주의할 점은 왕비 지석은 피장자인 왕비가 주어인 문장이 아니라는 점이다. 첫머리의 "백제국 왕대비"는 당시 백제의 국왕인 聖王의 어머니이기 때문에 성왕의 입장에서 붙인 호칭이다. 무령왕릉에서 함께 출토된 庚子年(520)으로 시작하는 은제팔찌에 "大夫人"이라는 호칭이 나오는 것과 좋은 대비를 이룬다.[43] 이처럼 동일인에 관한 호칭이 바뀐 것은 B-1의 지석을 쓴 주체가 피장자가 아니라 그러한 장례를 주관한 성왕이었다는 것을 명확하게 보여준다. 성왕의 입장에서는 대비를 선왕과 합장하기 위해 이미 만들어진 대묘를 '개장'할 필요가 있었다. 따라서 왕비 지석의 還大墓는 무령왕이 묻혀 있는 대묘에 옮겨 합장했다는 의미가 되고,[44] "改葬還大墓"는 '(성왕이 선왕의 무덤을) 개장하여 대묘에 (함께) 모셨다'는 뜻으로 해석할 수 있지 않을까.

그렇다면 무령왕과 왕비가 사망한 후 27개월 뒤에 안장했다는 지석의 내용을 어떻게 이해할 수 있을까. 지금까지 많은 백제사 연구자들은 27개월을 殯 기간으로 보았다. 하지만 필자는 정지산유적, 『수서』 백제전과 고구려전, 무령왕비 지석에 관한 재검토 결과 정지산유적을 殯으로 볼 수 없고, 왕비의 2차장이나 백제 왕실의 27개월 빈장도 인정할 수 없다고 주장했다. 무령왕과 왕비의 지석에는 523년 5월 7일 왕이 죽어서 525년 8월 12일에 묻었고, 526년 11월에 왕비가 죽어서 529년 2월 12일에 묻은 것으로 기록되어 있다. 왕은 만 27개월 5일, 왕비는 죽은 날짜를 알 수 없기 때문에 만 27개월 ○일이 장례기간이다.[45] 필자는 이 기간에 대해 무령왕과 왕비의 장례가 27개월 3년 상이 적용된 유교적 상장례였기 때문에 『주서』나 『북사』에 나오는 3년 治服 기간, 즉 빈전 의례를 포

---

43 新川登龜男, 2013, 「佛敎文明化の過程」 『佛敎文明の東方移動』, 汲古書店, 224~226쪽.

44 '還'자에는 '원래의 곳으로 돌아간다'는 의미가 있어 "還大墓"에는 '원래 있었던 (가야 하는) 대묘에 돌아간다'로 풀이할 수 있다는 견해가 있다. 장수남, 2011, 「백제 무령왕릉 지석의 '안조등관대묘' 재해석」 『역사와 담론』 59, 349쪽.

45 조경철은 상장례 기간이 만27개월이기 때문에 28개월로 보아야 하며 3년상에 대한 미숙한 이해나 백제적인 변용으로 볼 수 있다고 했다. 조경철, 2009, 「백제 왕실의 3년상」 『東方學誌』 145, 114~117쪽.

함한 禪祭(혹은 祔廟)까지 실시된 '服喪 期間'으로 보아야 한다는 입장이다. 무령왕과 왕비의 장례는 〈표 1〉에 보이는 조선시대 국왕의 27개월 상장례가 어떤 형태로든 실시되었을 가능성이 높다고 할 것이다.

필자가 기존의 견해에 의문을 갖게 된 계기는 무령왕과 왕비의 지석이 언제 제작되었을까라는 질문에서 비롯된다. 525년 8월 12일 왕을 매장했다면 적어도 그 전에 지석이 작성되어 제작되었을 것이고, 529년 2월 12일 이전에는 왕비의 지석도 이미 완성돼 있었을 것이다. 그렇다면 지석이 제작된 시기는 언제까지 소급될 수 있을까. 고려시대 묘지명을 보면 장례를 마친 다음 곧바로 묘지명을 작성한 경우도 있지만, 일반적으로는 시신을 매장하기 이전에 묘지명을 만들어 함께 부장했다.[46] 조선시대 왕릉의 경우 『국조오례의』에 玄室에서 남쪽 7척, 깊이 5척 되는 곳에 지석을 묻는다는 규정이 있기 때문에 적어도 發靷 전에는 완성되어야 했고,[47] 지석의 내용에 피장자를 알리는 시호나 묘호·능호 등이 들어가야 했기 때문에 그것이 정해진 다음에 제작했다고 할 수 있다. 무령왕의 장례가 유교적 상장례를 충실히 따랐다면 왕의 지석이나 매지권은 그가 죽은 523년 5월 7일 이후부터 발인이 이루어졌을 5개월 전후에는 완성됐을 것으로 생각된다.[48]

무령왕 지석에는 525년 8월 12일이라는 날짜가 함께 기록되어 있다. 이 날짜를 전축분인 무령왕릉의 입구가 닫힌 날짜로 볼 수도 있다. 하지만 이 날짜는 왕이 사망한 날짜를 기준으로 특별한 의미가 부여된 '吉日'로 선택된 날이며,[49] 왕의 지석에 따르면 "安厝登冠大墓"한 날이지 단순히 무덤

---

46 박진훈, 2016, 「고려시대 관인층의 장례기간 분석」 『歷史敎育論集』 59, 117~119쪽.

47 정종수, 1994, 「조선초기 상장의례 연구」, 중앙대학교 박사학위논문. 236~238쪽.

48 무령왕 지석에는 諡號를 쓰지 않고, 諱를 써서 斯麻王이라고 했다. 정치적 측면에서 빈전의례가 중요한 것은 새로운 왕의 즉위 때문이었다. 조선시대의 경우 嗣位를 받은 직후에 前王의 시호가 정해졌다. 무령왕 지석에 사마왕이 적힌 것이 시호제 실시 초기의 미숙함 때문인지, 백제의 시호제가 무령왕대 보다 더 나중에 실시되었기 때문인지 알 수 없지만, 무령왕의 시호가 정해지기 전에 지석이 제작되었을 가능성도 열어두어야 할 것이다. 한편 『海東繹史』에는 성왕 6년(528)에 육후의 가르침을 받아 처음으로 시호법을 제정하여 父王을 武寧으로 했다는 기록이 남아 있지만, 육후는 그 보다 나중인 사비 천도 이후 백제에 건너왔기 때문에 따르기 어렵다는 견해가 있다(이기동, 1996, 「백제국의 정치이념에 대한 일고찰」 『백제사연구』, 일조각, 177쪽).

49 백제는 劉宋에서 元嘉曆을 도입했고, 사비기에는 日官部라는 중앙행정 관서를 두었으며 553년에는 易博士와 曆博士를 일본에 파견하여 卜書와 曆本을 전해주기도 했다. 그리고 일본 石神遺蹟 유적에서는 길흉이 쓰여 있는 달력인 具注曆 목간(689년 3·4월분)이 출토되기도 했다(이치히로키, 이병호 역, 2014, 『아스카의 목간』, 주류성, 101~107쪽). 이것을 보면 무령왕대에 국가적인 의례에 吉日을 택하는 것은 그리 어렵지 않았을 것이다.

을 폐쇄할 날짜로 생각할 수는 없다.[50] 그런데 525년 8월 12일은 B-2의 매지권에 따르면 사마왕이 무덤을 짓기 위해 땅을 구입한 날이기도 했다. 사마왕은 지하의 신들과 이에 대한 계약을 맺었기 때문에[立券爲明] 그의 육신[魄]은 그후 지하세계에서 편히 잠들게 되었을 것이다. 즉 525년 8월 12일은 무령왕의 魂魄이 분리되는 중요한 의미를 갖는 날이었다.

그렇다면 무령왕의 魂은 어떻게 되었을까. 당연히 神主가 만들어져 宗廟에 祔廟되었을 것이다. 이때 문제가 되는 것이 大墓가 무엇인가 하는 점이다. 왕과 왕비의 지석에 나오는 "安厝登冠大墓"나 "改葬還大墓"의 大墓를 '큰 무덤'으로 보고 현재의 무령왕릉을 가리키는 것으로 본다면 이 기록은 육체적인 체백이 대묘에 모셔졌다는 것을 다시 한번 확인하는 것이 될 것이다. 하지만 대묘를 가족 공동묘역으로 본다면,[51] 이제 망자가 모든 장례절차를 거쳐 가족 공동 무덤의 한 일원이 되었음을 확인하는 기록으로 볼 수도 있을 것이다. 그런데 '대묘'의 墓가 廟와 통하기 때문에 大廟(太廟)인 宗廟로 볼 수도 있다. 이렇게 보면 왕과 왕비 지석의 기록은 魄과 분리된 魂이 종묘에 부묘된 것을 기록한 것으로 볼 여지도 없지 않다.[52]

어느 쪽이 맞는지 현재로서는 판단하기 어렵지만 525년 8월 12일이 단순히 무덤을 폐쇄한 날짜가 아니라는 것은 분명하다. 무령왕 입장에서 보면 이 날짜는 육신의 체백이 지하 세계로 들어간 날이었고, 성왕의 입장에서는 바로 이 날이 禫祭를 올리고 탈상하거나 종묘에 신주를 올려 祔廟하는 등 모든 장례 절차가 마무리된 날이었을 가능성이 있다.[53] 왕과 왕비의 장례기간에 약간의 차이가 나는 것도 그러한 절차를 이행하기 위해 길일을 택한 결과였을지도 모르겠다.[54]

---

50 安厝에 대해서는 크게 편안히 모시다, 가매장하다는 견해로 나뉘고, 登冠은 대묘에 올려 뫼신다는 당시의 용어라거나 송산리고분군을 가리키는 지명, 冠을 올린 큰 무덤, 빈장의 마지막에 치르는 절차 등 의견이 분분하다. 이에 관한 연구사는 다음을 참조. 장수남, 2011, 「백제 무령왕릉 지석의 '안조등관대묘' 재해석」 『역사와 담론』 59; 여병창, 2014, 「무령왕릉 '안조등관대묘' 해석 재고찰」 『중국인문과학』 56.

51 김태식, 2003, 「백제 무령왕릉의 '등관대묘' 재고」 『CHINA연구』 7.

52 이러한 가설은 동국대 최연식 교수가 "登冠大墓"의 冠자를 '祔'자의 이체자로 보아야 한다는 교시가 있었기 때문에 상정해 본 것이다. 그러나 중국 남북조시대 지석 무령왕릉과 유사한 글자를 冠으로 판독할 수 있는 용례가 다수 확인되어(佐竹保子, 1984, 「百濟武寧王誌石の字跡と中國石刻文字との比較」 『朝鮮學報』 111) 이 글에서는 따르지 않았다. 만약 이 글자를 "登祔大墓"로 판독할 수 있다면 "대묘(大廟, 즉 宗廟)에 부묘해서 올렸다"는 의미로도 파악할 수 있지만 廟와 墓의 구분이라는 또다른 문제를 남긴다.

53 사마왕이 주체가 된 매지권에는 "買申地爲墓"라고 해서 大墓가 아닌 墓라는 표현이 나온다. 피장자인 무령왕의 입장에서는 墓가 되지만, 선왕의 유체를 모실 무덤을 조성해야 하는 성왕의 입장에서는 그것이 大墓로 인식되었기 때문에 이러한 표기 차이가 생겼을지도 모르겠다.

54 비록 후대의 사례이지만 고려시대 장례 시 吉日이 선택된 사례에 대한 구체적인 사례 연구가 있어 참고된다. 김용선, 2017, 「고려시대의 장례와 택일」 『震檀學報』 129.

이상에서 무령왕 27개월 빈장설과 정지산유적 빈전설이 가진 문제점과 대안을 제시해 보았지만 향후 중국 남북조시대 묘지명과의 비교를 통해 좀더 보완할 필요가 있을 것이다. 무령왕릉은 기존의 백제 왕릉들과 형태나 계통을 달리하는 塼築墳이다. 백제 왕실에서는 전축분이라는 새로운 묘제를 도입하면서 유교적 상장례를 함께 수용했을 가능성이 높다.[55] 그렇다면 백제 왕실은 중국 남조에서 전축분이나 유교적 상장례를 도입되면서 어느 정도 변용이 가능했을까 라는 또 다른 차원의 문제를 함께 던져주고 있다.

Ⅲ. 부여 능산리고분군과 사원의 건립

백제는 사비 천도를 전후하여 한성기의 東明廟 및 天地 제사가 仇台廟 제사와 天 · 五帝 제사로 전환되는 커다란 변화를 겪었다. 그중 왕실의 조상 제사는 연간 4차례 仇台廟에 제사를 드리는 것으로 바뀌게 된다. 仇台가 누구인지에 대해서는 의견이 분분하지만,[56] 東明과 구분되어 건국 시조로 표방되는 인물로 실제 백제 왕실 계보 상의 시조일 가능성이 인정된다. 따라서 사비기 백제 왕실의 조상 제사는 구태묘와 종묘, 왕릉을 대상으로 실시되었을 것으로 보인다.

사비 천도를 전후에 이루어진 백제의 祀典體系 개편 과정에서 양나라의 의례 전문가가 초청되어 왔다는 사실은 매우 중요하다. 백제에는 541년 공장 · 화사 등 전문기술자들과 함께 毛詩博士가 건너왔고, 그 뒤 講禮博士 陸詡가 건너왔다. 모시박사와 강예박사가 같은 것으로 보아 541년에 육후가 백제에 초빙되어 온 것으로 이해하기도 하고,[57] 모시박사와 별개로 540년대부터 550년대 초반에 육후가 건너온 것으로 보기도 한다.[58]

육후는 어려서 『三禮義宗』을 익히고, 나중에 陳나라에서 宗廟나 郊祀 제의를 담당하는 尙書祠部

55　무령왕릉의 지석과 매지권, 진묘수, 동경 등에 도교적 색채가 농후하기 때문에 유교 · 불교 · 도교적 요소가 공존했을 가능성이 언급되었다(김영심, 2012, 「무령왕릉에 구현된 도교적 세계관」『韓國思想史學』 40). 하지만 도교와 유교의 상장례가 차이가 있었는지 의문이다.

56　구태묘 제사의 대상과 시기, 장소에 대한 최근의 논의는 다음을 참조. 김경화, 2017, 「백제 구태묘 제사의 내용과 의의」『韓國古代史研究』 85.

57　조경철, 2000, 「백제 성왕대 유불정치이념」『韓國思想史學』 15, 13쪽.

58　이기동, 1996, 「백제국의 정치이념에 대한 일고찰」『백제사연구』, 일조각, 177쪽.

郎中을 역임하는 등 예제, 특히 제례 전문가였다.[59] 성왕은 무령왕의 장례와 사비 천도를 단행한 결단력을 가진 왕으로 양나라의 의례 전문가를 초청하여 상장례를 비롯한 국가 제사체계 전반을 정비하고자 했고, 그 과정에서 육후는 새로운 도성의 국가제사 체계를 정비하는데 크게 기여했을 것이다.

성왕이나 위덕왕이 禮나 孝를 중시했던 것은 단편적인 사료를 통해서나마 확인이 가능하다. 『일본서기』欽明天皇 15년(554) 5월조 후반부에는 554년 성왕이 관산성으로 떠나면서 "어버이의 자애로움도 펼치지 못하고 부족함이 많으면 아들도 효도할 수 없다[父慈多闕, 子孝希成]"고 말했다는 기록이 남아 있다. 『顏氏家訓』治家의 "父不慈 則子不孝"나 『禮記』禮運·『春秋左氏傳』의 "父慈子孝"에서 연원한 것으로 그것의 실천이 '예'라 할 수 있다.[60] 또 흠명천황 14년 10월 기유조에는 왕자 餘昌이 百合의 들판에서 고구려 장수와 만나 싸우면서 禮를 갖추어 문답했다는 기록이 나온다. 이 두 사례는 성왕대와 위덕왕대에 '예'의 질서와 그것에 근간한 통치가 이루어졌음을 짐작케 한다.

그런데 성왕은 관산성 전투에서 갑자기 죽었기 때문에 장례 절차가 순탄하지 않았다. 성왕의 전사에 대해 『삼국사기』와 『일본서기』에는 약간 다른 내용을 전하고 있다. 먼저 사망 시기와 관련하여 『삼국사기』 백제본기에는 554년 7월로 되어 있지만 『일본서기』에는 554년 12월로 나온다.[61] 시신 처리와 관련해서도 『일본서기』에는 飼馬의 奴 苦都가 성왕을 참수한 다음 그 시신을 구덩이에 묻었다는 설과 頭骨은 경주로 보내고 나머지 뼈는 禮를 갖추어 백제에 보냈다는 두 가지 이설을 함께 기록하고 있다.[62]

성왕의 사망 시기와 관련하여 대부분의 연구자들은 『삼국사기』의 554년 7월을 따르는데, 『일본서기』의 554년 12월 기록에 대해서는 신라로부터 성왕의 유해를 돌려받은 시기로 보는 견해가 있다.[63] 창왕명 석조사리감이 발견된 후 많은 연구자들은 성왕 사후 위덕왕이 곧바로 즉위했고, 성왕의 유해도 어떤 식으로든 부여로 돌아와 왕실 무덤인 능산리고분군에 묻혔을 것으로 생각한다. 그렇다면 성왕의 장례는 어떤 절차로 진행되었을까.

---

59 서영대, 2000, 「백제의 오제신앙과 그 의미」『韓國古代史研究』20, 111~112쪽.

60 新川登龜男, 2011, 「백제와 일본 飛鳥·奈良의 불교문화」『충청학과 충청문화』13, 102쪽.

61 흠명천황 15년 5월조는 크게 두 부분으로 나누어지는데 후반부는 성왕의 전사과정에 대한 기록이다. 흠명천황 16년 2월 백제에서 파견된 왕자 惠 등 사신에게서 들은 내용을 나누어 편집했기 때문으로 생각된다. 연민수 외, 2013, 『역주 일본서기2』, 동북아역사재단, 385쪽.

62 苦都는 참수하여 죽인 후에 구덩이를 파고 묻었다. 一書에 말하기를 신라는 明王의 頭骨을 수습하여 두고, 禮로써 나머지 뼈를 백제에 보냈다. 신라왕이 명왕의 뼈는 北廳 階下에 묻었다. 이 廳을 南堂이라고 한다.

63 『삼국유사』에는 554년 9월 백제에서 신라의 진성을 공격해 남녀 3만 9천명과 말 8천 필을 빼앗았다는 기록이 있는데, 이를 성왕의 遺骸를 찾기 위한 전쟁으로 보기도 한다. 김수태, 2004, 「백제 위덕왕의 정치와 외교」『한국인물사연구』2, 167쪽.

관산성 전투에서 성왕의 죽음은 매우 이례적인 것이었지만 백제 왕실에서는 27개월 3년상을 준용했을 가능성이 높다. 무령왕릉을 조영하면서 이미 유교적 상장례인 3년상을 치른 경험이 있고, 사비 천도 이후 육후를 비롯한 중국의 의례 전문가가 백제에서 활동했기 때문이다. 부여로 돌아온 성왕의 주검은 곧바로 염습을 거쳐 殯宮에 모셔졌다가 山陵에 안장되었을 것이고, 27개월 후에는 종묘에 부묘되었을 것이다. 만약 앞서 언급한 『일본서기』 554년 12월 기록이 성왕의 유해를 돌려받은 것이었다면, 위덕왕은 그 뒤 곧바로 殯宮을 설치하고 대략 5개월 전후에는 山陵에 매장되었을 한 뒤 27개월 동안 상복을 입었을 것이다.

이때 555년 8월 위덕왕의 출가 발언도 다시 음미할 필요가 있다. 이 시기에 위덕왕이 출가하겠다고 말한 것은 성왕의 山陵이 어느 정도 마무리되었음을 시사하기 때문이다. 555년 8월은 성왕이 사망한지 13개월이 되는 시점으로 통상적으로는 練祭를 지낸 다음이었다. 이러한 점을 감안할 때 성왕의 빈과 발인, 산릉은 555년 8월 무렵에는 어느 정도 마무리된 것으로 볼 수 있지 않을까 한다.

『일본서기』에는 위덕왕이 3년 동안 왕위에 오르지 못하다가 557년 3월 1일에 왕위에 오른 것으로 기록되어 있다. 그리고 『일본서기』에 기록된 성왕의 전사 시점과 위덕왕의 즉위 시점이 3년상을 치르는 기간과 중복되는 점에 착안하여 이를 성왕의 殯葬 기간으로 추정한 견해가 있다.[64] 필자는 무령왕이 27개월 동안 빈궁에 모셔졌다는 것을 부정하는 입장이기 때문에 이 기간을 빈장으로 보는 것에는 동의하지 않지만, 적어도 그것이 27개월 服喪 기간이었을 가능성은 높다고 생각한다. 즉 554년 7월 전사한 성왕에 대한 장례 절차는 557년 3월 무렵에는 완료되었을 가능성이 있다고 할 것이다.

백제 성왕의 무덤은 부여 능산리고분군, 그중에서도 무덤의 형태가 무령왕릉과 가장 유사한 東下塚이 지목되고 있다.[65] 필자 역시 그 가능성을 부정하지 않지만 무령왕릉을 축조한 후 동하총을 만들 때까지 20여 년 동안 백제 왕실에서 새로운 고분 형식이 출현하지 않은 점은 의문으로 남는다. 한편 송산리 6호분과 능산리 동하총이 무령왕릉과 중하총의 배장분이며 四神圖가 그려진 점에 주목하여, 이것이 당시 제의를 담당하는 특수한 성격을 가진 인물의 무덤으로 볼 수 있지 않을까 라는 의견이 있다.[66] 더 나아가 이것을 조선시대 국왕 장례에서 欑宮에 사신도를 그린 것과 연관시켜 두 고분을 가매장용 임시무덤으로 볼 수 있다는 견해도 나왔다.[67] 그러나 동하총에서는 금송으로

---

64 조경철, 2009, 「백제 왕실의 3년상」 『東方學誌』 145, 125~126쪽.

65 서현주, 2017, 「백제 사비기 왕릉 발굴의 새로운 성과와 역사적 해석」 『韓國古代史硏究』 88.

66 김용성, 2014, 「백제 후기 능묘와 능원의 특성」 『문화재』 47-2, 76쪽.

67 김태식, 2016, 『직설 무령왕릉』, 메디치, 302~310쪽.

만든 목관의 부재가 출토되었기 때문에,[68] 가매장용의 빈전으로 보기는 어렵다고 생각한다. 어쨌든 능산리고분군에는 단면육각형이나 평천장을 한 독특한 형식의 소위 능산리형 석실이 만들어지는데, 웅진기 남조의 영향을 받아 출현한 전축분이 점차 백제화된 것으로 볼 수 있을 것이다.

한편 위덕왕은 성왕의 장례에 佛敎를 추가한다. 『일본서기』 흠명천황 16년(555) 8월조에는 관산성 전투에서 부왕을 잃은 왕자 여창이 "나는 이제 돌아가신 父王을 받들기 위해 出家하여 佛道를 닦고자 한다"고 말한다. 그러자 여러 신하들이 이를 만류하면서 "지금 이 나라의 종묘사직[國宗]을 장차 어느 나라에게 주려고 하십니까. 모름지기 道理를 명확하게 보여주십시오"라고 만류하고, 서로 상의하여 "1백 명을 득도시키고[度僧] 幡蓋를 만들어 여러 가지 공덕을 쌓았다"고 한다.[69] 위덕왕은 "奉爲考王"을 명분으로 100명의 승려를 배출하여 불교를 신봉할 수 있는 토대를 닦았으며, 幡蓋를 만들어 선왕을 추복하는 공덕을 쌓았다.[70] 그리고 567년 창왕명 석조사리감이 발견된 이후 '능산리사지'가 바로 위덕왕이 성왕을 追福하고 성왕릉을 관리·수호하기 위해 창건한 사원일 것으로 생각되고 있다. 위덕왕은 선왕인 성왕과 달리 '왕릉과 사원'이 조합을 이루는 새로운 형태의 왕실 제사를 출현시켰다.[71]

부여 능산리사지가 567년 목탑에 사리감이 매립된 이후 성왕을 추복하는 願刹이었다는데 의문은 없다. 그러나 능산리사지는 다른 사원들과 달리 강당지와 불명건물지2, 공방지1 등 '초기 건물군'이 목탑보다 먼저 건립되는 특이한 현상이 관찰된다(도면 4).[72] 발굴보고서에서는 이 일대에 대한 대규모 성토 이전에 절터와 무관한 생활흔적이 관찰된다는 점을 언급하고 있다.[73] 이에 그러한 초

68 이영범, 2017, 「능산리고분군 출토유물 분석」 『부여 능산리고분군의 조사와 기록』, 부여군, 147~155쪽.

69 百濟餘昌, 謂諸臣等日, 少子今願, 奉◻考王, 出家修道. 諸臣·百姓報言, 今君王, 欲得出家修道者, 且奉敎也. 嗟夫前慮不定·後有大患, 誰之過歟. 夫百濟國者, 高麗·新羅之所爭欲滅. 自始開國迄于是歲, 今此國宗將授何國. 要須道理分明應◻, 縱使能用耆老之言, 豈至於此. 請俊前過, 無勞出俗. 如欲果願, 須度國民. 餘昌對日, 諾卽就. 圖於臣下. 臣下遂用相議, ◻度百人, 多造幡蓋, 種種攻德, 云々. 『日本書紀』 권19 흠명천황 16년 8월조.

70 위덕왕이 아버지 聖王의 奉爲를 위해 사원을 건립한 것은 양 무제가 아버지와 어머니를 위해 각각 大愛敬寺와 大智度寺를 창건하여 효도를 표현하고 실천한 것을 참고한 것으로 생각된다. 近藤浩一, 2005, 「백제시기의 孝思想 수용과 그 의의」 『百濟硏究』 42, 132쪽.

71 김수태, 1998, 「백제 위덕왕대 부여 능산리 사원의 창건」 『百濟文化』 27; 김상현, 1999, 「백제 위덕왕의 父王을 위한 追福과 夢殿觀音」 『韓國古代史硏究』 15.

72 이병호, 2013, 「왕릉과 결합된 사원, 능산리사지」 『백제 불교사원의 성립과 전개』, 사회평론, 209~216쪽.

73 강당지에서 남쪽으로 약 43m 떨어진 소택지 토층 상부에서 중국 도자기편과 토기편, 각종 목제품이 굴껍질과 각종 패각 등 자연유물과 함께 발견되었는데, 이는 사원이 들어가기 전 이곳이 생활공간으로 이용된 흔적으로 생각된다고 했다. 국립부여박물관, 2000, 『陵寺』, 20~21쪽.

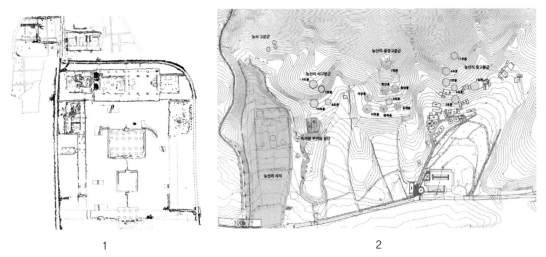

〈도면 4〉 부여 능산리사지의 가람배치도(1)와 고분군의 위치 관계(2)

기 건물군의 성격을 어떻게 평가할 것인지에 대해 다양한 논의가 있었고, 일부는 초기 강당지 자체가 성왕의 장례와 관련된 빈궁으로 추정하기도 했다.[74]

하지만 Ⅱ장에서 언급한 것처럼 빈은 무덤 주변에 설행된 것이 아니라 왕궁 주변에 설치되는 것이 일반적이고, 5개월 내외로 비교적 단기간에 운영된 것이기 때문에 일부러 강당지와 같은 기와 건물을 세워 빈궁을 설치했을지는 의문이다. 만약 능산리사지의 조영이 555년 8월 위덕왕의 출가 발언 이후 착수될 수 있었다면, 그 무렵에는 이미 殯宮이나 山陵 의례가 마무되었을 가능성이 높다. 따라서 초기 건물군의 성격을 성왕의 장례와 연관시켜 보기 위해서는 적어도 山陵 의례 이후 이루어진 의례를 관련시켜 보아야 할 것이다.

능산리사지 중문지 남쪽에서는 다량의 목간이 출토되어 그러한 초기 건물군이 어떤 기능을 수행했는지 단서를 제공하고 있다.[75] 그 중 304호, 313호 목간에는 "寶憙寺"와 "子基寺"라는 사원의 이름이 등장하고, 305호 목간에는 "宿世"라는 불교적 용어가 확인된다. 이것은 능산리사지가 567년 이전부터 불교와 관련된 사원으로서 일정한 의례가 이루어졌음을 짐작케 한다. 304호 보희사명 목간의 경우 4월 7일 보희사에서 능산리사지로 소금을 보내면서 사용한 꼬리표인데, 4월 7일이 佛

---

74 신광섭, 2006, 「백제 사비시대 능사 연구」, 중앙대학교 박사학위논문, 113쪽.

75 능산리사지 목간에 관한 최근의 연구성과는 다음을 참조. 권인한·김경호·윤선태 공동편집, 2015, 『한국 고대 문자자료연구－백제(상)』, 주류성.

誕日 바로 전날이라는 점을 고려하면 능산리사지 일대에서 석가탄신일 전후에 특별한 의례가 있었음을 추정할 수 있다.

이곳에서는 295호나 299호처럼 불교 의례 이외의 모습도 확인된다. 295호 남근형 목간은 "道緣立立立" 또는 "道楊立立立"으로 판독하여, 사비 도성의 외곽 도로에서 국가의례로 거행된 道祭의 신주였다거나 일본 고대의 길 제사와 관련된 道祖神의 원류였다고 보기도 한다. 299호는 반으로 잘려나갔지만 앞면에 "三貴" 등 인명이 나열되고, 뒷면에 "水"자처럼 쓴 글자가 반복되고 있다. 혹자는 이것에 대해 역역 동원이나 관리를 위한 것으로 보기도 하지만, 윗부분이 규두형을 이루고 괘선을 그은 다음 인명을 나열한 점에서 제사 의례에 사용된 위패로 보거나, 고대 일본의 물과 관련된 제사인 祓禊 행사에 사용되었을 가능성이 언급되고 있다.

능산리사지 중문지 남쪽에서는 출토된 목간에는 이곳에서 불교와 직접 관련된 의례뿐 아니라 도교적 方術과 연관시켜 볼 수 있는 자료도 함께 발견되었다. 이러한 주술과 관련된 목간들은 呪噤師의 존재와 관련이 깊다. 주금사는 呪文을 읽어 병을 치료하는 사람으로,[76] 백제에서는 577년에 律師·禪師·비구니 등과 함께 주금사를 왜에 파견하기도 했다. 백제의 주금사는 불교와 관련이 깊고, 능산리사지가 관산성 전투에서 비명에 죽은 성왕의 원혼을 달래기 위해 건립되었을 것이라는 역사적 배경과도 부합한다.

능산리사지는 554년 7월 성왕의 죽음과 555년 8월 위덕왕의 출가 발언 이후 일정기간이 지난 567년 무렵에야 목탑에 사리를 봉안하는 의식이 치러졌다. 능산리사지 초기 건물군에서 사용하다가 폐기한 목간을 통해 목탑 건립 이전부터 이미 성왕을 추복하는 각종 불교 의례가 이루어졌음을 짐작할 수 있다. 하지만 위덕왕대 유교적 상장례에 더하여 불교적인 사원이 건립되는 과정은 그다지 순탄하지 않았던 것 같다.

『일본서기』 흠명천황 16년 2월조에는 일본의 蘇我 大臣이 성왕의 죽음을 알리러 온 왕자 惠를 질책하면서 '建邦의 神'을 언급하는 대목이 나온다.[77] 이 '건방의 신'이 일본의 건국신인지, 백제의 건국신인지 많은 논란이 있지만, 백제의 건국시조인 東明을 가리키는 것으로 볼 수 있다고 생각한

---

76 길기태, 2006,「주금사와 약사신앙」『백제 사비시대의 불교신앙 연구』, 서경, 216~227쪽.

77 '건방의 신'은 천지가 처음 나누어지고 초목이 말을 하던 시절, 하늘에서 내려와 국가를 세운 신으로, 이 신은 고구려의 침입을 받아 위기에 처한 백제를 구한 적도 있었다. 하지만 근래 백제에서는 이 신에 대한 제사를 중단했으니 이를 반성하여 神宮을 수리하고 신령을 받들어 제사지내면 나라가 크게 번영할 것이라고 했다. 이에 관한 주요 논의는 다음을 참조. 遠藤慶太, 2015,「欽明紀の建邦の神·神宮」『日本書紀の形成と諸資料』, 塙書房, 232~234쪽.

다.[78] 백제는 한성 함락 이후 물리적으로 동명묘 제사를 드릴 수 없어서 이와 같은 논란이 제기되었다고 생각되기 때문이다. 이 기록은 475년 개로왕의 죽음과 일본의 군사적 지원, 554년 성왕의 죽음과 국가의 재건을 상호 대비시켜 일본의 역할을 강조하기 위한 장치였고, 「百濟本記」라는 백제 사서를 소재로 한 것이기 때문에 신빙성이 높다고 한다.[79] 따라서 사비 천도 이후 백제에서는 구태묘와 종묘, 무덤 제사 이외에 웅진 천도 이후 단절된 동명묘 제사에 대한 논란도 여전했음을 짐작할 수 있다.

그렇지만 위덕왕은 왕자 혜가 귀국하기 이전에 "奉爲考王"을 명분으로 능산리의 사원 건립에 착수했던 것 같다. 567년 이전 동아시아에서 무덤과 사원이 결합된 사례는 北魏 方山 永固陵과 思遠佛寺, 고구려 평양의 전 동명왕릉과 定陵寺, 남조 建陵과 皇基寺 등이 있다.[80] 지금까지 위덕왕의 능산리사지 건립은 강당지의 건물 구조가 고구려의 동대자유적과 유사하고, 이중굴절형 구들이나 연통형토기 등 고구려계 유물이 다수 출토된 점을 근거로 고구려의 영향이 강조되었다.[81] 그러나 사비 천도 이후 남조에서 모시박사와 강예박사(육후)가 초빙되어 백제의 사전 체계가 정비된 점을 고려하면 남조의 영향이 좀더 직접적이었을 것이다. 양 무제는 아버지 蕭順之와 어머니 獻太后를 위해 大愛敬寺와 大智度寺를 창건하여 효도를 표현하고 실천했으며,[82] 백제 왕실에서는 이를 참고하여 사원을 건립했던 것으로 생각된다.

능산리고분군은 중앙에 최소 8개의 고분이 위치하고, 동쪽과 서쪽에도 여러 기의 무덤들이 떼를 이루고 있다(도면 4-2).[83] 이것을 보면 능산리사지는 성왕의 무덤 뿐 아니라 왕실 가족 분묘 전체의 원찰로 기능을 것으로 보인다.[84] 그런데 위덕왕은 577년에 "亡王子"를 위해 새롭게 王興寺를 건립한다. 부여 왕흥사지의 목탑지에서 발견된 사리함의 명문은 이를 잘 보여주고 있다. 부여 왕흥사지의 배후에는 아직까지 사비기 고분의 흔적이 확인되지 않았다. 위덕왕은 죽은 선왕이나 아들을 기리기 위한 원찰을 건립하면서도 특정 무덤과 사원을 일대일로 대응시키지 않았을 가능성이 높다. 그렇다면 부여 왕흥사지에는 죽은 왕자를 기리기 위한 아무런 장치도 없었을까. 위덕왕은 죽은 성왕을 위해 많은 幡蓋를 만들었고, 삼국시대에는 죽은 부모를 위해 佛像을 조성한 사례도 자주 발견

---

78 김주성, 1990, 『백제 사비시대 정치사 연구』, 전남대학교 박사학위논문, 22~23쪽.

79 遠藤慶太, 2015, 「欽明紀の建邦の神・神宮」『日本書紀の形成と諸資料』, 240~242쪽.

80 양은경, 2013, 「능침제도를 통해 본 고구려, 백제 능사의 성격과 특징」『高句麗渤海硏究』 47.

81 김길식, 2008, 「백제 시조 구태묘와 능산리사지」『韓國考古學報』 69, 68~71쪽.

82 近藤浩一, 2005, 「백제시기의 孝思想 수용과 그 의의」『百濟硏究』 42, 132쪽.

83 서현주・장재원, 2017, 「능산리고분군의 현황」『부여 능산리고분군의 조사와 기록』, 81쪽.

84 부여 능산리 중앙 고분군 남쪽에 마련된 拜禮 공간은 개별 무덤에 대한 제사가 아니라 능원 내 전체 무덤에 대한 제사를 위한 것으로 생각되고 있다. 김용성, 2014, 「백제 후기 능묘와 능원의 특성」『문화재』 47-2, 80쪽.

된다. 또 후대의 사례이기는 하지만 죽은 이를 닮은 像을 만들거나 眞影을 봉안한 사례도 확인된다. 따라서 부여 왕흥사에도 그러한 시설이 존재했을 가능성도 상정할 수 있을 것이다.

Ⅳ. 맺음말

이 글은 웅진기와 사비기 백제 왕실의 조상 제사에 대한 변천 과정을 비판적으로 검토했다. 2장에서는 무령왕릉을 중심으로 한 웅진기 백제 왕실의 상장례를 살펴보았다. 지금까지 무령왕릉에서 출토된 묘지석, 정지산유적 발굴 성과에 근거하여 무령왕과 왕비가 27개월 동안 빈장을 했고, 정지산유적에 빈전이 있었다고 생각해 왔다. 그러나 이러한 주장은 최근의 고고학적 발굴 성과나 문헌 사료에 대한 연구에 비추어 볼 때 많은 문제점을 가지고 있었다.

먼저 고고학적 측면에서는 기존 연구자들이 강조한 벽주건물지나 빙고의 존재, 제의용 토기나 기와만으로는 정지산유적 빈전설이 입증되지 않는다. 공주·부여 지역의 발굴 사례가 증가하면서 벽주건물지나 빙고, 제의용 토기편들은 국가적인 의례시설 이외의 장소에서도 추가로 확인되며, 연화문와당의 경우 부여나 청양 지역에서 동범품이 확인되기 때문에 이곳이 사비 천도 이후인 6세기 후반까지 계속해서 유지·관리되었음을 알려주고 있다. 또 『예기』나 고려·조선시대의 빈전이 설행된 장소를 살펴보면 아침·저녁으로 빈궁에 의례를 올리기 편리한 장소, 즉 왕이 승하한 장소 인근에 빈전이 설치되는 공통된 현상이 확인된다. 따라서 웅진기 왕궁이 있었던 공산성에서 멀리 떨어진 정지산유적에 빈전이 있었다는 기존 견해에 동의할 수 없다.

殯期와 관련해서도 유교적 상장례가 시행된 조선시대 국상의 절차와 기간을 고려할 때 무령왕과 왕비의 27개월 빈장설에 문제가 있음을 지적했다. 지금까지는 무령왕릉 출토 묘지석에 근거하여 무령왕과 왕비의 장례가 27개월 3년상을 실시했다고 하면서도 27개월을 빈장이 행해진 殯期로 보았다. 그러나 『禮記』에는 제후가 5일만에 빈하고, 5개월만에 장사지냈다고 하며, 조선시대 국상들도 사후 5개월 이내에 매장이 완료되는 현상이 관찰된다. 또 『수서』 고구려전이나 왜국전의 "3년 동안 빈했다"는 기록에 대해 같은 책 백제전의 "喪制가 고구려와 같다"라는 기록을 동일시할 수는 없다. 『주서』나 『북사』에서는 백제의 3년 服喪制를 기록하고 있기 때문이다. 무령왕과 왕비의 장례는 3년상이 적용된 유교적 상장례였기 때문에 27개월이라는 기간은 빈전 의례를 포함한 禫祭(또는 祔廟)까지 실시된 '복상' 기간을 가리키는 것으로 생각된다.

그밖에 왕비 묘지석에 나오는 "居喪在酉地"와 "改葬還大墓"라는 표현도 지금까지 "유지(서쪽)에

居喪했다가 개장하여 대묘에 올렸다"로 했지만 전자에 대해서는 居喪을 倚廬(여막) 같은 것으로 보고, "(왕궁) 서쪽인 유지에 (의려를 설치하고 유족이) 服喪을 하였다"고 해석한 稻田奈津子의 견해를 수용했고, 후자에 대해서는 "(성왕이 선왕의 무덤을) 개장하여 대묘에 (함께) 모셨다"와 같이 해석해 보았다. 다만 대묘의 의미에 대해서는 큰 무덤이나 가족공동 묘역이라는 해석 이외에 太廟, 즉 宗廟일 가능성도 있다고 보았다.

3장에서는 사비 천도 이후 부여 능산리 일대에 왕실의 분묘가 조영되고 왕실 발원 사원이 건립되는 일련의 과정을 살펴보았다. 백제는 사비 천도 이후 祀典 체계를 개편하면서 중국 양나라의 의례 전문가를 초청했는데 그 중 역사서에 이름이 나오는 육후는 제례 전문가였다. 성왕이나 위덕왕은 禮나 孝를 중시했는데 이러한 점을 보아서도 사비 천도 이후 유교적 상장례에 대한 정비나 보완이 이루어졌음을 짐작할 수 있다.

그런데 백제 성왕은 관산성 전투에서 갑자기 전사했기 때문에 그 장례 절차가 순조롭지 않았다. 『삼국사기』나 『일본서기』의 단편적인 기록을 참고할 때 554년 7월 관산성에서 전사한 성왕은 같은 해 12월 무렵에는 그 주검이 부여에 돌아왔을 것으로 생각된다. 위덕왕은 부왕인 성왕이 행했던 무령왕의 장례 절차를 참고하여 27개월 3년상을 치렀을 것이다. 그런데 『일본서기』에는 555년 8월 갑자기 出家를 선언하는 발언이 나온다. 이때는 성왕이 사망한지 13개월이 되는 시점으로 연제를 지낸 다음이기 때문에 성왕의 빈이나 발인, 산릉이 어느 정도 마무리되었음을 시사한다. 『일본서기』에는 위덕왕이 3년 동안 왕위에 오르지 못하다가 557년 3월 1일에 왕위에 오른 것으로 나오는데, 이 역시 27개월 복상 기간과 연관될 가능성이 높다.

위덕왕은 성왕의 장례에 불교를 추가한다. 555년 8월 위덕왕의 출가 발언 이후, 승려 1백명을 배출하고, 많은 번개를 만들어 공덕을 쌓았다. 567년명 창왕명 석조사리감이 발견된 이후 능산리 사원이 바로 위덕왕이 성왕을 追福하고 성왕릉을 관리·수호하기 위해 창건한 사원일 가능성이 높아졌다. 위덕왕은 유교적 상장례에 더하여 '왕릉과 사원'을 결합시키는 새로운 형태의 왕실 제사를 출현시켰다. 능산리사지의 초기 건물지군이나 다량의 목간들은 555년 8월 위덕왕의 출가 발언 이후 이 일대에서 비명에 죽은 성왕의 원혼을 달래기 위한 다양한 의례가 이루어졌음을 보여주는 자료로 평가된다.

그러나 위덕왕대에 유교적 상장례에 새롭게 불교적 요소가 추가되는 과정은 순탄하지만은 않았다. 성왕의 죽음을 알리러 일본에 건너간 왕자 혜에게 蘇我 大臣이 '建邦의 神'을 언급하며 질책하는 자료는 백제 왕실의 제사 체계에 여전히 논란이 있음을 시사하기 때문이다. 백제 왕실의 무덤인 능산리고분군과 그것과 세트를 이루는 능산리사원이 건립되는 현상은 남조나 북위, 고구려와의 공통된 모습이라 할 수 있다.

참고문헌

강진원, 2015, 「고구려 국가제사 연구」, 서울대학교 박사학위논문.

국립공주박물관, 1999, 『정지산』.

국립부여박물관, 2000, 『陵寺』.

권오영, 2000, 「고대 한국의 喪葬儀禮」『韓國古代史研究』20, 한국고대사학회.

권오영, 2002, 「상장제를 중심으로 한 무령왕릉과 남조묘의 비교」『百濟文化』31, 공주대학교 백제문화연구소.

권오영, 2005, 『고대 동아시아 문명 교류사의 빛, 무령왕릉』, 돌베개.

권오영·이형원, 2006, 「삼국시대 벽주건물 연구」『韓國考古學報』60, 한국고고학회.

권인한·김경호·윤선태 공동편집, 2015, 『한국고대 문자자료연구-백제(상)』, 주류성.

近藤浩一, 2005, 「백제시기의 孝思想 수용과 그 의의」『百濟研究』42, 충남대 백제연구소.

길기태, 2006, 「주금사와 약사신앙」『백제 사비시대의 불교신앙 연구』, 서경.

吉井秀夫, 2011, 「원삼국시대·삼국시대 무덤에 쓰인 '棺'의 지역성과 그 변천」『考古學論叢』, 경북대학교 고고학과.

김경화, 2017, 「백제 구태묘 제사의 내용과 의의」『韓國古代史研究』85, 한국고대사학회.

김길식, 2001, 「빙고를 통해 본 공주 정지산유적의 성격」『考古學誌』12, 한국고고미술연구소.

김길식, 2002, 「고대의 빙고와 상장례」『韓國考古學報』47, 한국고대사학회.

김길식, 2008, 「백제 시조 구태묘와 능산리사지」『韓國考古學報』69, 한국고고학회.

김상현, 1999, 「백제 위덕왕의 父王을 위한 追福과 夢殿觀音」『韓國古代史研究』15, 한국고대사학회.

김수태, 1998, 「백제 위덕왕대 부여 능산리 사원의 창건」『百濟文化』27, 공주대학교 백제문화연구소.

김수태, 2004, 「백제 위덕왕의 정치와 외교」『한국인물사연구』2, 한국인물사연구소.

김영심, 2012, 「무령왕릉에 구현된 도교적 세계관」『韓國思想史學』40, 한국사상사학회.

김용선, 2017, 「고려시대의 장례와 택일」『震檀學報』129, 진단학회.

김용성, 2014, 「백제 후기 능묘와 능원의 특성」『문화재』47-2, 국립문화재연구소.

김인호, 2010, 「고려시대 국왕의 장례절차와 특징」『韓國中世史研究』29, 한국중세사학회.

김주성, 1990, 「백제 사비시대 정치사 연구」, 전남대학교 박사학위논문.

김진환, 2013, 「백제 벽주건물지의 변천과정 연구」, 공주대학교 석사학위논문.

김태식, 2003, 「백제 무령왕릉의 '등관대묘' 재고」『CHINA연구』7, 부산대학교 중국연구소.

김태식, 2016, 『직설 무령왕릉』, 메디치.

나희라, 2008, 「상장례와 생사관」『고대 한국인의 생사관』, 지식산업사.

나희라, 2008, 「장법을 통해 본 영혼관」『고대 한국인의 생사관』, 지식산업사.

노중국, 2010, 「국가제의 체계의 정비: 한성도읍기」『백제사회사상사』, 지식산업사.

巫鴻, 김병준 역, 2001, 「종묘, 궁전 그리고 무덤」『순간과 영원』, 아카넷.

박진훈, 2013, 「고려전기 국왕 빈전의 설치와 의례」『韓國中世史研究』43, 한국중세사학회.

박진훈, 2016, 「고려시대 관인층의 장례기간 분석」『歷史敎育論集』59, 역사교육학회.

박현숙, 2014, 「백제 태학의 설립과 정비과정」『歷史敎育』132, 역사교육연구회.

서영대, 2000, 「백제의 오제신앙과 그 의미」『韓國古代史研究』20, 한국고대사학회.

서현주, 2017, 「백제 사비기 왕릉 발굴의 새로운 성과와 역사적 해석」『한국고대사연구』88, 한국고대사학회.

서현주 · 장재원, 2017, 「능산리고분군의 현황」『부여 능산리고분군의 조사와 기록』, 부여군.

신광섭, 2006, 「백제 사비시대 능사 연구」, 중앙대학교 박사학위논문.

신지혜, 2010, 「조선 숙종대 왕실 상장례 설행 공간의 건축 특성」, 경기대학교 박사학위논문.

新川登龜男, 2011, 「백제와 일본 飛鳥 · 奈良의 불교문화」『충청학과 충청문화』13, 충남역사문화원.

심상육 · 성현화 · 이미현 · 김태익, 2017, 『부여나성–북나성Ⅴ · Ⅵ』, 백제고도문화재단.

심상육 · 이명호, 2017, 『부여 구교리 구드래 일원 백제 건물 · 도로 · 빙고 유적』, 백제고도문화재단.

안희재, 2009, 「조선시대 국상의례연구–國王國葬을 중심으로」, 국민대학교 박사학위논문.

楊寬, 장인성 · 임대희 역, 2005, 『중국 역대 능침 제도』, 서경.

양기석, 2013, 「백제 박사제도의 운용과 변천」『百濟文化』49, 공주대학교 백제문화연구소.

양은경, 2013, 「능침제도를 통해 본 고구려, 백제 능사의 성격과 특징」『高句麗渤海硏究』47, 고구려발해학회.

여병창, 2014, 「무령왕릉 '안조등관대묘' 해석 재고찰」『중국인문과학』56, 중국인문학회.

여호규, 2015, 「삼국 초기 도성의 형성 과정과 입지상의 특징」『삼국시대 국가의 성장과 물질문화1』, 한국학중앙연구원출판부.

연민수 외, 2013, 『역주 일본서기2』, 동북아역사재단.

이기동, 1996, 「백제국의 정치이념에 대한 일고찰」『백제사연구』, 일조각.

이남석, 1999, 「정지산 유적의 성격에 대한 검토」『정지산』, 국립공주박물관.

이남석, 2013, 「공산성은 백제 웅진성이고 왕성이다」『공산성』, 국립공주박물관.

이남석 · 이현숙, 2016, 「백제 상장의례의 연구」『百濟文化』54, 공주대학교 백제문화연구소.

이병호, 2013, 「왕릉과 결합된 사원, 능산리사지」『백제 불교사원의 성립과 전개』, 사회평론.

이병호, 2018, 「공주 지역 백제 수막새의 특징과 계통」『百濟文化』58, 공주대학교 백제문화연구소.

이영범, 2017, 「능산리고분군 출토유물 분석」『부여 능산리고분군의 조사와 기록』, 부여군.

이욱, 2017, 『조선시대 국왕의 죽음과 상장례』, 민속원.

이치히로키, 이병호 역, 2014, 『아스카의 목간』, 주류성.

이한상, 2007, 「백제의 장례풍습」『백제의 문화와 생활』(백제사대계12), 충남역사문화원.

이한상, 2012, 「발굴에서 해석까지–정지산유적의 사례」『한국 고대사 연구의 자료와 해석』, 사계절.

이현진, 2017, 『조선 왕실의 상장례』, 신구문화사.

이홍종 외, 2015, 『연기 나성리유적』, 한국고고환경연구소.

임창순, 1974, 「매지권에 대한 고찰」『武寧王陵』, 문화재관리국.

장수남, 2011, 「백제 무령왕릉 지석의 '안조등관대묘' 재해석」『역사와 담론』59, 호서사학회.

장인성, 2000, 「남조의 상례연구」『百濟硏究』32, 충남대학교 백제연구소.

장인성, 2000, 「무령왕릉 묘지를 통해 본 백제인의 생사관」『百濟硏究』32, 충남대학교 백제연구소.

정종수, 1994, 「조선초기 상장의례 연구」, 중앙대학교 박사학위논문.

정종수, 2005, 「유교식 상장례」『상장례, 삶과 죽음의 방정식』, 두산동아.

조경철, 2000, 「백제 성왕대 유불정치이념」『韓國思想史學』15, 한국사상사학회.

조경철, 2009, 「백제 왕실의 3년상」『東方學誌』145, 연세대학교 동방학연구소.

조선영, 2008, 「백제시대 벽주건물의 구조와 전개과정에 대한 연구」, 전북대학교 석사학위논문.

조재모, 2013, 「조선시대 국장의 절차와 공간이용」『대한건축학회논문집계획계』29권 2호(통권292), 대한건축학회.

차용걸, 1991, 「백제의 제천사지와 정치체제의 변화」『백제사의 이해』, 학연문화사.

채미하, 2008, 「웅진시기 백제의 국가제사」『百濟文化』38, 공주대학교 백제문화연구소.

채미하, 2012, 「한국 고대의 죽음과 喪·祭禮」『韓國古代史研究』65, 한국고대사학회.

淸水昭博, 2003, 「백제 大通寺式 수막새의 성립과 전개」『百濟硏究』38, 충남대학교 백제연구소.

黃曉芬, 김용성 역, 2006, 「종묘제사에서 분묘제사로」『한대의 무덤과 그 제사의 기원』, 학연문화사.

江介也, 1999, 「東晉南北朝墓にみる合葬の諸樣相」『考古學に學ぶ-遺構と遺物』, 同志社大學考古學シリーズ刊行會.

吉井秀夫, 2007, 「古代東アジア世界からみた武寧王陵の木棺」『日中交渉の考古學』, 同成社.

稻田奈津子, 2017, 「殯宮の立地と葬地-艇止山遺跡の評價をめぐって」『東京大學日本史學硏究室紀要』21, 東京大學日本史學硏究室.

李南奭, 2013, 「百濟大壁建物の現況と意味」『明日香風』124, 古都飛鳥保存財團.

新川登龜男, 2013, 「佛敎文明化の過程」『佛敎文明の東方移動』, 汲古書店.

遠藤慶太, 2015, 「欽明紀の建邦の神·神宮」『日本書紀の形成と諸資料』, 塙書房.

田中良之, 2004, 「殯再考」『福岡大學考古學論集』, 小田富士雄先生退職記念事業會.

佐竹保子, 1984, 「百濟武寧王誌石の字跡と中國石刻文字との比較」『朝鮮學報』111, 朝鮮學會.

和田萃, 1995, 「殯の基礎的考察」『日本古代の儀禮と祭祀·信仰』(上), 塙書房.

제1부 제3장

사비 천도의 배경과 시행 과정에 대한 고찰*

정재윤

(공주대학교 교수)

Ⅰ. 머리말

Ⅱ. 웅진 정도(定都)와 한계

Ⅲ. 무령왕대 생산기반 시설의 구축

Ⅳ. 성왕대 사비 천도의 결정과 배경

Ⅴ. 맺음말

Ⅰ. 머리말

도읍은 국가의 정치 · 경제 · 사회 · 문화의 중심지로서, 정치 운영의 핵심적인 곳이다. 따라서 천도 문제는 국가의 중대사로서 이해관계에 따라 매우 민감한 반응을 보일 수밖에 없다. 백제의 웅진 천도는 도성인 한성의 함락으로 이루어진 불가피한 측면이 있다. 웅진 천도 이후 어느 정도 국력이

---

* 본 논문은 2014년도 공주대학교 인문사회과학대학 학술연구비의 지원을 받았음을 밝힌다.

회복되자 사비 천도설이 제기되었고, 결국 성왕 때 사비로의 천도가 이루어졌다. 웅진 정도(定都)가 위기 상황에서 방어를 우선 고려한 결정이었고 한계점이 인식되기 때문에, 사비 천도는 웅진 정도와 외관상으로 분명한 차이가 보이지만 이를 보완하였다는 점에서 같은 연장선상에서 이해될 수 있는 측면도 있다.

이에 따라 사비 천도는 동성왕 추진설,[1] 무령왕 추진설[2]이 제기되었다. 무령왕대 추진설은 단계적 추진론[3]과 연계되는 등 사비 천도를 연속적으로 파악하느냐, 아니면 어느 시점에 결정되었는가는 하는 논의는 천도에 대한 접근 자체를 보다 풍부하게 해준다 할 수 있다. 성왕 때 단행설[4]은 계획과 결정 시기를 구별하였다는 점에 의미가 있지만 단행에 초점이 맞추어지고, 이제까지의 논의를 수용하지 못한 측면도 있다. 이처럼 사비 천도는 관점에 따라 달리 볼 수 있는 여러 요소가 상존하며, 이는 한 요소를 강조하였기 때문에 나온 결과로 보인다.

따라서 사비도성의 핵심 구조물인 부소산성과 나성이 언제 축조되었는가를 구명하고, 이를 문헌 기록 등 당시 시대적 상황과 면밀하게 상호 비교하여 본다면 천도를 결정한 시기를 보다 객관적으로 밝혀낼 수 있을 것이다. 물론 계획과 추진을 천도의 연장선적 관점에서 볼 수도 있지만 실제 천도가 결정된 시기는 논쟁을 정리하고 천도를 공식화하며, 국가가 총력을 기울여 단행을 준비해야 하기 때문에 분명 그 이전의 상황과는 구별이 있다고 보인다.

이에 본고에서는 먼저 웅진이 도읍지로 결정된 이유와 그 한계점을 살펴보고자 한다. 이어 동성왕 때 천도설의 실체를 구명하고자 한다. 다음으로 제Ⅲ장에서는 무령왕 때 사비 지역에 대한 개발을 살펴볼 것이다. 이는 무령왕대 추진설에 대한 구체적인 검토와 연결될 수 있다. 끝으로, 제Ⅳ장에서는 성왕대 사비 천도가 구체적으로 단행된 시기와 그 배경에 대하여 알아보고자 한다. 이장에

1 盧重國, 1978,「百濟王室의 南遷과 支配勢力의 變遷」『韓國史論』4, 서울대학교, 93~95쪽; 俞元載, 1996,「百濟 加林城 研究」『百濟論叢』5, 7쪽; 沈正輔, 1996,「百濟 泗沘都城의 城郭 築造時期에 대한 考察」『考古歷史學誌』11·12, 東亞大學校博物館, 79~82쪽; 沈正輔, 2000,「백제 사비도성의 축조시기에 대하여」『사비도성과 백제의 성곽』, 99~100쪽; 박순발, 1996,「백제 도성의 변천과 특징」『중산정덕기박사화갑기념한국사학논총』, 123~128쪽.

2 徐程錫, 2002,『百濟의 城郭 -熊津·泗沘時代를 中心으로』, 학연문화사, 131쪽; 이도학, 2003,『살아있는 백제사』, 휴머니스트, 526~528쪽.

3 김수태, 2004,「백제의 천도」『韓國古代史研究』36, 38~49쪽.

4 손영종, 1990,『고구려사』, 과학백과사전종합출판사, 374쪽; 과학백과출판사, 1991,『조선전사』3, 159쪽; 문안식, 2006,『백제의 흥망과 전쟁』, 혜안; 양기석, 2007,「백제의 사비천도와 그 배경」『백제와 금강』, 백제학회, 52~59쪽; 이병호, 2007,「부여 정림사지의 창건과 도성내 위상」『백제와 금강』, 95쪽; 고소진, 2010,「백제 성왕대 사비천도와 도성」『啓明史學』21, 89~95쪽.

서는 사비도성의 주요 구조물인 나성과 부소산성에 대한 축조 시기뿐만 아니라 비슷한 시기에 추진된 대통사의 건립 목적에 대한 고찰을 통해 구체적인 결정 시기를 구명하고자 한다. 이를 통하여 계획 단계와 구체적인 실행 단계를 구별함으로써 사비 천도에 대한 이해가 깊어졌으면 하는 바람이다.

Ⅱ. 웅진 정도(定都)와 한계

웅진 천도는 고구려의 한성 침공과 불가분의 관계에 있다. 만약 한성이 함락당하지 않았다면 백제는 수도로서 최적의 조건인 한강 유역을 떠나지 않았을 것이다. 고구려군은 한성을 함락시킨 뒤 일단 한강 이북 아차산성으로 물러갔다. 하지만 고구려군의 또 다른 내습이 상존하고 화공에 의해 폐허화된 한성은 더 이상 수도로서 기능을 할 수 없기 때문에 천도를 시급하게 단행할 수밖에 없었다. 실제 웅진 천도가 1달 남짓한 기간에 이루어진 점은 이를 분명하게 보여준다.[5] 이 때문에 웅진 천도는 계획적이라기보다는 외침에 의한 급박한 상황에서 임기응변적으로 이루어진 천도라고 볼 수도 있다.[6] 하지만 그 중에서도 하필 웅진이 도읍지로 선택된 것은 간과할 수 없으며, 때문에 나름의 이유도 찾아야 할 것이다.

그렇다면 웅진이 수도로 결정된 이유는 무엇이었을까. 그 하나로 들 수 있는 것은 방어에 유리하다는 점이다. 한성을 함락시킨 고구려군이 그대로 남진할 경우 차령산맥 이전까지 비교적 평탄한 지형이기 때문에 진격을 하는데 큰 장애물을 만나지 않는다. 혹은 아산만을 통해 천안까지 이를 수도 있다. 이처럼 장애물이 없고 다양한 공격 루트가 있다는 것은 그만큼 고구려군에게 유리할 수 있다. 반대로 백제는 방어가 용이하지 않았음을 말해준다.

하지만 웅진 지역은 이와 다르다. 웅진에 이르기 위해서는 차령산맥과 금강을 건너야 하기 때문에 산과 강에서 2중으로 막아낼 수 있는 것이다. 백제군의 방어선 구축도 이와 관련이 있다. 아산만에 상륙하거나 한강을 건넌 고구려군은 1차적으로 아산 탕정성[7]에서 저지할 수 있다. 탕정성으

---

5 『三國史記』 백제본기에 의하면 개로왕 21년(475) 가을 9월 고구려군에 의해 한성이 함락당했고, 그해 10월 웅진으로 도읍을 옮긴 것으로 기록되었다.

6 양기석, 2007, 앞의 논문, 37쪽. 이에 반하여 계획적으로 보는 견해(李南奭, 1997, 「熊津地域 百濟遺蹟의 存在意味 -百濟의 熊津遷都와 關聯하여-」『百濟文化』 26, 26~31쪽; 김수태, 2001, 「熊津城의 變遷」『百濟文化』 30, 149쪽)도 있다.

7 李基白은 溫陽 일대로 보고 있으며(1982, 「熊津時代 百濟의 貴族勢力」『百濟研究』特輯號, 41쪽), 俞元載는

로 비정되고 있는 온양 일대는 아산만에서 곡교천을 통해 접근하는 요충지이고, 천안에서 차령산맥으로 접근하는 적을 배후에서 차단할 수도 있다. 때문에 백제는 한북 민호를 이주[8]시킬 정도로 심혈을 기울여 이곳에 방어선을 구축하였다. 다음으로 차령산맥을 넘기 전에는 용원리 세력이, 차령산맥을 넘으면 수촌리 세력이 위치한 것도 결코 우연이 아니다. 백제가 금강 중류 유역권으로 진출하는 시기에 이들 세력가들에게 금동관을 하사한 것은 이 지역을 거점으로 삼아 주변에 대한 통제력을 강화시키고자 하는 의도도 있었다.[9] 이들의 부상이 군사적 거점과 불가분의 관계가 있는 것이다. 설혹 이 저지선이 뚫리고 금강마저 돌파되어도 공산성은 비교적 가파르기 때문에 요새화되어 고구려군을 막아낼 수 있는 여러 안전장치를 확보하였다. 이처럼 방어적 요소는 웅진 정도의 한 요인이 되었다.

다음으로 웅진 지역은 오늘날의 경기 지역과 호남 지역으로 가는 교통로의 결절점이었다.[10] 교통로와 방어적 요소를 갖춘 웅진은 위급한 순간에는 움츠리기에 유리하지만 뻗어나갈 경우 경기와 호남 지역을 잇는 연결점이기 때문에 경기와 호남 지역 세력을 규합할 수 있는 장점을 가졌다.[11] 또한 웅진은 금강 중류 지역으로 세종과 청주를 비롯한 금강 상류와 부여 등 금강 하류를 통제하는 거점이 되기도 한다. 이처럼 백제가 정국을 안정시키고 주변을 통제하면 뻗어나갈 수 있는 교통로의 결절점은 웅진 정도의 또 다른 요인이 된 것이 분명하다.

웅진 정도와 관련하여 백제의 왕성이 위치한 공산성 주변에 웅진 천도 이전 시기에 이렇다 할 유적이 보이지 않는다는 점도 흥미롭다. 이에 웅진이 수도로 결정된 이유로 일종의 정치적 공백지에 주목하기도 한다.[12] 물론 한성시기 유력한 세력가의 존재를 보여주는 수촌리 유적과 취리산 유적[13]

舊溫陽 지역인 牙山市 邑內洞에 있는 邑內洞山城으로 비정하고 있다(1992, 「百濟 湯井城 研究」 『百濟論叢』 3, 百濟文化開發研究院, 67~68쪽).

8 『三國史記』 26 百濟本紀 4 文周王 2년 봄 2월조.

9 금동관이 출토된 유적은 대체로 4세기 말에서 웅진 천도 이전인 5세기로 비정된다. 李勳, 2010, 『金銅冠을 통해 본 4~5世紀 百濟의 地方統治』, 公州大學校 博士學位論文, 204~209쪽.

10 鄭載潤, 2012, 「백제의 웅진 천도와 송산리 고분군 형성의 역사적 배경」 『宋山里 古墳群 基礎資料集』, 국립공주박물관, 66쪽.

11 이는 고려 현종이 거란의 침입 때 나주로 피난가면서 공주에 머물렀던 점, 조선 인조가 이괄의 난 때 공산성에 피난 온 점에서 알 수 있다. 세부적으로는 상황에 따라 달라지지만 대체로 서울-안성-직산-천안으로 이르는 길이 주요 교통로로 추정된다. 반면 동학농민군이 북상하면서 우금치에서 일본군과 격돌하고 있는 점도 공주가 경기·서울로 북상하는 주요 교통로임을 확인해준다.

12 李南奭, 1997, 앞의 논문, 47~51쪽; 서오선, 1997, 「遷都以前의 熊津地域文化」 『百濟文化』 26, 23~24쪽.

13 공주대학교 박물관·공주시, 1998, 『제·라 회맹지 취리산』.

등도 공산성 권역으로 볼 수 있기 때문에 신중할 필요는 있다. 그렇지만 이들은 모두 금강 이북 지역에 위치한다는 점에서 차이가 난다.[14] 웅진 천도 이후 금강 이남 지역에는 공산성을 중심으로 많은 유적들이 조성되지만 금강 이북 지역에는 방어적인 산성을 제외하고 특별한 유적이 보이지 않는 것은 금강이 자연적인 도읍의 경계점이 되고 있다는 점을 말해준다. 물론 공산성 옆 옥녀봉산성에서는 한성시기 유적이 보여 천도 이전 세력가의 존재를 상정할 수도 있다.[15] 그렇지만 공산성을 한성시기 담로의 거점으로 보거나,[16] 나아가 천도 이전 공산성을 축조하였다는 주장[17]의 근거로 삼기에는 미약하다. 현재 한성시기 공산성의 축조의 근거로 삼고 있는 굴립주 건물지가 웅진시대에 축조되었던 것으로 판명되었기 때문이다.[18] 이를 고려하면 백제 왕실은 특정 토착세력가의 중심지에 천도한 것이 아니라 이를 피하여 새로 공산성으로 정도하였음을 알 수 있다. 특정 세력에 의해 좌우하지 않으며, 한편으로 금강 이북의 천안과 공주 및 세종, 그리고 이남의 논산 등 유력한 세력가의 도움을 받을 수 있는 전략적 지점에 자리잡은 것이다.[19]

아울러 금강과 제민천은 조운과 생활용수를 확보할 수 있어 수도로서의 기능을 하기에 유리한 조건이다.[20] 웅진 정도는 수도로서의 입지까지 고려해서 이루어진 것이다.

이와 같은 여러 요인들이 고려되어 웅진 천도가 결정되었지만 상황에 따라 그 비중이 달라질 수 있다. 예를 들어 국력이 강해진다면 방어적 요소보다는 수도로서의 기능 등 다른 요소가 더 중요해질 수 있다. 웅진 천도 직후에는 고구려의 공격을 막아내는 일이 가장 중요했기 때문에 방어가 수도를 결정하는 가장 중요한 요소가 되었음은 틀림없다. 하지만 정국이 안정되면서 상황이 달라졌다. 이제 이 점에 대하여 살펴보자.

동성왕은 웅진 천도 이후 정치적 혼란을 수습하며 왕권을 강화하였다. 신라와의 연합전선으로

14 이훈, 2017, 「백제 웅진천도 이후 정황과 공주의 위상」 『백제, 한성에서 웅진으로』, 한성백제박물관, 122
    ~123쪽.

15 朴淳發, 2013, 「百濟 都城의 始末」 『중앙고고연구』 13, 15쪽.

16 金榮官, 2000, 「百濟의 熊津遷都 背景과 漢城經營」 『忠北史學』 11 · 12, 72~75쪽; 박현숙, 2001, 「熊津
    遷都와 熊津城」 『百濟文化』 30, 127~128쪽.

17 安承周, 1988, 「百濟 都城(熊津城)에 대하여」 『百濟研究』 19, 13~14쪽; 金榮官, 2000, 앞의 논문, 74
    쪽; 박현숙, 2001, 앞의 논문, 124~128쪽; 朴淳發, 2003, 「熊津 遷都 背景과 泗沘都城 造成 過程」 『백
    제도성의 변천과 연구상의 문제점』, 서경문화사, 60쪽.

18 여호규, 2017, 「백제 웅진 도성의 구조와 성격」 『백제, 한성에서 웅진으로』, 164쪽.

19 이남석, 2007, 『百濟文化의 理解』, 서경문화사, 173쪽.

20 成周鐸, 1980, 「百濟 熊津城과 泗沘城研究」 『百濟研究』 11, 167쪽.

고구려군의 침입을 저지하는 등 나름의 자신감을 갖게 된 것이다.[21] 이에 동성왕은 왕의 위용을 과시하며, 도읍을 정비하는 데 심혈을 기울였다. 동성왕이 본격적인 행보를 한 시기에 궁실을 중수(重修)한 것은 이를 분명하게 확인시켜 준다. 아래는 웅진 천도 직후 궁실 중수에 관한 기사이다.

A-1   3년 봄 2월에 궁실을 重修하였다(『三國史記』 26 百濟本紀4 文周王條).
A-2   8년 가을 7월에 궁실을 重修하였다(『三國史記』 26 百濟本紀4 東城王條).

위의 사료 A에 의하면 백제는 문주왕 3년(477)과 동성왕 8년(486) 잇달아 궁실을 중수하고 있다. 먼저, 문주왕 3년에 궁실을 수리한 것은 고구려의 위협에서 벗어나자 왕자(王者)의 권위를 세우기 위한 조치로 보인다. 당시 문주왕은 실세 귀족인 해구의 천단(擅斷)에 시달렸다. 이에 아우인 곤지를 내신좌평에 임명하여 왕을 보좌하게 하고, 아들인 삼근을 태자로 삼았다.[22] 이러한 일련의 조치는 실추된 왕의 권위를 회복하고자 한 노력으로 여겨지며, 궁실 중수 또한 같은 의도로 보인다.

흥미로운 점은 동성왕 때 다시 한 번 궁실을 중수하는 것이다. 불과 9년만의 수리는 똑같은 형태의 중수로 볼 수 없다. 그렇다면 이때의 중수는 다른 측면에서 보아야 할 것이다.[23] 동성왕 때에는 정국이 안정되자 공산성에서 모든 정무를 보기에는 미흡하였을 것이다. 이 때문에 앞의 사료 A-2에 보이는 것처럼 다시 궁실을 수리하는 등 그 외연을 확대하였을 가능성이 높다. 처음 웅진에 정도하였을 때는 무엇보다도 방어가 우선이었으나, 왕궁은 이제 왕의 위엄을 과시하는 것을 넘어 정국이 안정되면서 기능적인 측면과 도읍과의 연계 등 대내외적인 백제의 위상과도 직결되는 상황에 이른 것이다. 이를 고려하면 동성왕 8년의 궁실 중수는 왕도(王都)의 확대 차원에서 살펴보는 것이 타당하다.

동성왕이 궁실을 중수한 해에 대궐 남쪽에서 군대를 크게 사열한 것[24]은 음미해 볼 사안이다. 지형상 웅진은 남쪽으로 확장할 수밖에 없다. 군대를 크게 사열한 것은 동성왕의 왕권 강화에 대한

---

21 동성왕과 소지왕 재위 기간에 백제와 신라는 서로 군사적인 지원을 함으로써 고구려의 공격을 막아내었다. 이들 양국의 군사 협력은 모두 성공적이었다는 점에서 그 위력을 실감하게 한다(鄭載潤, 2001,「熊津時代 百濟와 新羅의 關係에 대한 考察 −羅濟同盟에 대한 비판적 검토−」『湖西考古學』 4·5, 75쪽).

22 『三國史記』 26 百濟本紀 4 文周王 3年條.

23 이에 대하여 重修를 重建으로 파악하여 동일 지점이 아니라 다른 지점에 위치했던 궁실 중수로 파악하는 견해(여호규, 2017, 앞의 논문, 167~169쪽)도 있으나 자구 해석을 달리하여 궁실을 다른 지점으로 상정하는 것은 근거가 미약하기 때문에 동의하지 않는다.

24 『三國史記』 26 百濟本紀 4 東城王 8年 10月條.

의지 천명이지만 한편으로 대궐의 남쪽에서 그만한 공간을 확보하였다는 것을 나타내준다. 아울러 재위 11년 남당에서 여러 신하들에게 잔치를 베풀고 있는 기사[25]도 간과할 수 없다. 남당은 그 명칭상 남쪽에 자리잡은 건물지일 것이며, 이 경우 공산성에서 찾기 어렵고 왕궁 밖 남쪽 공간으로 보는 것이 좋을 듯하다. 진남루 밖으로 점차 왕의 활동 영역이 확대되고 있는 것이다.[26] 이처럼 왕궁을 중심으로 기능적인 면에서 왕도의 확대 과정은 분명하게 엿볼 수 있다. 또한 동성왕 22년(500) 임류각을 왕궁 동쪽에 만들었다는 기사[27]를 주목하면 왕궁 내에서의 확장도 이루어짐을 보여준다.

웅진시대 도성체제의 정비와 관련하여 핵심이 되는 것이 왕궁의 위치이다. 현재 웅진시대 왕궁의 위치는 크게 공산성 안,[28] 공산성 남쪽 기슭 일대,[29] 공산성 밖[30]에서 찾는 견해로 나눌 수 있다. 공산성 안에서 궁성을 찾는 견해는 쌍수정 앞에 있는 추정 왕궁지를 유력한 곳으로 비정한다. 공산성 일대에서 넓고 평탄한 면적에 자리하고 유구의 다양성과 밀접성에 주목한 것이다. 처음에는 굴건식 건물지와 초석 건물지를 유력한 근거로 제시하였지만 최근에는 굴건식 건물지를 왕궁지로 보고 있다.[31] 구체적인 고고학 근거를 제시하고 있다는 점에서 현재 유력한 견해로 받아들여지고 있다.

하지만 왕궁으로 보기에는 대형 건물터나 공간 확보가 미흡하다는 점에서 주저된다. 국가체제가 정비됨에 따라 정무를 처리하기에는 너무 공간이 좁다는 것이다. 이에 따라 공산성 남쪽 기슭 일대로 보는 견해[32]가 제시되었다. 하지만 이 주장은 공산성 남쪽 기슭 일대를 발굴 조사한 결과 건물지의 흔적이 발견되지 않아[33] 고려 대상에서 제외되었다. 이후 제민천 상류쪽 공주시가지 남쪽,[34]

---

25 『三國史記』 26 百濟本紀 4 東城王 11年 11月條.

26 정재윤, 2012, 「백제 동성왕대 웅진지역의 동향」 『공주 단지리 횡혈묘에 나타난 백제의 국제성 발표요지문』, (재)충청문화재연구원, 219~220쪽.

27 『三國史記』 26 百濟本紀 4 東城王 20年 봄 條.

28 안승주·이남석, 1987, 『公山城內 百濟推定王宮址發掘調査報告書』, 공주사대박물관; 兪元載, 1997, 『熊津百濟史研究』, 주류성, 125쪽; 이남석, 2002, 『웅진시대의 백제고고학』, 서경, 39쪽; 서정석, 2002, 앞의 책, 58~64쪽; 田中俊明, 2002, 「百濟都城と公山城」 『百濟文化』 31, 127~130쪽.

29 金永培, 1968, 「熊川과 泗沘城時代의 百濟 王宮址에 대한 考察」 『百濟文化』 2, 14~16쪽.

30 成周鐸, 1988, 「百濟都城築造의 發展過程에 대한 考察」 『百濟研究』 11, 65쪽; 박순발, 1996, 「百濟 都城의 變遷과 特徵」 『韓國史의 理解』, 115~118쪽; 김수태, 2001, 앞의 논문, 151쪽; 박현숙, 2001, 앞의 논문, 123쪽; 이도학, 2003, 앞의 책, 504~508쪽; 여호규, 2017, 앞의 논문, 176~188쪽

31 이남석, 2010, 『공주 공산성』, 공주시·공주대학교박물관, 163~164쪽.

32 金永培, 1968, 앞의 논문, 14~16쪽.

33 이훈, 1998, 『公州 山城洞住宅敷地調査, 各地試掘調査報告』, 공주대학교박물관, 11~72쪽.

34 박순발, 2017, 「백제의 정도(定都)와 천도(遷都)」 『백제, 한성에서 웅진으로』, 35~36쪽.

산성동–중동–옥룡동의 경사면(선상지)에 위치하였을 것으로 추정하는 견해[35]가 제시되었다. 이는 기능적인 측면에서 왕궁의 확대를 연결시킨 점, 그리고 한성시대에 보이는 양성체제의 계승이라는 점에서 일면 타당성을 지닌 것으로 보인다. 하지만 왕궁터가 확인되지 않은 이상 현재로선 추정에 불과하며, 앞으로의 자료 확보가 관건이 될 것이다.

이와 같이 웅진시대 왕성의 위치를 확인할 수 없어 아쉽긴 하지만 공산성이 초기에 왕궁의 역할을 하였을 것은 분명하다. 이후 정국이 안정되자 공산성에서 모든 정무를 보기에는 미흡하였고, 동성왕대 도성의 정비와 함께 왕궁지가 확대되어 갔을 것으로 추정된다. 임류각이 왕궁의 동쪽에 위치한 점을 상기하면 여전히 동성왕 말년까지 왕궁이 공산성에 있었다는 점을 확인시켜 주기 때문이다.[36] 이는 왕궁의 확대를 공산성을 중심으로 보아야 하는 점을 말해준다.

이처럼 웅진이 수도로서의 기능이 부각되자 여러 한계점이 노정되었다. 그 중 하나로 들 수 있는 것은 동성왕 13년과 19년 6월의 홍수[37]이다. 이는 웅진 지역이 갖는 한계점을 드러냈거나 혹은 다른 이유로 발생하였을 수 있다. 먼저, 웅진은 제민천이 남북 방향으로 흘러 금강에 이른다. 때문에 비가 많이 올 경우 금강과 합류하는 하류의 경우 넘칠 가능성이 상존하였다. 다음으로 홍수는 도시의 확장으로 위험이 상존한 하천 변까지 사람들의 거주지가 확대되었던 것을 보여준다. 고지대에 있었다면 홍수로부터 비교적 안전하다. 홍수의 피해를 입는다는 것은 저지대일 가능성이 크기 때문에 도시의 포화 상태를 나타내준다. 이는 동성왕이 재위 20년 제민천 서쪽과 동쪽을 이어주는 웅진교를 개설함으로써 도시의 동서를 연결한 사실에서도 확인된다. 이처럼 홍수는 도시의 확대 과정과 밀접한 관련이 있다. 하필이면 동성왕 때 홍수 기사가 연이어 보이는 것은 항상 상존한 피해보다는 도시의 확대 과정에서 비롯된 것임을 알 수 있는 것이다.[38] 웅진이 갖는 취약점이 노출된 홍수는 도읍으로서 웅진의 기능에 문제점을 드러냈다 할 수 있다.

또한 생산기반 시설의 미흡도 한 요인이 될 수 있다. 한성과 사비 지역의 경우 도시의 넓은 평야 지대와 이남의 기름진 땅이 경제적 기반이 될 수 있었다. 이에 반하여 웅진은 산으로 둘러싸여 자

---

35 여호규, 2017, 앞의 논문, 185쪽.

36 임류각의 위치도 현재의 임류각 터가 아니라는 문제 제기가 있지만 그렇다고 공산성 내에 존재하였다는 것조차 부정할 수 없기 때문에 기존 견해를 따르고자 한다.

37 여름 6월에 熊川의 물이 불어나서 王都의 2백여 채가 떠내려가고 물에 잠겼다(『三國史記』 26 百濟本紀4 東城王 13年條). 여름 6월에 큰 비가 와서 백성들의 집이 유실되고 무너졌다(『三國史記』 26 百濟本紀4 東城王 19年條).

38 정재윤, 2012, 앞의 발표요지문, 220~221쪽.

체적인 생산 활동과 주변의 경제적 기반이 취약하다.[39] 따라서 홍수와 생산기반 시설의 미흡 등 그 한계점을 극복하기 위한 대안으로 사비 지역에 관심을 가졌을 가능성을 제기할 수 있겠다.[40]

이에 주목되는 사실은 동성왕은 재위 12년 9월, 23년 10월과 11월 세 차례에 걸쳐 사비 지역으로 수렵을 갔다는 기록[41]이다. 이에 빈번한 사비로의 수렵을 새로운 왕궁지에 대한 모색으로 이해하여 동성왕 말년에 사비 지역으로 천도를 준비하였다는 견해[42]가 제시되었다.

동성왕대 추진설[43]은 빈번한 사비로의 왕의 전렵은 영토 확장에 따른 군사적 의미를 지녔으며,[44] 천도와 관련된 왕의 전렵은 새로운 국도(國都)의 세력기반을 공고히 하려는 정치적 의도에서 비롯된 것[45]으로 보고 있다. 이를 기반으로 국력이 어느 정도 회복된 동성왕대 사비 천도가 준비 내지는 실제 실행되었다고 보는 것이다.

이 주장의 근거로는 사비도성의 방어와 밀접한 가림성을 축조한 사실을 들고 있다. 가림성의 축조를 동성왕의 사비지역에 대한 관심이 실제적으로 수행된 것으로 보는 것[46]이다. 한 걸음 나아가 사비 지역의 나성이 동성왕 말기에 축조됨으로써 사비천도 준비가 완료되었다고 보기도 한다.[47] 이 견해에 의하면 동성왕 8년 축조하였다는 우두성은 부소산성이며,[48] 따라서 부소산성을 동성왕 때 축조한 것으로 볼 수 있는 것이다. 나아가 나성 축조가 진행되고, 동성왕 23년 백가의 가림성 파견도 사비 천도의 일환으로 추진되었다고 주장하였다. 같은 맥락에서 1980년의 군창지 테뫼식 성벽 절개조사 때 판축기법의 사용에 주목하여 웅진시대로 보고, 동성왕 23년(500) 8월 가림성과 동쪽에

---

39 이에 대해서는 금강 북안의 정안·의당·우성면 일대를 배후 농업지대로 보는 견해(김영관, 2017, 「백제 웅진천도의 역사적 배경」『백제, 한성에서 웅진으로』, 75~56쪽)도 있으나 현재의 쌍신뜰은 수많은 지천이 흐른 곳이었기 때문에 농사짓기에는 적당하지 않다는 반론(정재윤 종합 토론문, 위의 책, 266~267쪽)도 제기되었다.

40 俞元載, 1986, 「熊津都城의 防備體制에 對하여 -周邊의 山城分布를 中心으로-」『忠南史學』 1, 충남대학교 사학회, 72~76쪽; 尹珠姬, 2001, 「百濟 泗沘遷都의 背景과 性格」『三國時代研究』, 학연문화사, 253쪽.

41 『三國史記』 26 百濟本紀4 東城王 12·23年條.

42 盧重國, 1978, 앞의 논문, 93~95쪽.

43 주 1) 참조.

44 申瀅植, 1981, 「巡幸를 통해 본 三國時代의 王」『韓國學報』 25, 36쪽.

45 金龍善, 1980, 「高句麗 琉璃王考」『歷史學報』 87, 58쪽.

46 俞元載, 1996, 앞의 논문, 82~83쪽.

47 沈正輔, 2000, 앞의 논문, 99~100쪽.

48 심정보, 1996, 앞의 논문, 81~82쪽. 반면 청양읍 우산성으로 보는 견해(양기석, 2007, 앞의 논문, 46쪽)도 있다.

탄현을 축조해 신라를 대비하였다는 기록에 주목하여 이 시기를 전후하여 사비성이 시축되었던 것으로 추정하기도 한다.[49] 하지만 이는 고고학적 성과물이라기보다는 문헌에 의존하였다는 점에서 역시 불안하다.

이에 반하여 웅진교와 웅진 주변 성곽 축조는 왕도의 정비와 웅진성 방어체제의 일환으로 추진된 것이기 때문에 천도할 계획이 없었다는 반론[50]도 있다. 또한 사냥 관련 기사를 사비 천도와 직접 연결시키는 것은 무리이며, 사비 천도를 추진한 세력과 추진 과정이 없고, 추진할 만한 경제적 여건이 되지 못했다는 지적[51]도 경청할 만하다. 아울러 동성왕대 사냥은 왕도 외곽에 대한 안정적 지배로도 볼 수 있다는 등 많은 반론[52]이 제기되었다.

이상의 논쟁을 정리하면 우두성을 부소산성의 축조로 연결시키는 것은 실증적 논거가 미흡하고, 가림성의 축조를 달리 해석할 수 여지가 있기 때문에 선뜻 동의하기 힘들다. 또한 동성왕의 시해는 사비 천도를 추진할 만한 세력의 부재를 말해주며, 실질적인 추동력이 없음으로써 그 계획이 실행에 옮겨지지는 않았다고 생각된다. 무엇보다도 민심이 이반하였으며, 이에 힘을 얻은 반대 세력이 시해라는 극단적인 선택을 한 것이다. 그렇다면 동성왕의 사비 지역에 대한 관심은 천도 계획에 따른 실제적인 추진이라고 보기보다는 구상 단계에서 그쳤다고 보는 것이 타당하다 하겠다.

Ⅲ. 무령왕대 생산기반 시설의 구축

사비 지역에 대한 생산기반 시설의 구축은 무령왕 때부터 적극적으로 추진되었다. 무엇보다도 무령왕은 동성왕이 신진세력을 중용하여 구귀족들을 견제하려 했던 것과 달리 신구(新舊) 세력의 조화 속에 정치적 안정을 기하고 이를 바탕으로 한강 유역과 섬진강 유역까지 영토를 확장하였다.[53] 이의 바탕이 된 것은 경제적 기반의 확충이다. 다음은 이와 관련된 사실을 잘 보여준다.

---

49 成周鐸, 1982,「百濟泗沘都城 研究」『百濟硏究』13, 36~37쪽.

50 徐程錫, 2002, 앞의 책, 128~129쪽.

51 양기석, 2007, 앞의 논문, 42~49쪽.

52 이도학, 2003,「백제 사비 천도의 재검토」『東國史學』39, 33~35쪽.

53 이에 대해서는 졸고(정재윤, 2007,「집권 기반의 확립과 영토 확장」『熊津都邑期의 百濟』, 충청남도역사문화연구원, 152~187쪽)를 참조하라.

B-1 봄 정월 명을 내려 제방을 완비하게 하여 국내외의 놀고먹는 자들을 몰아 농사를 짓도록 하였다(『三國史記』 26 百濟本紀 4 武寧王 10年條).

B-2 봄 2월 사신을 백제에 보내『百濟本記』에는 "久羅麻致支彌가 일본에서 왔다"라고 하나 상세하지 않다. 임나의 日本 縣邑에 있는 백제의 백성으로 도망하여 호적이 끊긴지 3~4세대가 지난 자를 찾아내어 모두 백제로 옮기어 호적에 편입시켰다(『日本書紀』 19 繼體天皇 3年條).

위의 사료에 의하면 무령왕은 재위 10년(510) 봄에 제방을 완비하여 국내외의 놀고먹는 자들에게 농사를 짓도록 하였다 한다. 흥미로운 사실은 제방 축조를 국가에서 주도하였다는 점이다. 이에 무령왕은 금강 유역권을 개발하여 농업 생산의 증대를 통해 왕경의 물적 토대를 마련한 것으로 보는 견해[54]도 제기되었다.

흥미로운 기사는 사료 B-2이다. 이 사료에 전하는 계체(繼體) 3년은 무령왕 9년이다. 이때 임나 지역에 도망간 사람을 찾아내어 호적에 편입시킨 것이다. 무령왕의 탁월함은 위의 사료 B-1에 보이는 것처럼 이들에게 농사를 지을 수 있는 여건을 마련해 주었다는 점에 있다. 먹고 살기 어려워 도망갔지만 농사를 지을 수 있도록 해준다면 백성들을 돌아오게 할 수 있는 가장 좋은 유인책이 된다. 정치적 안정과 적극적인 경제 활성화 정책으로 백제에 다시 백성들이 되돌아오고, 백성들의 증대는 세금과 노동력의 확대로 이어지는 선순환 고리가 된 것이다.[55]

사비 지역의 개발과 관련하여 주목되는 점은 바로 제방의 축조와 노동력의 확보이다. 원래 사비 시가지 일대는 저지대 늪지가 넓게 형성되어 사람이 살기에 적당하지 않았다. 그런데 무령왕 때 제방을 축조하고, 유민들에게 농사를 장려하는 등 적극적인 경제 개발을 시작한 것이다. 제방을 쌓는다는 것은 농사를 지을 수 있는 땅을 확보하는 것이고, 이의 가장 큰 효과는 저습지 개발로 이루어질 수 있다. 물론 풍납토성과 벽골제 축조 등에서 볼 수 있는 부엽공법과 판축기법이 이미 한성기부터 시작되었지만 국가 차원에서 이루어진 대규모 개발은 이 무렵이라고 여겨진다.[56] 6세기에 들어 이처럼 기술이 발달하면서 전국적으로 개발이 이루어지고, 사비 지역에 대한 개발도 가능해진

---

54 盧重國, 1991,「百濟 武寧王代의 集權力 强化와 經濟基盤의 擴大」『百濟文化』 21, 21~23쪽.

55 정재윤, 2007, 앞의 논문, 168~171쪽.

56 이와 관련하여 무령왕 이후 천안 용원리, 공주 수촌리 등 토착세력가들의 무덤에 부장된 살포가 없어지는 것도 흥미롭다. 살포는 물에 대한 지배권을 가진 상징적인 의기로, 이 때문에 위세품으로서의 성격도 가졌다고 보인다. 이의 부재는 국가가 직접 물을 통제하였기 때문이고, 이는 국가 주도의 제방 축조와 밀접한 관련이 있는 증거라 할 수 있다(정재윤, 2007, 앞의 논문, 168~169쪽). 신라의 경우도 6세기에 중반 황룡사의 건립이 저습지를 개발하여 이루어졌다는 사실을 상기하면 국가 차원의 대규모 저습지 개발은 6세기 초반이 그 분기점이 되었다고 보인다.

것이다. 실제 백마강의 자연제방 너머의 배후습지 및 왕포천·가중천 등의 지천이 본류와 만나는 지점에 형성된 습지가 개발된 것으로 드러나고 있다.[57] 이러한 면에서 무령왕대 제방 축조는 사비 신도시 개발과도 연관시킬 수 있는 것이다.

그렇다면 경제적 기반의 확보가 이루어진 무령왕 때 사비 천도가 결정되었다고 할 수 있을까. 이의 판단은 역시 사비 지역 생산기반 시설의 구축과 도성 구조물의 축조 여부가 관건이 된다.

먼저, 부여 정동리 A지구 가마터에서는 연화문과 능격문(菱格文)이 새겨진 전돌과 '대방(大方)', '중방(中方)'이 새겨진 문자 전돌이 출토되었다. 이는 송산리 6호분과 무령왕릉에서 보이는 전돌과 비슷하다.[58] 또한 부여 능산리 건물지에서 출토된 유리구슬들이 이곳 공방터에서 제작되어 공주의 무령왕릉 부장품으로 공급되었을 것으로 추정한 견해도 제기[59]되었다. 더욱이 부여는 입지조건으로 보아 가마나 공방과 같은 왕실의 주요 생산시설들이 설치될 수 있는 적합한 조건을 갖추었다.[60] 무령왕 때에 최소한 사비 지역이 도성인 웅진의 배후 생산기지로 활용되었음을 확인할 수 있는 것이다.

이와 같이 사비 지역에서 생산기반 시설과 저습지의 개발이 이루어지기 때문에 수도로서의 기반 시설은 어느 정도 갖추었다고 보인다. 하지만 이러한 시설물의 구축이 천도를 단행하기 위한 사전 준비로 볼 수도 있지만 도성의 배후 도시로서도 가능하기 때문에 양자를 구별해야 한다.

무령왕대 사비 천도가 추진되었다고 보는 견해[61]는 사비 천도가 무령왕 21년(521) 결정되었다고 본다.[62] 이에 의하면 유식자 귀농은 경제적 기반이 확대되었음을 의미하며, 무령왕이 양에 보낸 국서를 통해 다시 강한 나라가 되었다는 것을 근거로 이후 사비 천도를 준비하였다고 보는 것이다. 하지만 무령왕이 붕어하기 직전인 23년(523) 한성에 행차한 것은 한성 지역에 대한 깊은 관심을 반영하고, 무령왕릉이 공주에 조성된 것을 보면 굳이 사비 천도를 추진했을 가능성이 있다고 보기에는 주저된다.[63] 무령왕은 즉위하자마자 수곡성을 습격[64]하는 등 한성 지역의 수복에 관심을 가졌

---

57 朴淳發, 2003, 「熊津 遷都 背景과 泗沘都城 造成 過程」 『백제도성의 변천과 연구상의 문제점』, 서경문화사, 116~124쪽.

58 강인구, 1971, 「부여 정동리 출토의 묘용전」 『考古美術』 110, 11~15쪽; 金誠龜, 1990, 「부여의 백제요지와 출토 유물에 대하여」 『百濟研究』 21, 218~220쪽.

59 김종만, 1994, 「扶餘地方出土 도가니」 『考古學誌』 6, 115쪽.

60 金誠龜, 1990, 앞의 논문, 231쪽.

61 徐程錫, 2002, 앞의 책, 131쪽; 이도학, 2003, 앞의 책, 41~43쪽.

62 徐程錫, 2002, 앞의 책, 131쪽.

63 양기석, 2007, 앞의 논문, 50쪽.

64 『三國史記』 26 百濟本紀 4 武寧王 元年 11月條.

고, 임진(壬辰)년 명문 벽돌을 통해 512년 무렵 송산리 벽돌무덤이 축조된 것으로 보여 웅진에 기반을 둔 상황을 엿볼 수 있기 때문이다.

물론 무령왕 때에는 앞서 살펴본 것처럼 도요지와 공방터의 운영 등 사비 지역이 급부상하고 있다. 하지만 이는 생산 시설일 뿐 나성과 왕성 등 도읍 기반의 구축시설까지 연결시키는 것은 무리이다. 따라서 무령왕대 사비 천도 결정은 없었다고 보아도 큰 무리는 아니다.

Ⅳ. 성왕대 사비 천도의 결정과 배경

백제는 성왕 16년(538) 역사적인 사비 천도를 단행하였다. 아래는 이와 관련된 자료이다.

> C   봄 도읍을 사비[소부리주라고도 한다]로 옮기고, 나라 이름을 남부여라 하였다(『三國史記』 26 百濟本紀4 聖王 16年條).

이는 수도 천도를 공식적으로 시행한 것이며, 이를 단행하기 전에 일정한 신도시 건설이 진행되었을 것이다. 그럼으로써 도성의 제반 시설이 입주할 수 있는 것이다. 이에 따라 성왕 때 사비 천도를 결정하였고, 그 시기로는 재위 7년(529)을 주목한다. 고구려가 혈성(穴城)을 함락시키고, 좌평 연모가 거느린 백제군이 오곡원(五谷原)에서 패한 상황에 주목한 것이다. 이에 의하면 백제는 일시적으로 한강 유역에서 물러나 차령 이남으로 퇴축하였으며, 이 전투의 패배가 사비 천도 단행의 계기가 되었다 한다.[65] 이와 비슷하게 성왕이 주재한 임나부흥회의의 모습을 통해 사비 천도는 고구려의 위협을 1차적으로 고려[66]하였다 한다.

하지만 임나부흥회의에서 고구려의 위협을 강조하는 것은 고구려를 주적으로 상정하여 백제 중심의 신라·가야와의 연합 전선을 구축하려는 면도 있기 때문에 액면 그대로 믿기 어렵다. 만약 이처럼 고구려가 위협적이었다면 오히려 웅진이 방어에 유리하다는 점에서 사비 천도는 유보되었을 것이다. 오히려 이보다는 고구려의 남하와 신라의 가야 지역 진출로 조성된 난관을 돌파하고자 사

---

65 손영종, 1990, 『고구려사』, 과학백과사전종합출판사, 374쪽; 과학·백과출판사, 1991, 『조선전사』 3, 159쪽.
66 이병호, 2007, 위의 논문, 73쪽.

비 천도를 선택하였다는 견해[67]가 좀 더 설득력이 있다고 여겨진다. 백제의 남방 경영 마련에 비중을 두는 것도 나름의 일리가 있는 것이다.[68] 하지만 남방 경영은 결정적인 이유가 아니며, 상시 존재하기 때문에 보다 사비 천도를 결정할 만한 구체적인 계기가 필요하다고 생각된다.

그런데 앞서 제기한 것처럼 사비 천도가 결정되었다면 도성의 기반 시설을 구축하였을 것이다. 이러한 면에서 본다면 부소산성과 나성의 축조 시기를 살펴보는 것이 필요하다.

이와 관련하여 주목되는 자료는 부소산성 동문지에서 출토된 '대통'명(大通'銘) 기와이다. 이에 대통이라는 연호가 사용된 527~528년부터 부소산성의 축조가 진행되었다고 본다.[69] 구체적으로 사비 천도가 시행된 시기로 보는 것이다.

하지만 '대통'명 기와는 동문지에서 남쪽으로 10m 떨어진 성 내부 와적층에서 출토되었다.[70] 성체도 아닌 와적층에서 수습되었다는 것은 이를 특정한 유구와 관련시키기에는 어려움이 있다. 또한 '대통'명 기와는 부소산성이 축조된 시점이 아무리 빨라야 527년을 넘지 못한다는 점만 알려줄 뿐이며, 이를 사비도성 조영과 관련된 절대 연대를 가늠하는 지표로 사용하기에는 문제가 있다는 반론[71]도 경청할 만하다. 이를 감안하면 '대통'명 기와를 웅진시대에 사비 천도를 추진한 근거로 확정짓기에는 주저된다.

또한 사비 천도의 결정 시기로 주목되는 것은 나성의 축조 시기이다. 먼저, 동나성 앞에 위치한 능산리사지 혹은 건물지 조성 시기와 관련하여 살펴보는 입장이 있다. 동문에 인접한 능산리 건물지도 나성 축조와 관련된 것으로 보아 527~538년 사이에 축조된 것으로 보는 견해[72]가 그것이다. 반대로 사비도성 성립 후 실시된 도향제(道饗祭)와 관련되었다고 보아 538년 이후에 만들어진 것으로 보기도 한다.[73] 양자의 입장을 살펴보면 동문에서 도향제를 거행하였다는 것이 확실하지 않기 때문에 후자는 선뜻 동의하기 힘들다. 이는 능산리사지 앞 동나성의 만곡이 건물지와 사지를 의식한 결과인지 반대로 건물지와 사지가 나성을 의식하여 도성 밖에 위치한 것인지 관건이 된다. 이역시 사비기에 도성제에 대한 인식이 확실하기 때문에 도성 밖에 의도적으로 사지와 건물지가 위치

---

67 문안식, 2006, 앞의 책, 338쪽.

68 田中俊明, 1990, 「왕도로서의 사비성에 대한 예비적 고찰」『百濟研究』 21, 164~165쪽.

69 朴淳發, 2000, 앞의 논문, 105~110쪽.

70 국립부여문화재연구소, 1995, 『부소산성-발굴조사중간보고』, 88~89쪽.

71 이남석, 2010, 「고고학자료를 통한 백제 사비천도의 재인식」『百濟文化』 43, 73~74쪽.

72 近藤浩一, 2004, 「扶餘 陵山里 羅城築造 木簡의 研究」『百濟研究』 39, 122~125쪽.

73 윤선태, 2007, 『목간이 들려주는 백제 이야기』, 주류성, 133쪽.

하였을 가능성이 높다고 보인다.

다음으로, 나성의 축조 시기는 사비 천도가 계획 하에 이루어졌다는 입장에서 천도 전 나성이 완비되었다는 견해[74]와 천도 후 도성제가 정비되는 과정, 즉 신라에 대한 방비체계가 정비되는 위덕왕대 후반기로 보는 견해[75]로 크게 나눌 수 있다.

이는 나성에서 출토된 유구와 유물에 대한 해석에서 비롯된다. 먼저, 북나성 청산성 구간에서 나성의 축조 시점을 가늠할 수 있는 유구와 유물이 다수 확인되었다. 체성 구축 이전 성벽 하부의 선행 유구인 저장공과 고배, 삼족기, 호 등이 그것이다.[76] 이 유물과 유구는 한성 말-웅진 초의 것으로 왕포천 남쪽의 동나성 절개지에서 출토된 자배기[77]와 동나성의 토축부 성토층에서 출토된 삼족기[78]를 6세기 전반 경인 웅진기로 비정하는 것과 통한다. 유적과 유물을 통하여 나성의 축조 상한을 6세기 전반 경으로 보며, 사비 천도 이전에 축조된 것으로 보는 것이다.

반대로 동나성 외부의 현 지표 3m 아래에서 확인된 우물과 주거지를 비롯한 각종 유물, 특히 자배기와 주거지 등에 주목하여 달리 해석한 견해[79]가 있다. 이에 의하면 자배기의 경우 주로 사비기 유적에서 출토되며, 부정형 석괴로 축조한 우물은 사비기 일반적인 우물 축조방식이다. 따라서 나성은 이들 유구보다 조성 시기가 늦기 때문에 사비 천도 이후 일정한 시간적 차이를 두고 나성이 축조되었다는 것이다.

하지만 우물은 계속 사용이 가능하다는 점과 자배기는 현재 절대 연대를 파악할 수 있는 근거가 미약하므로 사비 천도 이전과 이후를 구분할 수 있는 결정적 근거가 될 수 없다. 따라서 분류 방식이 어느 정도 확립된 삼족기의 사례를 따르는 것이 무난하다고 생각된다.

그런데 2002년 시행된 발굴조사 보고서를 살펴보면 제2트렌치의 내탁 토축부 성토층에서 출토된 삼족기, 나성 토축부 성토층 혼입 삼족기가 웅진 말기로 비정된다.[80] 2014년 북나성 발굴조사

---

74 앞서 살펴본 심정보, 박순발, 田中俊明, 성주탁 등이 대표적이다.

75 姜種元(2005, 「百濟 泗沘都城의 經營과 王權」『古代 都市와 王權』, 서경문화사, 46~47쪽)과 이남석(2014, 「사비도성의 경관과 나성의 축조배경」『百濟文化』50, 273~277쪽)을 들 수 있다.

76 심상육 · 성현화, 2013, 『부여나성-북나성 I』, 부여군문화재보존센터; 심상육 · 성현화 · 김태익, 2013, 『부여나성-북나성 II』; 심상육 · 성현화 · 김태익, 2014, 『부여나성-북나성 III』, 백제고도문화재단, 58~66쪽.

77 朴淳發 · 成正鏞, 2000, 『百濟泗沘羅城 II -整備復元을 위한 東羅城區間 斷面切開調査-』, 忠南大學校百濟研究所 · 扶餘郡, 38~41쪽.

78 朴淳發 · 董寶璟 · 山本孝文, 2002, 『百濟泗沘羅城 III』, 忠南大學校百濟研究所, 39쪽.

79 姜鍾元, 2005, 앞의 논문, 46~47쪽.

80 朴淳發 · 董寶璟 · 山本孝文, 2002, 앞의 보고서, 39쪽.

에서도 최초 성벽 조성면에서 성벽이 축조되기 바로 직전의 시설물로 추정되는 수혈 유구 3기가 확인되었고, 이 수혈유구에서 확인된 유물 중 삼족기와 고배들은 5세기 말~6세기 초로 편년되고 있다.[81] 이 수혈유구 위에 성벽이 축조되기 때문에 웅진 말기에 축조되었을 가능성이 한층 높아진 것이다.

이와 병행하여 절대 연대를 추정한 결과물도 제시되었다. 2003년 시행된 능산리 및 군수리 지점 발굴조사 보고서에서도 동나성 절개 조사시 석축성벽 외측 면 하단 주혈 내부 출토 목탄을 시료로 한 방사성탄소연대 값이 A.D.370~540년으로 나왔다. 이러한 점들은 동나성의 완성 시점이 적어도 538년 이전이었을 가능성을 높여주는 것으로 볼 수 있다.[82] 또한 2017년 조사된 북나성 구간에서도 치 성벽 뒤편에 설치한 트렌치에서 확인된 성벽 축조 층 중 초축 층에서 시료를 채취하였다. 측정 결과 연대가 A.D.390~540년으로 나왔다. 역시 사비 천도 이전에 만들어질 가능성이 높아진 것이다. 특히 이곳에서 출토된 연화문전이 무령왕릉의 묘전과 동일한 것으로 보이기 때문에 최소한 529년 이전에 축성되었을 가능성을 높여준 것이다.[83] 대체로 도성과 관련있는 동북 나성도 부소산성과 함께 천도 당시에 완성된 것으로 보는 것이다.[84]

물론 나성의 축조에 대한 문헌 기록 등 절대 지표가 없으며, 유적과 유물의 상대 편년에 의지해야 하기 때문에 이를 일방적으로 취신하는 데에는 신중할 필요가 있다. 동나성 일대 성벽 기저부 층과 능산리 동나성 내·외부에 잔존하는 백제 유적 사이에는 층위 문제도 해결해야 한다.[85] 다만 고고학적 결과물로 보면 사비 천도 이전 나성이 축조되었을 가능성이 높음을 어느 정도 인정할 수 있겠다.

다만 웅진시대에 사비 천도가 결정되었다고 하여도 그 구체적인 시기는 알 수 없다. 이는 문헌 자료를 바탕으로 당시 정황을 유추하면 해결의 실마리를 찾을 수 있다. 고고학적 결과와 상호 대조하면서 구체적인 결정 시기를 구명하여 보자.

성왕이 즉위하고 나서 주목되는 사건은 재위 4년(526) 웅진성을 수즙[86]한 사실이다. 물론 이를 사비 천도에 대비해 대대적으로 보수한 조치로 보거나,[87] 사비 도성의 건설과 관련하여 웅진 지역을

---

81 심상육·성현화·김태익, 2014, 앞의 보고서, 58~60쪽.

82 朴淳發 外, 2003, 『泗沘都城 −陵山里 및 軍守里地點 發掘調査 報告書−』, 忠南大學校百濟研究所·大田地方國土管理廳, 219쪽.

83 심상육·성현화, 2017, 『부여나성−북나성Ⅶ』, 백제고도문화재단·부여군, 78·164~167쪽.

84 朴淳發, 2000, 앞의 논문, 105~110쪽.

85 이남석, 2010, 앞의 논문, 273~275쪽.

86 『三國史記』 26 百濟本紀 4 聖王 4年條.

87 여호규, 2017, 앞의 논문, 191쪽.

새롭게 정비한 것으로 보는 견해[88]도 있다. 하지만 사비 천도를 준비하면서 웅진성을 수즙한다는 것은 어색하다. 사비 천도를 준비하기 위해선 왕성 기반 시설의 구축에 집중해야지 이전 대상지를 수즙하는 것은 어색하기 때문이다. 최소한 이 무렵 사비 천도가 결정되지 않았음을 알 수 있는 것이다.

다음으로, 대통사지를 제민천 변에 창건하였다. 이의 창건 시기는 중대통 원년(529)[89]으로 보기도 하지만,[90] 대체로 대통 원년(527)[91]에 세운 것으로 보고 있다. 이에 대해서는 연호로 보는 입장[92]과 절 이름으로 보는 견해[93]로 나뉜다.

먼저, 연호로 보는 입장은 백제의 인각와 명문 가운데 사용처를 표시하는 것으로 판단되는 예가 없는 점과 제작 시점으로 이해되는 간지명(干支銘)이나 제작지로 이해되는 '〇부' 등의 예를 찾아볼 수 있다는 점에 주목하여 양무제 시기 연호일 가능성이 높다고 한다. 이에 근거하여 동문지 부근에서 출토된 대통명 기와는 대통사 창건 시점을 즈음하여 제작되었으며, 따라서 부소산성 역시 그 무렵 축조되었을 것으로 이해한 것이다.[94]

반면 절 이름으로 보는 견해는 대통이 연호로 사용되었다면 연대가 명기되어야 하고, 통일신라나 고려의 명와(銘瓦)는 절의 이름을 적고 있는 점, 2년 만에 제작된 것으로 단정할 수 있는 근거가 없으며, 2점을 서로 다른 인장으로 찍었다는 점에서 연호로 보기에는 미흡하다는 것이다. 따라서 대통사지는 연호 사용 이전에 축조되었을 가능성이 높다고 본다.[95]

연호와 절 이름으로 보는 견해 중 양의 연호를 인각와에 각인하는 것이 어색하기 때문에 절 이름으로 보는 것이 타당하다고 생각한다. 대통이라는 이름 자체가 양나라 황궁의 북문이면서 동태사

---

88 김수태, 2001, 앞의 논문, 152쪽.

89 웅천은 곧 공주이다. 그때 신라에 소속되어 있었기 때문이다. 아마 정미년은 아니고, 중대통 원년 己酉에 세운 것이다(『三國遺事』 興法3 原宗興法 厭髑滅身條 細註).

90 반면 위덕왕이 태어난 해라고 추정되는 525년에 대통사를 창건하였다는 견해(趙景徹, 2002, 「百濟 聖王 大通寺 창건의 사상적 배경」 『國史館論叢』 98, 국사편찬위원회, 101~125쪽)도 있지만 근거가 미약하기 때문에 따르지 않는다.

91 법흥·진흥 두 왕이 왕위를 버리고 출가한 것을 사관이 쓰지 않은 것은 출가한 일이 세상을 다스리는 교훈이 될 수 없기 때문이다. 또 대통 원년(527) 丁未에는 양 무제를 위하여 웅천주에 절을 세우고 그 절 이름을 대통사라 하였다(『三國遺事』 興法3 原宗興法 厭髑滅身條). 이에 근거하여 대부분의 학자들은 527년설을 따르고 있다.

92 朴淳發, 2000, 앞의 논문, 104~107쪽; 서정석, 2002, 앞의 책, 134쪽.

93 이도학, 2012, 「백제 사비도성과 정림사」 『白山學報』 94, 111~112쪽.

94 朴淳發, 2000, 앞의 논문, 105~110쪽.

95 이도학, 2012, 앞의 논문, 111~112쪽.

의 남문이었다는 점과, 이를 기반으로 연호로 사용되었다는 사실을 고려해야 하기 때문이다. 다만 대통사지가 연호 사용 이전에 축조되었다기보다는 연호를 사용한 무렵부터 이후에 걸쳐 축조되었을 것으로 보는 것이 타당할 듯싶다.

흥미로운 사실은 2012년 5차 발굴조사 때 성안마을 남단의 평탄지에서 '대통사(大通寺)'명 벼루가 발견되었다는 점[96]이다. 이는 백제 멸망기의 상황을 보여주는 화살촉 등과 더불어 나왔기 때문에 최소한 백제 멸망 이전에 사용된 벼루임을 말해준다.[97] 따라서 대통사는 창건 이후 공주 지역의 중심 지역의 사찰로 자리매김을 하였고, 공산성 역시 그 기능을 유지한 것임을 알 수 있다. 이를 감안하면 '대통'이라는 명칭을 절의 이름으로 보는 것과 대통사의 창건 이후 절 명칭이 사용되었음을 확인할 수 있는 것이다.

그렇다면 성왕대 대통사 건립을 어떻게 보아야 할까. 먼저, 불교문화의 급속한 발전을 반영한 것으로 볼 수 있다. 송산리 6호분에는 전돌이 오수전 문양이지만 무령왕릉은 불교와 관련있는 연화문전이라는 점에서 불과 10여 년 만에 불교의 급속한 발전이 이루어졌음을 알 수 있다.[98] 더불어 최초의 이름이 확인된 사찰이라는 점에서 사비 지역 사찰의 시원으로 볼 수 있다. 나아가 대통사지 건립은 무령왕과 성왕 때 중국문화 수용과 연계하여 이루어진 중국식 사찰과 불교문화가 수입된 것으로 생각된다. 최첨단의 문화 공간을 웅진 지역에 축조한 것이다.

물론 대통사의 건립은 웅진성 수즙처럼 이때까지도 천도가 결정되지 않는 증거로 삼을 수도 있다. 하지만 대통사지의 경우는 웅진성 수즙과 다르다. 웅진성 수즙을 하면서 천도로 가닥을 잡을 수 있기 때문이다. 또한 나성과 부소산성이 이미 웅진 말기에 축조되었을 가능성이 높다는 점도 고려해야 한다. '대통'명 기와 자체만을 가지고 연결시키는 것은 위험하지만 주변 정황을 고려하면 대통사의 건립이 분기점이 될 만하다. 그렇다면 이는 천도에 따른 민심수습과 관련된 것으로 볼 수 있다. 사비 천도는 당시 정국의 핵심 사안이었으며, 결정 여부를 놓고 계속 논쟁이 벌어졌던 것으로 보인다. 동성왕이 사비 서쪽 벌판에 사냥을 나가 시해되었던 것도 사비 천도의 시행에 대한 의구심에서 비롯되었다.[99] 무령왕 때도 사비 지역을 개발하였지만 천도를 결정하지는 못했다. 이는 천도 문제가 가져오는 파장력을 고려하여 신중하였기 때문이다. 이에 성왕은 여러 대안을 마련하고 사

---

96 공주대학교 박물관, 2012, 「공산성 성안마을 내 유적 제5차 발굴조사 약보고서」, 17쪽.

97 공주대학교 박물관 이현숙 선생의 도움이 있었음을 밝힌다.

98 송산리 6호분은 壬辰이라는 간지를 통해 512년에 축조된 것으로 추정되며, 무령왕릉은 523년 축조되었기 때문에 11년 편차가 존재한 것으로 추정된다.

99 鄭載潤, 1997, 「東城王 23年 政變과 武寧王의 執權」『韓國史研究』 99 · 100, 103~104쪽.

비 천도를 공식 천명한 것으로 보인다.

이와 관련하여 주목되는 것은 바로 앞의 사료 C에 보이는 것처럼 나라 이름을 남부여로 고쳤다는 사실이다. 이는 사비 천도를 원활하게 수행하기 위한 정치적 목적도 있었다고 생각된다. 남래귀족(南來貴族)들은 자신들의 근거지였던 한성 지역의 수복을 바라며, 이러한 면에서 더 남쪽인 사비로 내려가는 것에 반대할 수도 있다. 이에 이들의 지지를 얻기 위해 남부여로 개칭하여 천도가 부여족의 영광을 재현하기 위한 새로운 국가 건설이라는 명분을 내걸었던 것이다.[100] 이처럼 성왕은 천도에 반대하는 세력들과의 마찰을 최소화하면서 사비 천도를 단행할 수 있었다. 성왕이 웅진에 대통사를 건립한 것도 이 지역 민심을 달래고 무마하는 고도의 정치술이었다. 이를 고려하면 대통사를 건립할 시기에 사비 천도가 결정되었다고 보는 것은 크게 무리가 없다고 생각된다.

따라서 무령왕대에는 사비 지역의 개발에 주력하고, 성왕은 이를 기반으로 사비 천도를 결정하고 단행할 수 있었다고 보인다. 이는 웅진 정도의 한계성을 극복하기 위한 대세론의 확장과 관련이 있다. 정국이 안정되자 도읍으로서 기능이 점차 강조되면서 많은 사람들이 거주할 수 있는 넓은 공간과 이들이 생활할 수 있는 생산기반 시설의 구축이 절실했다. 웅진 지역의 경우 방어에는 유리하지만 공간이 적고, 생산기반 시설이 거의 없다는 점[101]이 지배층에게 모두 아쉬웠던 것이다. 그런데 무령왕 때 사비 지역은 저습지를 개간하면서 넓은 공간을 확보할 수 있었고,[102] 생산기반 시설도 구축할 수 있었다. 아울러 사비 이남 지역으로는 드넓은 호남평야가 펼쳐져 있다는 점도 감안하였을 것이다. 이러한 조건은 지배층을 설득할 수 있는 좋은 무기가 되었을 것이다.

물론 사비 천도에 대한 의구심도 존재하였다고 보인다. 평평한 지역이기 때문에 방어에 취약하다는 점도 하나의 실례로 들 수 있다. 사비 천도를 결정하고 부소산성을 축조하면서 동시에 나성을 축조하는 것은 바로 이중적인 방어선을 처음부터 구축하려는 의도이다. 이처럼 방어에 대한 의구심도 고려하여 사비 천도의 문제점을 보완한 것이다. 이는 앞서 살펴본 것처럼 수도의 결정에 여러 요소가 고려되었음을 확인시켜 준다.

다음으로 사비 지역은 강폭이 넓고, 만조시 금강 하구의 물이 유입되기 때문에 직접 바다로 나갈 수 있는 지형이었다. 물자수송이나 대외교류에 유리한 것이다.[103] 반면에 웅진은 다시 강 배로 바꿔 타야 하는 불편함이 있었다. 직접 물건을 싣고 내리는 편리함과 더불어 한결 가까워진 바닷길은

---

100 鄭載潤, 2008, 「백제의 부여 계승의식과 그 의미」『부여사와 그 주변』, 동북아역사재단, 209쪽.

101 주 39) 참조.

102 이는 도성에 1만호(50,000명 추정)가 거주하였다는 기록(『周書』49 列傳 百濟條)을 통해서도 확인된다.

103 尹武炳, 1994, 「百濟王都 泗沘城 硏究」『學術院硏究論文集 인문사회과학편』33, 92~94쪽.

교류를 활발히 하려는 백제 도읍지의 위상에 걸맞았다.

　아울러 사씨·목씨 등의 도움도 사비 천도를 가능하게 하였다.[104] 천도를 실제적으로 추진하기 위해서는 지배층의 지지를 받아야 한다. 동성왕이 시해된 것도 바로 왕의 사비 지역에 대한 구상을 뒷받침해줄 수 있는 세력과 추진력의 부재에서 기인하였다고 생각된다. 하지만 성왕의 사비 천도는 이들이 도와주면서 단행될 수 있었던 것이다.

　더불어 사비 지역이 저습지였기 때문에 큰 재지세력이 존재할 가능성이 적어진다. 이는 특정 재지세력과의 이해관계에서 벗어나 계획적으로 신도시를 조영할 수 있는 여건을 만들었다. 국호의 개칭으로 국가 체제를 일신하고자 한 결단을 보여주며, 궁극적으로는 국왕 중심의 정치 운영을 도모하기 위한 것이라 여겨진다.[105]

　무엇보다도 성왕은 난제(難題)인 사비 천도를 결정하면서 귀족들과 정치적인 소통을 하였기 때문에 별 무리 없이 시행할 수 있었다.[106] 실제 사비 천도 직후에 성왕이 고구려에 선제공격을 하는 것은 이를 가시적으로 보여주는 것이라 생각된다. 이는 신뢰성 있는 정치 공약의 실현이기도 한다.

Ⅴ. 맺음말

　이제까지 필자는 사비 천도의 결정 시기와 배경에 대하여 살펴보았다. 그 결과 대통사지의 건립이 사비 천도가 결정된 구체적 시기임을 구명하였다. 이에 본문의 내용을 요약함으로써 결론에 대신하고자 한다.

　웅진 정도는 방어에 유리하다는 점과 교통로의 결절점, 정치적 고려, 그리고 도읍으로서 기본적인 입지 등 여러 요소를 고려하였다. 이중에서도 가장 중요한 요소는 방어였고, 이 때문에 다른 요소보다도 방어에 가장 유리한 웅진이 선택되었다. 하지만 정국이 안정되자 수도로서의 기능이 점

104　양기석, 2007, 앞의 논문, 62~63쪽. 이는 사비 천도 직후인 흠명 4년(543) 上佐平 沙宅己婁 中佐平 木刕麻那 下佐平 木尹貴 등의 인명이 등장하고 있는 것을 통해서 이들이 사비 천도에 큰 역할을 하였던 것으로 보아도 큰 무리가 아니다(盧重國, 1978, 앞의 논문, 95~101쪽).

105　양기석, 2007, 앞의 논문, 54~55쪽.

106　무령왕과 성왕대에 걸친 신분제의 확립과 관제의 정비는 무령왕계 骨族意識의 대두와 함께 귀족들의 특권을 인정해주는 상호 호혜적 관계(鄭載潤, 1999, 『熊津時代 百濟 政治史의 展開와 그 特性』, 西江大學校 博士學位論文, 170쪽)였고, 이는 힘으로 밀어 붙인 동성왕과 대조적이었다.

차 부각되었다. 이에 궁실을 중수하는 등 도읍을 정비하지만 그럴수록 웅진 지역이 갖는 한계점이 노정되었다. 동성왕 때 연이은 홍수와 생산기반 시설의 부재는 한계점의 좋은 사례를 보여준다 할 수 있다. 이에 동성왕의 빈번한 사비 수렵과 가림성의 축조 등을 근거로 동성왕대 사비 천도 계획 설이 제기되었으나 근거가 미약하고, 추진할 만한 세력이 부재하였다. 계획과 추진이라기보다는 관심과 구상 정도에 그친 것이다.

무령왕 때에는 제방의 축조와 노동력 확보를 통해 사비 지역의 저습지 개발이 이루어졌다. 정동리와 능산리 건물지 등 공방터에서 활발한 생산 활동도 하였다. 이를 보면 최소한 무령왕 때 사비 지역의 개발이 이루어지고, 이곳이 생산 기지 역할을 하였음이 확인된다. 하지만 무령왕대 추진설도 한성에 대한 관심이 여전하며, 송산리고분군의 조성 등 웅진 지역에 기반을 둔 점이 보이기 때문에 섣부른 감이 있다. 또한 생산기반 시설의 구축은 사비 천도의 직접적인 구조물로 볼 수 없기 때문에 천도가 결정된 것으로는 볼 수 없다.

고고학적으로는 부소산성에서 출토된 '대통'명 기와가 제시되지만 절대 연대로 삼기에는 부족하다. 나성에서 확인된 유구와 유물도 역시 축조시기에 대한 논란이 있다. 하지만 분류 방식이 정리된 삼족기와 절대 연대를 측정한 결과물을 통해서 초축 시기가 웅진 말기임은 어느 정도 공감대가 형성된다.

보다 구체적인 시기는 문헌 자료를 통한 정황에 대한 이해와 고고학 성과물과의 상호 비교를 통해 가능하다. 웅진성의 수즙은 최소한 이 무렵까지 사비 천도가 결정되지 않은 증거이다. 대통사지의 건립은 최첨단 불교 구조물의 축조라는 점에서 웅진에 대한 보상적인 성격을 가지고 있다. 천도에 대한 논란은 지속적으로 제기되었으며, 성왕은 사비 천도를 단행하기 위한 민심 수습 차원에서 대통사지를 웅진에 건립한 것이다. 이를 통해 대통사지의 건립이 사비 천도를 결정한 구체적인 시기였음을 알 수 있었다.

사비 천도의 배경은 웅진 정도의 한계점에서 비롯된 것은 분명하다. 사비 지역의 개발과 방어망의 구축은 천도의 장점과 단점을 보완한 조치였다. 이러한 점에서 본다면 사비 천도는 결정 이전부터 끊임없이 제기되었고, 이 무렵 공감대를 형성하여 결정된 것임을 알 수 있다. 사씨와 목씨 등 지배층의 지지, 한결 가까워진 바닷길, 드넓은 공간과 생산기반 시설의 구축 등을 통해서 대세론으로 확장되고, 지배층의 동의를 구할 수 있었던 것이다. 남부여로의 나라 이름 개칭은 새로운 국가 건설에 준하는 대역사이면서 한편으로 부여족의 영광을 재현하자는 의지의 다짐이었다. 이처럼 성왕이 지배층과 소통하면서 소외된 웅진 지역에 대한 배려도 사비 천도가 무난하게 단행할 수 있는 동력이 되었던 것이다. 아울러 사비 천도는 동성왕 때부터 관심을 갖는 등 현안 문제였으나 성왕 때 이르러서야 결정되었다는 것은 그만큼 천도 논의가 매우 어려웠음을 보여주는 좋은 사례라 할 수 있다.

참고문헌

1. 단행본

손영종, 1990,『고구려사』, 과학백과사전종합출판사.

과학백과출판사, 1991,『조선전사』3.

俞元載, 1997,『熊津百濟史硏究』, 주류성.

鄭載潤, 1999,『熊津時代 百濟 政治史의 展開와 그 特性』, 西江大學校 博士學位論文.

徐程錫, 2002,『百濟의 城郭 −熊津·泗沘時代를 中心으로』, 학연문화사.

이남석, 2002,『웅진시대의 백제고고학』, 서경.

이도학, 2003,『살아있는 백제사』, 휴머니스트.

문안식, 2006,『백제의 흥망과 전쟁』, 혜안.

윤선태, 2007,『목간이 들려주는 백제 이야기』, 주류성.

이남석, 2007,『百濟文化의 理解』, 서경문화사.

李勳, 2010,『金銅冠을 통해 본 4~5世紀 百濟의 地方統治』, 公州大學校 博士學位論文.

2. 보고서

안승주·이남석, 1987,『公山城內 百濟推定王宮址發掘調査報告書』, 공주사대박물관.

국립부여문화재연구소, 1995,『부소산성−발굴조사중간보고』.

공주대학교 박물관·공주시, 1998,『제·라 회맹지 취리산』.

이훈, 1998,『公州 山城洞住宅敷地調査, 各地試掘調査報告』, 공주대학교 박물관.

朴淳發·成正鏞, 2000,『百濟泗沘羅城Ⅱ −整備復元을 위한 東羅城區間 斷面切開調査−』, 忠南大學校百濟硏究所·扶餘郡.

이남석·서정석, 2000,『大通寺址』, 公州大學校博物館.

朴淳發·董寶璟·山本孝文, 2002,『百濟泗沘羅城Ⅲ』, 忠南大學校百濟硏究所.

朴淳發 外, 2003,『泗沘都城 −陵山里 및 軍守里地點 發掘調査 報告書−』, 忠南大學校百濟硏究所·大田地方國土管理廳.

이남석, 2010,『공주 공산성』, 공주시·공주대학교박물관.

심상육·성현화, 2013,『부여나성−북나성Ⅰ』, 부여군문화재보존센터.

심상육·성현화·김태익, 2013,『부여나성−북나성Ⅱ』, 백제고도문화재단.

심상육·성현화·김태익, 2014,『부여나성−북나성Ⅲ』, 백제고도문화재단.

심상육·성현화, 2017,『부여나성−북나성Ⅶ』, 백제고도문화재단·부여군.

3. 논문

金永培, 1968,「熊川과 泗沘城時代의 百濟 王宮址에 대한 考察」『百濟文化』2.

강인구, 1971, 「부여 정동리 출토의 묘용전」『考古美術』110.

盧重國, 1978, 「百濟王室의 南遷과 支配勢力의 變遷」『韓國史論』4, 서울대학교.

金龍善, 1980, 「高句麗 琉璃王考」『歷史學報』87.

成周鐸, 1980, 「百濟 熊津城과 泗沘城研究」『百濟研究』11.

申瀅植, 1981, 「巡幸를 통해 본 三國時代의 王」『韓國學報』25.

成周鐸, 1982, 「百濟泗沘都城 研究」『百濟研究』13.

李基白, 1982, 「熊津時代 百濟의 貴族勢力」『百濟研究』特輯號.

俞元載, 1986, 「熊津都城의 防備體制에 對하여 -周邊의 山城分布를 中心으로-」『忠南史學』1, 충남대학교 사학회.

成周鐸, 1988, 「百濟都城築造의 發展過程에 대한 考察」『百濟研究』11.

安承周, 1988, 「百濟 都城(熊津城)에 대하여」『百濟研究』1 9.

金誠龜, 1990, 「부여의 백제요지와 출토 유물에 대하여」『百濟研究』21.

田中俊明, 1990, 「왕도로서의 사비성에 대한 예비적 고찰」『百濟研究』21.

盧重國, 1991, 「百濟 武寧王代의 集權力 强化와 經濟基盤의 擴大」『百濟文化』21.

俞元載, 1992, 「百濟 湯井城 研究」『百濟論叢』3, 百濟文化開發研究院.

김종만, 1994, 「扶餘地方出土 도가니」『考古學誌』6.

尹武炳, 1994, 「百濟王都 泗沘城 研究」『學術院研究論文集 인문사회과학편』33.

박순발, 1996, 「백제 도성의 변천과 특징」『중산정덕기박사화갑기념한국사학논총』.

沈正輔, 1996, 「百濟 泗沘都城의 城郭 築造時期에 대한 考察」『考古歷史學誌』11 · 12, 東亞大學校博物館.

俞元載, 1996, 「百濟 加林城 研究」『百濟論叢』.

서오선, 1997, 「遷都以前의 熊津地域文化」『百濟文化』26.

李南奭, 1997, 「熊津地域 百濟遺蹟의 存在意味 -百濟의 熊津遷都와 關聯하여-」『百濟文化』26.

鄭載潤, 1997, 「東城王 23年 政變과 武寧王의 執權」『韓國史研究』99 · 100.

金榮官, 2000, 「百濟의 熊津遷都 背景과 漢城經營」『忠北史學』11 · 12.

沈正輔, 2000, 「백제 사비도성의 축조시기에 대하여」『사비도성과 백제의 성곽』.

김수태, 2001, 「熊津城의 變遷」『百濟文化』30.

박현숙, 2001, 「熊津 遷都와 熊津城」『百濟文化』30.

尹琇姬, 2001, 「百濟 泗沘遷都의 背景과 性格」『三國時代研究』, 학연문화사.

鄭載潤, 2001, 「熊津時代 百濟와 新羅의 關係에 대한 考察 -羅濟同盟에 대한 비판적 검토-」『湖西考古學』4 · 5.

田中俊明, 2002, 「百濟都城と公山城」『百濟文化』31.

趙景徹, 2002, 「百濟 聖王 大通寺 창건의 사상적 배경」『國史館論叢』98, 국사편찬위원회.

朴淳發, 2003, 「熊津 遷都 背景과 泗沘都城 造成 過程」『백제도성의 변천과 연구상의 문제점』, 서경문화사.

이도학, 2003, 「백제 사비 천도의 재검토」『東國史學』39.

김수태, 2004, 「백제의 천도」『韓國古代史研究』36.

近藤浩一, 2004, 「扶餘 陵山里 羅城築造 木簡의 研究」『百濟研究』39.

姜種元, 2005, 「百濟 泗沘都城의 經營과 王權」『古代 都市와 王權』, 서경문화사.

양기석, 2007, 「백제의 사비천도와 그 배경」『백제와 금강』, 백제학회.

이병호, 2007, 「부여 정림사지의 창건과 도성내 위상」『백제와 금강』.

정재윤, 2007, 「집권 기반의 확립과 영토 확장」『熊津都邑期의 百濟』, 충청남도역사문화연구원.

趙景徹, 2007, 「백제 웅진 大通寺와 大通信仰」『百濟文化』36.

鄭載潤, 2008, 「백제의 부여 계승의식과 그 의미」『부여사와 그 주변』, 동북아역사재단.

고소진, 2010, 「백제 성왕대 사비천도와 도성」『啓明史學』21.

이남석, 2010, 「고고학자료를 통한 백제 사비천도의 재인식」『百濟文化』43.

李勳, 2010, 『金銅冠을 통해 본 4~5世紀 百濟의 地方統治』, 公州大學校 博士學位論文.

이도학, 2012, 「백제 사비도성과 정림사」『白山學報』94.

鄭載潤, 2012, 「백제의 웅진 천도와 송산리 고분군 형성의 역사적 배경」『宋山里 古墳群 基礎資料集』, 국립공주박물 관.

정재윤, 2012, 「백제 동성왕대 웅진지역의 동향」『공주 단지리 횡혈묘에 나타난 백제의 국제성 발표요지문』, (재)충청 문화재연구원.

朴淳發, 2013, 「百濟 都城의 始末」『중앙고고연구』13.

이남석, 2014, 「사비도성의 경관과 나성의 축조배경」『百濟文化』50.

김영관, 2017, 「백제 웅진천도의 역사적 배경, 백제」『백제, 한성에서 웅진으로』, 한성백제박물관.

박순발, 2017, 「백제의 정도(定都)와 천도(遷都)」『백제, 한성에서 웅진으로』, 한성백제박물관.

여호규, 2017, 「백제 웅진 도성의 구조와 성격」『백제, 한성에서 웅진으로』, 한성백제박물관.

이훈, 2017, 「백제 웅진천도 이후 정황과 공주의 위상」『백제, 한성에서 웅진으로』, 한성백제박물관.

제1부 제4장

흑치상지와 백제부흥운동
-재검토의 필요성-

양종국
(공주대학교 사학과)

Ⅰ. 서언
Ⅱ. 흑치상지의 역사적 위상
Ⅲ. 흑치상지의 출생과 흑치지방

Ⅳ. 임존성과 백제부흥운동
Ⅴ. 흑치상지의 항복과 웅진도독부
Ⅵ. 결어

Ⅰ. 서언

사학에서 주관적 판단, 과장된 해석, 견강부회, 성급한 결론 등이 피해야 할 경계대상 1호이고, 반대로 사료에 근거한 객관적 판단, 시대상황에 맞는 합리적 해석, 부화뇌동하지 않는 치밀한 자세와 신중한 결론 등이 반드시 지켜야 할 덕목임을 모르는 연구자는 없을 것이다. 역사가라면 당연히 개인적으로 지닐 수 있는 여러 가지 한계를 극복하고 공정한 태도로 역사를 대하려 노력하지 않으면 안 된다. 모든 역사가가 이러한 역사학연구방법론을 공유하고 있으리라고 보는데, 그럼에도 역사가 개인 개인의 연구내용을 보면 심한 경우 같은 주제에서 정반대의 결론을 내놓고 서로 대립하는 혼란스러운 모습까지 눈에 띈다.

흑치상지(黑齒常之)와 백제부흥운동을 다루는 백제사 분야의 연구 역시 여기에서 자유롭지 못하다. 백제멸망 시기 우리나라와 중국에서 두각을 나타냈던 인물 흑치상지와 그 흑치상지로부터 시작된 백제부흥운동을 둘러싸고 많은 논의가 이루어지다 보니, 그 과정에서 연구자들 사이에 적지 않은 견해 차이들이 나타나게 된 것이다. 특히 백제부흥운동 과정에서 흑치상지가 보여준 모습에 대해서는 일찍이 단재 신채호 선생 이래로 조국과 동료를 배신한 변절자라는 부정적인 평가가 이어져 온 가운데,[1] 그러한 시각에서 벗어나 좀 더 긍정적으로, 그리고 다각도로 그의 행동을 분석해 볼 필요가 있다는 주장 역시 있어 왔다.[2]

따라서 흑치상지는 물론 그와 관련된 백제부흥운동을 보다 올바로 이해하기 위해서는 아직도 의견이 엇갈리는 부분들에 대한 원인분석과 재검토가 이루어져야 할 필요가 있다. 연구과정에서 나타난 문제점들을 비교하고 검토하는 일은 그 문제 자체의 이해는 물론이고, 이후 연구자들이 이를 기반으로 한 단계 더 진일보한 연구를 하도록 도움을 주기도 한다는 점에서 의미가 크다. 필자가 흑치상지와 백제부흥운동에 대한 재검토의 필요성을 제기하는 이유는 바로 여기에 있다.

II. 흑치상지의 역사적 위상

백제사에서 연구자들이 흑치상지를 주목하는 까닭은 그의 역사적인 위상이 그만큼 높기 때문이다. 우리나라의 역사서 『삼국사기(三國史記)』 열전에는 백제인이 세 사람 나온다. 흑치상지, 계백, 도미가 그 주인공이다. 세 사람의 열전 모두 불행한 삶의 흔적이 담긴 비교적 짧은 내용들을 소개하고 있지만, 흑치상지의 경우 무인으로서의 뛰어난 능력과 부하들을 대하는 따뜻한 마음을 강조한 부분은 눈길을 끈다.

흑치상지는 『삼국사기』에 앞서 중국 역사서인 『구당서(舊唐書)』와 『신당서(新唐書)』의 열전에 이미 이

---

1 신채호, 1979, 「조선상고사」『단재신채호전집』 상, 형설출판사, 349~354쪽; 노중국, 2003, 『백제부흥운동사』, 일조각, 288쪽; 노중국, 2005, 『백제부흥운동 이야기』, 주류성, 289쪽; 강종원, 2003, 「百濟 黑齒家의 成立과 黑齒常之」『百濟研究』 38, 135쪽.

2 이도학, 1996, 『백제장군 흑치상지 평전 −한 무장의 비장한 생애에 대한 변명−』, 주류성, 174쪽; 지배선, 2006, 『고구려 · 백제 유민 이야기』, 혜안, 364쪽.

름이 들어있다. 우리나라와 중국의 역사서 모두에 열전을 가지고 있는 것이다.[3] 흑치상지가 이렇게 주목을 받은 이유는 그의 특별한 삶의 궤적과 그가 이루어 놓은 많은 업적들 때문이다. 게다가 중국에서 흑치상지와 그 아들(長子) 흑치준의 묘지명, 또 딸(中女)의 남편, 즉 흑치상지 사위인 물부순장군(勿部珣將軍)의 공덕기(功德記) 등이 발견됨에 따라 흑치상지에 대한 정보는 더욱 풍부해졌다.[4] 연구자들이 그에게 더 많은 관심을 갖게 된 것은 당연하다.

흑치상지의 활동은 크게 백제부흥운동 시기 백제지역에서의 활동과 백제가 멸망한 뒤 중국에서의 활동이라는 시간과 공간을 달리하는 두 시기로 나눌 수 있다. 그만큼 파란만장한 삶을 살 수밖에 없었던 인물이 흑치상지다.

측천무후가 그를 연국공(燕國公)과 식읍(食邑) 3천호에 봉한 사실만으로도 흑치상지가 군사적으로는 상당한 성취를 이룬 인물이었음을 알 수 있다. 그러나 개인적인 삶은 불행한 정치역정의 주인공이기도 했다. 백제지역에서는 백제부흥운동 과정에서 과거의 동료를 적으로 돌리고 공격하지 않으면 안 되는 상황에 놓였었고, 중국에서는 수많은 전공을 세웠음에도 모함을 당해 끝내는 감옥에서 삶을 마감한 비운의 당사자였다. 물론 죽은 지 9년 만에 아들 흑치준의 노력으로 누명을 벗고 역사서의 열전에 이름이 오를 만큼 명예를 회복했으며, 후손들은 이후에도 당나라의 지배층에 합류해 대접을 받으며 생활한 것으로 나타나고 있다. 파란만장하기는 했지만 그의 삶이 헛되지 않았던 것은 분명하다.

여러 학자들이 흑치상지가 토번과 돌궐과의 전쟁을 승리로 이끌고 서경업(徐敬業)의 반란을 평정하며 승승장구하다가 감옥에서 생을 마감한 당나라에서의 활동내용에 대해 소개하고 있다.[5] 그중에는 영웅주의적인 시각에서 흑치상지를 들여다보는 모습도 눈에 띄는데, 비장했던 그의 생애와 그가 이룬 성취를 생각하면 그 정도 평가는 나올 수 있다고 본다. 이러한 이유로 흑치상지의 중국에서의 활동과 그에 대한 연구자들의 평가에서 문제점을 찾고 싶은 생각은 없다. 그러나 백제부흥운동 시기 백제지역에서의 활동과 관련해서는 재검토를 필요로 하는 부분이 있다.

흑치상지는 당나라에 두 번 항복했다. 한 번은 사비도성이 함락당하고 5일 뒤 의자왕의 항복 대

3　『三國史記』卷44, 列傳4, 黑齒常之 ; 『舊唐書』卷109, 列傳59, 黑齒常之 ; 『新唐書』卷110, 列傳35, 黑齒常之.

4　흑치상지 묘지명에 관한 검토는 李文基, 1991, 「百濟 黑齒常之 父子 墓誌銘의 檢討」『韓國學報』64 ; 李道學, 1991, 「百濟 黑齒常之墓誌銘의 檢討」『鄕土文化』6 ; 이도학, 1996, 앞의 책, 254~259쪽(물부순장군 공덕기에 대한 소개).

5　이도학, 1996, 앞의 책 ; 지배선, 2006, 앞의 책 ; 충청남도역사문화연구원, 2007, 『百濟 遺民들의 活動』 ; 金榮官, 2012, 「百濟 遺民들의 唐 移住와 活動」『한국사연구』158.

열에 스스로 동참했다가 당나라 군대의 만행을 목격하고는 도망하여 백제부흥운동을 일으켰고, 또한 번은 부여풍 중심의 백제부흥운동군을 지원하려고 일본에서 건너온 왜군의 함대가 백촌강구 전투에서 당나라에게 대패당하고 주류성이 함락된 뒤 당 고종의 회유에 응해 항복하고는 임존성에서 동료였던 지수신 군대를 공격해 격파했다.

흑치상지가 보여준 이 두 번의 항복사건과 관련되어 있으면서 연구자들 사이에 정반대의 해석을 낳고 있어서 재검토를 필요로 하는 문제 가운데 여기에서는 태자 융 및 의자왕의 항복과 관련된 문제를 검토해 보고, 백제부흥운동 과정에서 태도를 바꾸어 당나라에 다시 항복한 뒤 임존성의 지수신 군대를 공격하게 된 문제에 대해서는 뒤의 Ⅴ장에서 살펴보겠다.

『구당서』와 『신당서』의 흑치상지전에는 소정방이 백제를 평정하자 흑치상지가 부하들을 거느리고 항복했다가 소정방이 늙은 왕을 가두고 병사들이 마음대로 약탈하게 놓아두자 두려워하여 좌우의 추장 10여 명과 함께 본부(本部=任存山)로 도망가서는 스스로를 지키며 저항했다는 내용이 들어있다. 이 부분을 다루는 『자치통감』의 기록에서는 흑치상지가 부하들을 거느리고 무리(衆)를 따라 항복했다고 나온다.[6] 무리를 따라 항복했다는 『자치통감』의 기록을 볼 때, 흑치상지는 자신의 결정에 의해 항복한 것이 아니라 의자왕을 비롯한 많은 사람들의 항복대열에 참여했다가 당나라 군대의 만행을 목격하고는 태도를 바꾸어 백제부흥운동에 뛰어들었음을 알 수 있다.

그리고 의자왕의 항복과 관련해서는 『삼국사기』 백제본기에 왕 및 태자 효(孝)와 여러 성(城)이 모두 항복했다고 간단히 소개하고 있고, 신라본기에는 7월 13일 웅진성으로 피신했던 의자왕이 7월 18일 태자 및 웅진방령군 등을 거느리고(率) 웅진성에서 나와 항복했다고 나온다.[7] 이에 비해 『구당서』 소정방전에는 그 대장 예식(禰植)이 의자왕을 안내하여(將) 항복했으며 태자 융(隆)도 여러 성주(城主)들과 함께 모두 정성을 보냈다고 했고, 『신당서』 소정방전에는 그 장군 예식이 의자왕과 더불어 항복했으며 융 및 여러 성이 정성을 보냈다고 좀 더 간략히 기록해 놓고 있다.[8] 최근 중국에서 백제 유민 예씨(禰氏) 가족의 묘지명이 발견되었는데, 그 가운데 「예인수묘지명(禰仁秀墓誌銘)」에서는 예식진(禰寔進)이 의자왕을 인도해(引) 항복했다는 사실을 밝히고 있어서 예식(禰植)과 예식진이 동일 인물임을 알게 해주고도 있다.[9]

---

6 『舊唐書』 卷109, 列傳59, 黑齒常之; 『新唐書』 卷110, 列傳35, 黑齒常之; 『資治通鑑』 卷201, 唐紀17, 高宗中之上, 龍朔 3年 9月 戊午.

7 『三國史記』 卷28, 百濟本紀6, 義慈王, 卷5, 新羅本紀5, 太宗武烈王.

8 『舊唐書』 卷83, 列傳33, 蘇定方; 『新唐書』 卷111, 列傳36, 蘇定方.

9 金榮官, 2012, 「中國 發見 百濟 流民 禰氏 家族 墓誌銘 檢討」 『新羅史學報』 24.

흑치상지나 의자왕의 항복과 관련된 이상과 같은 역사기록에서 연구자들 사이에 의견 차이를 불러일으키고 있는 첫 번째 문제로 당시 의자왕의 태자가 효(孝)인가 융(隆)인가 하는 내용부터 언급해보겠다.

효 태자설은『삼국사기』백제본기의 "태자 효(孝)"라는 짤막한 기사에 진실이 반영되어있으리라는 판단에서 나온 것이다. 그런데 백제가 멸망하고 500년 정도 지나서 편찬된『삼국사기』백제본기 외에는 효를 태자로 소개한 다른 예를 찾을 수 없다. 이에 비해「대당평백제국비명(大唐平百濟國碑銘)」이나『천지서상지(天地瑞祥志)』,『일본서기(日本書紀)』,『구당서』등에서는 하나같이 융(隆)을 태자로 내세우고 있다. 더구나『삼국사기』보다 140년 정도 더 뒤에 나온『삼국유사(三國遺事)』에서는 태자를 융으로 소개하며 효를 태자라고 한 것은 오류라고 하여『삼국사기』의 잘못을 지적하고도 있다.[10]

태자를 효로 기록한『삼국사기』백제본기와 태자를 융으로 소개한「대당평백제국비명」이나『천지서상지』,『일본서기』,『구당서』등의 내용은 의자왕의 항복이라는 같은 사건을 설명하는 동일한 성격의 사료에서 나오는 기사다. 그러니 어느 한쪽은 잘못된 것이 분명하다.

효를 태자로 소개한 것은『삼국사기』백제본기 하나뿐이다. 이에 비해「대당평백제국비명」과 같은 비문(碑文)이나 중국과 일본에서 편찬된 각종 문헌기록들은 한결같이 융을 태자로 거론하고 있다. 뿐만이 아니라 이들 사료의 작성 시기나 작성자를 보아도 백제멸망 당시 그것도『일본서기』의 경우는 의자왕의 항복식 현장을 당나라에서 직접 목격한 일본사신의 경험담까지 소개하고 있다. 양적으로나 질적으로나 이들 사료의 내용이 백제가 멸망하고 500년 정도 뒤에 집필된『삼국사기』백제본기의 짧은 기사 하나보다 사료의 가치나 신뢰도 면에서 앞서는 것은 당연하다. 그러므로 융을 태자로 소개하며 태자 효설의 잘못을 지적한『삼국유사』의 기록은 역사의 진실을 밝혀준 것으로 보아도 무리가 없을 것 같다.

두 번째 문제로 지적하고 싶은 것은 의자왕의 항복에 대한 연구자들의 해석이다.

『삼국사기』의 백제본기와 신라본기에서는 의자왕, 태자, 여러 성, 웅진방령군 등이 항복했다는 사실을 간단히 소개한 것에 비해『구당서』와『신당서』의 소정방전에서는 대장 예식이 의자왕과 더불어 항복했다는 내용에 이어서 태자 융도 여러 성주들과 함께 항복했다거나 융 및 여러 성이 항복했다고 나온다. 기록의 순서로 보면 의자왕이 항복하자 태자와 여러 성들이 그 뒤를 따라 항복했다는 것으로도 해석할 수 있지만, 선후관계가 분명하게 드러나 있지 않은 나열식 기록이기 때문에 단정

---

10 충청남도역사문화연구원, 2008,『百濟史資料譯註集 −韓國篇Ⅰ−』;『天地瑞祥志』卷20, 盟誓條;『日本書紀』卷26, 齊明天皇 6年 秋7月 庚子朔 乙卯;『舊唐書』卷83, 列傳33, 蘇定方;『三國遺事』卷1, 紀異1, 大(太)宗 春秋公.

하기는 어렵다. 그래도 의자왕과 함께 또는 의자왕의 뒤를 이어서 태자인 부여융과 백제의 많은 성주들이 항복했다는 사실은 의심의 여지가 없다.

흑치상지 역시 의자왕보다 먼저 항복했을 리는 없다. 실제로 『자치통감』에는 흑치상지가 부하들을 거느리고 무리를 따라 항복했다는 기사가 나온다. 그 또한 항복한 여러 성주들 대열에 참여했다는 것인데, 『구당서』와 『신당서』의 소정방전을 보면 이 때 태자 융이 여러 성주들과 함께 항복했다고 한다. 흑치상지도 항복 과정에서 태자 융과 연결되어 있었다고 보아야 하겠다.

그런데 사실 이 두 번째 문제에서 주목해야 할 대상은 흑치상지보다 예식이다. 의자왕의 항복과 관련해서는 두 종류의 기록이 눈길을 끈다. 하나는 의자왕이 7월 18일 태자 및 웅진방령군 등을 거느리고(率) 웅진성에서 나와 항복했다는 『삼국사기』 신라본기의 기록이다.[11] 다른 하나는 대장 예식 또는 예식진이 의자왕을 인도하여(將, 引) 항복했다는 『구당서』 소정방전이나 「예인수묘지명」의 기록이다.[12]

이들 기록을 가지고 연구자들은 정반대의 두 가지 해석을 내놓고 있다. 하나는 의자왕 스스로가 백제의 앞날을 위해 항복을 결정했다는 것이다. 다시 말해 의자왕의 항복은 국가의 몰락이 아니라 의자왕 자신의 희생을 통해 불가항력적인 전쟁의 피해를 최소화시키거나 혹은 당군의 철수를 담보로 당과 새로운 관계개선을 도모한 것이라는 견해.[13] 또 하나는 사비도성이 함락되는 등 형세가 위급해지자 웅진성에서 내분이 일어나 예식이 의자왕을 포로로 사로잡아 항복했다는 주장이다.[14] 하나의 사건을 상반된 시각으로 보고 있으니, 어느 한 쪽은 잘못된 것이 분명하다.

의자왕의 항복이 스스로의 선택이었는지, 아니면 예식의 포로가 되어 사비도성까지 끌려간 것인지, 과연 어느 쪽 주장이 역사사실에 부합할까? 이에 대한 답을 찾으려면 무엇보다도 먼저 의자왕이 항복할 당시의 시대상황에 대한 정확한 인식과 관련 사료들에 대한 치밀한 분석이 선행되어야 한다. 이러한 준비가 미흡한 상태에서 연구자의 의욕이 앞서면 자칫 섣부른 판단, 역사사실과 맞지 않는 주장으로 혼란만 부추기는 병폐를 낳을 수도 있다.

의자왕의 항복에 대한 연구자들의 견해 차이에 대해 좀 더 자세히 검토해 보겠다.

의자왕이 태자 및 웅진방령군 등을 거느리고 항복했다는 『삼국사기』 신라본기의 기록을 보면, 거

---

11 『三國史記』 卷28, 百濟本紀6, 義慈王; 卷5, 新羅本紀5, 太宗武烈王.

12 『舊唐書』 卷83, 列傳33, 蘇定方; 김영관, 2012, 앞의 논문, 『新羅史學報』 24 참조.

13 이도학, 1996, 앞의 책, 98~99쪽; 양종국, 2004, 『백제 멸망의 진실』, 주류성, 87~90쪽.

14 노중국, 2003, 앞의 책, 57쪽; 김영관, 2005, 『百濟復興運動硏究』, 서경, 40~41쪽; 이희진, 2011, 『의자왕을 고백하다 -의자왕과 계백, 진실은 무엇인가?-』, 도서출판 가람기획, 90~97쪽.

느릴 솔(率)자를 써서 의자왕 스스로가 사람들을 거느리고 항복했다고 나온다. 이에 비해 웅진성에서 내분이 일어났고 예식이 의자왕을 포로로 잡아서 사비도성으로 끌고 갔다는 내용은 어떤 사료에서도 찾아볼 수 없다. 역사가가 사료에 있는 내용을 무시하고 사료에 없는 주장을 하려면 그만큼 충분한 근거 제시와 가능성을 보여주는 설명으로 사람들을 설득할 수 있어야 한다. 그렇지 못하면 또 다른 역사왜곡만 불러일으킬 수 있는데, 의자왕의 항복에 대한 연구내용들 가운데에서도 이러한 위험성이 감지된다.

웅진성에서 내분이 발생했다거나 예식이 의자왕을 포로로 잡아서 항복했다는 해석을 뒷받침해줄 사료는 없다. 뿐만 아니라 이러한 해석과 의자왕 항복 이후의 상황을 소개하고 있는 각종 사료의 내용들과는 조화를 이루기보다 서로 충돌하고 모순을 일으키는 부자연스러움이 강하게 나타난다. 또 이 해석을 따르면 예식 혹은 예식진이라는 한 인간은 국가적인 위기상황 앞에서 자신의 왕을 포로로 잡아 적에게 넘겨준 반역자로 낙인찍히는 결과까지 가져온다. 잘못하면 사실과 다른 억울한 누명을 씌울 수도 있는 것이다.

더 나아가 당나라는 그러한 반역자와 그의 가족들만이 아니라 그 반역자에게 포로로 잡혀온 문제의 원흉 의자왕과 태자 융을 비롯한 왕족 및 관료들까지 모두 용서하고 우대하며 함께 살도록 해주었다는 납득하기 어려운 결론에 다다른다. 그래서 당시 동아시아 국제질서의 조정자로 자임하며 정의와 명분을 내세우던 당나라 황제의 위상을 우습게 만드는 결과를 초래하기도 한다.

이렇게 곳곳에서 많은 문제점에 봉착할 수 있는 해석이 나오게 된 배경은 생각 밖으로 단순하다. 소정방은 조건부 항복을 받아줄 리가 없고, 이를 잘 아는 의자왕도 스스로 항복할 리가 없으므로 위기극복을 위해 예식이 의자왕을 포로로 사로잡아 항복했다는 것이다. 그리고 이 해석의 근거로 대장 예식이 의자왕을 거느리고(將) 항복했다는 『구당서』 소정방전이나 예식진이 의자왕을 이끌고(引) 항복했다는 「예인수묘지명」의 내용을 지적한다. 그러나 거느릴 장(將)이나 이끌 인(引)은 포로로 잡아서 끌고 갔다기보다 앞에서 인솔해 갔다는 의미로 받아들여야 더 자연스러운 글자들이다.

그렇다면 의자왕이 스스로 항복했다는 해석의 경우는 어떨까? 『삼국사기』 신라본기에 보이는 거느릴 솔(率)은 물론이고 다른 관련 사료들 모두 의자왕의 항복을 본인의 선택으로 해석해야 이해가 되는 내용들로 채워져 있다. 예식이 의자왕을 포로로 잡아가서 항복했다면 과연 태자 융과 여러 성주들, 그리고 흑치상지가 이 항복대열에 동참했을까? 처음에 항복했다가 소정방이 의자왕을 핍박하는 모습을 보고 다시 도망하여 소정방 군대와 싸운 인물이 흑치상지다. 태자 융과 흑치상지를 비롯한 여러 성주들이 의자왕과 함께 항복했다는 것 자체가 의자왕의 항복이 스스로의 결단이었고, 많은 사람들이 그 결단에 따랐다는 방증이라고 보아야 자연스럽다.

예식의 행동 역시 이러한 선상에서 이해해야 하리라고 본다. 당나라가 백제의 영토를 차지하려는 욕심으로 소정방 군대를 파견했다는 일부 연구자들의 주장도 있지만, 이는 당시의 전쟁 성격을 제대로 파악하지 못한 편견이라고 할 수 있다. 당나라가 백제를 점령한 목적은 취리산의 맹약문 내용에 잘 나타나 있다. 당과 외교관계를 단절하고 독자적인 정치노선을 고집해 중국 입장에서는 국제적인 문제아로 떠오른 의자왕을 몰아내고 백제에 친당(親唐) 정권을 수립해 중국 중심의 국제질서를 바로 세우려는 것이 당나라가 백제를 점령한 근본적인 이유였음을 취리산 맹약문은 잘 보여준다. 전(前) 백제태자 부여융을 웅진도독으로 삼아 그 제사(宗廟)를 지키고 영토(桑梓)를 보존하며 신라와는 화친하고 황제의 명령(詔命)을 받들면서 영원히 중국을 섬기는 나라(藩服)가 되도록 한다고 밝힌 내용이 그것이다.[15]

따라서 이러한 사실을 의자왕도 잘 알고 있었기 때문에 위급한 백제를 구하려는 자기희생적 차원에서 왕의 자리까지를 포함한 모든 미련을 버리고 스스로 항복을 선택했다고 받아들여도 큰 무리가 없다. 물론 항복에 앞서 웅진성에서는 의자왕 중심의 어전회의가 열렸을 것이고, 그 회의에서 다양한 논의가 이루어졌을 것이다. 예식은 이 어전회의에서 의자왕이 항복을 결정하고 그것을 실행에 옮길 때 의자왕을 보좌하며 소정방 군대가 있는 사비도성까지 왕을 안전하게 호송하는 중요한 역할을 했고, 그로 인해 『구당서』 소정방전이나 「예인수묘지명」에 그 내용이 소개되었다고 해석하는 것이 다른 어떤 해석보다 설득력을 가질 수 있다고 본다.

Ⅲ. 흑치상지의 출생과 흑치지방

흑치상지의 성(姓)인 흑치, 즉 검은 이빨이라는 뜻의 흑치는 역사를 연구하는 역사가는 물론이고 일반인들에게도 상상의 날개를 펴도록 해준 흥미로운 단어다. 「흑치상지묘지명」에는 흑치라는 성씨의 유래에 대한 설명이 보인다. 그 선조(先)는 부여씨(扶餘氏)로부터 나왔는데, 흑치(黑齒)에 봉(封)해져서 자손은 이로 인해 성씨(氏)로 삼았다는 내용이다. 원래는 백제의 왕족인 부여씨였지만 흑치지방에 봉해진 결과 자손들은 흑치를 성씨로 삼게 되었다는 것이다.

또 그의 가문에 대해서는 중국 관제(官制)로 볼 때 2품(品)의 병부상서에 해당하는 달솔(達率)을 대대로 계승했고, 그래서 흑치상지도 20세가 되기 전(未弱官) 가문의 신분(地籍)에 따라 달솔이 되었다고 한다. 백제의 고급 귀족가문 출신답게 소학(小學)에서 공부하던 어린 나이에 이

---

15 양종국, 2006, 『中國 史料로 보는 百濟』, 서경, 177~180쪽.

미 『춘추좌씨전』, 『사기』, 『한서』를 읽었다는 내용도 들어있다. 이러한 흑치상지의 가계도는 증조부 이름이 문대(文大), 조부 이름이 덕현(德顯), 부(父)의 이름이 사차(沙次)이고, 모두 달솔의 관직에까지 이르렀다고 나온다. 그런데 그의 아들인 「흑치준묘지명」을 보면 증조부는 가해(加亥), 조부는 사자(沙子), 부는 상지(常之)라고 하여 덕현이 가해로, 사차가 사자로 바뀌어 나타난다.[16] 사료에 따라 이름이 달라지는 예는 「예인수묘지명」의 예식진이 『구당서』나 『신당서』 소정방전에서는 예식으로 나오듯이 흑치상지 가계만의 현상이 아니다.

사람들이 각종 기록물을 만들어 폐기하지 않고 그 모두를 오래도록 간직하기는 쉽지 않다. 조상에 대한 정보를 후손들에게 전해주는 족보가 있다면 모를까 그것이 없는 상태에서는 인간의 기억력에 한계나 착오가 있을 수밖에 없기 때문에 시간이 흐르면서 사실관계가 변형될 가능성은 늘 존재한다. 흑치상지와 흑치준의 묘지명에 나오는 조상의 이름 및 그들이 역임했다는 관직명이 다르게 나타나는 이유도 그래서 이해가 간다.[17]

그러면 흑치상지의 출생과 관련하여 연구자들 사이에서 많은 관심과 함께 적지 않은 의견 차이를 불러일으키고 있는 흑치지방 문제를 살펴보겠다.

가문과 개인의 업적을 기념하고 자랑하며 후세에 전하기 위한 목적으로 만들어지는 묘지명에는 일정부분 과장이나 수식이 들어가기 마련이므로 사료의 신뢰도라는 측면에서 그 내용을 다룰 때는 신중한 태도를 가질 필요가 있다.

흑치라는 성씨의 유래에 대한 「흑치상지묘지명」의 기사는 크게 두 방향으로 이해될 수 있을 것 같다.

하나는 그 성씨가 출현하게 된 역사적인 사실 자체를 강조하기 위함이라기보다 자신들의 성씨의 위상을 높여 존재감을 인정받으려는 의도성이 담긴 기사일 수 있다는 것이다. 다시 말해 묘지명 편찬자의 숨은 의도를 이해하는데 초점을 맞추어야지, 내용 그대로를 역사사실로 받아들이기는 어려운 기사라는 것이다.

중국에서는 흑치라는 지명이 『산해경(山海經)』과 같은 아주 오래 된 문헌부터 『관자(管子)』, 『회남자(淮南子)』를 비롯해 『삼국지(三國志)』 왜인(倭人)조나 『신당서』 남만(南蠻)전 등의 역사서에서도 나타난다. 그리고 그 위치를 동남아시아의 필리핀 일원으로 보는 견해도 이미 나와 있다.[18] 그러나 백제의 경

---

16 흑치상지와 흑치준의 묘지명 내용은 양종국, 2006, 위의 책, 204~208쪽.

17 「흑치상지 묘지명」에서는 조상들이 모두 병부상서에 해당하는 달솔을 역임했다고 나오지만, 「흑치준 묘지명」에서는 증조부인 가해는 자사(刺史), 조부인 사자는 호부상서(戶部尙書)를 지냈다고 나온다.

18 이도학, 1996, 앞의 책, 37~52쪽, 40쪽.

우는 문헌에서도 현재의 지명에서도 흑치라는 이름이 보이지 않는다. 중국 문헌에만 보이고 백제 지역에서는 확인이 안 되는 흑치라는 명칭을 흑치상지 가문이 성씨로 삼고 있는 것이다. 만일 백제에 흑치라는 지명이 없는 상태에서 흑치라는 성씨가 우연히 등장한 것이라 해도, 흑치상지가 중국에서 활동할 때 주변의 중국인들 중에서는 이 흑치라는 성씨를 보고 중국문헌에 나타나는 흑치지방을 떠올리며 서로 연결시켜 이야기하는 사람이 있었을 수 있고, 중국에서 살 수밖에 없는 흑치상지나 그 가족들 또한 그러한 분위기를 큰 거부감 없이 받아들여 자신들의 중국에서의 존재감을 키우려 했을 가능성도 있다. 「흑치상지묘지명」이 중국에서 제작되었다는 것 자체가 그 가능성을 완전히 무시할 수 없게 만들기도 한다.

게다가 흑치씨가 본래는 부여씨였다는 묘지명의 내용 역시 석연치 않다. 부여씨는 백제 왕족의 성씨로 백제에서는 그 어떤 성씨보다 우위에 있는 최고의 성씨다. 이런 백제 최고의 성씨를 가지고 대대로 달솔이라는 2품관에 해당하는 관직을 계승해온 고급가문이 조상으로부터 물려받은 자신들의 성씨를 버리고 봉지(封地)의 지명을 따 새로운 성씨를 만들어 사용할 필요가 있었을까? 그것도 부여씨의 위상이 추락할 어떤 큰 일이 백제에서 발생한 것도 아닌 정상적인 상황에서 단지 조상이 흑치지방에 봉해졌다는 이유 때문에 자손들이 흑치로 성씨를 바꾸었다는 내용은 선뜻 납득이 가지 않는다.

그러므로 흑치라는 성씨의 유래에 대한 「흑치상지묘지명」의 내용 그대로를 역사사실로 받아들이기 어렵다는 해석이 나올 수 있다.

다른 하나는 「흑치상지묘지명」의 기사를 사실로 받아들이는 것이다. 현재 확인이 어렵기는 하지만 백제에 흑치라는 지명이 실재했고, 흑치상지의 조상 가운데 누군가가 그 지역에 봉해졌을 가능성도 배제할 수 없다. 혹은 동남아시아만이 아니라 중국에도 흑치라는 지역이 있고, 백제가 망한 뒤 중국에서 활동한 흑치상지가 그곳에 봉해졌을 수도 있다. 다소 무리한 해석이기는 하나 이미 백제가 패망해 부여씨의 위상이 많이 떨어진 만큼 자손들이 그러한 부여씨를 버리고 흑치상지가 봉해진 지역명칭을 따서 흑치를 새로운 성씨로 삼았다는 주장 역시 나올 법하다.

「흑치상지묘지명」의 흑치씨 유래에 대한 기사를 사실로 받아들이며, 그 흑치지방의 소재지를 밝히려고 노력해온 연구자들의 주장에 따르면 후보지는 동남아시아의 필리핀 지역, 중국의 광서장족자치구(廣西壯族自治區) 옹녕현(邕寧縣) 백제향(百濟鄕) 백제촌(百濟村) 백제허(百濟墟), 중국의 하북도(河北道) 창주(滄州) 속현인 부양군(浮陽郡), 우리나라의 충남 예산지역 등 네 곳으로 정리된다. 그 중에는 역사적 상상력의 범위를 뛰어넘어 사람들의 호기심을 자극하는 주장도 눈에 띈다.

동남아시아 필리핀 지역에서 흑치지방을 찾는 견해는 중국 문헌기록의 흑치가 필리핀 일원에 위치한다는 연구결과를 수용한 것이다. 백제의 해상활동 역량이 동남아시아 지역에까지 미칠 정도로 뛰어났다는 연구자의 판단이 이러한 주장을 가능하게 만들었다.[19] 문제는 흑치와 관련된 사료들이 백제가 아니라 모두 중국의 것이라는 점이다. 또 백제의 해상활동 능력이 아무리 뛰어났다고 해도 백제가 필리핀 지역까지를 영토로 삼고 관료를 파견하는 일이 실제로 가능했을까 라는 당연히 제기될 수 있는 의문을 제대로 해소시켜주지 못하는 것도 문제다. 오히려 의혹만 더 증폭시킬 뿐 앞에서 제시한 반대 논리, 즉 흑치상지가 중국에서 활동하면서 주변의 중국인이나 흑치상지 본인 또는 그 후손들이 중국 문헌의 흑치와 백제 성씨인 흑치를 연결시켰을 수 있다는 논리보다도 설득력이 떨어진다는 느낌을 지울 수 없다.

광서장족자치구 백제향 백제촌 백제허를 백제의 흑치지방으로 보는 견해도 마찬가지다. 현재 이곳에서는 백제라는 명칭이 많이 사용되고 있다. 또 전해오는 말로는 이 지역 사람들의 조상이 산동지방에서 왔고, 옛날에는 빈낭이란 열매를 씹어서 이빨이 검은 사람들이 많았다고 한다. 이를 근거로 삼아 이 지역이 『위서(魏書)』에 보이는 흑치국의 도읍지이면서 백제 흑치씨의 봉지(封地)일 가능성도 있다는 주장이 나오게 된 것이다.[20] 문제는 백제만 보이고 흑치라는 명칭은 보이지 않는 상황에서 현지 주민들의 전언(傳言)에만 의존하여 이 지역을 흑치국이나 흑치상지와 연결시키는 방법이 역사학연구방법론으로 볼 때는 매우 불완전하여 믿음을 주기 어렵다는 것이다. 사실 이 지역에서 사용하는 백제라는 용어도 우리나라 백제와 반드시 연결되어 있다고 말하기가 어렵다.

옹녕현(邕寧縣) 행정문서에는 백제향 백제촌의 정치·경제·문화 중심지인 백제허가 청나라 광서(光緖) 5년(1879)에 세워졌다는 설명과 함께 백(百)은 장어(壯語)로 구(口)를 뜻하고 제(濟)는 리두(犁頭)를 뜻하는데, 이곳의 지형이 리두구(犁頭口 : 얼룩소 머리와 입)를 닮아 이런 이름을 얻었다고 소개되어 있다.[21] 그렇다면 우리의 백제와 같은 백제라는 용어를 이 지역에서 사용하고 있는 것은 우연의 일치일 뿐 역사적인 배경은 다르다는 결론에 다다른다.

다만 역사 속에는 우리의 상상을 뛰어넘는 일들이 실제로 존재했을 수도 있다. 만일 이 지역의 백제라는 명칭이 우리나라 백제의 영향을 받은 것이라고 한다면, 그 가능성은 어디에서 찾을 수 있을까?

중국에서는 오지(奧地)에 해당하지만 중국의 영토가 분명하고 백제로부터는 너무 멀리 떨어진 이 지역을 백제의 흑치지방으로 보면서 백제 왕족인 흑치상지의 선조가 이곳에 분봉(分封)되어 흑치를

---

19 李道學, 1991, 앞의 논문; 1996, 앞의 책.
20 소진철, 2004, 「『魏書』의 黑齒國은 어디인가 —廣西百濟鄕은 黑齒國의 도읍지—」『白山學報』 68.
21 양종국, 2006, 『中國 史料로 보는 百濟』, 서경, 255쪽.

성씨로 삼게 되었다는 현실성이 낮은 주장을 받아들이기는 어렵다. 『자치통감(資治通鑑)』에는 당나라가 고구려를 정복한 뒤 논공행상 과정에서 부여풍(扶餘豐)을 영남(嶺南)으로 유배 보낸 내용이 나온다.[22] 부여풍은 백제부흥운동이 실패하고 고구려로 망명했는데, 결국은 고구려를 점령한 당나라의 포로가 되어 영남의 유배지에서 남은 생애를 보낸 것으로 여겨진다. 영남, 즉 중국의 남령산맥 남쪽 유배지의 정확한 장소는 밝혀져 있지 않지만, 백제향 백제촌 백제허 등의 백제지명이 흑치상지보다는 오히려 백제부흥운동의 지도자 부여풍의 유배지를 이 지역과 연결시켜 그의 영향에 의해 백제지명도 등장하게 되었다고 보는 해석이 조금이나마 설득력을 가질 수 있지 않을까 싶다.

중국 하북도 창주의 속현인 부양군과 흑치씨를 연결시키는 견해는 흑치를 지명으로 보지 않고 변방을 나타내는 의미로 해석하여 나오게 되었다. 흑치상지가 672년 당나라 16위(衛) 중 하나인 좌령군위(左領軍衛)의 장군에 임명되면서 하북도 창주 속현인 부양군의 개국공(開國公)에 분봉되고 그곳을 식읍(食邑)으로 하사받자, 이를 계기로 백제 성씨를 버리고 당시 변방을 나타내는 의미였던 흑치를 성씨, 상지를 이름으로 삼아 한화(漢化)의 길을 걸음으로써 당나라의 지배층에 완전히 편입될 수 있었다고 본 것이다.[23] 변방지역을 식읍으로 받은 흑치상지 본인이 자신의 성씨를 부여씨에서 흑치씨로 바꾼 장본인이라는 것이다.

이 주장의 문제점은 가능성을 생각해볼 수는 있지만 그 가능성을 입증해줄 제대로 된 증거가 없다는 것이다. 흑치를 지명이 아니라 변방을 나타내는 의미로 받아들일 근거도 미약하고, 흑치상지가 그런 낯설고 애매한 의미의 흑치를 자신의 성씨로 삼았다는 논리도 불명확하다. 게다가 흑치상지 본인이 성씨를 바꾼 당사자였다는 것을 알게 해줄만한 단서 또한 어디에서도 발견되지 않는다. 흑치에 봉해져 자손들이 성씨로 삼게 되었다는 「흑치상지묘지명」의 기록에서 흑치에 봉해진 주인공을 흑치상지로 받아들인다 해도 성씨를 바꾼 것은 흑치상지가 아니라 그 자손들이 된다. 그러나 「흑치상지묘지명」과 「흑치준묘지명」을 비롯한 흑치상지와 관련된 어떤 역사기록에서도 흑치상지와 후손들이 그러한 행위를 한 내용은 확인되지 않는다.

결국 흑치상지 가문은 흑치상지 이전부터 이미 흑치씨를 성씨로 삼고 있었다고 여겨지며,[24] 이러

---

22 『資治通鑑』卷201, 唐紀17, 高宗 總章 元年條; 『新唐書』卷220, 列傳145, 東夷, 高麗, 乾封 3年條에는 百濟王 扶餘隆을 영외(嶺外)로 쫓아냈다고 나오는데, 백제부흥운동기에는 扶餘豐이 부흥운동군에 의해 百濟王으로 추대되었기 때문에 『資治通鑑』의 내용이 정확하고 『新唐書』의 기록은 오기(誤記)로 보인다.

23 문동석, 2008, 「百濟 黑齒常之의 姓氏에 대한 新考察」『百濟硏究』47, 충남대학교 백제연구소.

24 노중국, 2000, 「백제의 식읍제에 대한 일고찰」『경북사학』23, 70쪽에서는 흑치상지 가문의 선조가 흑치 지역을 봉지로 받은 때는 6대조나 7대조 정도로 보고 있다.

한 의미에서 충남 예산지역을 흑치지방으로 보는 견해는 어느 정도 설득력을 얻을 수가 있다.[25] 『구당서』와 『신당서』의 흑치상지전에서는 그를 백제 서부인(西部人)으로 소개하고 있다. 「흑치상지묘지명」에서는 "공(公)은 동쪽으로부터 왔다"고 하여 동쪽, 곧 우리나라에서 중국으로 건너간 사실을 언급하고 있다. 그러니 흑치상지와 관련된 흑치지방은 우리나라 백제지역에서 찾아야 할 것이다.

더 나아가 『구당서』 흑치상지전에서 흑치상지가 의자왕을 따라 항복했다가 다시 도망해 백제부흥운동을 일으킬 당시의 기록을 보면, 본부(本部)로 도망가 흩어진 무리를 모았고 임존산(任存山)에 책(柵)을 쌓아 지켰다고 나온다. 『자치통감』에서는 임존성(任存城)이 백제 서부 임존산에 있다고 소개한 내용도 보인다.[26] 따라서 흑치상지는 자신의 본부인 백제 서부에 있는 임존산의 임존성을 근거지로 삼았음을 알 수 있는데, 김정호의 『대동지지(大東地志)』, 대흥현(大興縣) 성지(城池)조에서는 임존성이 오늘날의 예산 봉수산(鳳首山)에 있었다는 것과 백제의 고복신(高福信)과 흑치상지가 이곳에서 유인궤(劉仁軌)와 맞서 싸웠다고 기록되어 있다.[27]

오늘날 흑치라는 지명은 예산만이 아니라 백제권역으로 볼 수 있는 다른 어떤 지역에서도 발견되지 않는다. 다만 예산현이 본래는 백제의 오산현(烏山縣)이었다는 『삼국사기』 지리지의 기록에 보이듯이[28] 오산, 곧 검은 산이나 금물현(今勿縣), 거마내, 거문리, 거문들, 거무실 등 검다는 의미의 흑(黑)과 연결시킬 수 있는 지명이 예산지역 여러 곳에서 보이는 점도 그렇고, 치(齒)와 치(峙)가 한자로는 다르지만 우리식 발음으로는 같은 "치"이고, 이 "치"가 산과 통할 수 있는 글자라는 점도 그렇고, 통일신라시대이기는 하지만 예산 봉수산성의 출토유물 가운데 "任存", "存官", "任存官" 등의 명문와가 눈에 띄는 점도 그렇고,[29] 앞으로 보다 심층적으로 검토해 볼 부분이 적지 않은 것 같다.

25 유원재, 1999, 「백제 흑치씨의 흑치에 대한 검토」 『백제문화』 28, 공주대학교 백제문화연구소; 강종원, 2003, 「百濟 黑齒家의 成立과 黑齒常之」 『百濟研究』 38, 충남대학교 백제연구소; 노중국, 2005, 『백제부흥운동 이야기』, 주류성.

26 『資治通鑑』 卷200, 唐紀16, 高宗 上之下, "任存城在百濟西部任存山".

27 『大東地志』, 大興縣, 城池條, "任存城 在鳳首山 … 百濟高福信 黑齒常之 拒劉仁軌于此".

28 『三國史記』 卷36, 雜志5, 地理3, "任城郡 本百濟任存城 … 今大興郡 領縣二 靑正縣 本百濟古良夫里縣 景德王改名 今靑陽縣 孤山縣 本百濟烏山縣 … 今禮山縣"

29 李南奭, 1999, 「禮山 鳳首山城(任存城)의 現況과 特徵」 『百濟文化』 28, 공주대학교 백제문화연구소, 223~225쪽; 심정보, 2004, 「百濟復興運動과 任存城」 『백제부흥운동사연구』, 공주대학교 백제문화연구소, 239쪽.

Ⅳ. 임존성과 백제부흥운동

김정호의 『대동지지』에서는 흑치상지가 유인궤와 싸웠다는 임존성이 예산 봉수산(鳳首山)에 있었다고 기술되어 있지만, 오늘날의 연구자들 사이에서는 이 임존성의 구체적인 위치에 대해 여러 주장이 나와 있다. 물론 위에서 살펴본 흑치지방의 위치 문제와 달리 흑치상지가 백제부흥운동의 거점으로 삼은 임존성은 모든 연구자들이 우리나라의 예산 또는 그 주변의 홍성지역에서 소재지를 찾고 있다. 문제는 예산과 그 주변의 백제산성 중 어느 성을 임존산의 임존성으로 보아야 할까라는 세부적인 사안에 대해서는 의견이 엇갈리고 있다는 것이다.

현재 임존성의 후보지로는 예산의 봉수산성(鳳首山城)과[30] 신속리산성(新束里山城),[31] 그리고 홍성의 학성산성(鶴城山城)[32] 등 세 곳이 거론되고 있다. 이중 대다수의 연구자들은 봉수산성을 임존성으로 보고 있다. 일반인들도 이러한 내용을 사실로 믿으며 받아들이고 있으니, 신속리산성이나 학성산성을 임존성으로 보는 견해는 예외적인 주장인 셈이다. 봉수산성이 가장 유력한 후보지임에도 다른 설이 제기되는 이유는 봉수산성을 백제의 임존성으로 받아들이기에는 아직도 무언가 미심쩍은 부분이 있기 때문이다.

임존성은 봉수산에 있다는 『대동지지』의 내용만이 아니라 김정호가 이 『대동지지』와 함께 제작한 『대동여지도(大東輿地圖)』의 대흥군부분도(大興郡部分圖)에서는 임존성을 좀 더 구체적으로 봉수산성이라 표시하고 있다. 봉수산성을 임존성으로 보는 견해는 이처럼 조선시대의 문헌과 지도에서도 확인이 되는데, 이러한 견해는 조선시대에 갑자기 나타났다기보다 이전부터 전해오던 내용을 이어받은 것으로 보인다. 앞서 지적했듯이 봉수산성에서 "任存", "存官", "任存官" 등 통일신라 기와 편으로 여겨지기는 명문와가 출토된 사실이 이를 뒷받침해준다.

다만, 『대동지지』보다 먼저 편찬된 『신증동국여지승람(新增東國輿地勝覽)』에는 임존성을 『대동지지』

---

30 沈正輔, 1983, 「百濟復興軍의 主要據點에 關한 研究」『百濟研究』14, 충남대학교 백제연구소; 沈正輔, 2004, 「百濟復興運動과 任存城」『백제부흥운동사연구』, 공주대학교 백제문화연구소; 유원재, 1999, 「백제 흑치씨의 흑치에 대한 검토」『백제문화』28, 공주대학교 백제문화연구소; 이도학, 1999, 「百濟 復興運動의 시작과 끝, 任存城」『백제문화』28, 공주대학교 백제문화연구소; 盧重國, 2003, 『百濟復興運動史』, 일조각; 盧重國, 2005, 『백제부흥운동이야기』, 주류성; 金榮官, 2005, 『百濟復興運動研究』, 서경; 손윤택, 2008, 「任存城의 位置 比定」, 한국교원대학교 석사학위논문.

31 鄭海濬, 2000, 「禮山地域 百濟山城의 特徵 −고고학적 특징과 지방통치를 중심으로−」『역사와 역사교육』5, 웅진사학회.

32 徐程錫, 2002, 『百濟의 城郭 −熊津·泗沘時代를 中心으로−』, 學研文化社.

와 같은 내용으로 소개하면서도 그 위치에 대해서는 봉수산성으로 보기 어렵게 만드는 설명도 들어 있고, 『해동지도(海東地圖)』에는 임존성과 봉수산성이 별개로 나오고 있기도 하다. 그리고 현재의 봉수산성이 통일신라시대의 산성일 가능성이 크고, 이곳에서 백제시대의 유물이 발견되고 있지 않다는 점도 봉수산성을 임존성으로 받아들이기 어렵게 만드는 요인으로 작용한다.

이와 같은 문제점들로 인해 봉수산성이 아닌 다른 백제산성에서 임존성의 가능성을 찾는 연구도 나오게 되었다. 신속리산성이나 학성산성을 주목하는 연구자들은 임존성을 단순한 방어시설이 아닌 방(方)－군(郡)－성(城＝縣)으로 이루어진 지방단위의 하나인 성(城)으로도 받아들이고 있다는 점에서 주목된다.

예산군 대흥면 신속리의 백월산(白月山) 정상부에 있는 신속리산성을 임존성으로 보는 견해는 백제 행정구역으로서의 임존성을 현재의 대흥지역으로 파악하고, 그 임존성 내에 위치한 여러 성 중에서 중심성이 신속리산성이라고 본 것이다. 학성산성으로 보는 경우는 백제 지방단위로서의 임존성과 방어시설로서의 임존성을 구분하고 있다. 즉, 백제 지방단위로서의 임존성은 백제의 서방성으로 예산지역에 해당하고, 구체적 방어시설로서의 임존성은 홍성군 장곡면 신성리의 학성산성이라는 것이다. 대흥 주변의 산성 중 백제산성으로 보기 어려운 봉수산성 외에 학성산성에 주목하면서 이 성을 방어시설로서의 임존성으로 판단하고 있는 것이다.

이들 새로운 견해에도 불구하고 여전히 많은 연구자들은 봉수산성을 임존성으로 보고 있다. 봉수산성론의 대세가 이처럼 흔들리지 않는 것은 분명히 그만한 이유가 있기 때문이지만, 그래도 봉수산성론에 이의를 제기하는 연구자들이 있는 이상 임존성을 소개하고 있는 『대동지지』, 『대동여지도』, 『신증동국여지승람』, 『해동지도』 등 조선시대 사료들의 가치평가 및 그 내용에 대한 비교와 분석이 좀 더 이루어져야 할 것 같고, 또 신속리산성, 학성산성, 봉수산성에 대해서도 보다 심층적인 조사가 있어야 할 것이다.

특히 봉수산성의 경우는 흑치상지가 임존산에 책(柵)을 쌓아 스스로를 지켰다고 하는 『구당서』 흑치상지전의 내용도 간과하면 안 되리라고 본다.[33] 흑치상지가 예산지역으로 도망하여 부흥운동을 일으킬 당시 임존산에 성이 있었다면 책을 쌓을 필요가 없었을 것이다. 다시 말해 방어용 성이 아직 없었거나 있었다 해도 매우 부실했기 때문에 흑치상지가 책을 쌓아 방어시설로 삼았고, 성은 언제인가 뒤에 새로 만들어졌거나 보강되었다고 볼 수도 있다. 그렇다면 현재 우리 눈앞의 봉수산성

---

33 『舊唐書』卷109, 列傳59, 黑齒常之, "顯慶五年 蘇定方討平百濟 … 常之恐懼 遂與左右十餘人 遁歸本部 鳩集亡逸 共保任存山 築柵以自固"

이 백제부흥운동 당시의 임존성 자리에 위치해 있다고 해도 지금의 봉수산성 자체는 그 성격이나 편년이 백제보다 통일신라와 더 가깝게 나타날 수도 있는 것이다.

Ⅴ. 흑치상지의 항복과 웅진도독부

『신당서』의 측천무후(則天武后) 본기에는 흑치상지가 689년 10월에 죽은 것으로 나오고,[34] 「흑치상지묘지명」에는 죽을 때의 나이가 60세로 나타난다. 이를 통해 흑치상지는 무왕(武王) 31년인 630년에 출생한 것을 알 수 있다. 그러므로 흑치상지가 660년 의자왕과 태자인 부여융을 따라 소정방 군대에게 처음 항복했을 때의 나이는 31세였고, 백제부흥운동에 참여했다가 663년 백촌강구 전투 이후 다시 당나라에 항복하고 동료였던 임존성의 지수신(遲受信)을 공격할 때의 나이는 34세였다.

바로 이 34세의 흑치상지가 태도를 180도로 바꾸어 당나라 편에 서서 임존성의 지수신 군대를 토벌한 사건 때문에 그는 신채호 선생으로부터 배신자라는 평가를 받았다. 그리고 앞에서 지적했듯이 이러한 평가는 지금도 계속 이어지고 있다.[35] 흑치상지는 과연 백제부흥운동의 배신자일까? 아니면 나름대로는 백제의 부흥을 위해 마지막까지 최선을 다한 인물은 아니었을까?

흑치상지에 대한 평가는 사실 흑치상지 개인의 영욕(榮辱)에만 국한된 문제가 아니다. 백제부흥운동 당시의 사회상황 전반에 대한 이해와도 밀접하게 연결되어 있다. 복신(福信)·도침(道琛)·부여풍(扶餘豐) 중심의 백제부흥운동만이 아니라 부여융을 중심으로 한 웅진도독부와도 깊은 관계를 맺고 있는 인물이 흑치상지다. 따라서 흑치상지에 대한 평가가 제대로 이루어지려면 이들 문제 모두를 새롭게 검토해 볼 필요가 있다.

먼저 복신과의 관계부터 살펴보면,『구당서』유인궤(劉仁軌)전에는 백제수령 사타상여(沙吒相如)와 흑치상지가 소정방군의 회군 이후 험지(險地)에 의지해서 복신과 호응했다고 나온다.[36] 그러나『구당

---

34 『新唐書』卷4, 本紀4, 則天武后, "[永昌元年(689) 10月 癸丑] 戊午 殺右武衛大將軍黑齒常之 右揚鷹場衛將軍趙懷節"

35 강종원의 2014, 「백제 부흥운동의 선구자에서 변절자로, 흑치상지」(『인물로 보는 한권 백제』, 충청남도 역사문화연구원)는 흑치상지에 대한 부정적인 평가를 일반화 시킬 위험성이 담겨있기 때문에 조심해서 받아들여야 하리라고 본다.

36 『舊唐書』卷84, 列傳34, 劉仁軌.

서』흑치상지전에는 소정방의 귀국 이전에 흑치상지가 백제부흥운동을 일으킨 것으로 나타난다.[37] 흑치상지가 임존산에 책을 쌓고 거병(擧兵)한 정확한 시기를 단정하기는 어렵지만, 그가 의자왕의 항복 대열에 참여했다가 이탈한 것은 사실인 만큼 점령군에 대한 저항운동으로는 가장 빨랐다고 볼 수 있다. 또 이를 계기로 열흘 만에 3만여 명이 모여들었고, 소정방 군대를 물리치면서 200여 성을 수복했다는 내용이 『구당서』흑치상지전에 나오듯이, 흑치상지는 백제부흥운동이 각 지역에서 일어나도록 자극제 역할도 했다고 판단된다. 그렇다면 『구당서』유인궤전보다 흑치상지전의 내용처럼 흑치상지는 소정방이 귀국하기 전부터 백제부흥운동에 뛰어들었다고 보아야 맞는 것 같다.

그리하여 8월 2일 의자왕이 모욕적인 항복식을 거친 뒤 9월 3일 태자 부여융과 왕자들, 그리고 많은 대신 및 백성들과 함께 중국에 포로로 잡혀가면서 흑치상지와 사타상여는 물론이고 복신, 여자진, 정무, 도침 등에 의해 곳곳에서 백제부흥운동이 펼쳐지게 되었는데, 이러한 가운데 『구당서』유인궤전의 내용처럼 흑치상지는 백제부흥운동 초기에 중심인물로 떠오른 복신과 밀접한 관계를 맺으며 활동했던 것으로 여겨진다.

그러나 661년 9월 복신이 왜(倭)에 체류하고 있던 의자왕의 아들 부여풍을 모셔와 왕으로 옹립하면서 부여풍, 곧 풍왕의 등장으로 백제부흥운동은 새로운 변화를 맞게 된다. 복신이 도침을 죽이고, 다시 풍왕이 복신을 죽이는 내부의 권력다툼을 거쳐 백제부흥운동군은 풍왕을 중심으로 재편성된 것이다. 그리고 내부분열로 힘이 많이 약해진 상태에서 신라와 당나라의 연합군을 맞아 백촌강구에서 전투를 벌인 풍왕은 일본의 도움에도 불구하고 대패를 한 뒤 결국 고구려로 망명하였다.

흑치상지는 이렇듯 백제부흥운동 과정에서 함께 활동하던 복신이 풍왕에게 살해당하고 백제부흥운동군의 주력도 백촌강구(白村江口) 전투로 거의 궤멸된 상태에서 옛 동료 지수신이 마지막까지 지키던 임존성을 당나라 편에 서서 공격해 함락시켰다.[38] 『구당서』흑치상지전에는 663년(龍朔 3년) 고종(高宗)이 사신을 보내 그를 초유(招諭)했다고 나오고, 『자치통감(資治通鑑)』에는 손인사(孫仁師)의 반대에도 불구하고 유인궤가 흑치상지와 사타상여에게 양식과 무기 및 병사를 나누어 주어 임존성을 함락시키게 했다는 내용도 보인다.[39] 그가 고종의 회유로 당나라에 다시 항복하고는 유인궤의 지원을 받으며 임존성을 함락했다는 사실을 알 수 있다.

---

37 『舊唐書』卷109, 列傳59, 黑齒常之.

38 『資治通鑑』卷201, 唐紀17, 高宗中之上, 龍朔 3年 9月 戊午條에는 임존성이 함락당한 뒤 遲受信은 妻子를 버린 채 풍왕처럼 고구려로 도망갔다고 나온다.

39 위의 책, 같은 條에 "劉仁軌使常之 相如 自將其衆 取任存城 仍以糧仗助之 孫仁師曰 此屬獸心 何可信也 仁軌曰 吾觀二人 皆忠勇有謀 敦信重義 … 遂給其糧仗 分兵隨之 攻拔任存城 …"

다만 흑치상지가 당 고종의 회유에 응한 이유를 정확하게 밝혀놓은 사료는 없다. 그러다보니 신채호 선생에게 그가 변절자로 비칠 수도 있었겠지만, 과연 흑치상지는 배신자로 불려야 할까? 또 자신이 그동안 원하고 노력해 왔던 백제부흥의 꿈을 포기했다고 보아야 할까? 이 문제 역시 재검토를 필요로 한다.

흑치상지가 복신, 도침, 부여풍 등과 행동을 함께 한 것은 백제부흥이라는 공통된 꿈이 있었기 때문이다. 그러나 자신과 호응했던 복신이 부여풍에게 살해되고, 백촌강구 전투에서 패배한 부여풍은 고구려로 망명하는 등 그동안의 노력이 수포로 돌아가는 눈앞의 참담한 현실 속에서 흑치상지가 보여준 이후의 모습들은 어쩌면 백제부흥이라는 자신의 꿈을 이루기 위한 또 다른 선택이었을 수도 있다. 그리고 이때부터 흑치상지와 연결되어 다시 떠오르는 인물이 부여융이다. 흑치상지는 이미 660년 의자왕과 태자인 부여융을 따라 소정방 군대에게 항복하는 등 부여융과도 밀접한 관계를 맺고 있었다.

그러므로 흑치상지에 대한 평가를 위해서는 복신 다음으로 흑치상지와 부여융과의 관계에 대해서도 살펴보아야 한다.

그동안 백제부흥운동을 다룬 연구자들은 복신, 도침, 부여풍 등의 활동에만 관심을 기울이며 부여융의 존재는 무시하거나 철저히 부정해왔다. 의자왕과 함께 중국으로 끌려간 백제의 태자 부여융이 과연 당나라의 꼭두각시 역할만 하며 백제부흥운동에는 걸림돌이 되었을까? 이러한 평가는 사실 백제 태자로서의 위상을 지닌 부여융에 대한 이해부족에서 비롯되었다고도 볼 수 있다.

백제가 나·당 연합군에게 점령당하고 자신은 포로가 되어 중국으로 끌려간 부여융이 이후 철저히 친당(親唐)적인 모습을 보이며 활동한 내면에는 당연히 당나라의 인정과 도움을 받아 백제를 다시 부흥시키려는 나름대로의 현실적인 계산이 숨어있었다고 보아야 할 것이다. 따라서 백제왕의 자리를 이어받을 자격이 있는 태자 부여융에게 복신 등이 부여풍을 백제왕으로 추대한 사건은 상당한 위기의식으로 받아들여졌을 것이 분명하다. 그러니 각자 다른 방법과 목적을 가지고 백제의 부흥을 꿈꾸었을 부여융과 부여풍은 라이벌 관계로 발전할 수밖에 없었다. 이 두 사람의 운명을 갈라놓은 중요한 계기가 된 것이 바로 백촌강구 전투이다. 부여융은 당나라 장군 유인궤와 함께 백촌강구 전투에 직접 참가하였다. 그리하여 부여융과 부여풍은 이 전투에서 충돌하는 모습을 보여주는데, 결과는 부여융 쪽이 승리하고 패배한 부여풍은 고구려로 도망하여 두 사람의 라이벌 관계는 끝나게 된다.

부여융은 이후 웅진도독으로 임명되어 백제부흥의 꿈을 현실로 만들었다. 웅진도독부를 단순히 당나라의 괴뢰정권이나 심지어는 일제 강점기 조선총독부와 같은 존재로 치부하는 연구자들도 있지만, 부여융을 중심으로 한 백제 인들은 물론이고 당나라의 경우에도 「취리산맹약문」에 나타나듯이 웅진도독부는 그 자체가 곧 백제의 연속을 의미하는 것이기도 했다.[40]

흑치상지가 당나라에 투항한 뒤 자신의 본거지이자 동료였던 임존성과 지수신을 공격하는 이율배반적인 행동을 한 이유 역시 복신의 피살과 부여풍의 도망이라는 현실에 대한 회의와 함께 백제 태자로서 전통적인 권위를 지니고 백제를 되살리려 노력한 부여융 쪽으로 그가 마음을 돌렸기 때문으로 볼 수도 있다. 부여융의 당시 활동내용을 흑치상지도 잘 알고 있었을 것이다. 흑치상지를 회유하기 위해 당 고종이 사신으로 누구를 보냈는지 사료 상에 나타나지는 않지만, 660년 의자왕이 항복할 때에도 부여융과 흑치상지가 연결되어 있었던 사실을 감안하면 부여융이 사신으로 파견되어 흑치상지의 마음을 돌렸을 가능성이 크다. 「흑치상지묘지명」에서는 흑치상지가 그 주(主) 부여융을 따라 중국이나 웅진도독부를 오간 것으로 나타난다. 주인이나 임금을 뜻하는 주(主)라는 표현은 그들 사이에 그만큼 강한 군신(君臣) 간의 주종관계가 형성되어 있었음을 알게 해준다. 이를 통해서도 흑치상지의 마음을 돌리는데 부여융의 역할이 컸고, 또 유인궤가 흑치상지를 믿고 임존성을 공격하도록 병사까지 내어준 것 역시 유인궤의 부여융에 대한 신뢰가 있었기 때문에[41] 가능할 수 있었다고 여겨지기도 한다.

결국, 이상의 내용들을 염두에 둔다면 흑치상지를 단순히 백제부흥운동의 변절자나 배신자라는 이름으로 부르는 것은 부적절하다고 볼 수 있다. 백제부흥을 위한 초반의 노력과 결과가 실패하면서 보다 더 실현가능할 뿐만 아니라 백제 태자로서의 정통성까지 갖춘 부여융을 도와서 백제를 되살리기로 새롭게 결단을 내렸다고 볼 수도 있고, 그렇다면 흑치상지는 처음부터 끝까지 백제의 부흥을 위해 최선을 다한 인물로 평가해야 마땅하지 않을까 싶기도 하다.

백촌강구 전투가 끝나고 얼마 안 있어 부여융은 웅진도독에 임명되었다. 이로써 백제부흥이라는 부여융과 흑치상지의 목적은 달성되는 듯 했다. 그러나 신라의 반발로 일어난 신라와 당나라의 전쟁에서 당나라가 패배하여 웅진도독부도 한반도에서 밀려남으로써 그들의 꿈 역시 수포로 돌아갈 수밖에 없었다.

---

40 양종국, 2006, 앞의 책.

41 백촌강구 전투 당시 유인궤·두상·부여융은 수군과 군량선을 이끌고 이 전투에 참여해 대승을 거두었는데, 이를 통해 유인궤와 부여융 사이에 형성된 돈독한 관계를 엿볼 수 있겠다. 양종국, 2004, 앞의 책, 159~163쪽 참조.

Ⅵ. 결어

사료의 수집 및 그 수집된 사료들의 비교와 분석을 통해 사료의 신뢰도나 진위 여부를 파악함으로써 올바른 역사사실을 밝혀내는 것이 역사가의 할 일이다. 이 작업이 제대로 수행되지 않으면 역사가 스스로 역사학에서 가장 경계해야 할 주관적 판단, 과장된 해석, 견강부회, 성급한 결론 등에 빠져 또 다른 왜곡을 만들어낼 수도 있다. 사료가 없으면 역사도 없다거나 역사가는 사료를 통해서만 이야기를 해야 한다고 말 할 정도로 사료를 중시해야 하면서도, 동시에 사료를 이용할 때 그만큼 더 신중을 기해야 하는 이유가 여기에 있다.

본고에서는 흑치상지와 백제부흥운동을 둘러싸고 제기된 연구자들의 다양한 주장 중에서 재검토를 필요로 하는 몇 가지 문제들을 살펴보았다.

Ⅱ장에서는 의자왕의 항복 당시 백제 태자로서의 부여융과 흑치상지의 항복 및 예식의 역할 문제, Ⅲ장에서는 흑치라는 성씨와 그 성씨의 유래로 거론되고 있는 흑치지방의 소재지 문제, Ⅳ장에서는 흑치상지가 백제부흥운동의 거점으로 삼은 임존성의 후보지 문제, Ⅴ장에서는 백촌강구 전투 이후 당나라에 다시 항복한 흑치상지와 부여융의 활동에 대한 평가 및 백제부흥운동과 관련하여 웅진도독부의 성격을 어떻게 받아들일 것인가 하는 문제들에 대해 연구자들의 주장을 비교하면서 나름대로의 새로운 접근법도 제시해 보았다.

본고의 내용 중 특히 의자왕의 항복과 관련된 예식의 역할문제나 부여융 및 웅진도독부와 흑치상지를 연결시켜 새롭게 평가해보는 문제 등은 앞으로 많은 연구자들이 관심을 갖고 당시의 시대상황에 맞는 사실관계를 밝혀내어 보다 공정한 평가가 이루어지기를 기대한다.

참고문헌

『三國史記』『三國遺事』
『舊唐書』『新唐書』『資治通鑑』.
『日本書紀』『天地瑞祥志』

강종원, 2003, 「百濟 黑齒家의 成立과 黑齒常之」『百濟研究』 38, 충남대학교 백제연구소.

김영관, 2005, 『百濟復興運動研究』, 서경.

金榮官, 2012, 「百濟 遺民들의 唐 移住와 活動」『한국사연구』 158.

金榮官, 2012, 「中國 發見 百濟 流民 祢氏 家族 墓誌銘 檢討」『新羅史學報』 24.

노중국, 2000, 「백제의 식읍제에 대한 일고찰」『경북사학』 23.

노중국, 2003, 『백제부흥운동사』, 일조각.

노중국, 2005, 『백제부흥운동 이야기』, 주류성.

문동석, 2008, 「百濟 黑齒常之의 姓氏에 대한 新考察」『百濟研究』 47, 충남대학교백제연구소.

손윤택, 2008, 「任存城의 位置 比定」, 한국교원대학교 석사학위논문.

徐程錫, 2002, 『百濟의 城郭 -熊津·泗沘時代를 中心으로-』, 學研文化社.

신채호, 1979, 「조선상고사」『단재신채호전집』 상, 형설출판사.

沈正輔, 1983, 「百濟復興軍의 主要據點에 關한 硏究」『百濟研究』 14, 충남대학교 백제연구소.

沈正輔, 2004, 「百濟復興運動과 任存城」『백제부흥운동사연구』, 공주대학교 백제문화연구소.

양종국, 2004, 『백제 멸망의 진실』, 주류성.

양종국, 2006, 『中國 史料로 보는 百濟』, 서경.

유원재, 1999, 「백제 흑치씨의 흑치에 대한 검토」『백제문화』 28, 공주대학교 백제문화연구소.

李南奭, 1999, 「禮山 鳳首山城(任存城)의 現況과 特徵」『百濟文化』 28, 공주대학교 백제문화연구소.

이도학, 1996, 『백제장군 흑치상지 평전 -한 무장의 비장한 생애에 대한 변명-』, 주류성.

李道學, 1991, 「百濟 黑齒常之의 墓誌銘의 檢討」『鄕土文化』 6.

이도학, 1999, 「百濟 復興運動의 시작과 끝, 任存城」『백제문화』 28, 공주대학교 백제문화연구소.

李文基, 1991, 「百濟 黑齒常之 父子 墓誌銘의 檢討」『韓國學報』 64.

이희진, 2011, 『의자왕을 고백하다 -의자왕과 계백, 진실은 무엇인가?-』, 도서출판 가람기획.

鄭海濬, 2000, 「禮山地域 百濟山城의 特徵 -고고학적 특징과 지방통치를 중심으로-」『역사와 역사교육』 5, 웅진사학회.

지배선, 2006, 『고구려·백제 유민 이야기』, 혜안.

충청남도역사문화연구원, 2007, 『百濟 遺民들의 活動』.

충청남도역사문화연구원, 2008, 『百濟史資料譯註集 -韓國篇 Ⅰ-』.

한국고대사와
백제
고고학

제2부
마한 · 백제 고고학의 재조명

제1장 중서부지역 주구토광묘의 등장기 묘제상 검토
제2장 中西部地域 墳丘墓와 周溝土壙墓의 文化的 接變
제3장 아산지역 2~5세기 고대유적의 현황과 의미
제4장 원통형토기를 통해 본 3세기 중반 이후 곡교천유역의 사회상 검토
제5장 고고자료를 통해 본 고대 당진지역의 문화사적 성격
제6장 호서지역 백제시대 수혈유구 용도에 관한 검토
제7장 고창 봉덕리 1호분 4호석실 출토 청동탁잔에 대한 小考
제8장 궐수문 장식을 통해 본 철병 살포의 부장의미
제9장 百濟城郭 內 우물의 登場과 造成過程에 대한 研究
제10장 百濟 泗沘期 木塔 築造技術의 對外傳播
제11장 거제 다대산성을 통해 본 신라산성의 구조와 축성법

제2부 제1장

중서부지역 주구토광묘의 등장기 묘제상 검토*

강지원
(중앙문화재연구원)

Ⅰ. 머리말
Ⅱ. 주구토광묘에 대한 인식
Ⅲ. 선행 묘제에 대한 접근
Ⅳ. 주구토광묘 등장기 변화상
Ⅴ. 맺음말

Ⅰ. 머리말

마한·백제시대의 고분문화는 묘제적 다양성을 가장 큰 특징으로 꼽는데, 그 기저에 토광묘라는 묘제가 폭넓게 자리한다. 본디 토광묘는 원삼국시대 전사회의 보편적 묘제로 확인되며, 이를 대변

---

* 이 논문은 중앙문화재연구원 창립 17주년 기념 학술대회에서 발표된 내용을 수정보완한 것임. 강지원, 2017, 「중서부지역 주구토광묘 등장기 묘제상 검토」『고대사회 고분자료 집성의 성과와 의의』, 중앙문화재연구원.

하듯이 마한·백제묘제로서 강인한 전통성을 갖추면서 유형적 다양성 또한 확인되고 있다. 특히 새로운 묘제가 유입되어 토착적 전통묘제와 결합, 새로운 묘제를 창출하는 역동적 변화상도 나타난다.[1]

마한·백제시대의 고분문화를 연구하는데 있어, 토광묘에 대한 접근과 이해는 필수적인 요소에 해당하며, 특히 3~5세기대 한강유역 이남에서 금강유역 이북에 걸쳐 집중적으로 확인되고 있는 주구토광묘의 존재는 이시기 묘제상 및 사회상을 파악할 수 있는 자료라 할 수 있다.

이에 주구토광묘와 관련된 연구는 묘제의 연원을 비롯하여 출현 시기, 묘제의 특징과 구조에 대한 연구가 상당부분 진행되었으며, 이밖에 분묘를 조성한 집단에 대한 연구도 지속적으로 진행되고 있는 실정이다. 이러한 주구토광묘의 연구 성과를 통해 유구에 대한 실체는 상당부분 밝혀진 상황에 있으나, 다양한 제 견해와 자료의 부족 및 새로운 자료의 출현 등으로 인해 좀 더 다양하고 세밀한 이해의 접근이 필요하다 할 수 있다.

중서부지역 일대 기원전·후한 시기부터 2세기 무렵까지의 문화상은 아직까지 구체화 시킬 수 있는 자료가 매우 부족한 상황이며, 이 시기를 문화상의 공백지로 표현할 정도로 연구 또한 영성한 실정이다. 그러나 최근 이 지역에서 확인되는 주구토광묘와 출토유물은 이러한 문제를 해결할 수 있는 자료로 이해되고 있어 매우 주목할 만하다.

아산 용두리 진터유적[2]을 비롯해 평택 마두리유적,[3] 오산 궐동유적,[4] 천안 대화리유적[5] 등에서 확인된 토광묘와 주구토광묘 등은 출토유물에 있어 그동안 확인되지 않았던 유개대부호와 원저발을 함께 부장하며, 철기로는 철검과 철모 등이 함께 출토되고 있다. 이러한 출토유물의 특징은 기왕에 주구토광묘에서 출토되고 있는 단경호와 발형토기 및 대도 등과 대비되는 특징으로 영남지역과 비교연구를 통해 2세기 중·후반 무렵으로 편년되고 있다.[6]

---

1   이남석, 2014, 『한성시대 백제의 고분문화』, 서경문화사, 87쪽.

2   충청문화재연구원, 2011, 『아산 용두리 진터 유적(Ⅱ)』.

3   한국문화유산연구원, 2011, 『평택 마두리유적』.

4   중앙문화재연구원, 2013, 『오산 궐동유적』.

5   한국고고환경연구소, 2014, 『천안 대화리·신풍리 유적』

6   김새봄, 2011, 「원삼국후기 영남지역과 경기·충청지역 철모의 교류양상」『한국고고학보』 81, 한국고고학회, 104~105쪽; 지민주, 2011, 「금강유역 원삼국시대 토기의 상대편년 및 지역성에 대하여 −분묘 매장유물을 중심으로−」『금강유역 마한 문화의 지역성』, 호서고고학회, 237~240쪽; 강지원, 2012, 『원삼국기 중서부지역 토광묘 연구 −궐동유적·진터유적·마두리유적·용호리유적을 중심으로−』, 공주대학교 석사학위논문, 49~53쪽.

따라서 이러한 최신 자료의 등장으로 인해 공백지로 알려졌던 이 지역의 문화상을 파악하는 단초가 되고 있으며, 더욱이 주목해야 할 것은 청당동유적 이후 지속적으로 연구되어온 주구토광묘의 등장과 확산에 대한 새로운 접근 또한 심층적으로 살펴볼 수 있는 계기가 된 것으로 보인다.

이에 본고에서는 중서부지역 일대 마한·백제시대 주묘제로 알려진 토광묘 문화에 대한 연구의 일환으로 최근 자료를 중심으로 주구토광묘의 등장 전·후의 정황을 살펴 이 시기 묘제상의 변화상을 파악해 보고자 한다.

Ⅱ. 주구토광묘에 대한 인식

중서부지역의 마한·백제시대 묘제를 언급하는데 있어 주구토광묘를 그 대표적인 묘제로 언급하는데 별다른 이의가 없을 정도로 이 지역 전역에 걸쳐 분포되어 있으며, 관련 자료 또한 매우 방대한 상황이다.

주구토광묘는 1991년 천안 청당동유적 2차조사에서 토광묘 주변에 구가 둘러져 있는 것이 확인되었다.[7] 이후 1995년까지 계속된 조사에서 주구토광묘군이 조성되어 있었음이 밝혀졌다.[8] 청당동유적 조사 성과를 기초로 다른 지역의 토광묘조사에서도 주구에 대한 관심을 기울이게 되었고, 청주 송절동유적,[9] 공주 하봉리유적[10] 등에서도 청당동유적과 같은 형태의 주구토광묘가 확인되었다.

주구토광묘에 대한 자료는 청당동유적을 시작으로 중서부지역을 중심으로 집중 조사되면서 마한·백제시대 분묘연구에 다양한 이해의 접근이 가능하게 되었다. 이에 이와 관련된 일련의 연구 성과는 용어, 분포정형, 유물에 대한 형식 분류, 분묘 조영집단의 성격 및 묘제의 변천양상 등으로 세분되어 1990년대 중반이후 지속적으로 연구되어 진다.[11]

---

7   서오선 외, 1991, 「천안 청당동 제2차 발굴조사보고서」『송국리 Ⅳ』, 국립중앙박물관.

8   함순섭 외, 1995, 『청당동 Ⅱ』, 국립중앙박물관.

9   차용걸 외, 1995, 『청주 송절동고분군 -93년도 발굴조사-』, 백제문화개발연구원.

10 서오선 외, 1995, 『하봉리 Ⅰ』, 국립공주박물관.

11 강인구, 1994, 「주구토광묘에 대한 몇가지 문제」『정신문화연구』 17권 3호, 한국정신문화연구원, 104~
    105쪽; 최완규, 1996, 「주구묘의 특징과 제문제」『고문화』 제49집, 한국대학박물관협회, 126~127쪽;
    함순섭, 1998, 「금강유역권의 마한에서 백제로의 전환」『3~5세기 금강유역의 고고학』 제22회 한국고고학 주구토광묘는 청당동유적 3차 조사 보고자가 '주구가 딸린 묘'와 '주구 없는 묘'로 분류를 시도하면서 처음으로 언급 된다.[12] 이에 강인구는 일본의 방형주구묘와 비교를 통해 주구의 형태를 가지고 용어를 사용하기 보다는 묘의 특징을 나타내주는 주구와 묘의 형식을 나타내주는 토광묘를 합성한 주구토광묘로 칭하고자 하였다.[13]

최완규는 충청내륙지역과 서해안지역의 묘제양상을 비교하면서 주구를 갖추고 있다는 것 외에 동질성을 갖는 요소가 없으므로 주구토광묘와 주구묘로 구분하고자 하였다.[14] 주목되는 것은 주구토광묘의 연원을 중국 진대에 유행한 것으로 확인된 위구묘에서 찾고 있다. 위구묘의 구조적 속성과 출토유물이 주구토광묘와 친연성을 보인다는 점을 들어 주구토광묘의 기원을 구체적으로 접근하였다.[15]

주구토광묘의 변천양상은 대체로 3~5세기를 중심으로 마한의 고유묘제로 존재했던 시기에서 점차 백제의 중앙 세력의 묘제가 파급되면서 점차 소멸하는 시기로 구분하여 이해하였다. 성정용은 금강유역의 3~5세기대 묘제를 주구묘, 토광묘, 석곽묘, 석실묘로 구분하면서 크게 5단계로 변천양상을 설명한 바 있다. 이 가운데 Ⅰ기(2~3세기)의 주된 묘제를 주구토광묘로 파악하였으며, 주구토광묘를 마한의 고유묘제로 보고 마한의 독자성이 유지되는 기간으로 판단하였다.[16]

박순발 또한 원삼국 단계의 단독토광목관묘를 매장주체부로 하는 주구묘에서 옹관 등이 추가되는 집단장 형태의 주구묘로 변화된다고 보았으며, 이어서 단독토광묘, 수혈식석곽묘, 횡혈식석실묘로 단계적인 변화가 나타난다고 보았다. 특히 중서부지역의 주구묘가 4세기 무렵부터 단독토광묘로 변화하는 요인을 백제세력의 마한 통합 과정을 보여주는 자료라 이해하였다.[17]

이남석은 중서부지역 3~5세기대의 분묘자료를 토광묘로서 봉토묘, 주구토광묘, 분구묘, 관·곽토광묘가 있고 석축묘로 적석묘, 석곽묘, 석실묘로 세분하였으며, 이들 각각의 묘제는 시공간적 분포 특성을 갖춘 것으로 3세기 즈음부터 주구토광묘와 분구묘 자료가 증가하여 4세기대 이르면 중

대회 발표요지문, 한국고고학회, 17~18쪽; 성정용, 1998, 「금강유역 4~5세기 분묘 및 토기의 양상과 변천」『3~5세기 금강유역의 고고학』제22회 한국고고학대회 발표요지문, 한국고고학회, 81~83쪽.

12 서오선 외, 1992, 「천안 청당동 제3차 발굴조사보고서」『고성패총』, 국립중앙박물관.

13 강인구, 1994, 앞의 논문, 104~105쪽.

14 최완규, 2000, 「호남지역의 마한분묘 유형과 전개」『호남고고학보』제11집, 호남고고학회, 137~140쪽.

15 최완규, 2002, 「백제성립과 발전기의 금강유역 묘제 양상」『한국상고사학보』제37호, 한국상고사학회, 115쪽.

16 성정용, 2000, 『중서부 마한지역의 백제영역화과정 연구』, 서울대학교 박사학위논문, 29~31쪽.

17 박순발, 1994, 「한성백제 성립기 제묘제의 편년 연구」『선사와 고대』6, 한국고대학회, 12~14쪽.

심묘제로 자리하고 이어 관·곽토광묘와 석실묘, 석곽묘 등의 묘제가 더해져 다양성이 강화되는 것으로 파악하였다. 더불어 이러한 묘제의 변화와 다양성은 곧 당시 정치, 사회상의 변화와 밀접한 관련이 있는 것으로 보았다.[18]

주구토광묘의 인식은 청당동유적 조사에서 그 존재가 확인되었으며, 이후 묘제에 대한 용어에 대한 연구를 시작으로 확산과 소멸에 대한 접근이 이루어졌으며, 더 나아가 묘제의 변천양상을 통해 마한에서 백제로의 전환과정을 설명하는데 중요한 자료로 활용되고 있다. 최근 들어서는 주구토광묘의 분포권역을 세분하여 지역적 특징 또한 활발하게 연구되고 있다.[19]

그동안 주구토광묘에 대한 인식과 연구 성과를 통해 주구토광묘의 외형과 분포정형 그리고 출토유물에 대한 대략적인 특징을 정리할 수 있다.

주구토광묘는 주구가 눈썹형 또는 마제형으로 확인되는 경우가 일반적이지만 매장주체부를 중심으로 외곽의 4면에 시설한 경우도 있다. 매장부는 물론이고 주구도 서로 간 중복되는 현상은 거의 발견되지 않는다. 따라서 분묘는 일정 구역을 점유하면서 지상에 표식적 분구가 존재할 가능성이 충분하다.

매장주체부는 기본적으로 지하로 조성된 묘광 내에 목관과 목곽을 선별적으로 시설한다. 목관의 경우 대부분 목재를 결구하여 만들었으며, 일반적으로 상자형이 다수를 차지하나, 일부 'ㅂ'자, 'ㅍ'자 형태 등 유물의 부장칸을 별도로 만들기 위한 형태의 목관도 나타난다. 목곽의 경우도 목관과 함께 구성되거나, 목곽만 시설하는 예도 다수 확인된다. 매장주체부의 다양한 형태로 확인됨에 따라 형식분류 또한 다각적으로 이루어지고 있으며, 이를 토대로 지역적 특징이나, 시간성을 부여하는 예도 이루어지고 있다. 또한 주구토광묘의 특징 중에 합장의 사례가 확인되기도 하는데, 합장의 방식은 이혈합장과 동혈합장, 병혈합장 등으로 세분하기도 한다.[20]

유물의 부장위치는 부장칸을 마련하거나 목관을 한쪽에 치우쳐 설치하면서 나머지 공간을 부장공간으로 사용하는 특징이 있다. 부장품은 원저단경호와 심발형토기가 기본적으로 매납되는 양상이나, 지역에 따라 추가되거나 탈락되는 편차도 관찰되지만 전체적으로 기종의 다양성은 크게 주목

---

18 이남석, 2016, 「경기지역 3~5세기대 묘제환경의 검토」『중앙고고연구』 제21호, 중앙문화재연구원, 48~54쪽.

19 이현숙, 2011, 『4~5세기대 백제의 지역상 연구』, 고려대학교 박사학위논문, 179~184쪽; 조상기, 2014, 『청주지역 3~5세 토기의 전개양상과 정치체의 변동』, 단국대학교 박사학위논문, 160~168쪽.

20 성정용, 2011, 「목관묘와 목곽묘」『동아시아의 고분문화』 중앙문화재연구원 학술총서 1, 중앙문화재연구원, 191~199쪽.

되지 않는다. 금속유물로는 청동제 마형대구가 표지적인 유물로 부장되며, 동탁 등 특수기종들은 극히 드물게 출토된다. 철기는 착장품과 의례품으로 구분되며, 용도에 따라 무기류, 공구류, 마구류 등으로 구분할 수 있다. 이밖에 구슬류의 출토가 크게 나타난다.

입지는 구릉의 정상부와 사면 중·상단부를 포함한 지역에서 확인된다. 이러한 입지의 특징은 석곽묘와 석실묘의 산지형과 비교되기도 하는데, 뚜렷한 차이를 보이지는 않아 입지상의 특징으로 구분하기에는 모호한 점이 있다. 전체적으로 낮은 구릉성 산지에서 벗어나지 않고, 구릉의 정상부와 남쪽 사면부를 선호하지만 유적에 따라 북쪽사면에 분포하는 경우도 확인된다.

분묘의 분포정형은 일정한 간격을 두고 독립적으로 배치되었다는 특징이 있다. 따라서 주구토광묘는 대부분 매장주체부는 물론이고 주구도 서로간 중복되는 예가 거의 발견되지 않는다. 이는 개별 무덤들이 일정 구역을 점유하면서 독립된 구역을 확보하였음을 보여주는 사례들이다. 여기에 주구가 남겨져 있고, 그것은 거대한 봉분을 올리면서 남겨진 흔적이기에 분묘 자체가 지상에 표지적 분구를 조성한 형태로 이해할 수 있을 것이다.[21]

주구토광묘의 존재에 대한 인식과 함께 관련 연구 성과로 주구토광묘의 존재특성은 대체로 정리되었다고 해도 과언이 아닌 정도로 다양한 시각에서 현재까지 연구되어지고 있다. 또한 마한에서 백제로의 전환이란 정치적 격변기에 대한 이해에 있어서도 빈번히 다루어질 정도로 주구토광묘의 존재의미는 고대사를 이해하는데 있어 매우 중요한 자료라 할 수 있을 것이다. 그러나 이러한 다양한 연구 성과에도 불구하고 아직까지 해결해야할 과제가 산적해 있는 것 또한 주지의 사실이다. 대표적으로 주구토광묘 등장 전후의 묘제상에 대한 실체가 아직까지 불분명 하다는 것이다.

주구토광묘의 등장 시점은 청당동유적에 대한 편년을 통해 2세기 중·후반에서 3세기 초반으로 이해되고 있다. 이러한 이해 속에서 앞서 언급했듯이 외래묘제와의 구조적 속성과 출토유물을 통한 친연성의 설정 등이 이루어졌으나, 그에 대한 부정적 견해도 상당하다 할 수 있다. 주구토광묘 등장 전후의 묘제상의 난제는 '문화상의 공백기'라 표현될 정도로 중서부지역의 기원전후~2세기대 걸친 고고학 자료의 영성함에 기인한다.

그러나 2010년 이후 중서부지역 일대의 토광묘유적이 지속적으로 조사되면서 아산 용두리 진터 유적, 평택 마두리유적, 오산 궐동유적 등에서 기왕에 주구토광묘 출토유물과는 다른 패턴의 유물들이 출토되면서 그동안 공백지로 남아있던 2세기대의 묘제상을 일부 남아 설명해 줄 수 있는 자료가 확인되고 있으며, 이에 대한 연구도 활발히 이루어지고 있다.

---

21 이남석, 2014, 앞의 책, 106쪽.

특히 아산 용두리 진터유적과 오산 궐동유적에서 조사된 토광묘의 경우 자연지형을 달리하면서 토광묘와 주구토광묘가 순차적으로 조영된 것으로 확인되었으며, 출토유물의 경우도 뚜렷한 변화상이 확인되었다.

Ⅲ. 선행 묘제에 대한 접근

주구토광묘는 대체로 2세기 중·후반~3세기 초반 무렵에 중서부지역 일대에 등장하고, 이후 확산기를 거쳐 4세기 후반 무렵 관·곽토광묘, 석곽묘, 석실묘의 등장과 함께 소멸단계에 이르는 것으로 알려져 있다.[22]

주구토광묘 등장 이후 확산과 소멸의 모습은 다양한 시각에서 구체화되는 반면 주구토광묘 등장 이전의 묘제상은 자료의 부족과 인식의 미비로 인해 아직까지 구체화되지 않고 있다. 물론 주구토광묘의 등장과 함께 묘제의 구조적 속성과 출토유물의 유사성을 들어 그 원류에 대한 접근이 이루어졌으나, 이에 대한 부정적인 인식도 상당하다 할 수 있다. 이에 필자는 주구토광묘의 등장과 확산을 언급하기 이전에 선행 묘제에 대한 이해가 반드시 이루어져야 한다는 문제인식에서 선행 묘제에 대한 접근을 시도하고자 한다.

선행 묘제에 대한 접근에 앞서 주구토광묘의 묘제적 특징을 살펴보면 개별 묘역의 설정과 더불어 외형의 표식이 분명한 분구를 갖추면서 외곽에서 주구를 남겼다는 점을 꼽을 수 있다. 이는 무덤간 일정한 간격을 유지하면서 서로 겹치는 현상이 없다는 것과, 주구가 매장시설과 일정한 거리를 두고 경사의 위쪽에 시설되었음에서 추정할 수 있는 것이다. 이처럼 주구토광묘의 묘제적 특징 중에 주목할 부분은 표식의 존재라 할 수 있을 것이다. 따라서 주구토광묘는 묘제 자체가 외부에서 유입 되었다기 보다는 선행 묘제에 표식이라는 개념이 추가되면서 나타나는 묘제로 인식할 수 있지 않을까 한다. 자연스럽게 주구토광묘 이전 선행 묘제는 토광묘임을 알 수 있다.

사실 중서부지역 일대에서 원삼국시대 이전 묘제상을 언급할 수 있는 구체적 자료는 아직까지 부족한 편이다. 그러나 이미 초기철기시대 이후 이 지역에는 지하에 토광을 굴착하고 내부에 피장자를 안치하는 토광묘의 존재는 곳곳에서 산발적으로 확인되고 있다. 초기철기시대 토광묘의 경우 일부 지역을 제외하면 대체로 수 기 정도만 산발적으로 분포하며, 매장주체부의 경우 지하로 비

---

22 이남석, 2014, 앞의 책, 115~124쪽.

교적 깊은 토광을 굴착하여 조성한 특징을 보인다. 깊은 토광의 조성은 곧 피장자를 보호하기 위해 분묘를 조영하였음을 추측할 수 있는 요소라 할 수 있다. 반면 매장주체부 주변으로는 표식의 존재를 파악할 수 있는 흔적은 전혀 확인되지 않고 있다. 따라서 초기철기시대 이후 토광묘의 존재와 그 특징은 피장자를 보호하기 위해 토광을 깊이 굴착하는데 중점을 두었으며, 반면 분묘의 표식에 대한 인식은 부족했을 가능성이 충분하다 할 수 있다.

주구토광묘 이전 중서부지역 일대에 존재했던 묘제는 토광묘로 이해할 수 있으며, 그 특징으로 는 피장자를 보호하는데 중점을 두어 매장주체부를 지하 깊이 굴착하여 조성하였으며, 분묘의 표식에 대한 인식을 부족했던 것으로 이해할 수 있다. 이러한 재지적 전통에 표식이란 개념이 새로이 추가되면서 외형의 표식이 분명한 분구를 갖추면서 외곽에 주구를 남겼고 이러한 묘제를 주구토광묘로 이해할 수 있을 것이다.

한편 최근 주구토광묘 이전 선행묘제에 대한 새로운 접근이 제시되어 주목된다. 이남석은 마한의 묘제에 대한 인식에 있어 마한의 분묘는 마한으로 분류된 시기와 지역에서 사용된 분묘로 이해하고 그 특징은 목관이나 옹관 사용이 전제되고, 지하 매납이 아닌 지상에 매장시설을 구축한 다음에 흙을 덮는다는 것이다. 즉 매장시설은 목관이나 옹관을 사용하고, 매장부는 지상에 안치하고 봉토하는 것으로 묘제를 정리할 수 있다. 더불어 목관의 잔존 정형에서 결구재가 발견되지 않는 것으로 미루어 지상에 목관을 시설한 다음에 시신을 안치한 것으로 이해하였다. 이러한 마한의 묘제를 봉토묘로 이해하였으며, 이 시기 분묘자료가 매우 영성한 이유의 설명이 필요하고, 나아가 이는 조사의 미비나 결여보다는 오히려 분묘나 묘제 자체에서 비롯된 것으로 보아야 한다는 것을 강조하였다.[23]

주구토광묘의 선행 묘제에 대한 접근에 있어 봉토묘에 대한 이해는 여러 가지로 주목할 부분이 있다. 먼저 이 시기 관련 자료가 현저히 부족한데 대해서 그동안 공백기로만 파악했을 뿐 묘제의 인식전환에 대해서는 간과한 부분이 있었다고 판단된다. 이러한 부분을 구체적으로 설명해주는 것이 봉토묘라 할 수 있을 것이다. 즉 분묘자료가 부족한 부분을 묘제적 특징을 통해 이해했다는 것이다. 매장부를 지상에 안치하고 매장부를 보호하기 위해 흙이나 석재로 봉토를 조성함으로써 유구자체의 유실로 이어질 수밖에 없는 환경에서 그러한 분묘가 오랜 기간 존치되어 유적으로 남겨지기기 어렵다는 것을 지적할 수 있다.

둘째는 봉토묘 또한 분묘의 외형에서 보이는 표식시설은 미약하며, 매장부를 보호하기 위해 봉

23 이남석, 2014, 앞의 책, 40~44쪽.

토를 낮게 조영했을 가능성이 높다고 판단된다. 봉토묘 관련 자료로 제시되고 있는 광주 신창동 옹관묘유적, 군산 미룡동유적, 화순 용강리유적의 분묘 분포를 살펴보면 별도의 표식으로 인식할만한 굴착이나 흔적은 확인되지 않는 반면, 매장부가 인접해 있거나, 중복 조성된 양상을 확인할 수 있다. 따라서 이러한 분포정형을 통해 봉토묘 역시 매장부를 보호하는데 중점을 두고 조영했을 것으로 판단된다.

요컨대 주구토광묘 등장 이전 선행 묘제에 대한 접근을 주구토광묘의 특징 중 외형의 표식에 주목하여, 토광묘와 봉토묘로 이해하고자 하였다. 주구토광묘란 묘제가 외부에서 유입되었다기 보다는 표식의 개념이 추가되면서 나타나는 양상으로 파악하고자 하였다. 초기철기시대 이래 이 지역에 존재했던 토광묘의 특징은 지하로 토광을 굴착하여 매장주체부를 안치하는 것으로써, 지상에 별다른 표식은 확인되지 않는다. 따라서 이러한 묘제는 매장부를 보호하는데 중점을 두었을 뿐 표식에 대한 개념은 미비했던 것으로 보았다. 봉토묘 역시 지면을 대강 정지하여 매장부를 안치한 후 흙이나 석재를 이용해 매장부를 덮은 묘제로 파악되며, 이것 역시 표식에 대한 개념보다는 매장부를 보호하는데 치중했던 묘제로 이해하고자 하였다. 토광묘와 봉토묘의 묘제적 특징에 기반하여 표식에 대한 개념이 추가되면서 계기적으로 변화하여 나타나는 묘제를 주구토광묘로 파악하고자 한다.

Ⅳ. 주구토광묘 등장기 변화상

지금까지 주구토광묘의 인식과 선행묘제에 대해 기왕에 연구된 자료를 중심으로 살펴보았다. 주구토광묘의 등장은 새로운 묘제의 유입보다는 기존 재지적 묘제 전통에 표식이란 개념이 추가되면서 나타나는 요소로 파악할 수 있었으며, 등장 이후 다양한 변화양상 속에서 중서부지역 일대에 중심묘제로 자리하게 된다.

주구토광묘는 청당동유적이 조사된 이후 유적에서 출토된 유물상을 토대로 편년과 변화상을 구체화 하였다. 원저단경호와 심발형토기를 기본적으로 부장하였으며, 마형대구, 환두(大)도, 철모, 철부, 철도자, 곡봉형대구 등의 철기류 그리고 다량의 구슬이 공반되는게 일반적인 유물상으로 확인된다. 이외에 지역에 따라 혹은 시간에 따라 특수기종들이 추가되거나 탈락되는 지역적 특징도 보인다.

그러나 2009년 아산 용두리 진터유적을 시작으로 분묘 출토유물에 있어 기존 청당동유적에서 보이는 유물상과는 이질적인 유물상이 확인되면서 주목받기에 이른다. 아산 용두리 진터유적에서는 유개대부호와 원저발이 함께 부장되었으며, 이밖에 관모돌출형 철모와 철검, 무경식철촉 등이 함께 출토되었다. 이러한 유물 조합상은 기존의 양상과는 크게 다른 것으로써 이에 대한 변화상과 편년이 시도된 바 있다.

이에 본고에서는 최근 주구토광묘 등장기 전후의 변화상을 파악할 수 있는 자료가 지속적으로 증가함에 따라 관련자료를 분석하여 총 3단계로 구분하여 구체적인 변화상을 파악해보고 한다.

1. 토광묘 단순기

토광묘 단순기로 주구토광묘 이전에 토광묘가 존재했음을 짐작케하는 자료라 판단된다. 대표적인 유적으로는 아산 용두리 진터유적, 오산 궐동유적, 평택 마두리유적 등에서 그 존재가 확인된다. 아산 용두리 진터유적 가지점에서 조사된 분묘의 경우 동일지역 내에 구역을 달리하여 토광묘와 주

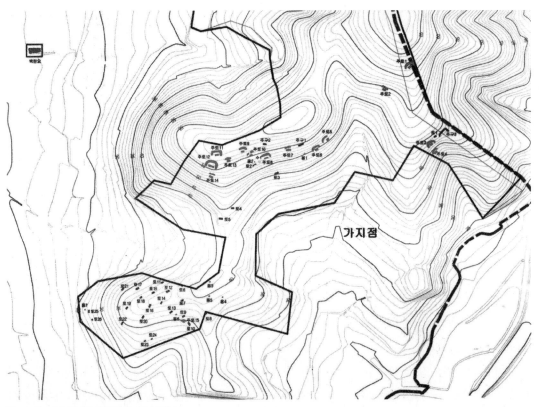

〈도면 1〉 아산 용두리 진터유적 유구배치도

구토광묘가 분포하며, 이러한 묘제의 상이성은 시간성을 반영하는 것으로 판단된다.[24]

　유물부장양상은 토기류의 경우 원저단경호와 유개대부호, 원저발 혹은 원저단경호+유개대부호, 원저단경호+원저발 등으로 구성되어 있으며, 철기류는 철검이 출토되며 이밖에 관모돌출형철모, 무경식철촉, 철부, 철겸, 철착 등이 함께 출토된다. 구슬류는 출토빈도수가 빈약한 편이며, 청동유물은 마형대구가 유일하다.

　매장주체부는 목관과 목관이 혼재되어 있다. 목관은 판재로 결구하여 제작한 상자형이 대부분이며, 유물은 목관과 단벽사이에 부장하였다. 이밖에 오산 궐동유적에서는 합장묘의 양상도 함께 확인되는 특징을 보인다.

　출토유물에 대해 구체적으로 살펴보면 먼저 원저단경호의 경우 단수로 부장되는 양상을 보이며, 대체로 동체 중단부에서 최대경을 이루는 편구형의 기형이 주로 출토된다. 기면의 문양은 격자문 일색으로 구연부를 제외한 기면 전면에 타날되어 있다.

　유개대부호는 가장 특징적인 유물로 확인된다. 뚜껑과 대부호가 기본 세트를 이루며, 일부 뚜껑이 없는 예도 확인된다. 뚜껑의 형태는 삿갓형을 기본으로 접시형과 반구형이 소수 확인된다. 뚜껑

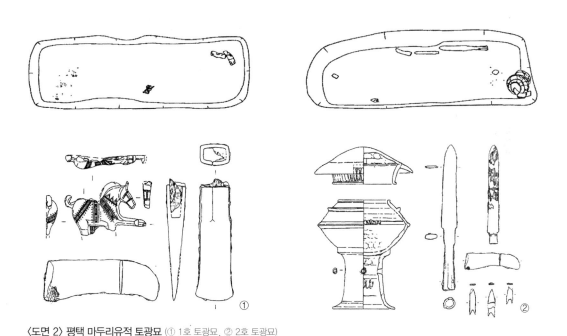

〈도면 2〉 평택 마두리유적 토광묘 (① 1호 토광묘, ② 2호 토광묘)

24　충청문화재연구원, 2011, 앞의 보고서, 311~317쪽.

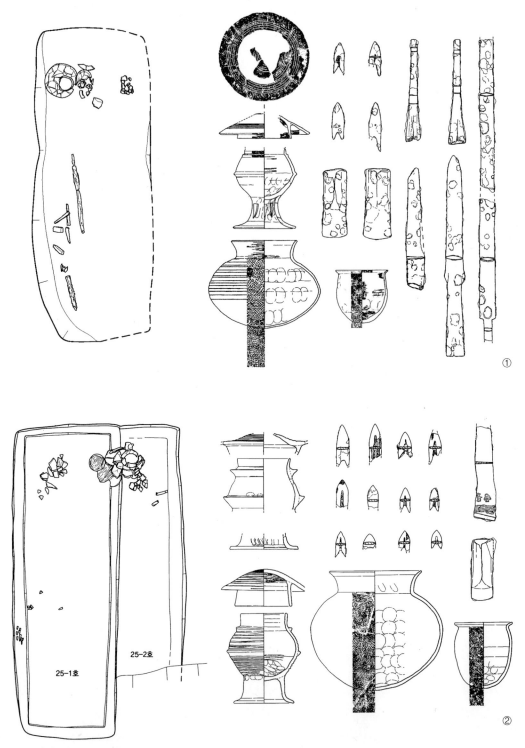

〈도면 3〉 토광묘 단순기 유구와 유물 (① 아산 진터 5호, ② 오산 궐동 25호)

의 기면에는 나선형의 침선이 조밀하게 돌려져 있다. 동체부의 형태는 편구형과 구형의 형태가 다수를 차지한다. 기면에는 별다른 문양은 확인되지 않으며, 돌대를 부착하여 장식성을 가미하였다. 대각은 별도로 제작하여 부착하였으며, 대각의 중단부에 투창이 뚫려져 있고 형태는 원형과 삼각형 장방형 등으로 다양하다.

원저발은 유개대부호와 함께 이 시기 분묘 출토품의 대표적인 기종으로 확인된다. 형태는 대부분 'U'자 형태로 성형되었으며, 기면에 격자문이 타날되어 있으며, 일부 소문도 확인된다. 원저발의 기형상의 특징 변화는 크게 확인되지 않으나, 대체로 깊고 저부쪽이 넓게 성형되는 경향은 확인된다.

철검 역시 유개대부호와 원저발과 함께 토광묘 단순기에 나타나는 특징적인 유물로 여겨진다. 60㎝ 이상의 장검이 다수를 차지하나, 평택 마두리유적 2호 토광묘에서는 30㎝ 내외의 단검이 1점 출토된 바 있다.

철모는 철기류 가운데 비교적 출토량이 많다. 개별 유구 내에서 2점에서 많게는 7점까지 함께 출토되는 사례가 다수를 차지한다. 형태는 관부가 마름모꼴 형태로 돌출된 관모돌출형이 대부분이다. 이밖에 마형대구와 무경식철촉, 철검, 철부 등이 함께 출토되는데, 마형대구의 경우 유물량은 많지 않으나, 형태적 특징을 통해 상대편년의 자료로 활용되고 있다.

토광묘 단순기의 시간상에 대한 설정은 기왕에 연구된 유물을 통해 대체적인 접근이 가능하다. 영남지역과 경기·충청지역에서 출토된 철모를 비교하여 모두 6단계로 형식을 분류한 연구에서는 평택 마두리유적 2호 토광묘 출토 철모를 가장 이른 시기로 분류하고 그 형태와 조합양상에 있어 영남지역 목곽묘 초기 단계와 유사함을 주목하여 2세기 전반으로 판단하였다.[25]

아산 용두리 진터유적 출토 원저단경호와 원저발의 형태와 속성변화를 살펴, 영남지역 2세기대의 형태와 유사함을 지적하고 금강유역 일대에서 가장 이른 단계의 유적으로 2세기 중반~후반 무렵으로 파악 하였다.[26]

또한 아산 용두리 진터유적 23호 토광묘와 평택 마두리유적 1호 토광묘 출토 마형대구는 말의 얼굴에 굴레가 표현되었으며, 목 둘레로 2조의 선문과 거치문이 음각으로 새겨져있으며, 격판내부에는 집선문이 채워져 있다. 말의 몸통에는 가슴걸이, 안장, 후걸이를 모두 표현하였는데, 이러한 마형대구는 경주 덕천리 124호분 출토품과 경주 조양동 60호 출토품의 형태와 속성이 매우 유사하다. 경주 덕천리유적의 중심연대는 인근 사라리 130호분 이후 2세기 중~후엽까지 축조되다가

---

25 김새봄, 2011, 앞의 논문, 94~95쪽.
26 지민주, 2011, 앞의 논문, 240~241쪽.

목곽묘로 변화해가는 것으로 보고 있다. 조양동유적 역시 와질토기와 철기 등의 부장품으로 보아, 대체로 2세기 중반~3세기 초 까지 편년이 가능하며, 목관묘에서 목곽묘로의 전환기에 해당하는 유적으로 보고 있다.

따라서 토광묘 단순기의 시간상은 대체로 2세기 중반~2세기 후반 무렵으로 정리할 수 있다.

2. 주구토광묘 등장기

이 단계 가장 큰 특징은 바로 주구토광묘의 등장이라 할 수 있다. 매장부의 경사면 위쪽에 눈썹형 또는 마제형의 주구가 부가되는데 이는 매장부 상면에 분구를 조성하면서 외변에 주구를 남긴 것으로 판단된다. 주구토광묘 등장기 묘제상의 특징은 외형의 변화가 나타날 뿐 유물상의 큰 변화는 없는 것으로 확인된다. 유개대부호와 원저발 그리고 철검이 함께 공반되는 양상은 토광묘 단순기 유물상과 동일하다. 따라서 주구토광묘의 등장은 이 새로운 묘제의 유입 보다는 이 지역의 전통 묘제에 분묘를 조성하는 요소 즉 외형에 분롱을 만들어 개별 분묘의 표식이 추가되는 장재적 개념

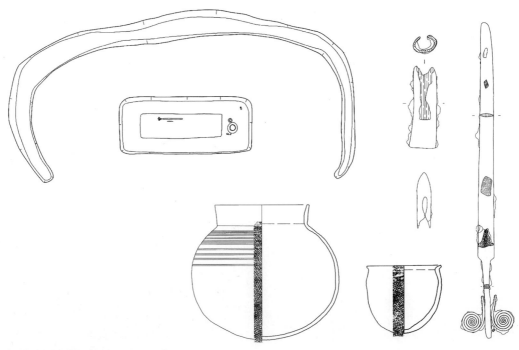

〈도면 4〉 연기 용호리유적 1호 주구토광묘

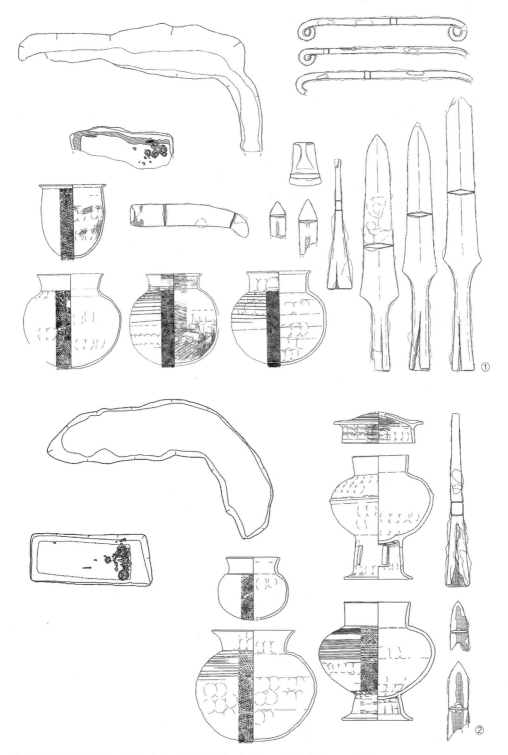

〈도면 5〉 주구토광묘 등장기 유구와 유물 (아산 진터 ① 8호 주구토광묘, ② 12호 주구토광묘)

이 영향을 미치면서 나타나는 묘제로 판단하였다.

이 시기 특징을 구체적으로 살펴보면 주구토광묘의 등장으로 정리할 수 있으나, 토광묘로 지속적으로 사용되었던 것으로 판단된다. 형태 등은 큰 변화는 없으나, 묘광의 길이 등이 세장해지는 경향성은 보인다. 매장주체부 역시 목관과 목곽을 혼용해서 사용하였다.

유물부장양상은 토광묘 단순기와 유사하나 세부적인 형태와 속성에서 변화가 감지된다. 원저단경호의 경우 단수로 출토되던 것이 복수로 함께 출토되는 양상이 확인되며, 기형이 편구형 일색이던 것이 구형의 형태로 변화하는 모습이 관찰된다. 기면의 문양은 격자문이 대부분이다.

유개대부호는 형태상의 변화가 확인된다. 먼저 동체에 돌대가 부착되던 것이 탈락되거나 축소되는 양상이다. 또는 동체 상단부와 동체와 대각의 접합 부분을 크게 돌출시켜 성형하는 모습도 관찰된다. 기면에는 성형 시 이루어진 것으로 보이는 침선이 두껍게 남아있다. 동체의 기형은 구형 혹은 편구형에서 구형, 원통형, 나팔형 등으로 다양해지는데, 전체적으로 균형 잡힌 형태에서 흐트러지는 양상으로 변화한다. 또한 아산 용두리 진터 16호 주구토광묘와 밖지므레 3-1호 주구토광묘 출토품의 경우 원저단경호에 대각을 부착한 형태도 일부 확인된다.

뚜껑은 삿갓형태가 다수를 차지하나, 일부 호선형이 추가되는 양상을 보인다. 뚜껑 역시 드림부가 과도하게 길게 성형되거나, 뒤틀림 형상이 다수의 유물에서 관찰되기도 한다. 대각은 대체로 높이가 낮아지는 경향성은 관찰되나 큰 형태 변화는 보이지 않는다. 대체로 주구토광묘 등장기 유개대부호는 기형은 유지하고 있으나 세부적인 속성변화가 다수에서 확인되며, 형태 또한 다양해 진다. 이러한 속성변화의 특징은 기술적 속성의 변화보다는 모방품 생산에 따른 결과로 추정되나, 아직까지 이와 관련된 생산유구가 확인되지 않고 있어 향후 좀 더 면밀한 검토가 필요할 것으로 판단된다.

원저발 역시 기형변화는 크게 보이지 않으나, 대체로 기고가 낮아지는 양상이며, 출토비율이 낮아져 점차 부장품에서 탈락되어 이후 주구토광묘 확산기에 접어들어 심발형토기로 대체되는 것으로 보인다.

철검의 경우도 지속적으로 출토되나, 단검은 확인되지 않고 장검 일색이다. 특히 연기 용호리유적 1호 주구토광묘와 천안 대화리·신풍리유적 Ⅳ지구 KM-051호 주구토광묘에서 출토된 철검의 경우 병부 양쪽에 장식성을 가미한 궐수문양이 부착되어 있는데, 이는 철검의 용도가 실용기에서 전용의기로 변모하면서 나타나는 양상으로 추정된다. 철모와 양단환부봉, 철겸, 철착 등의 철기류 역시 지속적으로 부장되는 양상을 확인할 수 있다.

주구토광묘 등장기에 대한 편년은 대체로 2세기 후반 무렵으로 파악된다. 궐수문양철검의 출토사례와 원저발의 형식 분류를 통한 시간성의 설정 그리고 환령지말 한예의 강성으로 서북한 지역에

서 중서부지역으로의 문화전파와 기술 유입이 이루어졌던 상황을 통해 추정할 수 있다.[27]

3. 주구토광묘 확산기

천안 청당동유적 조사 이후 중서부지역 일대에서 조사된 주구토광묘의 묘제적 특징은 앞서 주구토광묘의 인식 부분에서 대략적으로 언급한 바 있다. 묘제의 외형 뿐만 아니라 유물부장양상에 있어 원저단경호와 심발형토기가 공반되는 대표적 특징 등을 필자는 주구토광묘의 확산기에 나타나

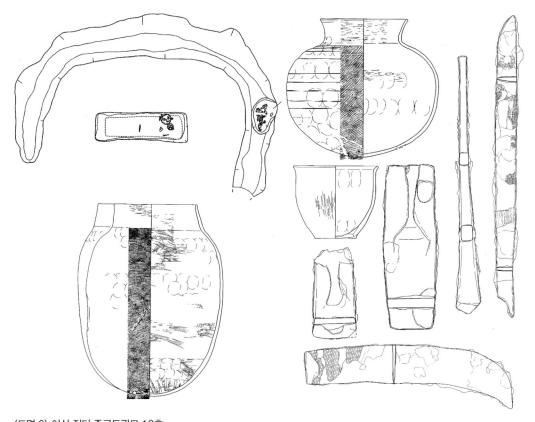

〈도면 6〉 아산 진터 주구토광묘 12호

27 서현주, 2016, 「금강 유역 원삼국시대 유물 양상」 『금강·한강 유역 원삼국시대 문화의 비교연구』 2016년 호서고고학회·중부고고학회 합동 학술대회, 호서고고학회, 148쪽.

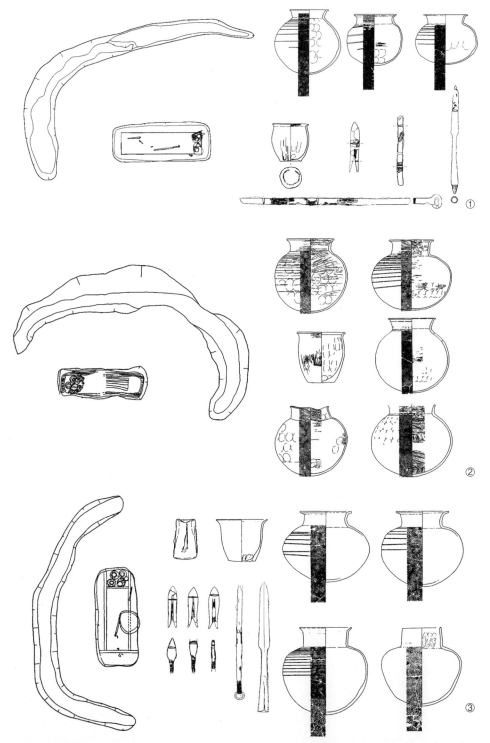

① 아산 밖지므레 2-2 21호 주구토광묘, ② 아산 진터 1호 주구토광묘, ③ 천안 청당동 18호 주구토광묘

〈도면 7〉 주구토광묘 확산기 유구와 유물

는 묘제상으로 이해하고자 한다.

주구토광묘의 확산기에 접어들면서 이전시기와 비교해 유물상에서 다양한 변화가 감지된다. 먼저 유개대부호와 원저발의 탈락이 가장 큰 특징으로 확인된다. 유개대부호가 이 지역 분묘에 언제부터 부장품으로 이용되었는지는 정확히 알 수 없으나, 토광묘 단순기와 주구토광묘 등장기 중요 부장품으로 사용된다. 유물은 시간에 따라 다양한 형태로 변화되는 모습이 보였으나, 주구토광묘 확산기에 이르러 부장품에서 완전 탈락되는 모습을 확인할 수 있다.

원저발 역시 유개대부호와 함께 공반되는 특징을 보였으나, 이 시기에 이르러 심발형토기로 대체되는 것으로 판단된다. 물론 원저발과 심발형토기는 기면의 문양 등 기술적 속성에서 다소간의 차이를 보이고 있어 계기적으로 변화 한다 볼 수 없으나, 유사 기종으로 대체되는 것으로 추정되며, 이러한 변화는 수요의 증가에 따라 이를 원활히 공급할 수 있는 심발형토기로 대체한 것으로 추정할 수 있다.[28]

철검의 경우도 이 시기에 접어들어 소멸하면서 환두도로 대체되는 변화상을 보인다. 철검은 주구토광묘 등장기에 실용기에서 점차 의례품으로 그 의미가 변화했던 것으로 파악되며, 이후 확산기에 접어들어 분묘에서 대부분 사라지고 그 자리에 환두도로 대체되는 모습이 뚜렷하게 확인된다.

주구토광묘가 중서부지역 일대에 등장하는 시기는 앞서 언급했듯이 2세기 후반 무렵으로 추정된다. 등장기 전후의 변화상을 통해 묘제의 외형과 유물상의 다양한 변화를 통해 총 3단계로 구분할 수 있었으며, 주구토광묘 확산기에 접어들어 중심묘제로 사용되면서 대체로 큰 변화 없이 소멸 단계까지 이어지는 모습을 확인할 수 있다. 물론 개별 유물의 세부속성 및 기술적 특징이 시간에 따라 변화한다거나, 지역별로 특정 유물이 추가되는 등 지역적 특징은 곳곳에서 확인되고 있으며, 주구의 기능 또한 배장공간으로 활용되기도 하고 의례행위가 이루어지는 공간으로 이용되는 등 좀 더 복합적인 기능으로 변모하기도 한다.

Ⅴ. 맺음말

주구토광묘는 중서부지역 일대에 2세기 중·후반 무렵에 등장하여 4세기 중·후반 관·곽토광묘, 석곽묘, 석실묘의 등장으로 인해 점차 소멸하는 묘제로 알려져 있다. 주구토광묘의 존재가 확

---

28 강지원, 2012, 앞의 논문, 44쪽.

인된 이후 지금까지 묘제에 대한 연원과 용어문제를 비롯해 편년과 분포정형, 묘제의 특징과 구조에 대한 연구가 상당부분 진행되었으며, 이밖에 묘제를 조영한 집단에 대한 연구도 지속적으로 진행되고 있는 실정이다. 주구토광묘에 대한 연구 성과는 그 동안 마한에서 백제로의 전환 과정을 설명해주는데 있어 중요한 자료로 활용되었음은 물론이다.

그러나 방대한 자료와 다양한 형태의 연구 성과에도 불구하고 아직까지 묘제의 등장기 전·후의 정황이나 등장 배경 등에 대해서는 관련 자료의 부족으로 인해 아직까지 구체화되지 못하고 있다. 이에 본고에서는 주구토광묘 등장기 묘제 정황을 검토해보자 하였으며, 이러한 시도는 최근 아산 용두리 진터유적, 평택 마두리유적, 오산 궐동유적, 천안 신풍리·대화리유적 등에서 조사된 ^(주구)토광묘유적이 조사되면서 가능하게 되었다.

이에 본고에서는 주구토광묘 등장기 묘제상을 살펴보기 위해 주구토광묘 이전 선행묘제에 대해서 토광묘와 봉토묘에 대해서 언급하였으며, 이러한 선행묘제는 분포정형과 유구의 구조적 특징 및 인식의 전환을 통해 그 동안 자료가 부족했던 주구토광묘 이전 시기의 묘제상을 시론적으로 검토하였다. 또한 주구토광묘는 새로운 묘제의 유입이 아닌 선행묘제의 재지적 특징에 표식이라는 개념이 추가 혹은 강화되면서 나타나는 묘제로 파악해 보았으며, 주구토광묘 등장기 묘제상의 구체적인 변화상을 살펴 크게 토광묘 단순기, 주구토광묘 등장기, 주구토광묘 확산기로 정리하였다.

참고문헌

1. 단행본 및 보고서

공주대학교박물관, 2008, 『연기 용호리 유적』.

서오선 외, 1991, 「천안 청당동 제2차 발굴조사보고서」『송국리 Ⅳ』, 국립중앙박물관.

서오선 외, 1992, 「천안 청당동 제3차 발굴조사보고서」『고성패총』, 국립중앙박물관.

서오선 외, 1995, 『하봉리 Ⅰ』, 국립공주박물관.

이남석, 2014, 『한성시대 백제의 고분문화』, 서경문화사.

중앙문화재연구원, 2011, 『동아시아의 고분문화』, 서경문화사.

중앙문화재연구원, 2013, 『오산 궐동유적』.

차용걸 외, 1995, 『청주 송절동고분군 −93년도 발굴조사−』, 백제문화개발연구원.

충청남도역사문화연구원, 2011, 『아산 명암리 밖지므레유적』.

충청문화재연구원, 2011, 『아산 용두리 진터 유적(Ⅱ)』.

한국고고환경연구소, 2014, 『천안 대화리 · 신풍리 유적』.

한국문화유산연구원, 2011, 『평택 마두리 유적』.

함순섭 외, 1995, 『청당동 Ⅱ』, 국립중앙박물관.

2. 연구논문

강인구, 1994, 「주구토광묘에 대한 몇가지 문제」『정신문화연구』17권 3호, 한국정신문화연구원.

강지원, 2012, 『원삼국기 중서부지역 토광묘 연구 −궐동유적 · 진터유적 · 마두리유적 · 용호리유적을 중심으로−』, 공주대학교 석사학위논문.

김새봄, 2011, 「원삼국후기 영남지역과 경기 · 충청지역 철모의 교류양상」『한국고고학보』81, 한국고고학회.

박순발, 1994, 「한성백제 성립기 제묘제의 편년 연구」『선사와 고대』6, 한국고대학회.

서현주, 2016, 「금강유역 원삼국시대 유물 양상」『금강 · 한강 유역 원삼국시대 문화의 비교연구』, 호서고고학회.

성정용, 1998, 「금강유역 4~5세기 분묘 및 토기의 양상과 변천」『3~5세기 금강유역의 고고학』제22회 한국고고학 대회 발표요지문, 한국고고학회.

성정용, 2000, 『중서부 마한지역의 백제영역화과정 연구』, 서울대학교 박사학위논문.

성정용, 2011, 「목관묘와 목곽묘」『동아시아의 고분문화』중앙문화재연구원 학술총서 1, 중앙문화재연구원.

이남석, 2016, 「경기지역 3~5세기대 묘제환경의 검토」『중앙고고연구』제21호, 중앙문화재연구원.

이현숙, 2011, 『4~5세기대 백제의 지역상 연구』, 고려대학교 박사학위논문.

조상기, 2014, 『청주지역 3~5세기 토기의 전개양상과 정치체의 변동』, 단국대학교 박사학위논문.

지민주, 2011, 「금강유역 원삼국시대 토기의 상대편년 및 지역성에 대하여 −분묘 매장유물을 중심으로」『금강유역 마한 문화의 지역성』, 호서고고학회.

최완규, 1996, 「주구묘의 특징과 제문제」『고문화』제49집, 한국대학박물관협회.

최완규, 2000, 「호남지역의 마한분묘 유형과 전개」 『호남고고학보』 제11집, 호남고고학회.

최완규, 2002, 「백제성립과 발전기의 금강유역 묘제 양상」 『한국상고사학보』 제37호, 한국상고사학회.

함순섭, 1998, 「금강유역권의 마한에서 백제로의 전환」 『3~5세기 금강유역의 고고학』 제22회 한국고고학대회 발표 요지문, 한국고고학회.

제2부 제2장

中西部地域 墳丘墓와
周溝土壙墓의 文化的 接變

정해준

(가경고고학연구소)

Ⅰ. 머리말

Ⅱ. 문화적 접변 현상이 나타나는 분묘유적

Ⅲ. 분구묘와 주구토광묘의 이해

Ⅳ. 분구묘와 주구토광묘의 문화적 접변현상

Ⅴ. 맺음말

Ⅰ. 머리말

중서부지역에서 조영된 마한 묘제는 墳丘墓(주구묘 포함)를 비롯하여 주구토광묘·토광묘·옹관묘 등 매우 다양한 유형의 묘제가 존재하며 마한이라 통칭되던 각지의 정치체들은 권역·지역권별로 다양한 묘제를 채용하였다. 이들 묘제들은 시간적인 흐름을 가지고 출현하여 발전하는 과정을 겪으면서 나름대로 다양하고 독특한 마한 분묘문화를 이루었다. 이들 마한 묘제들은 매장시설의 구조만 놓고 보면 크게 토광묘와 옹관묘 계열로 구분할 수 있다. 그러나 중서부지역에서 옹관묘만 조영된 집단묘역은 아직까지 확인된 바 없고, 몇몇 분묘유적에서 배장의 성격으로 소수만 확인되고 있어 매장시설만 고려하면 중서부지역 마한 묘제는 토광묘가 주체를 이루고 있다고 할 수 있다.

마한 묘제는 그 이전시기인 선사시대와 이후시기인 백제와의 묘제유형[1]과 비교하면 매우 단순한 양상을 보이는 듯하다. 그러나 각 묘제마다 지역적 차별화가 어느 정도 인지되며, 특히 분구묘는 전개 발전양상에 따른 지역적 분포권과 함께 시간적 경과에 따른 조영방법, 부장유물 조합에 있어서도 나름대로 독자성이 인정된다.

중서부지역에서 조사된 분구묘와 함께 주구토광묘는 대표적인 馬韓의 一墓制로 인식되고 있다. 그러나 이 두 묘제의 제 속성을 비교 분석할 때 지역적인 차이를 가지고 축조되었고 계통을 달리하는 것으로 판단된다[2]고 보는 것이 대체적인 경향이다.

주구토광묘의 계통에 대해서는 『三國志』魏志 東夷傳 辰韓條에 보이는 辰의 유이민 집단과 관련된 분묘이며, 분구묘만 마한 세력에 의해 축조된 분묘로 계통을 서로 달리하는 견해와,[3] 주구토광묘와 분구묘를 모두 마한인들의 분묘로 보는 견해[4]가 양분되어 팽팽한 의견대립을 보이고 있다.

분구묘와 주구토광묘는 매장시설이 단장과 다장의 차이, 축조방법, 주구형태, 입지조건, 부장유물 등에서 서로 차이점을 보인다고 알려져 있고[5] 반면에 매장주체부가 토광묘라는 점과 주구가 설치되어 분구(봉토)가 있는 점 등 공통점도 엿보인다. 그 공통점은 한 묘제가 다른 묘제에 영향을 주었을 가능성도 배제하기 어려우며, 비슷한 시기에 유사한 방향으로 묘제의 변화가 서로 영향을 끼쳤을 가능성도 매우 높다. 따라서 마한의 봉토묘가 새로이 유입된 주구토광묘의 고총형 분구조성 전통의 영향으로 분구묘가 출현하였다는 견해[6]는 매우 주목할 만하다.

일반적으로 마한 재지계 묘제로 보는 주구토광묘는 경기남부와 천안·아산·금강중류역, 청주·충주를 포함한 일대에 집중 분포하는 한편, 충청 서해안지역에는 분구묘가 집중화된 형태로 확인된다.

그러나 최근 중서부지역에서 마한묘제의 자료가 축척되면서 어느정도 지역적 분포권을 가지고 조영된 분구묘와 주구토광묘라는 두 묘제가 만나는 접경지역에서 분구묘와 주구토광묘의 속성들이 함께 보이는 분묘의 문화적 접변 현상이 관찰된다. 따라서 분구묘와 주구토광묘라는 묘제가 가

---

1 이남석, 2002, 『백제 묘제의 연구』, 서경문화사.

2 최완규, 1996, 「주구묘의 특징과 제문제」『고문화』 46집.

3 최완규, 2002, 「백제성립과 발전기의 금강유역 묘제양상」『한국상고사학보』 37호.

4 李浩炯, 2004, 『中西部地域 周溝土壙墓 硏究』, 公州大學校 碩士學位論文.

5 이택구, 2008, 「한반도 중서부지역의 마한분구묘」『한국고고학보』 66; 김승옥, 2011, 「중서부지방 마한계 묘제의 성격과 발전과정」『분구묘의 신지평』, 전북대학교 BK21사업단·전북대학교박물관.

6 이남석, 2014, 「백제 분구토광묘(분구묘)의 검토」『한성시대 백제의 고분문화』, 서경문화사, 85쪽.

지고 있는 구조적 속성과 부장유물의 조합양상과 특징을 분석함으로써 분구묘와 주구토광묘 조영집단에서 서로 다른 묘제적 속성들이 함께 나타나는 문화적 접변현상에 대해서 살펴보고자 한다.

Ⅱ. 문화적 접변 현상이 나타나는 분묘유적

1. 홍성 석택리 유적[7]

홍성 석택리 유적은 원삼국시대 환호취락이 조사된 유적으로 주거+의례+분묘+생산 공간으로 이루어져 있으며, 이를 보호하기 위한 환호시설, 그리고 도로가 갖추어진 체계적인 취락지의 면모를 보여준다.

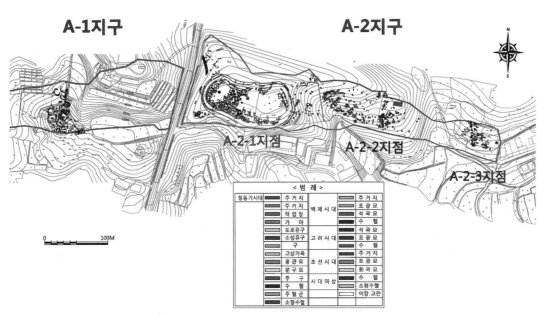

〈도면 1〉 홍성 석택리 유적 유구 배치도

---

7 서정일, 2014, 「홍성 석택리 환호취락 검토」『내포신도시 원삼국시대 환호취락검토』, 제29회 호서고고학회 학술대회, 호서고고학회; 한얼문화유산연구원, 2015, 『홍성 석택리 유적』.

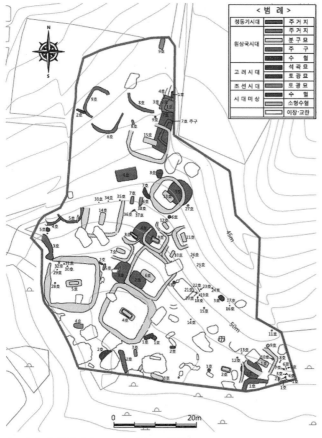

원삼국시대 분구묘는 A-1
지구에서 15기, A-2지구 2지
점에서 3기, A-2지구 3지점에
서 1기로 모두 19기가 조사되었
다. 그러나 A-2지구 2지점 2
호 분구묘와 A-2지구 3지점 1
호 분구묘의 2~4호 매장시설은
주구와 매장시설의 위치를 고려
할 때 분구묘와 관련이 없는 단
독 토광묘일 가능성이 높다. 분
구묘는 환호취락지(A-2지구 1지점)
를 중심으로 반경 200m 내외
에 분포하며, 해발 55m의 구릉
정상부(A-1지구)를 비롯해 해발
39~40m의 사면부(A-2지구 2지
점 주거지 하단부)와 환호취락지에
서 동쪽으로 약 200~300m 정
도 떨어진 해발 39m(A-2지구 2지
점 말단부) 또는 28m의 저평한 구

〈도면 2〉 홍성 석택리 A-1지구 분구묘 현황도

릉지(A-2지구 3지점)에 조성되어 있어 입지에 차이를 보인다.[8]

특히 A-1지구의 분구묘는 독립된 구릉부에 15기가 운집해 있어 환호취락지의 중심묘역으로 추
정되고 있다. 주구의 평면형태는 방형, 원형, 'ㄷ'자형, 'ㄱ'자형으로 구분된다. 매장주체부는 토광묘
로 주구내부의 중앙부분에 단독으로 조성되어 있으며, 장축방향은 대부분 등고선과 나란하나 일부
직교하는 것도 확인된다. 묘광의 깊이는 30~86㎝ 정도이며, 내부에 목곽을 시설한 후 목관을 안
치한 것(8기)과 목관만을 사용한 것(10기)으로 구분된다. 출토유물은 양이부호, 원저단경호, 평저단경

---

8 홍성 석택리 유적에서 조사된 주구토광묘는 매장주체부가 지하 깊이 굴착한 전통으로 인하여 주구토광묘로
   보았지만 서산 예천동 유적처럼 주구의 중복 또는 연접현상, 주구의 형태, 매장주체부의 축조방법·부장유
   물 등이 서로 상통하기 때문에 분구묘로 보는 것이 타당하다고 판단된다. 이와 같은 분구묘는 경기지역에
   서 조사된 분구묘와도 서로 상통한다고 판단된다.

호, 소환두도, 목병도, 철도자, 철부, 철모 등이 출토되었다. 조영시기는 양이부호의 형태, 소환두도의 세경화현상 등을 고려할 때 3세기 후반~4세기 전반으로 설정할 수 있다.

따라서 분묘공간의 입지 · 분포현황 · 출토유물의 중심연대 등을 종합해보면, 석택리 환호취락의 중심묘제는 A-1지구에 위치한 분구묘로 판단되며, 그 이후에 흑색마연토기가 부장된 백제토광묘의 출현 등 환호 내부를 제외한 주변지역에서 급격한 변화가 살펴진다.

2. 연기 대평리 유적[9]

연기 대평리 유적은 행정중심복합도시의 남쪽 경계에 해당하는 지역으로 금강의 남안에 형성되어 있는 자연제방에 위치하고 있다. 자연제방은 금강에서 직선거리로 약 700m 정도 떨어져 있으며, 가장 높은 곳은 현재의 금강수위보다 약 3m 정도 높다. 발굴조사 결과 자연제방의 전체적인 형태는 남동쪽에 위치하고 있는 구릉과 구하도를 경계로 북서-남동 방향으로 길게 연결되어 있는 것으로 확인되었다.

4차 발굴조사를 통해 확인된 유구는 원삼국시대[10] 취락을 비롯하여 분묘유구로 토광묘 6기, 옹관묘 4기 등이 조사되었으며, 2차 발굴조사지역과 연결되는 미고지 정상부를 따라 분포하고 있다. 조성방법에 따라 토광묘와 옹관묘로 구분되며 토광묘가 다수를 차지한다. 토광묘는 주구가 설치된 것과 주구가 없는 토광묘로 구분되는데, 주구가 설치되어 있는 토광묘는 분구묘일 가능성이 높다. 또한 주구가 없는 토광묘 역시 묘광의 깊이가 얕아 주구가 삭평되었을 가능성이 있는 것으로 보인다. 주구는 삭평되어 일부만 확인되고 있어 명확한 형태의 파악은 어렵다. 매장주체부의 평면형태는 장방형이며, 장축방향은 대부분 북-남으로 비교적 규칙적인 편이다.

매장시설은 대부분 단독장이며, 일부 二穴 合葬墓가 확인되며, 주구가 서로 중복되거나 수평 연접되어 배치된 양상을 보인다. 부장유물은 원저단경호+심발형토기의 세트관계가 어느 정도 보이고 있는 양상이다.

9　한국고고환경연구소, 2014, 『행정중심복합도시 3-1생활권(3-1-D지점)문화재 발굴조사 학술자문회의 (6차)』.

10　학술자문회의 보고서에 원삼국~백제시대 분묘로 보고 있어, 마한에서 백제로 넘어가는 과도기에 조영된 유적으로 판단된다.

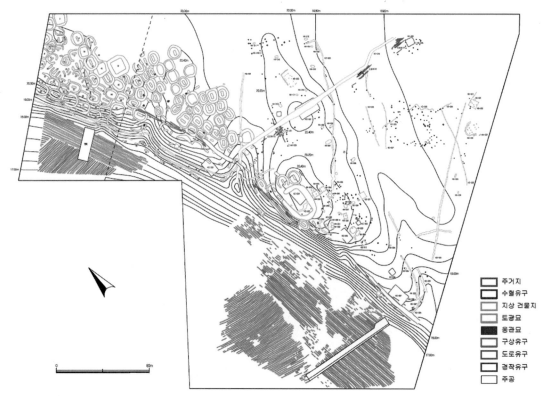

<도면 3> 연기 대평리 유적 분구묘 유구배치도

3. 공주 장원리 유적[11]

장원리 유적은 정안-행정간 국도 23호선 확·포장공사 구간에 대한 발굴조사에서 확인된 유적
이다. 신석기시대 유물퇴적층, 청동기시대 주거지 1기, 토광묘 9기, 옹관묘 1기를 비롯하여 주구토
광묘 29기가 조사되었다. 주구토광묘 2기는 구릉상 평탄지에 조성되었으며, 주구의 형태는 1호가
방형, 2호는 원형이다. 나머지 주구토광묘는 모두 능선의 경사면에 축조되었으며 눈썹형 주구를
두르고 있다.

1호[(2기)], 17호, 19호[(2기)], 24호의 주구에는 옹관묘가 배장되었으며, 10·29호의 주구에는 토광
묘가 배장된 특징을 보인다. 이외에도 1호, 9호 주구에서는 토기가 깨뜨려져 출토되었고, 4호, 5호

---

11 柳基正 外, 2001, 『公州 長院里 遺蹟』, (재)충청매장문화재연구원 문화유적 조사보고 제26집.

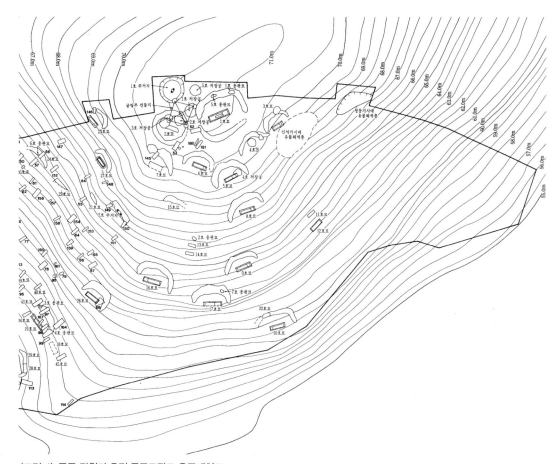

〈도면 4〉 공주 장원리 유적 주구토광묘 유구배치도

주구에서는 심발형토기가 출토되기도 하였다.

매장주체부는 1호만 목곽묘를 사용한 토광묘이며, 나머지는 모두 목관을 사용한 토광묘이다. 분구묘처럼 주구가 네 면을 에워싼 1호, 2호는 모두 단장이며, 철기류는 1호에서 철촉 5점과 함께, 철착, 도자 1점씩이 출토되었다. 토기류는 주구토광묘와 마찬가지로 단경호와 발형토기가 공반된 양상이다. 다만 1호묘에서는 원저단경호 10점을 비롯하여 총 18점의 유물이 출토되어 다른 주구 토광묘에 비해 부장량이 월등히 많은 점은 주목된다.

주구토광묘는 모두 일정한 묘역을 가지고 상호간에 중복된 예는 없다.

4. 公州 新影里 여드니 遺蹟[12]

여드니 유적에서는 원삼국시대 분묘유구로 주구가 일부 유실된 주구토광묘 1기와 토광묘 1기, 옹관묘 1기가 조사되었다.[13]

주구토광묘는 남쪽 조사지역 경계 부분에서 확인되었는데, 조선시대 토광묘들에 의해 일부 파괴되었다. 매장주체부는 장방형의 목곽이 설치된 반지하식 토광목곽묘로 추정된다. 묘광 내부 토층을 살펴보면, 목곽외부에 적갈색 사질의 충진토가 관찰되며, 목관 내부는 U자상으로 갈색 사질토, 적갈색 사질토 등이 중첩되어 함몰된 양상이 확인된다.

주구는 남쪽과 북쪽에 잔존되어 있으나 동쪽과 서쪽의 주구는 뚜렷하게 확인되지 않는다. 주구는 풍화 암반토를 굴광하여 조성하였으며, 단면 'U'자 형태를 띤다.

북쪽 주구의 잔존너비는 126cm이며, 잔존깊이는 12cm이다. 남쪽 주구의 잔존너비는 156cm, 최대 깊이는 18cm이다. 남쪽 주구의 북벽을 파괴하고 옹관묘와 원삼국시대 토광묘 및 시대미상 수혈유구가 조성되었다.

서쪽주구는 토층상에서만 확인되고 있어 규모는 정확히 알 수가 없다. 동쪽 주구는 후대의 민묘 조성과정에서 대부분 파괴된 것으로 추정되나 평면상에서 아주 약하게 주구의 흔적이 확인된다. 동쪽을 제외한 서·남·북 주구와 매장주체부의 거리는 각각 200cm, 260cm, 244cm 정도이며 이로 볼 때 주구의 원래 형태는 'ㅁ'자형으로 조성되었을 것으로 추정된다.

부장유물은 목곽 내에서 원저단경호 2점, 환두대도 1점, 철부 2점, 철모 1점, 철촉 1점, 옥 1점 등이 확인되었다.

토광묘는 주구토광묘 남쪽 주구를 일부 파괴하면서 조영된 토광목관묘이다. 목관의 규모는 길이 162cm, 너비 80cm이다. 부장유물은 남쪽 모서리에서 원저단경호 2점이 출토되었다.

옹관묘는 주구토광묘의 남쪽 주구를 일부 파괴하고 조성되었다. 회백색 연질호가 반 이상이 깨진 채 드러나 있었다. 2개체의 옹이 확인된 것으로 보아 합구식 옹관이었던 것으로 추정된다.

---

12 오규진, 2005, 「공주 신영리 여드니유적」, (재)충청문화재연구원 문화유적 조사보고 제42-1집.

13 주구토광묘와 옹관묘, 그리고 토광묘 1기가 조사되었다고 보고되었지만 필자는 주구토광묘는 분구묘이고 옹관묘와 토광묘는 분구묘 대상부에 설치된 추가장으로 보고자 한다. 따라서 분구묘 1기로 보는 것이 합리적이라고 판단된다.

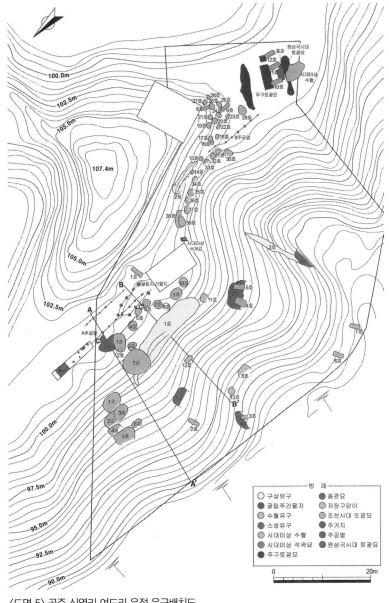

〈도면 5〉 공주 신영리 여드리 유적 유구배치도

범 례

○ 구상유구	● 옹관묘
● 굴립주건물지	● 저장구덩이
● 수혈유구	● 조선시대 토광묘
● 소성유구	● 주거지
● 시대미상 수혈	● 주공열
● 시대미상 석곽묘	● 원삼국시대 토광묘
● 주구토광묘	

0   20m

Ⅲ. 분구묘와 주구토광묘의 이해

중서부지역에서 주구가 둘러진 무덤은 처음 천안 청당동 유적 보고서에서 '주구가 갖춘 분묘'

로 보고한 바 있으며,[14] 강인구는 이를 주구토광묘로 칭하였다. 그 이후에 청주 송절동 유적,[15] 공주 하봉리 유적[16] 등 천안과 공주, 세종을 포함하여 충북지역 전역에서 지속적으로 발굴조사되었다. 그 이후에 대부분 연구자들은 경사면 위로 눈썹형 또는 'ㄷ'자형 주구가 돌아가면서 매장시설로 토광묘를 사용하는 묘제를 "주구토광묘"라는 용어를 사용하고 있다. 그러나 이후 중서부지역에서 1995년 보령 관창리 유적[17]과 서천 당정리[18]에서 대규모의 주구를 가진 고분들이 조사되면서 청당동 유적과는 달리 매장주체부가 잘 확인되지 않고 사방으로 방형의 주구가 돌아가는 점에 주목하여 주구토광묘가 아닌 '주구묘'라는 용어가 새롭게 등장하고,[19] 관창리 유적의 보고자들도 관창리 주구묘처럼 사방으로 방형의 주구를 두르고, 지상 또는 반지상형 매장주체부를 조영한 것만을 주구묘의 범주에 포함시켰다.[20] 최완규는 이후 주구묘를 마한의 무덤으로 인식하고, 주구묘로부터 영산강유역의 옹관고분으로 변천해 나가는 과정을 제시하였다.[21] 또한 당시의 무덤을 토광묘, 옹관묘, 그리고 분구묘로 나누고, 분구묘를 다시 분구가 없고 매장시설이 확인되지 않은 것을 주구묘로, 분구가 남아 있는 분구묘는 분구형태에 따라 이형분구묘 · 방대형 분구묘 · 원형 분구묘 등으로 세분하기도 하였다.[22]

이후 이성주는 한반도를 포함한 동북아시아의 분구묘를 다루면서 주구묘로 불리고 있는 분묘에 대해 성토분구묘적 성격을 갖는 분묘임을 강조하였다. 분구묘는 흙이나 돌을 쌓아서 조성한 분구를 가진 무덤으로, 매장주체부를 먼저 조성하는 봉토분과 달리 분구를 먼저 조성한 후, 그 내부에 매장시설을 축조하는 것으로 규정하였다.[23] 최완규도 주구묘가 계기적인 발전을 거쳐 마지막에는 영산강유역의 정형화된 분구묘로 이행되는 점에서 주구묘를 주구토광묘와는 달리 분구묘의 범주에

14 韓永熙, 咸舜燮, 1993, 「天安 淸堂洞 第4次 發掘調査報告」『淸堂洞』, 國立中央博物館.

15 차용걸 외 4인, 1994, 『청주 송절동 고분군』, 충북대학교박물관.

16 서오선 · 이호형, 1995, 『하봉리』 1, 국립공주박물관.

17 윤세영 · 이홍종, 1997, 『寬倉里 周溝墓』, 高麗大學校 埋藏文化財硏究所.

18 부여문화재연구소, 1998, 『서천 당정리 유적』.

19 최완규, 1997, 「금강유역 백제고분의 연구」, 숭실대학교 대학원 박사학위논문.

20 윤세영 · 이홍종, 1997, 앞의 책.

21 최완규, 2000, 「마한묘제의 최근 조사 및 연구동향」『삼한의 마을과 무덤』, 제9회 영남고고학 학술발표회, 11~35쪽.

22 최완규, 2000, 「호남지역 마한분묘 유형과 전개」『호남고고학보』 11, 호남고고학회, 113~160쪽.

23 이성주, 2000, 「墳丘墓의 認識」『韓國上古史學報』 32.

포함시켜 논의하고 있다.[24]

그러나 실제로 경기·충청·전라권 각지에서 분구묘 자료가 급증하면서 반드시 '선분구 후매장'의 조영방식이 아니라 '선매장 후분구' 현상을 보여주는 사례들이 적지않게 나타남에 따라 분구묘의 개념에 혼란이 야기되기 시작하였다. 따라서 분구묘의 규정에서 이와 같은 문제를 해소하기 위해서는 그 규정에 있어 축조순서보다는 더욱 근본적인 특징이 제시될 필요성이 있을 것으로 보인다.

분구묘를 주구토광묘나 토광묘와 구분하는 이와 같은 견해와는 달리 분구묘의 일부에 해당하는 '토광묘'나 분구묘에 인접하여 발견되는 '주구를 가진 토광묘'를 모두 주구토광묘로 포괄하는 견해도 제시되기도[25] 하여 분구묘의 범주는 보는 시각에 따라 천차만별이다.

이와 같은 혼란스러운 와중에 분구묘와 주구토광묘는 구조나 분포권 등에서 차별성이 어느정도 인정되지만 구조적인 여러 가지 속성들이 유사하기 때문에 3~5세기 마한백제권의 흙무덤은 본질적인 차이가 없으며 관곽토광묘, 주구토광묘, 분구(토광)묘의 3가지 유형으로 구분할 수 있다는 견해도 제시되었다.[26]

이와 같은 분위기에서 중서부지역에서 지속적으로 주구가 부가된 분묘가 발굴조사되는 과정에서 2가지 분묘를 구분하기보다는 주구토광묘·분구묘 중 하나로 통칭하고 같은 계통의 지역적 분포 또는 주구 또는 분구형태상의 차이로 다루려는 경향도 나타났다.

성정용은 우선 토광묘를 매장주체부로 하고 주구가 부가되어 있는 점에서 2가지 분묘를 모두 주구토광묘라고 부르고, 주구 형태차이, 분포지역의 밀도차이와 시간적 차이를 내세워 주구묘를 '관창리형 주구'로, 주구토광묘를 '청당동형 주구'로 구분하여 부르자는 의견도 개진되었다.[27] 박순발은 소위 주구토광묘와 주구묘는 모두 매장주체부가 토광묘인 점에서 이를 구분하지 않고 주구묘로 함께 언급하였다.[28] 이 훈도 주구토광묘와 주구묘는 입지상 차이가 있기도 하지만 동일 유적내에서 별다른 구분없이 공존하기도 한 점에서 동일 계통의 무덤으로 보았으며 주구토광묘라는 명칭을 사용하였으며,[29] 최성락도 주구묘와 주구토광묘를 모두 백제 이전 토착세력인 마한의 무덤으로

---

24 최완규, 2002, 앞의 글.

25 최성락, 2000, 「호남지역의 철기시대」『호남고고학보』11, 호남고고학회.

26 이남석, 2010, 「백제고분문화의 개관」『송산리고분군』, 공주대학교박물관.

27 성정용, 2000, 「중서부 마한지역의 백제영역화과정 연구」, 서울대학교대학원 박사학위논문.

28 박순발, 2003, 「주구묘의 기원과 지역성 검토 : 중서부지역을 중심으로」『충청학과 충청문화』2, 충청남도 역사문화연구원.

29 이훈, 2003, 「周溝土壙墓에 대한 小考」『國立公州博物館紀要』3, 국립공주박물관.

보면서 두 사이의 차이는 계통적인 차이보다는 지형적인 차이나 시기적인 차이가 있을 것으로 보았다.[30] 이호형도 주구의 형태와 관계없이 모두 주구토광묘로 통칭하고, 청당동 유적 등은 주구가 매장주체부의 경사면 위쪽에 마제형으로 부가된 점에서 '마제형 주구토광묘'로, 관창리 유적 등은 주구가 매장주체부의 4면에 방형으로 감싼 형태로 부가된 점에서 '방형 주구토광묘'로 세분하였다.[31]

이와는 달리 최봉균은 분구라는 뚜렷한 외형적 표지물로서의 상징성과 주구로 뚜렷하게 구분되어지는 개별 묘역의 확보라는 측면에 주목하여 소위 주구토광묘까지 모두 분구묘로 통칭하였다.[32] 그러나 주구토광묘와 분구묘는 여러 가지 속성에서 차이를 보이고 있어 계통적으로 전혀 다른 묘제이지만 그 성격에 대해서는 분구묘와 같이 역시 마한의 분묘로서 지역적인 차이에서 기인한 것으로 추정한 바 있다.[33] 또한 분구묘와 주구토광묘의 여러 가지 속성인 분포·입지조건·주구방향과 형태·매장시설의 축조방법·출토유물 등을 비교분석하여 다른 계통의 묘제로 보는 견해[34]가 제시되어 있다.

〈표 1〉 중서부지역 분구묘(주구묘)와 주구토광묘의 속성 비교안
김승옥(2011, 「중서부지방 마한계묘제의 성격과 발전과정」, 95쪽 전재)

특징	성토분구묘	주구토광묘
분포	서해안 일대	경기남부, 충청내륙지역
입지	구릉정상부 및 사면부	경사진 산 또는 구릉사면부
축조방법	선분구 후매장	선매장 후봉토
주구형태	방형, 마제형, 제형, Ⅱ자형, 원형	눈썹형, 마제형 중심
매장시설	단장과 다장(수평과 수직확장 활발)	단장(분리형 목관(곽))
주요유물	단경호(원저·평저)와 광구호 중심 : 철정	발과 원저단경호 중심, 유공토기 : 청동대구, 동탁, 고리형 철기
공반주거형태	사주식 방형 주거	비사주식 원형 주거

30 최성락, 2002, 「삼국의 성립과 발전기의 영산강유역」『한국상고사학보』37호, 한국상고사학회, 93쪽.

31 이호형, 2004, 앞의 글.

32 최봉균, 2010, 「분구묘의 전개양상과 정치·사회적 의미 −호서지역을 중심으로−」, 충남대학교 대학원 석사학위논문.

33 최완규, 1996, 「주구묘의 특징과 제문제」『고문화』49집, 한국대학교박물관협회.

34 김승옥, 2011, 「중서부지방 마한계묘제의 성격과 발전과정」『분구묘의 신지평』, 전북대학교 BK21사업단·전북대학교박물관, 95쪽; 이택구, 2014, 「전북지역 마한 분구묘의 구조와 출토유물」『한국고고학의 신지평』, 한국고고학회, 253쪽; 김성남·이화영, 2012, 『서천 저산리·수성리 유적』, 225쪽.

이택구(2014, 「전북지역 마한 분구묘의 구조와 출토유물」, 253쪽 전재)

특징		분구묘	주구토광묘
분포		서해안(평야) 지역	충청내륙(산간)지역
입지		저평한 구릉정상부 및 사면부	경사진 산 또는 구릉사면부
장축방향 (대상부, 매장시설)		등고선과 직교·평행 혼재	등고선과 평행(일부지역 혼재)
축조방법		선분구 후매장	선매장 후분구
분구 장축길이		최소 3.0m, 최대 70m 내외	최소 3.0m, 최대 10m 내외
분구확장		분구내·외 확장	없음
매장시설		토광-목관묘 (일부지역 : 대형옹관묘)	토광-목관(곽)묘 (목곽묘 : 유물부장을 위한 부곽 존재)
추가매장시설(동일부구내)		목관묘 및 옹관묘	없음(일부지역 옹관묘)
출토유물 (빈도순)	토기류	단경호(원저·평저)류, 직구호, 이중구연호 등 – 薄葬	원저단경호, 발(토광 내 공반출토), 직구호 등 – 厚葬
	철기류	철부, 철겸, 철도자 등	철부, 철모, 철촉 등

김성남·이화영(2012, 『서천 저산리·수성리 유적』, 225쪽 표 9 전재)

특징	분구묘	주구봉토묘
입지	설상대지, 구릉능선 또는 완사면	구릉경사면
주구형태	방형, 제형, 원형, 말굽형 11자형	눈썹형, 말굽형, 방형
주구중복	주구간 중첩, 확장 빈번	거의 없음
매장위치	지상(분구 굴착)	지하(지면굴착), 지면(지면정지)
주구와 분	형태상관도 낮음, 수평확장 통해 다장(다장) 가능	형태 상관도 높음, 단·합장(단·합장)
부장특징	관·곽 범위 내 유물안치 심발없는 호류조합, 철정 특징적	원저호류와 심발·발형소호 조합 유공토기, 마형대구, 양단환봉 특징적
주분포권	서해안과 영산강유역 권역	경기남부와 충청 내륙지역

　　2000년대 중반부터 중서부지역의 주구토광묘와 주구묘는 따로 구별해 보려는 경향이 강해지면서, 주구묘라는 용어대신 다양한 학술대회를 통해 '분구묘'라는 용어가 정립되면서 분구묘라는 용어를 많이 사용하고 있는 추세이다. 먼저 이택구는 주구토광묘와 분구묘가 무덤의 분포, 입지, 장축방향, 축조방법, 매장시설, 출토유물 등에서 차이를 보이는 점을 명확히 하였다.[35] 이미선도 주구토광묘와 분구묘는 구분될 수 있다고 보았는데, 축조방법은 다르지만 매장주체부가 토광이고 그 내

---

35 이택구, 2008, 「한반도 중서부지역 마한 분구묘」『한국고고학보』 66.

부에 목관 또는 목곽 흔적이 확인되므로, 큰 범주에서 목관(곽)묘로 통칭하면서 중서부지역 3~4세기 주구묘목관(곽)묘, 분구목관(곽)묘, 단순목관(곽)묘로 세분하였다.[36] 김승옥도 마한계 분묘를 주구토광묘 · 단순토광묘 · 분구묘로 대별하고, 주구토광묘와 단순토광묘는 봉토묘이고, 분구묘는 적석분구묘 · 즙석분구묘 · 성토분구묘로 구분하였다.[37]

한편 분구묘 매장시설의 축조방식에 대한 검토도 많은 관심이 있었다. 분구묘의 묘제 속성이해는 동일시기 비슷한 묘제인 토광묘, 즉 주구토광묘라던가 관 · 곽토광묘와의 차이를 발견하는 것에서 비롯될 수 있고 그 첩경은 축조방식의 차별화이기 때문이다. 그런데 분구묘의 축조방식의 검토는 대체로 선분구–후매장으로 조영되었다고 보는 견해[38]와 반드시 선분구–후매장이 아니라 선매장–후분구의 조영방식이 기본 전제여야 한다는 견해[39]가 제시되어 무덤의 축조방식에서 상반된 의견이 대립된 상황이다. 그런데 분구묘 축조방식의 이해는 무덤의 발굴과정에서 탐색되어야 할 것이나 대부분의 분구묘가 바닥의 흔적만 남았다는 점에서 많은 한계가 있다. 때문에 분구묘 축조방식에 대한 논의는 특정유적에 한정되어 논급되는 경향이 없지 않은데 경기 · 충청지역 마한 분구묘에 대한 연구[40]결과 매장시설이 남아 있는 경우 선매장–후분구의 조영방식이 대다수 나타나고 있어 기존에 선분구–후매장으로 보아왔던 분구묘 축조방식에 대한 수정론이 제기되기도 하였다.[41] 다시 말하면 분구묘가 반드시 선분구–후매장의 구조적 특징을 가진 것이 아니라 "분구 중에 매장부가 있는 묘제"라는 사실에 주안점을 두었다는 점이다.

이외에도 한반도 중서남부의 분묘를 봉토묘와 분구묘로 구분하고 금강하구를 경계로 이북은 봉토묘, 이남은 분구묘 분포지역으로 나누었는데, 해미 기지리와 서산 부장리 유적은 선분구–후매장 주체부 조성의 분구묘는 아니며 봉토주구목곽묘로 언급하면서 전라지역의 분구묘와 유사도가 높

36 이미선, 2008, 「3~4세기 중서부지역의 목관(곽)묘 연구 −경기남부와 중서부지역을 중심으로」, 한신대학교 대학원 석사학위논문.

37 김승옥, 2011, 「중서부지역 마한계 분묘의 인식과 시공간적 전개과정」『한국상고사학보』71.

38 이성주, 2000, 「분구묘의 인식」『한국상고사학보』32, 한국상고사학회; 김승옥, 2011, 앞의 글; 이택구, 2008, 앞의 글.

39 이남석, 2014, 앞의 글; 정해준, 2014, 「충청지역 마한 분구묘의 구조적 특징과 출토유물」『한국고고학의 신지평』, 한국고고학회.

40 정해준, 2014, 「중서부지역 마한 분구묘의 구조와 출토유물」『중서부지역 마한분구묘 사회의 비교검토』, 마한연구원; 김기옥, 2014, 「경기지역 마한 분구묘의 구조와 출토유물」『한국고고학의 신지평』, 한국고고학회.

41 임영진, 2014, 「마한 분구묘의 조사 · 연구성과와 과제」『한국고고학의 신지평』, 한국고고학회.

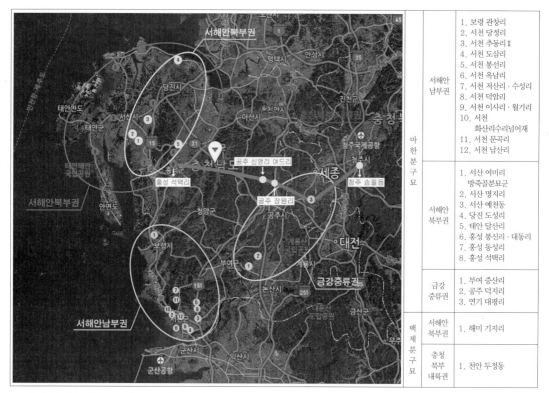

마 한 분 구 묘	서해안 남부권	1. 보령 관창리 2. 서천 당정리 3. 서천 추동리 Ⅱ 4. 서천 도삼리 5. 서천 봉선리 6. 서천 옥남리 7. 서천 저산리·수성리 8. 서천 덕암리 9. 서천 이사리·월기리 10. 서천 　화산리수리넘어재 11. 서천 문곡리 12. 서천 남산리
	서해안 북부권	1. 서산 여미리 　방죽골분묘군 2. 서산 명지리 3. 서산 예천동 4. 당진 도성리 5. 태안 달산리 6. 홍성 봉신리·대동리 7. 홍성 동성리 8. 홍성 석택리
	금강 중류권	1. 부여 증산리 2. 공주 덕지리 3. 연기 대평리
백 제 분 구 묘	서해안 북부권	1. 해미 기지리
	충청 북부 내륙권	1. 천안 두정동

〈도면 6〉 중서부지역 분구묘와 주구토광묘 문화적 접변지역

다고 보기도[42] 하여 또 다른 의견도 개진되었다.

　이와같이 중서부지역에서 조사된 분구묘와 주구토광묘는 범마한계 묘제로 주구를 가지고 있다는 공통점을 부각시켜 비슷한 묘제양식으로 이해하려는 견해와 분포와 축조방식이 상이한 지역형 묘제로 이해하는 견해가 팽팽히 맞서고 있는 실정이다.

　그러나 최근 중서부지역에서 분구묘와 주구토광묘 자료가 축척된 결과 두 묘제가 만나는 점이지대에서 분구묘 조영집단에서 주구토광묘적 속성이, 이와는 반대로 주구토광묘 조영집단에서 분구묘적 속성들이 함께 나타나는 문화적 접변현상이 나타나는 것을 확인할 수 있다.[43] 이러한 분구묘와 주구토광묘의 문화적 접변현상으로 첫째 주구속성과 분묘간 배치상태, 둘째 매장시설의 축조양

42　김성남·허진아, 2008, 「무덤을 통한 '마한'사회의 전개과정 작업가설」 『호서지역 읍락사회의 변천』, 제17회 호서고고학회 학술대회.

43　정해준, 2014, 「중서부지역 마한 분구묘의 구조와 출토유물」 『한국고고학의 신지평』, 제38회 한국고고학 전국대회, 한국고고학회, 222~223쪽.

상, 셋째 매장시설 내 부장유물의 양상 등에서 분구묘와 주구토광묘의 묘제적 특징들이 함께 공존하는 무덤유적을 통해 문화적 접변현상을 살펴보고자 한다.

Ⅳ. 분구묘와 주구토광묘의 문화적 접변현상

1. 주구속성과 분묘간 배치상태

먼저 분구묘와 주구토광묘에 나타나는 공통된 속성 중 하나는 주구가 설치되어 있다는 점이다. 이들 주구에서 분구묘와 주구토광묘에서 공통된 문화적 속성들이 나타나는데 주구의 평면형태·주구내 파쇄된 옹 매납·주구내 추가장 등 여러 속성들이 함께 공존하여 나타난다. 일반적으로 분구묘에 나타나는 주구의 기능으로 排水, 墓域區分, 採土 가운데 한가지이거나 복합적인 기능을 가지고 있는 것으로 보기도 하고,[44] 주구의 기능은 분구 성토를 위한 굴착결과라는 점에 주안점을 두기도[45] 하였다. 이와 같은 주구의 기능 이외에 최근 분구묘와 주구토광묘의 주구내에서도 추가장이 이루어지고 대형옹편들이 파쇄되어 다수 확인되는 것으로 미루어 묘역의 공간 뿐 아니라 祭儀의 장소로도 활용되었던 것으로 보인다.

중서부지역에서 조사된 분구묘에 나타난 주구의 평면형태는 (장)방형·원형·부정형·ㄷ자형 등으로 매우 다양하게 나타나지만 능선의 평탄한 정상부나 완만한 사면부에 축조하는 경향이 높기 때문에 대체적으로 사방을 감싸는 특징을 보인다. 반면에 주구토광묘는 능선의 남쪽과 동쪽 경사면에 주로 입지하고 있어 눈썹형(ㄷ자형)의 주구가 주류를 이룬다. 따라서 일정한 통일성은 없지만 대체적으로 주구의 평면형태에서 어느 정도 차이점은 인지된다.

그러나 주구토광묘 조영집단인 공주 장원리와 공주 신영리 여드리 유적에서 분구묘 속성인 주구의 평면형태와 추가장의 매장시설, 그리고 주구내 제의와 관련된 파쇄된 옹을 매납하는 속성들이 보인다. 주구토광묘 유적이지만 경사면 위쪽에 설치한 눈썹형 주구가 아닌 분구묘에서 일반적으로 보이는 사방으로 돌아가는 방형형태의 주구가 나타난다. 특히 장원리 유적의 주구토광묘 1호와 2호는 경사면이 아닌 능선의 평탄한 정상부에 입지하면서 분구묘에서 다수 보이는 개방부가 설치된

---

44 임영진, 1997, 「영산강유역의 이형분구 고분 소고」『호남고고학보』 5집, 호남고고학회, 22쪽.
45 이남석, 2014, 앞의 글, 69쪽.

사방으로 돌아가는 방형형태의 주구가 돌아가고 있다. 따라서 능선의 정상부에 입지하는 점과 주구의 형태만으로 보면 주구토광묘와 분구묘의 구분이 쉽지 않다(도면 7).

또 다른 문화적 접변 현상으로 주구토광묘의 주구내에서도 분구묘에서 다수 보이는 특징들이 관찰되는데, 주구토광묘 주구에서도 제의와 관련되서 파쇄된 옹을 매납한 흔적이 확인될 뿐만 아니라 주구내 토광·옹관을 추가매장한 흔적도 확인된다(도면 7). 주구 내 추가매장시설이 안치된 주구토광묘는 공주 장원리 1호와 하봉리 14호로 주구내 옹관 2기를 합구식으로 배장한 양상이 관찰될 뿐 아니라 10호와 29호 주구에는 원저단경호와 심발형토기가 세트관계로 부장된 토광이 배장된 양상도 보이고 있어 분구묘의 특징이라 할 수 있는 속성인 추가장 또는 다장의 양상도 나타난다.[46] 따라서 주구토광묘 유적에서 분구묘에서 다수 보이는 다장의 구조적 속성이 함께 나타나는 문화적 접변양상이 관찰된다.

반대로 분구묘 유적인 홍성 석택리 조영집단에서는 사방으로 주구를 두르고 있는 점과 주구의 중복현상, 부장유물에서 분구묘적 속성이 강하게 나타나는 반면에, 대상부 규모와 매장시설의 조성 방식에서는 주구토광묘적 속성이 강하게 나타난다.

홍성 석택리 유적의 분구묘는 사방으로 주구를 두르고 있는 분묘는 17기 중에 8기 정도가 확인되고, 분묘들간에 서로 주구가 연접하거나 중복된 양상을 보이고 있어 분구묘 조영집단에서 자주 나타나는 일반적인 배치양상을 보인다(도면 8·11). 그러나 분구묘내 주구의 규모를 분석하면 분구묘와 주구토광묘의 속성이 모두 공존하는 양상을 보인다(도면 12). 주구의 전체적인 규모는 A-1지구의 경우 정상부에 조성된 분구묘는 장축 10.4~13.64m, 단축 9~13.4m로 다른 분구묘 조영집단의 분구묘 규모와 대동소이하다. 그러나 경사면과 하단부에 조성된 분구묘의 평면형태는 주구토광묘처럼 눈썹형에 가까울 뿐만 아니라, 규모도 장축 5.8~8.3m, 단축 4.9~8.2m 정도로 상·하의 위치에 따라 규모의 차이를 보이는데, 경사면과 하단부에 조성된 분구묘 주구형태와 규모는 분구묘보다는 일반적인 주구토광묘와 대동소이하다. 중서부지역에서 조사된 분구묘의 경우 대체적으로 주구의 규모는 소형의 경우가 8~10m 내외가 다수이며, 15m 이상의 대형 분구묘도 다수 확인되는 특징을 보일 뿐, 홍성 석택리 유적처럼 6m 내외의 규모는 찾아보기 어렵다.

반면에 중서부지역에서 조사된 주구토광묘 주구 규모는 극소수만 확인되는 대형급의 경우가 10m 내외이며, 다수를 차지하는 중·소형급의 규모는 5~8m의 경우가 대다수를 차지한다. 따라서 주구의 규모와 형태를 비교할 때 홍성 석택리 분구묘의 주구는 분구묘적 속성보다는 주구토광묘적

---

46 대전 궁동 14호 주구토광묘의 주구 내에서도 합구식 옹관묘 1기가 조사된 바 있다.

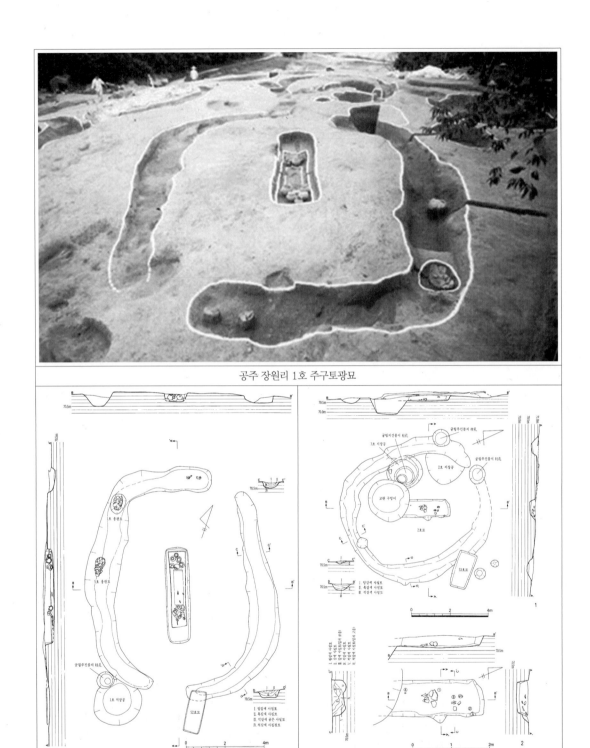

공주 장원리 1호 주구토광묘

공주 장원리 1호 주구토광묘   공주 장원리 2호 주구토광묘

〈도면 7〉 공주 장원리 1호 · 2호 주구토광묘(주구형태, 주구내 옹관 배장 – 분구묘 속성)

속성과 더 연관성이 높다고 판단된다.

분구묘가 100여 기 이상 조사된 연기 대평리 유적 또한 주구토광묘가 대부분 중복없이 일정한 묘역을 가지며 독립적인 배치를 이루는 반면에, 대평리 유적 분구묘는 주구가 서로 중복되거나 연접된 배치양상이 나타나고 있어 분구묘의 일반적인 속성이 나타난다. 반면에 연기 대평리 분구묘 유적의 주구 규모만을 분석하면 홍성 석택리 유적과 마찬가지로 분구묘보다는 주구토광묘적 속성이 강하게 나타난다. 연기 대평리 유적의 경우 주구 규모 파악이 가능한 분구묘는 약 46기 정도인데, 주구 규모가 10m 이상 되는 분구묘는 단 3기밖에 확인되지 않는다. 이들 분구묘 3기의 주구 규모도 살펴보면 분구묘 037호 장축 1,126㎝, 분구묘 045호 장축 1,040㎝, 분구묘 061호 장축 1,278㎝, 단축 1,268㎝로 모두 10m를 조금 넘는 수준에 그친다. 나머지 43기는 10m 이내의 주구규모를 보이고 있어 분구묘 속성보다는 주구토광묘 속성규모에 더 가깝다고 할 수 있다(도면 13). 특히 연기 대평리 조영집단은 주구토광묘가 밀집분포된 금강 중류역에 자리하고 있어 주구토광묘 조영집단과 밀접한 관계를 맺고 있을 가능성이 높다.

2. 매장시설의 양상

분구묘는 4세기 전반대까지 單葬墓가 우세하게 나타나지만, 4세기 중후반경부터 多葬墓의 성격을 띤 묘제로 변화 발전하면서 주매장시설 이외에 대상부나 주구에도 추가매장시설이 여러 기가 조성되는 것이 하나의 큰 특징이라고 지적할 수 있다. 한반도 서남부에서 조사된 분구묘의 주매장시설과 추가매장시설은 시기와 지역에 따라 매우 다양하게 나타나고 있는 양상이다.

주매장시설은 시간성과 공간성이 뚜렷하게 나타나는 특징을 보이는데 특히 전남지역에서 그 특징이 뚜렷하게 보인다. 전남지방에서 조사된 분구묘는 3세기대에는 토광이 주매장시설로 축조된 후, 옹관이 배장되지만, 4세기대에는 토광과 옹관이 배장의 성격에서 벗어나 분구의 매장주체부로 대등하게 축조된다. 그러다 5세기대에는 나주 반남지역을 대표하는 '옹관고분'으로 성장한다. 그 이후 5세기 말엽이면 백제에 편입되면서 석실분이 매장주체부로 자리잡게 되는 과정을 겪는다.[47]

전북지역의 경우 익산 율촌리[48] 2호분 같은 경우 주매장시설로 합구식 옹관을 사용한 경우와 토

47　윤효남, 2003,『전남지방 3~4세기 분구묘에 대한 연구』, 전북대학교 사학과 석사학위논문.

48　최완규·이영덕, 2002,『익산 율촌리 분구묘』, 원광대학교 마한·백제문화연구소.

광묘를 사용한 경우가 모두 확인된다. 정읍의 지사리나 은선리에서 확인된 분구묘는 매장주체부가 수혈식석곽묘를 사용하고 있어 이 지역만의 특징으로 보인다. 이와 같이 지사리나 은선리 같은 분구묘는 매장주체부를 분구 중에 두는 전통은 영산강유역과 연결할 수 있으며, 매장주체부의 내용은 금강유역의 수혈식석곽과 관련된 것으로 설명할 수 있다. 곧 금강유역과 영산강유역의 중간지역에 위치하는 정읍지방에서 두 묘제 전통이 혼합되어 축조되는 고분양상으로 판단된다.[49] 이외에도 전주 마전유적[50] · 전주 암멀 유적 · 완주 상운리 유적[51]에서 나타나듯이 주매장시설로 수혈식석곽과 횡혈식석실이 이용되고 있어 지역적 차이가 크게 나타난다.

　그렇다면 중서부지역에서 조사된 분구묘 매장시설은 어떠할까? 결론적으로 중서부지역에서 조사된 분구묘는 호남지방에서 조사된 분구묘처럼 매장주체부의 구조가 변화무쌍하게 변화하는 모습을 찾아보기 어렵다.

　현재까지 조사된 마한 분구묘는 477기가 확인되는데, 주매장시설이 확인된 경우는 163기로 모두 토광묘 뿐이다. 주구토광묘 또한 매장시설은 분구묘와 마찬가지로 모두 토광묘만 확인되는 공통점을 보이고 있다. 그러나 분구묘와 주구토광묘의 가장 큰 특징 중 하나가 매장시설의 조성 방식이 서로 다르다고 알려져 있다.

　분구묘의 축조방법 중 가장 큰 특징으로 거론되는 것은 매장시설을 안치할 분구를 우선적으로 조성한 후, 분구 중에 매장시설을 안치하는 先墳丘-後埋葬이라고 알려져 있다. 그러나 실질적으로 중서부지역에서 조사된 분구묘의 매장시설 축조방법을 면밀하게 분석한 결과 先墳丘-後埋葬의 축조방식을 따랐다고 100% 확신할 수 있는 마한 분구묘는 아직까지 확인된 바 없다. 다만 매장시설이 확인되지 않고, 매장시설이 낮게 굴착되어 있다는 점을 근거로 先墳丘-後埋葬의 조영방식을 따랐다고 추측만 할 뿐이다.[52] 그러나 실질적으로 중서부지역에서 매장시설이 확인된 모든 분구묘는 생토면을 일부 굴광한 것으로 미루어 先埋葬-後墳丘의 전통적인 무덤 조영방식을 고수했을 가능성이 높다.

　특히 先墳丘-後埋葬의 축조방식을 보이지 않는 분구묘는 대부분 3세기 중엽~4세기 전반에 조영된 마한 분구묘 단계와 백제 분구묘 단계 대부분 유적이 포함되며, 4세기 말~5세기 중후반에 조영된 서산 부장리 분구묘만이 "墳丘 垂直擴張"으로 인한 일부 매장시설(부장리 2호·4호·6호·7호)만 분

49　최완규, 1997, 「전북지방 고분의 분구」 『호남고고학보』 5집, 11~12쪽.

50　호남문화재연구원, 2008, 『전주 마전유적(Ⅳ)』.

51　김승옥 · 변희섭 · 김미령 · 정현, 2010, 『상운리 Ⅰ · Ⅱ · Ⅲ』.

52　이택구, 2008, 앞의 글; 김승옥, 2011, 앞의 글, 133쪽.

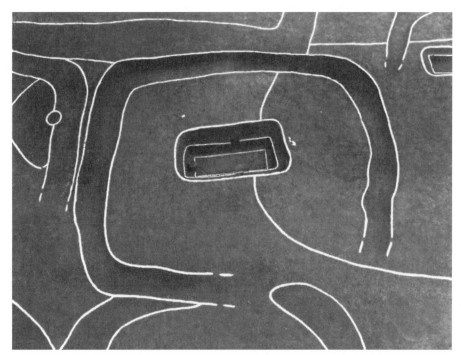

〈도면 8〉홍성 석택리 A-1지구 분구묘(토광 지하화 - 주구토광묘 속성), (주구중복 - 분구묘 속성)

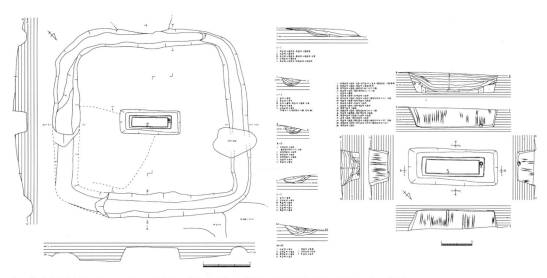

〈도면 9〉홍성 석택리 A-1지구 4호 분구묘(매장시설 깊이(86cm)와 목곽시설 - 주구토광묘 속성)

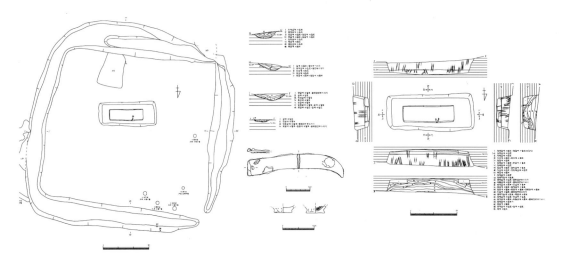

〈도면 10〉 홍성 석택리 A-1지구 4호 분구묘(매장시설 깊이(59cm)와 목곽시설 – 주구토광묘 속성)

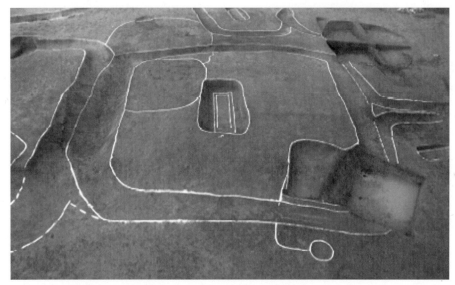

〈도면 11〉 홍성 석택리 A-1지구 분구묘(토광 지하화, 목곽 – 주구토광묘 속성), (주구중복 – 분구묘 속성)

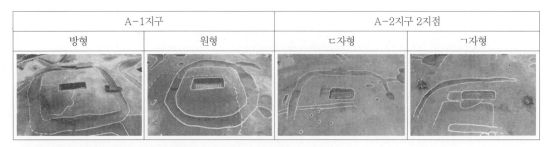

A-1지구		A-2지구 2지점	
방형	원형	ㄷ자형	ㄱ자형

〈도면 12〉 홍성 석택리 유적 분구묘(주구형태 – 분구묘와 주구토광묘 속성 공존)

구 중에 자리하고 있을 뿐이다. 반면에 주구토광묘는 先埋葬-後封土로 조성된 특징을 보인다고 알려져 있으며, 실제적으로 분구묘 또한 先埋葬-後墳丘로 조성되어 중서부지역에서는 주구토광묘와 분구묘 매장시설 조성방식이 크게 다르지 않음을 알 수 있다.

실질적으로 홍성 석택리 분구묘 조영집단인 A-1지구의 분구묘는 독립된 구릉부에 15기가 운집해 있어 환호취락지의 중심묘역으로 추정되고 있다. 대체적으로 주구토광묘 유적인 천안 청당동 유적·천안 운전리 유적·아산 밖지므레 유적 등 대표적인 주구토광묘 유적의 매장부인 토광묘는 목관이 충분히 지하에 들어갈 수 있는 50~70㎝ 정도의 깊이로 굴착하였다. 주변에 두른 주구의 깊이보다 매장부의 굴착 깊이가 더 깊게 나타난다.

홍성 석택리 A-1지구에서 조사된 분구묘의 매장시설의 깊이도 30~86㎝로 주구토광묘의 매장부 깊이와 대동소이하다. 아무리 낮은 분구를 먼저 조성하고, 후에 매장시설을 놓기 위해 분구를 굴착하여 매장시설을 안치하는 행위의 결과로써 나타난 매장깊이로 단순히 보기에는 어렵다고 판단된다(도면 9·10).

연기 대평리 분구묘의 경우도 홍성 석택리처럼 대상부 내에 매장시설이 잘 남아 있는 모습이며, 매장시설은 대부분 주구토광묘와 동일하게 단독장이 주류를 이룬다. 그러나 연기 대평리 분구묘 조영집단에서는 주구토광묘에서 다수 보이는 합장인 '二穴 合葬墓'가 4기에서 확인되는 특징을 보인다(도면 17). 연기 대평리 분구묘 조영집단을 제외한 503기 분구묘를 분석할 경우 '二穴 合葬墓'가 보이는 분구묘는 연기 대평리 조영집단에서만 유일하게 나타난다. 이와 같은 '二穴 合葬墓'는 주구토광묘 조영집단에서 자주 보이는 하나의 특징인데, 연기 대평리 분구묘 조영집단 내에서만 나타나고 있어 주구토광묘 묘제의 영향으로 파생된 문화적 접변현상으로 이해할 수 있다. 주구토광묘에서 二穴 合葬의 주구토광묘는 공주 하봉리 8호 주구토광묘를 비롯하여 연기 응암리 8호 주구토광묘 등 주구토광묘 조영집단에서 다수가 확인된 바 있다.

물론 분구묘와 주구토광묘의 속성이 함께 나타나는 유적은 중서부지역뿐 아니라 경기지역에서 조사된 김포 양촌 유적[53]의 5호 2-3지점 나구역 1호 분구묘에서 주구토광에서 보이는 부장칸이 조성된 점, 인천 중산동 유적 11지역 1호묘에서 보이는 동혈합장[54]의 속성은 주구토광묘에서만 보이는 구조적 특징들이다. 또한 김포 양곡 유적[55]에서는 분구묘 4기와 주구토광묘 4기가 동일 구릉

---

53 고려문화재연구원, 2012,『김포 양촌 유적』.
54 중앙문화재연구원, 2011,『인천 중산동 유적』.
55 경기문화재연구원, 2012,『김포 양곡 유적』.

〈도면 13〉 연기 대평리 004호 분구묘

상에 존재하는데, 분구묘는 구릉의 정상부 평탄면에 입지하고, 주구토광묘는 정상부에서 사면으로 이어지는 곳에 위치하는 특징도 관찰된다.

다만 경기지역 분구묘에서 나타나는 주구토광묘의 속성이 혹시 분구묘의 초기적 속성이 아닌가라는 의문을 제기하기도 하였다.[56] 이와 같이 마한의 대표적 묘제로 인식되는 분구묘와 주구토광묘는 여러 가지 구조적 속성에서 공통점과 차이점이 나타나고 있는 점으로 미루어 두 묘제집단이 서로 문화적 영향력을 끼쳤을 가능성도 배제하기 어렵다.

3. 부장유물의 양상

분구묘와 함께 마한묘제로 인식되면서 동시대에 조영된 주구토광묘는 부장유물의 조합에서 원저단경호를 부장하는 공통점도 보이지만, 어느 정도 차별성도 인지된다. 주구토광묘의 토기부장

---

56 이남석, 2014, 앞의 글, 66쪽.

조합은 원저단경호와 심발형토기가 세트관계를 보이는 경향이 강하게 나타나며, 중서부지역 분구묘에서 아직까지 단 1점도 출토되지 않은 마구류[57]를 포함한 다양한 철기류와 장신구류가 부장되고 있다. 특히 원거리교섭을 통해 이입된 마형대구 · 금박구슬(중층유리옥) 등의 외래기성품의 부장양상이 눈에 띤다.[58]

분구묘 매장시설 내 부장양상도 주구토광묘와 별반 다르지 않지만 토기의 기종조합에서 선택적 수용에 의해 주구토광묘와는 약간의 차이를 보인다. 분구묘는 토기 기종조합에 있어 뚜렷한 세트관계는 보이지 않는 대신에 원저단경호 · 양이부호 · 이중구연호 · 평저호 등의 壺形土器[59]가 매장시설내 반드시 1점 이상 부장되는 모습이 강하게 나타난다. 주구토광묘에서처럼 원저단경호와 심발형토기처럼 토기부장 조합양상은 전혀 보이지 않는다.

물론 주구토광묘에서 대표적으로 부장되는 심발형토기는 마한 분구묘의 주구와 백제 분구묘 추가용관에서만 부장되며, 반대로 분구묘에서 다수 출토되는 양이부호나 이중구연호 또한 주구토광묘[60] 내에 부장되기도 한다. 따라서 분구묘와 주구토광묘 조영집단의 대표기종으로는 원저단경호를 들 수 있으며, 주구토광묘 집단은 심발형토기[61]를 선택적으로 수용한데 비해, 분구묘 집단은 양이부호 같은 기종을 선택적으로 수용했다고 보인다.

주구토광묘 유적인 공주 장원리와 공주 신영리 여드리 유적에서는 원저단경호+심발형토기 세트 또는 원저단경호 2점이 부장된 양상을 보인다. 물론 천안 청당동[62] · 운전리[63] · 신풍리,[64] 아산 명암

---

57 이남석, 2014, 앞의 글, 74쪽.

58 함순섭, 2000, 「마한의 대외교섭」『백제중앙과 지방』.

59 분구묘 내 호형토기의 부장은 원저단경호의 부장율이 월등히 높게 나타나며, 양이부호, 평저호, 이중구연호 순으로 부장되는 비율을 보인다.

60 양이부호는 청주 송절동 유적과 분강 · 저석리 유적 등에서 출토된 바 있다.

61 중서부지역 분구묘에서 심발형토기 2점이 출토되었는데, 서천 봉선리와 서산 예천동 분구묘 주구 내에서만 출토된 양상을 보인다.

62 서오선 · 권오영, 1990, 「천안 청당동 유적 발굴조사보고서」『휴암리』, 국립중앙박물관; 서오선 · 권오영 · 함순섭, 1991, 「천안 청당동 제2차 발굴조사보고서」『송국리 Ⅳ』, 국립중앙박물관; 서오선 · 함순섭, 1992, 「천안 청당동 제3차 발굴조사보고서」『고성패총』, 국립중앙박물관; 한영희 · 함순섭, 1993, 「천안 청당동 제4차 발굴조사보고서」『청당동』, 국립중앙박물관; 함순섭 · 김재홍, 1995, 『청당동 Ⅱ』, 국립중앙박물관.

63 허의행 · 강병권, 2004, 『천안 운전리 유적』, (재) 충청문화재연구원.

64 성정용, 1994, 『천안 신풍리 유적』, 충남대학교박물관.

리 밖지므레,[65] 연기 응암리·용호리,[66] 연기 송원리·송담리[67] 유적 주구토광묘 조영집단에서도 원저단경호+심발형토기의 부장조합은 일반적으로 나타난다.

금강중류권에서 조사된 연기 대평리 분구묘 조영집단이 자리한 세종특별자치시는 연기 송원리·송담리 유적을 비롯하여 대규모 주구토광묘 조영집단이 넓게 분포하고 있는 지역적 특징을 보이는 곳이다.

주구토광묘가 넓게 분포하고 있는 금강중류권에서 조사된 연기 대평리 분구묘 조영집단의 토기 부장조합은 일반적으로 분구묘에 나타나는 부장조합보다 주구토광묘에서 일반적으로 보이는 부장 패턴을 보이고 있는 점이 특징적이다.

아직까지 서해안 유역권에서 조사된 분구묘의 매장시설에서 토기 부장조합으로 주구토광묘에서 일반적으로 보이는 원저단경호+심발형토기의 세트관계는 단 1기도 확인되지 않았다. 반면에 연기 대평리 분구묘 조영집단내 매장시설에서만 원저단경호+심발형토기의 세트관계가 유일하게 나타나고 있어 주구토광묘 집단과 상호간 영향을 주고 받은 것으로 상정된다.

연기 대평리 분구묘의 기수는 100여 기 정도로 대규모 조영집단으로 매장시설이 확인된 기수는 69기이다. 이 중에 원저단경호+심발형토기의 세트관계로 부장된 매장시설의 기수는 모두 15기로 21.7%의 높은 부장비율을 보인다(도면 14). 나머지 분구묘의 부장기종은 원저단경호가 1점 이상 부장된 양상이며, 원저단경호가 누락되고 심발형토기만 부장된 경우도 4기가 확인되어 서해안 유역권에서 조사된 분구묘와는 부장조합에서 완전히 차별성을 보이는 반면에, 주구토광묘 조영집단의 토기 부장조합과 유사성을 보이는 특이한 문화적 접변현상이 나타난다.

연기 대평리 분구묘의 경우 30여 기의 매장시설이 남아 있지 않거나 69기의 매장부 깊이도 모두 20~30㎝ 이내로 얕은 점으로 미루어 매장시설 조성방식과 주구의 중복·연접현상은 분구묘적 속성을 그대로 가지고 있다(도면 15·16).

또 하나 주목해야 할 유물부장 속성은 연기 대평리에서 유일무이하게 마형대구가 출토되었다는 점이다. 아직까지 중서부지역 분구묘에서 단 1점도 출토되지 않았던 마형대구가 연기 대평리 분구묘 066호와 068호에서 출토되어 주구토광묘에서 빈번하게 출토되던 마형대구의 존재로 미루어 주구토광묘 세력과 서로 상호보완적인 관계 속에서 발전해 나간 것으로 보인다.

65 충청역사문화연구원, 2011, 『아산 명암리 밖지므레 유적』.

66 공주대학교박물관 2006, 『연기 응암리·용호리 유적』.

67 한국고고환경연구소, 2009, 『연기 송원리·송담리 유적』.

〈도면 14〉 연기 대평리 004호 분구묘 토광부장유물(원저단경호+심발형토기 – 주구토광묘 속성)

〈도면 15〉 연기 대평리 064호 분구묘(주구내 토광(추가매장시설) – 분구묘 속성)

〈도면 16〉 연기 대평리 061호 분구묘(매장시설 확인안됨 – 분구묘 속성)

| 공주 하봉리 8호 주구토광묘 (이혈합장) | 연기 대평리 분구묘 (이혈합장) |

〈도면 17〉 주구토광묘와 연기 대평리 분구묘 유적 이혈합장의 예

따라서 연기 대평리 분구묘 조영집단은 원저단경호와 심발형토기의 부장조합, 마형대구의 출토, 이혈합장 주구토광묘의 영향으로 조영된 합장 분구묘의 존재 등은 주구토광묘 조영집단이 다수 분포하고 있는 연기지역(세종특별자치시)인 점이지대에서 나타나는 문화적 접변현상으로 이해할 수 있다.

현재까지 중서부지역에서 나타나는 분구묘 자료를 분석해 보면 분구묘라는 묘제는 서해안 일대에서 폭넓게 유행하다가 금강을 통해 중부내륙으로 점점 전파해 들어갔을 가능성이 높다. 최근에 금강 충척대지의 연기(세종특별자치시) 대평리 유적에서 대규모 분구묘 조영집단이 조사된 점은 매우 주목할 만하다. 연기 대평리 유적의 지리적 위치는 금강변에 인접한 충척대지인 점으로 미루어 볼 때 분구묘 집단은 금강이라는 물길을 따라 금강중류역 인근인 부여 증산리·공주 덕지리를 포함하여 연기 대평리 유적이 자리한 내륙지역으로 점차 확산된 것으로 판단된다.

따라서 앞으로 금강주변의 내륙지역에서도 분구묘 유적이 다수 확인될 가능성이 높다고 보인다. 중서부지역의 내륙에서 조사된 분구묘 유적이 금강주변에서만 조사되고 있는 점을 감안할 때 분구묘는 금강이라는 교통로를 통해 부여 증산리·공주 덕지리 → 연기 대평리 유적까지 점차 내륙지역으로 전파되어 주구토광묘가 넓게 분포하는 지역권까지 조영되면서 주구토광묘의 영향을 받은 구조적 속성들이 나타나는 문화적 접변현상이 나타난다. 반면에 서울·경기지역에서 조사된 즙석분구묘는 한강을 통해 김포·서울지역으로 전파된 후, 천안 두정동 유적을 통해 볼 때 남쪽으로 내려오면서 조영된 것으로 보인다.[68]

Ⅴ. 맺음말

중서부지역에서 마한 분묘로 대표되는 분구묘와 주구토광묘는 묘제의 구조적 특징이나 부장유물상에서 공통점과 차이점이 엿보인다. 마한의 발전기라 할 수 있는 3세기대의 중서부지역 마한 묘제는 한강유역의 백제와 전혀 다른 분구묘와 주구토광묘라는 묘제를 조영하고 발전시켜 나갔다. 중서부지역에서 조사된 분구묘와 주구토광묘 조영집단의 묘제를 분석한 결과 일부 지역 분묘 조영집단에서 두 묘제의 속성이 함께 보이는 문화적 접변현상이 나타나는 것을 확인할 수 있었다.

이들 유적이 확인되는 지역은 주구토광묘와 분구묘 묘제전통이 서로 교차하는 곳으로 문화의 접변현상이 나타나는 점이지대로 볼 수 있다. 유적이 확인된 홍성-공주-연기(세종시) 지점을 서로 연결시키면 동서 일직선에 가깝게 형성되는데, 이는 경기남부·충청내륙지역에 자리하고 있는 주구토광묘 집단이 남으로 내려오면서 분구묘 집단에 영향을 주는 과정에서 나타나는 문화적 접변현상으로 이해하고자 한다.

---

68 정해준, 2015, 「호서지역 분구묘의 전개과정」 『서산 부장리 고분군의 정체성』, 제31회 호서고고학회 학술대회, 호서고고학회, 41~42쪽.

반대로 분구묘 집단은 금강을 통해 내륙지역으로 확산해 나가면서 주구토광묘 집단과의 문화적 접목 현상이 나타난 것으로 보인다.

홍성 석택리 유적에서는 주구의 형태와 부장유물의 특징은 분구묘 속성이 강하게 나타나고, 매장시설의 지반 굴착깊이는 주구토광묘적 속성이 강하게 나타난다. 공주 장원리와 신영리 여드리 유적은 일부 주구토광묘에서 사방으로 돌아가는 주구의 형태와 주구내 추가매장시설은 분구묘적 속성을 보인다. 연기 대평리 유적은 주구의 형태와 주구중복현상, 수평연접된 배치상태는 분구묘적 속성이, 매장시설의 지반굴착과 부장유물 조합인 원저단경호+심발형토기의 세트관계는 주구토광묘적 속성이 공존하는 양상이다.

이외에도 두 묘제의 주구 내 파쇄된 옹을 부장한다던가, 토광이나 옹관을 추가매장하는 속성들이 함께 나타나고 있는 점은 두 묘제 사이에 매우 밀접한 상관관계가 있다는 점을 보여주는 주목할 만한 특징이다.

중서부지역에서 조영된 분구묘와 주구토광묘 집단은 서로 배타적이기 보다는 마한의 일원으로서 서로 상호보완적인 견지에서 분묘에 보이는 구조적 특징들을 서로 공유하며 마한의 다양한 분묘문화를 발전시켜 나갔던 것으로 이해하고자 한다.

마지막으로 선생님께서 진심과 열정을 가지고 지도해 주신 마음을 다시 한번 가슴속 깊이 헤아리며 선생님과의 20여 년간 추억을 잊지 않고 정진해 나갈 것을 다짐하며 글을 맺고자 한다.

참고문헌

1. 논문 및 단행본

김기옥, 2014, 「경기지역 마한 분구묘의 구조와 출토유물」『한국고고학의 신지평』, 한국고고학회.

김성남·허진아, 2008, 「무덤을 통한 '마한'사회의 전개과정 작업가설」『호서지역 읍락사회의 변천』, 제17회 호서고고학회 학술대회.

김승옥, 2011, 「중서부지역 마한계 분묘의 인식과 시공간적 전개과정」『한국상고사학보』71.

김승옥, 2011, 「중서부지방 마한계묘제의 성격과 발전과정」『분구묘의 신지평』, 전북대학교 BK21사업단·전북대학교박물관.

박순발, 2003, 「주구묘의 기원과 지역성 검토 : 중서부지역을 중심으로」『충청학과 충청문화』2, 충청남도역사문화연구원.

서정일, 2014, 「홍성 석택리 환호취락 검토」『내포신도시 원삼국시대 환호취락검토』, 제29회 호서고고학회 학술대회, 호서고고학회.

성정용, 2000, 「중서부 마한지역의 백제영역화과정 연구」, 서울대학교대학원 박사학위논문.

이남석, 2002, 『백제 묘제의 연구』, 서경문화사.

이남석, 2010, 「백제고분문화의 개관」『송산리고분군』, 공주대학교박물관.

이남석, 2014, 「백제 분구토광묘(분구묘)의 검토」『한성시대 백제의 고분문화』, 서경문화사.

이미선, 2008, 「3~4세기 중서부지역의 목관(곽)묘 연구 −경기남부와 중서부지역을 중심으로−」, 한신대학교 대학원 석사학위논문.

이성주, 2000, 「墳丘墓의 認識」『韓國上古史學報』32.

이택구, 2008, 「한반도 중서부지역의 마한분구묘」『한국고고학보』66.

이택구, 2014, 「전북지역 마한 분구묘의 구조와 출토유물」『한국고고학의 신지평』, 한국고고학회.

이훈, 2003, 「周溝土廣墓에 대한 小考」『國立公州博物館紀要』3, 국립공주박물관.

李浩炯, 2004, 『中西部地域 周溝土壙墓 硏究』, 公州大學校 碩士學位論文.

임영진, 1997, 「영산강유역의 이형분구 고분 소고」『호남고고학보』5집, 호남고고학회.

임영진, 2014, 「마한 분구묘의 조사·연구성과와 과제」『한국고고학의 신지평』, 한국고고학회.

윤효남, 2003, 『전남지방 3~4세기 분구묘에 대한 연구』, 전북대학교 사학과 석사학위논문.

정해준, 2014, 「충청지역 마한 분구묘의 구조적 특징과 출토유물」『한국고고학의 신지평』, 한국고고학회.

정해준, 2014, 「중서부지역 마한 분구묘의 구조와 출토유물」『중서부지역 마한분구묘 사회의 비교검토』, 마한연구원.

정해준, 2015, 「호서지역 분구묘의 전개과정」『서산 부장리 고분군의 정체성』, 제31회 호서고고학회 학술대회, 호서고고학회.

최봉균, 2010, 「분구묘의 전개양상과 정치·사회적 의미 −호서지역을 중심으로−」, 충남대학교 대학원 석사학위논문.

최성락, 2000, 「호남지역의 철기시대」『호남고고학보』11, 호남고고학회.

최성락, 2002, 「삼국의 성립과 발전기의 영산강유역」『한국상고사학보』37호, 한국상고사학회.

최완규, 1996, 「주구묘의 특징과 제문제」『고문화』49집, 한국대학교박물관협회.

최완규, 1997, 「전북지방 고분의 분구」 『호남고고학보』 5집.

최완규, 1997, 「금강유역 백제고분의 연구」, 숭실대학교 대학원 박사학위논문.

최완규, 2000, 「마한묘제의 최근 조사 및 연구동향」 『삼한의 마을과 무덤』, 제9회 영남고고학 학술발표회.

최완규, 2000, 「호남지역 마한분묘 유형과 전개」 『호남고고학보』 11, 호남고고학회.

최완규, 2002, 「백제성립과 발전기의 금강유역 묘제양상」 『한국상고사학보』 37호.

함순섭, 2000, 「마한의 대외교섭」 『백제중앙과 지방』.

2. 보고서

경기문화재연구원, 2012, 『김포 양곡 유적』.

고려문화재연구원, 2012, 『김포 양촌 유적』.

공주대학교박물관 2006, 『연기 응암리 · 용호리 유적』.

김성남 · 이화영, 2012, 『서천 저산리 · 수성리 유적』.

김승옥 · 변희섭 · 김미령 · 정현, 2010, 『상운리 Ⅰ · Ⅱ · Ⅲ』.

柳基正 外, 2001, 『公州 長院里 遺蹟』, (재)충청매장문화재연구원 문화유적 조사보고 제26집.

부여문화재연구소, 1998, 『서천 당정리 유적』.

서오선 · 이호형, 1995, 『하봉리』 1, 국립공주박물관.

서오선 · 권오영, 1990, 「천안 청당동 유적 발굴조사보고서」 『휴암리』, 국립중앙박물관.

서오선 · 권오영 · 함순섭, 1991, 「천안 청당동 제2차 발굴조사보고서」 『송국리 Ⅳ』, 국립중앙박물관.

서오선 · 함순섭, 1992, 「천안 청당동 제3차 발굴조사보고서」 『고성패총』, 국립중앙박물관.

성정용, 1994, 『천안 신풍리 유적』, 충남대학교박물관.

오규진, 2005, 「공주 신영리 여드니유적」, (재)충청문화재연구원 문화유적 조사보고 제42-1집.

윤세영 · 이홍종, 1997, 『寬倉里 周溝墓』, 高麗大學校 埋藏文化財研究所.

중앙문화재연구원, 2011, 『인천 중산동 유적』.

차용걸 외 4인, 1994, 『청주 송절동 고분군』, 충북대학교박물관.

최완규 · 이영덕, 2002, 『익산 율촌리 분구묘』, 원광대학교 마한 · 백제문화연구소.

충청역사문화연구원, 2011, 『아산 명암리 밖지므레 유적』.

한국고고환경연구소, 2009, 『연기 송원리 · 송담리 유적』.

한국고고환경연구소, 2014, 『행정중심복합도시 3-1생활권(3-1-D지점)문화재 발굴조사 학술자문회의(6차)』.

한얼문화유산연구원, 2015, 『홍성 석택리 유적』.

한영희 · 함순섭, 1993, 「천안 청당동 제4차 발굴조사보고서」 『청당동』, 국립중앙박물관.

함순섭 · 김재홍, 1995, 『청당동 Ⅱ』, 국립중앙박물관.

韓永熙 · 咸舜燮, 1993, 「天安 淸堂洞 第4次 發掘調査報告」 『淸堂洞』, 國立中央博物館.

허의행 · 강병권, 2004, 『천안 운전리 유적』, (재) 충청문화재연구원.

호남문화재연구원, 2008, 『전주 마전유적(Ⅳ)』.

제2부 제3장

아산지역 2~5세기
고대유적의 현황과 의미

최욱진
(천안박물관 학예연구사)

Ⅰ. 머리말   Ⅳ. 유적의 존재의미

Ⅱ. 2~5세기 유적 발굴조사 현황   Ⅴ. 맺음말

Ⅲ. 유적의 분포 현황 및 출토유물 검토

Ⅰ. 머리말

아산(牙山)지역은 남한의 중서부에 입지해 있으며 충청남도의 북동부 아산만 연안에 면하고 있
다. 북쪽은 차령산맥의 지맥에 속하는 낮은 구릉성 산지를 이루고 안성천(安城川)이 아산만으로 유
입하며 주변에 넓은 충적평야를 형성하고 있다. 또한 중부는 천안의 국사봉에서 발원한 곡교천(曲
橋川)이 관통하며 흘러 주변에 낮은 구릉과 충적평야로 이루어져 있다. 그리고 남쪽은 차령산맥이
지나 높은 산지를 형성하고 있는데 우리나라에서 중간 정도의 해발고도와 경사도를 지니는 중규모
의 산지로 이루어진 지역이다. 전체적으로 남고북저의 지형으로 하천이 흐르는 중앙이 낮고 평평한

충적평야가 전개되고 있어 사람이 집단을 이루고 살기에 매우 적합한 환경을 갖추고 있다.

아산지역이 역사에서 처음 확인되는 것은 백제 온조왕 36년의 탕정성(湯井城) 축성기록으로,[1] 백제 사비기에 이르러서는 탕정군과 아술현(牙述縣), 굴직현(屈直縣)의 지방으로 편제되었음을 알 수 있다.[2] 탕정에 대한 기록을 토대로 아산지역에서의 고대역사 전개과정을 더 이상 살펴볼 수는 없지만 온조왕 36년조의 전후 기록을 토대로 추가 검토가 가능하다. 백제는 온조왕 26년 마한병합 이후[3] 항복하지 않았던 원산(圓山)과 금현(錦峴)이 항복하자 대두성(大豆城)을 쌓고[4] 탕정성 축성 이후 대두성민을 나누어 살게하고 있는데 이 대두성 역시 탕정성과 인접한 지역 즉, 아산지역에 위치했던 것으로 이해되고 있기 때문이다.[5] 대두성은 천도 이후 혼란한 상황 속에서 반 해구세력과의 정쟁에서 패배한 해구(解仇)가 연신(燕信)과 더불어 반란을 일으킨 곳으로 백제 웅진기에서도 확인되고 있다.[6]

아산지역은 이러한 역사적 기록을 통해 고대사의 전개과정에서 중요한 지역 중 하나였음을 알 수 있다. 하지만, 사료의 부족으로 아산지역의 고대역사에 대한 논의는 구체적으로 이루어지지 못하였고 마한의 소국 중 하나인 염로국(冉路國)이 존재하다 이른 시기 백제의 영역으로 편입된 것으로 이해되어 왔다.[7] 그러나 광범위한 지역에 대한 지속적인 발굴조사를 통해 많은 유적들이 확인되면서 아산지역의 고대역사를 재검토 할 수 있는 계기가 마련되었다.

---

1 『三國史記』券23 百濟本紀 溫祚王 36年條 秋七月 築湯井城 分大豆城民戶居之 八月 修葺圓山錦峴二城 築古沙夫里城.

2 『三國史記』券36 雜誌第五 地理三 湯井郡 本百濟郡 文武王十一年 唐咸亨二年 爲州置摠管 咸亨十二年 廢州爲郡 景德王因之 今溫水郡 領縣二 陰峯[一云陰岑]縣 本百濟牙述縣 景德王改名 今牙州 祁梁縣 本百濟屈直縣 景德王改名 今新昌縣.

3 『三國史記』券23 百濟本紀 溫祚王 26年條 秋七月 王曰 馬韓漸弱 上下離心 其勢不能久 儻爲他所幷 則脣亡齒寒 悔不可及 不如先人而取之 以免後艱 冬十月 王出師 陽言田獵 潛襲馬韓 遂幷其國邑 唯圓山錦峴二城固守不下.

4 『三國史記』券23 百濟本紀 溫祚王 27年條 二十七年 夏四月 二城降 移其民於漢山之北 馬韓遂滅 秋七月 築大豆山城.

5 탕정성은 온양지역으로, 대두산성은 아산시 음봉면 소재 水漢山城(물앙산성)으로 비정하는 견해와 더불어(李基白, 1978, 「熊津時代 百濟의 貴族勢力」『百濟研究』 9, 忠南大學校 百濟研究所, 12쪽), 탕정성은 온양 6동 소재 읍내동 산성으로, 대두산성은 아산시 영인면 소재 영인산성으로 비정하는 견해를 주목할 수 있다(俞元載, 1992, 「百濟 湯井城 硏究」『百濟論叢』 3, 百濟文化開發研究院, 20쪽).

6 『三國史記』券26 百濟本紀 三斤王 2年條 春 佐平解仇與恩率燕信聚衆 據大豆城叛 王命佐平眞男以兵二千討之 不克 更命德率眞老 帥精兵五百 擊殺解仇 燕信奔高句麗 收其妻子 斬於熊津市.

7 『牙山의 文化遺蹟』, 1993, 忠淸南道牙山郡 · 公州大學校博物館, 19~20쪽.

아산지역에서의 유적조사는 유물의 발견에 따른 수습조사를 통해 처음 이루어졌으며,[8] 1976년 초기철기시대의 분묘유적인 남성리(南城里) 석관묘유적이 발굴조사를 통해 확인되었다.[9] 이후 1990년대에 이르러 신달리(新達里) 선사유적,[10] 군덕리(君德里)유적[11] 등의 청동기시대 주거지 유적이 조사됨에 따라 아산지역에서의 청동기 문화가 확인될 수 있었다. 그리고 1990년대 후반에 이르러 산업단지의 개발과[12] 더불어 택지개발 및 도로개설 등의 대규모 개발과정을 통해 광범위한 지역에 대한 조사가 이루어 질 수 있었고 구석기시대부터 조선시대에 이르는 다양한 시기의 유적들이 확인되었다.[13] 이중 사료와 더불어 아산지역의 고대역사를 살필 수 있는 2~5세기 유적으로는 아산 탕정 용두리 및 명암리 일원에서 대규모 분묘유적과 생활유적이 조사되었고, 배방읍 갈매리 및 북수리 일원에서는 생활유적과 분묘유적이 밀집하여 확인되었다. 또한, 영인면, 둔포면, 음봉면 및 시내권 등에서도 조사가 이루어졌다.

발굴조사된 대규모 분묘유적을 토대로 고대 아산지역에 중요한 정치세력이 존재했으며 이 세력은 목지국 또는 목지국과 관련된 것으로 이해하는 견해가 제기되었고[14] 더 나아가 천안·아산지역

---

8 韓國考古學會, 1974, 「牙山 白岩里 出土 一括遺物」『考古學』3.

9 韓炳三·李健茂, 1977, 『南城里石棺墓』, 國立中央博物館.

10 國立中央博物館, 1995, 「牙山 新達里 先史遺蹟址 發掘調査」『淸堂洞Ⅱ』, 國立博物館古蹟調査報告 第27冊.

11 李南奭, 1996, 『君德里 住居遺蹟』, 公州大學校 博物館.

12 충남대학교박물관, 2001, 『아산 명암리 유적』약보고서; 羅建柱·姜秉權, 2003, 『牙山 鳴岩里遺蹟(11·3 地點)』, (財)忠淸文化財硏究院; 羅建柱·尹淨賢·南承勳, 2011, 『牙山 鳴岩里 遺蹟(12地點)』, (財)忠淸文化財硏究員; 中央文化財硏究院, 2011, 『牙山 屯浦里遺蹟』; 이의지·박유정·안성민·김은아·조남빈·이선아·변지현·박재국·이천수·맹세환·정상훈, 2015, 『아산 신휴리·석곡리 유적(Ⅰ~Ⅲ지역)』, (재)충청문화재연구원; 이의지·박유정·안성민·김은아·조남빈·이선아·변지현·박재국·이천수·맹세환·정상훈, 2015, 『아산 신휴리·석곡리 유적(Ⅳ~Ⅵ·Ⅷ지역)』, (재)충청문화재연구원.

13 충청남도역사문화원, 2005, 『牙山 豊基洞 遺蹟』; 韓昌均·許義行, 2006, 『牙山 實玉洞 遺蹟』, (財)忠淸文化財硏究院羅建柱·朴賢慶, 2007, 『牙山 柿田里 遺蹟』, (財)忠淸文化財硏究院; 忠淸南道歷史文化院, 2007, 『牙山 城內里 新石器遺蹟』; 金帛範, 2008, 『牙山 大興里 큰선장 遺蹟』, (財)忠淸文化財硏究院; 朴亨順, 2008, 『아산 상성리 유적』, (財)忠淸文化財硏究院; 裵相勳, 2008, 『牙山 長在里 아골 遺蹟』, (財)忠淸文化財硏究院; 安星泰, 2008, 『牙山 長在里 안강골 遺蹟』, (財)忠淸文化財硏究院; 崔慶淑, 2008, 『牙山 長在里 안강골 遺蹟(Ⅱ)』, (財)忠淸文化財硏究院; 中央文化財硏究院, 2008, 『牙山 石谷里遺蹟』; 구기종·김백범, 2009, 『牙山 葛每里 앞댕뱅이들, 白岩里 새논들·번개들 遺蹟』, (財)忠淸文化財硏究院; 金書貞, 2009, 『牙山 松村里·三巨里 遺蹟』, 韓國考古環境硏究所; 羅建柱·朴賢慶, 2009, 『牙山 龍和洞 가재골 遺蹟』, (財)忠淸文化財硏究院; 朴大淳·安星泰, 2009, 『牙山 長在里 대추리·연화동 遺蹟』, (財)忠淸文化財硏究院; 丘冀鐘·李販燮·李義之. 2010, 『牙山 新法里 土壘 遺蹟』, (財)忠淸文化財硏究院; 박성희·이정범·박상윤, 2010, 『아산 백암리 점배골 유적』, 한국고고환경연구소.

14 李尙燁, 2008, 「아산지역 마한시기 유적의 현황과 성격-아산 밖지므레 유적을 중심으로」『충청학과 충청

에 위치했던 목지국이 3세기경 백제에 병합되어 직접지배를 받았던 것으로 이해되었다.[15] 이는 기존의 논의와 달리 사료와 더불어 고고학자료를 함께 검토함으로써 고대 아산지역에 존재했던 세력의 성격과 변화과정을 살폈다는 점에서 그 의미가 있다 할 수 있다. 하지만, 특정 유적을 중심으로 검토가 이루어지면서 아산지역 전체에 대한 검토가 이루어지지 못하였고 아산지역을 중심으로 성장·발전했던 토착세력의 변화과정을 살피는데 있어 사료를 기준으로 고고학자료를 해석함으로써 토착세력을 중심으로 검토되지 못하고 백제를 중심으로 검토가 이루어졌다는 점에 한계가 있었다.

이에 필자는 지금까지 조사된 2~5세기 유적을 중심으로 고대 아산지역의 역사적 상황을 이해하고자 한다. 이를 위해 본 논저에서는 아산지역에서 지금까지 조사된 2~5세기 유적의 전체 현황을 살펴보고 유적의 분포현황 및 출토유물을 토대로 유적들의 관계 및 유적의 성격을 검토하고자 한다. 그리고 이를 토대로 아산지역 관련 문헌자료와의 비교를 통해 아산의 고대역사 즉, 유적의 존재의미를 살펴보도록 하겠다.

II. 2~5세기 유적 발굴조사 현황

1. 와우리·신법리(臥牛里·新法里)유적[16]

영인–둔포간 도로확장 및 포장공사대상지에 대한 발굴조사를 통해 확인되었다. 원삼국시대의 유구는 와우리유적에서 주구토광묘 2기가 조사되었고 신법리유적에서 주거지 3기·토광묘 4기·옹관묘 2기 등이 확인되었다. 분묘유구는 지표면 유실 및 삭평 등으로 잔존상태가 불량한 편으로 내부에서 목관이나 목곽의 흔적은 확인되지 않았다. 생활유구는 신법리 구릉의 정상부에 위치해 있으며 평면 형태는 방형으로 내부에서는 부뚜막 시설이 조사되었다. 내부에서 출토된 원저단경호, 완형토기 및 장란형토기 등을 토대로 주변지역과의 비교를 통해 3~4세기 조성된 것으로 편년하고 있다.

문화』제7권, 285쪽.

15 강종원, 2017, 「선사와 고대」『牙山市誌』 I , 518~521쪽.

16 (財)忠淸埋藏文化財硏究員, 2001, 『牙山 臥牛里·新法里 遺蹟』, (財)忠淸埋藏文化財硏究院.

2. 구성리(九星里)유적[17]

생활폐기물 매립시설 조성부지에 대한 발굴조사를 통해 확인되었다. 마한~백제시대의 유구는 구상유구 1기·원형유구 61기·주혈 72개·수혈유구 32기가 조사되었다. 구상유구는 조사지역 북쪽의 봉우리를 중심으로 원을 이루며 돌아가는 형상으로 확인되나 유구 일부가 조사범위 바깥 쪽으로 이어져 전체적인 유구의 형태는 알 수 없다. 원형유구와 주혈은 130여 개가 밀집되어 분포 하고 있는데 대부분 훼손되어 바닥면만 얇게 남아 있으며, 정형성이 없이 불규칙하게 분포되어 있 다. 또한 수혈유구 역시 유구의 대부분이 유실되고 구조의 정형성은 확인되지 않는다. 구상유구 존 재를 토대로 환호취락의 가능성, 해안가에 입지하는 지형적 특징에 따른 방어시설일 가능성 등의 검토가 가능하나 구상유구와 더불어 성과 관련된 목책 등의 시설이 확인되지 않으며 판축의 흔적 도 없어 방어시설일 가능성은 높지 않다. 또한, 수혈유구의 평면형태나 내부의 불탄흔적과 생활용 기 등을 토대로 주혈을 굴립주 주거지의 흔적으로 추정했을 때 주거유적일 가능성이 높다. 유구에 서는 모두 연경질의 토기편이 확인되었으나 파손이 심하며 대부분 편으로 확인되었다. 대체적으로 발(鉢)·호(壺)·옹(甕)·시루 등의 기종으로 보이며 다양한 문양이 확인된다. 이러한 유물을 토대로 3 세기 후반에서 4세기 초반의 유적으로 편년하고 있다.

3. 신남리(新南里)유적[18]

공장부지 예정부지 내 발굴조사 결과 확인된 유적으로 원삼국시대 주구토광묘 5기가 조사되었 다. 주구토광묘는 구릉의 남쪽 사면부터 사면 하단부에 걸쳐 서로 인접하여 분포하고 있으나 지형 경사에 의한 삭평 및 후대 유구에 의한 교란으로 원래 형태를 파악하기 힘들다. 유구의 조합 및 타 유적과의 비교 등을 통해 원삼국시대 전기 후반 또는 후기 전반으로 편년하고 있다.

---

17 忠南發展研究院, 2003, 『牙山 九星里遺蹟』, 忠南發展研究院·牙山市.

18 趙鎭亨·金溁, 2009, 『牙山 新南里 遺蹟』, 韓國考古環境研究所.

4. 갈산리(葛山里)유적[19]

선문대학교 문화회관 공사예정부지 내 발굴조사 결과 원삼국시대 ㉣방형주거지 8기가 조사되었다. 주거지 내부에서는 주공과 구시설 그리고 부뚜막 시설 등이 조사되었다. 조사된 주거지는 사주식으로 주공이 대부분 벽 모서리를 따라 배치됨이 확인된다. 주거지 내부에서 조사된 토기는 대부분 잔편이어서 기형을 추정할 수 없지만, 11호 주거지에서 확인된 장란형토기, 직구호, 우각형파수부, 시루편 등을 통해 타날문토기, 심발형토기 · 장란형토기 · 직구호가 출현하는 3세기 초에서 3세기 중반으로 편년하고 있다.

5. 명암리(鳴岩里)유적[20]

T/C 일반지방산업단지 조성부지에 대한 시굴결과 확인된 3-1 · 2, 5, 6, 9-1 · 2, 11, 12지점에 대한 발굴을 통해 확인되었다. 조사결과 신석기시대 토기편부터 조선시대 유적까지 다양한 시대의 유적이 조사되었고 이중 명암리 11지점과 12지점에서 원삼국시대와 백제시대의 유적이 확인되었다.

1) 11지점

11지점에서는 원삼국시대 탄요 2기, 백제시대 옹관묘 1기 및 미상유구 1기가 조사되었다. 원삼국시대 탄요는 모두 장축을 등고선과 나란히 하여 요상(窯床)을 수평에 가깝게 한 반지하식요로서 길이는 약 14m이다. 탄요의 벽체편을 시료로 한 OSL분석 결과를 통해 3세기 초에서 4세기 초로 추정하였다. 백제시대 옹관묘 1기는 적갈색연질호 1개체와 회청색경질호 2개체분을 합구하여 관으로 전용한 것으로 유적 동단의 능선부 정상에 가까운 해발 83m 가량의 남사면에 위치해 있다.

2) 12지점

12지점에서는 백제시대의 유적으로 소성유구 1기 · ㈜구)토광묘 5기가 조사되었다. 고분 5기 중

19 충청남도역사문화원, 2004, 『牙山 葛山里 遺蹟』.

20 충남대학교 박물관, 2001, 앞의 보고서; 羅建柱 · 姜秉權, 2003, 앞의 보고서; 羅建柱 · 尹淨賢 · 南承勳, 2011, 앞의 보고서.

1호·4호는 매장주체부와 더불어 주구가 조사되었고 2호·3호·5호는 매장주체부만 확인되었다. 고분 내에서는 광구장경호, 단경호, 직구호, 심발형토기, 고배, 개 등의 토기류와 철부, 철겸, 철정, 철도자 등 철기류가 고르게 출토되었으며, 그 외 구슬과 석제 방추차도 공반되었다. 고분군은 1호에서 확인된 광구장경호와 5호에서 확인된 직구단경호를 한성기 Ⅱ기(350~475)의 기형으로 추정하며, 주변 유적과의 검토를 통해 4세기 중반에서 5세기 중반에 해당하는 것으로 편년하고 있다.

6. 용두리(龍頭里) 진터유적[21]

탕정 제2일반지방산업단지 조성부지 내 1-2지점에 대한 발굴조사 결과 확인되었다. 원삼국시대의 유구는 토광묘 42기·주구토광묘 19기·수혈유구 3기·옹관묘 11기·탄요 1기·주구 2기 등이 조사되었다. 토광묘와 주구토광묘의 매장주체부는 모두 토광을 굴착한 후 목곽 혹은 목관을 안치하는 장법을 사용하였다. 시기적 차를 두고 원저단경호와 원저심발형토기,[22] 유개대부호가 세트를 이루며 다양한 철기류가 공반된 토광묘에서 주구토광묘와 혼재되다 원저심발형토기와 유개대부호가 소멸하고 심발형토기로 대체되며 철겸을 대신하여 환두대도가 등장하는 주구토광묘로 변화된 것으로 추정하고 있다. 유적의 조성시기는 출토유물에 대한 상대편년을 토대로 2세기 초엽에서 후엽으로 편년하고 있다.

7. 아산 명암리 밖지므레유적[23]

탕정면 갈산리·명암리·용두리 일원의 삼성 LCD 단지 조성부지 내 발굴조사 결과 확인된 유

---

21 李浩炯·池珉周·崔相哲, 2011,『牙山 龍頭里 진터 遺蹟(Ⅱ)』, (財)忠淸文化財研究院.

22 조사보고서(李浩炯·池珉周·崔相哲, 2011, 앞의 보고서)에서는 옹형토기로 명명하나 평저의 발형토기 즉, 심발형토기와 기형에서만 차이가 있을 뿐 용도는 동일한 것으로 보고 원저심발형토기의 용어를 사용한 강지원의 견해를 따르고자 한다(姜志遠, 2012,『原三國期 中西部地域 土壙墓 硏究 -闕洞遺蹟·진터遺蹟·馬頭里遺蹟·龍湖里 遺蹟을 中心으로』, 公州大學校 大學院 碩士學位論文, 28쪽).

23 충청남도역사문화연구원, 2011,『牙山 鳴岩里 밖지므레遺蹟(2-1地點)』; 충청남도역사문화연구원, 2011,『牙山 鳴岩里 밖지므레遺蹟(2-2地點)』; 충청남도역사문화연구원, 2011,『牙山 鳴岩里 밖지므레遺蹟(3地點)』.

적이다. 총 3개 지점에서 조사가 이루어졌는데, 2-1지점에서는 마한 토광묘 8기·주구토광묘 17기·옹관묘 2기가 조사되었고, 2-2지점에서는 마한 토광묘 35기·주구토광묘 31기·옹관묘 6기·수혈유구 1기·소성유구 1기·백제시대 석곽묘 1기가 확인되었다. 또한 3지점에서는 마한 토광묘 34기·주구토광묘 21기·옹관묘 7기 등이 3지점 수습조사지역에서 마한 토광묘 3기·주구토광묘 2기가 확인되었다. 주구토광묘의 경우 대부분 마제형의 주구를 묘광의 상부에 설치하였으나 ─자형 또는 완전히 둘러싼 형태도 확인된다. 주구토광묘와 토광묘 모두 평면형태는 말각장방형으로 장축방향은 등고선과 일치한다. 부장유물은 원저단경호와 심발형토기 그리고 원통형토기의 토기가 확인된다. 또한, 무기류와 농공구류 등의 다양한 철기류가 확인되며 장신구류로 마형대구와 구슬류의 부장이 이루어지고 있다. 유적의 조성시기는 유물 등에 대한 편년을 토대로 2세기 말에서 3세기 말까지 추정하고 있다.

8. 갈산리(葛山里)유적(초등학교 건설 부지 내)[24]

갈산초등학교 건설부지에 대한 발굴조사 결과 확인되었다. 원삼국시대의 유구는 주구토광묘 11기·토광묘 10기·옹관묘 4기·구상유구 3기가 조사되었다. 밖지므레유적의 3지점과 연접한 동일 구릉지상에 위치하며, 주구토광묘와 토광묘는 입지에서 차이가 확인되지 않으며 혼재되어 확인된다. 유물 부장양상에서도 큰 차이가 확인되지 않으나 원통형토기의 부장량이 주구토광묘에 비해 현격히 줄어들고 있다. 전체적으로 밖지므레유적과 비슷한 양상을 보이고 있으나, 구슬 등의 장신구류가 출토되지 않은 점에 차이를 보인다. 조성시기는 밖지므레유적과 동일한 2세기 말에서 3세기 말까지로 추정하고 있다.

9. 부기리유적[25]

탕정 제2일반지방산업단지 조성부지 내 1-1지점에서 조사된 유적으로 원삼국시대 유구는 용두

---

24 김가영·김영국·정용준·최보람·강철규, 2014, 『아산 갈산리유적─초등학교 건설 부지 내』, 백제문화재연구원.
25 충청남도역사문화연구원, 2014, 『아산 용두리 부기리 유적』.

리 진터유적과 이어지는 북쪽의 서사면 정상부에서 주거지 3기·수혈유구 2기가 조사되었다. 유적은 경사면에 축조한 관계로 하단부 일부가 삭평되었으며 대부분 이장묘로 인한 교란의 흔적이 확인되는 등 훼손이 많이 이루어졌다. 이러한 이유로 주거지의 내부에서 주공, 부뚜막 등의 시설은 확인되나 구조를 알 수 없으며, 내부에서 확인된 유물 역시 대부분 잔편으로 기형을 추정하기 쉽지 않다. 내부시설 및 출토유물을 토대로 곡교천 유역에서 확인되는 방형계의 주거지와 유사한 것으로 추정하나 구체적 편년은 이루어지지 않았다.

10. 곱터골유적[26]

탕정 택지개발사업지구 내 발굴조사 결과 확인된 유적으로 원삼국시대 유적은 2지점 내에서 탄요 2기가 조사되었다. 조사지역 사면의 해발 약 70m 정도에 풍화암반토를 굴착하여 조성하였다. 1호는 삭평과 자연배수로에 의해 소성실 일부와 연도부만 잔존하나 2호는 전면작업장 및 연소실과 소성실, 연도부까지 확인된다. 공반된 출토유물이 없고 조사된 유구의 수가 적어 구체적인 성격 및 편년에 대한 검토는 이루어지지 않았다.

11. 갈산리·매곡리유적[27]

신도시 해제지역 연계교통망 구축사업(동·서축)부지 내 발굴조사 결과 확인된 유적으로 원삼국시대의 유구는 주거지 15기·수혈유구 13기·구상유구 2기가 조사되었다. 주거지는 1기(타원형)를 제외하고는 모두 방형으로 사주식과 불규칙, 무주식 형태가 확인되나 사주식 주거지(8기)가 다수를 이룬다. 내부에서 출토된 경질무문토기, 장란형토기, 심발형토기와 격자문 중심의 연질타날문토기 등을 토대로 유적의 중심시기를 3세기 후반에서 4세기 후반으로 편년하고 있다.

---

26 박영복·배상훈·최지연·이선아·안성민·조남빈·이천수, 2014, 『아산 명암리 곱터골 유적』, (재)충청문화재연구원.
27 최봉균·천승현·이상직·변지현·정우진, 2017, 『아산갈산리·매곡리 유적』, (재)충청문화재연구원.

12. 초사동(草沙洞)유적[28]

경찰종합학교 이전부지에 대한 발굴조사를 통해 백제시대 주거지 5기·수혈유구 7기·토광묘 1기·석곽묘 2기가 확인되었다. 생활유구는 중앙부에 원형수혈을 배치하고 외곽부를 따라 주거지를 배치하는 원형상의 배치형태가 확인된다. 주거지의 평면형태는 모두 장방형이며, 2주식의 기둥배치 그리고 판석을 이용한 부뚜막의 설치가 특징적이다. 분묘유구는 생활유구와 구역을 달리하여 조성되었으며, 유실된 분묘를 감안하더라도 비교적 소규모 분묘군으로 추정된다. 이들 유구의 구조 및 출토 유물을 토대로 한성기 후반인 5세기 중후엽경으로 편년하고 있다.

13. 밤줄길유적[29]

공설운동장 건설부지에 대한 발굴조사를 통해 확인된 유적으로 백제시대 유구는 주거지 1기·수혈유구 10기·기와가마 2기가 조사되었다. 주거지는 내부에서 기와로 만든 화덕시설이 확인되었으며, 기와편과 선문이 시문된 경질토기편이 확인되었다. 수혈유구는 원형 평면에 단면 플라스크형을 띠는 것으로 여타 백제시대 수혈유구와 유사하다. 기와가마는 부여, 청양지역에서 조사된 가마의 구조 및 유물과 유사하며 甲子와 王자의 명문이 확인된다. 분석결과 가마 내 출토기와와 주변에 위치한 산성 주변의 기와가 동일한 지구과학적 특징이 나타나는 것으로 확인되어 가마는 주변 산성과 관련된 시설의 기와조달을 목적으로 조성되어진 것으로 판단하였다. 방사성탄소 연대측정 등의 결과 백제시대 주거지와 수혈은 5세기 전후, 2호 가마는 7~8세기 전후로 확인되어 주거지와 수혈의 조성 이후 가장 늦게 가마가 조성된 것으로 추정하였다.

14. 풍기동(豊基洞) 앞골유적[30]

공동주택 신축 대상지에 대한 발굴조사를 통해 확인된 유적으로 원삼국시대에서 백제시대까지

---

28 忠淸南道歷史文化院, 2007, 『牙山 草沙洞 警察綜合學校 移轉敷地內-牙山 草沙洞 遺蹟』.
29 丘冀鐘, 2009, 『牙山 豊基洞 밤줄길 遺蹟Ⅱ』, (財)忠淸文化財硏究院.
30 羅建柱·崔夏榮, 2009, 『牙山 豊基洞 앞골 遺蹟』, (재)충청문화재연구원.

사용된 것으로 추정되는 탄요(炭窯) 2기가 조사되었다. 조사지역 남쪽 경계부 및 북동쪽 구릉사면의 해발 30m 지점에 등고선과 평행하게 위치하며, 풍화암반토를 'ㄴ'자로 굴착하고 조성하였다. 연소부와 화구부 및 소성부가 확인되었으나 유물은 토제품 외 확인되지 않았다. 공반된 출토유물이 거의 없고 조사된 유구의 수가 적어 구체적인 성격 및 편년에 대한 검토는 이루어지지 않았다.

15. 갈매리(葛梅里)유적[31]

아파트 신축부지 내 발굴조사 결과 확인된 유적으로 3개의 지역으로 나누어 조사가 이루어졌다. 원삼국~백제시대로 편년되는 유구는 1지역에서는 지상건물지 36기·방형 수혈유구 44기·원형 수혈유구 16기·기타 구시설이 조사되었고 2지역에서는 수혈주거지 7기·굴립주건물지 3기·수혈유구 317기·소형수혈유구 34기·구상유구 44기·기타유구 175기·소토구덩이 3기 등이 확인되었다. 그리고 3지역에서는 수혈주거지 1기·수혈유구 173기·굴립주건물지 14기·옹관묘 2기·매납유구 3기·구상유구 7기·우물상유구 1기·집석유구 1기·철기제작관련 추정공방 등이 조사되었다. 유물은 호, 발, 옹, 유공원통형토기 등의 토기류와 철겸, 철부 등의 철제유물 등이 확인되었으며, 이외에도 방추차, 박자, 아궁이틀, 옥, 소토 등과 짚신, 목기, 동물뼈 등도 출토되었다. 갈매리유적은 생산과 생활 유적이 함께 공존하고 있는 유적으로 일반적인 취락이 아닌 제철 등을 비롯한 생산과 교역이 이루어진 공간으로 이해되기도 한다. 3~5세기에 조성된 것으로 편년되고 있다.

16. 북수리(北水里)유적[32]

배방월천지구 도시개발사업 부지에 대한 발굴조사 결과 확인되었다. 삼국시대의 분묘유적이 하나의 능선에서 187기가 조사되었는데, 이중 주구토광묘와 옹관묘 1기씩을 제외하고는 모두 토광

31 李南奭·李賢淑, 2007, 『牙山 葛梅里(I地域)遺蹟』, 公州大學校博物館; 忠淸南道歷史文化院, 2007, 『牙山 葛梅里(II地域)遺蹟』; 李弘鐘·金武重·徐賢珠·趙銀夏·朴性姫·趙鎭亨·李雨錫·庄田愼矢·朴相潤·安亨基, 2007, 『牙山 葛梅里(III地域)遺蹟』, 高麗大學校 考古環境硏究所.
32 中部考古學硏究所, 2016, 「배방 월천지구 도시개발사업 (II-②)구역 부지 내 유적 발굴조사 약식보고서」; 財團法人 湖南文化財硏究院, 2016, 「배방 월천지구 도시개발사업 (I-③구역)부지 내 문화재 정밀발굴조사 약식보고서」.

묘이다. 앞서 탕정지역의 분묘유적과 달리 토광묘가 주류를 이루며 밀집도가 매우 높지만 원저단경호와 심발형토기의 조합, 마형대구의 확인 등 유물의 조합에 있어서는 큰 차이가 확인되지 않는다. 다만, 원통형토기의 소멸, 광구호 및 흑색마연토기 확인 등은 주목할 수 있다. 조사자는 천안의 용원리유적, 두정동유적, 아산 명암리유적 및 초사동유적 등과의 검토를 통해 4세기 후반에서 5세기 초반 조성된 것으로 추정하고 있다.[33] 생활유적은 127기의 주구부건물지와 방형 또는 장방형의 고상가옥 그리고 수혈과 구가 조사되었다. 조사자는 3세기 후반에서 4세기 중반으로 편년하였다.[34]

17. 갈매리 목책유적[35]

갈매리 대지조성 사업부지에 대한 발굴조사 결과 확인된 유적이다. 원삼국시대 유구는 구릉의 하단부에서 수혈유구 3기 · 구상유구 6기 · 주혈군 등이 조사되었고 상단부에서는 목책시설이 확인되었다. 목책시설은 단면 완만한 U자형으로 너비 230~480cm를 굴광하여 대지를 조성한 다음 그 내부에 2열의 주혈을 파고 목주를 세워 시설한 것으로 조사범위에 국한되어 약 77m가 조사되었다. 다양한 유물이 확인되었는데 백제 한성시기 유물이 확인되지는 않는다. 이를 토대로 목책은 원삼국시대에 조성된 것으로 인접한 갈매리유적의 이른시기 유적과 궤를 같이 하는 것으로 추정하고 있다.

18. 송촌리 · 소동리(松村里 · 小東里)유적[36]

음봉-영인간 도로건설공사 부지 내 발굴조사 결과 확인되었다. 송촌리에서는 원삼국시대 주거지 6기 · 소성유구 2기, 백제시대 구상방어시설이 확인되었고 소동리에서는 백제시대 토기가마 3기가 조사되었다. 송촌리의 주거지는 소형의 비사주식(非四柱式) 또는 무주공식(無柱孔式)주거지 구조와 격자타날문토기로 대표되는 1 · 3호 주거지가 3세기 중 · 후반에 조영되다가 4세기 전반 이후에

---

33 이계영, 2017, 「아산 북수리 유적(II-②구역)」『호서지역 문화유적 발굴성과』, 호서고고학회.

34 송공선, 2017, 「아산 북수리 유적」『호서지역 문화유적 발굴성과』, 호서고고학회.

35 (재)금강문화유산연구원, 2015, 「아산 갈매리 목책 유적 약보고서」.

36 柳基正 · 徐大源 · 李尙馥 · 金虎範 · 朴根成 · 全유리 · 朴鐘鎭, 2012, 『牙山 松村里 遺蹟 · 小東里 가마터』, (財)錦江文化遺産研究院.

대형의 사주식 구조와 평행타날문토기가 주류를 이루는 2호 주거지로 대체된 것으로 파악하였으며 주거지들의 중복관계가 나타나지 않아 짧은 기간동안 조영된 것으로 추정하였다. 구상방어시설은 약 110m의 구(溝)와 목책열로 구성된다. 방사성탄소연대측정결과 및 원삼국시대 주거지를 파괴하고 조성된 점 등을 토대로 백제시대에 조성된 것으로 추정하고 있으며, 주변의 산성배치 현황 등을 토대로 군사시설로 기능했을 것으로 보고 있다. 소동리 토기가마는 모두 수직연소실 구조의 지하식 등요로서 1·3호 가마가 동시에 운영되다가 폐기된 후 2호 가마가 약간의 시기차를 두고 축조된 것으로 파악하였다. 가마에서 생산된 제 기종 및 가마의 구조 형식 등을 통해 5세기 중반에서 후반에 걸치는 웅진기 이전 시기의 유적으로 추정하였으나 정확한 편년은 추후로 미루었다.

19. 남성리(南城里)유적 · 읍내리(邑內里)유적 1·2(아산 국도대체우회도로 행목−중방간)[37]

아산 국도대체우회도로(행목~중방간) 건설공사 구간 내 신창면 읍내리 및 남성리 일원에서 조사된 유적으로 남성리유적 2지점에서 마한시기 주구토광묘 3기가 조사되었다. 3기 모두 자연적 유실 외에 큰 훼손이 없지만, 거의 유물이 출토되지 않았다. 하지만, 1호 주구토광묘에서 확인된 목탄에 대한 방사성탄소연대 그리고 주변에서 조사된 유사 유적 등을 토대로 유적의 중심시기는 3세기 후반~4세기 초반으로 추정하고 있다.

20. 대흥리(大興里) 큰선장유적[38]

선장면 선우대교 가설공사 구간에 대한 발굴조사를 통해 확인되었다. 유구는 청동기시대의 주거지가 주를 이루나 주구토광묘 1기가 조사되었다. 조사당시 매장주체부는 확인되지 않고 주구만 잔존한 상태로 확인되어 매장주체부는 유실되었을 것으로 추정하였다. 주구 내에서는 회색연질의 원저호가 확인되었다.

---

37 충남역사문화연구원, 2011, 『아산 국도대체우회도로(행목~중방간)건설공사구간 내 아산 남성리유적 · 읍내리 유적 1 · 2』.

38 金帛範, 2008, 『牙山 大興里 큰선장 遺蹟』, (財)忠淸文化財硏究院.

Ⅲ. 유적의 분포 현황 및 출토유물 검토

1. 유적의 분포 현황

① 와우리 · 신법리유적   ⑥ 용두리 진터유적   ⑪ 갈산리 · 매곡리유적   ⑯ 북수리유적
② 구성리유적   ⑦ 명암리 밧지므레유적   ⑫ 초사동유적   ⑰ 갈매리 목책유적
③ 신남리유적   ⑧ 갈산리유적(초등학교 건설부지내)   ⑬ 밤줄길유적   ⑱ 송촌리 · 소동리유적
④ 갈산리유적   ⑨ 부기리유적   ⑭ 풍기동 앞골유적   ⑲ 남성리유적 · 읍내리유적 1 · 2
⑤ 명암리유적(11 · 12지점)   ⑩ 곱터골유적   ⑮ 갈매리유적   ⑳ 대흥리 큰선장유적

아산지역의 2~5세기 유적은 아산을 관통하는 곡교천을 기준으로 북쪽으로는 영인면, 음봉면, 탕정면, 둔포면에서 조사되었고 남쪽으로는 선장면, 신창면, 시내권 그리고 배방읍에서 확인되었다. 아산의 전 지역에서 유적이 확인되었지만, 유구의 분포범위와 밀집도를 토대로 탕정, 영인, 시내권 및 배방지역의 4개 권역으로 구분가능하다.

탕정지역은 분묘유적으로서 용두리 진터유적(이하 진터유적), 명암리 밖지므레유적(이하 밖지므레유적), 갈산리유적 및 명암리유적(12지점) 등이 조사되었고 생활유적으로서 부기리유적, 갈산리유적, 갈산리 · 매곡리유적이 확인되었다. 또한 앞서의 유적과 더불어 곱터골유적에서 탄요 등의 생산유적도 함께 조사되었다.

분묘유적은 용두천에 근접하여 서쪽에 진터유적이 동쪽에 밖지므레유적과 갈산리유적이 연접하여 위치하고 있으며 북쪽으로 약 2km 이격되어 명암리유적(12지점)이 자리하고 있다. 유적에서 조사된 분묘유구는 총 269기로서 토광묘(135기)와 주구토광묘(103기)가 대다수를 차지하고 있다. 이중 진터유적, 밖지므레유적과 갈산리유적은 2세기 이후부터 3세기 말까지 범위가 확대되어 조성된 하나의 분묘군으로 이해되고 있다.[39] 탕정지역의 분묘유적은 진터유적의 조사결과를 토대로 토광묘가 앞서 주묘제로 사용되었고 이후 새로운 묘제인 주구토광묘가 사용되었음을 알 수 있다.[40] 물론, 새로온 묘제인 주구토광묘가 외부에서 유입된 것인지 아니면 장제의 변화 등과 같은 내부적 요인에 따라 주구가 추가되면서 변화된 것인지는 알 수 없다. 다만, 진터유적에 이어 조성된 밖지므레유적

〈표 1〉 탕정지역 내 분묘유적 조사현황

유적 \ 묘제	토광묘	주구토광묘	옹관묘	석곽묘	비고
진터유적	42	19	11		
밖지므레유적	8	17	2		2-1
	35	31	6	1	2-2
	37	23	7		3 (수습조사 포함)
갈산리유적	10	11	4		
명암리 12지점	3	2			

---

39 박순발, 2009, 「중서부지역 원삼국시대 토기편년의 재고(再考)」『백제, 마한을 담다』, 백제역사문화관 · 충청남도역사문화원, 134쪽; 李浩炯 · 池珉周 · 崔相哲, 2011, 앞의 보고서, 315쪽; 池珉周, 2011, 「錦江流域 原三國時代 土器의 相對編年 및 地域性에 대하여 -墳墓 副葬遺物을 중심으로」『금강유역 마한 문화의 지역성』, 湖西考古學會, 223쪽.

40 姜志遠, 2012, 앞의 논문, 36~45쪽.

과 갈산리유적에서는 주구토광묘의 등장 이후에도 토광묘가 혼용되고 있어 새로운 묘제가 등장했음에도 큰 변화상이 확인되지 않는다는 점을 주목할 수 있다. 그리고 이러한 양상은 명암리 12지점이 조영되는 4~5세기까지 지속되고 있음을 알 수 있다.

생활유적은 곡교천 북안에 위치한 구릉을 중심으로 북쪽에 갈산리유적이 조사되었고 남쪽사면에서 갈산리·매곡리유적이 확인되었다. 갈산리·매곡리유적은 신도시 해제지역 연계교통망 구축사업(동·서축) 구간에 대한 발굴조사를 통해 확인된 것으로 조사범위가 도로개설범위에 국한되었다는 점을 감안했을 때, 유적이 조사된 구릉의 남쪽사면에 광범위한 주거유적이 존재할 가능성이 매우 높다. 또한, 구릉을 중심으로 북쪽과 남쪽에 유적이 존재하고 있어 주거유적의 분포범위는 구릉 전체로 확대될 가능성도 배제할 수 없다.[41] 이러한 추정이 가능하다면 주거유적도 분묘유적과 마찬가지로 하나의 권역을 이루고 있었음을 알 수 있다. 유적 내 주거지는 평면 방형으로 일부 불규칙, 무주식 형태가 확인되기도 하지만 대부분 사주식이다. 사주식 주거지는 곡교천과 더불어 미호천 금강 중·하류 지역에서 광범위 하게 확인되고 있어 주변지역과 큰 차이는 확인되지 않는다. 생산유적인 탄요도 명암리유적(11지점)과 곱터골유적에서 확인되었는데 생활유적 또는 분묘유적과 함께 조성하지 않고 일정한 거리를 두고 조성했음을 알 수 있다.

탕정지역에서 조사된 유적은 용두천과 매곡천 사이의 공간을 중심으로 서쪽에는 묘역이 동쪽에는 생활의 중심지를 조성하였고 북쪽에 탄요 등의 생산시설을 조성했음을 알 수 있다. 이를 조성했던 세력은 진터유적이 조성된 2세기를 전후하여 밖지므레유적과 갈산리유적이 조성된 3세기 말까지 탕정지역을 중심으로 발전한 토착세력이었다. 탕정지역의 토착세력(이하 탕정세력)은 대규모 묘역 및 생활구역 등을 토대로 살펴봤을 때 아산지역 내에서 가장 큰 세력 중 하나였음을 알 수 있다. 하지만, 4세기에 이르러 더 이상의 묘역의 확장은 확인되지 않는 반면 북으로 약 2km 이격된 명암리 12지점에서는 넓지 않은 묘역의 범위에서 기존의 부장유물과 다른 백제 한성양식토기들의 부장이 확인되고 있어 이 시기에 이르러 큰 변화가 있었음을 추정할 수 있게 한다.

영인지역은 생활유적인 구성리유적, 분묘유적인 와우리·신법리유적 그리고 5km 이내에 위치한 둔포 신남리유적까지 하나의 권역으로 설정할 수 있다. 탕정지역과 마찬가지로 분묘유적과 생활유적이 함께 확인되고 있으나 조사범위가 넓지 않고 조사된 자료가 많지 않아 구체적인 내용을 알 수 없다. 다만, 영인지역의 토착세력은 유적의 입지현황을 감안했을 때 탕정세력과 달리 해안지역을[42] 중심으로 성장했던 세력이었을 것으로 추정할 수 있다. (주구)토광묘 등의 동일 묘제를 사용

---

41 최봉균·천승현·이상직·변지현·정우진, 2017, 앞의 보고서, 248쪽.

42 유적들은 아산호에 인접한 구릉지대에 위치하고 있으며, 아산만방조제가 건립되기 이전에는 해안에 접해

했으나, 분묘의 규모 등을 감안했을 때 탕정세력에 비해 상대적으로 작은 세력이었음을 알 수 있다.

아산시내권은 초사동유적, 풍기동 앞골유적, 밤줄길유적 등 분묘유적 및 생활유적 그리고 생산유적이 함께 조사되었다. 조사된 범위는 작지 않으나 확인된 유구의 수가 많지 않다. 또한, 앞서와 달리 이른 시기의 유적은 확인되지 않고 5세기 이후 조성된 유적이 주류를 이루고 있다. 이 지역을 중심으로 활동했던 세력은 5세기 이후 백제와의 관계 속에 부상하게 된 세력으로 추정되나 횡혈식 석실분이 확인되지 않고 부장품에서도 차별적 요소가 확인되지 않아 세력의 규모는 크지 않았던 것으로 보인다.

배방지역은 생활 및 생산유적인 갈매리유적이 조사된 이후 주변지역에 대한 개발과정에서 다양한 형태의 유적이 최근 조사되었다. 갈매리유적과 인접한 구릉에서는 목책유적이 조사되었고 북수리유적에서는 대규모의 분묘유적과 생활유적이 확인되었다. 배방지역에서 조사된 모든 유적들은 회룡천을 경계로 북서쪽에 북수리유적이 남동쪽에 갈매리유적과 목책유적이 위치하고 있어 회룡천을 중심으로 유적이 배치되어 있음을 알 수 있다. 그리고 월천지구 도시개발사업지구에 대한 지표조사 결과 완형의 토기가 확인되는 등 광범위한 지역에서 유적의 존재 가능성이 제기된 바 있어,[43] 현재 조사된 범위에서 확대될 가능성이 매우 높다. 배방지역에서 현재까지 조사된 유적은 성격이 다양하고 밀집도가 높다. 또한 모든 유적들이 인접하여 확인되고 있어 탕정세력과 더불어 배방을 중심으로 한 또 다른 토착세력(이하 배방세력)의 중심지였음을 알 수 있다.

배방세력은 갈매리와 북수리를 중심으로 성장 발전했다. 갈매리는 회룡천과 봉강천 사이에 위치한 지역으로 하천의 배후습지에서는 철자형 주거지와 더불어 다수의 굴립주 건물 및 구덩이, 주공, 수혈 등의 생활과 생산유적이 다수 조사되었고 인접한 구릉에서는 원삼국시대의 목책유적이 확인되었다. 물론, 목책유적은 조사범위가 구릉의 일부 사면에 국한됨에 따라 목책의 전체적 현황과 성격 그리고 목책 내부의 시설 등을 알 수 없지만 출토유물과 입지 등을 통해 배후습지 내 조성된 시설과 함께 검토될 수 있다. 이처럼 배방세력은 갈매리를 중심으로 생산과 생활환경을 조성하고 곡교천 북쪽의 다른 세력과 더불어 성장할 수 있었다. 이후 배방세력은 북수리지역으로 활동영역을 확대하며 발전하였다. 북수리에서는 분묘유적으로서 주구토광묘 1기, 옹관묘 1기, 관곽토광묘 185기가 조사되었는데 주목할 수 있는 것은 아산지역 내에서 광범위하게 사용되었던 주구토광묘

있었던 지역이었다.

43 백제문화재연구원, 2009, 「아산 배방 월천지구 도시개발 사업부지 文化遺蹟 地表調査 報告書」 지표조사 이후 사업범위가 축소됨에 따라 지표조사 시 확인된 유존지역 중 사업범위에 포함된 북부 지역에 국한되어 발굴조사가 이루어졌고 북수리 유적이 조사되었다.

를 대신하여 새로운 묘제인 관곽토광묘를 주묘제로 하였다는 점이다.[44] 앞서 갈매리지역에서는 분묘유적이 조사된 바 없어 북수리에 앞서 어떤 묘제가 사용되었는지 알 수 없다. 하지만 북수리에서 비록 1기에 불과하지만 주구토광묘가 조사되어 관곽토광묘에 앞서 배방세력 역시 주구토광묘를 사용하였고 4세기 이후 새로운 묘제인 관곽토광묘를 사용하였던 것을 알 수 있다. 이 시기를 전후하여 배방세력 뿐만 아니라 주변지역에서도 관곽토광묘를 주묘제로 사용하고 있는데, 주변지역에서는 관곽토광묘에 이어 석곽묘 또는 횡혈식석실분 등의 새로운 묘제의 사용이 확인되는 반면 북수리에서는 관곽토광묘 외 다른 묘제는 확인되지 않고 있어 차이가 확인된다. 북수리에서는 분묘유적과 더불어 생활유적으로서 주구부(周溝附)건물지와 방형 또는 장방형의 고상가옥, 수혈주거지 등이 확인되었다. 주구부 건물지는 앞서 갈매리에서는 조사되지 않았던 새로운 형태의 생활유적으로서 앞서의 관곽토광묘와 더불어 생활환경에서도 큰 변화가 있었음을 알 수 있게 한다. 최근 이러한 형태의 유적들이 하나둘 조사되고 있는데 토착세력의 거점 취락으로 백제와의 관계 속에서 검토되고 있어 배방세력의 발전 요인을 검토하는데 의미하는 바가 크다 할 수 있다.

2. 출토유물 검토

아산지역에서 조사된 분묘·생활·생산유적 내에서는 다양한 기종의 토기와, 물자의 생산·가공 및 군사적 목적으로 제작된 철기류 그리고 장신구류 등의 유물이 확인되었다. 이들은 유구의 성격에 따라 출토양상에서 차이가 확인되는데, 생활 및 생산유적의 경우 토기가 거의 대다수를 차지하며 폐기과정에서 대부분 파괴되어 기형의 형태를 알 수 없는 경우가 많다. 따라서 출토유물은 형태가 가장 잘 남아 있으며, 종류가 다양한 분묘유적 출토품을 중심으로 살펴보도록 하겠다.

1) 토기류

토기는 대부분의 유적에서 출토되는 가장 일반적인 유물이지만, 유구의 성격 및 시기에 따라 기종의 종류 및 형태에서 차이가 확인된다. 아산지역에서 확인된 토기의 종류는 크게 호와 발형토기 그리고 유개대부호와 원통형토기 등의 특수형토기로 구분가능하다. 유적에서는 토기들이 조합을

---

44 4세기 이후 주구토광묘에 후행하는 토광묘를 관곽토광묘로서 이해한 견해를 따르고자 한다(이남석, 2010, 『漢城時代 百濟의 古墳文化』, 서경문화사).

이루어 조사되고 있는데 유적의 성격 및 시기에 따라 조합의 차이가 확인된다. 가장 이른 진터유적에서는 원저단경호와 원저심발형토기 그리고 유개대부호의 조합이 확인되는데, 주목되는 것은 원저심발형토기와 유개대부호이다.

원저심발형토기는 니질토 혹은 점질토에 소량의 세립질의 석립이 혼입된 태토를 점토띠누적법에 의해 성형한 원형의 저부를 갖춘 토기이다. 유물별 차이가 있지만 크기는 보통 10~15cm 내외이다. 아산지역에서는 진터유적 및 갈매리유적에서 확인되었는데, 천안,[45] 연기,[46] 공주,[47] 오산[48] 및 영남지역에서도 조사된 바 있다. 태토, 색조, 경도, 문양 등의 속성에서 일관성이 보이지 않아 재지적인 토기 제작전통에서 계승, 발전한 기종이 아닌 외부에서 유입된 토기로 이해되고 있다.[49]

유개대부호는 매우 고운 점질토 혹은 니질토의 태토를 점토띠누적법에 의해 성형한 토기로, 뚜껑과 대부호의 세트로 구성된 것이 일반적이다. 유개대부호는 표준화된 기형 없이 각 유구마다 상이하게 나타나 제의적 성격이 강한 유물로 추정하나, 구체적인 용도에 대해서는 검토된 바 없다. 유개대부호는 뚜껑의 형태, 문양 및 드림부의 접합방법 그리고 대부호의 형태와 돌대 및 대각의 접합방법 등을 통해 형태적 특징을 구분한다. 이러한 형식분류를 토대로 진터유적을 중심으로 한 경기 남부와 충남 북부지역에서 초출하여 영남지역으로 전파된 것으로 추정하기도 하며,[50] 공반된 다른 유물을 토대로 영남지역과의 교류관계에서 영남지역의 유개대부호를 모티브로 제작기술을 인지하고 이를 토대로 자체 제작된 영남계토기로 보기도 한다.[51]

밖지므레유적에서는 진터유적에 뒤이어[52] 원저단경호와 심발형토기 그리고 원통형토기의 조합이 확인된다. 원저단경호와 심발형토기의 조합은 이후의 주구토광묘 유적에서 일반적으로 나타나는 부장양상으로 4세기 이후의 관곽토광묘 유적인 북수리유적에서도 이러한 부장양상이 유지되고

---

45 손준호 · 김성욱 · 조성윤 · 오원철, 2014, 『천안 대화리 · 신풍리유적』, 한국고고환경연구소.

46 李南奭 · 李賢淑, 2008, 『燕岐 龍湖里 遺蹟』, 公州大學校博物館.

47 李南奭 · 金聖洙 · 安智惠, 2008, 『公州 錦興洞 遺蹟』, 公州大學校博物館.

48 中央文化財研究院, 2013, 『烏山 闕洞遺蹟』.

49 李浩炯 · 池珉周 · 崔相哲, 2011, 앞의 보고서, 301쪽.

50 박형열, 2015, 「원삼국시대 유개대부호의 편년」『湖南考古學報』 50, 호남고고학회, 87쪽.

51 지민주는 옹형토기(원저심발형토기)와 유개대부호는 영남지역과의 직접적 교류 즉, 철모의 교역과정에서 교역주체의 신분적 표출로서 부장된 것으로 추정하고 있다(지민주, 2014, 「중부지역 2세기대 마한 분묘의 성격 –토기류를 중심으로」『崇實大學校 韓國基督敎博物館誌』 제10호, 숭실대학교 한국기독교박물관, 65~66쪽).

52 진터유적은 묘제 및 부장유물에 대한 검토를 토대로 3단계로 구분하고 있는데, 진터유적의 3단계에 이르러서는 유개대부호와 원저심발형토기가 소멸하고 심발형토기가 등장한다.

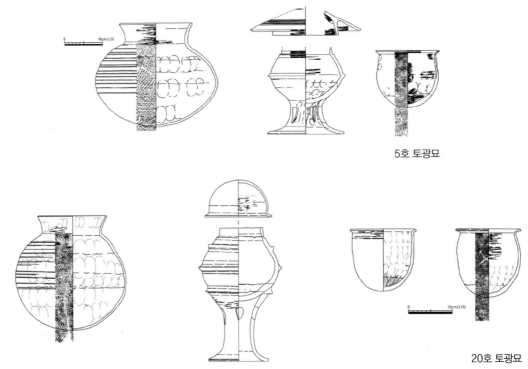

5호 토광묘

20호 토광묘

〈그림 1〉 진터유적 5호 및 20호 토광묘 토기 출토현황

있어 주구토광묘의 유입 혹은 등장 이후 원저단경호와 심발형토기의 조합은 고착화된 것으로 이해
될 수 있다.

　심발형토기는 원저심발형토기의 소멸 이후 등장하는 것으로 형태적인 변화 즉, 원저에서 평저로
의 변화를 토대로 계기적 관계를 추정할 수 있다. 하지만 원저심발형토기는 외부에서 이입된 것인
반면 심발형토기는 재지의 무문토기 제작요소에 경질무문토기 기형과 제작기법이 가미된 재지계
유물로 양자간 계기적 관계는 없는 것으로 이해되고 있다.[53]

　원통형토기는 천안 청당동유적에서 처음 조사된 이후[54] 아산에서는 밖지므레유적과 갈산리유적
그리고 갈매리유적에서 확인되었다. 토기는 니질토 또는 일부 세사립이 소량 혼입된 태토를 이용
점토띠누적법에 의해 성형하였고 기고는 대략 20~40cm 내외이다. 동체부 중앙에서 동체부 상·

53　李浩炯·池珉周·崔相哲, 2011, 위의 보고서, 300~302쪽; 姜志遠, 2012, 위의 논문, 44쪽.
54　韓永熙·咸舜燮, 1993, 『天安 淸堂洞 弟4次 發掘調査報告』, 국립중앙박물관.

하단부로 외반되어 장고모양을 하고 있으며, 저부는 평저이나 대(臺)가 부착된 사례가 있으며, 동체부 상단 및 하단 그리고 저부에 투공된 것이 있다. 이러한 형태적 차를 토대로 형식분류가 이루어졌으나 선후관계에 대한 검토는 이루어지지 않았다. 원통형토기라는 명칭 또는 형태적 유사점 등을 토대로 낙랑지역의 원통형토기와 더불어 검토하거나[55] 영산강유역의 분주토기의 시원형으로 이해하기도 한다.[56] 기능에 있어 의례와 관련되어 사용된 것으로 추정하기도 하며[57] 더 나아가 이를 세분하여 분묘 출토품은 부장품 또는 모종의 장례의식과 관련된 것으로 이해하고 생활유적 출토품은 장례용품의 보관 또는 다른 특별한 용도를 지닌 것으로 추정하기도 한다.[58] 또한, 원저단경호가 원통형토기의 구연부에 올려져 출토된 사례를 토대로 원저단경호를 받치던 기대의 성격을 가지고 있었던 것으로 이해하는 견해도 있다.[59] 원통형토기의 기원 및 기능과 관련된 다양한 논의들은 토기의 특수한 형태와 더불어 영상강유역에서 조사되는 분주토기에 대한 관심에 의거하는 것으로 볼 수 있다. 원통형토기의 기원 및 변화양상에 대해서는 구체적으로 알 수 없지만, 아산지역 내에서 유개대부호의 소멸 이후 원통형토기가 등장하고 있어 유개대부호와 더불어 의례와 관련된 기종으로 이해할 수 있을 것이다. 이러한 원통형토기는 이후 북수리유적에서는 확인되지 않고 있어 4세기 이후에는 소멸되었음을 알 수 있다.

〈표 2〉 유개대부호 및 원통형토기 출토현황

유적	기종		비고
	유개대부호	원통형토기	
청당동유적		1	
진터유적	11		
밖지므레유적		55	2-2지점 10점, 3지점 45점
갈산리유적		19	
갈매리유적		3	매납유구 1점, 지표수습 2점

55 이상엽, 2009, 「中西部地域 出土 圓筒形土器의 性格 檢討」『선사와 고대』31, 한국고대학회, 179~181쪽.
56 최성락·김성미, 2012, 「원통형토기의 연구현황과 과제」『호남고고학보』42, 호남고고학회, 149쪽; 임영진, 2015, 「한국 분주토기의 발생과정과 확산배경」『호남고고학보』49, 호남고고학회, 198쪽.
57 이상엽, 2009, 위의 논문, 187~191쪽.
58 임영진, 2015, 위의 논문, 192쪽.
59 신민철, 2014, 「곡교천유역 원삼국시대 원통형토기의 성격과 의미」『호남고고학보』46, 호남고고학회, 35쪽.

이외 초사동유적, 명암리 12지점 및 북수리유적 등에서는 삼족토기, 고배, 광구호, 직구호 및 흑색마연토기 등의 백제 한성양식토기가 조사되었다. 백제 한성양식토기가 조사된 유적들은 토기의 편년을 토대로 유구의 편년이 이루어지고 있는데, 대략적으로 4세기 중반에서 5세기 후반까지로 추정되고 있다.

〈표 3〉 백제 한성양식토기 출토현황

유적	유구	부장토기	비고
명암리 12지점	1호묘	광구장경호, 평저호, 심발형토기	4세기 중반 5세기 초반
	2호묘	평저호, 심발형토기 2점	
	3호묘	평저호, 심발형토기, 호편	
	4호묘	평저호 2점, 심발형토기, 고배	
	5호묘	대옹, 평저호, 유개직구호, 절복(節腹)직구호, 심발형토기 저부편	
초사동유적	1호 토광묘	광구단경호, 발형토기	5세기 후반
	1호 석곽묘	완	
	2호 석곽묘	단경호, 평저호, 삼족토기	

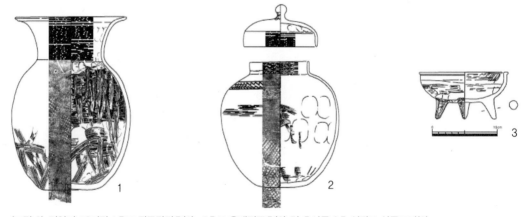

〈그림 2〉 명암리 12지점 1호묘 광구장경호(1), 5호묘 유개직구호(2) 및 초사동 2호 석곽묘 삼족토기(3)

아산지역 내에서 출토된 토기는 2~3세기 진터유적의 원저단경호+원저심발형토기+유개대부호의 조합에서 밖지므레유적의 원저단경호+심발형토기+원통형토기의 조합으로의 변화가 우선 확인되며, 4세기에 이르러 원저(또는 평저)단경호+심발형토기와 더불어 백제 한성양식토기의 조합이 나타난다. 이러한 변화는 앞서 검토한 묘제의 변화 그리고 이에 따른 세력변화와 그 궤를 같이 하고 있어 이와 더불어 검토될 수 있을 것이다.

2) 철기류(무기류, 농공구류, 마구류)

유적 내에서 다양한 형태의 철기류가 조사되었는데, 크게 농공구류와 무기류 그리고 마구류(마구류 내 마탁은 철기가 아닌 동제(銅製)지만 함께 분류)로 구분 할 수 있다.

〈표 4〉 유적별 철기 출토 현황

종류 / 유적	무기류					공구류						마구류		비고
	철검	철도	환두도	철모	철촉	철부	철겸	철착	도자	따비	철정	재갈	마탁	
진터	7	2	0	31	71	25	17	3	5	1	0	0	0	토광묘
	4	0	0	10	21	10	5	4	2	0	0	0	0	주구토광묘
밖지므레	0	0	12	14	28	23	18	4	15	1	1	9	4	토광묘
	1	0	9	34	36	42	24	11	15	0	0	10	1	주구토광묘
갈산리	0	0	1	3	1	3	5	1	5	0	0	0	0	토광묘
	0	0	1	4	0	4	5	2	1	0	0	0	0	주구토광묘
명암리 12지점	0	0	0	0	1	1	2	0	2	0	2	0	0	(주구)토광묘
와우리 · 신법리	0	0	0	3	0	0	0	0	0	0	0	0	0	(주구)토광묘
초사동	0	0	0	0	1	0	0	0	1	0	0	0	0	석곽묘
북수리	0	0	4	4	3	3	17	0	12	0	3	1	0	관곽토광묘

유적 내에서 조사된 철기류는 〈표 4〉에서와 같이 분묘유적에서 대부분 확인되는데, 특히 동일 세력집단의 묘역인 진터유적과 밖지므레유적에서 두드러짐을 알 수 있다. 진터유적은 가장 이른 시기의 묘제가 확인되는 곳으로 철검 · 철모 · 철촉 등의 무기류와 더불어 철부 · 철겸 · 철착 등의 다양한 공구류가 확인되었다. 그리고 이외 미상철기로서 양단환봉철기가 확인되며 이는 밖지므레유적에서도 나타난다. 주변지역에서는 거의 확인되지 않는 특징적 유물로서 이해될 수 있지만 어떠한 목적으로 제작된 것인지는 알 수 없다.

진터유적에 뒤이어 조성된 밖지므레유적에 이르면 앞서의 토기와 더불어 철기류에서도 변화가 확인된다. 철검을 대신하여 환두대도가 부장되기 시작하며 마구류가 등장한다. 환두대도는 소환두 대도로 갈산리유적(2점)에 이어 북수리유적(4점)에서까지 확인되고 있지만 가장 많은 수량(21점)이 확인되었다. 주변지역에서는 4세기 이후 환두대도에 금 · 은을 이용 다양한 문양 등을 표현한 장식환두대도가 함께 조사되고 있지만 아산지역에서는 이러한 장식환두대도는 확인되지 않고 있어 차이가 확인되기도 한다. 마구류는 아산지역 내에서 가장 이른 시기의 것으로 경기 지역에 유입된 부여계 마구가 유입된 것으로 이해되기도 하나,[60] 비슷한 시기의 청주 및 충주지역의 출토품을 길림(吉林) 유수(楡樹) 노하심(老河深)유적 마구와의 유사점을 토대로 북방계 마구가 유입된 것으로 추정한 견해[61]도 있어 외부와의 교류과정에서 부장된 결과물로서 이해할 수 있다.

철기류의 부장양상은 밖지므레유적을 기점으로 점차 종류와 수량이 감소함을 알 수 있다. 물론, 탕정지역이 대규모 분묘유적으로서 다른 유적에 비해 조사수량이 많았다는 점을 감안해야 하겠지만, 명암리 12지점과 초사동의 경우 무기류의 종류와 수량의 차이가 확연해 4세기에 이르러 철기류의 부장양상에 변화가 있었음을 추정할 수 있다. 이러한 양상은 4세기 이후의 대규모 분묘유적인 북수리유적에서도 확인되고 있다. 다만, 북수리유적의 경우 보고서 미간으로 약보고서의 출토유물을 토대로 검토되었기에 향후 보고서 발간 이후 재검토되어야 할 것이다.

3) 장신구류

장신구는 몸이나 옷에 부착하던 물품으로 지배층의 일원임을 보여주는 위세품(威勢品)의 일종이다.[62] 유적에서 조사된 유물 중 장신구류로 구분할 수 있는 것은 마형대구, 금제이식(金製耳飾) 및 구슬 등이 있다.

마형대구는 말의 형상을 한 허리띠 고리의 한 종류를 의미하며, 허리띠에 고정시키기 위한 부분과 허리띠의 반대편에 걸 수 있도록 만든 부분이 있다. 마형대구는 영천 어은동유적에서 처음 발견된 이후 한반도 동남부지역을 중심으로 다수 확인되었고 서북부지역 즉, 경기남부지역 및 충청남·북도에서도 다양한 사례가 조사되고 있다. 아산지역을 포함한 곡교천유역에서는 1990년대 천안 청당동유적에서 처음 확인된 이후 진터유적, 밖지므레유적, 갈매리유적 그리고 북수리유적에서 조사되었다. 아산지역의 마형대구는 총 27점으로,[63] 갈매리유적을 제외하고는 모두 무덤 내부에서

---

60 徐賢珠, 2016, 「湖西地域 原三國時代 墳墓遺物의 變遷과 周邊地域과의 關係」『호서고고학』 35, 호서고고학회, 148~149쪽.

61 成正鏞·權度希·諫早直人, 2009, 「淸州 鳳鳴洞遺蹟 出土 馬具의 製作技術 檢討」『호서고고학』 20, 호서고고학회, 129쪽.

62 위세품이란 매우 희귀한 물건을 특정인 혹은 특정집단이 독점하여 자신의 신분이나 지위를 높이려 할 때 사용하는 물품을 지칭한다(李漢祥, 2005, 「威勢品으로 본 漢城百濟의 中央과 地方」『고고학』 4-1, 중부고고학회, 34쪽).

63 中部考古學研究所, 2016, 앞의 약식보고서 출토유물 목록 내에서는 총 10점으로 표기되어 있으나, 이계영, 2017, 앞의 보고자료 내 사진 27에서는 총 17점이 확인된다. 향후 보고서 발간에 따라 수량은 변동될 수 있다.

출토되었다.

마형대구는 공반유물과 더불어 문양의 표현방식을 토대로 편년하고 있는데, 음각의 표현방식이 선행하는 것으로 여겨지고 있다. 영천 어은동 출토품을 가장 고식으로 이해하고 있으며, 음각으로 문양을 표현한 경주 및 김해지역의 출토품이 뒤를 이어 제작된 것으로 보고 있다.[64] 하지만 진터유적의 출토품 역시 음각으로 문양을 표현하고 있으며, 중서부지역에서도 가장 이른시기인 2세기 중엽으로 편년되고 있어 마형대구의 등장시점이 영남지역보다 떨어지지 않는 것으로 보기도 한다.[65] 이후 마형대구는 밖지므레유적에 이어 북수리유적의 관곽토광묘에서도 확인되고 있어 4세기 이후까지 아산지역 내에서 사용된 주요 장신구류 중 하나였음을 알 수 있다. 마형대구 외 다른 착장형 장신구류는 북수리유적에서 조사된 수식이 없는 소환 금제이식 한쌍이 있다. 이식은 4~5세기

〈표 5〉 아산지역 마형대구 출토유적 및 수량

출토 유적	출토유구	수량	비고
진터유적	토광묘	2	
밖지므레유적	토광묘	4	2-2지점 2점, 3지점 2점
	주구토광묘	3	2-2지점 2점, 3지점 1점
갈매리유적	지표수습	1	
북수리유적(Ⅱ-②구역)	토광묘	17	보고서 미간

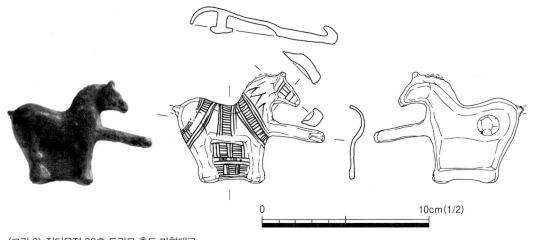

0   10cm(1/2)

〈그림 3〉 진터유적 23호 토광묘 출토 마형대구

64 김성욱, 2010, 『한반도 마형대구의 편년과 지역상』, 고려대학교 대학원 석사학위논문, 151~152쪽.
65 현남주·권윤경, 2011, 「중서부지역 출토 마형대구의 검토」『先史와 古代』 35, 韓國古代學會, 67쪽.

다른 지역의 분묘유적에서도 확인되고 있는데, 북수리유적에서와 같이 이식만이 확인된 경우는 한강-안성천 유역권에서 주를 이루고 있다.[66]

구슬류는 이른시기 진터유적부터 북수리유적까지 확인되고 있으며, 밖지므레유적에서 확인된 수량이 가장 많다. 밖지므레유적에서는 27개 유구에서 8,113점의 구슬이 확인되었다. 이중 주목되는 것은 16호 주구토광묘, 23호 토광묘, 4호 주구토광묘, 13호 주구토광묘 및 27호 주구토광묘에서 조사된 중층유리구슬이다.[67] 중층유리구슬은 고난이도 기술을 요하는 물품으로서 한반도에서 직접 만들어진 것이 아닌 대외교섭의 결과물로 보고 있다. 이 시기의 중층유리구슬은 마한~백제 유적에서 출토사례가 가장 많은데,[68] 특히 원삼국시대 중층유리구슬의 중심지로 탕정을 비정한 견해를 주목할 수 있다.[69]

아산지역 내에서 확인된 장신구류는 마형대구·구슬과 같이 수량이 적지 않고 진터유적에서 북수리유적까지 오랜 기간 지속되었음을 알 수 있다. 하지만, 조사된 유적에 비해 그 종류는 많지 않다. 또한 아산지역의 주변에서는 백제와의 관계 속에 남겨진 위세품이 풍부한 반면 아산지역에서는 금제이식 외 위세품이 확인되지 않고 있어 차이가 있다.

〈표 6〉 아산지역 내 구슬류 출토현황

유적	유구	수량	비고
진터유적	18호 토광묘	2	
	27호 토광묘	1	
밖지므레유적	7호 토광묘	13	2-1지점
	7호 주구토광묘	328	2-1지점
	16호 주구토광묘	1,502	2-1지점, 중층유리구슬 37
	6호 토광묘	30	2-2지점
	7호 토광묘	110	2-2지점
	10호 토광묘	155	2-2지점

---

66 李賢淑, 2011,『4~5世紀代 百濟의 地域相 研究』, 高麗大學校 大學院 博士學位論文, 284~285쪽.

67 본 논저에서는 유리 금색식옥·금박샌드위치유리옥·금박 연주형 구슬·톤보구슬·금박유리구슬·금층유리구슬·금박환옥 등 다양한 용어로 사용되고 있으나, 내유리와 외유리에 의해 두개의 층을 가지고 있어 두개의 층을 가지는 유리구슬이라는 의미에서 중층유리구슬의 명칭이 타당하다는 견해를 취하였다(趙娟志, 2013,『韓半島 出土 重層琉璃玉 研究』, 忠北大學院 碩士學位論文, 2쪽).

68 趙娟志, 2013, 위의 논문, 7쪽.

69 이한상, 2016,「5세기대 서산 부장리 세력의 성장 배경과 위상」『백제문화』55, 공주대학교 백제문화연구소, 81~82쪽.

유적	유구	수량	비고
밖지므레유적	23호 토광묘	353	2-2지점, 중층유리구슬 7(3연주 1, 2연주 1)
	32호 토광묘	9	2-2지점
	1호 주구토광묘	3,470	2-2지점
	4호 주구토광묘	80	2-2지점, 중층유리구슬 2(4연주 1, 2연주 1)
	9호 주구토광묘	37	2-2지점
	13호 주구토광묘	88	2-2지점, 중층유리구슬 6(2연주 1)
	17호 주구토광묘	141	2-2지점
	23호 주구토광묘	149	2-2지점
	25호 주구토광묘	27	2-2지점
	27호 주구토광묘	1,216	2-2지점, 중층유리구슬 1(2연주 1)
	29호 주구토광묘	35	2-2지점
	30호 주구토광묘	60	2-2지점
	31호 주구토광묘	3	2-2지점
	10호 토광묘	24	3지점
	13호 토광묘	43	3지점
	30호 토광묘	183	3지점
	10호 주구토광묘	17	3지점
	12호 주구토광묘	15	3지점
	14호 주구토광묘	3	3지점
	21호 주구토광묘	5	3지점
	5호 옹관묘	17	3지점
와우리 · 신법리유적	2호 옹관묘	10	
남성리유적	1호 주구토광묘	58	
명암리유적(12지점)	2호 토광묘	7	
북수리유적	보고서 미간으로 구슬의 출토는 확인되나 유구별 수량은 불확실함		

Ⅳ. 유적의 존재의미

아산지역에서는 지속적인 개발과정에서 구석기부터 조선시대까지 다양한 유적이 조사되었고 본 저에서 논의하고자 하는 2~5세기 유적들도 앞서 검토한 바와 같이 다수 확인되었다. 물론, 지금까지 조사된 유적들이 아산지역의 전체 유적현황을 보여주는 것은 아니다. 즉, 많은 유적들이 개발과정에서 이미 사라졌거나 혹은 발굴조사의 특성 상 아직 조사가 이루어지지 않았을 가능성을 배제할수 없기 때문이다. 그러나 앞서 살펴본 바와 같이 아산지역에서 발굴조사 된 수량이 적지 않고 그

범위가 광범위 하다는 점에서 현재까지 조사된 자료를 토대로 논의를 진행해도 큰 무리가 없을 것으로 사료된다.

아산지역에서 조사된 유적의 검토결과 고대(古代)사람들의 생활은 아산의 전 지역에서 이루어졌음을 알 수 있다. 하지만, 유적의 범위 및 밀집도 등을 토대로 4개 권역 즉, 탕정, 영인, 시내권 및 배방지역에 세력의 중심지가 존재했으며 그중 탕정과 배방을 중심으로 전개되었음을 알 수 있다.

탕정세력은 2세기 진터유적에서와 같이 토광묘를 주묘제로 하였고 원저단경호+원저심발형토기와 유개대부호로 조합된 토기와 더불어 철검·철모·철촉·철부·철겸 등 다량의 철제유물 그리고 구슬류와 마형대구의 장신구류를 부장하였다. 원저심발형토기, 유개대부호 및 마형대구의 부장은 아산지역 뿐만 아니라 경기남부, 충남·북 및 영남지역에서도 확인되는 것으로, 영남지역에 우선 전파된 이후 주변지역으로 문화가 유입된 것으로 이해되어 왔다. 하지만, 최근 유개대부호에 대한 형식분류를 통해 진터유적의 출토품을 가장 앞선 시기의 것으로 추정하고 아산지역에서 영남지역으로 전파된 것으로 보는 견해가 제기되었다. 또한, 마형대구도 영천 어은동 출토품이 가장 고식이지만 이후 단계의 마형대구가 경주와 김해 그리고 아산에서 확인되는 반면 다른 지역에서는 늦은 단계의 유물들이 확인되고 있어 경주와 김해 그리고 아산이 가장 앞선 지역이었음을 보여주고 있다.[70] 이러한 점 등은 영남지역 출토품과의 비교 등을 통해 지속적인 검토가 이루어져야겠지만 새로운 문화가 영남지역으로 유입된 이후 이동경로를 거쳐 아산지역으로 파생된 것으로 이해하기 보다는 해안 및 내륙의 교통로를 통해 새로운 문화가 유입되었고 이후 교류된 것으로 이해할 수 있을 것이다.[71] 이러한 논의가 가능하다면 아산지역은 새로운 문화의 유입에 있어 매우 유리한 위치였으며 이를 통해 이른시기부터 발전을 이룰 수 있었음을 추정할 수 있다.

새로운 문화를 받아들이며 성장했던 탕정세력은 진터유적에서 더 나아가 밖지므레유적과 갈산리유적으로 묘역을 확장하며 발전하였고 진터유적과 달리 새로운 변화들이 나타나기 시작하였다. 우선, 진터유적에서 새롭게 등장했던 주구토광묘는 토광묘와 함께 사용되며 정형성을 갖추고 규모

---

70 마형대구의 경우 영천 어은동의 출토품이 가장 빠르며 경주 덕천리 출토품 그리고 경주 덕천리와 조양동 출토품이 뒤를 잇는 것으로 이해되고 있다. 진터유적의 출토품은 경주 덕천리와 조양동 출토품과 같이 음각으로 문양이 시문된 것으로 2단계에 해당하나 경주와 아산의 중간지에서는 3단계와 4단계의 마형대구만이 확인되고 있다(김성욱, 2010, 앞의 논문, 151~157쪽).

71 호서지역과 영남지역간의 유사한 문화양상이 호서북부지역에서 상당히 성행했음이 밝혀지고 있고 유개대부호 등 유물의 점진적인 변천양상도 확인되며, 또한 화성, 오산, 평택 등 좀 더 북쪽지역에도 관련 자료들이 확인되고 있어 영남지역에서 유입된 것으로 보기 어려운 것으로 이해한다(徐賢珠, 2016, 앞의 논문, 144~145쪽).

가 커지기 시작하였다. 밖지므레유적의 2-2지점 23호 주구토광묘와(묘광길이 588cm, 너비 204cm, 깊이 94cm, 목관 길이 375cm, 너비 102cm, 깊이 86cm), 3지점 12호 주구토광묘(묘광길이 549cm, 너비 196cm, 깊이 59cm, 목관 350cm, 너비 120cm, 깊이 3cm)는 이를 보여주는 대표적 사례로서 이를 토대로 탕정지역을 마한시기 중요한 지역으로 추정하기도 하였다.[72] 그리고 부장유물인 토기와 철기류 그리고 장신구류에서도 변화가 확인된다. 토기는 원저심발형토기와 유개대부호가 사라지고 심발형토기와 원통형토기가 부장되었다. 심발형토기는 원저심발형토기가 외부에서 이입된 것으로 이해되는 반면 재지적 유물로 이해되고 있어 원저심발형토기의 유입 이후 토착화되는 과정에서 나타난 기종으로 이해될 수 있다. 원통형토기는 3세기 이후 주로 곡교천 유역권에서만 확인되는 특수한 기종이다. 원통형토기의 기원과 이후의 변화양상에 대해서는 낙랑과 영산강유역의 분주토기와의 관련성이 주목되고 있어 향후 논의를 지켜봐야 하겠지만, 밖지므레유적에서는 유개대부호의 소멸 이후 등장한 제의와 관련된 특수 기종으로 이해된다. 철기에서는 철검이 사라지고 환두대도로 변화하였고 마구류가 등장하였다. 마구류의 등장은 북방계 마구의 도입 또는 부여계 마구의 도입으로 추정되고 있다. 즉, 교류를 통한 새로운 무기의 도입으로 이를 통해 주변지역을 압도할 수 있는 새로운 무기를 갖추었음을 알 수 있다. 장신구류에서는 기존의 마형대구와 구슬류의 부장이 이어지는데, 구슬류의 부장량이 폭발적으로 증가한다. 구슬은 마한에서 금보다 귀하게 여긴 것으로 마한사회에서 매우 중요한 물품 중 하나였다.[73] 이러한 구슬은 진터유적에서도 확인된 바 있지만 밖지므레유적에서는 2-1지점 내 16호 주구토광묘와 2-2지점 1호 주구토광묘 및 27호 주구토광묘에서 1,000점 이상이 부장되는 등 유적 내 총 8,000여 점의 부장이 확인된다. 또한, 중층유리구슬의 존재도 주목할 수 있는데, 자체제작 생산품이 아닌 대외교섭의 결과물로서 남겨진 것으로 밖지므레유적의 부장량을 토대로 탕정지역을 중층유리구슬의 중심지로 비정하고 있다.

이처럼 탕정세력은 2세기 새로운 문화의 유입을 통해 성장하였고 3세기에 주변세력과의 교류를 통해 새로운 무기를 갖추고 중층유리구슬을 소유하였다. 그리고 자체제작한 토기와 더불어 금보다 귀하게 여긴 구슬을 다수 소유하면서 주변세력에 비해 상대적으로 큰 분묘를 조성할 수 있었다. 이는 탕정세력이 아산지역의 중심세력으로서 영인 및 배방 등 주변세력에 비해 월등한 위치를 점하고 있었음을 보여주는 것임과 동시에 마한 내에서의 위상이 결코 작지 않았음을 보여주는 것이라 할 수 있다.

---

72 李尙燁, 2008, 앞의 논문, 281쪽.

73 『三國志』烏丸鮮卑東夷傳 韓條 "以瓔珠爲財寶 或以綴衣爲飾 或以縣頸垂耳 不以金銀錦繡爲珍".

하지만, 탕정세력을 중심으로 한 세력권은 4세기에 이르러 백제에 의해 재편되었다. 백제는 4세기에 이르러 지방 토착세력들에 대한 영향력을 확대하였고 이 과정에서 지방 토착세력들의 존재양태에 변화가 나타났다. 중서부지역의 경우 기존의 주구토광묘는 관곽토광묘와 수혈식석곽묘 그리고 횡혈식석실분으로 변화하였고 새로운 묘제 내에는 백제 한성양식토기와 위세품이 부장되었다.[74] 하지만, 탕정지역에서는 이 시기에 이르러 더 이상의 묘역의 확장이 이루어지지 않으며, 새로운 변화도 나타나지 않는다. 물론, 석곽묘의 존재가 확인되나 1기에 불과하고, 백제 한성양식토기의 부장은 중심묘역이 아닌 외곽지역에서만 확인된다. 이러한 점 등은 이 시기 다른 지역의 토착세력들이 백제와 상호관계 속에 변화가 이루어지는 반면 탕정세력은 백제의 영향력 확대과정에서 갑작스럽게 중심세력으로서의 위치를 상실하고 있음을 보여주는 것이라 할 수 있다.

탕정세력에 뒤이어 아산지역 내에서 중심세력으로 부상한 것은 배방세력이었다. 배방세력은 천안천과 봉강천이 곡교천으로 합류하는 지역의 이점을 토대로 주변 세력들과의 관계 속에 갈매리를 중심으로 성장하였고 4세기에 이르러 북수리에 새로운 분묘유적과 생활유적을 조영하면서 발전하였다. 분묘유적은 주구토광묘에 이어 새로운 묘제인 관곽토광묘를 주묘제로 하였다.[75] 분묘유적 내에서는 기존의 원저단경호와 발형토기가 주류를 이루며 광구호·직구호 그리고 흑색마연토기가 확인되었고 환두대도·철도·철모·철겸·철촉 등의 철기류와 마형대구·금제이식·철제교구·청동대롱·대롱옥·구슬 등의 장신구류가 조사되었다. 보고서가 발간되지 않아 부장유물의 전반적 현황을 알 수는 없지만 새로운 형태의 토기와 더불어 금제이식의 장신구는 묘제와 더불어 주목할 수 있다. 생활유적은 구를 경계로 고상가옥, 수혈주거지 및 주구부 건물지 등을 조영하였다. 이러한 주거형태는 연기 나성리유적 등에서 확인된 바 있다. 연기 나성리유적은 남북으로 개설된 도로를 중심으로 도랑으로 구획된 거대주택, 고상건물과 굴립주 건물 및 수혈 등이 세트를 이룬 채 배치된 지역집단의 거점 취락으로 백제와의 관계 속에 형성된 것으로 이해되고 있다.[76] 또한 호남지역에서 조사된 유사한 형태의 구획취락도 외부의 관여에 의해 취락간 위계가 정립된 것으로 이해되고 있어[77] 배방세력의 생활유적 역시 백제와의 관계 속에 나타나게 되는 것으로 볼 수 있다.

배방세력은 4세기 이후 백제와의 관계 속에 탕정세력에 뒤이어 중심세력으로 발전하였다. 하지

---

74 李賢淑, 2011, 앞의 책, 261쪽.

75 관곽토광묘가 기왕의 토착묘제에서 발전한 것인지 아니면 신래의 묘제인지는 알 수 없다. 하지만 4~5세기에 이르러 성행한 묘제로서 천안, 청주, 공주 등에서 확인된 바 있다(이남석, 2010, 앞의 책, 106~111쪽).

76 이홍종·허의행·조보람·이인학, 2015, 『燕岐 羅城里遺蹟』, 韓國考古環境硏究所.

77 이영철, 2011, 「영산강 상류지역의 취락변동과 백제화 과정」 『백제와 영산강』, 학연문화사, 258~259쪽.

만, 백제와의 관계 속에 변화하는 주변지역의 다른 세력과 차이가 확인된다. 이와 관련 천안 청당동과 화성리 고분군을 예로 들어 4세기 전반 무렵 마형대구 소유 집단이 쇠퇴하고 중국도자 소유 집단이 부상하는 것으로 본 견해를 주목할 수 있다.[78] 즉, 다수의 인물이 마형대구를 소유하던 양상에서 극소수의 인물이 중국도자를 소유한 모습으로 바뀐 것인데, 이러한 분포 변화가 지역집단 통합의 진전을 보여주는 현상으로 이해되고 있는 것이다.[79] 그리고 이 시기 백제 중앙과 지방과의 관계를 보여주는 가장 좋은 자료는 금동관을 비롯한 개인 착장형 위세품을 가지고 있는 유력 무덤의 존재이다.[80] 그러나 배방세력은 중국도자가 부장되지 않고 마형대구의 부장이 지속되며, 금제이식이 확인되지만 금동관모 등의 다른 착장형 위세품을 부장한 유력무덤이 확인되지 않는다. 그리고 초사동유적에서와 같이 시내권의 세력 역시 이러한 부장양상은 확인되지 않고 있어 배방세력과 더불어 아산지역 내 세력들은 주변지역과 달리 백제와 위세품을 매개로 한 상호적 관계가 이루어지지 않았음을 알 수 있다.[81]

아산지역의 고고학 자료에 대한 검토결과 탕정세력이 2세기부터 성장해 3세기까지의 발전을 토대로 중심세력으로 존재하였고 배방세력이 4세기에 이르러 백제와의 관계 속에 탕정세력을 대신하여 중심세력이 되었지만, 백제와 관계 속에 변화하는 주변지역과 차이가 있었다. 그렇다면 아산지역 내 세력의 성장과 발전 그리고 이후의 변화과정은 어떻게 이해될 수 있으며, 백제는 그 속에서 어떤 역할을 하였던 것일까? 그리고 이후의 전개과정에서 주변지역과 차이가 나타나는 것은 무엇 때문일까? 이러한 의문에 대한 답이자 유적의 존재의미를 살피기 위해 앞서 살펴본 고고학자료와 더불어 아산지역 관련 문헌기록을 함께 검토해 보고자 한다.

고대 아산지역과 관련된 문헌기록은 앞서에서와 같이 『삼국사기(三國史記)』 온조왕 26년(기원후 8년)부터 36년(기원후 18년)까지 백제와 마한과의 관계 속에서 확인된다. 즉, 백제가 마한의 국읍을 공격하였고 이에 따른 항쟁이 있었으나 이를 진압하고 축성한 대두성과 탕정성이 아산지역으로 비정되는 것이다. 이러한 기록은 백제측에서 아산지역을 마한과 관련하여 매우 중요한 지역으로 인식하

---

78 박순발, 2007, 「묘제의 변천으로 본 한성기 백제의 지방편제과정」『한국고대사연구』48, 한국고대사학회.

79 이한상, 2009, 「한성시기 백제의 장신구 사여와 지방지배」『역사문화연구』33, 한국외국어대학교 역사문화연구소, 6~7쪽.

80 성정용, 2006, 「4~5세기대 백제의 물질문화와 지방지배」『한성에서 웅진으로』.

81 백제는 한성에서 제작한 위세품의 사여를 통해 지방세력을 통제하려고 하였고 지방세력은 백제의 위세품을 통해 집단 내 우월적 위치를 유지하고자 했다. 이러한 양자의 상호적 이해관계 속에서 백제의 지방통치가 이루어진 것으로 이해되고 있는데, 이러한 관점에서 위세품을 통한 백제와 지방과의 관계를 위세품을 매개로 한 상호적 관계로 정리하고자 한다.

고 있었음을 보여주는 것이라 할 수 있다.

하지만, 이러한 기록은 기원후 1세기의 상황을 전하고 있는 것으로, 앞서 살펴본 고고학자료와 시기적 차가 존재한다. 따라서 두 자료를 함께 검토하기 위해서는 우선, 두 자료간의 시기적 차에 대한 검토가 이루어져야 할 것이다.

『삼국사기』 초기 기록은 많은 연구자들에 의해 그 신빙성에 의문이 제기되어 왔다. 우선, 『삼국사기』 초기 기록이 국가의 발전을 축약적으로 보여주고 있고,[82] 『삼국지(三國志)』에서는 3세기까지 마한 내 소국으로서 백제(伯濟)가 확인되고 있으며, 이 시기의 고고학적 물질문화의 양상이 문헌기록의 큰 차이를 보이고 있기 때문이다.[83] 이러한 여러 이유로 백제사를 이해함에 있어 『삼국사기』 초기 기록의 기년을 그대로 취신하지 않고 내용은 취신하대 기년은 조정하여 검토되어 왔다.[84] 이에 본저에서도 아산지역과 관련된 『삼국사기』의 초기 기사의 내용은 취신하대 기년은 고고학자료의 전개과정에 맞추어 수정 후 검토하고자 한다.

고고학자료와 문헌기록은 아산지역에 2세기부터 성장해 3세기까지 발전한 마한의 주요세력이 존재했으며, 백제에서는 이 세력을 마한의 국읍(國邑)으로 여겼음을 알 수 있다. 그렇다면 백제에서 인식한 마한의 국읍은 어떤 세력을 의미하는지는 것일까? 이와 관련 주목할 수 있는 것은 마한의 진왕이 통치했다는 목지국이다.[85] 목지국은 『삼국지』 및 『후한서(後漢書)』의 기록에서와 같이 마한을 대표하는 세력이었다. 백제는 이러한 목지국을 마한의 국읍으로 인식하였고 목지국을 공격 병합하면서 마한을 병합했다고 기록했던 것이다. 이러한 추정이 가능하다면 탕정을 중심으로 성장 발전했던 세력은 목지국으로, 3세기 말 이후 탕정세력의 변화는 백제의 공격에 의한 결과로서 나타나게 되는 것으로 이해될 수 있을 것이다.

백제는 마한의 국읍 즉, 목지국을 병합한 이후 그곳에 성을 쌓았다. 대두성과 탕정성의 구체적 위치를 알 수는 없지만, 축성은 백제의 지방통치체제 내 포함되었음을 보여주는 것으로 이해될 수 있다.[86] 4세기에 이르러 아산지역 내에서는 배방세력이 백제와의 관계 속에 아산지역 내 중심세력

---

82 김기섭, 2007, 「백제의 중앙집권체제 확립과 영역 확대」 『漢城都邑期의 百濟』, 충청남도역사문화연구원, 35~36쪽.

83 權五榮, 2011, 「漢城百濟의 時間的 上限과 下限」 『百濟研究』 53, 충남대학교 백제연구소, 132쪽.

84 盧重國, 1988, 『百濟 政治史 研究』, 일조각.

85 『三國志』 烏丸鮮卑東夷傳 韓條 "辰王治 目支國"; 『後漢書』 東夷列傳 韓條 "馬韓最大 共立其種爲辰王 都目支國".

86 백제가 마한지역으로 진출한 이후 위신재의 사여를 통해 공납지배를 실시하였으나 축성된 지역은 지방관이 파견된 것으로 이해하기도 한다(文安植, 2003, 「백제의 마한 복속과 지방지배 방식의 변화」 『한국사연구』

으로 부상하게 되었지만, 주변지역의 다른 세력과 달리 위세품을 매개로 한 상호적 관계가 이루어지지 않았다. 백제와 지방세력간에 위세품을 통한 상호적 관계가 이루어지지 않았다는 것은 두가지 의미에서 해석이 가능하다. 하나는 백제측에서 지방세력을 중요한 파트너로 인식하지 않았거나 필요성을 느끼지 않았기 때문이며, 또 다른 하나는 지방세력측에서 백제와의 관계를 원하지 않아 교류 등을 하지 않았을 가능성이다. 하지만, 이 시기 백제와의 관계를 통한 위세품의 소유는 지역 내 우월적 관계를 보여주는 것으로 지방세력의 필요성 역시 작지 않았다는 점에서 그 가능성이 높지 않다고 생각된다.[87] 따라서 백제와 아산지역 내 중심세력인 배방세력간에 위세품을 매개로 한 상호적 관계가 이루어지지 않았던 것은 백제의 의도에 따른 결과인 것이다.

그렇다면 왜 백제는 아산지역과 이러한 관계를 맺지 않았던 것일까? 우선, 아산지역이 목지국의 중심지였다는 점에서 백제측에서 의도적으로 배제했을 가능성이다. 즉, 아산지역은 마한의 중심지로 상징성이 있었기에 백제측에서 또 다른 토착세력의 부상(浮上)을 우려했을 가능성이다. 두 번째는 앞의 축성기록에서와 같이 백제에서 아산지역을 지배체제 내 포함된 지방세력으로 여겼을 가능성이다. 즉, 목지국 병합과정에서 이미 아산지역 내 세력들을 장악하였다고 판단했기에 굳이 위세품의 사여 등을 통해 관리할 필요가 없다고 여긴 것이다. 세 번째는 백제측에서 결절지(結節地) 등을 중심으로 관계를 맺고 있는데, 서산과 천안지역이 부상하면서 상대적으로 아산지역의 중요도가 낮아졌을 가능성이다. 이러한 추정이 가능하다면 백제는 목지국의 병합과정에서 이미 아산지역 내 세력을 장악하였다고 판단하였고 마한의 중심지였던 아산지역이 가지는 상징성을 감안하여 아산지역이 아닌 주변지역과의 관계를 중시하면서 다른 지역과 달리 위세품의 사여 등을 통한 상호관계를 맺지 않았던 것이다. 그 결과 아산지역 내에서는 수많은 발굴조사에도 불구하고 백제의 착장용 위세품이 부장된 사례가 아직까지 확인되지 않았던 것으로 이해될 수 있다.

Ⅴ. 맺음말

아산지역에서는 지속적인 개발과정에서 구석기부터 조선시대까지 다양한 유적이 조사되었고 아

120, 한국사연구회, 42~46쪽). 하지만, 이시기 백제의 지방에서 지방관이 파견된 것으로 추정할 수 있는 물질자료가 확인된 바 없어 축성된 지역에 지방관 파견이 이루어졌다고 보는 것은 신중한 검토가 필요할 것이다.

87 李賢淑, 2011, 앞의 책, 289~292쪽.

산의 고대역사를 살필 수 있는 2~5세기 유적들도 다수 확인되었다. 이에 본저에서는 조사된 고고학자료를 토대로 고대 아산지역 내 세력의 전개 및 변동과정을 살피고 문헌자료와의 비교를 통해 유적의 존재 의미 즉, 아산의 고대역사를 검토하였다.

아산지역과 관련된 기록은 『삼국사기』 온조왕 26년부터 36년까지 확인되는데, 백제의 마한병합과 이에 따른 항쟁 그리고 대두성과 탕정성의 축조이다. 이중 대두성과 탕정성은 아산지역으로 비정되고 있어 백제에서 아산지역을 마한과 관련하여 매우 중요한 지역으로 인식하고 있었음을 알 수 있다. 아산지역의 고고학 자료 검토 결과 탕정세력은 새로운 선진문물의 유입에 유리한 지리적 위치를 토대로 2세기부터 성장하였고 3세기에 이르러 교류를 통한 물품의 소유, 새로운 무기의 수용, 다수의 장신구 소유 등을 통해 주변세력에 비해 상대적으로 큰 분묘를 조성하면서 아산지역 내 중심세력이자 마한의 주요 세력의 하나였음을 알 수 있었다. 그리고 이 세력은 4세기에 이르러 급격한 변화를 보이게 되는데 백제세력과의 관계에서 이루어진 결과였다. 이러한 문헌의 기록과 더불어 고고학자료의 검토결과를 함께 살펴봤을 때, 탕정세력은 주변지역에 비해 선진문화를 소유한 우월적 속성을 지닌 집단으로 백제측에서 인식한 마한의 국읍으로 비정할 수 있어, 『삼국지』내 마한의 목지국으로 추정할 수 있다. 그리고 이러한 추정을 토대로 4세기 탕정세력의 변화는 온조왕 26년의 백제에 의한 국읍의 공격결과를 보여주는 것으로 이해하였다.

4세기에 이르러 아산지역 내에서는 배방세력이 백제와의 관계 속에 아산지역 내 중심세력으로 부상하게 되었지만, 주변지역의 다른 세력과 달리 백제와 위세품을 매개로 한 상호적 관계가 이루어지지 않았다. 백제와 배방세력간에 위세품을 매개로 한 상호적 관계가 이루어지지 않았던 것은 백제의 의도에 의한 것이었다. 즉, 축성기록에서와 같이 백제는 4세기 마한의 국읍(목지국)을 병합하면서 아산지역 내 세력을 장악하여 백제의 지방으로 인식하였고 마한의 중심지였던 아산지역이 가지는 상징성을 감안하여 주변지역 세력과의 관계를 중시되면서 아산지역의 필요성은 상대적으로 낮게 여겨질 수 밖에 없었다. 이러한 이유로 백제는 주변의 다른 세력과 달리 배방세력과는 위세품을 매개로 한 상호적 관계를 맺지 않았기에 아산지역 내에서 백제의 착장용 위세품 등이 확인되지 않는 것이다.

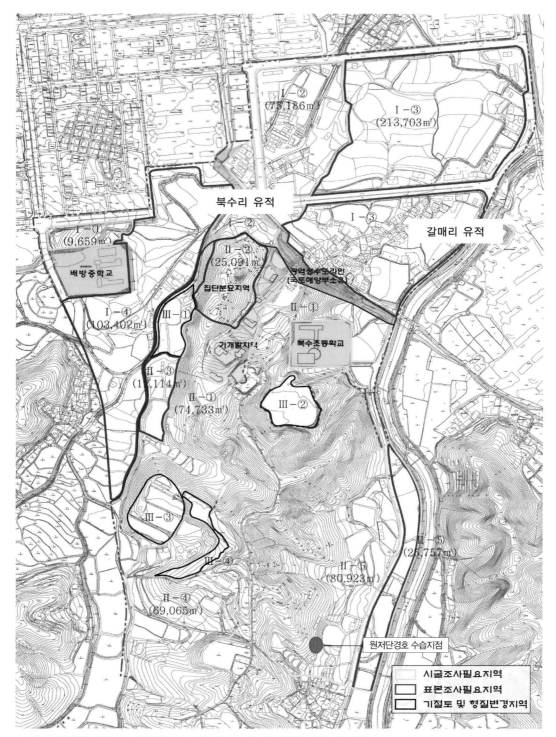

〈그림 4〉 배방월천지구 도시개발사업 지구 지표조사 보고서 내 시굴조사 필요지역 현황도

참고문헌

1. 사료

『三國志』,『三國史記』

2. 단행본

『牙山의 文化遺蹟』, 1993, 忠淸南道牙山郡・公州大學校博物館.

이남석, 2010,『漢城時代 百濟의 古墳文化』, 서경문화사.

李賢淑, 2011,『4~5世紀代 百濟의 地域相 研究』, 高麗大學校 大學院 博士學位論文.

3. 보고서

韓永熙・咸舜燮, 1993,『天安 淸堂洞 弟4次 發掘調査報告』, 국립중앙박물관.

(財)忠淸埋藏文化財研究員, 2001,『牙山 臥牛里・新法里 遺蹟』, (財)忠淸埋藏文化財研究院.

忠南發展研究院, 2003,『牙山 九星里遺蹟』, 忠南發展研究院・牙山市.

충청남도역사문화원, 2004,『牙山 葛山里 遺蹟』.

李南奭・李賢淑, 2007,『牙山 葛梅里(Ⅰ地域)遺蹟』, 公州大學校博物館.

忠淸南道歷史文化院, 2007,『牙山 葛梅里(Ⅱ地域)遺蹟』.

忠淸南道歷史文化院, 2007,『牙山 草沙洞 警察綜合學校 移轉敷地內—牙山 草沙洞 遺蹟』.

李弘鐘・金武重・徐賢珠・趙銀夏・朴性姬・趙鎭亨・李雨錫・庄田愼矢・朴相潤・安亨基, 2007,『牙山 葛梅里(Ⅲ地域)遺蹟』, 高麗大學校 考古環境研究所.

金帛範, 2008,『牙山 大興里 큰선장 遺蹟』, (財)忠淸文化財研究院.

李南奭・金聖洙・安智惠, 2008,『公州 錦興洞 遺蹟』, 公州大學校博物館.

李南奭・李賢淑, 2008,『燕岐 龍湖里 遺蹟』, 公州大學校博物館.

趙鎭亨・金浹, 2009,『牙山 新南里 遺蹟』, 韓國考古環境研究所.

백제문화재연구원, 2009,「아산 배방 월천지구 도시개발 사업부지 文化遺蹟 地表調査 報告書」.

丘冀鐘, 2009,『牙山 豊基洞 밤줄길 遺蹟Ⅱ』, (財)忠淸文化財研究院.

建柱・崔夏榮, 2009,『牙山 豊基洞 앞골 유적』, (재)충청문화재연구원.

李浩炯・池珉周・崔相哲, 2011,『牙山 龍頭里 진터 遺蹟(Ⅱ)』, (財)忠淸文化財研究院.

충청남도역사문화연구원, 2011,『牙山 鳴岩里 밖지므레遺蹟(2-1地點)』.

충청남도역사문화연구원, 2011,『牙山 鳴岩里 밖지므레遺蹟(2-2地點)』.

충청남도역사문화연구원, 2011,『牙山 鳴岩里 밖지므레遺蹟(3地點)』.

柳基正・徐大源・李尙馥・金虎範・朴根成・全유리・朴鐘鎭, 2012,『牙山 松村里 遺蹟・小東里 가마터』, (財)錦江文化遺産研究院.

中央文化財研究院, 2013,『烏山 闕洞遺蹟』.

김가영 · 김영국 · 정용준 · 최보람 · 강철규, 2014, 『아산 갈산리유적-초등학교 건설 부지 내』, 백제문화재연구원.

박영복 · 배상훈 · 최지연 · 이선아 · 안성민 · 조남빈 · 이천수, 2014, 『아산 명암리 곱터골 유적』, (재)충청문화재연구원.

충청남도역사문화연구원, 2014, 『아산 용두리 부기리 유적』.

(재)금강문화유산연구원, 2015, 『아산 갈매리 목책 유적 약보고서』.

이홍종 · 허의행 · 조보람 · 이인학, 2015, 『燕岐 羅城里遺蹟』, 韓國考古環境研究所.

中部考古學研究所, 2016, 『배방 월천지구 도시개발사업 (Ⅱ-②)구역 부지 내 유적 발굴조사 약식보고서』.

財團法人 湖南文化財研究院, 2016, 『배방 월천지구 도시개발사업 (Ⅰ-③구역)부지 내 문화재 정밀발굴조사 약식보고서』.

최봉균 · 천승현 · 이상직 · 변지현 · 정우진, 2017, 『아산갈산리 · 매곡리 유적』, (재)충청문화재연구원.

4. 관련논문

李基白, 1978, 「熊津時代 百濟의 貴族勢力」, 『百濟研究』 9, 忠南大學校 百濟研究所.

俞元載, 1992, 「百濟 湯井城 研究」, 『百濟論叢』 3, 百濟文化開發研究院.

文安植, 2003, 「백제의 마한 복속과 지방지배 방식의 변화」, 『한국사연구』 120, 한국사연구회.

李漢祥, 2005, 「威勢品으로 본 漢城百濟의 中央과 地方」, 『고고학』 4-1, 중부고고학회.

성정용, 2006, 「4~5세기 백제의 물질문화와 지방지배」, 『한성에서 웅진으로』, 국립공주박물관 · 충청남도역사문화연구원.

김기섭, 2007, 「백제의 중앙집권체제 확립과 영역 확대」, 『漢城都邑期의 百濟』, 충청남도 역사문화연구원.

李尙燁, 2008, 「아산지역 마한시기 유적의 현황과 성격 -아산 밝지므레 유적을 중심으로」, 『충청학과 충청문화』 제7권, 충청남도 역사문화연구원.

박순발, 2009, 「중서부지역 원삼국시대 토기편년의 재고(再考)」, 『백제, 마한을 담다』, 백제역사문화관 · 충청남도역사문화원.

成正鏞 · 權度希 · 諫早直人, 2009, 「淸州 鳳鳴洞遺蹟 出土 馬具의 製作技術 檢討」, 『호서고고학』 20, 호서고고학회.

이상엽, 2009, 「中西部地域 出土 圓筒形土器의 性格 檢討」, 『선사와 고대』 31, 한국고대학회.

이한상, 2009, 「한성시기 백제의 장신구 사여와 지방지배」, 『역사문화연구』 33, 한국외국어대학교 역사문화연구소.

김성욱, 2010, 『한반도 마형대구의 편년과 지역상』, 고려대학교 대학원 석사학위논문.

權五榮, 2011, 「漢城百濟의 時間的 上限과 下限」, 『百濟研究』 53, 충남대학교 백제연구소.

池珉周, 2011, 「錦江流域 原三國時代 土器의 相對編年 및 地域性에 대하여 -墳墓 副葬遺物을 중심으로」, 『금강유역 마한 문화의 지역성』, 湖西考古學會.

현남주 · 권윤경, 2011, 「중서부지역 출토 마형대구의 검토」, 『先史와 古代』 35, 韓國古代學會.

姜志遠, 2012, 『原三國期 中西部地域 土壙墓 硏究 -闕洞遺蹟 · 진터遺蹟 · 馬頭里遺蹟 · 龍湖里 遺蹟을 中心으로』, 公州大學校大學院 碩士學位論文.

이영철, 2012, 「영산강 상류 지역의 취락 변동과 백제화 과정」, 『백제와 영산강』, 학연문화사.

최성락 · 김성미, 2012, 「원통형토기의 연구현황과 과제」, 『호남고고학보』 42, 호남고고학회.

趙娟志, 2013, 『韓半島 出土 重層琉璃玉 硏究』, 忠北大學院 碩士學位論文.

신민철, 2014, 「곡교천유역 원삼국시대 원통형토기의 성격과 의미」 『호남고고학보』 46, 호남고고학회.

지민주, 2014, 「중부지역 2세기대 마한 분묘의 성격 -토기류를 중심으로」 『崇實大學校 韓國基督敎博物館誌』 제10
호, 숭실대학교 한국기독교박물관.

박형열, 2015, 「원삼국시대 유개대부호의 편년」 『湖南考古學報』 50, 호남고고학회.

임영진, 2015, 「한국 분주토기의 발생과정과 확산배경」 『호남고고학보』 49, 호남고고학회.

徐賢珠, 2016, 「湖西地域 原三國時代 墳墓遺物의 變遷과 周邊地域과의 關係」 『호서고고학』 35, 호서고고학회.

이한상, 2016, 「5세기대 서산 부장리 세력의 성장 배경과 위상」 『백제문화』 55, 공주대학교 백제문화연구소.

강종원, 2017, 「선사와 고대」 『牙山市誌』.

이계영, 2017, 「아산 북수리 유적(Ⅱ-②구역)」 『호서지역 문화유적 발굴성과』, 호서고고학회.

송공선, 2017, 「아산 북수리 유적」 『호서지역 문화유적 발굴성과』, 호서고고학회.

제2부 제4장

원통형토기를 통해 본 3세기 중반 이후 곡교천유역의 사회상 검토*

이상엽

(가경고고학연구소)

Ⅰ. 머리말

Ⅱ. 연구현황 및 출토현황

Ⅲ. 원통형토기의 제작기법 및 형식분류와 기원 검토

Ⅳ. 공반유물을 통한 원통형토기 피장자의 집단 내 위계 및 사회변화상 검토

Ⅴ. 맺음말

Ⅰ. 머리말

한반도 서남부지역인 충청·전라도를 중심으로 자리하였던 마한은 54국으로 이루어진 연맹체 국가로써 이들 소국을 정치적으로 이끌었던 연맹체의 맹주국으로 목지국이 알려져 있다. 목지국의 위치에 대해서는 여러 학자들에 의해 다양한 지역이 비정되어 왔으나, 최근 아산과 천안지역을 중

---

* 본고는 2009년과 2014년 발표한 필자의 논문을 기초로 새로이 추가된 자료를 첨부하여 수정가필하였음을 밝힌다.

심으로 마한의 고유 분묘형식인 토광묘와 주구토광묘를 비롯한 다양한 유구와 유물 등이 출토되고 있어 고고학적으로 이들 지역이 주목을 받고 있다. 특히 곡교천유역에 접한 아산 용두리 진터유적, 명암리 밖지므레유적, 갈산리유적에서는 2세기대에서 3세기대의 마한 분묘와 유물 등이 다량 확인되고 있어 목지국으로 비정되고 있는 다른 지역에 비해 관련성이 높음을 살필 수 있다.

아산과 천안지역을 중심으로 한 곡교천유역은 다른 마한 고지에서는 출토 예가 확인되지 않고 있는 장고모양의 형태를 띤 원통형토기가 다량 출토되고 있어 주목되고 있다. 한편 원통형토기는 마한 고지인 호남지역에서도 출토되고 있으나, 곡교천유역 출토품과는 명칭상으로 동일한 뿐, 기형상으로는 전혀 이질적인 모습을 보이고 있다.

중서부지역에서 출토된 원통형토기는 1990년대 천안 청당동유적에서 처음 출토된 후, 2000년대 초반 아산 갈매리유적에서 확인되었고, 2006년대 중반 이후 아산 명암리 밖지므레유적과 아산 갈산리유적에서 다량으로 출토되었다. 이중 아산 갈매리유적을 제외하고 모두 분묘에서 출토되고 있다.

이에 본고에서는 중서부지역 특히 곡교천유역을 중심으로 출토되고 있는 원통형토기를 대상으로 원통형토기의 제작기법과 형식분류를 바탕으로 기원문제를 살펴본 후, 공반유물을 통해 원통형토기가 부장된 분묘 피장자의 집단 내 위치 및 당시 사회변화상을 살펴보고자 한다.

Ⅱ. 연구현황 및 출토현황

1. 연구현황

원통형토기는 원통의 몸체를 지닌 토기를 지칭하는 것으로 기형과 규모면에서 차이를 보이고 있으며, 지역적으로도 한반도의 서남부지역에서 집중되어 출토되고 있다.[1] 한편 현재까지 원통형토기에 대한 연구는 제한된 지역에서 출토되고 있어 미진한 상태라 할 수 있다.

---

1 현재까지 영남지역인 대구 팔달동유적과 울산 하삼정고분군 I 에서 각각 1점씩 출토되었고, 창원 다호리유적에서도 출토되었으나, 기형적으로 차이를 보이고 있다. 따라서 현재까지의 자료를 통해 살펴보면, 당시 변·진한지역에서는 일반적으로 사용되지 않았던 토기 기종으로 판단된다.

중서부지역에서 출토된 원통형토기에 대한 연구는 이상엽[2]이 아산 명암리 밖지므레유적에서 출토된 원통형토기를 중심으로 원통형토기의 제작기법을 통해 낙랑지역과의 관련성을 언급하였으며, 대각유무에 따라 I형식과 II형식으로 구분한 후, I형식은 대각의 형태, 투창 유무 및 형태, II형식은 저부 투공유무, 투공모양, 기벽 투공유무 및 개수에 따라 세분하였다. 원통형토기가 출토된 유구가 아산 갈매리유적을 제외하고 모두 분묘에서 출토되는 점을 들어 일상용기보다 특수한 목적을 위해 제작된 토기로 이해하였다. 하지만 원통형토기의 기원 및 편년에 대해서는 언급이 이루어지지 않았다.

최성락 · 김성미[3]는 중서부지역과 영산강유역에서 출토된 원통형토기를 I · II · III형과 기타로 구분한 후, IA형은 중서부지역에서만 출토되는 기형이며, 호남지역에서도 출토되는 IB형과 공통점이 있음을 들어 곡교천유역과의 연결성을 찾고자 하였다. 또한 호남지역에서 출토되고 있는 원통형토기의 대부분이 주구 또는 분구에 수립되어 출토되고 있어 이에 대한 기원을 일본지역이 아닌 중서부지역에서 찾고자 하였다. 즉 중서부지역에서 출토된 일부 원통형토기가 고분의 봉토 또는 봉분으로 이해할 수 있는 충진토에서 출토되고 있어 분구 수립의 전통이 시작되었음을 상정하였다.

신민철[4]은 곡교천유역에서 출토된 원통형토기에 대하여 토기의 기고, 구경과 저경, 구경대 저경비를 통계 분석한 후 정해진 일정한 기준에 따라 제작되었음을 제시하였다. 또한 공반 유물 중 농공구류와 밀접함을 들어 원통형토기가 부장된 피장자가 당시 집단 내에서 농경에 주요한 위치를 접하였음을 추정하였고, 원통형토기의 증가가 당시 집단 내에서 농공구류의 확산과 맞물린 농경 중심 사회상으로 변화하였음을 상정하였다.

이상엽[5]은 중서부지역과 영산강유역에서 출토된 원통형토기에 대한 제작방법을 검토한 후, 전고와 같이 대각의 유무에 따라 I · II형식으로 분류한 후, 형식별로 세분하였다. 중서부지역과 영산강유역에서 출토되고 있는 원통형토기는 일반적으로 기형 및 규모면에서 커다란 차이를 보이고 있지만 아산 명암리 밖지므레유적 2-2지점 8호 토광묘 및 23호 주구토광묘와 3지점 5호 토광묘 출토

2 이상엽, 2009, 「중서부지역 원통형토기의 성격 검토」 『선사와 고대』 31, 한국고대학회.
3 최성락 · 김성미, 2012, 「원통형토기의 연구현황과 과제」 『호남고고학보』 42, 호남고고학회.
4 신민철, 2015, 「곡교천일대 원삼국시대 원통형토기의 분포와 성격」, 전북대학교 고고문화인류학과 석사학위논문.
5 이상엽, 2014, 「영산강유역 원통형토기와 중서부지역 원통형토기와의 비교 및 검토」 『한국 원통형토기(분주토기)의 연구 현황과 과제』, 국립나주문화재연구소 · 전남대학교박물관.

품이 4세기 전반 대의 군산 축동 및 나주 장등유적 출토품과 동체부 하단부에서 기형적인 유사성이 관찰되어 양 지역간에 교류가 있었음을 지적하였다. 더불어 중서부지역과 영산강유역에서 출토된 원통형토기의 전체적인 편년안을 제시하였고, 비록 양 지역간 유물의 출토위치는 다르지만 대부분 분묘와 관련되어 출토됨을 들어 일상적인 생활용기보다 의례와 관련된 목적에 의해 제작되어 사용된 것으로 보았다.

이정아[6]는 곡교천유역과 호남지역에서 출토된 원통형토기의 제작기법을 통해 Ⅰ·Ⅱ·Ⅲ유형으로 분류한 후, 세부형식에 따라 10가지로 세분하였다. 이러한 유형과 형식분류를 통해 Ⅰ유형은 Ⅱ·Ⅲ유형과 연결되지 않고 3세기 후엽에 소멸된 것으로 파악하였고, Ⅱ·Ⅲ유형이 서로 관련성을 갖고 호남지역에서 계속 사용되었음을 지적하였다. 더불어 Ⅰ유형과 Ⅱ·Ⅲ유형을 다른 토기로 구분하고자 하였다.

위와 같이 본고에서 다루고하자 하는 중서부지역 원통형토기에 대한 연구현황을 살펴본 결과, 제한된 유적 및 유물의 수적 제약에 따라 연구의 시작단계라 할 수 있다. 또한 대부분의 연구가 형식분류와 중서부지역과 영산강유역과의 관련성, 그리고 원통형토기의 기능 또는 성격에 집중되었음을 살필 수 있다.

2. 출토현황[7]

1) 아산 명암리 밖지므레유적[8]

아산 명암리 밖지므레유적은 서해의 아산만에서 동쪽의 내륙으로 이어지는 곡교천변에 위치한 야산의 남향사면에 자리하고 있다. 유적의 지근거리에는 아산 용두리 진터유적과 아산 갈산리유적, 아산 갈매리유적이 자리하고 있다. 밖지므레유적에서는 마한 분묘인 토광묘 80기·주구토광묘 71기, 옹관묘 7기 등을 포함하여 다양한 시대의 유구와 유물이 확인되었다.

---

6   이정아, 2017, 「제작기법을 통해 살펴본 원통형토기의 전개과정」, 충북대학교 고고미술사학과 석사학위논문.
7   본고에서 다루고자하는 원통형토기는 중서부지역의 곡교천유역에서 출토된 기형에 한정되었음을 다시 한 번 밝히며, 기형적으로 유사한 영남지역 출토의 원통형토기를 비교자료로 활용하였다.
8   이상엽 외, 2011, 『牙山 鳴岩里 밖지므레遺蹟』, 忠南歷史文化硏究院.

마한시대 분묘인 토광묘 및 주구토광묘는 조사지역 전역에 분포하고 있으며, 옹관묘는 2-3지점에서만 확인되었다. 이들 확인된 분묘 중 3지점에서 확인된 13호와 14호 주구토광묘만이 중복되었을 뿐, 이외의 분묘는 중복양상이 확인되지 않았다.

토광묘는 조사지역 전역에 고른 분포양상을 보이고 있으며, 묘광은 풍화암반토 또는 점질의 생토면을 수직 또는 경사지게 굴착하여 조성하였다. 묘광의 평면형태는 대부분 말각장방형으로 장축방향은 등고선방향과 나란하게 축조되었다. 매장주체시설은 목관과 목곽을 사용하였는데, 목관의 평면형태는 기본적으로 상자형이며, 이외에 'ㅂ'자형이 소수 확인되었고, 목곽은 관곽을 갖추지 않았다. 유물의 부장위치는 목관의 경우 목관과 묘광 사이의 단벽과 장벽 또는 목개 상부에 부장하였으며, 목곽의 경우 곽 내부, 내외부, 곽 내외부 및 목개 상부, 곽내 격벽 설치후 부장, 별도의 부장칸을 마련하는 등 다양한 형태로 확인되었다. 유물은 원저단경호·심발형토기·평저단경호·직구호·원통형토기 등의 토기류, 환두대도·철모·철부·철겸·철촉·철사·도자·교구·꺾쇠 등의 철기류, 청동제 마형대구 및 구슬과 옥 등의 장신구류, 재갈 등의 마구류, 토제품 등이 출토되었다.

주구토광묘는 토광묘와 동일하게 조사지역 전역에 고른 분포양상을 보이고 있으며, 마제형 또는 눈썹형 등 다양한 형태의 주구가 매장주체부 위쪽에 굴착되어 조성되었고, 묘광은 풍화암반토 또는 점질의 생토면을 수직 또는 경사지게 굴착하여 조성하였다. 묘광의 평면형태는 대부분 말각장방형으로 장축방향은 등고선방향과 나란하게 축조되었다. 매장주체시설은 토광묘와 유사하게 목관과 목곽을 사용하였는데, 목관의 평면형태는 기본적으로 상자형이며, 이외에 'ㅂ'자형이 소수 확인되었고, 목곽은 관곽을 갖추지 않았다. 유물의 부장위치는 목관의 경우 전체적으로 목관과 묘광 사이의 단벽과 장벽 또는 목개 상부에 부장하였으며, 목곽의 경우 곽 내부, 내외부, 내외부 및 목개 상부, 곽내 격벽 설치후 부장, 별도의 부장칸을 마련하는 등 다양한 형태로 확인되었다. 유물은 원저단경호·심발형토기, 원통형토기, 오리형토기 등의 토기류, 환두대도·철모·철부·철겸·철촉·철사·도자 등의 철기류, 재갈 등의 마구류, 청동제 마형대구와 구슬 및 옥 등의 장신구류가 출토되었다. 위에서 언급하였듯이 확인된 주구토광묘 중 3지점 13호 매장주체부와 14호 주구만이 중복되었을 뿐 이외의 유구는 중복되지 않았다.

유적에서 출토된 원통형토기의 현황을 살펴보면 토광묘는 2-2지점 8호·12호·16호·34호, 3지점 1호·5호·7호·9호·19호·23호·27호·29호·32호·34호에서 출토되었고, 주구토광묘는 2-2지점 23호·26호, 3지점 1호·2호·3호·11호·12호·16호·17호에서 출토되었다.

2) 아산 갈산리유적 -초등학교 조성부지내-[9]

아산 갈산리유적은 아산 명암리 밖지므레유적 3지점의 동쪽 경계지역에 해당하는 곳이다. 유적에서는 마한 분묘인 토광묘 10기 · 주구토광묘 11기, 옹관묘 3기 등을 포함하여 다양한 시대의 유구와 유물이 확인되었다.

마한시대 분묘인 토광묘 및 주구토광묘는 조사지역 전역에 분포하고 있다. 토광묘는 묘광을 수직 또는 경사지게 굴착하여 조성하였다. 묘광의 평면형태는 대부분 말각장방형으로 장축방향은 등고선방향과 나란하게 축조되었다. 매장주체시설은 목관과 목곽을 사용하였는데, 목관의 평면형태는 상자형이 확인되었고, 목곽은 관곽을 갖추지 않았다. 유물의 부장위치는 목관의 경우 목관과 묘광 사이의 단벽에 부장하였으며, 목곽의 경우 주곽과 부곽을 구분하여 부곽에 부장하였다. 유물은 원저단경호 · 심발형토기 · 원통형토기 등의 토기류, 환두대도 · 철도 · 철모 · 철부 · 철겸 · 철촉 · 도자 등의 철기류가 출토되었다.

주구토광묘는 토광묘와 동일하게 조사지역 전역에 고른 분포양상을 보이고 있으며, 마제형 또는 눈썹형 등 다양한 형태의 주구가 매장주체부 위쪽에 굴착되어 조성되었고, 묘광은 풍화암반토 또는 점질의 생토면을 수직 또는 경사지게 굴착하여 조성하였다. 묘광의 평면형태는 대부분 말각장방형으로 장축방향은 등고선방향과 나란하게 축조되었다. 매장주체시설은 토광묘와 유사하게 목관과 목곽을 사용하였는데, 목관의 평면형태는 기본적으로 상자형이다. 이외는 유실되어 정확한 형태를 파악할 수 없고, 목곽은 관곽을 갖춘 형태와 갖추지 않은 형태로 구분된다. 유물의 부장위치는 목관의 경우 목관과 묘광 사이에 부장하였으며, 목곽의 경우 관곽을 갖춘 형태는 목곽 내부에 부장하였고, 관곽을 갖추지 않은 형태는 주곽과 별도의 부곽을 설치하여 부장하였다. 유물은 원저단경호 · 심발형토기, 원통형토기 등의 토기류, 환두대도 · 철모 · 철부 · 철겸 · 철촉 · 철도자 · 철착 등의 철기류가 출토되었다.

유적에서 출토된 원통형토기의 현황을 살펴보면 토광묘는 5호 · 7호 · 8호에서, 주구토광묘는 1호 · 4호 · 8호 · 10호에서 출토되었다.

3) 아산 갈매리유적[10]

아산 갈매리유적은 아산시와 천안시의 자연적 경계인 곡교천변에 접한 충적대지에서 확인되었

---

9   백제문화재연구원, 2014, 『아산 갈산리유적 -초등학교 조성부지내-』.

10   이홍종 외, 2007, 『牙山 葛梅里(III地域)遺蹟』, 韓國考古環境研究所.

다. 유적에서는 마한에서 백제시대에 이르는 고상건물지 등의 생활유구와 수로 등이 확인되었다. 원통형토기는 1차 조사과정에서 확인된 2호 매납유구와 지표 수습품 2점 등 총 3점이 출토되었다. 2호 매납유구는 평면형태가 원형으로, 수혈유구의 중앙에 원통형토기 1점이 구연부가 수혈의 바닥면을 향해 거꾸로 엎어진 상태로 정연하게 안치되어 있었다.

매납유구에서 출토된 원통형토기는 회백색 연질로 태토는 정선되었다. 저부는 평저로 바닥면 중앙에 원형으로 천공되었으며, 전체적인 기형은 저부에서 완만하게 내만하다가 중앙부에서 다시 외반되어 상단부를 이루고 있다. 동체의 상단부와 하단부에 직경 0.6cm 정도의 원공이 밖에서 안으로 각각 2개씩 서로 마주 보도록 천공되어 있으며, 내외면은 물손질정면하였다. 지표수습품 역시 2호 매납유구 출토품과 차이점가 없으며, 다만 내면에서 정면과정에서 생긴 지두압흔이 관찰된다. 3점 모두 윤적법으로 제작하였으며, 구경이 저경에 비해 넓게 제작되었다.

4) 천안 청당동유적[11]

천안 청당동유적은 1990년부터 1994년까지 5차에 걸쳐 국립중앙박물관과 국립공주박물관에 의해 조사가 이루어졌고, 이 조사를 통해 중서부지역 마한 관련 연구가 활발히 진행되었다. 조사결과 마한 분묘 25기가 확인되었는데, 확인된 25기의 분묘는 주구의 유무에 따라 주구토광묘와 토광묘로 구분하였으며, 주구토광묘 17기, 토광묘 8기이다.[12]

주구토광묘는 조사지역이 위치하고 있는 설상대지의 북사면와 남사면에 자리하고 있다. 주구는 마제형 또는 눈썹형 등 다양한 형태를 띠고 있으며, 매장주체부 위쪽에 굴착되어 조성되었고, 매장주체부인 묘광은 수직 또는 경사지게 굴착하여 조성하였다. 묘광의 평면형태는 대부분 말각장방형의 형태를 띠고 있으며, 장축방향은 등고선방향과 나란하게 축조되었다. 매장주체시설은 대부분

---

11 徐五善, 1990, 「天安 淸堂洞 및 安城出土 一括遺物」『考古學誌』第2輯, 國立中央博物館; 徐五善·權五榮, 1990, 「天安 淸堂洞遺蹟 發掘調査報告」『休岩里』, 國立博物館古蹟調査報告 第22冊, 國立中央博物館; 徐五善·權五榮·咸舜燮, 1991, 「天安 淸堂洞 第2次 發掘調査報告書」『松菊里』Ⅳ, 國立博物館古蹟調査報告 第23冊, 國立中央博物館; 徐五善·咸舜燮·1992, 「天安 淸堂洞 第3次 發掘調査報告書」『固城貝塚』, 國立博物館古蹟調査報告 第24冊, 國立中央博物館; 韓英熙咸舜燮, 1993, 「天安 淸堂洞 第4次 發掘調査報告書」『淸堂洞』, 國立博物館古蹟調査報告 第25冊, 國立央博物館.

12 咸舜燮 외, 1995, 『淸堂洞Ⅱ』, 國立博物館古蹟調査報告 第27冊, 國立中央博物館.
    함순섭은 청당동유적의 원삼국시대 분묘에 대한 분석을 실시하면서 주구가 확인되지 않는 토광묘의 경우 최초 조성시 주구가 설치되었으나, 자연유실 등에 의해 소멸된 것으로 이해하였다. 그러나 최근 조사를 통해 확인된 아산 명암리 밖지므레유적 및 용두리 진터유적에서는 동일 지형내에서도 주구토광묘와 토광묘가 별도로 존재하고 있어 청당동유적 역시 토광묘와 주구토광묘와의 구분이 이루어져야 할 것으로 판단된다.

목관을 사용하였으며, 일부는 목곽을 사용하였는데, 평면형태는 목관의 경우 기본적으로 상자형이며, 이외에 'ㅂ'자형 또는 'ㅍ'자형의 형태를 띠고 있다. 유물은 원저단경호와 심발형토기 등의 토기류, 환두대도 · 철모 · 철부 · 철겸 · 철촉 · 도자 등의 철기류, 청동제 마형대구와 구슬 등의 장신구류가 출토되었다.

토광묘는 주구가 설치되지 않았을 뿐 묘광의 굴착방법 및 평면형태는 주구토광묘와 동일하다. 매장주체부는 목관을 사용하였으며, 평면형태는 기본적으로 상자형이며, 일부 'ㅂ'자형을 띠고 있다. 유물은 원저단경호와 심발형토기의 토기류, 청동제 마형대구 및 구슬 등의 장신구류가 출토되었다.

원통형토기는 22호 주구토광묘의 부장칸에서 1점이 출토되었다. 토기는 회백색과 회흑색을 띠고 있다. 와질소성이며 윤적법으로 성형하였다. 저부는 평저로 중앙으로 약간 들려 있으며, 바닥면 중앙에 원형으로 천공되었다. 동체부는 저부에서 사선으로 부드럽게 외반되어 저경에 비해 구경이 넓다. 동체부 상단부와 하단부에 각각 1개씩 원형으로 천공되어 있다.

Ⅲ. 원통형토기의 제작기법 및 형식분류와 기원 검토

1. 제작기법 및 형식분류

1) 제작기법

곡교천유역에서 출토된 원통형토기는 공통적으로 연질소성이며, 동체부 외면에는 아무런 문양도 시문되어 있지 않다. 토기 제작에 사용된 태토는 크게 2가지로 구분해 볼 수 있는데, 첫째 낙랑토성 출토품과 같이 혼입물이 전혀 포함되지 않는 니질계 태토, 둘째 니질토에 세사립이 소량 혼입된 태토이다.

이처럼 한반도 중서부지역 특히 아산 · 천안지역의 곡교천유역을 중심으로 출토된 원통형토기의 태토는 일부를 제외하고 미세한 차이를 보이지만 기본적으로 낙랑토성 출토품과 유사한 니질토를 사용하고 있으며, 보강재로써 사립이 소량 혼입되는 모습을 보이고 있다. 따라서 이러한 보강재의 사용은 토기 제작에 있어 토기의 내구성 또는 제작의 편의성을 향상시키기 위한 제작기술상의 발전으로 이해해야 할 것으로 판단된다.

곡교천유역에서 출토된 원통형토기의 제작방법은 대각의 존재유무와 관계없이 저부와 동체부로 구분하여 살필 수 있다. 먼저 저부는 일부의 경우 약하게 오목한 형태를 띠는 경우도 확인되나 전체적으로는 평저로 구분할 수 있다. 저부의 성형을 살펴보면 수날법을 이용하여 점토덩어리를 둥그런 형태의 원판으로 제작하였고, 이로 인해 저부 내면에서 손누름흔이 관찰되며, 일부 저부 외면에는 녹로와의 분리과정에서 생긴 사절흔이 관찰되기도 한다. 더불어 일부 원통형토기의 저부 중앙에는 원형 또는 방형의 구멍이 천공되어 있는데, 투공방향은 저부 외면에서 내면으로 투공하였다.

한편 원통형토기는 저부에 대각이 부착된 기형이 출토되고 있어 형태적인 차이를 나타내고 있다. 대각은 저부와의 접합방법에 따라 3가지로 구분할 수 있다. 첫 번째 방법은 대각 형태와 무관하게 대각과 저부를 별도로 제작하여 저부 외면에서 대각을 접합하는 방법(도면 1-①·②), 두 번째 방법은 저부와 별도로 원판의 대각 접지면을 제작하고 저부와 원판의 중앙부를 원형으로 투공시킨 후, 별도로 점토를 이용한 원주형 기둥을 제작하여 저부와 원판의 중앙부에 원주형 기둥을 삽입시킨 후 외면에 점토를 덧발라 접합하는 방법(도면 1-③), 세 번째 방법은 저부의 중앙부를 투공하여 빈

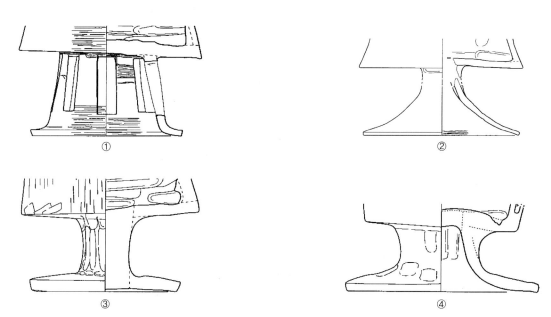

① 아산 명암리 밖지므레유적 3지점 17호 토광묘, ② 아산 명암리 밖지므레유적 2-2지점 16호 토광묘,
③ 아산 명암리 밖지므레유적 3지점 27호 토광묘, ④ 아산 명암리 밖지므레유적 3지점 34호 토광묘

〈도면 1〉 곡교천유역 출토 원통형토기 대각 접합방법

공간을 만든 후, 대각을 접합하는 과정은 동일하나 두 번째 방법과 같이 대각의 원판을 별도로 제작하지는 않는 것으로 원형으로 투공된 저부 바닥면에 대각의 상부를 삽입시켜 저부의 透孔된 면과 대각 안쪽에는 점토 덩어리로 채워 마무리하고, 대각과 저부의 외면 접합부는 점토를 보강하여 제작하는 방법(도면 1-④)이다. 이와 같이 대각이 부착된 Ⅰ형식 원통형토기의 대각 접합방법의 차이는 시기 또는 기능보다 대각의 형태와 관련된 차이로 판단된다.

이와 함께 대각이 부착된 원통형토기에서 당시 곡교천유역에 자리하고 있던 마한의 대외교류관계를 보여주는 제작기법이 확인되고 있어 주목된다. 이에 해당하는 출토품이 아산 명암리 밖지므레유적 3지점 17호 주구토광묘 출토품으로 대각이 부착된 원통형토기의 저부 내면에서 물레작업시 나타나는 회전흔이 관찰되기 때문이다. 회전흔은 좌측에서 우측으로 확인되고 있으며, 이는 회전판이 부착된 물레를 반시계방향으로 돌려 제작하였음을 보여주고 있다. 이처럼 회전판을 이용하여 제작한 기법이 기형적으로 차이는 있지만 낙랑토성지 출토 원통형토기의 저부 내면에서 살펴지고 있기 때문에 비록 현재까지 1점에 불과하지만 동일한 제작기법이 양 지역 출토품에서 확인되고 있어 당시 곡교천유역의 마한 소국과 낙랑지역 간에 상호 교류가 이루어지고 있음을 보여주는 것이라 판단된다(도면 2).

동체부 제작방법은 대각의 존재여부와 관계없이 곡교천유역에서 출토된 원통형토기의 단면을 살펴보면, 일정한 크기의 대상 점토띠를 쌓아 올려 제작하는 윤적법을 이용하였음을 확인할 수 있으며, 이로 인해 동체부 내면에서 손누름흔이 관찰된다. 또한 높이가 대부분 40㎝ 이하로 정립기법으로 제작되고 있다(도면 3). 더불어 동체부에는 약 1㎝ 미만의 소형 원공이 외면에서 내면으로 1개 또는 2개씩 투공되어 있는데, 1개일 경우 동체부의 중상단부 혹은 중하단부와 중단부 및 상단부에 자리하고 있으며, 2개일 경우 대부분 동체부의 상단부와 하단부 근처에 자리하고 있다. 이에 반해 일부의 경우 중상단부와 중하단부에 자리하기도 한다. 이처럼 원공이 2개일 경우를 포함하여 1개

①   ②   ③   ④

①～③ 낙랑토성 출토품, ④ 아산 명암리 밖지므레유적 3지점 17호 주구토광묘

〈도면 2〉 원통형토기 저부 내면 성형흔

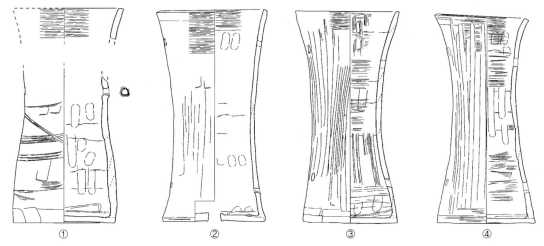

① 아산 명암리 밖지므레유적 2-2지점 8호 토광묘, ② 아산 명암리 밖지므레유적 2-2지점 12호 토광묘,
③ 아산 명암리 밖지므레유적 3지점 1호 주구토광묘, ④ 아산 명암리 밖지므레유적 3지점 5호 토광묘
〈도면 3〉 곡교천유역 원통형토기 동체부 성형 및 정면기법(축척부동)

일 경우도 원공의 위치가 다양한 모습을 보이고 있다. 이러한 원공의 수적 차이 및 위치 차이는 원
통형토기의 시간적인 선후관계보다 기능적인 측면에 따라 개수와 위치에 있어 차이가 있었던 것으
로 보이나 명확한 성격규명은 이루어지지 않는 상태이다.

원통형토기의 동체부는 대상의 점토띠를 윤적법으로 성형함에 따라 내면에서 접합흔을 조정하
기 위한 지두조정흔과 물손질정면흔이 관찰된다. 더불어 구연부는 내외면 모두 회전물손질정면하
였으며, 동체부 외면은 대부분 종방향으로 깎기조정하였고, 기저부는 횡방향으로 깎기조정하거나
선별적으로 물손질정면하였다(도면 3).

이상과 같이 중서부지역의 곡교천유역에서 출토되고 있는 원통형토기의 태토는 순수한 니질계
태토 또는 사립이 소량 혼입된 태토를 사용하였음을 확인하였다. 제작방법은 대각의 존재유무와
무관하게 평저의 저부에 동체부는 대상의 점토띠를 이용하여 제작하고 있으며, 회전물손질정면과
깎기조정을 통해 기 내외면을 정면하였다. 이러한 니질계 태토 사용 및 낙랑토기에서 보이는 회전
흔 등의 제작방법을 통해 볼 때, 당시 곡교천유역의 마한 소국과 낙랑지역과의 교류관계를 보여주
는 자료라 사료된다.

2) 형식분류

원통형토기의 가장 큰 외형적 차이점은 대각의 존재유무라 할 수 있다. 하지만 대각의 존재유무가 당시 원통형토기에 있어 어떠한 의미를 내포하고 있었는지에 대해서는 알 수 없는 실정이다. 이에 본고에서는 중서부지역에서 출토된 원통형토기를 대각의 존재유무에 따라 I형식(有)와 II형식(無)로 구분한 후 세분하였으며, 정리하면 〈표 1~2〉 및 〈도면 4·5〉와 같다.

I형식은 곡교천유역 외에 울산 하삼정고분군 I 과 대구 팔달동유적에서 각각 1점씩 출토된 형식이다. 대각은 접합방식 및 형태에 따라 I-A형식(八字形), I-B형식(원형 기둥+팔자형), I-C형식(喇叭形)으로 구분할 수 있다.[13] 먼저 I-A형식(八字形)은 저부와의 접합면에서 아래쪽으로 완만하게 외반되어 내려오다가 말단부에 이르러 90° 가깝게 꺾이어 접지면을 이루어 마무리하였고, 대각을 별도로 제작하여 저부의 외저면에 접합하였다. 대각의 접지면은 꺾인 부분이 부분적으로 들여져 있으나, 비교적 편평하게 마무리하였다. I-B형식(원형 기둥+八字形)은 I-A형식과 유사하게 대각의 형태가 八字形을 띠고 있지만, 저부의 원판에 원형 기둥모양의 대각과 대각의 접지면을 별도로 제작하여 접합하였으며 전체적인 형태는 "ㅗ"자형을 띠고 있다. I-C형식(喇叭形)은 대각의 상단부에서 대각의 접지면쪽으로 내려올수록 나팔모양처럼 심하게 외반되는 형태를 보이고 있으며, I-B형식처럼 대각을 별도로 제작하여 저부의 원판에 접합하였다.

이처럼 3가지 형식으로 구분되는 I형식 원통형토기의 출토현황을 살펴보면, I-A형식은 아산 명암리 밖지므레유적, 대구 팔달동유적, 울산 하삼정고분군 I 에서 출토되었고, I-C형식은 현재까지 아산 밖지므레유적 출토품이 유일하다. 한편 I-B형식은 최근 아산 명암리 밖지므레유적 3지점의 동쪽 경계지역인 아산 갈산리유적에서 출토되었다. 유적은 명칭만이 다를 뿐 지형적으로 아산 명암리 밖지므레유적 3지점과 동일 능선에 해당된다. 출토유물은 기형적으로 큰 차이가 확인되지 않으며, 출토된 6점 중 3점은 대각이 완전하게 남아 있으나, 3점에서는 대각의 접합흔만이 관찰된다.[14] 한편 아산 갈산리유적에서 대각이 확인된 3점 중 1호와 10호 주구토광묘 출토품은 아산 명

---

13 곡교천유역에서 출토된 대각이 부착된 원통형토기의 동체부는 대각이 부착되지 않은 원통형토기의 동체부와 동일한 형태를 보이고 있는데 비해, 울산 하삼정유적과 대구 팔달동유적 출토품은 내반된 형태를 띠고 있어 기형적인 차이를 보이고 있다. 한편 기벽 투공유무를 통해 분류한 기존 I-B-b와 I-C-b형식은 2-2지점에서 출토된 대각이 부착되지 않은 원통형토기의 동체부 중위(2-2지점 8호 토광묘) 또는 중상위(2-2지점 23호 주구토광묘)에서 원공이 확인되기 때문이다. 또한 대각이 부착된 동체부의 잔존상태가 불량한 경우에도 원공이 존재했을 것으로 추정된다.

14 대각의 접합흔만이 남아 있어 정확한 형태를 파악할 수 없지만 저부 중앙에 원공이 천공되어 있어 기본적으로 I-A형식이 아님을 알 수 있다. 따라서 저부 외저면의 원공 주변에서 확인되는 점토보강흔을 통해 I

암리 밖지므레유적 3지점 27호 출토품과 전체적으로 동일한 모습을 보이고 있으나, 대각 및 대각 접지면이 조잡하게 제작되어 있어 차이를 보이고 있다.

Ⅱ형식은 곡교천유역에서만 출토되고 있으며, 저부의 외저면에 대각이 부착되지 않은 형태로 저부의 투공 유(A)·무(B), 기벽 투공 유(가)·무(나)로 세분하였다.

Ⅱ형식 원통형토기의 일반적인 동체부 형태는 저부에서 동체부 중위까지 내만하다가 외반하는 형태이다. 유일하게 청당동유적 22호분 출토품은 저부에서 구연부까지 외반하는 형태이고, 아산 갈산리유적 8호 주구토광묘 출토품은 저부에서 동체부 중위까지 거의 수직에 가깝게 올라와 약하게 내만한 후 다시 약하게 외반하고 있다. 한편 Ⅱ형식 원통형토기는 기존 저부 투공 모양 및 동체부의 원공 개수 차이를 통해 형식분류하였으나, 현재까지의 자료를 통해 유의미한 분석이 이루지기 어렵다고 판단되어 본고에서는 세분하지 않았다.

〈표 1〉 대각 유무에 따른 형식분류 및 Ⅰ형식 원통형토기 분류

대각 유무		Ⅰ형식(대각 형태)		
유	무	팔자형	원형 기둥+팔자형	나팔형
Ⅰ형식	Ⅱ형식	A	B	C

〈표 2〉 Ⅱ형식 원통형토기 형식분류

저부 투공 유무		기벽 투공 유무	
유	무	유	무
A	B	가	나

위와 같이 곡교천유역에서 출토된 원통형토기의 가장 큰 차이점은 대각의 존재유무이며, 이를 통해 Ⅰ형식과 Ⅱ형식으로 구분하였다. 한편 원통형토기는 Ⅰ·Ⅱ형식과 구분없이 동체부에 1개 또는 2개의 원공이 자리하고 있는데, 이 원공의 존재는 원통형토기의 기능적인 측면과 관계된 것으로

-B형식 또는 Ⅰ-C형식에 해당된다고 판단된다.

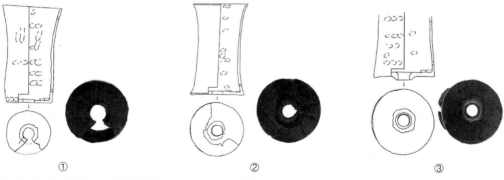

① · ② 아산 갈산리유적 1호 주구토광묘(백제), ③ 아산 갈산리유적 7호 토광묘(백제)

추정된다.[15]

3) 곡교천유역 원통형토기의 기원 검토

원통형토기는 대각의 존재유무에 따라 Ⅰ·Ⅱ형식으로 분류한 후, 각각의 세부 속성에 따라 5개의 세부형식으로 구분하였다. 이들 원통형토기는 중서부지역의 곡교천유역에서 집중되어 출토되고 있어 독자적인 편년이 이루어지지 않는 실정이다. 이에 원통형토기와 동반되어 출토된 유물들을 통해 편년을 살펴보았다.[16]

Ⅰ		
A	B	C
① 아산 명암리 밖지므레유적 3지점 17호 주구토광묘 ② 아산 명암리 밖지므레유적 3지점 34호 토광묘 ③ 대구 팔달동유적 9호 토광묘 ④ 울산 하삼정고분군Ⅰ 3호 목곽묘	⑤ 아산 명암리 밖지므레유적 3지점 27호 토광묘 ⑥ 아산 명암리 밖지므레유적 3지점 29호 토광묘 ⑦ 아산 갈산리유적 1호 주구토광묘(백제) ⑧·⑨ 아산 갈산리유적 10호 주구토광묘(백제)	⑩ 아산 명암리 밖지므레유적 2-2지점 16호 토광묘

〈도면 4〉 Ⅰ형식 원통형토기 분류안(축적부동)

---

15 원공 위치는 1개 또는 2개가 하단 또는 중상위에 투공되어 있어 배수와 관련된 것으로 추정된다.

16 이상엽, 2014, 앞의 글.

Ⅰ형식[17] 원통형토기는 평저의 저부에 대각이 부착된 형식으로 대각의 형태에 따라 3가지 형식으로 분류하였으며, 아산 명암리 밖지므레유적 5점, 아산 갈산리유적 6점, 영남지역인 대구 팔달동유적 9호분과 울산 하삼정고분군Ⅰ 3호분에서 각각 1점씩 출토되어 현재까지 총 13점이 출토되었다. Ⅰ형식 원통형토기가 출토되는 유구는 곡교천유역의 경우 토광묘와 주구토광묘, 영남지역은 토광묘이다. 매장주체부는 곡교천유역은 목관묘 4기, 목곽묘 2기이며, 영남지역은 2기 모두 목곽묘이다. Ⅰ형식 원통형토기는 위에서 살펴본 바와 같이 토광묘와 주구토광묘에 출토되었는데, 매장주체부가 목관인 경우 관 외부의 묘광의 단벽과 목관 사이에 부장되었으며, 목곽 역시 곽 외부의 묘광단벽과 목곽 사이에 부장되었다. 공반되는 유물은 기본적으로 원저단경호와 심발형토기가 세트관계를 이루고 있으며, 분묘에 따라 철기류는 부장되거나 부장되지 않았다. 이에 공반출토된 유물 중토기류는 원저단경호, 철기류는 철모와 철겸을 통해 살펴보았다.

Ⅰ형식 원통형토기와 공반 출토된 원저단경호의 세부적인 기형을 살펴보면, 구연부는 경부에서살짝 외반되거나 수평으로 처리되었고, 경부는 직립하거나 살짝 외반되었으며, 동체부는 역삼각형또는 편구형화 되는 형태가 대부분을 차지하고 있어 청당동 Ⅲ기와 같이 동체부가 구형화되거나 단경의 구연부가 외반된 형태가 보이지 않으므로 청당동 Ⅱ기[18] 또는 중서부지역 Ⅱ단계 중 4분기[19]인 3세기 중후반으로 비정하고자 하였다. 그리고 동반 출토된 심발형토기 역시 저부에서 외반되어 올라가다 동 중상위에서 최대경을 이룬 후 내만하며, 구연부는 약하게 외반하였다. 이러한 기형은 청당동 Ⅲ기 이전에 해당되고 있어 원저단경호와 동일한 양상을 보이고 있다. 한편 아산 밖지므레유적 2-2지점 16호 토광묘에서는 토기류가 공반되지 않고 직기형 철모 1점이 출토되었는데, 출토된 철모의 형식은 직기유관형으로 4세기대 출토되는 연미형 철모 이전 단계에 해당된다. 더불어철겸의 형식은 선단부의 형태가 직선에서 곡선으로, 최대폭의 위치가 선단부에서 인부쪽으로 변화된다고 이해하고 있는데, 3지점 17호 주구토광묘에서 출토된 철겸은 선단부가 직선의 형태를 띠고있으며, 최대폭 역시 선단부에 위치하고 있어 이른 시기에 해당되는 철겸이라 할 수 있다.[20]

---

17 대각이 부착된 원통형토기는 곡교천유역에서 출토되기 전 대구 팔달동유적에서 1점이 출토되었으나, 출토당시 영남지역에서 유사한 형태의 토기가 출토되고 있지 않아 주목받지 못한 실정이었고, 울산 하삼정고분군Ⅰ에서도 1점이 출토되었다. 하지만 대각이 부착되지 않은 원통형토기는 창원 다호리유적에서 다수 출토되었다.

18 咸舜燮 외, 1995, 앞의 보고서.

19 성정용, 2006, 「중서부지역 원삼국시대 토기 양상」 『한국고고학보』 60, 한국고고학회, 135~136쪽.

20 성정용, 2006, 앞의 논문, 136쪽; 김새봄, 2011, 「原三國後期 嶺南地域과 京畿·忠淸地域 鐵矛의 交流樣相」 『한국고고학보』 81, 한국고고학회, 90~100쪽; 김승옥, 2011, 「중서부지역 마한계 묘제의 성격과

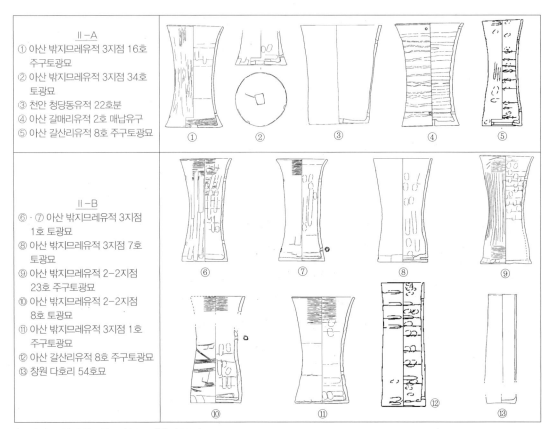

II -A ① 아산 밖지므레유적 3지점 16호 주구토광묘 ② 아산 밖지므레유적 3지점 34호 토광묘 ③ 천안 청당동유적 22호분 ④ 아산 갈매리유적 2호 매납유구 ⑤ 아산 갈산리유적 8호 주구토광묘	
II -B ⑥ · ⑦ 아산 밖지므레유적 3지점 1호 토광묘 ⑧ 아산 밖지므레유적 3지점 7호 토광묘 ⑨ 아산 밖지므레유적 2-2지점 23호 주구토광묘 ⑩ 아산 밖지므레유적 2-2지점 8호 토광묘 ⑪ 아산 밖지므레유적 3지점 1호 주구토광묘 ⑫ 아산 갈산리유적 8호 주구토광묘 ⑬ 창원 다호리 54호묘	

〈도면 5〉 II 형식 원통형토기 분류안(축적 부동)

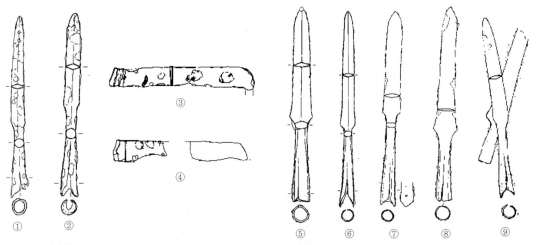

①~③ 아산 갈산리유적 1호 주구토광묘(백제), ④ 아산 갈산리유적 10호 주구토광묘(백제), ⑤ · ⑥ 김포 운양동유적 2-9지점 1호 분구묘,
⑦ · ⑧ 울산 하대유적 41호, ⑨ 포항 옥성리고분군 78호

〈도면 6〉 연미유관형 철모 출토현황

이에 Ⅰ형식 원통형토기는 공반 출토된 토기류와 철기류 등의 유물을 통해 볼 때 3세기 중반경으로 설정하였다[21](도면 7). 더불어 아산 갈산리유적에서는 Ⅰ-B형식의 원통형토기와 함께 1호 주구토광묘에서 철모 2점과 철겸 1점, 10호 주구토광묘에서 철겸 1점이 출토되었다. 이중 1호 및 10호 주구토광묘 출토 철겸은 선단부의 형태가 직선에 가까우며 최대폭이 선단부에 위치하고 있어 철겸의 속성변화를 통해 3세기 중반 이후로 편년할 수 있다. 또한 1호 주구토광묘에서 2점의 철모가 출토되었는데, 2점 모두 공부가 일부 결실되어 있으나, 잔존상태를 통해 연미유관형 철모로 판단할 수 있다(도면 6).

연미유관형 철모는 중서부지역의 경우 4세기 대에 출현하는 형식으로 알려져 있었으나, 최근 김포 운양동유적 1-11지점 12호묘와 2-9지점 1호묘에서 출토된 연미유관형 철모의 경우 긴 신부와 함께 관부가 발달되어 있고, 공부가 짧은 모습을 보이고 있으며, 전장이 50㎝ 정도로 기원 후 2세기 후반으로 편년[22]된 영남지역의 포항 옥성리유적 78호, 울산 하대유적 41호에서 출토된 연미유관형 철모와 유사하다. 이에 아산 갈산리유적에서 출토된 연미유관형 철모의 경우 김포 운양동유적 출토품과 비교해 보면, 관부의 발달정도가 미약하나, 4세기에 출현하는 연미유관형 철모에 비해 공부의 길이보다 신부의 길이가 길며, 관부 역시 발달되어 있고 전장이 40㎝로 차이를 보이고 있다. 따라서 아산 갈산리유적에서 출토된 2점의 연미유관형철모는 중서부지역과 영남지역에서 출토되고 있는 연미유관형 철모의 형식변화를 통해 3세기 중반 이후로 편년하고자 한다.

Ⅱ형식 원통형토기는 곡교천유역에서만 출토되고 있으며, 토광묘와 주구토광묘, 매납유구에서 출토되고 있다. 매장주체부는 목곽과 목관으로 목곽의 경우 목곽 내부 또는 부장칸 및 목곽 뚜껑 상부에서 출토되었으며, 목관의 경우 관 외부와 목개 상부에서 출토되었다. Ⅱ형식 원통형토기는 Ⅰ형식 원통형토기 및 저부에 투공이 있는 경우와 없는 경우가 동반 출토되었고, 공반 출토된 Ⅰ형식

발전과정」『墳丘墓의 新地坪』, 전북대학교 BK21·전북대학교 박물관, 135쪽; 이보람, 2011, 「중서부지역 원삼국~삼국시대 철모연구」『墳丘墓의 新地坪』, 전북대학교 BK21·전북대학교 박물관, 57~60쪽.

21 대각이 부착된 원통형토기는 중서부지역의 곡교천유역과 대구 팔달동유적 및 울산 하삼정고분군Ⅰ에서 출토되었다. 이들 원통형토기가 출토된 영남지역 유적에 대한 편년을 살펴보면, 대구 팔달동유적은 동반 출토된 노형토기, 대부장경호, 철모는 3세기 중엽 이후에는 모두 소멸되는 유물들로 이를 통해 늦어도 3세기 이전에 해당된다고 볼 수 있으며, 울산 하삼정고분군Ⅰ 3호 목곽묘 출토 원통형토기는 유적 내에서 확인된 분묘 구조가 목곽묘에서 위석목곽묘로 변화됨을 상정하면서 유적을 4단계로 구분하였다. 이중 가장 늦은 Ⅳ단계를 3세기 후반경에서 4세기 전반경으로 편년하였고, 이를 통해 원통형토기가 출토된 3호분은 위석목곽묘 이전인 목곽묘단계에 해당되며, 이를 통해 늦어도 Ⅲ단계인 3세기 중반 이전에 조영된 것으로 볼 수 있다.

22 김새봄, 2011, 앞의 논문, 99쪽.

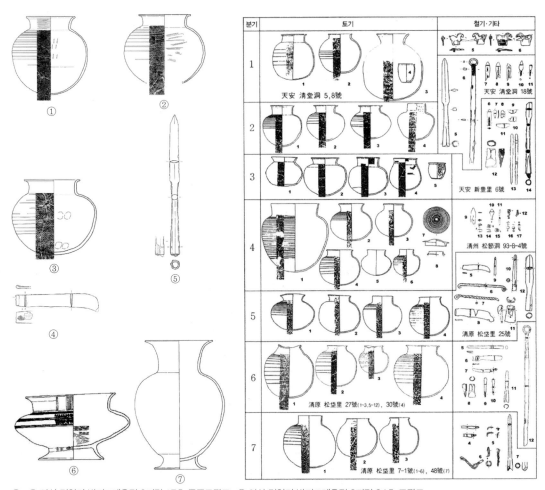

분기	토기			철기·기타		
1						
	天安 淸堂洞 5,8號			天安 淸堂洞 18號		
2						
3				天安 新豊里 6號		
4				淸州 松節洞 93-B-4號		
5				淸原 松垈里 25號		
6						
	淸原 松垈里 27號(1-3,5-12), 30號(4)					
7						
	淸原 松垈里 7-1號(1-6), 48號(7)					

① · ④ 아산 명암리 밖지므레유적 3지점 17호 주구토광묘, ② 아산 명암리 밖지므레유적 3지점 34호 토광묘,
③ 아산 명암리 밖지므레유적 3지점 27호 토광묘, ⑤ 아산 명암리 밖지므레유적 2-2지점 16호 토광묘, ⑥ 대구 팔달동유적 9호 토광묘,
⑦ 울산 하삼정 고분군 I 3호 목곽묘

〈도면 7〉 중서부지역 출토 I 형식 원통형토기 공반유물 검토(성정용 2006, 편년안 참조)

원통형토기를 통해 살펴보면, 저부의 투공여부가 시간성을 반영하지 않는 듯 하며, 저부와 구연부 사이의 동체부 곡률 차이가 시간성을 반영하는 듯 하다.[23] 따라서 I 형식 원통형토기와 출토되는 경우 I 형식 원통형토기와 공반되는 유물을 통해 3세기 중후반, 공반되지 않은 경우 3세기 말로 설정하였다(도면 7·8).

---

23 II형식 원통형토기 중 시간적으로 후행하는 기형의 동체부가 통형에 가깝다.

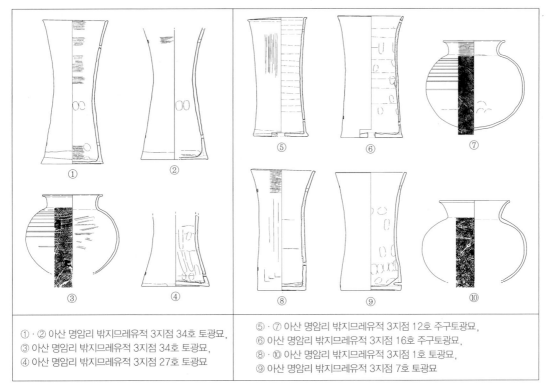

① · ② 아산 명암리 밖지므레유적 3지점 34호 토광묘,
③ 아산 명암리 밖지므레유적 3지점 34호 토광묘,
④ 아산 명암리 밖지므레유적 3지점 27호 토광묘

⑤ · ⑦ 아산 명암리 밖지므레유적 3지점 12호 주구토광묘,
⑥ 아산 명암리 밖지므레유적 3지점 16호 주구토광묘
⑧ · ⑩ 아산 명암리 밖지므레유적 3지점 1호 토광묘,
⑨ 아산 명암리 밖지므레유적 3지점 7호 토광묘

〈도면 8〉 중서부지역 출토 II형식 원통형토기 기형변화 공반유물 검토

곡교천유역에서 출토된 원통형토기는 공반된 토기류와 철기류 및 II형식 원통형토기의 기형변화를 통해 I형식 원통형토기와 일부 II형식 원통형토기가 3세기 중반경 출현하였고, 이후 II형식 원통형토기가 3세기 말까지 사용되었음을 살필 수 있었다.

이처럼 곡교천유역에서 집중되어 출토되고 있는 원통형토기의 출현시점을 통해 원통형토기의 기원 문제에 대해 살펴보고자 한다. 원통형토기는 아산 명암리 밖지므레유적에서 3세기 중반경 출현하고 있다. 그런데 아산 명암리 밖지므레유적의 서쪽에 위치하고 있는 아산 용두리 진터유적에서는 밖지므레유적과 같이 마한 분묘가 다수 확인되었으며, 출토유물을 통해 시간상으로 밖지므레유적에 비해 선행하였음이 확인되었고, 출토유물 중 원통형토기와 기형상 차이를 보이는 대각이 부착된 유개대부호가 출토되고 있어 주목된다.

유개대부호는 1990년대 후반 경산 임당동 고분군에서 처음 출토된 후, 최근 중서부지역과 영남지역을 중심으로 출토되는 양상을 보이고 있다. 유개대부호의 지역별 출토양상을 살펴보면, 중서부지역의 경우 아산만에서 분기된 곡교천유역의 아산 용두리 진터유적 9점, 병천천유역의 천안 대화리·신풍리유적 6점,[24] 오산천의 지류인 진위천에 접한 평택 마두리유적 1점, 오산 궐동유적 7점, 미호천유역의 청주 봉명동유적 1점이 확인되어 총 24점[25]이 출토되었으며, 최근 미호천유역의 오송 정중리유적,[26] 청주 테크노폴리스 Ⅱ지구 유적[27]에서도 확인되었다. 한편 영남지역에서는 총 15점[28]이 출토되어 소량에 불과한 원통형토기에 비해 출토량이 많은 편이라 할 수 있다. 중서부지역과 영남지역에서 출토되는 유개대부호는 공반 출토되는 원저단경호 및 원저옹의 경우 기형적으로 일정한 변화양상이 확인되는데 비해, 유개대부호는 뚜렷한 변화양상은 보이지 않는다. 또한 현재까지 출토양상을 통해 중서부지역과 영남지역 모두 짧은 기간에 사용된 기종이라 할 수 있으며, 이는 원통형토기와도 비슷한 모습이라 할 수 있다. 더불어 현재까지 출토된 유개대부호의 개체수를 통해 중서부지역에서 다량 출토되고 있어 영남지역으로 전파되었을 가능성도 전혀 배제할 수 없다.[29]

이와 같이 중서부지역과 영남지역에서 출토되고 있는 다양한 형태의 유개대부호 중 본고에서 다루고 있는 원통형토기 중 Ⅰ형식 원통형토기와 기형적 측면에서 관련성이 보이는 기형이 확인되고 있어 그 기원을 추정해 볼 수 있을 듯 하다. 즉 아산 명암리 밖지므레유적 3지점 34호 토광묘에서 출토된 Ⅰ-A형식 원통형토기는 비록 전체적인 기형이 남아 있지 않아 정확한 형태는 파악할 수 없다. 하지만 잔존상태를 통해 전체적인 기형을 유추해 보면, 대각은 팔자형이며, 동체부는 저부에서 짧게 외반되어 올라가다 내만하였는데 일반적인 원통형토기와 형태적으로 차이를 보이고 있다. 한편 이와 유사한 기형의 유개대부호가 아산 용두리 진터유적 22호 토광묘에서 출토되었다. 아산 용두리 진터유적 22호 토광묘에서는 유개대부호와 원저단경호 및 철부가 공반되어 출토되었는데, 출

---

24 손준호 외, 2014, 『천안 대화리·신풍리 유적』, 한국고환경연구소.

25 아산 용두리 진터유적 16호 주구토광묘에서 출토된 2점은 대각에 접합된 동체부의 형태가 마한 분묘 또는 주거지에서 출토되는 일반적인 원저단경호가 접합되어 있어 본고에서는 유개대부호로 분류하지 않고 대부단경호로 분류하였다.

26 피영훈, 2015, 「청주 봉산리유적」『2015년 호서지역 문화유적 발굴성과』, 호서고고학회.

27 호서문화유산연구원, 2015, 『청주 테크노폴리스 조성사업부지내 유적(Ⅱ지구)문화재 발굴조사 2차 약보고서』.

28 경산 임당동 고분군 3점, 경주 황성동 575번지 유적 2점, 밀양 전사포리유적 5점, 밀양 제대리유적 3점, 창원 다호리유적 1점(수습품), 대구 신서혁신도시 1점 등이 출토되었다.

29 최근까지 출토된 유개대부호는 마한이 자리하였던 중서부지역이 변·진한이 자리하였던 영남지역에 비해 더 많은 출토량을 보이고 있으며, 최근 발굴조사가 이루어진 오송 정중리유적, 청주 테크노폴리스 조성부지 Ⅱ지구 유적 출토품까지 포함하면 수적인 면에서 차이가 더 벌어질 것으로 판단된다. 따라서 현재까지 출토된 유개대부호의 출토유적 양상을 통해 유개대부호는 영남지역에서 중서부지역으로의 전파보다는 중서부지역에서 영남지역으로 전파되었을 가능성이 더 높을 것으로 추정된다.

	I			II		
	A	B	C	A-가		B-가
2C	① ②					
3C	③ ④	⑤ ⑥ ⑩ ⑪	⑦	⑧		⑨

① 대구 팔달동유적 9호 토광묘, ② 울산 하삼정고분군Ⅰ 3호 목곽묘, ③ 아산 명암리 밖지므레유적 3지점 17호 주구토광묘, ④ 아산 명암리 밖지므레유적 3지점 34호 토광묘, ⑤ 아산 명암리 밖지므레유적 3지점 27호 토광묘, ⑥ 아산 명암리 밖지므레유적 3지점 29호 토광묘, ⑦ 아산 명암리 밖지므레유적 2-2지점 16호 토광묘, ⑧ 아산 명암리 밖지므레유적 3지점 34호 토광묘, ⑨ 아산 명암리 밖지므레유적 3지점 1호 토광묘, ⑩ 아산 갈산리유적 10호 주구토광묘(백제), ⑪ 아산 갈산리유적 1호 주구토광묘(백제)

〈도면 9〉 곡교천유역 출토 Ⅰ·Ⅱ형식 원통형토기 편년안

토된 유개대부호의 형태는 대각이 팔자형이며, 동체부는 대각과 저부의 접합면에 돌대를 성형한 후, 짧게 직립한 후 약하게 내만하여 마무리하고 있어 동체부의 높이가 낮다. 이처럼 아산 명암리 밖지므레유적 출토 원통형토기와 아산 용두리 진터유적 출토 유개대부호는 뚜껑부분을 제외하고 전체적으로 유사한 형태를 보이고 있어 상호관련성을 살필 수 있다.

더불어 아산 명암리 밖지므레유적 3지점 1호 주구토광묘에서는 3점의 무개대부단경호가 출토되었는데, 인접한 아산 용두리 진터유적 16호 주구토광묘에서도 유개대부단경호와 무개대부단경호가 출토되었다. 이들 유적에서 출토된 대부단경호는 뚜껑의 유무와 무관하게 대각 및 원저단경호의 기형변화를 통해 상호 관련성을 엿볼 수 있을 듯 하다.

먼저 원저단경호는 선행연구를 통해 구연부의 경우 시기적으로 이른 형태가 직립 또는 단순외반하는데 비해, 후행하는 형식은 구연단이 형성되어 외반되고 있으며, 동체부 역시 편구형에서 구형 또는 역삼각형으로 변화되는 모습을 보이고 있다. 이러한 원저단경호의 기형변화를 통해 아산 용두리 진터유적 16호 주구토광묘 출토품은 직립구연 또는 단순 외반된 구연에 동체부는 편구형을

띠고 있는데 비해, 아산 명암리 밖지므레유적 3지점 1호 주구토광묘 출토품은 구연단이 형성되고 동체부가 역삼각형과 구형을 띠고 있어 전자가 시기적으로 선행함을 살필 수 있다.

또한 대각의 경우 자료가 소략하여 명확한 기준이 제시되지 못한 상태이나 아산 용두리 진터유적 16호 주구토광묘 출토품은 수직으로 내려오다 직립에 가깝게 꺾이어 형성된 팔자형이거나 약하게 외반되어 내려오다 사선으로 꺾인 팔자형이다. 이에 비해 아산 명암리 밖지므레유적 3지점 1호 주구토광묘 출토품은 외반된 대각이 접지면에 이르러 급하게 외반되어 팔자형을 이루고 있어 형태상의 차이를 보이고 있다. 이를 통해 대각의 시간적인 형태변화를 유추해보면, 수직에서 외반으로 변화된 듯 하다(도면 10).

따라서 아산 용두리 진터유적에서 출토된 22호 토광묘 출토 유개대부호, 16호 주구토광묘 출토 유개대부단경호 및 무개대부단경호와 아산 명암리 밖지므레유적 3지점 34호 토광묘 출토 Ⅰ-A형식 원통형토기, 3지점 1호 주구토광묘 출토 무개대부단경호와의 관련성을 통해 곡교천유역을 중심

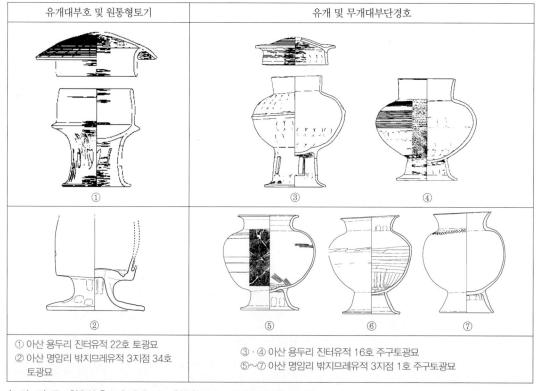

<도면 10> 곡교천유역 출토 유개대부호 · 원통형토기 · 대부단경호(축적 부동)

으로 출토되고 있는 원통형토기의 기원을 유추해 볼 수 있을 듯 하다. 다만 I형식 원통형토기인 밖지므레유적 3지점 34호 토광묘 출토품은 시간적으로 3세기 중반경에 해당되고 있어 2세기 중엽경으로 편년된 아산 용두리 진터유적 출토품과 시간차가 살펴진다.

그러나 최근 곡교천유역 출토 2~3세기 토기에 대한 연구 결과를 통해[30] 아산 용두리 진터유적에서 아산 명암리 밖지므레유적으로 마한 분묘군이 이동하였을 것으로 판단하고 있다. 또한 이들 분묘군은 분묘형식이나 부장유물에서 동일한 양상을 보이고 있어, 양 유적에 조성된 분묘군이 집단을 달리하지 않았음을 보여주고 있다. 이에 약 1세기 정도의 시간적 차이가 보이고 있지만, 분묘의 구조와 출토유물의 공반관계 등에서 연속성이 살펴지고 있어 곡교천유역을 중심으로 출토되고 있는 원통형토기의 기원을 아산 용두리 진터유적에서 찾을 수 있을 듯 하다.

Ⅳ. 공반유물을 통한 원통형토기 피장자의 집단 내 위계 및 사회변화상 검토

1. 공반유물을 통한 원통형토기 피장자의 집단 내 위계

원통형토기는 생활유구와 함께 매납유구가 확인된 아산 갈매리유적을 제외하고 마한의 고유 분묘인 토광묘와 주구토광묘에서 출토되고 있다. 토광묘와 주구토광묘는 매장주체부인 묘광 주위에 조성된 주구의 존재유무만이 차이일 뿐 매장주체시설은 목관이나 목곽을 사용하고 있어 동일한 구조라 할 수 있다. 이에 최근까지 곡교천유역 원통형토기 출토 분묘의 매장주체시설 및 공반유물의 현황을 살펴보면 〈표 3〉과 같다.

〈표 3〉에서 제시된 유적은 모두 마한 분묘가 확인된 유적으로 원통형토기의 비율을 살펴보면, 천안 청당동유적 25기 중 1기(4%), 아산 명암리 밖지므레유적 151기 중 23기(15.5%), 아산 갈산리유적 21기 중 7기(33.3%)이다.[31] 이러한 유적 별 원통형토기의 출토빈도를 통해 볼 때, 당시 일반적으

---

30 박순발, 2009, 「중서부지역 원삼국시대 토기 편년의 再考」『백제 마한을 담다』, 백제역사문화관 · 충청남도 역사문화연구원, 133쪽.

31 아산 갈산리유적은 아산 명암리 밖지므레유적 3지점과 동일한 능선에 자리하고 있으며, 아산 명암리 밖지 므레유적 조사 당시 조사지역에서 제외된 지역으로 지형적인 측면에서 밖지므레유적과 동일한 유적으로 파

로 부장되는 원저단경호 및 심발형토기와는 다른 특별한 의미가 내포되어 있었던 것으로 추정된다. 이들 원통형토기가 출토된 31기의 분묘 중 6기를 제외한 25기(80.6%)에서 철기류가 출토되었다. 이중 22기(91.6%)에서 철부, 철겸, 철착 등의 공구류, 16기(64%)에서 환두대도, 철모, 철촉 등의 무기류와 재갈, 동탁, 철제마탁 등의 마구류, 마형대구와 같은 장신구류가 공반 또는 단독으로 출토되었다. 이중 13기(54.2%)에서 공구류, 무기류, 마구류, 마형대구 등의 장신구류가 공반되어 출토되고 있어 당시 공구류와 무기류, 마구류, 장신구류가 대부분 공반되어 부장되었음이 살펴지고 있어 피장자의 성격을 살필 수 있을 듯 하다.

한편 최근 신민철[32]은 곡교천유역에서 출토된 원통형토기의 성격에 대해 원통형토기와 공반되어 출토된 철부와 철겸을 농공구류로 분류한 후, 분묘군 내에서 원통형토기와 농공구류가 출토되고 있는 분묘를, 무기류를 부장하였던 집단과는 별개로 이해하면서 전쟁보다 농경활동에서 일정한 위치를 점하였을 것으로 판단하였다. 신민철은 기존 빈약한 자료로 인해 연구가 부진하였던 중서부지역 출토 원통형토기의 유물 공반관계를 통해 새로운 해석을 시도하였다는 점에서는 주목되는 바이다. 하지만 원통형토기와 공반된 농공구류 중 철모, 환두대도, 철촉 등 무기류가 공반되거나 무기류만이 원통형토기와 단독으로 부장되는 분묘에 대한 이해를 어떻게 할 것인가의 문제이다.

〈표 3〉 곡교천유역 원통형토기 출토 분묘의 매장주체시설 및 공반유물 현황

유적명		분묘규모(단위:cm)				출토유물
		묘광 (길이×너비)	매장주체부(길이×너비)			
천안 청당동 유적	22호 주구토광묘	502×237	곽	주	303~308× 156~167	원통형토기1, 원저단경호6, 양단환부봉1
				부	169~173 ×135	.
			관		231×88	환두대도1, 도자1, 소도자1, 도자1, 무경역자형 철촉3, 유경제형 철촉1, 유엽형 철촉4, 착두형 철촉1, 철모7, 철착1, 철겸1, 양단환부봉2, 철부2, 마탁1, 심발형토기1, 유리옥

악하여도 무방하다고 판단된다. 따라서 아산 명암리 밖지므레유적과 아산 갈산리유적에서 출토된 151기와 21기를 합한 172기 중 30기(17.4%)에서 원통형토기가 출토되고 있음을 알 수 있다.

32 신민철, 2014, 앞의 논문, 73쪽.

유적명				분묘규모(단위:cm)			출토유물
				묘광(길이×너비)	매장주체부(길이×너비)		
아산 명암리 밖지므레 유적	2-2지점	토	8	388×98	관	218×73(ㅁ자)	원통형토기7, 원저단경호7, 심발형토기1, 철부1
			12	464×126	곽(ㅁ자)	272×85	
					부장칸(격벽)	130×85	원통형토기1, 원저단경호13, 심발형토기1, 철부1, 철겸1
			16	?	?	?	원통형토기1(Ⅰ-C), 철모2, 철도자1, 따비1, 미상철기1
			34	290×83	관	191×73(ㅁ자)	원통형토기1, 원저단경호10, 심발형토기1, 철겸1
		주토	23	586×170	관	383×108(ㅍ자)	목개상부: 원저단경호4, 직구호1, 심발형토기1, 철촉편1, 철부1, 재갈1, 동탁1, 미상철기1
							단벽: 원통형토기1, 대부단경호1, 원저단경호11, 유공직구호1
							봉토: 원통형토기2, 계형토기1
							주구: 옹관3, 뚜껑1, 구슬149, 심발형토기편1
			26	475×177	곽	394×130(ㅁ자)	내부: 원저단경호5, 심발형토기1, 철부1, 철겸1, 철착1, 재갈1
							외부: 원통형토기1, 원저단경호2
	3지점	토	1	437×200	곽	342×127(ㅁ자)	원통형토기6, 원저단경호13, 심발형토기1, 환두대도1, 철모1, 철도자2, 유경제형 철촉1, 사두형 철촉3, 철착1, 철부3, 철겸1, 교구2, 재갈편4, 양단환부봉3, 꺾쇠22, 미상철기3, 동탁2
			5	500×173	관	204×85(ㅁ자)	원통형토기11, 원저단경호12, 심발형토기1, 철부2, 철착1, 철겸1, 철제마탁2, 재갈편3, 꺾쇠12, 미상철기3
			7	370×130	관	200×82(ㅁ자)	원통형토기4, 원저단경호9, 심발형토기1, 철부1, 철도자1
			9	403×140	관	214×88(ㅁ자)	원통형토기2, 원저단경호4, 철도자편1
			19	372×110	관	228×86(ㅁ자)	원통형토기1, 원저단경호6
			23	457×149	곽	344×118(ㅁ자)	원통형토기5, 원저단경호10, 원저직구호1, 평저유견호1, 심발형토기1
			27	457×125	관	247×83(ㅁ자)	원통형토기2(Ⅰ-B:1), 원저단경호9, 심발형토기1
			29	315×95		206×67(ㅁ자)	원통형토기1(Ⅰ-B:1), 원저단경호9, 심발형토기편1, 철모편1, 철부1
			32	477×153	곽	408×112(ㅁ자)	원통형토기1, 원저단경호8, 심발형토기편1
			34	360×110	관	218×72(ㅁ자)	원통형토기6(Ⅰ-A), 원저단경호8, 심발형토기1, 철부1, 철겸1, S형 금구1
		주토	1	508×199	곽	346×122(ㅁ자)	원통형토기4, 원저단경호16, 대부단경호3, 심발형토기1, 철모1, 철부1, 철겸1, 교구1, 재갈편1

유적명				분묘규모(단위:cm)			출토유물
				묘광 (길이×너비)	매장주체부(길이×너비)		
			2	?	?	?	원통형토기1, 원저단경호편3
			3	340×107	관	190×65(ㅁ자)	원통형토기, 원저단경호6, 심발형토기1
			11	342×107	관	215×68(ㅁ자)	원통형토기2, 원저단경호7, 심발형토기1, 철착1, 철도자편1, 철부1, 철겸, 방추차
			12	550×196	곽	345×118 (ㅂ자, 방형주구)	원통형토기1, 원저단경호15, 심발형토기1, 환두대도1, 철모1, 철도자편1, 철부1, 미상철기1, 관정, 구슬류(환옥15)
							주구: 옹관2
			16	512×193	곽	340×140(ㅂ자)	내부 마형대구
							부장칸 원통형토기4, 원저단경호11, 심발형토기1, 철도자편1, 철부1, 교구1, 재갈편1, 미상철기편1
			17	441×113	관	245×75(ㅁ자)	원통형토기1(Ⅰ-A), 원저단경호6, 심발형토기1, 양이부호1, 철겸1
아산 갈산리 유적 (백제)	토		5	374×120	?	242×78(ㅁ자)	원통형토기편1, 원저단경호편2, 심발형토기편2, 철도자편1
			7	280×86	관	191×64(ㅁ자)	원통형토기편1, 원저단경호편3
			8	444×112	곽	주(ㅁ자) 278×78	원통형토기1, 원저단경호4, 심발형토기1, 철겸1, 철도자1
						부 118×78	
	주토		1	590×162	곽	446×122(ㅁ자)	원통형토기3(Ⅰ-B:1), 원저단경호21, 심발형토기1, 철모2, 철부1, 철겸1
					관	212×55(ㅁ자)	
			4	312(?)×112	?	258(?)×56	원통형토기4, 원저단경호2, 심발형토기편1, 환두대도1, 철모1
			8	434×114	곽	주(ㅁ자) 256×70	원통형토기4, 원저단경호18, 철부2, 철도자1, 철착1, 미상철기2
						부 126×84	주구: 토기동체부편
			10	368×106	관	222×70	원통형토기4(Ⅰ-B:2), 원저단경호9, 심발형토기2, 철겸1

위에서 살펴보았듯이 현재까지 중서부지역에서 출토된 원통형토기는 공반된 토기류와 철기류를 통해 3세기 중반에서 3세기 후반에 해당하는 극히 짧은 기간에 사용되었던 토기로 판단된다. 이중 철부와 철겸은 일반적으로 농공구로써의 성격이 강하지만, 당시 곡교천유역에서 출토된 철부와 철겸 등의 농공구류는 단순히 농공구로써의 기능과 더불어 이들 농공구류를 통해 생전 피장자의 집단 내 지위를 나타내는 중요한 물품이라 판단된다. 이는 철부와 철겸을 부장한 피장자는 농경활동에 있어 중요한 위치를 점유하였을 뿐만 아니라, 집단 내에서 경제적으로 상위집단에 위치하였음을

보여주는 것이라 판단된다. 즉 마한을 비롯한 삼한사회에 있어 초기 철기의 보급은 일부 소수에 국한되어 집중되어 있었기 때문이다.

따라서 원통형토기와 공반된 철겸과 철부 등의 농공구류는 공반된 무기류와 마구류 등의 철기류를 통해 피장자가 농경생활을 영위하였던 집단 내에서 정치·경제적으로 상위집단에 해당하였던 자들로 판단된다. 또한 3세기 후반 백제의 세력확장에 따른 정치적 상황을 통해 일반적으로 철부와 철겸이 농공구로써의 성격이 강하지만, 농공구 외에 무기로써의 기능으로 사용되었을 가능성도 전혀 배제할 수 없다. 이는 영남지역의 경우 삼한시대 출토되고 있는 철겸에 대해 수확구로써 기능이 낮았다는 견해가 제기되었고,[33] 또한 『三國史記』 券47, 列傳7 訥催 및 『三國史記』 券7, 新羅本紀 7, 文武王 下 11年條의 기사내용을 보면 도끼가 무기[34]로 사용되고 있기 때문이다.

이처럼 원통형토기와 공반출토된 부장유물을 통해 원통형토기가 부장된 피장자의 집단 내 사회적 위계를 살펴본 결과 정치·경체적으로 상위에 위치하였던 자들로 판단된다. 한편 아산 명암리 밖지므레유적 3지점 11호 주구토광묘 피장자의 경우 공반된 유물들 중 유일하게 방추차가 출토되고 있어 피장자가 여성이었을 가능성도 추정되고 있다.

2. 원통형토기를 통해 본 3세기 중반 이후 곡교천유역의 사회상 검토

곡교천유역에서 출토되고 있는 원통형토기는 유사한 기형이 영남지역에서 소수 출토되고 있을 뿐, 원통형토기 또는 분주토기(분구수립토기)로 불리는 영산강유역을 중심으로 출토되고 있는 원통형토기와는 기형적인 측면에서 커다란 차이를 보이고 있다.[35]

마한이 자리하고 있었던 중서부지역을 비롯한 한반도는 3세기 중반 이후 대내외적으로 많은 변화가 이루어졌던 시기라 할 수 있다.

---

33 김도헌, 2008, 「선사·고대 농구의 소유형태 검토 -영남지역을 중심으로-」『한국상고사학보』 64, 한국상고사학회, 43쪽.

34 『三國史記』 卷47, 列傳7, 訥催, "… 有一賊出後以斧擊訥催乃仆奴反與鬪俱死 …"; 『三國史記』 卷7, 新羅本紀7, 文武王 下 11年條, "… 一隅之地僻左之陬率戶徵兵連年擧斧婦姬輓栗 …"

35 곡교천유역에서 출토된 원통형토기와 기형적으로 유사한 원통형토기가 완주 신풍 가지구 49호 토광묘에서 출토되었으며, 시간상으로 약간 후행하는 4세기 전반대인 나주 장등유적과 군산 축동유적에서 출토되고 있어 이들 지역 간에 문화적인 교류가 이루어졌던 것으로 추정된다.

먼저 대외적으로 살펴보면 魏가 3세기 중반인 238~239년 사이 한반도에 설치되어 있던 낙랑군과 대방군을 장악한 후, 고구려와 예맥에 대한 공격을 감행하였으며, 최종적으로 한을 공격 목표로 설정하였다. 魏는 중국 군현을 통해 백제와 마한에 대한 분열정책을 실시하였고, 그 결과 마한과 백제는 246년 마침내 중국 군현과 군사적인 충돌이 발생하게 되었다.[36] 군사적 충돌 결과 대방태수 궁준의 전사 등 魏와 중국 군현에 타격을 안겨주었고, 백제의 경우 낙랑변경까지 진출하여 낙랑군의 변민을 포로로 잡아오는 성과를 거두기도 하였다. 이후 魏와 중국 군현은 마한 및 백제와 타협을 시도하였고, 중국 군현과는 우호적인 관계를 유지하게 되었으며, 백제의 경우 고이왕의 아들과 대방태수 딸의 혼인이 이루어지고, 책계왕때는 대방군이 고구려의 공격을 받자 지원군을 보내주기도 하였다. 한편 261년[37]에 이르면 중국 군현은 조공외교에 변화를 주어 마한으로 하여금 낙랑군, 대방군을 통한 간접적인 대중국 외교에서 벗어나 중국 본토와의 직접적인 외교, 즉 원거리 국제교역을 인정하였으며, 이후 마한은 지속적으로 중국 군현과의 관계를 유지한 듯 하다.

위의 내용을 통해 마한은 3세기 중반 중국 본토를 장악하였던 魏가 한반도에 자리하고 있던 낙랑군과 대방군을 통해 한반도 남쪽의 한에 대한 분열정책을 시행하였고, 이에 위협을 느끼자 백제와 연합하여 중국 군현세력을 물리침과 동시에 기존 낙랑군과 대방군을 통한 간접외교에서 중국 본토와의 직접외교라는 커다란 결과를 얻게 되었다. 이러한 일련의 사실은 적어도 마한이 3세기 중반까지 대외적으로 백제와 다른 독립된 정치체 또는 연맹체를 형성하고 있었음을 보여주는 것이라 판단된다.

다음은 대내적인 상황을 살펴보고자 한다. 위와 같이 대외적으로 마한은 3세기 중반 魏 및 중국 군현과의 관계 속에서 백제와 별개의 정치체였음을 확인할 수 있다. 하지만 마한의 소국으로 출발하였던 伯濟國이 이 시기에 이르러 국가적인 기틀을 마련하여 고대국가인 百濟로 성장하고 있는 시기라 할 수 있다.

이 시기 마한과 관련된 자료는 중국측 자료인 『後漢書』 위서동이전, 『三國志』 위서동이전, 『晉書』,[38] 『通典』[39]과 국내사서인 『三國史記』에 기록되어 있다. 이들 문헌기록 중 마한과 백제와의 관계를 보여주는 기록은 『三國史記』 백제본기 온조왕조를 통해 살필 수 있다. 즉 온조왕대 마한과 관련

---

36 『三國志』 卷30, 魏書 東夷傳 韓條, "部從事吳林 以樂浪本統韓國 分割辰韓八國 以與樂浪 吏譯轉有異同 臣智激韓忿 攻帶方郡崎離營 時太守弓遵樂浪太守劉茂 興兵伐之 遵戰死 二郡遂滅韓".

37 『三國志』 魏書, 三少帝紀4 晉留王奐, "景元二年 秋七月 樂浪外夷韓濊貊 各率其屬來朝貢".

38 『晉書』 卷36, 列傳6, 張華條, "東夷馬韓新彌諸國 依山帶海 去州四千餘里 歷世未附者二十餘國 並遣使朝獻".

39 『通典』 卷185, 東夷上 弁辰條, "晉武帝咸年中 馬韓王來朝 自是無聞三韓 蓋爲百濟新羅所吞幷".

하여 9개의 기사내용[40]이 확인되는데, 온조왕 10년 · 18년 · 23년 · 24년 · 25년 · 26년 · 27년 · 34년 · 36년조이다. 『三國史記』 백제본기 온조왕조의 기록을 그대로 신빙한다면 마한은 백제와 기원전 9년부터 관계가 시작되어 기원 후 9년에 백제에 병합되고 있다. 이를 통해 보면 마한이 새로이 연맹체의 소국으로 성립된 백제국에 27년만에 복속되었음을 보여주고 있어 이는 현실적으로 이해하기 어려운 상황이라 판단된다. 더불어 『三國史記』 신라본기 혁거세조에도 마한과 관련된 2개의 기사[41]가 확인되고 있는데, 38년조와 39년조로 기원전 20년과 19년에 해당된다.

위의 자료 중 중국측 자료인 『後漢書』 위서동이전, 『三國志』 위서동이전, 『晉書』,[42] 『通典』[43]는 3세기 중후반대에 해당되는 내용인데 반해 국내 문헌기록의 내용은 기원 전후한 시점에 해당되고 있어 중국측 자료와 시간적인 차이를 보이고 있다. 이들 기사 중 백제본기 온조왕조 13년조를 보면 백제의 국경이 북쪽은 패하, 남쪽은 웅천, 동쪽은 주양, 서쪽은 큰 바다에 접해 확정되었다는 내용이 서술되어 있다. 그런데 이 기사를 통해 보면 백제가 국가를 건국하고 13년 만에 현재의 경기 북부와 남부, 강원 영서지역 일부를 포함하는 비교적 넓은 지역을 백제의 세력범위로 확정하고 있는데, 기사내용대로 인정하기에는 무리가 있다고 판단된다. 이는 온조왕대 확정된 동북쪽 국경이 고이왕대까지 약 300여 년 동안 변화된 내용이 없다는 사실로 온조왕 13년 8월조의 기사는 온조왕대보다 후대의 고이왕대인 3세기 중반경 이후에 해당하는 사실일 가능성이 높다는 견해가 제시되고 있

---

40 『三國史記』卷23, 百濟本紀1, 溫祚王 10年條, "十年 秋九月 王出獵獲神鹿 以送馬韓"; 溫祚王 13年條, "十三年 秋八月 遣使馬韓告遷都 遂畫定疆場 北至浿河 南限熊川 西窮大海 東極走壤"; 溫祚王 18年條, "十八年 冬十月 靺鞨掩至 王帥兵逆戰於七重河 虜獲酋長素牟送馬韓 其餘賊盡坑之"; 溫祚王 24年條, "二十四年 秋七月 王作熊川柵 馬韓王遣使責讓曰 王初渡河 無所容足 吾割東北一百里之地安之 其待王不爲不厚 宜思有以報之 今以國完民聚 謂莫與我敵 大設城池 侵犯我封疆 其如義何 王慙 遂壞其柵"; 溫祚王 25年條, "二十五年 春二月 王宮井水暴溢 漢城人家馬生牛 一首二身 日者曰 井水暴溢者 大王勃興之兆也 牛一首二身者 大王并國之應也 王聞之喜 遂有并呑辰 · 馬之心"; 溫祚王 26年條, "二十六年 秋七月 王曰 馬韓漸弱 上下離心 其勢不能又久 儻爲他所 則唇亡齒寒 悔不可及 不如先人而取之 以免後艱", "冬十月 王出師 陽言田獵 潛襲馬韓 遂并其國邑 唯圓山 · 錦峴二城 固守不下"; 溫祚王 27年條, "二十七年 夏四月 二城降 移其民於漢山之北 馬韓遂滅"; 溫祚王 34年條, "三十四年 冬十月 馬韓舊將周勤 據牛谷城叛 王躬帥兵五千 討之 周勤自經 腰斬其尸 并誅其妻子"; 溫祚王 36年條, "三十六年 八月 修葺圓山 · 錦峴二城 築古沙夫里城".

41 『三國史記』卷1, 新羅本紀1, 赫居世 38年條, "三十八年 春二月 遣瓠公聘於馬韓 馬韓王讓 瓠公曰辰 · 卞二韓爲我屬國 比年不輸職貢 事大之禮 其若是乎 對曰 我國自二聖肇興 人事修 天時和 倉庾充 人民敬讓 自辰韓遺民 以至卞韓 · 樂浪 · 倭人 無不畏懷 而吾王謙虛 遣下臣 修聘 可謂過於禮矣 而大王赫怒 劫之以兵 是何意耶 王憤欲殺之 左右諫止 乃許歸 前此 中國之人 苦秦亂 東來者衆 多處馬韓東 與辰韓雜居 至是 寢盛 故馬韓忌之 有責焉"; 赫居世 39年條, "三十九年 馬韓王薨 或說上曰 西韓王前辱我使 今當其喪 征之其國 不足平也 上曰 幸人之災 不仁也 不從 乃遣使弔慰".

42 『晉書』卷36, 列傳6, 張華條, "東夷馬韓新彌諸國 依山大海 去州四千餘里 歷世未附者二十餘國 並遣使朝獻".

43 『通典』卷185, 東夷上 弁辰條, "晉武帝咸年中 馬韓王來朝 自是無聞三韓 蓋爲百濟新羅所呑并".

기 때문이다.[44]

이처럼 국내외 문헌자료를 통해 3세기 중반 이후 마한과 관련된 기사를 보면 연맹체의 소국에서 성장한 백제국이 목지국을 대신하여 마한 연맹체의 중심 세력으로 등장하였음에도 불구하고 백제와는 별도의 정치집단으로 마한이 존재하고 있었음을 살필 수 있다. 이러한 문헌자료를 참고로 하여 2세기 전반경 마한 고지인 경기 남부의 오산과 평택지역, 그리고 곡교천유역의 아산·천안지역, 미호천유역의 청주, 오송지역에서 출현하고 있는 유개대부호와 3세기 중반 이후 곡교천유역을 중심으로 출토되고 있는 원통형토기를 통해 곡교천유역의 사회변화상을 추정해 보고자 한다.

위 Ⅳ장에서 살펴본 바와 같이 곡교천유역을 중심으로 출토되고 있는 원통형토기의 기원문제에 대해 기형적인 유사성을 통해 유개대부호와 유개단경호가 출토된 아산 진터유적 출토품에서 그 기원을 찾고자 하였다. 유개대부호는 중서부지역과 영남지역에서 출토되고 있는데, 공반된 출토유물을 통해 2세기 전반에서 2세기 후반 또는 말[45]까지 편년하고 있으며, 공통적으로 2세기 말 이후 양 지역에서 모두 사라지고 있다. 한편 2세기 말 이후 사라진 유개대부호를 대신하여 영남지역에서는 3세기 전반경에 대구와 울산, 창원지역에서 소량의 원통형토기가 출토되고 있으며, 중서부지역은 3세기 중반경 곡교천유역을 중심으로 다량의 원통형토기가 출토되고 있다. 이처럼 중서부지역에서 출토된 유개대부호와 원통형토기는 공반출토된 유물을 통해 전자는 1세기, 후자는 반세기 정도 출현한 이후 사라지는 모습을 보이고 있는데, 중서부지역에서 이들 2개 기종이 모두 출토되고 있는 지역이 곡교천유역으로 주목되는 바이다.

마한은 국내외 문헌기록을 통해 적어도 3세기 후반에서 말까지 백제와는 다른 연맹체를 이루고 있었음이 확인되었고, 이 독자 세력의 중심이 목지국이었을 것으로 판단된다. 유개대부호와 원통형토기가 출토되고 있는 곡교천유역은 『三國史記』 卷1 백제본기 온조왕조 13년조에 보이는 백제의 남쪽 국경선인 熊川[46]은 지리적으로 인접한 곳이라 할 수 있다. 마한 연맹체의 맹주국은 목지국으

---

44 張元燮, 1990, 「百濟初期 東界의 形成에 관한 一考察 −靺鞨과의 關係를 中心으로−」, 韓國精神文化研究院 碩士學位論文, 37쪽.

45 강지원, 2012, 「오산 궐동유적 원삼국시대 토광묘의 특징과 변화양상 검토」 『오산천·황구지천 유역 발굴 조사의 최신 성과와 마한·백제」, (재)중앙문화재연구원·한신대학교박물관, 77~78쪽.

46 熊川의 위치에 대해서는 연구자에 따라 크게 경기도 안성천유역과 충남 금강의 공주지역으로 비정하고 있는데, 필자는 『三國史記』 권26 백제본기 동성왕조 23년조에 보이는 웅천의 북쪽 뜰에서 사냥을 하였다는 기사내용을 통해 온조왕조 13년조에 보이는 웅천은 경기도 안성천유역으로 비정하고자 한다. 이는 당시 소국으로 출발한 백제가 십수년만에 충남 내륙지역인 금강유역의 공주까지 진출하기에는 현실적으로 어려웠다고 판단된다. 더불어 충남 공주지역에서는 4세기 이전 또는 4세기대로 판단할 수 있는 백제와 관련된 직접적인 고고학적인 물질자료가 확인되지 않았기 때문이다. 더불어 금동관모가 출토된 공주 수촌리유적이나

로 그 위치에 대해서는 충남 직산·예산·홍성·천안 등 충남지역에 비정하는 견해가 다수를 차지하고 있다. 이들 4개 지역은 크게 삽교천과 곡교천이라는 2개의 커다란 하천유역에 위치하고 있어 직산과 천안,[47] 홍성과 예산[48]을 하나의 지역으로 통합해도 무리가 없을 것으로 판단된다. 『晉書』에 의하면 276년부터 291년까지 총 12차례의 遣使 내용이 기록되어 있는데, 遣使의 주체를 보면 마한이 대부분을 차지하고 있다. 이 遣使의 주체에 대해 세가지 견해가 있다. 첫째 백제국을 맹주로 하는 소국연맹체가 주도세력이었을 것으로 보는 견해,[49] 둘째 마한의 견사주체가 백제의 세력확장에 따라 신미국으로 바뀌었다는 견해,[50] 셋째 281년 이전에는 목지국과 백제국 두 세력이 공존하다가 281년 이후 주체가 백제국으로 바뀌고 목지국이 부분적으로 참여했을 가능성이 있다는 견해[51]를 제시하고 있다. 이들 세가지 견해 중 현재까지 곡교천유역에서 확인되고 있는 고고학적인 성과와 비교해보면, 세 번째 견해가 좀 더 가능성이 높다고 판단된다.

왜냐하면 곡교천유역에서 확인된 마한분묘는 현재까지 천안 청당동유적, 아산 명암리 밖지므레유적·갈산리유적이 확인되고 있는데, 이들 유적은 2세기부터 3세기 후반 또는 4세기 초반에 해당되는 유적이다. 이중 아산 명암리 밖지므레유적 2-2지점 31호 토광묘에서는 원저단경호, 평저단경호, 철겸 등이 공반되어 출토되었는데, 평저단경호는 마한분묘에서 일반적으로 출토되지 않는 기종으로 백제와 관련된 유물로 이해하고 있다.[52] 공반 출토된 원저단경호를 통해 평저단경호의 편년

서산 부장리유적의 경우 백제의 지방통치제도인 담로제와 연결시키고 있지만 출토되는 유물이 모두 4세기 후반에서 5세기 중반대에 해당하고 있어 백제의 남쪽 경계지역으로써 공주를 비정하기에 어려움이 있다고 보인다. 또한 온조왕 13년조에 보이는 熊川은 소국으로 출발한 伯濟國이 현재의 경기지역에서 자리하고 있었던 마한의 다른 소국들을 병합한 결과에 의한 것으로 판단된다.

47 조선시대 행정구역인 현을 기준으로 구분한 듯 하며, 천안은 곡교천유역, 직산은 안성천유역에 인접되어 있어 차이를 보이고 있다. 현재 천안지역에서는 마한과 관련된 유적이 천안 청당동유적, 신풍리유적, 두정동유적, 운전리유적, 대화리·신풍리유적 등이 확인되고 있으나, 직산지역에서는 현재까지 마한과 관련하여 유적이 확인되고 있지 않아 천안과 직산을 하나의 지역으로 통합하여 살펴보아도 무리가 없을 것으로 판단된다.

48 홍성 석택리유적은 최근 충남도청 이전부지를 연결하는 도로개설공사 과정에서 확인된 유적으로 3세기에서 4세기에 해당하는 마한의 분묘와 주거지 등이 대량으로 확인되었다. 유적은 삽교천에 인접한 지역으로 현재의 행정구역상 홍성에 속해 있으나 예산과의 경계지역이라 할 수 있기 때문이다. 더불어 충남도청 이전부지에서는 철기시대 석관묘와 백제시대 횡혈식 석실분 등이 다수 확인되어 과거 이 지역이 삽교천유역의 중심지였던 것으로 추정된다.

49 千寬宇, 1989, 『古朝鮮史·三韓史研究』, 一潮閣, 341~343쪽.

50 盧重國, 1990, 「目支國에 대한 一考察」『百濟論叢』 2, 百濟文化開發研究院, 23쪽.

51 권오영, 2001, 「백제국(伯濟國에)서 百濟로의 전환」『역사와 현실』 40, 한국역사연구회, 44~47쪽.

52 朴智殷, 2007, 「百濟 平底壺 研究」, 忠南大學校 碩士學位論文, 70~73쪽.

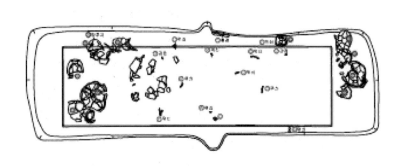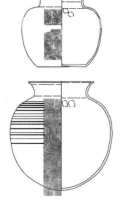

<도면 11> 아산 명암리 밖지므레유적 2-2지점 31호 토광묘 및 출토유물

을 살펴보면, 원저단경호는 기형상 경부는 짧게 외반되고 동체부가 편구형 또는 구형을 띠고 있어 성정용[53]의 중서부지역 토기 편년안에 제시된 5단계 정도에 해당하고 있다. 이러한 형태의 원저단경호는 중서부지역에서 3세기 중반에서 4세기 중반에 나타나는 형식으로 이를 통해 4세기 초반 또는 전반으로 편년하고자 한다(도면 11).

또한 인접한 아산 명암리유적(12지점)에서도 토광묘와 더불어 마한 분묘인 주구토광묘가 총 5기 확인되었다. 분묘에서 출토된 유물은 대표적인 백제토기인 광구장경호와 유개직구단경호, 고배 등의 토기류와 철겸 등의 철기류, 방추차 등이 출토되었으며, 분묘는 출토유물을 통해 4세기 중반에서 5세기 초반으로 편년하고 있다(도면 12). 이처럼 아산 명암리 밖지므레유적과 아산 명암리유적(12지점)에서 출토된 고고학적인 물질자료를 통해 4세기 초반 곡교천유역에 정치적 또는 문화적으로 백제의 영향력이 나타나기 시작한 듯 하며, 4세기 중반 이후 곡교천유역은 백제에 의해 장악된 것으로 판단된다.[54]

따라서 곡교천유역은 고고학적인 물질자료를 통해 3세기 말까지 마한의 고유한 물질문화가 유지된 것으로 판단된다. 그러나 4세기 초에 이르러 백제 관련 물질자료들이 출현하기 시작하여 4세기 중반에는 백제에 의해 문화적으로 상당부분 잠식되고 있는 듯 하다. 또한 국내외 문헌자료를 통

---

53 성정용, 2006, 앞의 논문, 136쪽.

54 곡교천유역의 아산 초사동유적, 천안 두정동유적, 천안 용원리유적, 천안 화성리유적에서는 중서부지역을 비롯한 마한 고지의 전통묘제인 토광묘가 집중적으로 확인되고 있으며, 백제토기 기종인 광구장경호, 고배, 평저단경호, 유견호 등의 출토유물을 통해 4세기 중반대로 편년하고 있다.

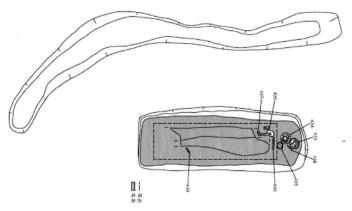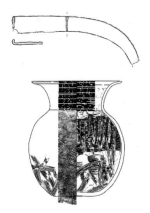

〈도면 12〉 아산 명암리유적(12지점) 1호 주구토광묘 및 출토유물

해 살펴본 결과 3세기 중반 이후 마한연맹체의 대표국으로써 백제가 대두하고 있는 것을 알 수 있다.

　이상과 같이 곡교천유역의 고고학적 현황과 3세기대의 국내외 문헌기록을 통해 곡교천유역의 사회변화상에 대해 살펴보았다. 유개대부호는 2세기대부터 출현하는 토기 기종으로 중서부지역의 오산, 평택, 아산지역과 영남지역의 대구, 경산, 밀양지역에서 출토되고 있다. 이들 출토지역은 과거 마한, 변한, 진한에 해당되는 지역으로 유물의 수적인 측면에서 보면 마한에 해당하는 중서부지역이 우위를 점하고 있으나, 어느 지역에서 발생했는지에 대해서는 단언할 수 없다. 또한 유개대부호는 삼한 중 변·진한은 짧은 기간 출현한 후 사라지는 모습과 더불어 수적인 면에서도 소량이다. 이에 비해 마한은 약 1세기 정도 출현한 후 사라지고 있어, 시간적으로는 변·진한보다 오랜 기간 제작되고 있다. 한편 유개대부호, 원통형토기, 철모 등을 통해 당시 마한과 변·진한 간에 인적 또는 물적교류가 있었음을 살필 수 있다.

　2세기 말 중서부지역과 영남지역에서는 유개대부호가 소멸한 후, 약간의 시차를 두고 중서부지역은 곡교천유역을 중심으로 원통형토기가 출토되고 있으며, 영남지역은 대구와 울산, 창원지역에서 출토되고 있으나, 수적으로 빈약한 상태이다. 곡교천유역과 영남지역에서 출토된 원통형토기는 매장주체부의 형식과 공반유물을 통해 영남지역 출토품이 곡교천유역보다 이른 시기에 해당하고 있으나, 수적인 면에서는 유개대부호와 달리 곡교천유역 출토량이 절대적인 우위를 보이고 있다. 그렇지만 원통형토기의 소멸시점은 영남지역의 경우 확인이 어려운 실정이나 곡교천유역은 3세기 말까지 출현한 후, 4세기 초에 이르면 마한의 고유기종인 원저단경호와 심발형토기는 출토되는데 반해 원통형토기는 더 이상 출토되지 않아 소멸시점을 유추해 볼 수 있다.

　유개대부호와 원통형토기는 마한 고지 뿐만 아니라 변·진한지역에서도 수적이 차이는 있지만 공통적으로 출토되고 있어 위에서 살펴본 바처럼 인적 또는 물적교류가 있었다고 판단된다. 하지만 중서부지역으로 국한하여 유개대부호와 원통형토기의 출토양상을 살펴보면, 2세기대에 출현하는 유개대부호는 중서부지역의 오산, 평택, 곡교천유역, 미호천유역에서 출토되는 모습을 통해 비교적 넓은 지역에 분포되고 있으나, 원통형토기는 3세기 중반에서 3세기 말까지 곡교천유역에 한정되어 출현한 후 사라지고 있다. 양 유물의 출현지역 및 시점을 통해 2세기대에 출현하는 유개대부호는 마한 연맹국의 맹주국이었던 목지국의 영향력이 경기 남부지역인 오산, 평택, 곡교천유역과 인접한 미호천유역까지 관할지역이었던 것으로 추정되며, 3세기 중반 이후 백제의 세력확장에 따라 경기 남부지역은 백제의 관할지역으로 편입된 듯 하다. 이는 『三國史記』 卷1 백제본기 온조왕조 24년조 기록에 의하면 웅천책을 세운것에 대한 마한왕의 꾸짖음이 있었고, 이에 온조왕이 웅천책을 헐었다는 기사내용을 통해 판단할 수 있다.

『三國史記』 卷1 백제본기 온조왕조의 기사내용에 대해 대부분의 연구자들은 3세기경으로 이해하고 있으며, 이를 통해 적어도 3세기 중반에는 경기 남부지역이 백제의 관할 하에 편입되었음을 살필 수 있다. 이에 비해 3세기 중반 곡교천유역은 백제의 영향력이 미치지 못하고 있으며, 더불어 마한 왕이 백제 왕을 질책하는 내용을 통해 정치적으로 우위에 있었던 것이라 판단된다. 하지만 281년 이후 『晉書』에 보이는 遣使 내용을 통해 마한의 목지국보다 백제국이 점차 우위를 점하고 있는 모습을 살필 수 있다. 이는 목지국이 점차 마한 연맹체의 맹주국으로써 지위가 약화되는 반면, 백제국이 마한 연맹체의 맹주국으로써 지위를 획득하고 고대국가인 백제로 성장하고 있음을 보여주는 것이라 판단된다. 또한 『三國史記』 卷1 백제본기 온조왕조 27년 백제가 마한을 멸하였다는 기사내용에 따라 3세기 말경 곡교천유역의 천안과 아산지역을 중심으로 자리하였던 마한 연맹체의 맹주국이었던 목지국이 백제에 의해 흡수 또는 이동하였음을 보여준다고 할 수 있다. 따라서 3세기 중반부터 3세기 말까지 곡교천유역을 중심으로 출현한 원통형토기는 마한 연맹국의 맹주국이었던 목지국과 관련된 유물로 추정되며, 유개대부호 역시 목지국 또는 마한의 연맹국과 관련된 유물로 추정된다.

Ⅴ. 맺음말

곡교천유역에서 출토된 원통형토기는 마한 연맹체의 맹주국이었던 목지국이 자리하였을 것으로 추정되는 곡교천유역에서 집중적으로 출토되고 있는 모습을 보이고 있다.

원통형토기는 대각의 유무에 따라 Ⅰ·Ⅱ형식으로 구분한 후 형태에 따라 세분하였으며, 공반된 토기류와 철기류 및 Ⅱ형식 원통형토기의 기형변화를 통해 Ⅰ형식 원통형토기와 함께 일부 Ⅱ형식 원통형토기의 경우 3세기 중반경 출현하였고, 부분적인 기형변화를 통해 Ⅱ형식 원통형토기가 3세기 말까지 사용되었음을 살필 수 있었다.

출토된 원통형토기는 아산 갈매리유적을 제외하고 분묘에서 출토되었으며, 원저단경호 및 심발형토기와 같은 토기류와 철모 및 철겸 등의 무기류와 농공구류 또는 마구류 등의 철기류가 공반되고 있어 피장자가 당시 집단 내에서 정치·경제적으로 상위집단에 해당하였던 자들로 판단된다. 한편 동시기 영남지역에서 출토되고 있는 철겸이 수확구로써의 기능이 낮았다는 의견과 더불어『三國史記』기록을 통해 곡교천유역 출토 철부 역시 무기로써의 기능이 있었을 것으로 추정된다.

마한은 국내외 사서를 통해 적어도 3세기 말까지 곡교천유역에 존재하고 있었으며, 이 독자세력의 중심이 목지국이었을 것으로 보인다. 이러한 추정이 가능한 이유는 백제의 고유토기양식이라 할 수 있는 광구장경호, 고배, 평저단경호, 유견호 등이 곡교천유역에서 확인된 마한 분묘인 일부 토광묘와 주구토광묘에서 출토되는데, 이들 유물들은 대부분 한강 이남지역에서는 4세기대에 출현하고 있기 때문이다.

따라서 이러한 분묘 출토유물을 통해 곡교천유역은 3세기 말까지는 독자적인 세력과 문화를 영위하였을 것으로 사려되며, 4세기 이후 백제의 세력확장에 따라 분묘의 전통은 그대로 유지한 채 물질문화인 토기류와 철기류 및 일부 매장유구가 수용된 것으로 확인된다. 이는 아산 명암리 밖지므레유적 2-2지점에서 잔존상태가 불량하지만 대형의 수혈식 석곽분으로 추정되는 유구가 확인되었기 때문이다.

한편『삼국사기』권1 백제본기 온조왕조 27년의 기록은 고이왕대의 사실이 소급된 3세기대에 해당되는 내용으로 이해할 수 있으며, 현재까지 마한 고지인 곡교천유역에 한정되어 출토된 원통형토기와 같은 특수기종의 소멸을 통해 3세기 말 아산과 천안지역에 자리하였던 마한 맹주국인 목지국이 백제의 세력권에 흡수 또는 남쪽으로 이동하였음을 보여주는 것으로 보여진다.

참고문헌

『三國志』

『後漢書』

『晉書』

『通典』

『三國史記』

谷豊信, 1984,「樂浪土城址出土の土器(上)-樂浪土城研究 その2-」『東京大學考古學研究室研究紀要』第3號.

경상북도문화재연구원, 2011a,『대구 신서혁신도시 B-13구역 유적-본문-』.

경상북도문화재연구원, 2011b,『대구 신서혁신도시 B-13구역 유적-사진-』.

국립중앙박물관, 2008,「茶戶里 遺蹟 發掘成果와 課題」『昌原 茶戶里 遺蹟 發掘 20周年 國際學術 심포지엄』.

국립중앙박물관, 2008,『갈대밭 속의 나라 茶戶里 -그 발굴과 기록-』.

권오영, 2001,「백제국(伯濟國)에서 백제(百濟)로의 전환」『역사와 현실』40, 한국역사연구회.

김도헌, 2008,「선사·고대 농구의 소유형태 검토 -영남지역을 중심으로-」『한국상고사학보』제64호, 한국상고사학회.

김새봄, 2011,「原三國後期 嶺南地域과 京畿·忠淸地域 鐵矛의 交流樣相」『한국고고학보』81, 한국고고학회.

김승옥, 2011,「중서부지역 마한계 묘제의 성격과 발전과정」『墳丘墓의 新地坪』, 전북대학교 BK21·전북대학교 박물관.

盧重國, 1990,「目支國에 대한 一考察」『百濟論叢』2, 百濟文化開發研究院.

東西文物研究院, 2011,『密陽 提大里遺蹟 I -밀양 제대지구 농공단지 조성부지 내 유적』.

東西文物研究院, 2011,『密陽 前沙浦里遺蹟』.

朴智殷, 2007,「百濟 平底壺 研究」, 忠南大學校 碩士學位論文.

박순발, 2009,「중서부지역 원삼국시대 토기 편년의 再考」『백제 마한을 담다』, 백제역사문화관·충청남도역사문화연구원.

백제문화재연구원, 2014,『아산 갈산리유적 -초등학교 조성부지내-』.

부산대학교박물관, 1997,『울산 하대유적-고분 I 』.

徐五善, 1990,「天安 淸堂洞 및 安城出土 一括遺物」『考古學誌』第2輯, 國立中央博物館.

徐五善·咸舜燮, 1992,「天安 淸堂洞 第3次 發掘調査報告書」『固城貝塚』, 國立博物館古蹟調査報告 第24冊, 國立中央博物館.

徐五善·權五榮, 1990,「天安 淸堂洞遺蹟 發掘調査報告」『休岩里』, 國立博物館古蹟調査報告 第22冊, 國立中央博物館.

徐五善·權五榮·咸舜燮, 1991,「天安 淸堂洞 第2次 發掘調査報告書」『松菊里』IV, 國立博物館古蹟調査報告 第23冊, 國立中央博物館.

성정용, 2006,「중서부지역 원삼국시대 토기 양상」『한국고고학보』60, 한국고고학회.

송의정, 2009,「다호리유적 발굴조사의 성과」『고고학지』특집호, 국립중앙박물관.

신민철, 2015,「곡교천일대 원삼국시대 원통형토기의 분포와 성격」, 전북대학교 고고문화인류학과 석사학위논문.

영남문화재연구원, 1998, 『포항 옥성리고분군 Ⅰ·Ⅱ-나지구』.

영남문화재연구원, 2000, 『대구 팔달동 유적Ⅰ』.

嶺南文化財研究院, 2010, 『慶州 隍城洞 575番地 古墳群』.

原田淑人·田澤金吾, 1930, 『樂浪』, 東京帝國大學文學部.

윤용진 외, 1993, 『대구 팔달동유적』, 경북대학교박물관.

이건무 외, 1989, 「의창 다호리유적 발굴진전보고(Ⅰ)」 『고고학지』 제1집, 한국고미술연구소.

이건무 외, 1991, 「의창 다호리유적 발굴진전보고(Ⅱ)」 『고고학지』 제3집, 한국고미술연구소.

이건무 외, 1993, 「의창 다호리유적 발굴진전보고(Ⅲ)」 『고고학지』 제5집, 한국고미술연구소.

이건무 외, 1995, 「의창 다호리유적 발굴진전보고(Ⅳ)」 『고고학지』 제7집, 한국고미술연구소.

이보람, 2011, 「중서부지역 원삼국~삼국시대 철모연구」 『墳丘墓의 新地坪』, 전북대학교 BK21·전북대학교 박물관.

이상엽, 2009, 「중서부지역 원통형토기의 성격 검토」 『선사와 고대』 31, 한국고대학회.

이상엽, 2014, 「영산강유역 원통형토기와 중서부지역 원통형토기와의 비교 및 검토」 『한국 원통형토기(분주토기)의 연구 현황과 과제』, 국립나주문화재연구소·전남대학교박물관.

이상엽 외, 2011, 『牙山 鳴岩里 밖지므레遺蹟』, 忠南歷史文化研究院.

이정아, 2017, 「제작기법을 통해 살펴본 원통형토기의 전개과정」, 충북대학교 고고미술사학과 석사학위논문.

이홍종 외, 2007, 『牙山 葛梅里(Ⅲ地域)遺蹟』, 韓國考古環境研究所.

張元燮, 1990, 「百濟初期 東界의 形成에 관한 一考察 -靺鞨과의 關係를 中心으로-」, 韓國精神文化研究院 碩士學位論文.

鄭君雷, 1997, 『中國東北地區漢墓研究』, 吉林大學 博士學位論文.

鄭仁盛, 2003, 「樂浪圓筒形土器の性格」 『東京大學考古學研究室研究紀要』 第18號.

정인성, 2004, 「樂浪土城의 土器」 『韓國古代史研究』 34, 한국고대사학회.

千寬宇, 1989, 『古朝鮮史·三韓史研究』, 一潮閣.

최성락·김성미, 2012, 「원통형토기의 연구현황과 과제」 『호남고고학보』 42, 호남고고학회.

충청문화재연구원, 2011, 『아산 명암리유적(12지점)』, 충청문화재연구원.

피영환, 2015, 「청주 봉산리유적」 『2015년 호서지역 문화유적 발굴성과』, 호서고고학회.

한국문화유산연구원, 2010, 『平澤 馬頭里 遺蹟』.

韓國文化財保護財團, 1998a, 『慶山 林堂遺蹟(Ⅱ)-C地區 古墳群』.

韓國文化財保護財團, 1998b, 『慶山 林堂遺蹟(Ⅱ)-C地區 古墳群(圖面·圖版)』.

한국문화재보호재단, 2009, 『울산 하삼정 고분군Ⅰ』.

韓英熙咸舜燮, 1993, 「天安 淸堂洞 第4次 發掘調査報告書」 『淸堂洞』, 國立博物館古蹟調査報告 第25册, 國立中央博物館.

咸舜燮 외, 1995, 『淸堂洞Ⅱ』, 國立博物館古蹟調査報告 第27册, 國立中央博物館.

호남문화재연구원, 2014, 『완주 신풍 Ⅰ·Ⅱ·Ⅲ』.

호서문화재연구원, 2015, 『청주 테크노폴리스 조성사업부지내 유적(Ⅱ지구) 문화재 발굴조사 약보고서』.

제2부 제5장

고고자료를 통해 본
고대 당진지역의 문화사적 성격*

이현숙

(공주대학교 박물관)

Ⅰ. 머리말

Ⅳ. 고대 당진지역의 문화사적 성격

Ⅱ. 당진의 지형환경과 특징

Ⅴ. 맺음말

Ⅲ. 당진지역의 원삼국~백제시대 유적현황

Ⅰ. 머리말

　고대 지역문화사에 대한 연구는 도성이나 정치적 중심지로 기록된 중앙이 아닌 경우, 역사적 기록에서 구체적인 문화를 파악하기도 어려울 뿐만 아니라, 지역사회가 갖추고 있는 문화적 특성을 이해하는 것은 더욱더 어려운 일이다. 그러나 중앙을 정점으로 하는 지방통치체제에 대한 이해와

---

* 본고는 2017년 당진문화원에서 주최한 학술대회에서 발표한 「고대 당진지역의 대외교류에 대한 고고학적 연구」 주제의 발표문을 수정보완한 것임을 밝힌다.

더불어 재지사회에 기반했던 지방사회의 모습을 살피는 노력은 지역문화를 이해하는데 있어서 매우 중요한 일이다.

본고에서는 고고학자료를 통하여 지역단위의 문화상을 구체화하기 위한 노력으로, 최근 당진지역에서 발굴조사된 고고학자료 가운데 원삼국~백제시대로 편년되는 유적을 중심으로 고대 당진지역의 문화상을 살피고, 이를 통하여 확인할 수 있는 중앙과 지방사회의 문화상을 파악하여 당진지역의 문화적 정체성을 검토해보고자 한다.

물론 역사의 주체와 기록이 구체적으로 남아있지 않고 물질만 남아있는 고고학자료를 토대로 지역 정치체의 문화상을 추정하는 것에는 많은 어려움이 있다. 그러나 이와같은 고고학자료를 통하여 지역단위의 문화상을 구체화할 수 있는지 여부를 파악하는 노력은, 고대 지방사회의 문화상을 이해하는데 중요한 단초를 제공할 수 있을 것으로 판단된다.

Ⅱ. 당진의 지형환경과 특징

國都의 조건으로서 식량과 식수의 충분한 공급, 방어상의 문제, 타 지역과의 교통문제, 상공업 중심지의 존재 등이 고려된다.[1] 이는 중국의 國都만이 아니라, 인간의 인문환경이 형성된 지역에 대한 분석의 경우에도 적극적으로 검토해 볼 만한 내용이다. 즉 정치지리학(政治地理學, Political Geography)으로는 영토로서 정치 집단이 상호작용하는 공간에 대한 문제이지만, 경제지리학으로는 생산 장소와 소비 시장, 그리고 문화지리적으로는 인간의 활동과 연관된 인간의 인식 범위 안에 형성된 문화경관을 분석하는데 있어서 매우 중요한 조건들이기도 하다. 따라서 역사적 공간의 성격을 이해하기 위해서는 대상지역에 대한 자연환경적 분석이 우선적으로 이루어진 후에, 이를 기초로 문화상에 대한 이해도 가능할 것으로 판단된다.

이중환(1690~1756)의 『택리지』에는 "충청도지역에서 내포가 최상의 지역이고, 가야산 앞뒤의 10개 고을을 내포라 한다"라고 구체적으로 기록되어 있는데,[2] 당시의 행정구역으로 당진, 면천, 덕산, 해미, 서산, 태안, 결성, 홍주, 대흥, 보령 등지를 말한다. 즉 내포지역은 남쪽이 금북정맥(차령산맥)의 줄기에 가로막히고, 북쪽으로는 아산만을 접해 서해로 열려 있으나, 해로를 통해 한양에 접근하기에

---

1   박한제, 2003, 『박한제 교수의 중국 역사 기행』 3, 사계절, 293쪽.

2   이중환, 1751, 『擇里志』(이익성 역, 1997, 『擇里志』, 을유문화사, 83쪽).

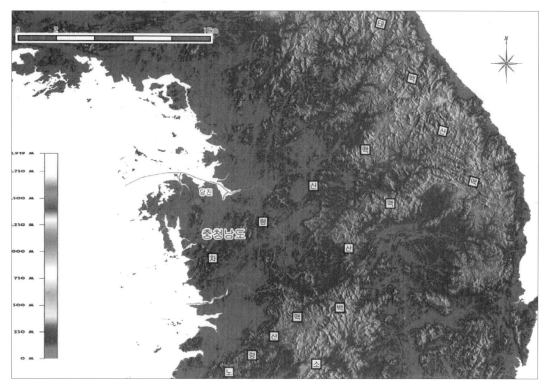

〈도판 1〉 당진지역의 위치

매우 양호한 조건을 갖추고 있다. 따라서 내포지역은 바다로는 쉽게 중국과 연결되는 지역에 있었고, 선교사들이 들어오기 쉬운 곳이어서 조선시대 한양 다음으로 천주교가 일찍 전래되기도 하였다.

특히 당진은 충남의 북서부에 위치하면서 지형상 북쪽이 서해에 접하면서, 당진시 남단부의 해발 350m 미만의 비교적 높은 산지가 집중되어 있는 지역을 제외하면 대부분 해발 100m 내외의 구릉성 산지지대를 이루고 있다. 동쪽 경계에는 아산만을 경계로 평택 아산과 마주하고 있으며, 서쪽 경계는 대호지만을 경계로 서산시와 마주하고 있다. 그리고 당진시의 중앙에는 남쪽의 '고풍저수지'에서 북쪽으로 흘러내리는 '역천(용장천)'이 흐르고 있어, 서산시 운산면 여미리와 용현리, 그리고 음암면 부장리에 연결되는 지형이다. 따라서 당진시 동쪽은 삽교천변의 아산-평택-당진을 마주보는 지역이며, 서쪽은 대호지만을 경계로 당진-서산권역을 마주보는 지역으로 크게 구분되기도 한다. 이러한 지형환경은 인접 지역과의 문화관계 형성에도 많은 영향이 있었을 것으로 판단된다.

즉 당진지역은 행정구역상으로는 충청도권에 속해있으나 북쪽으로 남부 경기만의 일부에 포함되어 경기도와 공유하고 있어, 강과 평야, 그리고 바다가 하나로 만나는 전형적인 소지중해의 해안

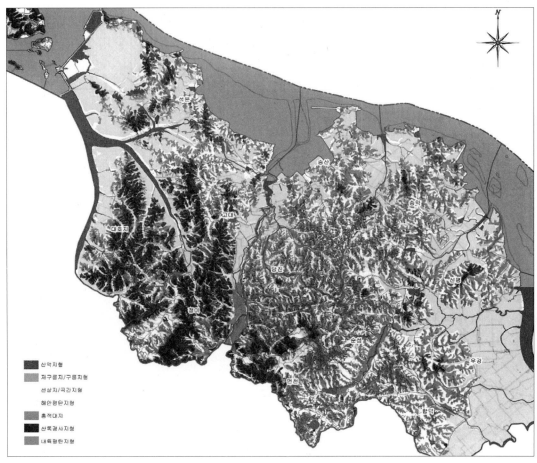

〈도판 2〉 당진의 지형분포도

지역에 해당한다. 이와 같이 만이 육지의 깊숙한 곳까지 연결되면 만의 포구뿐만 아니라 내륙의 강가에도 부두가 생기고 항구가 발달할 수 있다.[3] 따라서 고려~조선시대의 기록에 삽교천을 비롯하여 주변에 포구가 잘 발달되어 수운을 통한 조운체계 및 교류가 빈번하였음을 알 수 있으며, 1770년에 편찬된 『東國文獻備考』에 기록된 내포의 43개 장시 중 상당부분이 당진, 예산, 홍성지방 등지에 발달되어 있는 것을 알 수 있다.

현재는 방조제 축성과 같은 간척사업으로 인하여 고대 당진의 지형환경을 구체적으로 알기는 어

---

3 윤명철, 2012, 「당진의 고대 해항도시적인 성격 검토와 항로」 『동아시아고대학』 29, 동아시아고대학회, 281~285쪽.

렵다. 그러나 지형상 주변에 만이 발달되어 있고, 북쪽으로 저평한 지형이 넓게 펼쳐져 있는 형상이다. 따라서 당진지역에는 만을 중심으로 곳곳에 浦와 나루가 발달되어 있다. 특히 당진지역의 포구는 조수의 영향을 받아 밀물 때에는 삽교천을 따라 선박이 예산 구만리까지 올라갔으며,[4] 내륙 깊숙이 배가 닿아서 홍성까지 물자를 실어 나를 수 있었다고 한다. 그리고 지금은 대호지 방조제로 막혀있지만 서산시 성연면 명천리 창말까지 배가 드나들었으며, 당진시의 중앙을 남북으로 가로지르는 역천은 주요한 수로의 역할을 한다. 또한 동남쪽 수계는 곡교천을 통하여 아산−천안과 연결되며, 동쪽 수계는 안성천을 통해서 평택−수원까지도 물길로 연결된다. 이와같이 당진지역은 주변으로 여러 지역과 육로와 해로, 수로망으로 연결되어 있는 지형적 개방성을 살필 수 있다.

이러한 지형환경은 결국 당진지역의 해양문화적 거점지역으로서의 성격도 함께 살필 수 있다. 일반적으로 해양환경 가운데 중요한 요소로 해류와 바람의 영향을 주목할 때, 남중국해에서 동북방향으로 흘러 들어오는 쿠로시오의 한 지류는 대만을 거쳐 제주도로 북상을 하다 양쪽으로 갈라진다. 그 한 흐름이 서해남부해안으로 부딪쳐 서해연안을 타고 올라오면서 문물과 역사의 이동로가되는데, 서해를 타고 올라간 해류는 다시 西韓灣과 渤海灣을 거쳐 서해의 서부, 즉 중국 동안을 타고 아래로 내려온다.[5] 따라서 충남 해안을 타고 북상해서 요동만까지 간 다음에 다시 반대편 연안을 타고 내려올 수 있다. 즉 상해만 바깥에서 해류는 환류하므로, 그 물길을 따라 전라도 해안을 거쳐 충청남도 해안으로 돌아올 수 있다.[6] 이러한 자연적인 지형환경은 당진지역의 문화적 교류상을 검토하는데 있어서 중요한 지표가 된다.

다음으로 대양이 아닌 연안 혹은 근해항해를 할 경우에는 조류가 중요한 역할을 하는데, 아산만은 조석간만의 대조차가 크지만, 만의 안으로 깊숙하게 들어오면 외해의 파랑을 직접 받지 않기 때문에 지역물길에 익숙한 재지집단은 해상권을 장악하기에 유리한 지형환경이다. 남쪽의 서해는 안흥량의 존재에서 알 수 있듯이 연안항해는 물론이고, 해안가로 접하기 힘든 지형이다. 그러나 당진해역은 북으로는 남양만, 서로는 격렬비열도와 태안반도 사이의 넓은 만 입구가 있어, 외해와 만이만나는 지점에서 내륙 깊숙한 곳에 있는 육지가 당진지역이다.

일반적으로 고대 항해에서 연안항해를 할 때 해륙풍의 영향을 고려하기 때문에 계절풍은 중요한 요소로 주목되는데, 통일신라시대에는 북풍계열의 겨울 계절풍을 이용해 일본으로 항해한 반면, 일

4　노중국 · 권오영, 2008, 『백제 역사와 문화』, 충청남도역사문화연구원, 22쪽.

5　이석우 · 김금식, 1984, 『해양측량학』, 집문당, 329~374쪽.

6　윤명철, 2012, 「당진의 고대 해항도시적인 성격 검토와 항로」『동아시아고대학』 29, 동아시아고대학회, 282쪽.

본은 봄에서 초여름을 이용하였다고 한다. 그런데 이 조건은 서해안 어느 해역에서도 동일하게 적용되는 조건으로 보고 있다.[7] 물론 이와같이 해류와 계절풍의 영향을 받는 항해에 있어서 해로상의 입지는 한곳에 설정될 수만은 없기 때문에, 당진의 북부지역에 잘 발달된 만을 기준으로 다양한 해로에 접하는 포구의 발달을 살필 수 있을 것이다.

당진시의 지명에는 과거에 포구였음을 알 수 있는 곳이 많이 있는데, 『한국지명총람』에서 확인되는 지명을 정리하면 약 29곳의 포구가 확인된다.[8] 그러나 대외 교통로로서의 공간은 정치적인 상황, 군사적인 목적, 그리고 국제환경의 변화에 따른 대외교섭의 방향 등 시대상황에 따라 용도와 방식이 달라지기 때문에, 지명에서 확인되는 곳이 모두 모든 시대를 통관하여 사용되는 것이 아니었을 것으로 판단된다. 즉 지리적 환경에 따라서 국제항로와 다른 지역들을 해양으로 연결하는 연안 항로와 내륙의 다른 지역들과 강으로 연결하는 내륙수로와 육로 등의 다양한 교통로가 시기별 이해에 따라서 선택되고, 지역과 지역간의 교류가 있었을 것으로 판단된다.

특히 최근에는 서산 해미, 운산면, 음암면, 홍성 신금성 등지에서 백제 중앙과 관계를 살필 수 있는 유물이 확인되면서, 백제가 마한 재지사회로 진출하는 방식이 평면적이고 전방위적인 것이 아니라, 해안을 통해 교두보를 마련하며 거점을 확보하는 방식으로 진행되었다고 보기도 하였다.[9] 뿐만 아니라 일부 백제 중앙에서 4세기 중엽에 해로를 통해 내포만 지역으로 세력을 확장했다고 보기도 한다.[10]

---

7   윤명철, 2012, 앞의 논문, 283쪽.

8   『한국지명총람』4-충남편 상-, 1974, 한글학회.
    -당진읍·고대면·대호지면 : 당진포리(唐津浦里), 옥현리 삼포(三浦), 진관리(眞館里) 관동(館洞)·국말[국촌, 원진관], 우두리 북창포(北倉浦), 원당리 석포(石浦), 적서리 뱃말[선촌]·석포(石浦), 조금리 조금나루(造琴津), 출포리(出浦里), 날개나루터[조갯굴나루터]
    -석문면 : 삼봉리 웅포(熊浦), 삼화리 동심포(同心浦, 東心浦)·보덕포(普德浦), 통정리 곰개[웅포, 밧곰개]
    -송산면 : 가곡리 두포(斗浦, 두멍개)·칠성포(七星浦), 무수리 화포[고잔]
    -송악면 : 복운리 복포(伏浦, 복개), 석포리 객포(客浦, 객개), 한진리 대진(大津, 한나루, 나루머리, 한진)
    -신평면 : 남산리 만동포(萬同浦), 운정리 공포(孔浦)
    -우강면 : 강문리 부리포(富里浦), 공포리 공포(孔浦), 대포리, 부장리 남원포(南元浦), 세류리 우포(牛浦, 소개), 소반리 소포(小浦, 소펀), 송산리 상포(上浦)·중포(中浦), 하포(下浦), 신촌리 가포(佳浦, 가판)·굴포(屈浦, 굴깬)·부리포(富里浦, 수문통)
    -합덕읍 : 대합덕리 개안[浦內, 浦內里], 신리 하포(下浦, 아랫개안, 하신, 하개리, 하개), 신흥리 독포(獨浦, 독개)·독포진(獨浦津, 독개나루)

9   성정용, 1994, 「홍성 신금성지 출토 백제토기에 관한 고찰」『한국상고사학보』15, 93쪽.

10 문안식, 2000, 「백제의 영역확장과 변방세력의 추이」, 동국대학교 박사학위논문, 134쪽; 김기섭, 2007, 「백제의 교통로와 금강」『백제와 금강』, 충청문화재연구원 학술총서, 서경문화사, 132쪽.

이와같이 당진지역은 해로를 통한 교류의 적극적인 상황을 살필 수 있을 뿐만 아니라, 당진이라는 지명에서 알 수 있듯이 대 중국(唐) 교류의 중요한 교통로로 주목된다. 다만 이와 관련된 기록은 주로 통일신라시대에 집중되어 있다. 즉 통일신라시대 최치원과 관련된 다양한 전언이나, 『新增東國輿地勝覽』의 기록에서 확인되는 고려 초기 개국공신이었던 복지겸의 선조가 당으로부터 면천군으로 옮겨와 해적을 물리치고 정착하였다는 기록이 주목된다.[11] 따라서 당진지역은 당 문화의 유입과 더불어 唐과 新羅人의 상호 교류를 위한 창구로 이용되었음을 살필 수 있다. 즉 통일신라시기에 들어와 당진지역은 당의 선진문화가 당진포로 상륙함에 따라 당의 주요 문호로 주목하게 되었다. '唐津'이란 지명도 중국 당으로 가는 배가 떠나는 포구라는 뜻에서 붙여진 것인데, 이러한 지명에서도 나타나듯이 당진 북서부의 남양만 일대는 통일신라시대 당과의 문화교류에 있어서 주요한 관문이었다는 것은 역사적으로 매우 주목되는 일이다.

Ⅲ. 당진지역의 원삼국~백제시대 유적현황

이와같이 당진은 북쪽으로 해안선이 발달해 있고 하천변과 해안을 따라 넓게 평야가 펼쳐져 있어, 이른 시기부터 인류의 생활 무대로서 적합한 조건을 갖추고 있다. 북쪽으로 서해에 맞닿아 있어 일찍이 선사시대부터 교류의 장이 되어 왔으며, 역사시대에 들어와서는 대중문물 교류의 창구 역할을 해 오면서 역사적 중요성이 커지게 되었다. 그러나 문헌기록에서 구체적인 문화상을 파악하기는 어렵다.

다만 원삼국시대에는 마한의 영역으로 마한 54개국 가운데 하나인 고혜국이 우강에 위치해 있었던 것으로 추정되나,[12] 구체적인 내용은 추후 검토가 필요하다. 역사 기록으로는 백제가 웅진으로 천도한 이후 당진지역을 주목할 수 있는데, 백제시대에 伐首只縣(혹은 부지현)과 혜군, 사평현, 여촌현 등이 위치한 것으로 확인된다. 槥郡은 면천 일원에 위치하며, 벌수지현은 당진시와 고대면 일원, 餘村縣은 정미면 일원, 사평현은 신평·송안·한진 일원에 위치해 있던 것으로 보고 있다. 그러나 구체적인 문화상은 고고학적 조사를 통하여 그 형상을 살필 수 밖에 없다.[13]

---

11 윤용혁, 2010, 「연안 해로의 발달과 왜구」, 『충남 역사의 이해』, 충청남도 역사문화연구원.

12 천관우, 1989, 『고조선사, 삼한사연구』, 일조각.

13 당진지역의 문화유적에 대한 분포조사는 1990년대에 이루어진 반면, 2000년대에 들어서는 개발지역에 대

당진지역에서는 소소리유적에 대한 조사가 처음 이루어지면서 고고학적 환경이 주목되게 되었다. 매장문화재 신고로 확인되어 유구의 내용은 구체적으로 알 수 없으나, 초기철기시대 유물인 세형동검 1점, 동제 검파두식 1점, 정문경 2점, 철부 1점, 철착 2점, 유리 관옥 2점, 석촉 1점, 지석 1점, 흑색마연토기 1점 등이 출토되어, 기원전 2세기경의 초기철기시대 분묘유적으로 추정되었다.[14] 소소리유적을 통하여 初期鐵器時代 당진지역은 지배자에 의해 통솔된 특정 세력이 존재하고 있음을 살필 수 있게 되었다.

原三國時代 유적은 백제시대 유적과 명확하게 구분하기 어렵지만, 유물산포지로 확인된 지역이 약 10여 개 소에 해당한다. 발굴조사된 유적은 당진시 고대면 성산리유적[15]과 기지시리 내기유

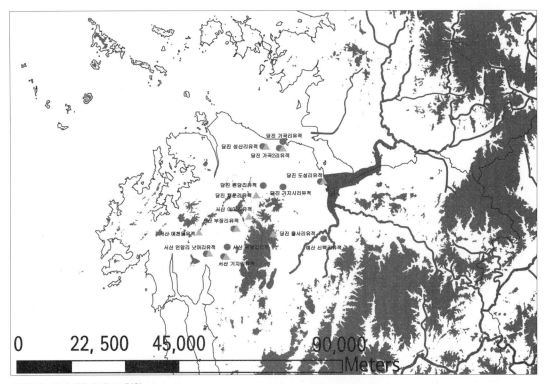

〈도판 3〉 당진지역 유적분포현황

한 발굴조사를 통하여 구체적인 유적현황을 이해할 수 있게 되었다.

14 이건무, 1991, 「당진 소소리유적 출토 일괄유물」 『고고학지』 제3집, 한국고고미술연구소.

15 충청문화재연구원, 2013, 『당진 성산리유적(3-1지점)』 2권-원삼국~백제시대 편.

적,[16] 석우리·소소리유적[17]이 있다. 기지시리 내기유적에서는 주거지 2기와 구상유구 등이 확인되었으며, 석우리·소소리유적에서는 토광묘 1기가 조사되었다. 북쪽의 석문호에서 만입된 '역천'을 경계로 동쪽의 기지리시 내기유적과 서쪽의 성산유적이 자리하고 있는데, 주거지의 입지와 평면형태에서 차이를 통해 취락의 조성시기가 다른 것으로 보았다. 고분은 토광묘가 각각 조사되었는데, 집중되지 않고 소규모로 확인된다.

百濟時代 遺蹟은 우두리(Ⅰ)유적,[18] 가곡리유적,[19] 가곡2리유적,[20] 원당리유적,[21] 성산리유적,[22] 기지시리 내기유적,[23] 채운리유적,[24] 채운리 한우물유적,[25] 율사리유적,[26] 도성리유적[27] 등이 있다. 이들 유적은 주거유적, 분묘유적과 산성으로 크게 구분할 수 있다. 주거유적의 경우 4주식을 기본으로 하는 방형주거지가 대부분이며, 내부에 부뚜막과 노시설이 있다. 그리고 분묘유적은 채운리유적과 성산리유적에서 토광묘, 우두리유적과 채운리 한우물유적에서는 횡혈식석실묘, 율사리유적에서는 석곽묘가 조사되었다. 특히 성산리유적에서는 '성산리 산성'으로 불리는 백제 한성도읍기 성곽유적이 확인되어, 백제 한성도읍기 중앙과 지방의 관계를 살필 수 있는 중요한 고고학자료로 주목되고 있다.

이 장에서는 발굴조사를 통하여 유구내용이 확인된 원삼국~백제시대 유적을 중심으로 조사내용을 시대별로 정리해보고자 한다.

---

16 충청문화재연구원, 2012, 『당진 송악지구 기지시리 내기유적』.

17 충청남도역사문화연구원, 2011, 『당진 석우리, 소소리유적』, 당진 합덕지방산업단지 조성사업 예정부지 내 발굴조사.

18 충청남도역사문화연구원, 2009, 『당진 우두리유적 Ⅰ』.

19 백제문화재연구원, 2011, 『당진 가곡리유적』.

20 김성남·이화영·전수지, 2011, 「당진 송산 제2일반산업단지 조성부지(Ⅰ-3,4구역)」『호서지역 문화유적 발굴성과』, 호서고고학회.

21 백제문화재연구원, 2009, 『당진 원당리유적』.

22 충청문화재연구원, 2013, 『당진 성산리유적(3-1지점)』 2권-원삼국~백제시대 편.

23 충청문화재연구원, 2012, 『당진 송악지구 기지시리 내기유적』.

24 충청남도역사문화연구원, 2008, 『당진 채운리유적』.

25 금강문화재연구원, 2011, 『당진 채운리 한우물유적』.

26 가경고고학연구소, 2013, 『당진 율사리유적』.

27 충청남도역사문화연구원, 2011, 『당진 도성리유적』 대중 골프클럽 조성사업부지내 발굴조사.

1. 원삼국시대 유적

원삼국시대 유적은 생활유적과 분묘유적으로 구분이 가능하다. 이를 정리하면 〈표 1〉과 같다. 이 가운데 생활유적은 당진시 북쪽에 해당하는 석문면 성산리유적,[28] 기지시리 내기유적[29]이 있다 (도판 4). 분묘유적은 토광묘와 주구묘로 구분할 수 있는데, 토광묘는 석우리·소소리유적이[30] 있고, 주구묘는 당진 도성리유적[31]이 있다. 유구의 특성상 구체적인 형상을 모두 확인하기 어렵지만, 성산리유적의 경우 원삼국시대부터 백제시대에 이르기까지 생활유적과 함께 백제시대 산성이 조사되어 지방사회의 중앙문화 융합과정을 함께 살필 수 있는 중요한 자료이다.

〈표 1〉 당진지역 원삼국시대 유적현황

구분	유적명	구조	내부시설	출토유물	비고
생활유적	성산리유적	4주식 방형	부뚜막, 노지, 벽구, 배수로	심발형토기편	
	기지시리 내기유적	장방형	노지	파수부호, 주구부호, 호, 심발형토기, 뚜껑 등	
분묘유적	석우리·소소리유적	토광묘	토광목관	연미형 철모	3c말~4c초
	도성리유적	주구묘		타날문토기편, 주조철부 등	2c중~3c중

〈도판 4〉 기지시리 원삼국시대 2호 주거지

---

28 충청문화재연구원, 2013, 『당진 성산리유적(3-1지점)』 2권-원삼국~백제시대 편.

29 충청문화재연구원, 2012, 『당진 송악지구 기지시리 내기유적』.

30 충청남도역사문화연구원, 2011, 『당진 석우리, 소소리유적』, 당진 합덕지방산업단지 조성사업 예정부지 내 발굴조사.

31 충청남도역사문화연구원, 2011, 『당진 도성리유적』 대중 골프클럽 조성사업부지내 발굴조사.

2. 백제시대 유적

당진지역에서 발굴조사된 백제시대 유적은 생활유적으로서의 주거지와 분묘유적, 그리고 관방유적이 있다. 이들 유적의 분포는 주로 당진시의 북부와 중남부에 집중되어 있다. 유적의 성격을 중심으로 생활유적인 주거지와 매장유적인 고분, 그리고 관방유적으로 구분하여 살필 수 있다. 그동안 당진지역에서 조사된 유적내용을 정리하면 다음의 〈표 2〉와 같다.

〈표 2〉 당진지역 백제시대 유적 조사현황

구분	유적명	구조	내부시설	출토유물	비고
생활유적	가곡리유적 (42기)	4주식 방형	부뚜막, 노지, 벽체시설, 벽구	장란형토기, 심발형토기, 흑색마연토기, 삼족기, 개, 파수부편, 방추차, 철부	4c후~5c중
	성산리유적 (33기)	4주식/ 비사주식 방형	부뚜막, 노지, 벽구, 구시설	삼족기, 고배, 흑색마연직구호, 병형토기 등	4c대
	도성리유적(2)	4주식/ 비사주식 방형	부뚜막식, 벽구, 외부 배수로	발형토기, 장란형토기, 방추차, 지석, 미상철기편	4~5세기대
	합덕 대전리유적(1)	비사주식 (장)방형	–	경질호, 연질토기편 등	사비기
	원당리유적	4주식/ 장방형	주공, 벽구, 노지, 단시설	장란형토기, 시루, 방형토기, 삼족기, 호, 완 등	4c말~5c전
분묘유적	성산리유적	토광묘(9)		타날문토기편	
	가곡리유적	분구묘(6)	2~5기 매장주체부	원저호, 원저소호, 직구단경소호, 유견호, 병형토기, 도자, 대도, 철검	연접확장
		토광묘(3)		토기편	
		주구토광(1)		토기저부편	
	채운리유적	토광묘(17)	말각장방형	단경호, 완, 철부, 도자, 철검, 철촉, 청동방제경, 구슬	4c중후반
	우두리(Ⅰ, Ⅱ) 유적	횡혈식석실묘(4) 석곽묘(1)	석실묘, 석곽묘	2호, 4호- 2개체 남성인골 6호- 5개체 인골, 다장	6c후반
	채운리 한우물	횡혈식석실묘(2)	석실묘	1호- 3개체 인골, 금동제이식 3점, 토제장식, 구슬 2호- 금제이식	7c
	대운산리 호구마루유적	횡혈식석실묘(2) 횡구식(8) 수혈식(3)	단면육각평천정	1호- 금동제 소환이식1	6c후~7c중
	율사리	석곽묘(6)	횡구식석곽묘	1호, 6호- 금동제이식 각 1점 5호- 철부, 철검	사비기
	자개리유적	석곽, 석실(10기)	5호-과대2점	5호- 과대	

* 유적의 편년은 조사단의 편년자료를 최대한 반영하였다. 이는 유구의 형식학적 변화상에서 축조의 선후관계에 있어 큰 차이를 보이지 않는다고 판단하였기 때문이다.

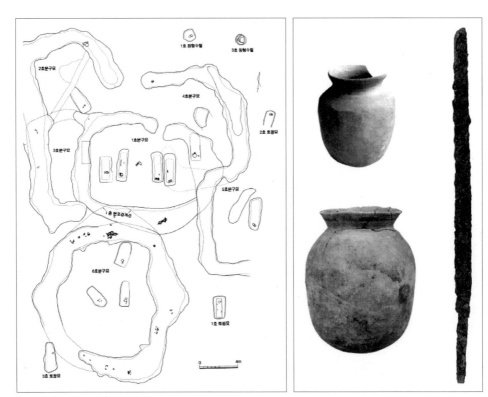

〈도판 5〉 가곡2리 분구묘 분포도, 1호 분구묘 1-2호묘 부장 유물

〈표 2〉에서 정리된 바와 같이 생활유적은 가곡리유적,[32] 성산리유적,[33] 도성리유적,[34] 합덕 대전리유적,[35] 원당리유적[36]이 있다. 이들 주거유적은 평면 방형과 장방형이 주를 이루며, 4주식을 기본으로 하는 재지유형이다. 다만 합덕 대전리유적과 원당리유적에서 확인된 주거지는 별도의 주공이 확인되지 않으며, 내부시설로는 부뚜막과 노시설이 있다.

매장유적은 고분의 형태로 구체화되는데, 분구묘, 토광묘, 횡혈식석실묘로 크게 구분할 수 있다.

---

32 백제문화재연구원, 2011, 『당진 가곡리유적』.

33 충청문화재연구원, 2013, 『당진 성산리유적(3-1지점)』 2권-원삼국~백제시대 편.

34 충청남도역사문화연구원, 2011, 『당진 도성리유적』 대중 골프클럽 조성사업부지내 발굴조사.

35 충청문화재연구원, 2010, 『당진 합덕 대전리유적』.

36 백제문화재연구원, 2009, 『당진 원당리유적』.

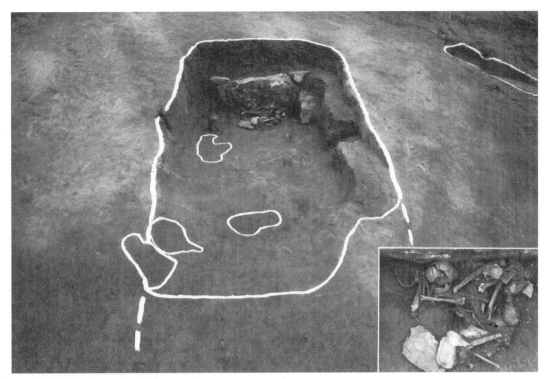

〈도판 6〉 우두리 1-6호 백제시대 석축다장묘

墳丘墓와 土壙墓는 가곡2리유적(도판 5),[37] 성산리유적,[38] 채운리유적[39]이 있으며, 橫穴式石室墓는 당진시 우두리(Ⅰ. Ⅱ)유적(도판 6),[40] 채운리 한우물유적,[41] 면천면 자개리유적,[42] 율사리유적,[43] 대운산리 호구마루유적[44]이 있다. 전체적인 고분군의 분포를 보면 당진시의 북쪽 외곽에서는 주로 5c 이전

37 김성남·이화영·전수지, 2011, 「당진 송산 제2일반산업단지 조성부지(Ⅰ-3,4구역)」『호서지역 문화유적 발굴성과』, 호서고고학회.

38 충청문화재연구원, 2013, 『당진 성산리유적(3-1지점)』 2권-원삼국~백제시대 편.

39 충청남도역사문화연구원, 2008, 『당진 채운리유적』.

40 충청남도역사문화연구원, 2009, 『당진 우두리유적Ⅰ』; 충청남도역사문화연구원, 2010, 『당진 우두리유적(Ⅱ)』.

41 금강문화재연구원, 2011, 『당진 채운리 한우물유적』.

42 충청문화재연구원, 2005, 『당진자개리유적Ⅱ』.

43 가경고고학연구소, 2013, 『당진 율사리유적』.

44 충청문화재연구원, 2005, 『당진 대운산리 호구마루유적』.

의 분구묘와 토광묘가 집중되어 있는 반면에 당진시 중남부지역에 해당하는 내륙 쪽에는 7c대 이후의 횡혈식석실묘가 집중되고 있는 모습을 살필 수 있다.

다만 최근 당진시 북쪽으로 서해에 맞닿아 있는 성산리에서 발굴조사된 성산리유적에서는 '성산리 산성'으로 불리는 백제 한성도읍기 성곽유적이 확인되어, 백제 한성도읍기 중앙과 지방의 관계를 살필 수 있는 중요한 고고학자료로 주목되고 있다(도판 7∼8). 성산리산성은 서해안의 아산만과

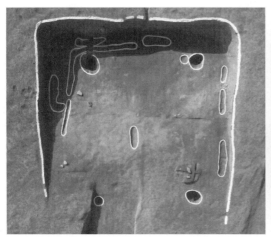

〈도판 7〉 성산리유적과 백제시대 7호 주거지(4주식)

〈도판 8〉 성산리유적 출토 백제토기류

남양만을 경계로 주변에 한성기 백제유적이 집중되어 있는 모습과 함께 비교할 수 있는데, 南陽灣 一帶의 소근산성, 길성리토성, 태봉산성 등은 백제 초기 지방사회에서 확인되는 城으로 함께 주목된다. 따라서 성산리산성이 백제 한성기에 축조된 것으로 볼 경우, 당진지역에서 최초로 조사된 백제 한성기 산성으로, 백제의 지방편재와 관련하여 검토할 수 있는 내용이 매우 많을 것으로 주목되고 있다.

IV. 고대 당진지역의 문화사적 성격

1. 당진지역 고고학자료의 특성

그동안 당진지역에서 발굴조사된 원삼국~백제시대 유적은 생활유적, 매장유적과 관방유적으로 크게 구분할 수 있다. 관방유적의 경우 성산리산성에서 백제 한성기 산성이 확인되어 백제 중앙세력의 진출과 관련하여 적극적인 검토가 이루어지게 되었다.[45] 이에 앞 장에서 검토한 생활유적과 매장유적의 조영 특성을 검토하고자 한다.

生活遺蹟은 주거지와 수혈유구의 형태로 확인되었다. 유적의 규모는 다른 지역에서는 대규모로 집중된 모습을 보이는 경우가 많은 것에 비하여, 당진지역의 생활유적은 가곡리와 성산리유적을 제외하면 소규모의 유적이 권역별로 분포하는 모습이 특징적이다. 물론 최근에 이루어지는 조사가 부분적으로 이루어지는 경향이 많은 점과 당진지역에 대한 개발의 과정에서 조사가 제한적으로 이루어진 점을 감안할 경우 새롭게 검토될 여지가 있으나, 동일지역 내 유구의 밀집도는 높지 않은 것으로 판단된다.

당진지역에서 확인된 원삼국~백제시대 생활유적의 경우 원삼국시대 4주식을 기본으로 하는 방형주거지가 대부분이며, 이후 백제시대에 이르러 4주식의 주거지와 무주식에 내부 시설로 부뚜막과 노시설이 있는 주거지의 형태가 증가하는 모습을 살필 수 있다. 이는 마한사회에 기초한 원삼국시대 재지문화에 기반하여 점진적인 생활유구의 변화상을 보이는 것으로 볼 수 있다. 다만 주거지

---

45 당진 성산리산성은 전체 유적에 대한 조사가 이루어진 것이 아니라 부분적인 트랜치조사와 출토유물을 중심으로 분석한 내용이 집중되어 있으므로, 유적의 구체적인 성격에 대해서는 추후 조사가 정밀하게 진행된 이후에 재검토되어야 될 것으로 판단된다.

내부에서 출토된 토기가 흑색마연토기와 삼족기, 단경소호, 병형토기 등 백제 한성기 토기문화가 적극적으로 확인되는 모습은 매우 주목된다. 즉 주거지는 재지문화의 전통이 잘 유지된 상태에서 토기를 포함한 생활 유물은 백제와의 관계 속에서 중앙의 물질문화가 적극적으로 수용되는 모습으로 살필 수 있다.

더불어 주거지 내부의 취사시설에서도 변화상을 살필 수 있는데, 무시설식 노지와 부뚜막식 노지로 구성되어 있는 것에서, 점차 석재를 이용하는 부뚜막식 노지와 쪽구들 노지의 형태로 변화된 모습을 함께 살필 수 있다.[46] 성산리유적에서 확인된 주거지의 노지는 석재와 점토를 혼용하여 조성한 부뚜막이 있는 쪽구들 노지로 한층 발전된 형태를 이루고 있어, 그 변화상을 살필 수 있다. 이러한 주거구조와 출토유물의 변화를 통하여 당진지역 내 주거문화가 4주식으로 대표되는 馬韓系 주거구조에서 비4주식의 百濟系 주거형식으로 변화하는 모습을 살필 수 있다.

埋葬遺蹟은 주구묘, 분구묘, 토광묘, 횡혈식석실묘, 석곽묘 등으로 다양하다. 이는 백제시대 분묘의 다양한 구조양상과 함께 검토될 수 있는 것으로,[47] 당진지역에서 조사된 묘제유형을 기초로 변화상을 살필 수 있다. 고분의 형태는 서산-당진지역에서 확인되는 원삼국~백제시대 분구묘와 토광묘 등의 재지묘제와 백제의 웅진천도 이후의 사비도읍기에 조영된 것으로 보이는 횡혈식석실묘와 같은 백제 중앙묘제로 크게 구분할 수 있다.

원삼국시대 분묘로는 도성리유적에서 조사된 분구묘가 있다. 이 분구묘는 지상에 매장주체부를 갖춘 것으로, 서천 당정리, 대천 관창리 등지에서 확인된 방형주구묘와 비교가 가능하다. 유적의 조성시기는 2세기 중엽에서 3세기 중엽을 전후한 시기로 편년되는데, 유구의 존재가 구체적이지 않다. 그러나 이와 유사한 구조를 갖춘 백제시대 분묘유적으로 가곡2리 분구묘를 살필 수 있다. 이 분구묘는 측면에 연접확장을 통하여 추가장을 이룬 집단묘의 형태를 이루고 있다. 매장주체부가 반지하나 일부 지상에 자리하는 모습을 보이는데, 이는 지상에 매장주체부를 조성한 원삼국시대 도성리유적과 유사한 묘제 전통을 갖추고 있는 것으로 볼 수 있다.

특히 주목되는 것은 이 분구묘에 부장된 토기의 구성이다. 일반적으로 백제 중앙의 유물부장은 단경호와 심발형토기가 공반되는데, 당진지역에서 조사된 분구묘에는 중대형의 원저호와 소형의 원저호를 부장하는 모습을 보인다.[48] 이 가운데 중대형의 원저호는 난형호와 구형호로 구성되어 있

---

46 정해준, 2009, 「원삼국시대 주거지와 백제시대 주거지의 비교검토 -서천 봉선리 유적을 중심으로-」 『백제문화』 36, 공주대학교 백제문화연구소.

47 이남석, 2002, 『백제묘제의 연구』, 서경.

48 이현숙, 2017, 「한성기 백제 재지사회 내 상호작용 연구 -서산 부장리유적권을 중심으로-」 『백산학보』

으며, 소형의 원저소호는 편구소호, 구형소호, 난형소호, 직구단경소호, 유견호, 병형토기 등으로 구성되어 있다. 이 가운데 소형의 원저소호는 점차 백제양식 기종으로 변화하는 모습이 확인되는데, 특히 1-3호 분구묘 부장 토기인 견부 문양대가 있는 직구단경소호나 병형토기 등은 백제 중앙의 토기양식과 비교할 수 있다.

횡혈식석실묘는 백제 중앙과의 적극적인 관계를 살필 수 있는 묘제이다. 그러나 백제 횡혈식석실묘가 한성기에서부터 웅진-사비기를 거쳐서 점진적인 변화상이 확인되고 있는 것에 비해서, 당진지역에서 확인된 횡혈식석실묘는 주로 泗沘都邑期에 집중되는 특징을 보인다. 추후 조사가 이루어져야 하겠지만, 사비도읍기의 횡혈식석실묘가 조영되기 이전의 묘제는 재지묘제인 분구묘와 토광묘 전통을 이어가고 있었을 가능성을 살필 수 있다.

橫穴式石室墓는 주로 당진시 중앙을 남북방향으로 지나는 '역천'변에 밀집되어 있는 우두리유적, 채운리 한우물유적, 정미면 대운산리유적과 면천면 일대의 율사리유적과 자개리유적이 있다. 이들 유적은 모두 백제 사비도읍기에 조영된 것으로, 백제 중앙의 묘제와 착장형 위세품으로 볼 수 있는 금동제 세환이식이 부장되어 있는 점을 통하여 중앙과의 직접적인 관계를 살필 수 있다. 다만 인골이 확인된 우두리와 한우물유적의 사례로 볼 때, 추가장의 형태가 백제 중앙에서 보이는 순차적인 모습과는 큰 차이를 보이는 점이 주목된다.

채운리 한우물유적의 경우 60대의 남성 2개체와 30대의 여성 1개체분의 인골이 몰려있는 형상으로 출토되었으며, 우두리 횡혈식석실묘에서는 5개체의 인골이 다장된 석곽묘와 2개체가 매장된 횡혈식석실묘가 있다. 그러나 이들 석실묘에서 확인된 인골은 부부나 가족관계를 구체화할 수 없는 것으로, 남성 2개체이거나, 20~30대 여성 2개체와 35~50대 남성 1개체, 50~65세 남성적 인골 1개체, 약년(12~15세)의 미상 인골 1개체로 구성된 5개체의 인골이 출토된 사례가 있다.[49]

이와같은 매장방법은 횡혈식석실묘에서 부부나 가족이 매장되는 추가장의 형태와는 다른 것으로, 墳丘墓에서 확인된 同一家系의 연접 추가장과 같은 형태로 볼 수 있다. 즉 묘제 전통에 있어서는 백제 중앙의 묘제 전통이 반영되어 있으나, 葬制에 있어서 추가장의 형태는 재지적 전통이 지속적으로 유지되고 있었던 것으로 추론할 수 있다. 그러나 부장유물가운데 금동제 세환이식이 매장되어 있는 점이 주목되는데, '역천'변에 입지하는 대운산리 호구마루 유적에서 조사된 橫口式石槨墓에서도 금동제 細鐶耳飾이 출토된 바 있다. 이는 부장전통과는 별개로 묘제와 착장형 위세품으로

107호, 백산학회.
49 금강문화재연구원, 2011, 『당진 채운리 한우물유적』.

볼 수 있는 금동제 세환이식의 존재를 통하여 백제 중앙과의 관계를 구체화할 수 있는 중요한 자료이다.[50]

이러한 모습은 면천면 일대의 율사리와 자개리유적에서도 확인된다. 무덤의 형태는 사비도읍기 이후로 편년할 수 있는 횡구식석곽묘의 형태가 주를 이루는데, 부장유물에서 금동제 耳飾과 銙帶와 같은 유물이 있다. 이식과 과대는 관복과 같은 의장의 着裝과 관련된 것이므로, 피장자의 社會的 立地를 살필 수 있는 유물에 해당한다.

2. 고대 당진지역의 문화사적 성격

고대 당진지역의 문화사적 성격은 앞에서 살펴본 고고학적 특성을 기초로 하여 분석해보고자 한다. 고고학자료의 분석을 통하여 확인되는 당진을 중심으로 한 재지사회의 모습은, 한성기 백제 중앙과의 능동적인 교류를 통한 재지사회의 주체적 문화수용을 위한 관문으로서의 성격과, 웅진-사비도읍기 대중국교류를 위한 백제 중앙의 정책적 진출의 관문으로서의 문화적 성격을 구분하여 살펴보고자 한다.

1) 한성기 백제 중앙과의 능동적교류

古代 在地社會를 기반한 당진지역의 문화상에서 새로운 외부 세력의 영향이 처음으로 확인되는 것은 漢城百濟 중앙의 문화이다. 따라서 여기에서는 백제 한성기로 편년된 유적을 중심으로 백제 중앙과의 교류 모습을 살펴, 당진지역을 중심으로 고대 재지사회의 문화수용과 교류의 모습을 살펴보고자 한다. 대표적인 유적으로 가곡2리에서 조사된 분구묘와 성산리 산성과 생활유적을 살필 수 있다.

가곡2리에서 조사된 분구묘는 재지묘제 전통이 유지되어 있는 분묘유적으로, 중심 묘제를 중심으로 추가로 매장되는 무덤이 측면에 연접하여 조영되면서 확장되는 集團墓의 특징을 보이는 것이다. 이 유적은 당진시 중앙을 가로지르는 '역천'이 북쪽의 서해와 만나는 지역에 위치하는 것으로, 입지상 당진 지역문화와 서해를 통한 해상교통을 통한 문화유입의 창구부분에 해당하는 지역이다. 이와 동일한 묘제는 '역천' 상류에 해당하는 남쪽 상단부, 즉 당진과 서산의 경계를 이루는 지역에

---

50 이한상, 2009, 『장신구 사여체제로 본 백제의 지방지배』, 서경문화사.

위치하는 서산 운산면 여미리 유적과, 서산 음암면 부장리유적, 해미 기지리유적에서도 확인된다.

이들 유적은 행정구역상 당진지역과는 구분되어 서산 부장리유적권으로 분류되는데, 부장리유적을 중심으로 주변의 7.5~8km 내외의 예천동유적과 기지리·언암리유적 등을 포함하는 지역으로, 넓은 평야와 구릉지대를 중심으로 서로 인지 가능한 지역범위에 해당한다. 특히 이 부장리유적권은 묘제에서 분구묘 사용이라는 공통성을 지니고 있을 뿐만 아니라, 지형·지리적으로 일정한 지역권에 분포하면서 유기적 관계를 형성할 수 있는 권역에 포함되어 있다.[51] 그리고 유적간의 위계는 유적의 조성 범위가 넓게 확인된 예천동, 기지리·언암리유적보다는, 유구의 분포가 집중되어 있으면서 출토유물에 있어서 백제 중앙과의 관계를 추론할 수 있는 금동관모와 식리가 출토된 부장리유적의 位階가 높은 것으로 추정된다.

서산 부장리유적권을 포함하는 주변 유적의 생활, 분묘 문화상을 살펴볼 경우, 부장유물과 생활유물을 비롯한 물질문화의 변화를 제외한 묘제와 주거형식과 같은 생활양식 전반의 변화상은 크게 확인되지 않는다. 즉 주거지와 묘제에 있어서 기존의 전통을 유지하고 있으며, 부장유물의 구성에 있어서도 단경호와 공반되는 기종의 공헌용기가 함께 부장되는 전통을 지속적으로 공유하고 있음을 알 수 있다.[52]

일반적으로 위세품의 경우 중앙과 지방의 힘의 불균형을 현실로 인정하는 결과물로 볼 수 있는데, 이러한 위세품을 매개로 재지수장층의 권위를 인정하는 백제 중앙의 지방통제방식은 결국 지방사회의 능동적이고 자발적인 참여를 기초로 문화적 동질성을 야기할 수 있었던 것이었을 것이다. 따라서 한성기 백제 지방사회에서 확인되는 위세품은 백제 중앙과의 정치적 관계를 형성했던 표지적 상징물로서, 이를 소유한 피장자는 지방사회 통합의 중심주체로서 백제 중앙과의 관계형성에 주도적 입지를 점유하고 있었던 사람이었음을 쉽게 알 수 있다. 그럼에도 불구하고 부장리유적권에서는 집단 내 공통적으로 적용되는 등 재지사회의 전통질서에 기반하여 지방사회의 독자성을 유지하고 있는 모습을 보여준다. 따라서 이러한 모습을 통하여 서산 부장리유적권을 통해서 살필 수 있는 한성기 백제의 중앙과 지방사회는 위세품을 중심으로 하는 형식적인 위계와는 별개로, 재지사회의 전통적 상장례와 사회적 관계가 용인되는 비공식적 자율성의 질서가 작용하고 있었음을 파악할 수 있다.

---

51 이현숙, 2017, 「한성기 백제 재지사회 내 상호작용 연구 −서산 부장리유적권을 중심으로−」『백산학보』
    107호, 백산학회.

52 이현숙, 2017, 「한성기 백제 재지사회 내 상호작용 연구 −서산 부장리유적권을 중심으로−」『백산학보』
    107호, 백산학회.

이러한 분석은 당진지역에서도 유용하다. 물론 당진지역의 경우 성산리산성이 한성기 백제산성으로 인지되고 있어, 중앙과의 관계를 살피는데 중요한 자료가 된다. 즉 직접지배영역에 해당하는지, 간접지배영역에 해당하는지의 문제이다. 성산리 산성에 대한 조사가 구체적으로 이루어져야 하겠지만,[53] 산성주변에서 조사된 주거지의 전통이 재지계에서 단계적인 변화상을 이루는 것으로 미루어볼 때 급진적인 문화주체의 변화나 지배체제의 변화는 추론하기 어렵다.

서산 부장리유적권의 관문에 해당하는 당진지역, 즉 '역촌'의 북쪽구간 일대에도 이와 유사한 유적의 형성가능성을 배제할 수 없다. 이는 가곡2리유적에서 확인된 분구묘의 형상이 서산 부장리유적권의 분구묘와 동일한 모습일 뿐만 아니라, 가곡리유적과 성산리유적, 채운리유적 등지에서 확인되는 흑색마연토기를 비롯한 백제 중앙의 물질문화가 출현하는 모습을 통해서도 살필 수 있다. 즉 백제 중앙의 지방지배체제에서의 강제적 문화 유입인지, 아니면 한성기 백제와의 적극적인 교류의 주체로서 당진지역 재지사회의 능동적인 문화 수용의 모습을 반영하는 것인지를 준별하는 기초자료가 된다.

현재까지 확인되는 당진지역의 고대 문화상은 재지사회의 문화전통을 유지한 상태에서 자발적 문화수용의 모습을 보인다. 특히 고고학조사를 통하여 확인된 유적 가운데 한성기 백제 중앙의 문물은 주로 당진시가지의 중앙을 남북으로 가로지르는 '역촌' 일대에 집중되어 있으며, 이 문화는 '역촌' 상류의 서산 운산면 여미리유적권은 서산시 음암면 부장리유적권과 연접하여 경계를 이루는 지역으로 판단된다. 따라서 현재 행정구역상 서산시에 포함되어 있는 여미리유적은 고고학적 문물과 지형상 당진의 문화권역에서 함께 검토되어야 될 것으로 판단된다.[54] 더불어 당진지역의 북쪽 해안지역에서 확인되는 다수의 주거지와 출토유물의 내용으로 보았을 때, 당진지역은 재지사회의 생활문화상을 유지한 상태에서, 백제 중앙과의 자발적 문화교류를 통해 선진문화상을 수용하는 능동적인 재지문화상을 보인다.

요컨대 당진지역의 지형지리적 입지와 고고학자료의 특성에 기초할 때, 백제 한성기 중앙의 문

---

53 산성의 축성기법에 있어서 판축법의 분석이 필요하다. 즉 백제 중앙의 영정주기법에 기초한 판축과 재지사회의 기술적 속성이 반영된 판축기법을 구분할 필요가 있다. 남양만 일대의 화성 길성리토성의 경우 주변의 요리와 사창리고분에서 금동관모와 진식대금구 등이 출토되었으나, 길성리토성의 축성기법은 재지사회의 기술적 속성이 반영된 것으로 보고 있다. 즉 성산리산성의 경우 초축의 시기가 백제 한성기이라고 하더라도, 축성주체가 백제 중앙인지, 당진지역에 기반한 지방세력인지의 문제는 매우 중요하다. 이는 문화의 수용 주체가 당진지역 재지사회의 자발성에 기반하는 것인지, 피동적 수용에 기반하는 것인지를 살피는 근거자료가 되기 때문이다.

54 이에 대해서는 지형지리적 관점과 유적의 형상으로 미루어 검토할 수 있다.

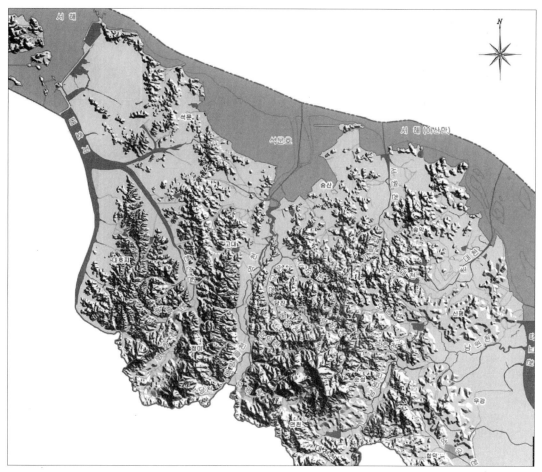

〈도판 9〉 당진지역의 수계별 지형환경

화를 수용하는 주체로서 서해에 인접한 북쪽의 가곡리유적권과 '역촌'의 남쪽 상단부에 위치한 여미리유적권은 서해를 통하여 선진 문물을 수용한 재지문화의 중심지로서 면밀하게 검토할 필요가 있다. 그리고 고대 당진지역이 지정학적으로 남양만을 경계로 한성지역과 구분된 지역에 해당하지만, 차령산맥 이동의 금강문화권에 속하기보다는 남양만을 공유하는 북쪽의 경인문화권에 속하는 지정학적 특성을 지니고 있다고 볼 수 있다. 다만 북쪽의 서해를 경계로 하고 있는 관계로 한성 백제 중앙으로부터 직접적인 영향이 반영되지 않는 것으로 보아, 경인지역과는 구분되는 독자적인 문화상을 유지하고 있는 것 또한 큰 특징이다. 즉 백제 한성기 당진지역의 지형지리적 특징은 연안항해의 해로를 통하여 문화수용이 다른 지역에 비하여 빠르게 이루어지지만 대외적인 문화적 강제가 약한 지역으로서, 문화수용의 주체성이 강한 능동적 교류의 성향을 갖춘 재지사회 중심의 지역문화상을 갖추는 요인으로 작용하였을 가능성을 배제할 수 없다.

2) 웅진-사비도읍기 대중국교류의 거점지역 당진

다음으로 백제의 웅진천도 이후 웅진-사비도읍기 대중국교류를 위한 백제 중앙의 정책적 진출의 관문으로서 당진지역의 문화적 성격을 살펴볼 수 있다. 웅진천도 이후 사비도읍기를 중심으로 당진·서산의 지방문화상에 큰 변화를 살필 수 있다. 우선 묘제전통에서 확인되는 모습은 사비도읍기 백제 중앙묘제인 횡혈식석실묘의 유입이다. 당진지역에서는 백제 한성기나 웅진 초기로 편년할 수 있는 횡혈식석실묘 구조는 확인된 바가 없는 것으로 볼 때, 분구묘를 중심으로 하는 재지묘제가 웅진천도를 전후한 시기까지 지속되었을 것으로 판단된다. 현재 당진지역에서 조사된 고분은 대부분 사비천도를 전후한 시기의 유적이 주를 이룬다.

당진지역에서 발굴조사된 백제시대 고분은 훼손이 심하고, 유구가 밀집되어 있지 않다. 따라서 구체적인 구조를 알 수 있는 고분의 존재가 희박한데, 이른 시기의 궁륭상 횡혈식석실묘는 아직까지 확인되지 않았다. 조사된 고분은 대부분 평면 세장방형으로 평천장의 구조를 갖춘 단면 육각형의 소위 능산리식 횡혈식석실묘와 횡구식석곽묘로 확인된다. 당진 우두리유적과 채운리 한우물유적에서 횡혈식석실묘가 조사되고, 율사리유적에서는 석곽묘가 조사되었다. 이들 유적은 백제의 사비천도 이후에 조영된 것으로, 백제 중앙의 장제와 묘제가 지방사회에 모두 유입되어 있는 모습을 보인다. 이는 백제 한성기 중앙의 토기와 위세품이 유입됨에도 불구하고 분구묘와 주거지의 구조에서 큰 변화를 보이지 않았던 것과는 큰 차이를 보인다.

특히 인골이 확인된 우두리와 한우물유적의 사례로 볼 때, 추가장의 형태가 부부나 가족에 제한되지 않는 점이 주목된다. 채운리 한우물유적의 경우 3개체 인골이 부장되거나, 우두리 석곽묘에서 5개체의 인골이 다장된 모습이나 동성의 인골 2개체가 매장된 횡혈식석실묘 등을 통하여, 석실묘에 매장된 인골이 단일가계의 부부나 가족관계를 구체화할 수 없는 것을 알 수 있다. 우두리 석곽에서는 인골이 중첩되어 있고 관정이 무질서하게 섞여있는 것으로 미루어, 특정한 장소에서 세골장한 후 나무상자와 같은 도구에 담아와 일시에 多人葬이 행해진 무덤으로 보고 있기도 하다.[55]

이와같은 매장방법은 백제 중앙의 횡혈식석실묘에서 부부나 가족이 매장되는 추가장의 형태와는 다른 것으로, 분구묘에서 확인된 동일가계의 연접 확장을 통한 추가장과 같은 형태로 볼 수 있다. 즉 묘제에 있어서는 백제 중앙의 묘제 전통이 반영되어 있으나, 장제에 있어서 추가장의 형태는

---

55 충청남도역사문화연구원, 2009, 『당진 우두리유적(I)』.

재지적 전통이 지속적으로 유지되고 있었던 것으로 추론할 수 있다. 그러나 부장유물 가운데 금동제 세환이식이 매장되어 있는 점이 주목된다. '역천'변에 입지하는 대운산리 호구마루 유적에서 조사된 횡구식석곽묘에서도 금동제 세환이식이 출토된 바 있다. 이는 장제적 전통과는 별개로 새롭게 출현한 백제 중앙의 묘제와 착장형 위세품으로 볼 수 있는 금동제 세환이식의 존재로,[56] 백제 중앙과의 관계를 구체화할 수 있는 중요한 자료이다.

지금까지 당진지역 일대에서 조사된 백제 중앙의 횡혈식석실묘는 대부분 사비도읍기 이후에 조영된 것이다. 당진시 중앙을 남북방향으로 흐르는 '역천'변에 밀집되어 있는 우두리유적, 채운리 한우물유적, 정미면 대운산리유적과 면천면 일대의 율사리유적과 자개리유적 등이 있다.[57]

당진시 중앙을 남북으로 가로지르는 '역천'은 남쪽의 서산 마애삼존불이 있는 용현리, 고풍리 일원에서부터 서산시 운산면 여미리를 지나, 북쪽의 석문호를 통해 서해에 유입된다. 따라서 이와같은 물길은 부여-청양-홍성을 지나 예산 화전리 사면석불이 있는 예산군 봉산면을 통해서 육로교통상 연결되는 지역으로, 웅진-사비도읍지역에서 육로를 통해 서해에 다다르는 중요지점에 해당한다.

최근 예산 화전리 사면석불에 인접해 있는 예산군 고덕면 석곡리에서 6세기 후반으로 편년되는 사비도읍기 횡혈식석실묘가 조사되어,[58] 중요 교통로상의 결절지점에 위치한 지방사회 세력의 문화권을 이해하는데 중요한 자료를 제공하고 있다. 따라서 당진시 '역천'변에 위치하는 횡혈식석실묘와 횡구식석곽묘는 사비도읍기 백제의 대중국 교류를 위한 육로상에 입지하는 지방사회의 문화상을 살피는 중요한 자료가 될 수 있을 것으로 판단된다.

그렇다면 당진과 서산지역 일대에서 백제 한성도읍기에는 재지묘제 전통을 유지한 상태에서 중앙의 금동관모나 흑색마연토기와 같은 위세품이 수용된 것과 달리, 웅진-사비도읍기 이래 백제 중앙의 묘제와 더불어 금동제 이식과 같은 착장형 위세품이 출토되는 이유는 무엇일까?

이와 관련하여 주목되는 것은 백제의 웅진천도 이후 백제의 지방사회의 고분에서 확인되는 위세품은 금동제 이식이나 은화관식과 같은 착장형 위세품이 주를 이룬다는 점이다. 즉 당진 우두리유적의 고분군과 대운산리 호구마루유적에서 출토된 금동제 이식과 같은 것에서 알 수 있듯이, 당진

---

56 이한상, 2009, 『장신구 사여체제로 본 백제의 지방지배』, 서경문화사.

57 당진의 서쪽에 해당하는 대호지만 일원의 유적현황은 아직까지 구체적으로 알려진 바가 없다. 다만 통일신라시대 이후 고대면 당진포리를 중심으로 활발한 교류가 이루어졌을 것으로 보기도 한다.

58 겨레문화유산연구원, 2017, 『덕산-고덕IC 도로건설공사 구간 내 유적 문화재발굴조사 2차 학술자문위원회의 자료』.

지역에서 확인된 백제 사비도읍기 중앙의 횡혈식석실묘제의 등장과 착장형 위세품으로 볼 수 있는 금동제 세환이식의 부장을 주목할 수 있다. 이는 묘제와 부장유물 모두에서 백제 중앙의 장제적 문화가 유입된 것으로, 고분의 피장자가 중앙과 직접적인 정치적 관계에 있었음을 살필 수 있는 중요한 자료이다.

이러한 모습은 당진시 중앙을 가로지르는 '역천' 문화권과 구분되는 지역에서도 확인되는데, 면천면 일대의 율사리와 자개리유적 등을 주목할 수 있다. 이곳에서 확인된 무덤의 형태는 사비도읍기 이후로 편년할 수 있는 횡구식석곽묘의 형태가 주를 이루는데, '역천' 문화권의 횡혈식석실묘보다는 후행하는 시기로 편년된다. 그러나 부장유물에서는 금동제 이식과 과대와 같은 착장형 위세품을 통해서, 피장자의 사회적 입지를 살필 수 있는 유물에 해당한다. 따라서 이 지역은 아산만에

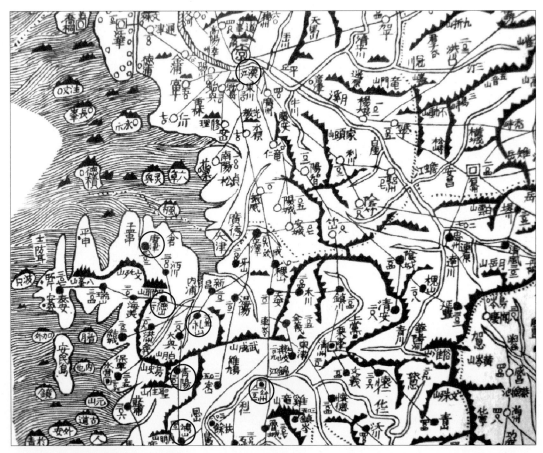

〈도판 10〉 고지도상의 당진과 주변 교통로

서 삽교천을 따라서 내만하는 지역에 해당하는 곳으로, '역천' 유역과 별도로 부여-청양-예산 응봉면을 통하여 아산만에 연결되는 지역이다. 즉 웅진-사비천도 이후에도 서해에 이르는 다양한 육로교통의 존재를 추론할 수 있다.

요컨대 백제의 웅진천도 이후 당진지역에 조영된 고고학자료의 분석결과 웅진천도 이후 사비도읍기를 중심으로 당진·서산의 지역문화상에 큰 변화를 살필 수 있다. 당진지역에서는 백제 한성기나 웅진기로 편년할 수 있는 횡혈식석실묘 구조는 확인된 바가 없는 것으로 볼 때, 분구묘를 중심으로 하는 원삼국시대 이래의 재지묘제가 웅진천도를 전후한 시기까지 지속되었을 것으로 판단된다. 즉 당진지역이 웅진천도 직후까지는 재지묘제와 전통을 유지한 상태에서의 능동적인 문화교류를 통하여 지역문화상을 유지하고 있었음을 살필 수 있다.

그런데 백제의 웅진-사비도읍기를 전후하여 당진지역 내의 재지 묘제적 특성을 갖춘 분구묘가 사라지고 사비도읍기 백제 중앙묘제인 횡혈식석실묘가 유입되는 모습이 확인된다. 특히 이들 묘제에는 금제이식과 같은 착장형 위세품이 부장되는데, 이를 통하여 당진지역이 백제 중앙문화에 적극적으로 편입되어 있었음을 살필 수 있다. 특히 '역촌'을 중심으로 당진 북부지역인 성산리 일대만이 아니라, 당진 서북쪽의 '대호지만'과 동북쪽의 '삽교천' 일대로 횡혈식석실묘가 집중되는 모습을 살필 수 있다. 이는 웅진-사비도읍기 대중국교류를 위한 백제 중앙의 정책적 진출의 관문으로서 백제 중앙문화에 편입되면서 재편된 지방사회로서 당진지역에, 다양한 루트를 형성한 지역 정체체의 성격을 살피는 중요한 자료로 판단된다.

Ⅴ. 맺음말

고대 국가의 중앙과 지방, 지방과 지방의 관계는 상호작용의 문제로 이해될 수 있다. 즉 '물자'의 제한과 '지역'의 경계가 뚜렷하지 않은 고대 삼국의 문화기반에서, 중앙과 지방의 관계는 물자의 교역이나 교류보다는 위세품의 사여관계에서 알 수 있듯이 상호 호혜적 관계의 교류가 중요할 것이다.

본고에서는 고고학자료를 통하여 지역단위의 문화상을 구체화하기 위한 문화사적연구의 노력으로, 최근 당진지역에서 발굴조사된 원삼국~백제시대 고고학자료를 중심으로 고대 당진지역의 문화상을 살피고, 이를 통하여 확인할 수 있는 중앙과 지방사회의 문화상을 파악하여 당진지역의 문화적 정체성을 검토해보고자 하였다.

일반적으로 근대의 교통로 발달에 있어서도 수로와 육로의 연계 정도에 따라서 지역의 교통로적 입지로서의 위상이 달라지는 것을 살필 수 있다. 이러한 관점에서 볼 때, 당진은 백제의 웅진천도 이후 중앙의 문화적 영역에 적극적으로 포함되어, 대중국 교류를 위한 해로와 안정적 육로를 연계하는 거점지로서 중앙의 영역에 적극적으로 포함되었다고 볼 수 있다.

분석결과 한성도읍기 당진지역은 백제 중앙과 지방의 관계에서 능동적 문화수용을 도모한 재지사회의 관문이었다고 한다면, 웅진천도 이후 사비도읍기에는 대중국교류를 위한 국가적 관문으로서 그 지역적 중요성이 강조되었을 것으로 판단된다. 즉 당진지역의 고고학자료 중 생활과 매장유적에서 한성기 백제 지방사회의 재지문화 전통이 유지된 상태에서 중앙의 문화를 받아들이는 능동적 문화상이 나타난다. 반면에 사비도읍기에는 백제 중앙의 묘제와 착장형 위세품인 금동제이식이 출토되는 고분문화상을 통하여 중앙의 적극적인 통제에 포함되었음을 살필 수 있다. 특히 이와 관련된 지역 정체체가 매우 다양한 루트로 존재하였음을 추정할 수 있다. 이는 웅진-사비도읍기 백제 중앙의 대중국 교류를 위한 관문으로써 당진지역이 주목되는 과정에서 재지사회의 중앙관료화 과정으로 이해할 수 있는 자료로 볼 수 있다.

참고문헌

1. 보고서

가경고고학연구소, 2013, 『당진 율사리유적』.

겨레문화유산연구원, 2017, 『덕산-고덕IC 도로건설공사 구간 내 유적 문화재발굴조사 2차 학술자문위원회의 자료』.

금강문화재연구원, 2011, 『당진 채운리 한우물유적』.

백제문화재연구원, 2009, 『당진 원당리유적』.

백제문화재연구원, 2011, 『당진 가곡리유적』.

충청남도역사문화연구원, 2008, 『당진 채운리유적』.

충청남도역사문화연구원, 2009, 『당진 우두리유적Ⅰ』.

충청남도역사문화연구원, 2010, 『당진 우두리유적(Ⅱ)』.

충청남도역사문화연구원, 2011, 『당진 도성리유적』대중 골프클럽 조성사업부지내 발굴조사.

충청남도역사문화연구원, 2011, 『당진 석우리, 소소리유적』, 당진 합덕지방산업단지 조성사업 예정부지 내 발굴조사.

충청문화재연구원, 2005, 『당진 대운산리 호구마루유적』.

충청문화재연구원, 2010, 『당진 합덕 대전리유적』.

충청문화재연구원, 2012, 『당진 송악지구 기지시리 내기유적』.

충청문화재연구원, 2013, 『당진 성산리유적(3-1지점)』2권-원삼국~백제시대 편.

『한국지명총람』 4-충남편 상-, 1974, 한글학회.

2. 논문

김기섭, 2007, 「백제의 교통로와 금강」『백제와 금강』, 충청문화재연구원 학술총서, 서경문화사.

김성남·이화영·전수지, 2011, 「당진 송산 제2일반산업단지 조성부지(Ⅰ-3,4구역)」『호서지역 문화유적 발굴성과』, 호서고고학회.

노중국, 권오영, 2008, 『백제 역사와 문화』, 충청남도역사문화연구원.

문안식, 2000, 『백제의 영역확장과 변방세력의 추이』, 동국대학교 박사학위논문.

박한제, 2003, 『박한제 교수의 중국 역사 기행』3, 사계절.

성정용, 1994, 「홍성 신금성지 출토 백제토기에 관한 고찰」『한국상고사학보』15.

윤명철, 2012, 「당진의 고대 해항도시적인 성격 검토와 항로」『동아시아고대학』29, 동아시아고대학회.

윤용혁, 2010, 「연안 해로의 발달과 왜구」『충남 역사의 이해』, 충청남도 역사문화연구원.

이건무, 1991, 「당진 소소리유적 출토 일괄유물」『고고학지』제3집, 한국고고미술연구소.

이남석, 2002, 『백제묘제의 연구』, 서경.

이중환, 1751, 『擇里志』(이익성 역, 1997, 『擇里志』, 을유문화사).

이석우·김금식, 1984, 『해양측량학』, 집문당.

이한상, 2009, 『장신구 사여체제로 본 백제의 지방지배』, 서경문화사.

이현숙, 2017, 「한성기 백제 재지사회 내 상호작용 연구 -서산 부장리유적권을 중심으로-」『백산학보』107호, 백산학회.

정해준, 2009, 「원삼국시대 주거지와 백제시대 주거지의 비교검토-서천 봉선리 유적을 중심으로-」『백제문화』36, 공주대학교 백제문화연구소.

천관우, 1989, 『고조선사, 삼한사연구』, 일조각.

호서지역 백제시대
수혈유구 용도에 관한 검토*

───

류미나
(공주대학교박물관 학예연구원)

Ⅰ. 머리말   Ⅳ. 수혈유구의 존재양상과 그 용도

Ⅱ. 호서지역 조사사례 현황   Ⅴ. 맺음말

Ⅲ. 수혈유구의 분석

Ⅰ. 머리말

수혈유구[1]는 특별한 재료 없이 조성할 수 있다는 축조의 용이성과 지하에 일정한 공간을 가지고

─────────────

* 이 글은 본인의 석사학위논문 『호서지역의 백제시대 수혈유구 기능 연구』 중 일부를 수정·보완한 것이다.

1 본고에서의 정리하고자 하는 竪穴이란 인간이 어떠한 목적을 가지고 의도적으로 굴착한 행위의 결과물로서 나타난 구덩이를 말하며, 지상이 아닌 지하에 일정한 공간을 가진 유구라고 할 수 있다. 평면은 대체적으로 원형을 띠며, 단면의 형태는 제형(상협하광형), 원통형(일자형), 역제형(상광하협형) 등 다양한 편이나 주로 상부가 좁고 하부로 갈수록 넓어지는 제형의 형태를 띠고 있는 것이 특징이라고 할 수 있다.

있어, 공간적인 안정성을 확보하고 있는 구덩이라고 정의할 수 있다. 이와 같은 기본적 속성을 바탕으로 긴 시간동안 다양한 용도로 사용되었을 것으로 짐작된다. 수혈유구의 평면 형태는 대체적으로 원형을 띠며, 단면의 형태는 입구가 좁고 바닥이 넓은 상협하광형이 많다.

백제시대 수혈유구에 대한 연구는 여러 연구자들에 의해 이루어져 왔다. 대체적으로 임의적인 공간적·시간적 범위를 설정하고 분석을 통해 형식 분류와 시기 구분하여, 수혈유구의 성격과 그 기능에 대한 가능성을 제시하는 방향으로 진행되었다.

먼저, 수혈의 기능 및 용도에 대한 연구는 크게 저장, 주거, 방어, 의례 등 다양한 기능에 대한 가능성이 제시된 상황이다. 저장의 용도에 대한 연구는 몽촌토성에서 수혈유구가 확인되면서 시작되었고, 수혈유구 내부에서 출토된 유물을 통해 저장 기능을 띤 시설로 파악하였다. 이후 복주머니형 저장공을 백제의 독특한 저장 문화를 구성하는 유구로 판단하고 그 구조나 중국의 예를 통해 곡물의 장기저장을 위한 시설물일 가능성을 제시하였다.[2]

2000년대 이후 공주 장선리에서 출입부 및 외실·주실 및 부실·출입시설·환기시설 등의 구조적 특징을 가진 수혈유구가 확인되면서 이를 『三國志』魏志 東夷傳에 기록된 '草屋土室'과 연관 지어 '土室'로 명명하고[3] 이를 통해 수혈유구가 마한시대에 만들어진 주거지일 가능성[4]이 제기, 나아가 저장공이라고 분류되던 수혈에 대해 토실의 가능성을 언급하였다.[5]

또한, 저장과 주거의 기능 외에 방어시설로 수혈유구가 이용되다가 서서히 환호나 토성, 그리고 석성의 형태로 구체적이고 견고한 방어적인 기능으로 대체되어 간다는 연구도 진행되었다.[6] 이 연구는 일반적으로 수혈의 기능을 저장 시설로 보는 것에 문제점을 지적하고 저장과 주거지 기능 외에 방어적인 기능으로서 수혈유구에 대한 새로운 기능을 제시한 연구이나 수혈유구의 저장 기능 자체를 부정하였다는 한계점도 있다.

이외에도 수혈유구 내의 유물이 파쇄 되어 있거나 의례용으로 인식되는 유물이 출토되는 모습을 통해 수혈유구를 제의 공간으로 이해한 연구[7]도 존재한다. 최근에는 영남지역에서 확인되는 삼국~

---

2 신종국, 2005, 「백제 지하저장시설의 구조와 기능에 대한 검토」『文化財』38, 130~134쪽.

3 李勳·姜鍾元, 2003, 『公州 長善里 土室遺蹟』, 忠南發展研究院, 356~357쪽.

4 李勳·姜鍾元, 2001, 「公州 長善里 土室遺蹟에 대한 試論」『韓國上古史學報』34, 138쪽.

5 최몽룡·김경택, 2001, 『한성시대 백제와 마한』, 주류성, 62쪽.

6 도문선, 2006, 「방어시설로서 수혈에 대한 재검토」『중앙고고연구』2, 16쪽.

7 김두철, 2000, 「祭祀考古學의 研究成果와 課題 −竪穴式祭禮遺構를 중심으로−」『고고학의 새로운 지향』, 제4회 복천박물관 학술세미나, 복천박물관, 53쪽.

조선시대의 수혈유구에 대해 인간이 흙을 채취하기 위한 구덩이를 통칭하며 수혈유구를 생산·생활유적의 구성에 있어 중요한 부속시설로 판단하였다.[8]

기존의 연구에서는 대체적으로 수혈유구의 형태적 속성에 주목하여 형식을 분류하고 편년을 설정하여 그 기능을 도출하는 연구방법이 주로 사용되고 있다. 하지만 본고에서는 형태적 속성 이외에 수혈유구가 단독적으로 조성되는 사례 보다 관방시설을 비롯하여 건물지, 주거지, 분묘 등 동시기 다양한 유구와 함께 공반되는 형태와 수혈유구의 분포 및 입지를 중점적으로 살펴보아야 한다고 판단하였다. 이는 수혈유구가 단독으로 조성되기 보다는 동시기 성격을 달리하는 여러 유구와 공반되는 양상이 두드러지기 때문이다. 이런 모습은 수혈유구가 단순히 하나의 기능으로서 사용되기 보다는 취락을 구성하는 하나의 요소로서 그 역할을 수행했을 것으로 판단된다.[9]

본고에서는 위에 언급한 내용을 중점적으로 호서지역 내 백제시대 수혈유구의 조사현황을 살피고, 수혈유구의 분포와 입지, 유적 내 공간배치양상을 면밀히 분석한 뒤, 수혈유구가 취락의 구성 내에서 어떠한 기능으로 사용되었을지에 대한 가능성을 살피고자한다.

Ⅱ. 호서지역 조사사례 현황

최근 고고학적 조사가 증가함에 따라 호서지역 내의 수혈유구가 조사된 사례가 많이 확인되고 있다. 유적 내에서 대체적으로 10기 내외로 확인되고 있는 것이 일반적인 사례이나, 특이하게 대규모로 수혈유구들이 조성되는 모습들이 관찰된다. 그 중에서도 대전 월평동유적에서는 350여 기의 수혈유구가 확인된 바 있고[10] 공주 덕지리유적에서는 161기,[11] 청양 백곡리유적은 491기의 백제시대 수혈유구가 조사되었다.[12] 이밖에도 논산지역을 중심으로 정지리, 원남리, 원북리 일대에도 인접

---

8 김의중, 2012, 『영남지역 채토수혈의 성격에 관한 연구』, 東義大學校 碩士學位論文, 2~3쪽.

9 수혈유구의 형태적 속성에 대한 분석을 진행하였고 그 결과, 평면의 형태, 단면의 형태로 시간성을 부여하거나 형식 분류 및 단계 설정에는 큰 무리가 따른다고 판단하였다. 또한, 수혈유구의 기능에 대한 검토를 진행하는 단계에서는 형태적 속성 보다는 분포라던가 입지, 동시기 공반되는 유구에 따라서 수혈유구의 기능에 더 큰 영향을 주었을 것으로 판단된다(류미나, 2016, 『호서지역의 백제시대 수혈유구 기능 연구』, 公州大學校 碩士學位論文, 32~42쪽).

10 국립공주박물관·충남대학교박물관, 1999, 『大田 月坪洞遺蹟』.

11 김가영·이주연·최보람, 2012, 『公州 德地里 遺蹟』, 백제문화재연구원.

12 李南奭·李賢淑·金瑜婷, 2014, 『靑陽 白谷里遺蹟』, 공주대학교박물관.

한 능선의 주변으로 대규모의 주거지와 수혈유구가 입지하는 사례가 확인된다.[13]

이와 같이 백제시대 수혈유구가 대규모로 조성되는 특징이 확인되고 있는 호서지역을 본고의 대상지역으로 설정하고자 한다. 시간적 범위는 1~3세기를 고고학에서는 원삼국기로 구분하고 문헌에서는 삼한 사회로 구분하고 있기에[14] 3세기 이후, 즉 4세기부터 백제 멸망기를 포함하는 7세기까지로 설정하여 조사현황을 정리하겠다.

조사현황을 검토할 때에는 유적 내에서 함께 공반되는 유구의 성격을 살피어 크게 관방유적, 생활유적, 기타유적으로 구분하였는데, 유적 내에서 수혈유구와 공반되는 유구의 성격이 수혈유구의 기능에 영향을 미칠 가능성이 높다고 판단하였기 때문이다. 수혈유구에 대한 명칭 및 축조시기, 형태 등의 설명은 보고서를 기준으로 정리하였다.[15]

〈표 1〉 호서지역 백제시대 수혈유구 조사 현황[16]

번호	유적명	입지 및 해발고도	조사내용 및 동시기 유구 공반양상	편년 및 분포양상
1	공주 공산성 (관방유적)	구릉 정상부	저장혈 12기	백제시대
				규칙적인 배치모습은 확인되지 않으나 밀집 분포
2	부여 부소산성 (관방유적)	해발 49m 정도의 낮은 구릉	주거지 18기, 건물지(굴립주건물지 및 와적기단건물지) 수혈유구 19기	백제시대
				남쪽의 성외부 평탄면에 밀집분포

13 정태진 · 최병화 · 강병현 · 천승현, 2013,『論山 定止里遺蹟』, 가경고고학연구소; 강주석 · 정선애 · 정용준, 2014,『論山 院北里 · 定止里遺蹟』, 백제문화재연구원; 趙詳紀 · 洪志潤 외, 2001,『論山 地方産業團地敷地內 論山 院北里遺蹟』, 중앙문화재연구원; 충남대학교박물관, 2000,『논산 정지리 백제취락지』, 충남대학교박물관 약보고서; 민경희 · 이용운, 2012,『논산 제2일반산업단지 조성사업 예정부지 내 論山 院南里 · 定止里 遺蹟』, 忠淸南道歷史文化硏究院.

14 4세기 이전, 즉 1~3세기에 해당되는 시간적 범위를 문헌에서는 삼한 사회로 구분하고 고고학에서는 원삼국시대로 구분하고 있다. 그러나 물질문화는 정치 · 환경의 변화에도 본래적 속성이 크게 변화되지 않고 연속성이 유지될 수 있기에, 삼한 · 원삼국시대가 삼국시대로 전환 후에 이전의 물질문화의 속성이 어느 정도 유지되는 것은 자연스러운 현상으로 볼 수 있다(李南奭, 2014,『漢城時代 百濟의 古墳文化』, 서경문화사, 31~32쪽). 일부 보고서에서 수혈유구의 시기 구분을 원삼국-백제시대로 구분한 사례가 존재한다. 이는 금강유역권을 중심으로 한 취락의 분포나 주거지의 형식에서 뚜렷한 구분이 보이지 않고 대부분 원삼국-백제시대 주거지로 편년될 정도로 원삼국시대와 백제시대의 경계가 구체적이지 못하는 한계가 있기 때문이다(이현숙, 2011,『4~5世紀代 百濟의 地域相 硏究』, 高麗大學校 博士學位論文, 47쪽).

15 일부 본고의 분석 대상에 기준에 따라 제 분류하거나 일정한 형태를 갖추지 못한 미상의 유구들에 있어서 수혈유구라는 명칭을 부여한 것들에 있어서는 일정한 기준을 제시하고 분석대상에서 제외하였음을 밝혀둔다.

16 수혈유구는 다양한 명칭으로 불리고 있기에, 보고서에서 사용한 명칭 그대로를 정리하였다.

번호	유적명	입지 및 해발고도	조사내용 및 동시기 유구 공반양상	편년 및 분포양상
3	대전 월평동유적 (관방유적)	해발 110~130m 의 구릉	목책, 환호, 성벽, 목곽고 <u>저장공 350여기</u>	6세기 중심
				몇 개의 군을 이루며 밀집 분포
4	대전 월평동산성 (관방유적)	해발 100m 내외의 능선의 북단	성벽, 고대지, 외호 <u>원형 수혈유구 19기</u>	6세기 말~7세기 초
				남쪽의 성외부 평탄면에 밀집 분포
5	당진 성산리유적 (관방유적)	해발 67m 정도의 구릉	산성 1개소, 주거지 38기, 구상유구, 분묘 <u>수혈 33기</u>	4세기 중반~5세기 초
				주거지는 곡부 사면부에 위치, 수혈유구는 구릉 상부 평탄지에 위치
6	청양 백곡리유적 (관방유적)	해발 40~80m 사이의 나지막한 구릉	산성 1개소, 집자리 22기, 석축묘 <u>구덩이 491기</u>	6세기 중반~7세기 초·중반
				선상부와 사면부에 규칙성 없이 밀집 분포
7	홍성 신금성 (생활유적)	해발 40~60m 내외의 평저한 구릉 말단부	수혈주거지 2기, 미상목곽유구, 토광묘 <u>저장혈 10기</u>	저장혈(4세기 중반) 토성(9세기 전후)
				성벽 아래에서 확인됨
8	공주 정지산 (생활유적)	해발 57m 내외의 구릉의 정상부와 남·북사면에 입지	주거지 35동, 건물지 8동, 목책, 분묘 <u>39기의 저장혈 및 6기의 수혈유구</u>	5세기 말~6세기 초
				주거지와 저장공이 세트관계를 이루며 분포
9	공주 덕지리유적 (생활유적)	해발 40m 이상의 구릉성 산지	주거지 59기, 토광묘, 가마 폐기장 <u>수혈유구 161기</u>	4세기 말~5세기 초
				능선의 정상부와 중·하단부에 골고루 분포, 규칙적인 배치상태 확인할 수 없음
10	공주 화정리유적 (기타유적)	북동-남서방향으로 발달한 해발 25m 미만의 구릉지	<u>수혈 86기</u>	5세기 이후~
				구릉 정상부와 남쪽 사면에 밀집 분포
11	부여 가탑리유적 (생활유적)	해발 10~15m 내외의 구릉의 곡부	구상유구, 고상건물 3동, 수전 <u>수혈유구 20기</u>	백제시대 사비기
				중앙부에 비교적 경사가 얕은 구릉의 사면에 위치, 고상건물과 일정한 거리를 두고 위치
12	논산 정지리 백제취락지[17] (생활유적)	해발 46.9m의 구릉의 남북능선과 서쪽으로 뻗은 서쪽 구릉지	주거지, 저장공, 토광묘, 성격미상의 수혈 <u>저장공 182기</u>	4세기~6세기
				구릉 정상부에 밀집 분포
13	논산 정지리유적 (생활유적)	해발 40~60m 내외의 저구릉성 산지	주거지 117기, 구상유구, 미상수혈 <u>저장혈 71기</u>	5세기 말~6세기 초
				주거지는 남쪽, 저장혈은 북쪽 구릉 정상부에 밀집 분포
14	논산 원남리· 정지리유적 (생활유적)	해발 30m 내외의 야트막한 구릉지대	주거지 11기 등 <u>수혈유구 150기</u>	4세기 후반~5세기 중반
				주거지 주변으로 밀집, 평면형태에 따라 분포가 달라지는 경향 확인
15	논산 원북리· 정지리유적 (생활유적)	해발 28~42m에 형성된 세 개의 구릉지대	주거지 16기, 구상유구, 주공 <u>수혈유구 25기</u>	5세기 중반~
				수혈유구의 규모에 따라 입지가 다름

번호	유적명	입지 및 해발고도	조사내용 및 동시기 유구 공반양상	편년 및 분포양상
16	논산 원북리유적 (생활유적)	해발 40m 내외의 야트막한 구릉지대	주거지 40기 수혈유구 190기	4세기 말~5세기 전반
				'나'지구는 산발적 분포 '다'지구는 서쪽으로 치우친 지점에 집중 분포
17	청양 지곡리유적 (생활유적)	해발 40~70m 사이 나지막한 구릉	집자리 1기, 석곽옹관묘, 횡혈식석 실묘 원형 수혈유구 23기	6세기 중반 이후
				매우 밀집되어 분포
18	청양 분향리유적 (기타유적)	해발 45m의 나지막한 구릉	석곽묘, 옹관묘 수혈유구 21기	4세기 중반~
				수혈은 주거지와 별도의 공간에 밀집 분포
19	연기 대평리유적 (생활유적)	해발 16~18m 정도의 자연제방 상면 충적지	주거지 16기 수혈유구 20기	5세기 중반
				주거지의 분포 범위를 따라 수혈유구 가 분포
20	연기 나성리유적 (생활유적)	해발 20m 넓은 충적지대	구획저택 11기, 구획유구 29기, 주구건물 16기, 방형구획유구 4기 수혈유구 14기	4세기 말~5세기 초
				전 지역에 산발적으로 분포
21	서천 봉선리 유적18 (생활유적)	해발 20~60m 정도의 구릉성 산지	주거지 39기 수혈유구 93기	4세기 중반~5세기 전
				일정한 정연성은 없으나 주거지에 인 접하여 1~2기가 확인되거나 독립적 으로 4~5기가 분포
22	서산 언암리 낫머리유적 (생활유적)	해발 20m 내외의 저구릉지	주거지 62기, 분묘 저장혈 89기	4세기 중반~5세기 초
				취락 내에서의 수혈유구와 주거지의 분포지역이 구분
23	청주 분평동유적 (생활유적)	해발 63m 내외의 낮은 구릉성 평지	주거지 6기, 구 등 원형 수혈유구 61기, 수혈유구 9기	4세기 중반~5세기 초
				서쪽 구릉성 산지는 주거지와 인접, 동 쪽 구릉성 평지에선 수혈유구만 확인

Ⅲ. 수혈유구의 분석

본 장에서는 앞서 살펴본 조사 현황을 중심으로 수혈유구의 속성에 대한 분석을 진행하고자 한

---

17 보고서의 내용이 소략되어 있어, 정확한 유구현황 파악에 어려움이 있다.

18 최근, 충청남도역사문화원에서 조사한 사적 제473호 서천 봉선리유적 내의 정비구역부지(유적공원 및 주
차장 예정부지)에 대한 발굴조사에서도 백제시대 주거지 11기, 수혈유구 9기가 확인되었다. 이는 기존에
조사되었던 봉선리유적과 지리적으로도 매우 인접하고 있기에 두 유적의 성격은 유사하다고 판단된다.

다. 분석은 호서지역 수혈유구의 분포와 입지를 살펴보고 유적 내에서의 수혈유구와 공반되는 유구와의 공간배치양상을 유형별로 비교·분석해보고자 한다.

1. 분포와 입지

호서지역은 크게 충청남도와 충청북도로 구분되며, 앞에서 살펴본 호서지역 수혈유구의 조사사례 23개소 중 1개소는 충북에서 22개소는 충남에서 확인되었다. 〈도면 1〉을 살펴보면, 호서지역 내에서 확인된 유적들은 대체적으로 차령산맥 남동쪽의 금강유역을 중심으로 입지하고 있고 금강 물줄기를 따라 그 주변으로 유적들이 분포하고 있는 모습이 관찰된다.

특히, 공주·논산지역은 근거리에 위치하고 있으면서 수혈유구가 밀집 분포하고 있는 사례들이

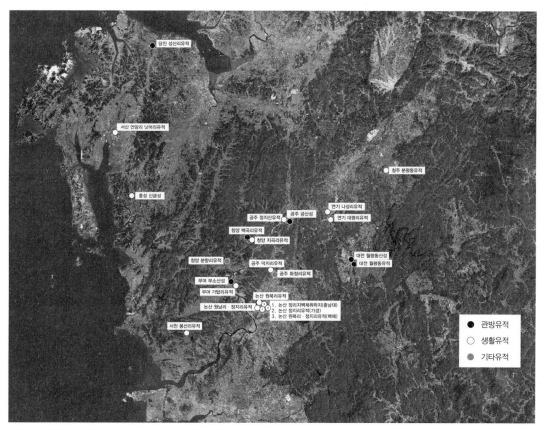

〈도면 1〉 호서지역 수혈유구 분포현황도

확인되며, 일부 유적은 수혈유구가 조성되는 공간과 주생활 공간(주거지)이 구분되는 모습들이 관찰되는 특징을 보인다.[19] 공주와 논산지역의 수혈유구 밀집도는 원삼국시대의 수혈유구로 편년되는 조사 현황까지도 살펴본다면, 모습이 더욱 뚜렷하게 확인된다. 공주 장선리 토실유적, 공주 안영리 유적, 논산 마전리유적, 연기 나성리유적(남쪽), 연기 월산리 황골유적, 연기 대평리유적(B지점) 등의 조사 현황까지 포함한다면, 금강의 수계를 따라서 수혈유구가 조사된 사례들과 더불어 공주와 논산지역의 밀집도는 매우 높다.

결국 수계를 중심으로 인접한 거리에 위치하는 구릉지대는 사람이 살아가기 위한 자연 · 지리적 환경을 갖춘 적합한 공간적인 범위였으며, 수계는 현재와 같이 과거에도 사람이 살아가는데 중요한 역할을 하였을 것으로 판단된다. 나아가 생활공간과 수계는 밀접한 연관성이 있으며, 인간이 살아가는 취락을 구성하는데 자연적 환경 중 가장 중요한 요소였을 것으로 판단된다.[20]

입지양상을 살펴보면, 크게 세 가지 형태로 구분된다. 대체적으로 주로 해발고도가 낮은 평지 및 충적지 입지하는 경우(A)와 야트막한 평지성 구릉의 정상부 및 사면에 입지하는 경우(B), 비교적 고도가 높은 산지성 구릉에 입지하는 경우(C)로 구분할 수 있다. 〈표 2〉와 같이 대체적으로 수혈유구와 관방시설이 확인되는 경우, 상대적으로 고도가 높은 산지성 구릉(C)에 입지하고 다수는 주로 야트막한 구릉의 정상부 및 사면부(B)를 포함하며 자리 잡고 있음을 알 수 있다.

〈표 2〉 호서지역 입지유형별 유적 일람표

(A) 해발고도가 낮은 평지 및 충적지	(B) 평지성 구릉의 정상부 및 사면	(C) 산지성 구릉
대평리유적(생활) 나성리유적(생활)	신금성(생활), 정지리 백제취락지(생활), 원북리유적(생활), 가탑리유적(생활), 봉선리유적(생활), 분평동유적(생활), 언암리 낫머리유적(생활), 지곡리유적(생활), 원남리 · 정지리유적(생활), 정지리유적(생활), 원북리 · 정지리유적(생활), 화정리유적(기타), 분향리유적(기타)	공산성(관방) 부소산성(관방) 월평동유적(관방) 월평동산성(관방) 성산리유적(관방) 백곡리유적(관방) 정지산(생활) 덕지리유적(생활)
2개소(8.7%)	13개소(56.5%)	8개소(34.8%)

19 이는 기존의 연구를 통해서도 확인된 바가 있는데, 취락 내 주거 공간 분화상을 검토하여 취락이 입지한 환경과 더불어 주거공간의 분화과정을 살펴보는 연구를 진행하였다(이현숙, 2005, 「호서지역 선사 · 고대의 취락 내 공간분화에 대한 연구 −구덩이 확인 유구를 중심으로−」『역사와 역사교육』제11호).

20 경기지역을 중심으로 살펴본 연구에서도 '물'에 대한 접근성에 주목하였다. 하천에 인접한 구릉지역에 거의 대부분의 수혈이 조성되었다는 분석결과는 금강수계를 따라서 수혈유구가 밀집 분포하고 있는 호서지역과도 유사하다고 볼 수 있다(이병훈, 2010, 『漢城百濟期 圓形竪穴의 技能에 관한 研究 −京畿地域을 中心으로−』, 仁荷大學校 碩士學位論文, 22쪽).

대상유적 23개소에 대한 입지 현황을 정리하면, 수혈유구는 비교적 완만한 경사를 가진 구릉지대에서 인근 수계가 함께 존재하는 곳에 다수 분포하고 있음을 알 수 있다.[21] 대체적으로 생활유구와 함께 확인되는 경우에는 평지성 구릉의 정상부 및 사면부를 비롯한 낮은 평지 및 충적지에서 확인되고 관방시설과 함께 수혈유구가 확인될 때에는 산지성 구릉에 입지하고 있다.

2. 유적 내 공간배치양상

수혈유구는 동시기 여러 성격의 유구와 함께 확인되는 사례가 많기에 유적 내에서 수혈유구가 갖는 그 의미를 파악하려면, 공반되는 유구와의 공간배치양상을 살펴볼 필요성이 존재한다. 또한, 공반되는 유구는 수혈유구와 함께 유적을 구성하기에 수혈유구만을 단독적으로 해석하기보다는 공반되는 유구와의 존재양상을 살펴, 그 속에서 수혈유구가 어떠한 기능을 하였는지에 대한 해석이 올바르다고 판단된다.

먼저, 관방유적 내에서의 수혈유구의 공간배치양상을 살펴보면 두 가지 형태로 분류할 수 있다. 첫 번째의 경우에는 성벽이나 성의 외부에 수혈유구가 일정한 규칙성이나 정연성 없이 대규모로 군집을 이루며, 분포하고 있는 모습이 관찰된다. 〈도면 2〉를 살펴보면, 대전 월평동유적은 구릉의 정상부에 밀집된 수혈유구를 중심으로 북쪽으로 뻗어가는 능선의 사면부에 350여 기의 대규모의 수혈유구가 분포하고 있다. 월평동산성과 월평동유적은 하나의 산지성 구릉에 위치하고 북쪽 정상부에는 월평동산성이, 남사면부에 수혈유구가 분포한다. 청양 백곡리유적의 경우, Ⅰ지역에 정상부에 위치하고 있는 백곡리산성을 중심으로 성 외부에 491기의 수혈유구가 일정한 규칙성 없이 밀집되어 분포하며, 정상부를 포함한 사면부에도 빼곡하게 수혈유구가 입지하고 있다.

세 유적은 수혈유구와 관방시설이 공반되고 동시기의 생활유구가 확인되는 비율에 비해 수혈유구의 수가 월등히 많은 점, 수혈유구가 정상부와 사면부에 일정한 규칙성 및 정연성 없이 대규모로 조성되고 있는 점이 확인된다.

---

21 기존의 연구를 참고하면, 서울·경기지역의 경우에도 구릉에 위치하는 경우가 가장 많은 비율을 차지하고 있으며, 금강유역을 중심으로 살펴본 연구에서도 평지성 구릉에 입지하는 사례가 가장 많은 비율을 차지하고 있다. 이는 본고의 분석과도 유사한 결과이기에 대체적으로 수혈유구를 조성함에 있어 야트막한 구릉지를 선호한다는 점을 알 수 있으며, 수혈유구의 입지는 지역권의 차이가 확인되지 않음을 알 수 있다.

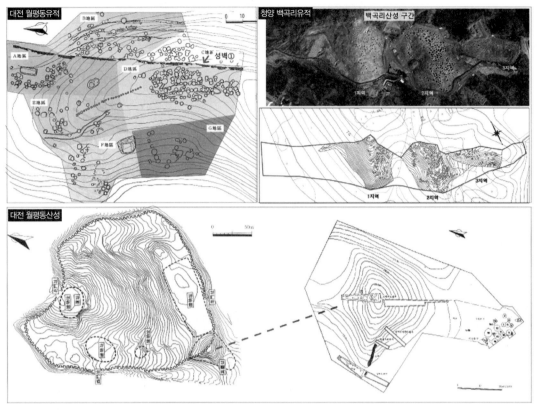

〈도면 2〉 관방유적 내 수혈유구 분포현황도(성 외부에 수혈유구 입지)

　두 번째로는 성의 내부에서 수혈유구가 확인되는 사례로 공주 공산성, 부여 부소산성이 해당한다. 〈도면 3〉과 같이, 공산성에서 확인된 수혈유구는 영은사의 중간지점의 구릉 정상부에 12기가 단독적으로 위치하고 있다. 이는 성안마을의 백제왕궁관련 유적[22] 내에서 백제시대 건물지와 함께 확인되는 수혈유구의 배치양상과 비교되는 모습이다. 부소산성의 경우에는 수혈유구가 성 내부에 골고루 배치된 형태로 동쪽의 성벽라인을 중심으로 수혈유구가 조사되었음을 알 수 있다. 성 내부에서 확인되는 수혈유구는 성 외부에서 확인되는 사례에 비해 적은 수의 수혈유구들이 소규모로 밀

22　공산성 '성안마을' 내 백제시대 문화층에 대한 조사는 2011년부터 2017년 3월에 이르기까지 6차에 걸쳐서 연차적인 발굴조사를 진행하였고 일련의 과정 속에서 유적에 대한 해석도 '성안마을'이라는 고유명사화된 지명을 버리고, 공산성 백제왕궁관련유적이라는 명칭으로 유적을 이해할 수 있게 되었다(이현숙, 2017, 「史蹟 第12號 公州 公山城 發掘調査成果와 熊津城」『2017년 제36회 호서고고학회 학술대회 호서지역 문화유적 발굴성과』, 호서고고학회).

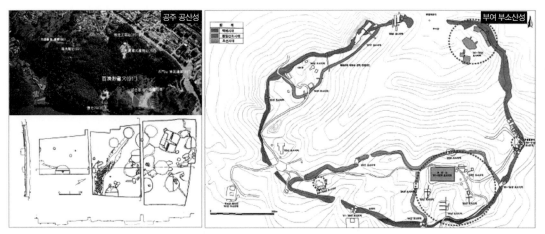

〈도면 3〉 관방유적 내 수혈유구 분포현황도(성 내부에 수혈유구 입지)

집하고 있는 모습이 관찰된다.

　따라서 관방유적 내에서 수혈유구가 확인되는 경우는 성의 외부에 별다른 규칙성 없이 대규모로 위치하고 있는 사례와 성 내부에 소규모로 군집을 이루며 입지하는 모습으로 나누어 볼 수 있다.

　다음으로는 수혈유구와 생활유구간의 존재양상을 살펴보고자 한다. 우선, 수혈유구와 생활유구간의 공간배치모습은 크게 두 가지로 분류할 수 있다. 첫 번째로는 수혈유구와 생활유구간의 공간의 분리 모습이 명확하게 확인되는 경우와 뚜렷한 분리 없이 함께 분포하는 경우로 구분 가능하다. 〈도면 4〉와 같이, 공주 정지산유적은 건물지와 주거지가 조사지역의 중앙 및 동쪽에 치우쳐서 확인되고 있는 것에 비하여 수혈은 서쪽지역을 중심으로 집중적으로 군집을 이루며 분포하고 있음을 알 수 있다. 서산 언암리 낫머리유적은 주거지는 구릉 사면의 중상부에 위치하며, 수혈유구는 주거지보다 높은 지대의 평탄지에 밀집되어 조성되는 모습이 확인된다. 특히 '가'지구와 '다'지구를 중심으로 취락 내 유구의 성격에 따라 분포범위가 달라짐을 알 수 있다.[23] 이는 북쪽에서 남쪽으로 갈수록 수혈유구의 분포가 더욱 더 많아지고 수혈과 주거지의 공간 분화 모습도 뚜렷하게 확인되고 있다. 청주 분평동유적은 조사지역의 동쪽 구릉지에는 수혈만 집중적으로 분포하고 있으나, 서쪽 구릉지

23　보고서를 기준으로 도로가 개설되기 이전에 '가', '나', '다'지구는 전체적으로 능선이 하나로 연결되기에, 이를 함께 살펴보면, 동시기 주거지 사이의 일정한 공간에 수혈유구들이 밀집되어 조성되는 모습이 확인된다. 동시기 분묘가 밀집되어 조성되는 주변 보다는 주거지의 주변에 일정하게 수혈유구가 군집을 이루며 배치되는 모습이 관찰된다.

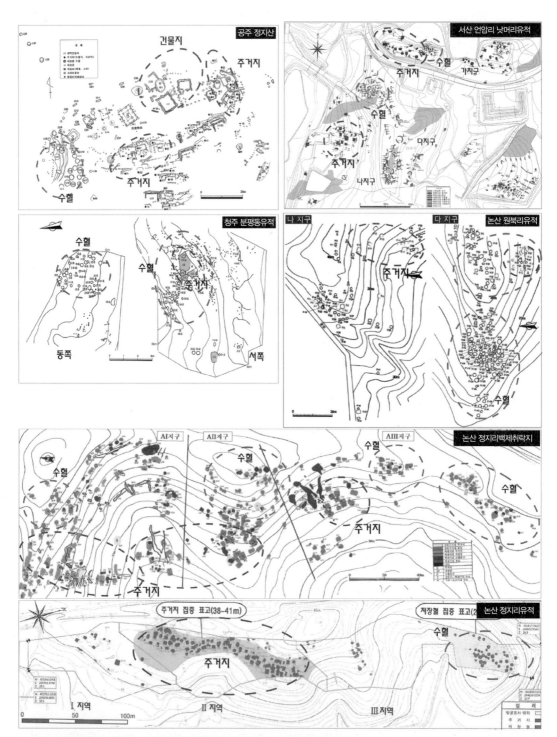

〈도면 4〉 생활유적 내 수혈유구 분포현황도(생활유구와 공간분리가 확인되는 경우)

에서는 주거지를 중심으로 주변으로 수혈유구가 입지한다. 이는 동쪽 구릉과 서쪽 구릉의 공간 분리가 명확하게 관찰되는 사례이다. 논산 원북리유적은 '나'지구 '다'지구로 구분된 조사지역 내에 수혈유구와 주거지가 밀집된 모습을 보이고 있는데 '나'지구의 경우 동쪽 사면부에는 주거지가 입지하며, 대체적으로 수혈이 산발적으로 분포하고 있다. 그러나 '다'지구의 경우에는 주로 주거지는 선상부의 평탄지대에 위치하고 있고 수혈유구가 주변의 사면부에 배치되는데, 특히 서쪽사면에 군집을 이루며 집중적으로 분포하고 있다. 논산 정지리 백제취락지의 AⅠ지구에서는 주거지의 분포 비율이 매우 높은 편이나, AⅢ지구에는 주거지에 비해 수혈유구의 비율이 월등히 높음을 알 수 있다. 수혈유구와 주거지의 배치는 수혈유구가 상부 능선에 분포하고 주거지가 수혈유구의 아래 능선에 일정한 간격을 두면서 조성된다. 논산 정지리유적은 북쪽 구릉 정상부를 중심으로 수혈유구가 군집을 이루며 밀집되어 있으며, 주거지는 남쪽 능선의 정상부에 분포하고 있음이 확인된다.

다음으로 〈도면 5〉와 같이, 수혈유구와 생활유구간의 뚜렷한 구분 없이 주거지 및 건물지 근처에 함께 분포하거나 일정한 간격을 두고 존재하는 사례가 존재한다. 대표적인 유적으로는 공주 덕지리유적, 논산 원남리·정지리유적, 연기 대평리유적, 부여 가탑리유적이 있다. 공주 덕지리유적은 수혈유구와 주거지간의 일정한 규칙성 없이 능선의 정상부와 사면부에 집중적으로 분포하고 있으며, 주거지는 구릉 상부 및 하부에 입지하고 있다. 전체적으로 수혈유구는 능선의 정상부와 중·하단부에 골고루 분포하고 있어 생활유구와 수혈유구간의 입지적 차이가 확인되지 않고 규칙성이나 밀집되어 분포되는 모습도 관찰되지 않는다. 논산 원남리·정지리유적은 주거지의 주변으로 수혈유구가 밀집된 형태로 주거지 주변으로 수혈유구들이 다량으로 군집을 이루며 분포하고 있는 특징이 확인된다. 연기 대평리유적은 '가' 구역과 '나' 구역을 중심으로 주거지에 인접하여 몇 기의 수혈유구들이 분포하는 모습이 관찰되는데, 1기의 주거지 주변으로 많게는 10기 정도가 함께 위치한다. 부여 가탑리유적의 경우는 고상건물 3동과 수혈유구 20기가 근접해 있진 않으나, 일정한 거리를 두면서 고상건물 주변으로 수혈유구가 배치되고 있는 모습이 관찰된다. 위와 같은 유적들은 수혈유구와 일정한 공간적 분화 모습이 확인되지 않으면서, 건물지 및 주거지 주변으로 수혈유구가 입지하고 있다.

마지막으로 〈도면 6〉은 동시기의 관방시설이나 생활유구가 확인되지 않은 유적으로 기타유적으로 분류하였다.

화정리유적은 동시기의 유구가 확인되지 않았기에 수혈유구만 단독적으로 조성된 유적으로 구분할 수 있다. 수혈유구가 단독적으로 확인되는 유적의 경우, 유적 내 공반양상을 살펴보았을 때,

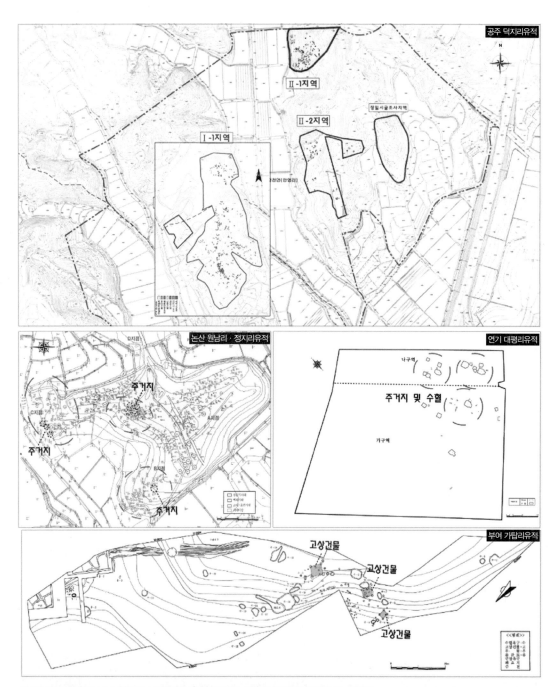

〈도면 5〉 생활유적 내 수혈유구 분포현황도(생활유구의 인근에 배치되어 공반되는 경우)

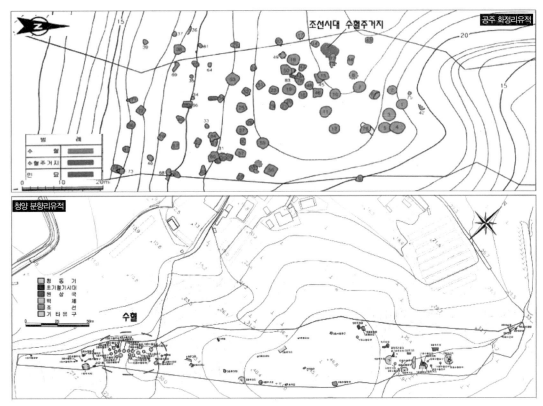

〈도면 6〉 기타유적 내 수혈유구 분포현황도

동시기의 유구가 없기에 주거기능으로 보는 견해가 제시되기도 하였다.[24] 하지만, 공주 화정리유적의 경우 조사지역이 매우 제한된 범위였고 현 조사지역에서 서쪽으로 연결되는 능선 상부가 평탄면을 이루고 있는 것으로 미루어 볼 때 관련 주거지가 주변에 분포할 가능성을 배제할 수 없다.[25] 화정리유적 내에서 조사된 수혈유구들은 정상부 부근에 평면이 원형인 수혈유구가 분포하고 있다. 청양 분향리유적에서 수혈유구는 대체적으로 조사지역의 서쪽지역에 밀집하여 분포하고 분묘유구는 대체적으로 동쪽지역에 모여서 입지하고 있다. 이를 통해 수혈유구와 분묘가 공간을 명확하게 구분하여 조성되고 있음을 알 수 있다.

---

24 조희진, 2006, 『錦江流域 3~6世紀 圓形竪穴 研究』, 全北大學校 碩士學位論文, 56쪽.
25 이현숙, 2005, 앞의 논문.

Ⅳ. 수혈유구의 존재양상과 그 용도

수혈유구의 연구에 있어서 용도 혹은 성격을 규명하는 단계는 가장 핵심적인 과제라고 할 수 있다. 수혈유구는 어떠한 하나의 기능으로 사용되기 보다는 유적 내에서 일정한 필요성에 의해 그 역할을 수행하였을 것으로 추정된다. 앞선 장에서의 분석을 바탕으로 호서지역 내의 수혈유구 조사 사례에서 그 용도를 파악할 수 있는 사례를 중점적으로 살펴보고자 한다.

1. 저장의 용도

수혈유구의 기능을 설명할 때, 대체적으로 주 기능을 저장의 용도로 보는 데에는 의견이 일치되고 있는 상황이다. 이를 뒷받침 하듯이 수혈유구 내부에서 탄화된 작물이 검출된 사례들이 존재하며, 저장 용기로 사용했던 토기류들이 출토되는 경우도 존재한다. 또한, 내부 온·습도 확인, 저장 실험, 폐기과정 관찰 등 실험을 통하여 성격과 그 기능을 분석한 연구결과를 통해 수혈유구가 저장의 용도로서 충분한 기능을 하고 있음을 연구한 사례가 있다.[26]

결국 수혈유구의 기능 중 저장의 용도로 사용되었을 것으로 판단하려면 먼저 유적의 입지와 주변에 조사된 유적들의 성격 및 자연·지리적 환경을 살펴보고 유적 내 공간배치양상에 주목해야 한다고 생각된다. 이를 통하여 저장의 용도로서 수혈유구가 사용되었을 때, 저장의 대상물이 무엇인지에 대한 해석은 어려워도 무엇을 저장하려고 했는지에 대한 의도는 해석이 가능할 것이라고 판단된다.[27]

특히, 저장의 기능으로서 해석할 때에는 동시기의 주거지 및 건물지로 구분할 수 있는 수혈유구와 생활유구의 공간배치 모습이 중요하다고 생각된다. 수혈유구와 생활유구가 공반되는 경우 중 일부 유적들에서는 주거지와 입지적으로 구분되면서 수혈유구가 조성되는 사례들이 확인되었다.

---

26 허의행·신광철, 2010, 「수혈유구의 조사와 분석방법 –연기 월산리 황골유적 저장수혈을 중심으로–」『야외고고학』 9호, 한국문화재조사연구기관협회.

27 수혈유구 내에서 곡물이 확인되는 사례는 매우 희박하고 내부시설이 확인되지 않는 사례가 다수이다. 또한, 수습되는 유물도 극히 일부이거나 정확한 기형을 알 수 없는 토기편이다. 이러한 상황에서 어떠한 물건을 저장하였는지에 대한 해석은 정확할 수 없으나 주변의 자연·지리적 환경을 살핀다면, 집단의 기초적 생업 기반에 대한 추론은 가능하다고 본다.

이는 생활유적 내에서 수혈유구의 비중이 주거지에 비해 높은 사례로 일부 수혈유구와 주거지(주거공간)가 조성되는 공간의 차이가 명확하게 분리되는 모습들은 주목해 볼 수 있다.[28]

호서지역의 현황을 검토해본 결과, 공주·논산일대가 주목된다. 〈도면 7〉을 참고하면, 공주시의 중심부는 산지로 둘러싸여 있기에 생산경지의 발달이 어렵다. 하지만 덕지리·화정리유적 외에도 안영리, 장선리유적이 입지하고 있는 일대는 공주시의 중심부에서 약 20km 정도 떨어져 있는 공주시의 최남단으로 논산시와 접해 있고 공주의 중심지에 비해 평야지대가 발달되어 있다. 공주 덕지리유적의 경우, 산지성 구릉에 입지하고 있으나 주변으로 소규모 경작지들이 발달되어 있는 편이다. 유적 내에서 생활유구·생산유구 및 수혈유구가 모두 확인되기에 자체적으로 인간이 생활하는 데에는 무리가 없었을 것으로 판

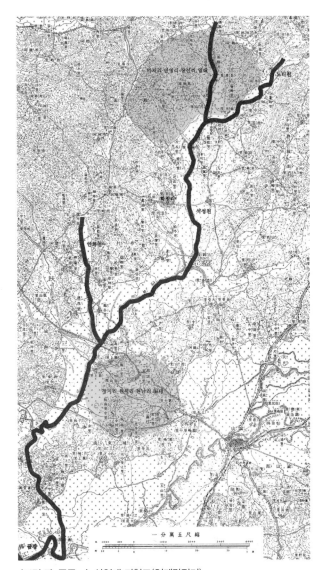

〈도면 7〉 공주·논산일대 지형도(일제강점기)

단된다. 화정리유적은 공주시의 최남단으로 마름내와 우교천 사이의 낮은 구릉지대로 주변에는 하천으로 형성된 범람원에 평야지대가 넓게 펼쳐져 있다. 조사지역 내에서는 수혈유구 86기 외에 동

---

28 수혈유구와 주거지가 같은 기능이었다면, 공간이 따로 분리되면서 조성되기 보다는 함께 입지해도 무방하다고 생각한다. 수혈유구와 주거지간의 공간 분화가 명확한 이유 중에 하나는 주거의 기능과는 다른 기능으로서 수혈유구가 사용되었을 가능성을 배제할 수 없다고 판단된다.

시기의 유구는 확인되지 않았고 수혈유구의 분포 비율이 매우 높은 유적이다. 이밖에 장선리와 안영리 등 주변으로도 원삼국~백제시대 단계의 수혈유구가 조사된 사례들이 다수 확인되고 있다. 앞서 언급한 유적들은 가까운 거리에 위치하고 조사된 유구의 양상에 있어 유사성이 많다. 그렇기에 각 유적을 개별적인 형태로 해석하기 보다는 가까운 거리에 비슷한 자연·지리적 환경을 갖추고 있기에 이를 바탕으로 생산경지를 바탕으로 발달되었던 집단으로 추정해 볼 수 있다.[29]

다음으로 논산지역은 정지리, 원북리, 원남리 일대를 중심으로 발굴조사가 진행되었고 5개소의 유적 내에서 모두 수혈유구와 동시기 생활유구가 함께 확인되었다. 논산 정지리·원북리·원남리 일대는 석성천과 논산천이 흐르며, 그 주변으로는 넓고 비옥한 평야지대가 펼쳐져 있다. 평야 사이에는 대부분이 저산성 구릉지대로 이루어져 사람이 살기 적합한 지형적 조건을 갖추고 있다. 현재 이 일대에는 전체 면적이 농경지로 이용되고 있을 정도로 전형적인 농업지구의 모습을 띠고 있고 주변으로 넓은 평야가 펼쳐져 있기에 이 일대는 현재와 같이 과거에도 생산할 수 있는 경지가 발달되어 있었을 것으로 추정된다.

이렇듯 논산천변의 넓은 평야지대를 중심으로 형성되어 있는 취락유적 내에 집중적으로 조성되어 있는 수혈유구의 존재는 단순한 생활유구로 파악하기보다는 집단의 생업경제를 이해하는 중요한 자료로 볼 수 있으며, 결국, 풍부한 수계와 넓은 하천 변에 곡창지대에 입지하는 유적은 대단위의 농업경제와 관련하여 물자 생산 및 저장과 같은 역할을 담당함으로써 당시 사회에서의 사회적 입지를 확보하였을 가능성을 추정해 볼 수 있다.[30] 주변에 발달된 경작지는 주변의 생업 기반이 되었고 이를 통해 물자 생산 및 저장의 기능으로 대규모의 수혈유구들이 조성되었음을 짐작할 수 있다.[31]

호서지역에서 확인된 23개소 가운데 공주·논산 일대를 중심으로 하천과 비교적 넓게 형성되어 있는 평야지대를 중심으로 취락 내 집단이 생활하는데 있어 생산경지로 이용했을 가능성이 높다고 생각되며, 그에 따라 수혈유구도 저장의 기능으로서 사용되었을 것으로 추정된다. 결과적으로 앞서 살펴본 유적 내 공간배치모습에서도 주거공간과 저장공간(수혈유구)으로 구분되는 것도 생산경지

---

29 이 일대를 중심으로 백제시대 주거지 또한 대규모로 밀집되어 분포된다는 점은 결국에 큰 취락을 형성하며, 사람들이 모여 살았을 것을 짐작할 수 있다.

30 이현숙, 2005, 앞의 논문.

31 출토유물을 통해서도 다른 유적들에 비해 공주 덕지리유적, 화정리유적, 논산 원북리유적, 논산 원남리·정지리유적 등 공주·논산 일대의 유적에서 대형 토기류들이 소형기종에 비해 많이 출토되며, 논산 원북리유적 '나'지구 2호 백제시대 구덩이 바닥에서 다량으로 콩과 새팥이 확인되었다.

에서 얻게 된 생산물을 저장하는 공간으로 수혈유구를 사용하였을 것으로 보인다. 동시기 주거지 및 건물지가 주거의 공간으로 사용되었고 따로 공간이 분리되어 대규모로 조성되는 수혈유구는 저장의 기능으로 조성되었을 것으로 판단된다.

따라서 하천이 흐르고 그 주변으로 넓게 평야지대가 형성되어 생산경지가 잘 발달되어 있는 자연·지리적 환경을 바탕으로 생활유적 중 수혈유구의 비율이 높고 수혈유구와 주거지간의 공간 분화 모습이 뚜렷한 유적내의 수혈유구는 저장의 기능으로 사용되었을 가능성이 높다.

2. 군사적 용도

군사적 용도란 수혈유구와 관방시설간의 연관성을 주목한 것으로 관방시설이 갖는 특수한 성격과 수혈유구와의 관계를 파악하려는 시도이다. 관방시설은 대체적으로 국경의 방비를 위해 설치된 군사적 목적의 시설물이라는 포괄적 의미를 가지며, 좁은 의미로는 성(城)을 말하기도 한다. 관방시설의 역할을 고려할 때, 상시적이지 않아도 연락 혹은 감시적 역할을 담당하기 때문에 산성 내 일부 군사들이 주둔하거나 소집되었을 경우, 수혈유구가 군사들의 임시적 거처의 기능을 하였을 것으로 생각된다.[32]

먼저 청양 백곡리유적은 백제 부흥운동군의 중점적인 역할을 하였던 '두릉윤성'이 존재하는 것으로 알려져 있다. 문헌의 기록[33]을 살펴보면 태종 무열왕 8년 백제멸망 이후, 백제 부흥운동을 담당하였던 성으로 알려진 두릉윤성과 백곡리산성은 하나의 능선으로 연결되어 있다. 발굴조사를 통해 백제시대 축조기법이 확인된 성벽 일부가 확인되었으며, 백제시대 주거지 22기 및 수혈유구 491기가 조사되었다. 이는 사람이 거주하였던 주거지(주거공간)에 비해 수혈유구가 대규모로 조성되어있는 형태를 보이고 있다.

더불어, 수혈유구와 주거지간의 관계를 살펴보았을 때, 〈도면 8〉과 같이 주거지가 먼저 사용되다가 폐기된 이후에 일정 깊이 이상의 수혈유구가 조성되는 것을 알 수 있다. 이는 적어도 사람이 거주했던 생활공간이 확보되지 않은 상태에서 단순히 저장의 용도로 수혈유구들이 조성되었다고 보기에는 어려움이 많다. 또한, 성 외부에 수혈유구가 집중적으로 축조되어 있고 출토된 유물을 살

---

32 이는 모든 관방시설에서 확인되는 수혈유구를 군사적 용도로 보겠다는 것이 아니라 성의 외부에 불규칙적이고 대규모로 입지하고 있는 사례들에 한해서 군사적 용도의 가능성을 제시하고자 한다.

33 『三國史記』 권5 신라본기, 태종무열왕 8년조 ; 『三國史記』 권6 신라본기, 문무왕 3년조.

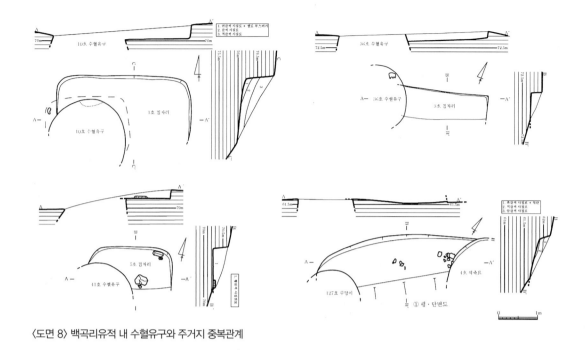

〈도면 8〉 백곡리유적 내 수혈유구와 주거지 중복관계

펴보았을 때에도 대형 기종에 비해 소형 기종이 대다수를 이루고 있어 수혈의 성격을 저장의 용도
로 보기에는 한계점이 존재한다고 판단된다.[34]

앞서 살펴본 『三國史記』 기록을 통해 백제 부흥군세력의 청양군 정산일대는 부흥군 세력의 중심
이었음을 알 수 있다. 그렇다면 두릉윤성의 주변에는 상시적이진 않아도 일시적으로 부흥군이 모
여들었을 가능성은 존재한다. 하지만 이 일대에서 확인된 동시기의 주거지나 건물지가 극히 일부이
다. 백제 부흥운동세력이 일시적으로 모여들었을 때, 주거 공간이 부족하기에 대규모의 수혈유구가
군사들의 임시적 거처의 역할을 하였을 것으로 짐작된다.[35]

---

34 만약 저장의 용도로서 수혈유구가 사용되었다면 저장물들이 노출되는 성 외부보다는 내부에 입지하였을 가
능성이 높다. 이는 앞서 살펴본 공산성과 부소산성의 사례처럼, 저장의 용도로 사용되었다면 소규모로 성
내부에 입지하는 것이 옳다. 또한, 군사들의 식량 확보 차원에서 곡물의 장기저장을 위한 기능으로 사용되
었다면, 출토되는 유물에서 대형의 저장 용기라던가 곡물의 흔적이 확인되어야 하지만, 유적 내에서 그러
한 자료가 뒷받침 되지 않고 있다. 더불어 수백개에 달하는 수혈유구들이 정상부에서 사면부에 이르기까지
조성되고 있는 것에 반해, 저장의 행위를 한 주체의 생활적 기반은 확인되고 있기에 이것을 저장의 용도로
보기에는 무리가 있다고 생각된다.

35 백곡리유적에서는 수혈유구가 조성되어 사용되다가 일정시기 이후 폐기되어 사용되지 않다가 통일신라시
대 석축묘와 조선시대 토광묘가 조성되는 것으로 보여 진다. 결국 주거지가 폐기된 이후 수혈유구가 조성되

이와 유사한 사례로서 월평동산성과 월평동유적이 있다. 먼저, 월평동산성과 월평동유적도 백곡리유적과 동일한 성격의 유적으로 추정되는데, 월평동산성은 능선의 정상부에 위치하고 있고 대규모의 수혈유구들은 월평동산성의 남쪽 외부에 분포하고 있다. 월평동유적에서 확인된 성벽②의 남서쪽 비교적 평탄한 대지에 능선을 따라 수혈유구들이 집중 분포하고 있고 정형성 없이 매우 불규칙하게 밀집되어 군집을 이루고 있다. 또한 월평동산성 및 월평동유적 내에서 동시기의 주거지와 건물지가 조사된 수량은 일부이고 주변으로는 생활유적이 확인되지 않고 있다. 출토유물은 대형기종이 극히 소량 확인되며, 소형기종이 주를 이루고 있고 그 중 자라병이 출토되는 모습을 통해 백곡리유적과의 출토유물상도 유사한 편이다.

한편, 월평동산성은 현재 유성산성으로 비정되고 있고 유성산성은 백제 '내사지성'으로 추측[36]되고 있기에 두 유적의 유사성은 매우 높다고 생각된다. 이는 앞서 살펴본 백곡리유적이 부흥운동군과 관련된 두릉윤성과의 밀접한 연관성이 보이는 것과 더불어 월평동산성도 부흥운동군과의 연관성을 배제할 수 없다. 관방시설이 확인되면서 주변에 수혈유구들이 밀집하는 모습을 보여주는 사례들은 일반적 주거의 개념이 아닌 어떠한 군사적 목적에 의해 임시적 거처의 역할을 하였을 것으로 보인다.

수혈유구의 가장 큰 장점은 축조의 용이성이다. 주거지와 건물지에 비해 별다른 재료 없이 축조할 수 있고 쉽게 조성할 수 있다. 일정 이상의 깊이와 규모로 조성한다면, 상시적인 주거의 역할은 아니더라도 긴급한 상황에서는 충분히 임시적 거처로서 활용되었을 것이다. 수혈유구의 내부에서 난방시설이라든지 출입이 어렵다는 문제가 있어 상시적으로 인간이 살아가기에는 어려움이 있을 수 있으나 단기간에 일시적으로 사용했다고 한다면, 그 가능성은 더 높다. 특히, 1인이 거주하기에는 무리가 없으나 1인 이상이 거주하기에는 작은 규모로 판단되기에 군사적 기능을 지닌 임시적 거처의 역할로서 수혈유구가 사용되었을 것으로 볼 수 있을 것 같다. 이와 유사한 사례들이 더 많이 확인된다면 추후에 보완할 수 있는 사항이겠지만 수혈유구와 관방시설이 공반되어 확인되는 유적의 사례들은 재검토할 필요성이 있다고 판단되며, 군사적 용도로서의 가능성도 살펴보아야 한다고 생각된다.

고 그 이후에는 통일신라시대의 유구들이 확인되는 모습을 통해 장기간 사용되기 보다는 단기간에 걸쳐 사용된 후 폐기된 것으로 추측된다.

36 『三國史記』권6 신라본기 문무왕 2년조에 보면, "(662년) 8월에 백제 잔당이 내사지성에 은둔하니 흠순 등 19명의 장군을 보내어 토벌케 하였다"라는 기록이 존재하는데, 내사지성의 현지명인 유성관내에서 찾을 수 있는 구성동산성과 유성산성을 비교하여 볼 때 월평동산성이 유력하다(백제문화재연구원·대전광역시, 2012, 『대전의 산성분포조사』).

3. 기타 용도에 대한 검토

이상 수혈의 용도로 첫 번째로는 저장, 두 번째로는 군사적 용도를 제시하였다. 호서지역 내에서 백제시대로 판단할 수 있는 수혈유구에서는 기타 용도로 살펴볼 만한 사례들은 확인되지 않았다. 그러나 최근 주거, 함정 및 방어시설, 의례 기능 등 다양한 가능성을 제시하고자 한다.

먼저 주거의 용도를 살펴보겠다. 현재까지 주거의 용도로서 공주 장선리 토실유적은 총 39기가 확인되었으나 그 중 10기에 대한 조사만을 완료하였으며, 대부분이 구릉 정상부의 평탄한 대지를 중심으로 분포하고 있다. 하지만 장선리유적 외에는 아직 토실과 유사한 유적이 보고된 바가 없기에 토실유적에 대한 부정적인 의견도 제시되고 있는 상황이다. 수혈유구가 만약 주거의 용도로서 사용되기 위해 가장 먼저 갖추어야 할 조건은 인간이 살 수 있는 일정한 필요 면적을 갖추고 있느냐의 여부이다. 다음으로 주거지가 존재함에도 불구하고 수혈유구가 주거의 기능으로서 사용되었다면 그 역할을 하게 된 배경에 대한 해석이 진행되어야 할 것이다. 주거지의 역할은 결국 인간이 생활하는 주거 공간이기에 사람이 살아갈 수 있는 규모는 갖추고 있어야 하며, 난방시설이 확인되지 않는 이유, 출입 제한의 어려움 등 장기적인 주거지로서의 역할을 하기에는 수혈유구가 갖추고 있는 내부적 시설의 부재가 해결되어야 할 것이다. 이러한 이유로 인하여 수혈유구의 주거 기능은 인간이 장기적인 목적으로 인해 살았던 주거의 개념보다는 일시적인 기간 동안에 사용되었을 가능성이 더 높다고 생각된다.

다음으로 수혈유구를 함정 및 방어적 기능으로서 사용되었을 가능성도 제시되고 있다. 특히, 원삼국~통일신라시대에 해당되는 수혈과 공반되는 유구를 살피면 목책, 환호, 성벽 등과 함께 공반되는 예가 많은 수를 차지하고 있다는 점을 통해, 수혈유구의 기능이 호나 목책, 석성과 동일한 기능을 수행하였을 것으로 추론하였다.[37] 대상유적 내에서는 함정이나 방어적 기능으로서의 수혈유구의 사례로서 구분할 수 있는 유적은 확인할 수 없었으나, 일부 호서지역 내 조사사례에서 원삼국시대 수혈유구가 확인된 유적 내에서 함정의 기능으로 추정되는 수혈유구가 확인된 것으로 알려져 있다. 연기 대평리(B지점)유적은 함정으로 사용된 것으로 추정되는 수혈유구가 총 9기가 확인되었고 주거지 밀집 지역의 북쪽 외곽에 다수가 입지하고 있다. 평면형태는 모두 세장한 타원형이며, 단면형태는 역제형(상광하협형)을 띠고 있다. 바닥면에서 확인된 말목흔과 소규모의 구멍이 부정형으로 배치된 형태와 2열로 정연하게 배치된 모습을 통해 함정의 기능을 한 수혈유구로 보고되었다.

---

37 도문선, 2006, 앞의 논문.

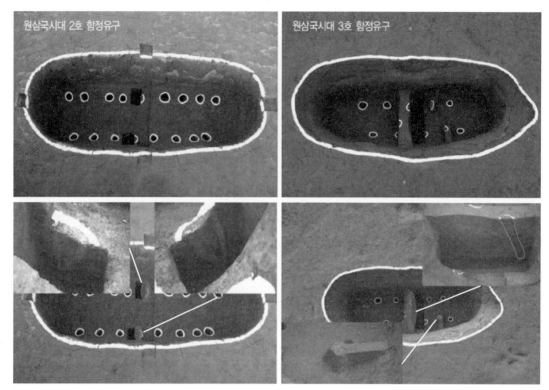

원삼국시대 2호 함정유구

원삼국시대 3호 함정유구

〈도면 9〉 연기 대평리(C지점)유적 함정유구

연기 대평리(C지점)유적에서는 12기의 함정유구가 확인되었는데 모두 장타원형이다. 전체적인 배치 모습은 원삼국시대 유구가 확인된 가·나구역의 남쪽에서 서쪽으로 주거지 및 수혈유구, 고상가옥 등을 감싸는 형태이며, 대평리(B지점)유적 경우에도 북쪽에서 서쪽방향으로 유구를 감싸는 형태가 보여, 외부인의 침입 및 동물 포획 등의 용도로 사용했을 것으로 추정하였다.[38]

우선, 수혈유구의 기능을 호나 목책의 연장선상으로 이해하려면, 유적 내에서 관방시설과의 일정한 연관성이 확인되어야 한다. 하지만 청양 백곡리유적의 경우, 주변에서 환호나 호, 목책 등 방어시설이 조사되지 않았기에 수혈유구간의 연관성을 찾아볼 수 없었다. 대전 월평동산성 및 월평동유적의 경우에도 환호와 성벽이 관찰되었으나 수혈유구간의 일정한 연관성을 찾아보기에는 어려움이 많다.[39]

---

38 이창호·김현일, 2012,『行政中心複合都市敷地 內 3-1-C地點 燕岐 大平里遺蹟』, 忠淸南道歷史文化硏究院.
39 만약 방어시설로서 수혈유구가 사용되었다면 저장공과 목책, 혹은 성벽과의 세트관계나 상호관계가 확인

마지막으로는 의례의 성격으로 수혈유구가 사용되었을 가능성에 대해 살펴보고자 한다. 구덩이를 파고 물건들을 넣는 것은 땅속의 신을 위한 제사의 흔적으로 이해되고 있으며, 대표적인 유적으로 호서지역 내에서는 원삼국시대 부여 논치 제사유적이 있다. 부여 논치 제사유적은 해발 76m의 산 정상부에 입지하고 있는 유적으로서 구룡천, 금천 유역의 평야지대가 내려다보이는 곳에 자리하고 있다.[40] 발굴조사를 통해 15기의 제사혈 및 구상유구 등이 확인되었으며, 주거지나 건물지, 관방시설 등 다른 유구와의 공반관계가 관찰되지 않는다. 주목되는 점은, 유적 내에서 많은 양의 토기 및 철제품이 출토되었는데 유물이 대량으로 수습되었으나 완형이 한 점도 없고 모두 파쇄된 편들이며, 기종이 다양하지 않고 대부분 호류가 중심이라는 점이다. 수혈유구의 잔존 깊이가 대체적으로 50cm 내외로 상당히 얕은 편이다. 논치 유적에서는 타결행위는 보이지 않으며, 대체적으로 토기를 파쇄하고 일정한 공간에 뿌린 것으로 보여지며, 일부 타결행위 후 유물을 수혈유구에 매납하는 사례가 아닌, 유물을 모두 파쇄하고 수혈유구 내부에 뿌린 형태로 보인다.

이상으로 수혈유구의 다양한 용도 및 기능에 대한 가능성을 제시하였다. 수혈의 기능은 저장 기능, 군사적 기능, 주거 기능, 함정 및 방어시설로서의 기능, 의례 기능 등 다양한 용도로서 사용되었을 것으로 추측된다. 앞서 언급했듯이, 수혈유구를 복합적 기능을 가진 유구로서 하나의 기능으로 단정 할 수 없기에 함께 공반되는 유구와 더불어 그 속에서 수혈유구가 갖는 그 의미를 파악하는 것이 더 올바른 해석의 방향이라고 판단하였다.

V. 맺음말

수혈유구는 축조가 용이하고 공간적인 안정성을 확보하고 있는 구덩이로 오랜 시간 동안 취락을 구성하는 요소로 사용되었다. 수혈유구에 대한 그동안의 연구는 대체적으로 형태적 속성과 형식분류 및 시기 구분하여 단계를 설정하는 방향으로 진행되어왔다.

그러나, 수혈유구는 대체적으로 단독으로 조성되기 보다는 다양한 성격의 유구들과 함께 공반되어 확인되고 있기에, 분포 및 입지, 유적 내 공간배치양상을 중점적으로 살펴보았다. 한편, 호서지

되어야 한다. 하지만, 조사된 수혈유구는 목책이나 성벽과 세트되지 않으며 구조와 입지상 방어시설의 가능성이 적다고 판단된다(국립공주박물관·충남대학교박물관, 1999, 『大田 月坪洞遺蹟』).

40 국립부여박물관, 2007, 『夫餘 論峙 祭祀遺蹟』.

역은 백제시대 수혈유구가 대규모로 조성되는 사례가 많아, 종합적인 자료의 검토와 정리가 필요하다고 판단되어, 호서지역 내에서 확인되는 백제시대 수혈유구의 분포와 입지를 살펴보고 유적 내 공간배치양상에 대한 분석을 시도하였다.

호서지역의 수혈유구는 금강 수계를 따라 비교적 완만한 구릉지에 축조되고 있으며, 대체적으로 동시기 관방시설이나 주거지 및 건물지와 같은 생활유구와 함께 나타나고 있다. 특히 주목되는 점은 성의 외부에 대규모로 축조되는 수혈유구들과 더불어 공주, 논산일대에 수혈유구가 집중적으로 분포하고 있다는 점이다. 이를 통해 성의 외부에 수혈유구가 대규모로 축조되는 모습들은 군사적 기능으로 단기간 임시 거처의 가능성을 고려해 볼 수 있다. 또한, 공주와 논산일대의 사례는 풍부한 수계와 넓은 하천 변에 곡창지대에 입지하는 유적은 대단위의 농업경제와 관련하여 물자 생산 및 저장과 같은 역할을 담당하였을 것으로 판단된다.

참고문헌

1. 보고서 · 단행본

강주석 · 정선애 · 정용준, 2014, 『論山 院北里 · 定止里遺蹟』, 백제문화재연구원.

김가영 · 이주연 · 최보람, 2012, 『公州 德地里 遺蹟』, 백제문화재연구원.

국립공주박물관, 1999, 『公州 艇止山』.

국립공주박물관 · 충남대학교박물관, 1999, 『大田 月坪洞遺蹟』.

국립문화재연구소, 1996, 『扶蘇山城 發掘調査報告書』.

국립부여문화재연구소, 1995, 『扶蘇山城 發掘中間報告』.

국립부여문화재연구소, 1997, 『扶蘇山城 發掘中間報告書 II』.

국립부여문화재연구소, 1999, 『扶蘇山城 發掘中間報告書 III』.

국립부여문화재연구소, 2000, 『扶蘇山城 發掘中間報告書 IV』.

국립부여문화재연구소, 2003, 『扶蘇山城 發掘中間報告書 V』.

국립부여박물관, 2007, 『夫餘 論峙 祭祀遺蹟』.

국립부여박물관, 2012, 『신과의 만남, 백제의 제사』.

나건주, 2003, 『公州 花井里 遺蹟』, 忠靑埋葬文化財研究院.

민경희 · 이용운, 2012, 『논산 제2일반산업단지 조성사업 예정부지 내 論山 院南里 · 定止里遺蹟』, 忠淸南道歷史文化研究院.

백제문화재연구원 · 대전광역시, 2012, 『대전의 산성분포조사』.

정태진 · 최병화 · 강병현 · 천승현, 2013, 『論山 定止里遺蹟』, 가경고고학연구소.

趙詳紀 · 洪志潤 외, 2001, 『論山 地方産業團地敷地內 論山 院北里遺蹟』, 중앙문화재연구원.

趙詳紀 · 吳允淑 외, 2015, 『行政中心複合都市 中央綠地空間 및 生活圈 2-4區域 內 低濕8遺蹟 北쪽) 燕岐 羅城里遺蹟』, 중앙문화재연구원.

安承周 · 李南奭, 1982, 『公山城建物址』, 公州大學校博物館.

尹世英 · 趙詳紀 외, 2006, 『淸州 紛坪洞遺蹟』, 중앙문화재연구원.

尹淨賢, 2010, 『서산 언암리 낫머리 유적』, 충청문화재연구원.

尹淨賢 · 鄭台泳 · 南承勳, 2013, 『唐津 城山里遺蹟(3-1地點)』, 충청문화재연구원.

李南奭 · 李賢淑, 2002, 『安永里遺蹟』, 公州大學校博物館.

李南奭 · 李賢淑, 2012, 『靑陽 池谷里遺蹟』, 公州大學校博物館.

李南奭 · 李賢淑 · 金瑜婷, 2014, 『靑陽 白谷里遺蹟』, 公州大學校博物館.

李南奭, 2014, 『漢城時代 百濟의 古墳文化』, 서경문화사.

이창호 · 김현일, 2012, 『行政中心複合都市敷地 內 3-1-C地點 燕岐 大平里遺蹟』, 忠淸南道歷史文化研究院.

이호형 · 강병권, 2003, 『大田 月坪洞山城』, 충청문화재연구원.

이홍종 · 허의행 · 신광철, 2012, 『行政中心複合都市敷地 內 3-3-地點 燕岐 月山里 황골遺蹟』, 한국고고환경연구소.

이훈 · 강종원, 2003, 『公州 長善里 土室遺蹟』, 忠南發展研究院.

이훈 · 정해준 · 전경아, 2005, 『舒川 鳳仙里遺蹟』, 忠淸南道歷史文化研究院.

이훈 · 이창호 · 황춘임, 2006, 『靑陽 鶴岩里 · 分香里 遺蹟』, 忠淸南道歷史文化研究院.

청양군 · 충청남도역사문화연구원, 2015, 『청양 우산성 · 두릉산성 사적지정을 위한 전문가 학술회의 자료집』.

충남대학교박물관, 1994, 『神衿城』.

충남대학교박물관, 2000, 『논산 정지리 백제취락지』.

최몽룡 · 김경택, 2001, 『한성시대 백제와 마한』, 주류성.

許義行, 2003, 『夫餘 佳塔里 · 旺浦里 · 軍守里 遺蹟』, 忠靑埋葬文化財研究院.

2. 논문

김두철, 2000, 「祭祀考古學의 研究成果와 課題 −竪穴式祭禮遺構를 중심으로−」 『고고학의 새로운 지향』, 제4회 복천박물관 학술세미나, 복천박물관.

김왕국, 2013, 「백제 한성기 물류체계 형성과 그 사회 · 경제적 배경 연구」, 龍仁大學校 碩士學位論文.

김의중, 2012, 「영남지역 채토수혈의 성격에 관한 연구」, 東義大學校 碩士學位論文.

도문선, 2006, 「방어시설로서 수혈에 대한 재검토」 『중앙고고연구』 Vol.2.

박상선, 2009, 「馬韓 · 百濟 竪穴遺構에 대한 研究」, 圓光大學校 碩士學位論文.

신종국, 2005, 「백제 지하저장시설의 구조와 기능에 대한 검토」 『文化財』 第三十八號.

심정보, 1984, 「백제 두릉윤성에 대하여」 『論文集』.

이병훈, 2010, 「漢城百濟期 圓形竪穴의 技能에 관한 研究 −京畿地域을 中心으로−」, 仁荷大學校 碩士學位論文.

이창호, 2004, 「中西部地域 靑銅器時代 貯藏施設의 研究」, 公州大學校 碩士學位論文.

이현숙, 2005, 「호서지역 선사 · 고대의 취락 내 공간분화에 대한 연구 −구덩이 확인 유구를 중심으로−」 『역사와 역사교육』 제11호.

이현숙, 2011, 「4∼5世紀代 百濟의 地域相 研究」, 高麗大學校 博士學位論文.

이현숙, 2017, 「史蹟 第12號 公州 公山城 發掘調查成果와 熊津城」 『2017년 제36회 호서고고학회 학술대회 호서지역 문화유적 발굴성과』, 호서고고학회.

이훈 · 강종원, 2001, 「公州 長善里 土室遺蹟에 대한 試論」 『韓國上古史學報』 제34호.

이홍종, 2013, 「세종시 충적지 발굴조사의 성과와 과제」 『世宗市, 어제, 오늘 그리고 내일』, 호서고고학회.

조용호, 2010, 「原三國∼百濟 圓形貯藏孔의 型式과 性格」 『역사와 담론』 제57집.

조희진, 2006, 「錦江流域 3∼6世紀 圓形竪穴 研究」, 全北大學校 碩士學位論文.

한지수, 2010, 「백제 풍납토성 출토 시유도기 연구 −경당지구 196호 유구 출토품과 중국 자료의 비교연구를 중심으로−」 『百濟研究』 51.

허의행, 2011, 「호서지역 청동기시대 후기 저장수혈의 양상과 변화」 『嶺南考古學』 58, 嶺南考古學會

허의행 · 신광철, 2010, 「수혈유구의 조사와 분석방법 −연기 월산리황골 유적 저장수혈을 중심으로−」 『야외고고학』 9, 한국문화재조사연구기관협회.

제2부 제7장

고창 봉덕리 1호분 4호석실 출토 청동탁잔에 대한 小考*

이문형
(원광대학교 마한 · 백제문화연구소)

Ⅰ. 머리말

Ⅱ. 봉덕리 출토품과 비교 검토 자료

Ⅲ. 기원에 관한 검토

Ⅳ. 맺음말 −분석결과로 대신하며−

Ⅰ. 머리말

지금까지 고고자료로 백제시대 금속용기가 출토된 예는 아주 드문 경우로 제작과정에 용기 자체를 아주 얇게 제작해야 하는 기술적 어려움이 뒤따르기 때문일 것이다. 삼국시대 많은 위세품 중에

---

* 본 논고는 원광대학교 마한 · 백제문화연구소, 2016, 『高敞 鳳德里 1號墳 −종합보고서』의 고찰에 수록된 글을 수정 보완한 것이다.

서도 금속용기는 최고의 위세품이라 할 수 있다. 이를 대표적으로 보여주는 출토 예가 공주 무령왕릉이다. 무령왕릉에서는 많은 금속유물 중에서도 동탁은잔을 비롯하여 청동잔과 청동완이 출토되어 주목을 받았다. 2007년에는 지방에서는 처음으로 충남 서천 옥북리 횡혈식석실묘에서 백제시대 청동완 1점이 출토되어 보고된 바 있으며, 최근 전북 고창 봉덕리 석실에서 청동탁잔이 1점 출토되어 주목을 받은 바 있다. 이는 백제시대 금속용기의 경우 그 희소성으로 인해 왕실과 연관된 위세품이고, 그 제작지 역시 국내가 아닌 중국으로 판단되어 왔기 때문이다. 물론 서천 혹은 고창에서 출토된 백제시대 금속용기 역시 백제 왕실에서 사여되었을 가능성이 매우 높다. 다만 한 가지 특징적인 것은 백제시대 지방에서도 출토된다는 사실이며, 이는 백제에서 제작 가능성을 충분히 고려해 볼 수 있다는 점이다.

본 논고에서는 위와 같은 점을 주목하고 고창 봉덕리 출토 청동탁잔과 이와 비교 가능한 백제시대 자료를 통해 그 기원을 살펴보고 그 제작지로 국내 가능성에 대해 추론해보고자 한다.

Ⅱ. 봉덕리 출토품과 비교 검토 자료

지금까지 백제시대 금속용기는 매우 한정된 지역, 아니 무령왕릉에서만 출토 보고되었다. 물론 백제시대 왕릉군으로 전하는 송산리를 포함하여 능산리, 쌍릉 등이 도굴과 체계적인 발굴이 이루어지지 않은 점도 있으나 금속용기로 추정할 만한 단서가 확인되지 않은 점으로 미루어 보면 최상의 위세품임은 분명해보인다. 특히 금속탁잔의 경우는 더욱 그렇다고 추정된다. 과거 금속으로 제작된 탁잔은 백제 무령왕릉의 화려한 문양이 시문된 동탁은잔(銅托銀盞)이 유일한 것이었다. 최근 고창 봉덕리 1호분 4호석실에서 동제탁잔이 출토되었다. 물론 피장자의 신분 차이는 물론이거니와 금속재질에서도 은(銀)과 동(銅), 그리고 형태상이 차이 등 그 격에 있어서 무령왕릉의 동탁은잔이 탁월함은 재론할 필요가 없다. 그러나 봉덕리 1호분 4호석실에서 출토된 청동탁잔 역시 그 출토 사례가 없어 직·간접적으로 당시 봉덕리고분군 세력의 위상을 짐작하게 한다. 전술하였듯 이러한 금속용기는 아주 얇고 세밀한 두께로 제작되어야 하는 특성상 고도의 기술을 요하는 것으로 위세품의 하나이기 때문이다. 본 장에서는 봉덕리 출토 청동탁잔을 면밀히 검토하고 이와 비교 가능한 자료를 살펴보고자 한다.

1. 봉덕리 1호분[1] 4호석실 출토품

봉덕리 1호분은 대형 분구묘로 분구 내부에서는 횡혈계 석실 4기와 수혈계 석실 1기, 그리고 옹관 2기 등이 매장시설로 확인되었다. 청동탁잔이 출토된 4호석실은 수혈계 석실로 청동탁잔 외에 금동신발을 비롯하여 중국제청자 등 많은 위세품이 출토되어 당시 고창지역의 최고 수장층의 무덤으로 평가받고 있다.

청동탁잔(靑銅托盞)은 4호석실 피장자의 좌측 허리가에서 환두대도 및 칠기화살통과 소호장식호 등과 함께 출토되었는데, 석실 남장벽 중앙에서 북쪽으로 약 20㎝ 떨어진 지점에서 소호장식호의 아래에서 출토되었다.

도면	사진	X-ray

〈삽도 1〉 고창 봉덕리 1호분 4호석실 출토 청동탁잔(원광대학교 마한 · 백제문화연구소 2016)

탁잔은 잔과 받침으로 구성되어 있는데 잔 받침 테두리의 일부만 결실되었을 뿐 상태는 매우 양호한 편이다. 잔은 둥그스름한 몸체에 높이 1.4cm인 원통형의 낮은 굽이 부착된 형태이다. 굽은 직립한 형태이며, 별도로 제작하여 잔 안쪽에서 리벳으로 고정하였다. 동체부의 외면에는 3조의 얇은 홈이 일정한 간격을 두고 돌아간다. 잔 받침은 접시모양의 받침에 아랫면에 원통형의 굽이 있고, 윗면 중앙에는 높이 1.3cm의 원통형의 대좌가 붙어있는 형태이다. 잔과 받침, 대좌는 모두 별도로 만들어 리벳으로 고정한 것으로 추정된다.

그 형태를 살펴보면 잔 받침의 접시부는 완만한 곡선을 이루며 넓게 외반하는 형태이며, 굽과 대좌는 직립한다. 접시부 내면 끝 부분에는 얕은 홈이 1조 돌아가며, 중앙부에도 3조의 얕은 홈이 돌아간다. 내 · 외면에는 청록색의 녹이 부착되어 있으며, X-ray 투과촬영 결과 청동탁잔의 내부에

---

1   원광대학교 마한 · 백제문화연구소, 2016, 『高敞 鳳德里 1號墳 –종합보고서』.

서 주조 시 생성된 다양한 크기의 기포가 확인되었다.

2. 비교 검토 자료

현재까지 백제시대의 금속용기로는 전술한 무령왕릉에서 출토된 동탁은잔을 비롯하여 청동잔(5점)과 청동완(3점)이 있으며, 서천 옥북리 1호 횡혈식석실묘 청동완[2]이 유일하다(삽도 2). 무령왕릉 출토 잔은 완보다 작은 형태로 구연단에 1조이 홈이 돌아가며 동체에 비해 상대적으로 낮은 굽을 지니고 있다. 이에 비해 완은 넓고 짧은 굽에 동체는 구형의 형태로 외반하는 구연을 지니고 있어 그 형태의 차이가 확연하게 드러나고 있어 그 용도를 달리하였음을 쉽게 짐작하게 한다. 옥북리 출토 청동완은 동체에 비해 상대적으로 낮은 굽에 동체는 구형을 띠며, 구연단에는 1조, 동체 상단에는 2조의 홈을 돌렸다. 전체적으로 무령왕릉 출토 청동잔과 유사하나 단면에서 구연단과 굽에서 차이를 보이며, 구경에서 큰 차이를 보인다.

무령왕릉 출토 청동잔[3]	무령왕릉 출토 청동완	옥북리 청동완
높이: 4.5~4.7cm 입지름: 8.2~8.7cm 굽지름: 2.7~2.9cm, 높이 0.6~0.7cm	높이: 6.2~7.3cm 입지름: 12.2~14.7cm 굽지름: 6.1cm, 높이: 0.4~0.8cm	높이: 6.3cm 입지름: 13.2cm 굽지름: 4.6cm, 높이: 0.9cm

〈삽도 2〉 무령왕릉 및 서천 옥북리 출토 청동용기(축척부동)

이에 비해 금속용기로 탁잔이 출토된 예로는 봉덕리1호분 4호석실 출토품이 유일하다. 금속용기가 아닌 녹유를 시유한 탁잔과 간접적으로 비교 가능한데, 녹유탁잔 자료로는 나주 복암리 1호분[4] 출토품과 보물 453호 예가 있다. 이들 유물을 세부적으로 살펴보면 다음과 같다.

---

2   충청문화재연구원, 2007, 『서천 옥북리 유적』.

3   무령왕릉 출토 동제잔의 제원이 보고서에는 높이와 입지름이 뒤바뀌어 기술되어 있다.

4   全南大學校博物館, 1999, 『伏岩里古墳群』.

(1) 무령왕릉 출토 동탁은잔(銅托銀盞)[5] : 동탁은잔은 은제 잔과 뚜껑, 잔 받침(동제)으로 구성되어 있다. 잔은 둥근 반원형 몸체에 원통형의 낮은 굽이 부착된 형식이다. 굽은 은판을 둥글게 구부려 원통형으로 따로 제작하여 은땜으로 접합하였다(이귀영 1997). 주조 후 은잔은 표면을 가질하여 다듬은 후에 음각기법(선조기법)으로 연화문과 용, 그리고 인동당초문을 시문하였다. 뚜껑 역시 잔과 동일하게 주조하여 제작하였다. 다만 세부적으로 연화형 꼭지, 금색 연화투조판, 은제 뚜껑을 각각 제작한 후에 결합하였다. 뚜껑에도 음각기법으로 중심축을 중심으로 사방에 삼산형을 배치하고 그 사이에 새와 사슴, 나무 등의 문양을 표현하였다(주경미 2006 : 69). 동제 잔받침은 원통형의 굽과 원통형의 대좌가 있는 형태이다.[6] 잔 받침의 전체적인 형태는 접시형으로 대좌는 잔받침의 몸체보다 약 0.2㎝ 높게 제작되었다. 잔 받침과 굽이 한 번에 주조하였는지 별도로 제작되었는지 여부는 알 수 없다. 상면에는 선조기법으로 대좌를 중앙에 두고 연화문을 배치하고 주변으로 인면조(人面鳥), 용문(龍文) 등을 포함한 각종 서수문(瑞獸文)이 표현되어 있다.

뚜껑	은잔	잔 받침

〈삽도 3〉 무령왕릉 출토 동탁은잔

(2) 보물 제453호 녹유탁잔(崔淳雨 1983 : 225) : 도기로 제작되어 녹유가 시유된 보물 제453호의 탁잔 역시 잔과 뚜껑, 잔 받침으로 구성되어 있다. 색조는 기면 일부 박락이 이루어졌으나 전반적으로 황녹색의 유조를 띠고 있다. 잔은 둥근 반구형으로 좁고 높은 받침대가 부착되어 있다. 잔의 구연단과 동체 하단부에 2조의 횡침선이 돌려져 있다. 삿갓형의 뚜껑 상부에는 2조의 횡침선을 돌

5　무령왕릉 출토 동탁은잔에 대한 연구는 주경미(2006, 「武寧王陵出土 銅托銀盞의 硏究」 『武寧王陵』, 출토유물분석보고서(Ⅱ), 국립공주박물관)의 논문에 상세히 기술되어 있다.

6　지금까지 잔 받침의 경우 동제로 알려져 있으나 현재 금속 바탕색이 누런 빛을 띠는 것으로 보아 청동 혹은 동합금으로 추정하고 있다(주경미, 2006, 앞의 논문, 70쪽).

렸으며 보주형의 꼭지를 부착하였다. 잔 받침의 전체적인 형태는 반(盤)의 형태는 대좌는 잔 받침의 동체와 거의 동일한 높이로 제작되었으며 내면에는 3조의 횡침선이 돌려져 있다. 전제적인 형태에 있어 무령왕릉의 동탁은잔과 거의 비슷하다. 과거 녹유탁잔은 통일신라시대 것으로 추정되어 왔으나 복암리 1호 출토 녹유탁잔으로 백제시대의 것으로 추정하고 있다(주경미 2006 : 76).

〈삽도 4〉 보물 제453호 녹유탁잔

(3) 복암리 1호분 출토 녹유탁잔(全南大學校博物館 1999 : 26) : 횡혈식석실묘의 연도에서 뚜껑이 있는 잔과 탁이 출토되었다. 잔의 굽을 일부로 파손하여 부장한 것으로 보이는 잔은 반구형의 형태로 동체에는 3조의 횡침선이 돌려져 있으며 구순단에는 뚜껑을 받기 위한 홈이 형성되어 있다. 삿갓형의 뚜껑 동체에는 3조의 횡침선을 돌렸으며 동체 상단에는 보주형의 꼭지를 부착하였다. 잔 받침의 전체적인 형태는 반의 형태로 특징적으로 대좌는 부착되지 않았으며 내면 중앙과 동체 상단에 2조의 횡침선이 돌려져 있다. 또한 잔 받침의 외면에는 2자의 묵서명이 보이는데 박리가 심하여 명확하지 않다.

〈삽도 5〉 나주 복암리 1호분 출토 녹유탁잔

공주 무령왕릉	고창 봉덕리	보물 453호	나주 복암리 1호분
〈뚜껑〉 높이:5.2cm 최대지름:8.6cm 〈은잔〉 높이:5.6cm 입지름:8.6cm, 두께:2mm 굽지름:2.7cm, 두께:2mm 높이:1cm 〈받침〉 높이:3.1cm 최대지름:14.7cm 굽지름:7.2cm 대좌높이:1.6cm, 지름:3.8cm	〈잔〉 높이:5.8cm 입지름:7.3cm 굽 높이:0.9cm 지름:2.5cm, 두께:1mm 〈잔받침〉 높이:2.9cm 최대지름:13.4cm 대좌 높이:1.3cm, 지름:2.7cm, 굽 높이:1.4cm, 지름:6.5cm, 두께:1mm	전체높이:12cm 뚜껑높이:5.5cm 잔 높이:6.5cm	〈뚜껑〉 높이:4.8cm 최대지름:10.4cm 〈잔〉 높이:5.1cm 입지름:11.2cm 두께:0.5cm 굽지름:5.1cm 〈받침〉 높이:3.6cm 최대지름:21.0cm 굽지름:13.4cm

〈삽도 6〉 백제시대 금속 및 녹유탁잔

　전반적으로 고창 봉덕리 1호분 4호석실에서 출토된 청동탁잔과 상기 위 유물을 비교해보면 뚜껑이 없는 차이를 보일 뿐 기형상에 있어 별다른 차이점을 발견할 수 없다. 특히 무령왕릉 출토품과 보물 제453호인 녹유탁잔과는 재질과 세부 문양에서 차이를 보일 뿐 그 형태에 있어서는 매우 유사함을 확인할 수 있다. 다만 나주 복암리 1호분 출토품의 경우 잔의 굽이 더욱 낮게 축약되고, 잔의 구경이 커지는 차이를 발견할 수 있다. 이는 상대적으로 시간의 변화상으로 추정되며 금속의 제품을 모방하여 녹유로 번안 제작하였을 것으로 추정된다.

　종합해보면 결과적으로 봉덕리 출토 청동탁잔은 백제시대 지방에서 출토된 최초의 사례이나 그 형태는 백제시대의 무령왕릉 동탁은잔과 보물 제453호로 지정된 녹유탁잔과 상통함을 알 수 있다.

잔	잔 받침(좌 : 상면, 우 : 하면)	

〈삽도 7〉 봉덕리 청동탁잔 세부사진

Ⅲ. 기원에 관한 검토

이와 같은 무령왕릉 출토의 동탁은잔을 비롯한 백제시대 유구에서 출토된 금속용기의 기원과 그 제작지는 어디일까? 먼저 그 기원에 대해 살펴보자.

이와 같이 꼭지가 달린 뚜껑이 있고 잔 받침이 있는 기명의 기원에 대해 학계에서는 현재까지 그 기원지로 중국 남조에서 찾고 있다(주경미 2006 : 39~40). 그 표식적인 유물로는 중국 귀주성(貴州省) 팽패현(平壩縣) 마장(馬場) 출토품을 들고 있다. 기본적인 구성 역시 뚜껑-잔-잔 받침으로 구성되어 있어 그 형식이 무령왕릉 출토 동탁은잔과 같다. 그러나 잔과 잔받침의 형태가 무령왕릉 출토품과 달리 그 형태가 직선적이고 꺾임이 강하며, 잔 또한 구연부가 외반한 형식이다. 또한 뚜껑과 꼭지가 하나로 주조된 점에서도 큰 차이를 보인다(주경미 2006 : 40). 이와 달리 잔 밑의 굽이 높은 죽절형(竹節形)의 고족(高足)형태 탁잔이 강소성에서 출토된 바 있다. 이러한 고족배의 경우 뚜껑이 있는 경우는 거의 없으나 상대적으로 문양이 새겨진 경우가 많다고 한다(주경미 2006 : 40). 현재까지 출토된 중국 남조시대의 동제탁잔의 특징은 고족부와 그릇 몸체가 하나로 주조 제작되며 문양의 대부분이 축조기법(蹴彫技法)으로 시문된다.

귀주성 평패현 마장 남조묘 36호분	강소성 강도현 대교과원장 출토	하북성 곡양현 북위묘 출토	산서성 고적회락묘 출토

〈삽도 8〉 중국 남조(南朝) 및 북조(北朝) 탁잔

    이와 달리 하북성 북위묘에서 출토된 청동탁잔은 각지고 외반한 그릇 아래에 짧은 굽이 달린 잔 받침이 있는 형태로 뚜껑이 없으며 잔 받침이 접시 모양을 한 점이 특징적이다. 이와 같은 형태의 탁잔이 산서성 고적회락묘에서도 출토되었다. 하북성 출토품과 비교했을 때 전체적인 형태에 있어 큰 차이는 확인되지 않는다(群馬縣立歷史博物館 1999 : 18). 따라서 이와 같은 출토 사례로 볼 때 북조에서도 이미 이와같은 형태의 탁잔이 사용되고 있음을 알 수 있다.

    그러나 최근 과거 중국에서 출토된 육조시대 청동기를 고고학적으로 정리한 논문이 주목된다. 이 논문에 의하면 청동기명 가운데 잔탁은 13점(북조 5점·남조 8점), 완은 14점(북조 8점·남조 6점)이 정리 보고되었다(吳小平 2009 : 208~214).[7] 또한 1984년에 조사되어 최근에 보고된 중국 남조 송나라의 전실분에서는 동제 완과 탁잔이 함께 공반 출토되고 있다. 기존에 보고된 고족배와는 달리 낮은 굽

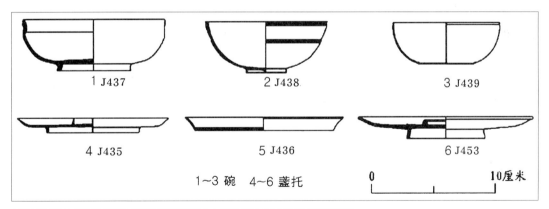

1~3 碗   4~6 盞托

〈삽도 9〉 중국 江蘇城 句容市 春城南朝宋元嘉十六年墓 출토 청동유물(보고서 편집)

---

7   연구자는 청동제 탁잔의 경우 동진 말기에서 남조 초기에 등장한 것으로 보고 있다.

을 가진 완과 낮은 굽에 대좌를 가진 형태의 탁잔이 공반 출토되어 주목된다(鎭江博物館·句容市博物館 2010 : 38~39). 특히 벽돌에 "元嘉十六年太歲巳"라는 기년명이 확인되어 중국 남조 송나라인 439년으로 확인되었다(鎭江博物館·句容市博物館 2010 : 42). 이를 토대로 5세기 초 중엽에 이미 중국 남조에서도 낮은 굽의 완과 접시형 몸체에 대좌가 부착된 탁잔이 사용되고 있었음을 확인할 수 있다. 또한 자기로 제작되어 부장된 적지 않은 수가 남조묘에서 출토되고 있어 청동뿐만 아니라 자기로도 제작 사용되고 있음을 알 수 있다(吳小平·饒華松 2013 : 106~107).

| 절갈성 서안 양천감구년묘 | 광동성 매현 육조묘 | 복건성 민후 남섬남조묘 |

〈삽도 10〉 중국 각지 남조묘 출토 자기 탁잔

현재 학계에서는 이와 같이 과거 고족배나 잔 받침이 있는 탁잔이 중국 남북조시대에 유행하던 기명의 하나로 들어 무령왕릉 동탁은잔을 중국 남조로 보는 견해(岡内三眞 1980 : 274~276, 권오영 2003 : 244~245)가 있는가 하면, 이와 반대로 동탁은잔의 기원은 중국으로 보되 그 제작지를 세부적인 기술 속성이나 문양으로 보아 백제로 보는 견해(최응천 2001 : 228~231, 주경미 2006 : 074~077)가 있다. 후자의 경우 세부적으로 무령왕릉 동탁은잔의 둥근 기형 형식이나 짧은 굽, 굽을 별도로 제작하여 부착하는 기법 등이 중국과는 기본적으로 다르다는 사실에 주안점을 둔 견해이다. 이와 연관하여 일부 연구자는 봉덕리 1호분 4호석실 출토 동제탁잔의 경우 그 제작지로 중국 남조에서 제작되어 수입된 것으로 보고 있기도 하다(이한상 2014 : 48).

봉덕리 출토 청동탁잔의 전체적인 형태를 최근 중국의 연구 성과와 비교해 볼 때 중국 남조와 북조에서 출토된 탁잔과의 유사성을 모두 엿 볼 수 있다. 가령 낮은 굽을 가진 접시형의 잔 받침이나, 잔을 받기 위한 짧은 대좌, 잔에 문양이 시문되지 않는 점 등 중국 남북조시대 양자의 속성을 모두 내포하고 있다.

최근 중국 고적회락묘-무령왕릉-일본 관음산고분 출토품과의 상호 유사성에 주목하여 한성시기 북조와의 연관성을 조심스럽게 추정하고 있다(권오영 2005 : 261). 일본 관음산 고분은 군마현에 있는 6세기 중·후반경 전방후원형 고분이면서 횡혈식석실의 묘실 내부에서 많은 유물이 출토되었다

(群馬縣立歷史博物館 1999). 그 중 주목되는 것이 먼저 중국 고적회락묘 출토품과 같은 형태의 동수병, 그리고 무령왕릉 출토품과 동일한 동경(獸帶鏡)과 탁잔을 꼽을 수 있다.

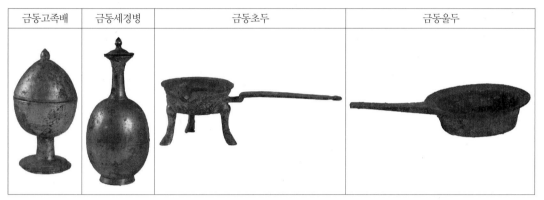

금동고족배	금동세경병	금동초두	금동울두

〈삽도 11〉 중국 산서성 태원시 고적회락묘 출토 유물

동수병	동경	유개동완

〈삽도 12〉 일본 군마현 관음산 고분 출토 유물

이들 유적의 출토된 유물 가운데 고적회락묘 금동초두의 그 형태가 서울 풍납토성에서 출토된 청동초두와의 유사성을 지적하며 무령왕릉과의 관계 연관성을 주목하고 있다.[8]

---

8 권오영은 이에 대해 고적회락묘가 비록 북조의 고분이지만 무령왕릉과의 관계에 대해서 주목할 필요성을 언급하고 있다(권오영, 2005, 『고대 동아시아의 문명 교류사의 빛, 무령왕릉』, 돌베게, 261쪽). 이는 결과

종합해보면 청동탁잔이 출토된 봉덕리 1호분 4호석실의 편년이 상대적으로 무령왕릉보다 선행하는 5세기 중 후엽경으로 편년되어 진다.[9] 따라서 고창 봉덕리 출토된 청동탁잔 역시 전체적인 기형과 그 형태로 볼 때 중국 북조와의 관련성도 배제할 수 없다. 그러나 현재로서 이를 연계시킬수 있는 직접적인 자료는 없는 상황이며, 추후 자료의 증가를 기다려 본다.

Ⅳ. 맺음말 -분석결과로 대신하며-

앞 장에서 고창 봉덕리 1호분 4호석실에서 출토된 청동탁잔과 백제시대의 비교 자료를 검토하고 그 기원에 대해 계략적으로 검토해 보았다. 본 장에서는 봉덕리 청동탁잔의 분석결과로 맺음말을 대신하고자 한다.

현재까지 출토된 백제시대의 청동기물에 대한 분석 결과를 살펴보면 무령왕릉에서 출토된 동탁은잔을 포함하여 청동기명은 아직까지 금속 성분 분석 결과가 나오지 않았다.[10] 그리고 서천 옥북리 출토 청동 대부완의 경우 분석을 시행한 연구자는 구연부와 동체부 일부에서 급냉으로 인한 마르텐사이트 조직의 관찰과 두드림 작업으로 인한 쌍정의 관찰을 들어 설명하고 있다. 연구자에 따르면 당시 백제시대에 담금질 처리 기법이 도입되지 않았음을 추정하여 수입품으로 판단하였다(정미연 2008 : 101). 그러나 납동위원소 분석결과에서 이와 달리 동위원소적으로 산지를 해석하기 곤란한 비평형 상태를 유지하고 있었거나 산지해석이 불가능한 여러 번의 용융상태를 경험한 납이 이용된 것으로 해석하였다. 그리면서 결과적으로 청동 대부완의 산지를 중국이라 단정할 수 없음을 지적하고 있다(정미연 2008 : 96).

고창 봉덕리 1호분 4호석실 출토 청동탁잔에 대해 납동위원소 비를 이용한 산지를 추정하고 그 분석한 납동위원소 비의 결과는 〈표 1〉과 같다.

적으로 백제 한성시기 직간접적으로 북위와 교류했을 가능성을 시사한다.

9 원광대학교 마한·백제문화연구소, 2016, 『高敞 鳳德里 1號墳 -종합보고서 고찰편』.

10 무령왕릉 출토 동탁은잔의 경우 분석 보고서에 따르면 2005년 6월 국립중앙박물관 보존과학실과 국립공주박물관 보존과학실 공동 주관으로 금속성분분석이 이루어졌으나(주경미, 2006, 앞의 논문, 57쪽 각주3 참고) 현재까지 학계에 그 결과가 공개되지 않았다.

〈표 1〉 봉덕리 1호분 4호석실 출토 청동탁잔의 납동위원소비

No.	유물명	납동위원소비					판별점수	
		206Pb/204Pb	207Pb/204Pb	208Pb/204Pb	207Pb/206Pb	208Pb/206Pb	DS1i	DS2i
1-1	청동탁잔	18.179	15.652	38.548	0.8608	2.1201	0.2983	0.0254
1-2	잔받침	18.263	15.674	38.729	0.8582	2.1205	0.2613	0.0767

　　분석결과 〈표 1〉을 통해 청동탁잔과 잔 받침은 납동위원소 비의 차이가 거의 없음을 보여주는데 이는 같은 재료를 사용하여 제작되었을 가능성을 보여준다고 한다. 이러한 결과를 중국 북부, 한반도 남부, 일본 방연광 그래프에 대입한 결과 봉덕리 출토 청동탁잔과 받침은 한반도 남부의 영역의 옥천변성대의 납동위원소비 값과 겹치는 것으로 확인되었다. 결과적으로 이러한 결과는 봉덕리 1호분 4호석실에서 출토된 청동탁잔은 한반도 남부 옥천변성대에 속하는 광산에서 채취한 방연광을 제작시 원료로 사용했을 가능성이 높다 한다.[11] 따라서 이러한 분석 결과를 토대로 볼 때 청동탁잔은 국내에서 제작되었을 가능성도 전혀 배제할 수 없다.

　　종합해보면 고창 봉덕리 1호분 4호석실에서 출토된 청동탁잔의 경우 그 형태에 있어 현재까지 국내에 알려진 자료에 의하면 중국 남조의 탁잔과 북조 탁잔, 양자의 속성을 모두 공유하고 있어 이에 대한 면밀한 연구가 필요한 실정이다. 더불어 납동위원소비 분석을 통해 국내 남부 영역의 옥천변성대의 납동위원소비 값과 겹치는 것으로 보아 조심스럽게 국내에서 제작되었을 가능성과 함께 추후 자료의 증가를 기대해 본다.

11　자세한 분석 결과는 보고서 부록 「고창 봉덕리1호분 출토 청동탁잔의 납동위원소비와 산지 연구」 참고.

권오영, 2005, 『고대 동아시아의 문명 교류사의 빛, 무령왕릉』, 돌베게.

이송란, 2012, 「백제 한성시기 금속공예의 투각 연속육각문의 수용과 전개」『百濟文化』第47輯, 公州大學校 百濟文化研究所.

정미연, 2008, 『서천 옥북리 유적 출토 청동 및 금동체 유물의 금속학적 특성과 고고과학적 해석』, 공주대학교 대학원 석사학위논문.

周炅美, 1998, 「三國時代 打出技法研究」『科技考古研究』第3號, 아주대학교박물관.

周炅美, 2006, 「武寧王陵出土 銅托銀盞의 研究」『武寧王陵』, 출토유물분석보고서(Ⅱ), 국립공주박물관.

최응천, 2001, 「武寧王陵 金工品과 法隆寺 獻納寶物 −銅托銀盞의 裝飾文樣과 加飾技法을 中心으로−討論文」『武寧王陵과 東亞細亞文化−무령왕릉 발굴 30주년기념 국제학술대회』, 국립부여문화재연구소 · 국립공주박물관.

群馬縣立歷史博物館, 1999, 『觀音山古墳と 東アジア世界』, 開館20周年記念 第63回企劃展.

국립공주박물관, 2001, 『백제 사마왕』.

국립공주박물관, 2004, 『국립공주박물관』.

국립공주박물관, 2005, 『武寧王陵−출토유물분석보고서(Ⅰ)』.

국립공주박물관, 2006, 『武寧王陵−출토유물분석보고서(Ⅱ)』.

국립공주박물관, 2011, 『무령왕릉 발굴 40주년 기념 특별전 −무령왕릉을 格物하다−』.

文化財管理局, 1974, 『武寧王陵』.

원광대학교 마한 · 백제문화연구소, 2012, 『高敞 鳳德里 1號墳 −石室 · 甕棺』.

원광대학교 마한 · 백제문화연구소, 2016, 『高敞 鳳德里 1號墳 −종합보고서』.

최순우, 1983, 『國寶 6 −靑磁 · 土器Ⅱ』, 藝耕出版社.

충청문화재연구원, 2007, 『서천 옥북리유적』.

貴州省博物館考古組, 1973, 「貴州平壩馬場東晋南朝墓發掘簡報」『考古』, 1973.6.

鎭江博物館 · 句容市博物館, 2010, 「江蘇句容春城南朝末元嘉十六年墓」『考古探索』, 1910.3.

吳小平 · 饒華松, 2013, 「論唐代以前的燈盞」『華夏考古』, 2013年 第2期.

제2부 제8장

궐수문 장식을 통해 본 철병 살포의 부장의미

이상원

(京都大學 文學研究科 博士後期課程)

Ⅰ. 머리말

Ⅱ. 철병 살포의 분포

Ⅲ. 철병 살포의 형식

Ⅳ. 철병 살포의 변천

Ⅴ. 철병 살포의 부장 양상 및 의미

Ⅵ. 맺음말

Ⅰ. 머리말

개발에 따른 문화재 조사가 증가되면서, 백제지역에서도 짧은 시간 내에 상당수의 고고학 자료가 축적되었다. 특히, 신라·가야지역과의 관련성을 생각하게 하는 유물이 출토되는 사례가 증가하면서, 백제와 신라, 가야의 교류 및 교섭에 대한 논의가 활발히 이루어지는 계기가 되었다.

백제지역에서 신라·가야계 자료는 1970년대부터 가야와 관련된 고분 및 유물이 확인되어 왔다.[1] 이를 통해 백제는 신라보다는 가야와 활발한 교섭을 하였던 것으로 알려지게 되었고,[2] 원삼국시대부터 특정 지역에 국한된 것이 아니라 내륙교통로를 통해 다원적인 관계 속에서 가야와 교류 및 교섭을 하였던 것으로 밝혀지게 되었다.[3] 나아가 한강유역에서도 다양한 외래 유물이 출토되면서, 남조-백제-(소)가야-왜로 이어지는 교류 라인의 실체도 확인하게 되었다.[4]

지금까지의 연구는 지역 단위를 중심으로 출토되는 유물 특히, 토기를 중심으로 진행되어 왔다. 비록, 장신구 및 장식대도,[5] 마구[6] 등과 같은 유물에 대한 연구도 진행되어, 백제에서 이루어진 교류 및 교섭에 대한 양상이 어느 정도 밝혀졌다고 할 수 있다. 그러나 여전히 출토되는 유물의 수량에 비해 아직까지 연구가 미흡한 분야가 많은 것도 사실이기에 개괄적인 상황에 대한 인식만 강조되고 있는 것은 아닐까 생각된다. 따라서 교류 및 교섭의 실상에 대해 보다 깊이 이해하기 위해서는 기존에 연구가 진행된 분야뿐 아니라 아직 연구가 진행되지 않은 분야의 유물에 대한 분석도 필요하다. 다양한 분야의 분석을 통했을 때, 양 지역 간 이루어진 교류에 대한 객관적인 상황을 파악해 볼 수 있을 것으로 판단된다. 이에 본고에서는 최근 백제지역에서 출토된 철제 농기구의 한 종류로 알려져 있는 살포를 중심으로 살펴보고자 한다.

살포는 논의 물꼬를 트거나 막을 때 사용했던 농기구로, 재래 농기구 가운데 가장 우수한 이기(利器)로 알려져 있다.[7] 원래는 수부(手斧)로 분류되어 왔던 유물이었으나, 재래 농기구와의 비교를 통해 농기구로 파악하게 되면서,[8] 고고학적 연구의 대상이 되었다.[9] 살포에 대한 연구는 비교적 이른 시

1 강인구, 1973, 「금산의 고분과 토기류」『백제연구』 제4집, 83~100쪽; 全榮來, 1974, 「任實 金城里 石槨墓群」『全北遺蹟調査報告』 3.

2 최종규, 1991, 「百濟 銀製冠飾에 關한 考察 : 百濟金工(1) 」『미술자료』 47, 국립중앙박물관, 88~93쪽.

3 성정용, 2002, 「금산지역 삼국시대 토기편년 -백제와 가야 세력사이의 내륙교통로에 대한 이해를 위하여-」『호남고고학보』 제16집, 53~78쪽; 성정용, 2007, 「한강금강유역의 영남지역계통 문물과 그 의미」『백제연구』 제46집, 105~133쪽.

4 권오영, 2002, 「풍납토성 출토 외래유물에 대한 검토」『백제연구』 제36집, 25~48쪽.

5 이한상, 2006, 「裝飾大刀로 본 百濟와 加耶의 交流」『백제연구』 제43집, 61~83쪽.

6 李尙律, 1998, 「新羅, 加耶文化圈에서 본 百濟의 馬具」『百濟文化』 27輯, 209~239쪽; 李尙律, 2001, 「天安 斗井洞, 龍院里 古墳群의 馬具」『韓國考古學報』 45輯, 125~165쪽.

7 加藤木保·淸水央, 1924, 『朝鮮ノ在來農具』, 조선총독부 권업모범장(심우성 감수, 1995, 『조선의 재래농구』, 한국무속박물관, 37~38쪽).

8 有光敎一, 1967, 「朝鮮半島における鐵製農具の變遷について」『末永先生古稀記念古代學論叢』, 67~69쪽.

9 李殷昌, 1972, 「3.農工具」『韓國の考古學』, 河出書房新社, 219~228쪽; 金基雄, 1976, 「三國時代의 武器小考」『韓國學報』 5輯, 一志社, 2~23쪽; 東潮, 1979, 「朝鮮三國時代の農耕」『橿原考古學研究所論集』 第4, 吉川弘文館, 527~564쪽.

기부터 출토되었던 영남지역을 중심으로 진행되어 왔으며, 철제 농기구라는 넓은 범위 안에서 고대 농업 생산력 및 농업기술 발전과정에 대한 구명(究明)의 일환으로 진행되어 왔다. 따라서 고고학적 연구 외에도 문헌사적 연구와 민속학적 연구, 사회·경제사적인 연구 등 다양한 분야에서 진행되어 괄목한 만한 성과가 축적되어 있다.[10]

살포는 병부(柄部)의 재질에 따라 목병(木柄) 살포와 철병(鐵柄) 살포로 구분 되지만,[11] 철병 살포는 출토된 자료가 소수에 불과하여 지금까지의 연구는 대부분 목병 살포를 중심으로 진행되어 왔다. 철병 살포는 목병 살포에 비해 신부의 규격이 작아 실용구로서의 기능보다는 의기성이 강했던 농기 구로, 금동관, 금동 식리, 환두대도 등과 같은 위신재의 성격이 강한 유물들과 함께 출토되어 위신 재로서 일련의 연구에서 부분적으로 언급만 되고 있다.[12]

철병 살포는 미상철기로 알려져 있던 유물이었다. 신부의 형태가 목병 살포와 유사하여 살포의

10 李賢惠, 1990, 「三韓社會의 農業 生産과 鐵製 農器具」『歷史學報』126輯, 45~70쪽; 李賢惠, 1991, 「三韓時代의 農業技術과 社會發展」『韓國上古史學會』8號, 45~78쪽; 李賢惠, 1995, 「韓國 農業技術 發展의 諸時期」『韓國史時代區分論』, 翰林科學院; 全德在, 1990, 「4~6세기 농업생산력의 발달과 사회변동」『역사와 현실』4輯, 16~50쪽; 朴普鉉, 1992, 「積石木槨墳의 農具類 副葬의 意義」『博物館年報』2, 대구교육대학교박물관, 27~33쪽; 千末仙, 1994, 「鐵製農具에 대한 考察」『嶺南考古學』15輯, 1~52쪽; 梁勝弼, 1995, 「鐵製農器具 所有變化에 대한 檢討」『新羅文化』12輯, 7~33쪽; 李南珪, 1997, 「前期伽倻의 鐵製農工具」『國史館論叢』74輯, 1~55쪽; 李南珪, 1998, 「3~5世紀 錦江流域圈 鐵器의 地域的 特性 -農工具와 武器를 中心으로-」『3~5세기 금강유역의 고고학』, 제22회한국고고학전국대회; 李南珪, 2002, 「漢城百濟期 鐵器文化의 特性 -서울·경기지역 농공구를 중심으로-」『百濟研究』第36輯, 63~82쪽; 金在弘, 1991, 「新羅 中古期의 村制와 地方社會 構造」『韓國史研究』72輯, 1~50쪽; 金在弘, 1997, 「살포와 鐵鋤를 통해 본 4~6세기 農業技術의 變化」『科技考古研究』2號, 아주대학교박물관, 5~53쪽; 金在弘, 2001, 「신라 中古期 村制의 成立과 地方社會構造」, 서울大學校大學院 博士學位論文; 金在弘, 2007, 「백제시대 수전농업의 발전단계」『백제와 금강』, 백제사연구회, 서경문화사; 玄基玉, 1991, 「3~4世紀를 中心으로 한 三國의 鐵製農器具 發達과 農業의 變化」, 中央大學校大學院 碩士學位論文; 郭種喆, 1992, 「韓國과 日本의 古代 農業技術」『韓國古代史論叢』4輯, 62~137쪽; 郭種喆, 1993, 「先史·古代 稻 資料 出土遺蹟의 土地 條件과 稻作·生産」『古文化』42輯, 3~78쪽; 金度憲, 2001, 「古代의 鐵製農具에 대한 研究」, 釜山大學校大學院 碩士學位論文; 金度憲, 2009, 「先史, 古代 農具의 所有形態 檢討」『韓國上古史學報』64輯, 25~60쪽; 金度憲, 2010, 『嶺南 地域의 原始.古代 農耕 研究』, 釜山大學校大學院 博士學位論文; 오수지, 2010, 「살포의 기능과 상징에 관한 연구」『중앙민속학』15輯, 중앙대한국문화연구소, 99~126쪽.

11 金在弘, 1997, 「살포와 鐵鋤를 통해 본 4~6세기 農業技術의 變化」『科技考古研究』2號, 아주대학교박물관, 10~13쪽; 金度憲, 2001, 「古代의 鐵製農具에 대한 研究」, 釜山大學校大學院 碩士學位論文, 39쪽.

12 李漢祥, 2009, 『장신구 사여체제로 본 백제의 지방지배』, 서경문화사; 李勳, 2010, 『金銅冠을 통해 본 4~5世紀 백제의 地方統治』, 公州大學校大學院 博士學位論文; 李賢淑, 2011, 『4~5世紀代 百濟의 地域相 研究』, 高麗大學校大學院 博士學位論文.

또 다른 유형으로 분류된 이후,[13] 살포의 범주 내에서 연구되고 있다.[14] 철병 살포는 목병 살포와 달리 신부의 끝(刃部)에서부터 손잡이(裝飾部)에 이르기까지 하나의 철재로 연결되어 있는 형태로, 장식부(裝飾部)가 있다는 것이 철병 살포의 가장 큰 특징이라고 할 수 있다. 이러한 장식부에 궐수문(蕨手紋)의 장식이 채용되어 있는데, 이는 백제지역에서 출토되는 살포와 신라·가야지역에서 출토되는 철병 살포 사이에 유사성을 찾아 볼 수 있는 단서가 될 수 있다.[15] 따라서 철병 살포의 장식부에 채용되어 있는 궐수문의 장식에 초점을 두고 살펴본다면, 철병 살포에 대한 형식학적 연구는 물론 백제지역과 신라·가야지역 사이에 이루어졌던 교류 및 교섭의 실상에 대해서도 살펴볼 수 있는 하나의 수단이 될 것으로 생각된다.

이에 본고에서는 지금까지 출토된 철병 살포의 자료를 분석하여 구성 요소를 중심으로 형식 분류를 시도해보고, 이를 바탕으로 철병 살포의 변화과정에 대해 살펴보고자 한다. 나아가 철병 살포의 장식부에 채용되어 있는 궐수문 장식에 초점을 맞춰 백제지역에서 출토되는 철병 살포의 부장 양상 및 의미에 대해 알아보고자 한다.

II. 철병 살포의 분포

살포는 출토되는 공간적 범위에 따라 경주를 중심으로 출토되는 살포는 신라의 농기구[16]로, 낙동강 하류 지역을 중심으로 출토되는 살포는 가야의 농기구[17]로 인식될 정도로 한반도 내에서도 고르게 출토되지 못하고, 특정 지역에 한해 출토되는 특징을 보여 왔다. 그러나 1990년대부터 발굴조사가 활성화됨에 따라 출토 사례도 증가하여 신라·가야지역에서는 대부분의 지역에서 확인되고

---

13 金在弘, 1997, 「살포와 鐵鋤를 통해 본 4~6세기 農業技術의 變化」『科技考古研究』 2號, 아주대학교박물관, 10쪽.

14 金度憲, 2001, 「古代의 鐵製農具에 대한 研究」, 釜山大學校大學院 碩士學位論文; 李東冠, 2010, 「日韓における鏵(サルポ)の變遷と變容」『還曆, 還曆?, 還曆!』 武末純一先生 還曆記念獻呈文集·研究集, 71~87쪽; 李相元, 2013, 『백제 살포에 대한 일고찰』, 公州大學校大學院 碩士學位論文.

15 李勳, 2006, 「금산 수당리유적의 연대와 성격」『國立公州博物館紀要』 5輯, 72쪽; 金在弘, 2007, 「금강유역 출토 百濟 儀仗用 살포」『考古學探究』 創刊號, 考古學探究會, 22쪽.

16 金光彦, 1987, 「신라시대의 농기구」『新羅文化祭學術發表會論文集』 8輯, 동국대학교 신라문화연구소, 261~302쪽.

17 李南珪, 1997, 「前期伽倻의 鐵製 農工具」『國史館論叢』 74輯, 1~55쪽.

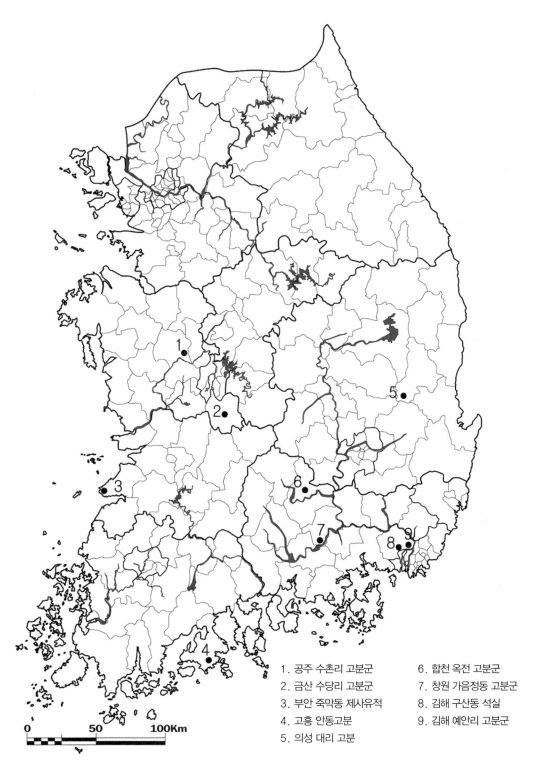

1. 공주 수촌리 고분군
2. 금산 수당리 고분군
3. 부안 죽막동 제사유적
4. 고흥 안동고분
5. 의성 대리 고분

6. 합천 옥전 고분군
7. 창원 가음정동 고분군
8. 김해 구산동 석실
9. 김해 예안리 고분군

〈그림 1〉 철병 살포의 출토 현황

있고, 최근에는 백제의 옛 영역으로 확대되어 출토 범위가 확대되고 있는 추세이다.

신라·가야지역에서 철병 살포는 1960년대 경희대학교 박물관에 의해 조사된 의성 대리 고분에서 T자형장병이기(T字形長柄利器)로 처음 확인된 이후, 합천의 옥전 고분군과 창원의 가음동유적, 김해의 예안리 고분군 및 구산동 고분 등의 낙동강 중하류 지역을 중심으로 출토되었다.[18]

백제지역에서는 1990년대 국립전주박물관에 의해 조사된 부안 죽막동 제사유적에서 처음 출토된 이후, 공주의 수촌리 고분군과 금산의 수당리 고분군, 고흥의 안동고분에서 출토되었다. 특히, 공주 수촌리 고분군에서 이례적으로 2점의 철병 살포가 출토되어 백제지역에서 출토되는 철병 살포에 대한 이해의 필요성이 제기 되었으며, 금동관과 금동식리 등 위신재의 성격이 강한 유물들과 함께 출토되어 학계의 주목도 받았다.

지금까지 철병 살포가 출토된 현황을 정리하면, 〈그림 1〉, 〈표 1〉과 같다. 유적에 대해서는 여러 연구를 통해 알려져 있기 때문에 본고에서는 철병 살포의 출토 상황과 기형 설명을 중심으로 정리하였다.

1. 백제지역 출토 철병 살포

1) 공주 수촌리 1호 목곽묘[19]

피장자의 족부(足部) 아래에서 쇠창, 세갈래창과 나란히 출토되었다. 마름모꼴 무늬가 선명한 흑색의 직물로 감싸져 있는 상태로 출토된 점이 특이하다. 장식부와 병부가 끊어져 있는 상태로 출토되었으나, 복원이 가능하여 완형을 알아 볼 수 있다. 전체 길이는 124cm이다. 장식부는 하나의 병부에서 두 갈래로 갈라져 제작되었으며, 배부(背部)의 형태는 일자형(一字形)으로 직선화되어 있다. 끝이 살짝 꺾여 마무리가 되어 마치 T자의 형상을 하고 있다. 신부는 일부 결실된 부분이 있으나, 완형의 형태를 알아 볼 수 있다. 신부는 길이보다 너비가 넓은 방형에 가까운 형태를 하고 있다.

---

18 함안 도항리 27호 목곽묘에서도 장식부가 유실된 철병 살포 3점이 출토된 것으로 보고되어 있다(國立昌原文化財硏究所, 1997, 『咸安道項里古墳群 I 』, 130~133쪽). 그러나 신부의 상단부 양쪽에 구멍이 뚫려 있는 것으로 보아 살포보다는 가래의 기능을 하였던 것으로 판단되어 본고에서는 제외하였다.

19 忠淸南道歷史文化硏究院, 2007, 『公州 水村里遺蹟』, 147쪽.

2) 공주 수촌리 4호 횡혈식석실[20]

피장자의 두부(頭部) 왼편인 북벽 모서리에 비스듬히 세워져 있는 채로 출토되었다. 전체길이는 100cm를 전후한 길이이다. 장식부는 한쪽 부분이 결실되어 있으나, 제작기법 및 형태는 동일 유적인 1호 목곽묘에서 출토된 것과 동일한 T자의 형상을 하고 있다. 신부는 완형으로, 신부의 길이와 너비가 유사한 제형(梯形)의 형태를 하고 있다.

3) 금산 수당리 12호 수혈식석곽[21]

피장자의 오른편에서 피장자와 나란히 출토되었다. 전체 길이는 126.6cm이다. 장식부는 하나의 병부에서 두 갈래로 갈라져 제작되었으며, 배부의 형태는 원형을 이루고 있다. 안으로 2~3회 말려 궐수문의 형태를 하고 있다. 신부의 오른편 하단부가 유실되어 완형의 형태는 아니지만, 복원이 가능하여 완형의 형태를 알아 볼 수 있다. 신부의 형태는 견부의 방향이 사선으로 둥글게 처리되면서, 인부와 만나는 반원형의 형태를 하고 있다. 신부의 길이와 너비가 유사하다.

4) 부안 죽막동 제사유적[22]

나2구 남쪽 평탄면의 표토층에서 출토되었다. 신부의 훼손이 심하여 원형의 형태는 알 수 없다. 잔존된 견부의 형태를 통해 복원해본다면, 제형의 형태에 가까웠던 것으로 추정된다. 장식부와 관련하여 파악할 수 있는 정보는 전무한 상태이다.

5) 고흥 안동고분[23]

피장자의 오른편인 남장벽의 바닥에서 출토되었다. 전체 길이는 165.6cm로, 현재까지 출토된 철병 살포 중에서 가장 긴 길이를 갖고 있다. 장식부의 제작기법 및 형태는 금산 수당리 12호에서 출토된 것과 동일하다. 신부는 완형으로, 견부의 방향이 둥글게 형성되어 인부와 만나는 반원형의 형태를 하고 있다. 신부의 길이가 너비보다 길어 반타원형의 형태에 가깝다.

---

20 忠淸南道歷史文化硏究院, 2007, 앞의 보고서, 주)19, 254쪽.
21 忠淸南道歷史文化硏究院, 2007, 『錦山 水塘里遺蹟』, 116쪽.
22 國立全州博物館, 1994, 『扶安 竹幕洞 祭祀遺蹟』, 167쪽.
23 林永珍·吳東墠·姜銀珠, 2015, 『高興 吉頭里 雁洞古墳』, 全南大學校博物館, 66쪽.

2. 신라 · 가야지역 출토 철병 살포

1) 의성 대리리 5호분[24]

피장자의 오른편에서 출토되었다. 전체 길이는 132cm를 전후한 길이이다. 부식이 심하게 진행되었으나, 보존처리를 통해 원형 복원이 이루어졌다. 장식부는 하나의 병부에서 두 갈래로 갈라져 제작되었으며, 배부의 형태는 일자형으로 직선화되어 있다. 끝 부분은 유실되어 어떠한 형태로 마무리가 되었는지 자세히 파악하는데 어려움이 있다. 신부는 완형의 형태로, 신부의 길이가 너비보다 긴 제형의 형태를 이루고 있다.[25]

2) 합천 옥전 M3호분[26]

피장자의 두부(頭部) 오른쪽에서 이형유자이기(異形有刺利器)와 나란히 출토되었다. 전체 길이는 124cm를 전후한 길이이다. 장식부는 하나의 병부에서 두 갈래로 갈라져 제작되었으며, 배부의 형태가 원형을 이루고 있다. 장식부의 양 쪽에 8자와 같이 원공이 하나씩 들어 있어서 장식적인 효과를 보여 준 것으로 실측 및 보고서 자료에는 기록되어 있다. 그러나 최근 X-Ray 촬영을 실시한 결과, 안으로 2~3회 말려 궐수문의 형태를 하고 있는 것을 알게 되었다. 신부는 완형으로, 신부의 길이보다 너비가 넓은 평면 사다리꼴인 제형의 형태를 하고 있다.

3) 창원 가음정동 3호 횡혈식석실[27]

피장자의 족부(足部) 아래에서 출토되었다. 신부는 1차 시상의 자갈돌 밑에서, 장식부는 2차 시상의 판석 위에서 비스듬하게 세워져 있는 채로 출토되었다. 전체 길이는 83cm를 전후한 길이로, 완형의 전체 길이를 알고 있는 철병 살포 중에서 가장 작은 길이를 갖고 있다. 장식부는 합천 옥전 M3호분에서 출토된 것과 동일하나, 끝이 안으로 살짝 말려 마무리가 되었다. 신부는 완형으로, 신

---

24 金基雄, 1968, 「義城大里古墳發掘調査報告」 『史學研究』 20, 99쪽.
25 의성 대리리 5호분에서 출토된 철병 살포는 경희대학교 박물관 관장 및 학예사의 도움으로 실견할 수 있는 기회를 갖게 되었다. 지면을 통해 감사의 인사를 드린다.
26 慶尙大學校博物館, 1990, 「M3號墳」 『陜川 玉田古墳群』 II, 92쪽.
27 昌原文化財硏究所, 1994, 「昌原加音丁洞古墳群發掘調査報告」 『昌原加音丁洞遺蹟』, 68~69쪽.

<표 1> 철병 삽포의 출토 현황

순번	출토 유적명	출토 묘제 및 규모							鐵柄 삽포의 제원(cm)			출토유물	도면
		묘제	봉분의 규모(m)			매장주체부의 규모(cm)			총길이	身部 길이	身部 너비		
			길이	너비	깊이	길이	너비	높이					
1	公州 水村里 遺蹟	1호 목곽묘	·	·	·	560	410	95	124.0	5.0	7.0	금동관모, 금동식리, 금제이식, 환두대도, 금동과대, 유개청자사이호, 등자, 재갈, 교구 등	
2		4호 횡혈식석실분	·	·	·	300	200	150	100.0	6.7	6.6	금동관모, 금동식리, 금제과대, 환두대도, 금동제수호, 중국제호, 청자잔, 등자, 재갈, 교구, 관정 등	
3	錦山 水塘里遺蹟	12호 수혈식석곽묘	·	·	·	310	82	52	126.6	8.5	8.0	단경호, 철제대도, 철도자, 철촉 등	
4	扶安 竹幕洞 祭祀遺蹟	표토층	·	·	·				60.8	1.0	2.0	석제·토제모조품, 동령, 동경, 동제투조안교, 심엽형·편원어미형행엽, 운주, 철겸, 철정 등	
5	高興 雁洞 古墳	분구묘(수혈식석곽)	36	36	3.3	320	150	130	165.6	12.0	8.9	금동관모, 금동식리, 동경, 환두도, 철모, 방추차, 유리소옥, 철촉, 철도자 등	
6	陜川 玉田古墳群	M3호 수혈식석곽묘	19.4	21.6	2.5	1060	270	160	124.4	8.5	10.5	투구, 갑옷, 환두대도, 금동제구, 금동제안교, 녹각형검구, 대롱상금구, 심엽형금구, 유자이기, 세환이식, 재갈, 등자, 마령, 기꽂이, 혁금구, 교구, 아금구, 지석, 관정 등	
7	咸安 道項里 古墳群	27호 목곽묘	·	·	·				46.5	6.0	7.8		
8			·	·	·	760	300	150	28.6	8.0	6.4	고배, 광구소호, 기대, 철부, 철겸, 철정, 철촉, 유리제옥 등	
9			·	·	·				37.4	8.0	7.5		
10	昌原 加音丁 洞遺蹟	3호 횡혈식석실분	11	11	1.6	257	183	150	83	5.2	3.3	고배, 대부장경호, 세환이식, 청동검 등	
11	金海 禮安里 古墳群	횡구식석곽묘	·	·	·				129.2	8.5	8.3	고배, 대부직구호, 세환이식, 청동검 등	
12	金海 龜山洞 石室	횡혈식석실분	·	·	·	320	208	210	34.3	6.3	4.6	고배, 개, 불명철기, 대금구, 철도자, 철정 등	
13	義城 大里里 古墳	5호분	20	21	2~4	497	184	81	132.4	6.9	8.0	금제세환이식, 은제과대전금, 환두도, 철도자 등	

부의 길이가 너비보다 긴 제형의 형태를 하고 있다.

4) 전(傳) 김해 예안리 출토품[28]

김해 예안리 고분군을 조사하는 과정 중 지표상에서 확인된 것으로 알려져 있다. 출토 유구가 명확하지 않아 출토 위치 및 고분의 유형, 공반 출토된 유물에 대해 자세히 알기에는 어려움이 있다. 장식부는 의성 대리리 5호분에서 출토된 것과 동일하나, 끝이 안으로 1회 말려 궐수문의 형태를 하고 있다. 신부는 완형으로, 신부의 길이와 너비가 유사한 반원형의 형태를 하고 있다.

5) 김해 구산동 석실묘[29]

2차 시상대의 피장자 왼편에서 출토되었다. 병부의 끝이 결실되어 전체적인 길이와 장식부의 형태에 대해서는 알 수 없다. 잔존길이는 34cm를 전후한 길이이다. 신부는 완형으로, 견부의 방향이 살짝 꺾이기는 하지만 둥글게 형성되어 인부와 만나면서 반원형의 형태를 하고 있다. 신부의 길이가 너비보다 길어 반타원형의 형태에 가깝다.

Ⅲ. 철병 살포의 형식

지금까지 살포에 대한 형식 분류는 비교적 자료가 풍부한 목병 살포를 중심으로, 그 구성요소인 신부(身部)[30]와 공부(銎部)[31]를 기준으로 분류되어 왔다. 공부를 기준으로 진행된 형식은 신부의 길이

---

28 국립중앙박물관, 2000, 『겨레와 함께 한 쌀』, 83쪽.

29 釜慶大學校博物館, 2000, 『金海 龜山洞古墳』.

30 본고에서 사용할 身部는 그간 날, 몸통, 身部라는 용어로 불리어 왔다. 날이라는 용어는 연장의 가장 얇고 날카로운 부분을 지칭하는 뜻이고, 몸통이라는 용어는 사람이나 동물의 몸에서 머리·팔·다리·날개·꼬리 등 딸린 것을 제외한 가슴과 배 부분이라는 뜻이다. 몸통이라는 용어의 의미는 어느 정도 상통하나, 사물에 사용할 수 있는 용어로는 부적합하다고 판단된다. 반면에 身部는 사물에 사용해도 큰 무리는 없다고 판단되기에, 身部라는 용어를 사용하고자 한다.

31 본고에서 사용할 銎部는 그간 袋部나 굽통이라는 용어로 불리어 왔다. 袋部라는 용어는 자루의 부분이라는 뜻이 있으나, 여기에서 자루라는 뜻은 주머니의 뜻을 가진 포대, 가방이라는 뜻이다. 굽통이라는 용어는 말이나 소 따위의 발굽의 몸통 혹은 화살대 끝 쪽에 대통으로 싼 부분, 과녁 아래 양쪽 가장자리에 대어 버티

와 공부의 길이 차이를 통해 분류하였고,[32] 신부를 기준으로 진행된 형식은 신부의 형태를 중심으로 분류한 연구[33]와 신부의 길이와 너비를 기준으로 분류한 연구가 있다.[34] 이 외에 신부의 형태보다는 병부의 재질에 비중을 두고 분류한 연구도 있으며,[35] 병부의 재질에 따라 분류한 다음 목병 살포는 신부와 공부의 길이 차이를 기준으로 세분화한 연구도 있다.[36] 철병 살포에 대한 형식 분류는 목병 살포와 다른 유형으로만 분류되어 왔을 뿐 자체에 대한 형식 분류는 아직까지 진행되지 않았다.

살포의 형식 분류는 살포를 구성하는 요소 중 형태적인 속성을 중심으로 분류되었음을 선행 연구를 통해 알 수 있다. 따라서 철병 살포를 구성하는 요소 중 시간적인 변화상을 보이는 형태적 속성을 추출하여 분석한다면, 철병 살포의 형식 분류도 가능할 것으로 생각된다. 철병 살포는 장식부와 병부, 신부로 구성되어 있다. 장식부(裝飾部)는 병부가 두 갈래로 갈라져 원형을 이루면서 전체적으로 궐수문의 문양을 형성하는 것과 일자형을 이루면서 끝의 일부분만 살짝 꺾어 궐수문의 문양을 형성하는 것으로 구분해 볼 수 있다. 병부(柄部)는 장식부와 신부를 하나로 연결하는 철재로 연결시켜 주는 것으로, 단면이 원형이나 방형의 형태를 이루고 있다. 그러나 그 변화가 뚜렷하지 않아 시간적인 변화를 보여주는 속성으로서의 의미를 부여하기는 어렵다고 생각된다. 신부는 목병 살포와 동일한 용도와 기능을 설정하게 된 결정적인 요인으로, 그 형태에 따라 세분이 가능하다.

목병 살포와의 연관성을 살펴본다면, 살포를 구성하고 있는 여러 속성 중 신부와 연관된 속성을 중심으로 검토할 필요가 있다고 생각된다. 신부의 형태에 주목해 볼 때, 동일한 신부의 형태를 하고 있어도 장식부의 형태에서 차이가 확인된다. 따라서 본장에서는 철병 살포를 구성하는 신부와 장식부의 형태를 중심으로 형식 분류를 시도해보고자 한다.

는 한 자 길이의 나무 기둥이라는 뜻을 지닌 용어로, 두 용어 모두 의미에 있어서 전혀 다른 뜻을 내포하고 있다. 반면에 銎部는 도끼의 자루를 끼워 고정시키는 부분을 뜻하는 것으로, 나무자루를 끼워서 사용하였기에, 명확한 명칭이라고 판단된다. 따라서 袋部, 굽통이라는 용어보다는 銎部라는 용어를 사용하는 것이 바람직하다고 판단된다.

32 千末仙, 1994, 「鐵製農具에 대한 考察」 『嶺南考古學』 15輯, 14~15쪽.

33 金光彦, 1969, 『韓國의 農器具』, 문화공보부 문화재관리국, 민속자료조사보고서 제20호, 333쪽.

34 金在弘, 1997, 위의 논문, 주)13, 12~13쪽.

35 金度憲, 2001, 「古代의 鐵製農具에 대한 研究」, 釜山大學校大學院 碩士學位論文, 41~43쪽.

36 李東冠, 2010, 「日韓における(サルポ)の變遷と變容」 『還曆, 還曆?, 還曆!』, 武末純一先生還曆記念獻呈文集研究集, 72~73쪽.

1. 신부(身部)

신부는 미상철기로 알려져 있던 철병 살포의 용도와 기능을 파악하게 된 결정적인 역할을 하였던 구성 요소로, 살포의 형식 분류에 있어 주요한 기준이 되어 왔다. 살포의 특징적인 모습을 한눈에 나타내는 것이 신부의 형태라고 할 수 있다. 신부는 평면 형태에 따라 방형·제형·반원형으로 구분된다(표 2).

〈표 2〉 살포의 신부 형태

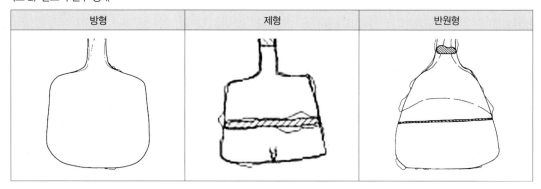

방형	제형	반원형

방형의 살포는 사각형의 형태에 모서리가 말각 되어 있는 형태를 말한다. 방형의 형태에 해당하는 철병 살포는 공주 수촌리 1호에서 출토된 것이 유일하다. 수촌리 1호는 신부의 길이보다 너비가 넓은 횡장방형의 형태에 가까운데, 이와 유사한 것이 김해 대성동 1호분, 의성 탑리 Ⅱ묘곽, 공주 수촌리 10호 석실에서 출토된 목병 살포가 있다.

제형의 살포는 사다리꼴 모양의 형태를 말한다. 의성 대리리 5호분, 합천 옥전 M3호분, 창원 가음정동 3호, 공주 수촌리 4호에서 출토된 철병 살포가 해당된다. 제형의 살포는 신부의 길이와 너비를 기준으로 세부적인 차이가 확인된다. 의성 대리리 5호분, 창원 가음정동 3호는 신부의 길이가 너비보다 긴 형태를 하고 있고, 합천 옥전 M3호분은 신부의 너비가 길이보다 긴 형태를 하고 있다. 공주 수촌리 4호는 신부의 길이와 너비가 비슷한 형태를 하고 있다. 이밖에 훼손 상태가 심각하여 자세한 내용을 알 수 없는 부안 죽막동 제사유적에서 출토된 철병 살포는 남아 있는 신부의 견부(肩部) 형태를 통해 볼 때, 창원 가음정동 3호의 것과 유사한 형태를 하고 있던 것으로 추정된다.

반원형의 살포는 반원의 형태와 반타원형의 형태를 말한다. 김해 예안리 출토품, 김해 구산동 석실묘, 금산 수당리 12호, 고흥 안동고분에서 출토된 철병 살포가 해당된다. 반원형의 살포 역시 신부의 길이와 너비를 기준으로 세부적인 차이가 확인된다. 김해 예안리 출토품과 금산 수당리 12호는 신부의 길이와 너비가 유사한 형태를 하고 있고, 김해 구산동 석실묘와 고흥 안동고분은 신부의 길이가 너비보다 긴 형태로, 반타원형의 형태에 가깝다.

2. 장식부(裝飾部)

병부의 재질에 따른 구분 없이, 살포의 형식을 분류함에 있어서의 기준이 신부의 형태라고 한다면, 철병 살포 내에서의 세부적인 형식 분류를 함에 있어 그 기준이 될 수 있는 것이 장식부의 형태라고 생각된다. 장식부는 목병 살포와 구분되는 철병 살포만이 갖는 가장 특징적인 요소이며, 궐수문의 장식을 채용하여 장식성을 극대화한 부분이기 때문이다. 이러한 장식부에 채용되어 있는 궐수문의 변화 양상에 대해서는 선행 연구가 이루어져 있기 때문에 이를 적극적으로 활용한다면, 장식부의 형태를 통해 철병 살포의 세부적인 형식 분류는 물론 편년까지도 가능하다고 생각된다.

궐수문의 장식이 채용된 철기 유물은 기술적 속성에 의해 궐수문 장식을 자체적으로 제작하여 부착한 것과 본래의 철기에서 오리거나 늘려서 제작한 것으로 구분 된다.[37] 전자와 같이 자체적으로 제작하여 부착한 철병 살포는 아직까지 확인되지 않고 있으나, 중서부지역에서 출토된 자료 중에 연기 용호리 1호 목곽묘에서 출토된 자료가 있다.[38] 철병 살포의 장식부는 후자와 같이 본래의 철기에서 늘려서 제작한 것만 확인된다.

장식부의 형태적 속성으로, 평면 형태를 살펴보면 배부(背部)의 형태가 원형(圓形)으로 제작된 것과 일자형(一字形)으로 제작된 것으로 구분해 볼 수 있다 (표 3). 원형의 배부 형태로 제작된 장식부는 1~3회 둥글게 말아 전형적인 궐수형의 문양이 채용되어 있다. 일자

〈표 3〉 장식부의 형태

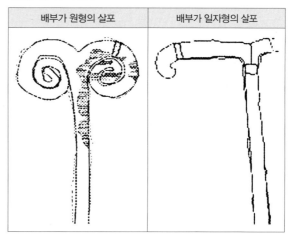

배부가 원형의 살포	배부가 일자형의 살포

---

37 禹炳喆·金玟澈, 2009, 「궐수형철기를 통해 본 진·변한 정치체의 상호작용 −대등 정치체 상호작용 모델의 적용−」『韓國上古史學報』 65號, 82쪽.

38 公州大學校博物館, 2008, 『燕岐 龍湖里遺蹟』, 12~16쪽.

형의 배부 형태로 제작된 장식부는 1회 이하로 둥글게 말아서 궐수형의 문양이 채용되어 있는 것과 궐수형의 모티브만 채용하여 끝을 짧게 꺾어 마치 T자형의 형상을 이루고 있다.

장식부의 배부가 원형을 이루는 철병 살포는 합천 옥전 M3호분, 창원 가음정동 3호분, 금산 수당리 12호와 고흥 안동고분이 해당된다. 철병 살포는 아니지만 김해 본산리·여래리 3호 목곽묘에서 목병 살포와 함께 장식부가 출토되었다.[39] 장식부의 배부 형태가 원형으로, 궐수형의 문양이 채용되어 있어 시간적인 변화상을 검토해볼 수 있는 자료라고 생각된다. 배부의 형태가 원형을 이루는 철병 살포는 형태적 속성으로 볼 때, 전형적인 궐수문의 문양이 채용되어 있다고 할 수 있다. 그 형태는 2회 이상으로 말아 제작된 것과 1회 가깝게 말아 제작된 것으로 구분해 볼 수 있다. 전자에는 합천 옥전 M3호분, 금산 수당리 12호, 고흥 안동고분이 해당되고, 후자에는 창원 가음정동 3호분이 해당된다.

반면에 장식부의 배부 형태가 일자형을 이루는 철병 살포는 의성 대리리 5호분, 김해 예안리 출토품, 공주 수촌리 1호와 4호분이 해당된다. 또한, 살포인지 확언할 수는 없지만, 공주 수촌리 5호분에서 살포의 장식부로 판단할 수 있는 철기 유물이 출토되었다.[40] 장식부의 형태가 동일 유적인 수촌리 1호와 4호에서 출토된 것과 형태적으로 상당히 흡사하여 시간적인 변화상을 검토해볼 수 있는 좋은 자료라고 생각된다. 배부의 형태가 일자형을 이루는 철병 살포 역시 형태적 속성으로 볼 때, 궐수문의 문양이 채용되어 있다고 할 수 있다. 다만, 배부의 형태가 원형을 이루는 것과는 달리 그 형태가 1회에 가깝게 말아 제작된 것과 끝만 살짝 꺾어 제작된 것으로 구분해 볼 수 있다. 전자에는 김해 예안리 출토품과 공주 수촌리 5호분이 해당되고, 후자에는 공주 수촌리 1호와 4호분이 해당된다.

이상의 내용을 정리하면, 〈표 4〉와 같다.

〈표 4〉 철병 살포의 형식

신부의 형태	배부의 형태	형식
방형	원형	ⅠA
	일자형	ⅠB
제형	원형	ⅡA
	일자형	ⅡB
반원형	원형	ⅢA
	일자형	ⅢB

---

39 韓國文化財保護財團, 2014, 『金海 本山里·餘來里 遺蹟』Ⅰ, 115~117쪽.
40 忠淸南道歷史文化硏究院, 2007, 위의 보고서, 주)19, 306쪽.

Ⅳ. 철병 살포의 변천

　살포는 다른 철제 농공구와 달리 형식적 계보가 찾아지는 중국에서 출토되지 않기 때문에 기원을 파악하는데 어려움이 있었다. 그러나 농업기술사의 발전 과정 속에서 농기구의 조합상을 통해 농기구의 등장과 소멸을 파악하여 4세기대에 따비를 대신하여 등장하는 것으로 밝혀지게 되었다. 이러한 살포의 등장은 새로운 농경형태의 시작을 의미하는 것으로, 필요에 의해 제작된 것으로 알려져 있다.[41] 일본열도에서 출토되는 살포와의 비교를 통해 한반도에서의 출현 시기는 4세기 이전으로 소급될 가능성이 제기되고 있으나,[42] 확실한 고고학적 자료는 아직까지 확인되지 않고 있다.

　4세기에 처음 출현한 살포는 점진적으로 발전하여, 5세기가 되면 지역적·계층적으로 확대된다. 그리고 격동의 시기인 5세기 후반이 되면, 본래 갖고 있던 실용구로서의 기능을 상실하고 의례용 농기구로 변화된다. 6세기 중후반이 되면, 의례용으로 완전히 정착하며 출토 예도 감소한다.[43] 철병 살포는 실용구로서의 기능을 상실하고 의례용 농기구로 변화되는 시기인 5세기 후반부터 제작되는 것으로 생각되는데, 중서부지역에서 출토된 자료에 의하면 5세기 중반 이전으로 소급될 가능성도 있다.

　철병 살포의 변천 과정을 검토함에 있어, 우선 주목해 볼 수 있는 것이 신부의 규격이다. 신부의 규격은 살포의 기능 변화를 판단하는 기준으로, 점차 작아지면서 실용구로서의 기능을 상실하고 의례용 농기구로 변화되는 것으로 파악되고 있기 때문이다.[44] 철병 살포의 신부 규격을 살펴보면, 〈그림 2〉와 같이 신부의 규격이 작아지는 변화가 확인된

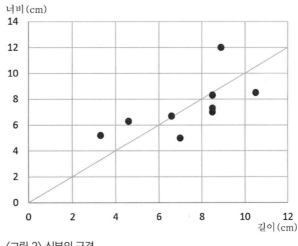

〈그림 2〉 신부의 규격

41　千末仙, 1994, 위의 논문, 주)32, 29쪽.

42　李東冠, 2010, 위의 논문, 주)36, 73~74쪽.

43　金在弘, 1997, 위의 논문, 주)13, 42~46쪽.

44　金在弘, 1997, 위의 논문, 주)13, 46쪽.

다. 다만, 앞서 살펴보았듯이, 신부의 형태가 방형, 제형, 반원형으로 각기 다른 형태를 하고 있기 때문에 신부의 규격 변화를 곧바로 시간적인 변화로 이해하기에는 다소 어려운 점이 없지 않아 있다. 이러한 문제를 보완해 줄 수 있는 것이 장식부에 채용되어 있는 궐수형 장식이라고 생각된다. 철기 유물에 채용되어 있는 궐수형 장식은 속성에 따라 변천하는 시간성이 인정되고 있기 때문이다.[45]

철병 살포를 구성하는 장식부의 형태는 배부의 형태에 따라 원형과 일자형으로 구분하였다. 이러한 형태의 차이가 계통의 차이인지 아니면 시간상의 변화에 따른 차이인지 명확한 근거에 대해서는 확언할 수 없다. 다만, 본고에서는 시간상의 변화에 의한 차이로 인식하고 구분하여 살펴보았다.

1. 배부의 형태가 원형인 장식부

장식부의 배부 형태가 원형인 철병 살포를 정리하면, 〈표 5〉와 같다. 배부의 형태가 원형을 이루는 장식부는 2회 이상 말아 제작된 것에서 1회에 가깝게 말아 제작된 것으로, 꼬임 횟수에 따른 변화가 확인된다. 꼬임 횟수를 통해 보면, 고흥 안동고분과 합천 옥전 M3호분, 금산 수당리 12호는

〈표 5〉 배부의 형태가 원형인 장식부

김해 본산리·여래리 3호	고흥 안동고분	합천 옥전 M3호분	금산 수당리 12호	창원 가음정동 3호분

---

45 禹炳喆·金玟澈, 2009, 위의 논문, 주)37, 83쪽; 金訓熙, 2011, 「蕨手型 有刺利器의 變遷과 意味」『韓國考古學報』81輯, 44~45쪽.

2회 이상 말아 제작되어 있어, 1회에 가깝게 말아 제작된 창원 가음정동 3호보다 선행하는 것임을 알 수 있다. 이러한 꼬임 횟수의 변화와 함께 배부의 제작 기법도 변화된다.

배부의 제작 기법은 김해 본산리 · 여래리 3호에서 출토된 것과 같이 배부가 움푹 패여 제작된 것과 금산 수당리 12호에서 출토된 것과 같이 패임의 정도가 작아 ∞자와 비슷하게 제작된 것으로 구분된다. 김해 본산리 · 여래리 3호와 같은 장식부의 형태는 원삼국시대로 편년되는 궐수문 장식이 채용된 철기 유물에서 쉽게 확인되고 있다(그림 3). 이는 원삼국시대부터 전해 내려 온 기법으로, 5세

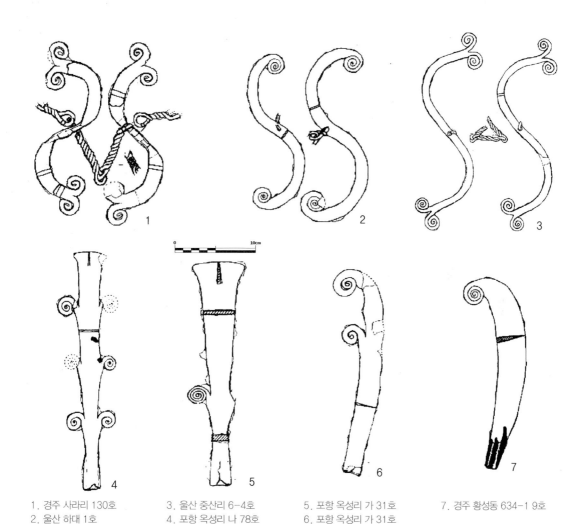

1. 경주 사라리 130호   3. 울산 중산리 6-4호   5. 포항 옥성리 가 31호   7. 경주 황성동 634-1 9호
2. 울산 하대 1호   4. 포항 옥성리 나 78호   6. 포항 옥성리 가 31호

〈그림 3〉 원삼국시대 궐수문 철기

기 중반 이후까지 이어지고 있다.[46] 이러한 기법으로 제작된 철병 살포는 고흥 안동고분에서 출토된 것으로, 철병 살포 내에서는 비교적 이른 시기의 것으로 생각된다. 그에 비해 금산 수당리 12호와 같은 장식부의 형태는 가장 늦은 시기, 6세기 중반대의 것으로 생각되는 창원 가음정동 3호에서 출토된 살포에서도 확인된다.[47] 이를 통해 ∞자와 비슷하게 제작된 장식부는 배부가 움푹 패여 제작된 장식부보다 후행하는 것이다.

김해 본산리·여래리 3호와 같이 제작된 장식부는 고흥 안동고분과 합천 옥전 M3호분에서 출토된 철병 살포이다. 두 철병 살포는 전체 길이, 신부의 형태 및 규격에서 차이를 보이고 있으나, 상호 비교가 가능한 것은 장식부의 좌우 대칭과 비대칭이 아닐까 한다. 고흥 안동고분은 좌우 비대칭이 심하게 이루어져 있고, 합천 옥전 M3호분 역시 좌우 비대칭을 이루고 있으나, 안동고분에 비해 심하지 않다. 이러한 장식부의 좌우 대칭을 이루고 있는 살포로, 금산 수당리 12호와 창원 가음정동 3호가 있다. 장식부의 좌우 대칭을 이루고 있는 살포는 배부의 제작 기법이 ∞자와 비슷하게 제작된 것으로, 좌우 비대칭에서 좌우 대칭으로 변화되는 것으로 생각된다. 이를 통해 볼 때, 합천 옥전 M3호분에서 출토된 철병 살포는 고흥 안동고분에서 출토된 철병 살포에 비해 후행하는 것으로 여겨진다.

장식부의 배부 형태가 원형인 철병 살포의 변천과정을 정리하면, 고흥 안동고분에서 출토된 철병 살포가 가장 이른 시기인 5세기 후반[48]의 것으로 생각된다. 그 다음은 고흥 안동고분의 것과 비슷한 시기로 편년되는 합천 옥전 M3호분에서 출토된 철병 살포이다.[49] 다만, 철병 살포만을 통해 본다면 기존의 연대보다 조금 늦은 6세기 초반으로도 설정이 가능할 것으로 생각 된다. 합천 옥전 M3호분의 후행 형식으로는 금산 수당리 12호에서 출토된 철병 살포이다. 전체 길이나 궐수문의 장식 등을 통해 볼 때 상당한 유사성이 인정되어,[50] 그 시기 또한 비슷한 시기로 볼 수 있을 것 같다. 가장 후행하는 것으로 창원 가음정동 3호에서 출토된 철병 살포는 6세기 중반대의 것으로 생각된다.[51] 이렇게 볼 때, 철병 살포에 궐수문의 장식이 채용되기 시작한 시기는 5세기 후반으로, 6세기 중후반까지 이어지는 것으로 생각된다.

---

46 韓國文化財保護財團, 2014,『金海 本山里·餘來里 遺蹟』Ⅲ, 224쪽.

47 昌原文化財研究所, 1994, 위의 보고서, 주)27, 86쪽.

48 林永珍·吳東墡·姜銀珠, 2015, 위의 보고서, 주)23, 88~93쪽.

49 慶尙大學校博物館, 1990, 위의 보고서, 주)26, 221~224쪽; 조영제,『옥전고분군과 다라국』, 혜안.

50 李勳, 2006,「금산 수당리유적의 연대와 성격」『國立公州博物館紀要』 5輯, 72쪽.

51 昌原文化財研究所, 1994, 위의 보고서, 주)27, 86쪽.

2. 배부의 형태가 일자형인 장식부

장식부의 배부 형태가 일자형인 철병 살포를 정리하면 〈표 6〉과 같다. 배부의 형태가 일자형을 이루는 장식부는 1회에 가깝게 말아 제작된 것에서 끝만 살짝 꺾어 제작된 것으로, 유자이기에서 보이는 변화와 유사하게 확인 된다.[52] 유자이기에서 보이는 변화 단계를 일부 수정하여 적용하면, 450°를 초과하여 말린 형태에서 180° 이상 270° 미만으로 말린 형태로, 다시 180° 미만으로 말린 형태로 변화가 확인된다.

〈표 6〉 배부의 형태가 일자형인 장식부

김해 예안리 고분군	공주 수촌리 5호	공주 수촌리 4호	공주 수촌리 1호	의성 대리리 5호분

450°를 초과하여 말린 형태는 김해 예안리 고분군과 공주 수촌리 5호에서 출토된 것이 해당되며, 180° 이상 270° 미만으로 말린 형태는 공주 수촌리 4호에서 출토된 것이 해당된다. 180° 미만으로 말린 형태는 공주 수촌리 1호에서 출토된 것이 해당된다.

한편, 배부의 형태가 일자형인 철병 살포는 김해 예안리 고분군과 공주 수촌리 5호에서 출토된 자료를 통해 볼 때, 앞서 서술한 배부의 형태가 원형인 철병 살포와의 연관성을 생각하게 한다. 배부의 패임 정도가 창원 가음정동 3호분에서 출토된 것과 같이 작아지는 모습이 확인되고 있고, 배부의 패임 정도가 약화되면서 의성 대리리 5호분에서 확인되는 것과 같이 명확하게 일자형으로 변화되고 있다.

52　金訓熙, 2011, 「蕨手型 有刺利器의 變遷과 意味」 『韓國考古學報』 81輯, 45~46쪽.

김해 예안리 고분군과 의성 대리리 5호분에서 출토된 철병 살포를 제외하면, 일자형의 배부 형태를 갖는 장식부는 공주 수촌리 고분군이라는 동일 유적에서 출토된 자료들이다. 공주 수촌리 고분군은 지난 2003년 처음 발굴조사가 시작된 이후 지속적으로 조사가 진행되어,[53] 다양한 유형의 묘제에서 다종다양한 유물이 출토되었다. 이에 따라 묘제 및 개별 유물에 대한 연구가 다양하게 진행되어 5세기대 백제사를 해명하는데 상당한 역할을 하였다.

수촌리 고분군은 목곽묘 · 석곽묘 · 석실분 등으로 묘제의 유형은 다르지만 꺾쇠와 같은 공통 유물이 출토되고 있어, 친연적(親緣的)인 관계를 검토해 볼 수 있는 모종의 공통점을 찾아 볼 수 있다.[54] 이를 통해 묘제 간 선후관계, 나아가 백제 묘제의 변천 과정을 이해하는데 중요한 증거로 알려져 있다.[55]

백제 고분은 그 유형이 다양하다는 특징이 있지만, 크게 보면 지배층의 무덤과 피지배층의 무덤으로 구분된다. 이러한 다양한 묘제는 결국 백제 후기 지배층의 무덤인 횡혈식석실로 일원화되는 것으로 알려져 있다.[56] 이러한 고분의 변천 과정을 중심으로 수촌리 고분군의 조영 순서를 살펴보면, 수촌리 1호 목곽묘가 가장 빠르게 조영되었으며, 이후, 4호와 5호로 변화 · 발전된 것으로 파악하고 있다.[57] 그러나 철병 살포의 장식부에 장식되어 있는 궐수문의 변화 양상을 통해 볼 때, 기존에 알려져 있는 것과 달리 수촌리 5호 → 수촌리 4호 → 수촌리 1호 순으로 변화되었을 가능성도 확인해 볼 수 있다.

장식부의 배부 형태가 일자형인 철병 살포의 변천과정을 정리하면, 김해 예안리 고분군에서 출토된 것으로 전해지는 철병 살포가 가장 이른 시기의 것으로 생각되고, 그 다음으로 공주 수촌리 5호 석실분에서 출토된 장식부라고 생각된다. 수촌리 5호 석실분의 후행 형식으로는 수촌리 4호 석실분에서 출토된 철병 살포이고, 가장 늦은 시기에 해당하는 것은 조금 더 세밀한 검토가 필요하지만, 수촌리 1호 목곽묘와 의성 대리리 5호분에서 출토된 철병 살포라고 생각된다.

53　忠淸南道歷史文化硏究院, 2007, 위의 보고서, 주)19 ; 忠淸南道歷史文化硏究院, 2013, 『公州 水村里古墳群』 I ; 忠淸南道歷史文化硏究院, 2014, 『公州 水村里古墳群』 II ; 忠淸南道歷史文化硏究院, 2015, 『公州 水村里古墳群』 III.

54　李勳, 2005, 「묘제를 통해 본 수촌리유적의 연대와 성격」『百濟文化』 33輯, 94쪽.

55　李南奭, 2006, 「수촌리 고분군과 백제의 웅진천도」『역사와역사교육』 11, 111~130쪽.

56　李南奭, 1995, 『百濟 石室墳 硏究』, 학연문화사, 437~438쪽.

57　李勳, 2005, 위의 논문, 주)54, 95~99쪽.

Ⅴ. 철병 살포의 부장 양상 및 의미

1. 철병 살포의 부장 양상

1) 출토 고분의 규모

고분의 규모는 일반적으로 피장자의 사회적 지위를 반영하는 표상으로 알려져 있다.[58] 때문에 철병 살포가 출토된 고분의 규모를 정리하여 비교해보면 살포를 소장하고 부장한 피장자의 사회적 지위에 대해서도 알 수 있을 것이다. 지금까지의 연구에 의하면, 살포는 4~10㎡ 정도의 규모를 갖는 중·대형급의 무덤에서 출토되며, 시간이 경과하여 계층적으로 확산되지만 소형분의 무덤에서는 출토되지 않는 것으로, 보편적인 농기구라기보다는 계층성을 반영해주는 농기구로 파악되고 있다.[59] 이에 철병 살포가 출토된 고분의 규모를 정리하여 그에 따른 차이를 확인해보고자 한다(표 7).

〈표 7〉 철병 살포 출토 유구의 규모

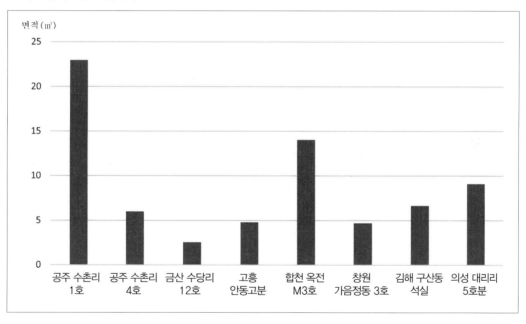

58 都出比呂志, 1991, 「日本古代の國家形成論序說」『日本史研究』343.
59 金在弘, 1997, 위의 논문, 주)13, 36쪽.

백제지역에서 출토된 철병 살포는 2.5㎡ 이상~23㎡ 이하의 규모를 갖는 고분에서 출토되고 있고, 신라·가야지역에서는 4.7㎡ 이상~15㎡ 미만의 규모를 갖는 고분에서 출토되고 있다.

10㎡ 이상의 규모를 갖는 대형급의 고분은 공주 수촌리 1호와 합천 옥전 M3호분이 해당된다. 4.0~10.0㎡의 규모를 갖는 중형급의 고분은 공주 수촌리 4호와 고흥 안동고분, 김해 구산동 석실묘, 창원 가음정동 3호분, 의성 대리리 5호분이 해당된다. 4.0㎡ 미만의 규모를 갖는 소형급의 고분은 금산 수당리 12호가 해당된다.

철병 살포는 대형급, 중형급, 소형급의 규모를 갖는 고분에서 출토되고 있다. 비록, 출토 지역과 묘제가 다르다는 한계가 있지만, 기존의 연구 성과와 같이 중·대형급의 규모를 갖는 고분에서 많은 살포가 출토되는 것을 알 수 있었다. 다만, 기존의 연구 성과와 달리 소형급의 규모를 갖는 고분에서도 출토되는 것을 확인 할 수 있었으며, 백제지역에서 출토된 살포가 이에 해당됨을 알 수 있었다. 고분의 규모가 작아지더라도 부장되는 것을 알 수 있었으며, 살포를 소장하고 부장한 피장자의 사회적 지위에 변화가 생겼음에도 불구하고 살포는 부장되는 것으로 생각된다.

2) 부장 위치

고분에서 출토된 유물은 그것이 유물부장부에서 나온 것이든 유해부에서 나온 것이든 전부가 총체적으로 피장자의 사회적 지위를 반영하는 것으로 볼 수 있다. 특히, 백제지역에서 출토된 살포는 대도와 유사한 부장 위치를 갖는 것으로, 실용구로서의 성격보다는 의장용으로 부장된 것으로 파악하게 되었다. 나아가 백제의 중앙 세력과 각 지역의 재지세력 간 농경의례를 공유했던 것으로, 지역의 통솔권은 물론 정치·경제력까지 분여 받았던 것으로 알려져 있다.[60]

백제지역에서 철병 살포가 출토된 고분은 목곽묘, 수혈식석곽, 횡혈식석실, 분구묘 등으로, 별도의 유물 부장 칸이 존재하지는 않는다. 반면에 신라·가야지역에서 철병 살포가 출토된 고분은 수혈식석곽와 횡혈식석실로, 수혈식석곽묘의 경우 유물 부장 칸이 별도 존재하고 있다. 고분의 구조적 측면에서 차이가 확인되지만, 철병 살포는 모두 매장주체부에서 확인되고 있다. 매장주체부에서 확인되는 경우, 목관을 사용한 것과 사용하지 않은 것으로 구분을 해볼 수 있다.

목관을 사용한 경우, 목관을 중심으로 안쪽에서 출토된 것(棺內)과 바깥쪽에서 출토된 것(棺外)으로 구분이 되는데, 관 내에서 출토된 철병 살포는 의성 대리리 5호분과 김해 구산동 석실분이다. 의성 대리리 5호분은 피장자의 요부(腰部) 오른편에서 나란히 출토되었다. 김해 구산동 석실분의 경

---

60 金在弘, 2007, 「금강유역 출토 百濟 儀仗用 살포」 『考古學探究』 創刊號, 考古學探究會, 27쪽.

우, 도식화를 하면 관내의 두부(頭部) 중앙부에서 출토되고 있다. 그러나 피장자의 침향이 서침(西枕)이라는 점을 감안한다면 피장자의 요부 왼편에 위치한다.

관 외에서 출토된 철병 살포는 공주 수촌리 1호·4호분, 합천 옥전 M3호분, 창원 가음정동 3호분이다. 공주 수촌리 1호 목곽묘는 피장자의 족부(足部) 중앙부에서 출토되었다. 공주 수촌리 4호분은 피장자의 두부 오른편, 북벽에 가까이 붙어서 세워진 채로 출토되었다. 이러한 부장 위치는 창원 가음정동 3호분에서도 찾아 볼 수 있어 동일한 부장 양상을 보이고 있다.

합천 옥전 M3호분은 피장자의 두부 오른편에서 출토되었다. 창원 가음정동 3호분은 도식화를 해보면 피장자의 요부 왼편에서 출토되었다. 다만, 김해 구산동 석실분과 같이 피장자의 침향이 서침을 하고 있어, 피장자의 두부 중앙부에서 출토되고 있다. 다른 철병 살포와는 다르게 서벽에 세워진 채로 확인이 되고 있다.

반면에, 목관을 사용하지 않은 유적으로 금산 수당리 12호분과 고흥 안동고분이 있다. 금산 수당리 12호분은 피장자의 요부 오른편에서 피장자와 나란히 출토가 되고 있어, 관 내에서 확인되고 있는 철병 살포와 유사한 부장 위치를 갖고 있다. 고흥 길두리 안동고분은 피장자의 요부 오른편에서 벽에 붙어 출토되는 양상을 보이고 있는데, 이는 관 외에서 확인되고 있는 철병 살포와 유사한 부장 위치를 갖는다.

이상과 같이 철병 살포의 부장 위치는 목관의 사용 유무와 목관을 사용한 경우에는 관 내와 관

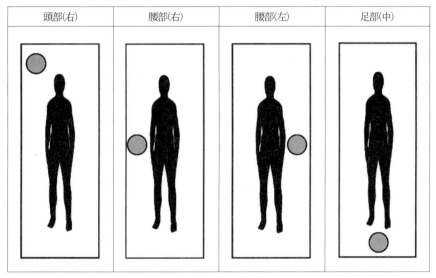

〈그림 4〉 철병 살포의 부장 위치 모식도

외로 구분해볼 수 있었다. 관 내에서 출토되는 철병 살포의 부장위치는 피장자의 요부 오른편에서 피장자와 나란히 출토가 되는 것을 알 수 있었고, 관 외에서 출토되는 철병 살포의 부장위치는 크게 두부와 족부를 중심으로 한 위치에서 출토되고 있다. 또한, 목관을 사용하지 않은 경우에는 목관을 사용한 유적에서 확인되는 양상과 유사하게 확인되었다. 철병 살포가 출토된 위치를 피장자를 중심으로 모식도로 나타내면 〈그림 4〉와 같다.

지역과 고분의 유형에 따라 편차는 확인되나, 고분의 규모와 상관없이 피장자의 주변에서 출토되고 있다. 특히, 철병 살포가 부장된 위치 주변에는 환두대도나 삼지창과 같이 피장자의 신분을 대변해주는 유물들과 함께 출토가 되고 있어, 위세품으로써 부장되는 철병 살포의 성격을 확인해볼 수 있다.

2. 궐수문 장식을 통해 본 철병 살포의 부장 의미

문양은 풍토적 자연현상이나 환경에 따르는 생활수단의 공정적 산물로, 주술적 원시종교의 표현에서 발생하여 미적 감정의 수반과 더불어 정형화 된다. 문양이 정형화되어 가는 과정이나 퇴화되어 가는 과정에 대해서는 간헐적이기는 하지만 고고학적 자료를 통해서도 확인되고 있다. 그 대표적인 예가 되는 것이 궐수문이라 할 수 있다. 궐수문이란 명칭은 그 형태가 마치 고사리의 어린 순 같다는 데서 붙여진 것으로, 암각화에 새겨진 동심원문, 삼한시대의 각종 문양과 청동의기에서 찾아 볼 수 있다. 이러한 궐수문은 전 세계적으로 확인되는 것으로 보편적 문양이라고 할 수 있다.

궐수문 장식은 기원을 전후한 시기부터 철기 유물에 채용되기 시작하여 삼국시대에 마구, 철모, 철검, 유자이기, 도자 등 다양한 철기 유물에 본격적으로 채용된다. 이러한 독특한 형태의 궐수문이 채용되어 있는 철기 유물의 대부분이 신라·가야지역을 중심으로 출토되어, 그 범위에 따라 진한 혹은 변한의 정치체와 결부시켜 연구되어 왔다.[61] 궐수문이 채용된 철기 유물이 출토된 초기 고분의 경우, 고분군 내에서도 대형의 규모를 갖으며, 피장자의 지위가 높다고 할 수 있는 유물이 부

---

61 金榮珉, 1996, 「영남지역 삼한후기문화의 특징과 지역성」, 釜山大學校大學院 碩士學位論文; 徐姈男·李賢珠, 1997, 「三韓·三國時代 鐵器의 儀器的 性格에 對한 一考察 -鐵矛와 有刺利器를 中心으로-」 『가야고고학논총』 2, 가락국사적개발연구원; 정영화·김옥순, 2000, 「慶州地域 鐵器生産의 變遷」 『古文化』 56輯, 59~91쪽; 林孝澤, 2000, 「金海 良洞里 古墳群 調査와 그 成果」 『金海良洞里古墳文化』, 동의대학교박물관; 禹炳喆·金玟澈, 2009, 위의 논문, 주)37, 75~105쪽; 金訓熙, 2011, 위의 논문 주)52, 39~76쪽.

장된 최상급의 고분에서만 출토되어 어느 정도 상징적 성격을 보여주는 것으로, 의기성과 지역성을 동시에 나타내는 유물로 인식하게 되었다.

시간의 흐름에 따라 궐수문이 채용된 철기 유물은 중·대형분의 고분에서 소형분의 고분에서도 출토되는데,[62] 이 경우, 본연의 기능적인 측면이 약화되고 장식효과의 극대화를 표현한 것으로 알려져 있다. 이러한 변화는 특수한 사회적 상황을 반영하고 있는 것으로, 모티브의 상징성과 이기로서의 비실용적인 측면을 가장 특징적으로 나타내는 지표로 보아 대부분의 연구에서 의례와 관계된 것으로 파악하였다. 나아가 궐수문 철기를 부장하는 예가 증가하는 것은 새로운 예속의 변화를 의미하는 것으로, 새로운 상장의례의 시작이며, 사회내부에서 발생한 변화를 반영하는 것으로도 보고 있다.

기존의 연구에서 확인해 볼 수 있듯이, 궐수문 장식이 채용된 철기 유물은 실용적인 기능보다 의례와 관련된 의기로서의 성격이 강한 것으로 연구되고 있다. 나아가 특정 정치체의 경제적 부와 무력을 상징하는 지표[63]로 파악되는가 하면, 제의적 성격이 강한 것이기 때문에 특정 집단을 나타내는 상징적인 기물[64]로도 이해되고 있다. 이렇게 볼 때, 궐수문 장식이 채용되어 있는 철병 살포 역시 의례와 관련된 의기로서의 성격이 강한 것임을 확인해 볼 수 있다. 또한, 특정 정치체 혹은 집단과 관련이 있을 가능성도 있다고 생각된다.

유사한 혹은 동일한 고고학적 자료가 비교적 멀리 떨어진 지역에서 발견되었을 경우, 전파나 교류로 파악하여 왔다.[65] 백제지역에서 확인되는 영남지역 계통의 문물 역시 전파나 교류, 교섭의 산물로 이해하여 교류 라인의 실체도 밝혀지고 있다.[66] 다만, 전파나 교류로 이야기되고 있는 유적이

---

62 禹炳喆·金玟澈, 2009, 위의 논문, 주)37, 97~100쪽; 金訓熙, 2011, 위의 논문 주)52, 57쪽.

63 徐姈男·李賢珠, 1997,「三韓·三國時代 鐵器의 儀器的 性格에 對한 一考察 -鐵矛와 有刺利器를 中心으로-」『가야고고학논총』2, 가락국사적개발연구원.

64 金榮珉, 2007,「가야지역 유자이기의 성격과 의미」『가야의 정신세계』제13회가야사학술회의.

65 박순발, 2000,「가야와 한성백제」『가야와 백제』제6회 가야사 학술회의, 김해시; 박경도, 2002,「금산지역 출토 가야토기」『고고학지』제13집, 한국고고미술연구소, 35~52쪽; 이한상, 2006,「裝飾大刀로 본 百濟와 加耶의 交流」『백제연구』제43집, 61~83쪽; 홍보식, 2008,「문물로 본 가야와 백제의 교섭과 교역」『호서고고학』18, 116~147쪽.

66 권오영, 2002,「풍납토성 출토 외래유물에 대한 검토」『백제연구』제36집, 25~48쪽; 성정용, 2002,「금산지역 삼국시대 토기편년 -백제와 가야 세력사이의 내륙교통로에 대한 이해를 위하여-」『호남고고학보』제16집, 53~78쪽; 성정용, 2007,「한강금강유역의 영남지역계통 문물과 그 의미」『백제연구』제46집, 105~133쪽; 우재병, 2008,「3~5세기 백제지역 소환두도를 통해본 백제·가야·왜의 교역체계」『한국사학보』제33호, 고려사학회, 405~441쪽; 金奎運, 2011,「5世紀 漢城期 百濟와 加耶 關係」『중앙고고연구』제9호, 115~142쪽.

나 유물의 경우, 백제 중앙과 거리상 멀리 떨어져 위치하고 있다는 점을 주목해 보고 싶다. 물류시스템의 운용이 경제적 행위임과 동시에 정치적 행위라고 한다면,[67] 백제의 지방 세력이 주체가 되어 교류 및 교섭을 진행하였던 것으로 볼 수 있다.

백제지역에서 출토된 철병 살포 역시 백제 중앙과는 거리상 떨어져 있기 때문에 중앙 세력과 각 지역의 재지세력 간 농경의례를 공유했던 증거로, 지역의 통솔권은 물론 정치·경제력까지 분여 받았음을 의미하는 것으로 파악하였다.[68] 그러나 지금까지 백제의 중앙 세력과 관련하여 궐수문 장식이 채용된 철기 유물이 출토된 것은 거의 확인되지 않고 있고, 3세기대 연기 용호리 1호묘에서 출토된 철검 역시 진·변한지역에서 유입된 것으로 알려져 있기 때문에 궐수문 장식이 채용되어 있는 철병 살포를 소장하고 고분에 부장한 것은 신라·가야지역에 기반을 두었던 특정 정치체 혹은 집단과의 관련성을 상정해 보는 것도 가능하다고 생각된다.

Ⅵ. 맺음말

최근 백제지역에서 출토된 고고학 자료 중 신라·가야지역과의 관련성을 살펴 볼 수 있는 철병 살포에 대해 검토해 보았다. 철병 살포는 목병 살포와 달리 신부의 끝(刃部)에서부터 손잡이(裝飾部)에 이르기까지 하나의 철재로 연결되어 있는 형태로, 장식부가 있다는 것이 가장 큰 특징이다. 이러한 장식부에 궐수문의 문양이 장식으로 채용되어 있어, 이를 주목하여 형식 분류 및 변화과정, 나아가 부장 의미에 대해서 살펴보았다.

우선, 철병 살포는 지금까지 9개의 유적에서 총 10점이 출토된 것으로 보고되어 있다. 백제지역과 신라·가야지역에서 각각 5점씩 출토된 것으로, 출토 수량은 많지 않지만 동일한 수량이 확인되고 있다. 철병 살포의 형식은 목병 살포와의 연관성을 생각하여 1차 분류 기준을 신부의 형태로 분류하였다. 그 결과, 신부의 평면 형태에 따라 방형·제형·반원형의 형태로 분류가 가능하였다. 다만, 동일한 신부의 형태를 하고 있어도 장식부의 형태에 따라 원형과 일자형으로 차이가 확인되어 2차 분류의 기준으로 다시 분류하였다. 그 결과, 출토 수량이 많지 않음에도 불구하고 다양한 형식

---

67 김장석, 2004, 「물류시스템과 대외교류의 정치경제학에 대한 고고학적 접근」, 『한성기 백제의 물류시스템과 대외교섭』, 학연문화사.

68 金在弘, 2007, 위의 논문, 주)60, 27쪽.

이 확인되었다.

철병 살포의 변화과정 역시 목병 살포와의 연관성을 고려하여 신부의 규격을 1차 기준으로 하였다. 그러나 동일한 신부의 형태를 갖는 철병 살포의 출토 수량에 한계가 있어 명확한 기준으로 참고하기에 어려움이 있었다. 그에 비해 형식 분류의 2차 기준이었던 장식부의 형태를 중심으로 살펴보니 그 변화과정을 살펴볼 수 있었다. 즉, 궐수문의 장식이 2회 이상 말아 제작된 것에서 1회에 가깝게 말아 제작된 것으로, 다시 1회에 가깝게 말아 제작된 것에서 끝만 살짝 꺾어 제작된 것으로, 꼬임 횟수에 따른 변화를 확인할 수 있었다.

궐수문이라는 문양에 초점을 맞추어 철병 살포가 고분에 부장되는 양상과 그 의미에 대해 살펴보았다. 우선, 철병 살포가 출토되는 고분은 중·대형분의 규모를 갖는 고분에서 대부분 출토되었지만, 소형분의 규모를 갖는 고분에서도 출토되는 것을 확인 할 수 있었다. 소형분에서 출토된 것은 백제지역에서 출토된 살포이다. 고분의 규모가 작아지더라도 부장되는 것을 알 수 있었으며, 살포를 소장하고 부장한 피장자의 사회적 지위에 변화가 생겼음에도 불구하고 살포는 부장되는 것으로 생각된다.

다음으로, 철병 살포의 부장 위치에 대해 살펴보았다. 부장 위치는 두부, 요부, 족부 등으로 차이가 있었으나, 고분의 규모와 상관없이 피장자의 주변에서 출토되고 있었다. 특히, 철병 살포가 부장된 주변으로 환두대도나 삼지창과 같이 피장자의 신분을 대변해주는 유물들이 함께 출토되고 있어, 피장자의 사회적 지위를 확인할 수 있는, 위세품으로써 부장되는 성격을 확인해 볼 수 있었다.

끝으로, 궐수문 장식이 채용된 철기 유물은 실용적인 기능보다 의례와 관련된 의기로서의 성격이 강했던 것으로, 모티브의 상징성과 이기로서의 비실용적인 측면을 가장 특징적으로 나타내는 지표로 보아 의례와 관계된 것으로 파악하였다. 상장의례와의 관련성을 생각해 본다면, 궐수문 장식이 채용되어 있는 철병 살포를 소장하고 고분에 부장한 것은 백제지역의 중앙과의 관련성 보다는 신라·가야지역에 기반을 두었던 특정 정치체 혹은 집단과의 관련성을 상정해 보는 것도 가능하다고 생각된다.

본고에서는 궐수문 장식이 채용된 철병 살포를 대상으로 다루고자 하였다. 자료의 수적 한계에도 불구하고 무리하게 논지를 전개하다보니 다소 비약적인 해석을 하게 되었다. 논지 전개에서 야기된 여러 문제들은 추후의 과제로 삼고자 한다.

참고문헌

慶尙大學校博物館, 1990, 「M3號墳」『陜川 玉田古墳群』Ⅱ.

國立全州博物館, 1994, 『扶安 竹幕洞 祭祀遺蹟』.

국립중앙박물관, 2000, 『겨레와 함께 한 쌀』.

釜慶大學校博物館, 2000, 『金海 龜山洞古墳』.

林永珍·吳東墠·姜銀珠, 2015, 『高興 吉頭里 雁洞古墳』, 全南大學校博物館.

全榮來, 1974, 「任實 金城里 石槨墓群」『全北遺蹟調査報告』3.

昌原文化財研究所, 1994, 「昌原加音丁洞古墳群發掘調査報告」『昌原加音丁洞遺蹟』.

忠淸南道歷史文化研究院, 2007, 『公州 水村里遺蹟』.

忠淸南道歷史文化研究院, 2007, 『錦山 水塘里遺蹟』.

加藤末保·淸水央, 1924, 『朝鮮ノ在來農具』, 조선총독부 권업모범장.

강인구, 1973, 「금산의 고분과 토기류」『百濟研究』제4집.

郭種喆, 1992, 「韓國과 日本의 古代 農業技術」『韓國古代史論叢』4輯.

郭種喆, 1993, 「先史·古代 稻 資料 出土遺蹟의 土地條件과 稻作·生産」『古文化』42輯.

권오영, 2002, 「풍납토성 출토 외래유물에 대한 검토」『百濟研究』제36집.

金光彦, 1969, 『韓國의 農器具』, 문화공보부 문화재관리국, 민속자료조사보고서 제20호.

金光彦, 1987, 「신라시대의 농기구」『新羅文化祭學術發表會論文集』8輯, 동국대학교 신라문화연구소.

金奎運, 2011, 「5世紀 漢城期 百濟와 加耶 關係」『중앙고고연구』제9호.

金基雄, 1968, 「義城大里古墳發掘調査報告」『史學研究』20.

金基雄, 1976, 「三國時代의 武器小考」『韓國學報』5輯, 一志社.

金度憲, 2001, 「古代의 鐵製農具에 대한 研究」, 釜山大學校大學院 碩士學位論文.

金度憲, 2010, 『嶺南 地域의 原始.古代 農耕 研究』, 釜山大學校大學院 博士學位論文.

金在弘, 1991, 「新羅 中古期의 村制와 地方社會 構造」『韓國史研究』72輯.

金在弘, 1997, 「살포와 鐵鋤를 통해 본 4~6세기 農業技術의 變化」『科技考古研究』2號, 아주대학교박물관.

金在弘, 2001, 「신라 中古期 村制의 成立과 地方社會構造」, 서울大學校大學院 博士學位論文.

金在弘, 2007, 「백제시대 수전농업의 발전단계」『백제와 금강』, 백제사연구회, 서경문화사.

金在弘, 2007, 「금강유역 출토 百濟 儀仗用 살포」『考古學探究』創刊號, 考古學探究會.

金榮珉, 1996, 「영남지역 삼한후기문화의 특징과 지역성」, 釜山大學校大學院 碩士學位論文.

金榮珉, 2007, 「가야지역 유자이기의 성격과 의미」『가야의 정신세계』제13회가야사학술회의.

김장석, 2004, 「물류시스템과 대외교류의 정치경제학에 대한 고고학적 접근」『한성기 백제의 물류시스템과 대외교섭』, 학연문화사.

金訓熙, 2011, 「蕨手型 有刺利器의 變遷과 意味」『韓國考古學報』81輯.

都出比呂志, 1991, 「日本古代の國家形成論序說」『日本史研究』343.

東潮, 1979,「朝鮮三國時代の農耕」『橿原考古學研究所論集』第4, 吉川弘文館.

李東冠, 2010,「日韓における鑷(サルポ)の變遷と變容」『還暦, 還暦?, 還暦!』, 武末純一先生還暦記念獻呈文集・研究集.

李相元 2013,「백제 살포에 대한 일고찰」, 公州大學校大學院 碩士學位論文.

박경도, 2002,「금산지역 출토 가야토기」『고고학지』제13집, 한국고고미술연구소.

朴普鉉, 1992,「積石木槨墳의 農具類 副葬의 意義」『博物館年報』2, 대구교육대박물관.

박순발, 2000,「가야와 한성백제」『가야와 백제』제6회 가야사 학술회의, 김해시.

徐姈男・李賢珠, 1997,「三韓・三國時代 鐵器의 儀器的 性格에 對한 一考察 −鐵矛와 有刺利器를 中心으로−」『가야고고학논총』2, 가락국사적개발연구원.

성정용, 2002,「금산지역 삼국시대 토기편년 −백제와 가야 세력사이의 내륙교통로에 대한 이해를 위하여−」『호남고고학보』제16집.

성정용, 2007,「한강금강유역의 영남지역계통 문물과 그 의미」『百濟硏究』제46집.

심우성 감수, 1995,『조선의 재래농구』, 한국무속박물관.

梁勝弼, 1995,「鐵製農器具 所有變化에 대한 檢討」『新羅文化』12輯.

禹炳喆・金玟澈, 2009,「궐수형철기를 통해 본 진・변한 정치체의 상호작용 −대등 정치체 상호 작용 모델의 적용−」『韓國上古史學報』65號.

우재병, 2008,「3~5세기 백제지역 소환두도를 통해본 백제・가야・왜의 교역체계」『한국사학보』제33호, 고려사학회.

有光敎一, 1967,「朝鮮半島における鐵製農具の變遷について」『末永先生古稀記念古代學論叢』.

李勳, 2005,「묘제를 통해 본 수촌리유적의 연대와 성격」『百濟文化』33輯.

李勳, 2006,「금산 수당리유적의 연대와 성격」『國立公州博物館紀要』5輯.

李勳, 2010,『金銅冠을 통해 본 4~5世紀 백제의 地方統治』, 公州大學校大學院 博士學位論文.

李南珪, 1997,「前期伽倻의 鐵製 農工具」『國史館論叢』74輯.

李南珪, 1998,「3~5世紀 錦江流域圈 鐵器의 地域的 特性 −農工具와 武器를 中心으로−」『3~5세기 금강유역의 고고학』, 제22회한국고고학전국대회.

李南珪, 2002,「漢城百濟期 鐵器文化의 特性 −서울・경기지역 농공구를 중심으로−」『百濟硏究』第36輯.

李南奭, 1995,『百濟 石室墳 研究』, 학연문화사.

李南奭, 2006,「수촌리 고분군과 백제의 웅진천도」『역사와역사교육』11.

李尙律, 1998,「新羅, 加耶文化圈에서 본 百濟의 馬具」『百濟文化』27輯.

李尙律, 2001,「天安 斗井洞, 龍院里 古墳群의 馬具」『韓國考古學報』45輯.

李殷昌, 1972,「3.農工具」『韓國の考古學』, 河出書房新社.

이재현, 2004,「영남지역 출토 삼한시기 倣製鏡의 文樣과 의미」『한국고고학보』53집.

李漢祥, 2006,「裝飾大刀로 본 百濟와 加耶의 交流」『百濟硏究』제43집.

李漢祥, 2009,『장신구 사여체제로 본 백제의 지방지배』, 서경문화사.

李賢淑, 2011,『4~5世紀代 百濟의 地域相 研究』, 高麗大學校大學院 博士學位論文.

李賢惠, 1990, 「三韓社會의 農業 生産과 鐵製 農器具」 『歷史學報』 126輯.

李賢惠, 1991, 「三韓時代의 農業技術과 社會發展」 『韓國上古史學會』 8號.

李賢惠, 1995, 「韓國 農業技術 發展의 諸時期」 『韓國史時代區分論』, 翰林科學院.

林孝澤, 2000, 「金海 良洞里 古墳群 調査와 그 成果」 『金海良洞里古墳文化』, 동의대학교박물관.

全德在, 1990, 「4~6세기 농업생산력의 발달과 사회변동」 『역사와 현실』 4輯.

정영화·김옥순, 2000, 「慶州地域 鐵器生産의 變遷」 『古文化』 56輯.

조영제, 2007, 『옥전고분군과 다라국』, 혜안.

千末仙, 1994, 「鐵製農具에 대한 考察」 『嶺南考古學』 15輯.

최종규, 1991, 「百濟 銀製冠飾에 關한 考察 : 百濟金工(1)」 『미술자료』 47, 국립중앙박물관.

玄基玉, 1991, 「3~4世紀를 中心으로 한 三國의 鐵製農器具 發達과 農業의 變化」, 中央大學校大學院 碩士學位論文.

홍보식, 2008, 「문물로 본 가야와 백제의 교섭과 교역」 『호서고고학』 18.

제2부 제9장

百濟城郭 內 우물의 登場과 造成過程에 대한 研究

최병화
(가경고고학연구소 연구원)

Ⅰ. 머리말
Ⅱ. 城郭 內 우물의 調査現況
Ⅲ. 우물과 城郭 內 用水施設의 區分

Ⅳ. 우물의 立地와 構造
Ⅴ. 우물의 水文學的 環境과 造成過程
Ⅵ. 맺음말

Ⅰ. 머리말

성곽에는 貯水槽, 集水池, 우물 등의 세 가지 用水施設이 존재 한다.[1] 성곽의 용수시설은 생존유지를 위한 중요시설로서 필수적으로 구비되어야할 시설이다.

성곽 용수시설 연구는 2000년대부터 시작되었고, 초기는 발굴 자료소개와 현황파악을 통해 간

---

1   崔炳華, 2010, 「百濟山城 用水施設에 대한 檢討」 『韓國上古史學報』 69, 韓國上古史學會.

략한 축조법을 소개하는 방식으로 진행되었다.[2]

2000년대 이후 발굴조사를 통해 용수시설 조사사례가 증가하고, 내부에서 칠기, 목간 등 중요품이 출토되면서 물을 모으는 용도뿐만 아니라 祭祀나 儀禮空間의 기능을 강조하는 견해가 나타나게 되었다.[3] 그리고, 축적된 조사 자료를 기반으로 남한지역 고대산성 전체를 대상으로 하거나 또는 신라산성만을 대상으로 구조와 변천양상을 검토하게 되었다.[4]

2010년대는 水源의 형태(지표·지하수)와 立地·入水方法, 규모 등을 검토해 그동안 혼용된 개념과 유구지칭 용어를 정리하고, 각 유구의 기능을 파악하였다.[5]

그리고, 최근에는 삼국의 용수시설 구조 비교를 통해 각국 간에 일정한 축조 방식을 파악하였고, 일부는 서로 간에 영향을 끼친 것으로 이해하였다. 그리고, 축성방법의 영향은 고대시대 영역변천과정상 축조 및 점유문제와 관련된 것으로 파악하였다.[6]

이처럼 성곽 용수시설 연구는 2000년대부터 현재까지 자료소개, 수원형태, 개념 및 용어정리, 입지, 구조, 기능, 변천양상, 삼국간의 특징 등에 대한 연구로 발전되어 왔다. 고분 및 주거지 등 일상생활 유적에 비해 빈약한 유구 수와 짧은 연구 기간을 고려한다면 적지 않은 연구성과가 있다고 할 수 있다.

하지만 이 같은 연구 과정에서 성곽 내 우물에 대한 연구는 거의 이루어지지 않았다.

貯水槽와 集水池 등은 地表水를 모아 사용하는 유구로서 다양한 시각에서 연구되고 있지만, 地下水를 사용한 우물 연구는 아직까지 진행된 바 없다. 일반적인 생활유적에서 확인된 우물 연구는 입지, 구조, 조성환경 등에서 오래 전부터 검토되었고 본 기능 외에도 국가의례·민간신앙 등에 대한 의미를 파악하는 연구까지 진행되었다.[7]

2　閔德植, 2002,「發掘調査資料로 본 古代 城郭의 연못」『白山學報』63, 白山學會; 閔德植, 2002,「發掘調査資料로 본 古代 城郭의 연못」『白山學報』64, 白山學會.

3　鄭義道, 2006,「昌寧 火旺山城 蓮池 硏究」『한국성곽학보』제9집, 한국성곽연구회.

4　오승연, 2007,「新羅 山城池의 機能과 展開」『慶文論叢』創刊號, 慶南文化財硏究院; 金允兒, 2007,「남한지역 고대산성의 집수시설 현황과 그 특징」『新羅史學報』11, 新羅史學會.

5　崔炳華, 2010,「百濟山城 用水施設에 대한 檢討」『韓國上古史學報』69, 韓國上古史學會.

6　전혁기, 2017,『古代 城郭 集水施設의 性格과 變遷』, 한신대학교 한국사학과 석사학위논문.

7　許義行, 2004,「土器造 우물에 對한 考察」『錦江考古』創刊號, 忠淸埋藏文化財硏究院; 이신효, 2004,「백제 우물 연구」『湖南考古學報』20輯, 湖南考古學會; 권태효. 2005.6,「우물의 민속, 그 신화적 상징과 의미」『생활문물연구』16집, 국립민속박물관; 김창억·김대덕·도영아, 2008,「우물유구에 대한 분석과 조사방법」『야외고고학』제5호, 한국매장문화재협회; 하병엄, 2008,『「井」字銘과 古代社會의 儀禮』, 경북대학교 교육학 석사학위논문; 권태효, 2012,「우물의 공간적 성격과 상징성 연구」『민족문화연구』56호, 고려대학교 민족문화연구원; 이한솔, 2014,『한성 백제기 우물제사에 대한 고찰』, 인하대학교 한국사전공 석

하지만 성곽, 특히 산성 내 우물은 거의 언급되지 않고 있다. 원인은 그동안 발굴조사를 통해 확인된 성곽 내 우물의 빈도수가 낮고, 연구 중심은 토기, 목간, 목기, 씨앗 등 유물이 출토되는 저수조와 집수지에 집중되었기 때문이다.

성곽 내 우물은 전투라는 특수한 목적과 성벽 안쪽의 제한된 공간 속에 자리한다. 그리고, 산지에 축조되는 특수성이 있다. 따라서 일반 취락유적에서 확인되는 우물과는 조성과정과 목적, 성격 등에서 많은 차이를 지녔을 것이다.

본 연구는 백제성곽 내에서 확인되는 우물을 대상으로 진행하였다. 연구방법은 성곽 내 제 용수시설과 함께 우물의 개념을 정리하고, 우물의 입지와 구조를 분석하여 백제성곽 내 우물의 특징을 검출하였다. 그리고, 우물이 사용하는 지하수원의 수문학적인 조성환경을 검토하여 성곽 내 지하수의 형성조건과 우물의 조성과정을 살펴보았다.

그리고, 우물이 조성된 배경을 검토하여, 취락유적에서 확인되는 우물과는 차별적인 성곽 내 용수시설 구비에 대한 이해를 돕고자 하였다.

Ⅱ. 城郭 內 우물의 調査現況

1. 서울 風納土城[8]

풍납토성은 서울시 송파구 풍납 1, 2동에 걸쳐있는 둘레 약 3,500m의 백제 한성 도읍기 토성이다. 성 내에서는 백제시대 우물 1기가 조사 되었다. 우물은 경당지구 해발 14.6m의 평탄면에서 확인되었다. 우물 주변은 동서 10.5m, 남북 11m의 평면 방형으로 굴착 후, 안쪽에 벽체를 조성하였다. 벽체와 굴착된 토광벽 사이에는 점성이 강한 토양과 사질토를 교호로 쌓았다. 우물 입구는 평면 원형(직경 2.5m)이며, 깊이는 3m 정도이다. 내벽은 할석과 목재를 사용하여 만들었다. 바닥 평면은 방형(1.2×1.2m)이며, 고운 사질토 위에 각재와 자갈로 수평을 맞추고 그 위에 판재를 4단에 걸쳐 쌓아 올렸다. 이 위에 할석으로 모를 줄여나가 구축하였다. 유물은 다량(약 200여 점)의 完形 토기가 밀집된 상태로 출토되었다.

사학위논문; 金昡秀, 2015, 『統一新羅 王京 우물 研究』, 경북대학교 고고인류학과 석사학위논문.

8   한성백제박물관·한신대학교박물관, 2015, 『風納土城 ⅩⅦ, -慶堂地區 206號 遺構에 대한 報告-』.

2. 서울 夢村土城[9]

몽촌토성은 서울시 송파구 방이동과 오륜동 사이 올림픽 공원에 위치한 둘레 약 2,400m의 백제 한성 도읍기 토성이다. 성 내에서는 1개소의 통일신라시대 우물이 조사되었다. 우물은 해발 16.4m의 성 내에서 제일 고도가 낮은 북쪽 곡부에서 확인되었다. 우물의 축조는 직경 2.4~2.5m의 타원형 구덩이 굴착 후, 내부에 할석을 돌렸다. 우물 입구 평면은 원형이며, 규모는 지름 0.58~0.6m, 잔존 깊이는 2.1m이다. 타원형 구덩이는 계단식 굴착후 수직으로 굴착한 단면 "Y"형이고, 석축과의 사이는 점성이 강한 사질점토를 채웠다. 우물 벽체의 단면은 역제형(상협하광)으로 축조하였다. 내부에서는 우물 주변의 통일신라 주거지에서 출토되는 기와편이 출토되었다.

3. 曾坪 杻城山城[10]

추성산성은 충청북도 증평군 도안면 노암리 산 74임 일원에 위치한 둘레 1,411m의 백제 한성 도읍기 토축산성이다. 성 내(남성 내성)에서는 현재까지 1개소의 백제시대 우물이 조사 되었다. 우물은 북향 계곡부의 성 내에서 중앙부 가장 낮은 곳(해발 225m)에서 성벽과 인접하여 확인되었다. 우물은 평면 원형으로 할석재로 4~5단 정도 쌓아 올렸고, 단면 역제형으로 조성되었다. 잔존 규모는 직경 약 100cm, 깊이 약 80cm이다. 유물은 백제 토기 구연부편 등이 출토되었다.

4. 公州 公山城[11]

공산성은 충남 공주시 산성동에 위치한 둘레 2,660m의 포곡식 석축산성으로, 웅진 도읍기 왕성으로 비정되는 곳이다. 성 내 공북루 주변에서는 백제시대 목곽고 1기(2014년), 조선시대 우물 2기,

---

9   한성백제박물관, 2016, 『몽촌토성 Ⅰ-2013·2014년 몽촌토성 북문지 내측 발굴조사 보고서』.

10   충청북도문화재연구원, 2017.7, 『증평 추성산성 7차 발굴조사 약보고서』.

11   忠淸南道歷史文化硏究院·公州市, 2010, 『공주 공산성 성안마을 유적』; 공주대학교박물관, 2014.12, 『사적 제12호 公山城 성안마을 내 유적 제7차 발굴조사 개략보고서』.

일제 강점기 우물 1기 등 총 4기가 확인되었다.[12] 이 가운데, 백제 목곽고는 규모가 가로 3.2m, 세로 3.5m, 깊이 2.6m이며, 평면 방형이다. 벽면은 너비 20~30㎝ 내외의 판재를 기둥에 단면 수직으로 맞춤·조성하였다. 측면은 점토 다짐하였고, 바닥면은 점토 또는 개흙으로 되어있다. 벽면에는 오르내릴 수 있는 말목구멍이 있고, 외면(바닥 및 측벽)에는 물이 스며들지 않도록 점토 다짐하였다. 내부에서는 박씨와 복숭아씨가 다량 확인되었고, 석제 추와 칠기, 목제 망치 등이 확인되었다. 현재까지 백제성곽 내에서는 목곽이 다수 확인된 바 있으며, 용도는 저장시설 또는 용수시설 두 가지로 추정되고 있다.

성 내 용수시설은 입지에 따라 "저수조-정상부 평탄면, 집수지-저지대 곡부"로 구분되며, 공산성 목곽고는 성 내에서 지형이 가장 낮은 곡부 한가운데 형성된 퇴적층에 조성되었다. 금강과 접하고 수분이 가득한 퇴적지에 입지한 특징을 고려할 때, 우물일 가능성이 높은 것으로 판단된다.

5. 扶餘 扶蘇山城[13]

부소산성은 충청남도 부여군 부여읍 쌍북리에 위치한 둘레 2,200m의 포곡식 토축산성이다. 성 내에서는 정상부에서 저수조 5기가 확인되었고, 백제시대 우물은 북문지 안쪽 계곡부에 대한 발굴조사('가'지구) 과정에서 1기가 조사되었다. 우물은 백마강(금강)과 연결되는 낮고 완만한 작은 계곡부의 동쪽에 치우쳐있다. 평면은 방형이고, 다듬은(장방형 및 방형) 석재를 3~4단 정도 쌓아 올렸다. 단면은 수직에 가깝다. 잔존 규모는 동서 70㎝, 남북 80㎝, 깊이는 60~80㎝ 정도이다. 바닥은 암반층을 파고 만든 원형의 깊은 구덩이가 있고, 이 곳에서 많은 량의 물이 솟아오른다. 유물은 씨앗류와 백제토기 및 기와류만이 출토된다.

---

12 이 외에도 공산성 성안마을 내 유적 발굴조사에서 백제 웅진도읍기 도성의 내부시설 및 왕궁으로 추정할 수 있는 다양한 건물지와 관련 시설물 수기가 확인되었다. 이 과정에서 북쪽 곡부지역에서는 다수의 집수지와 함께 백제~통일신라시대 우물(집수시설로 명명되어 있다)로 파악되는 유구도 다수 확인되었다(공주대학교 박물관, 2011.11, 『사적12호 公山城 성안마을 내 유적 제4차 발굴조사 약보고서』; 공주대학교 박물관, 2015.12, 『사적12호 公山城 성안마을 내 유적 제8차 발굴조사 약보고서』). 하지만 개략보고서에서는 우물에 대한 세부 내용은 기재되지 않아 금번 유구 검토에서는 제외하였다.

13 國立扶餘文化財研究所, 2003, 『扶蘇山城 發掘調査報告書Ⅴ』.

6. 光陽 馬老山城[14]

마로산성은 광양시 광양읍 용강리에 위치한 둘레 550m의 석축산성이다. 성 내에서는 14기에 이르는 용수시설이 조사되었으며, 이 가운데 우물은 총 2기가 확인되었다. 우물은 성 내 제일의 저지대인 서쪽 계곡부에 위치한다. 서쪽 저지대는 5기의 석축 집수정이 존재하며, 우물은 2호 석축 집수정 내(상층)와 주변에 조성되었다. 우물 내부에서는 편병 및 복합문 기와편, 청동 숟가락 등이 출토되었다. 조사현황은 〈표 1〉과 같다.

〈표 1〉 광양 마로산성 내 우물 조사 현황 일람표

명칭	입지	축성구조			평면	규모(m)	비고
		재료	단면	바닥			
우물1	서쪽 저지대 계곡부	할석	수직	·	원형	입구 직경 1.4m 깊이 약 3.2m	2호 석축 집수정 내 상층에 위치
우물2	서쪽 저지대 계곡부	할석	수직	·	원형	입구 직경 0.6m 깊이 1.2m 이상	2호 석축 집수정 남동쪽에 인접하여 위치

Ⅲ. 우물과 城郭 內 用水施設의 區分

이번 장에서는 성곽 내에서 확인되는 우물과 저수조, 집수지 등 제 용수시설에 대한 수원 및 입지, 입수방식 등을 구분하여 개념을 정립하고자 한다. 그리고, 이를 기반으로 우물의 입지 검토를 진행하여 성곽 내 우물의 조성현황을 파악해 보도록 하겠다.

1. 水源에 따른 구분

우물을 포함한 성곽 내 용수시설은 水源에 따라 지표수와 지하수로 구분될 수 있다. 용수시설을 지칭하는 용어를 수원의 형태에 따라 정리하면 다음과 같다.

---

14 光陽市 · 順天大學校博物館, 2009, 『光陽 馬老山城Ⅱ』.

1) 지표수원

① 蓮池-연꽃을 심은 못=연당(蓮塘)=연못(蓮一)

② 池塘-넓고 깊게 팬 땅에 늘 물이 괴어 있는 곳=못

③ 貯水池-상수도 농업을 위해 하천이나 골짜기를 막아 만든 큰 못=水塘

④ 貯水槽-물을 담아 두는 큰 통

〈그림 1〉 지표수원 사례

위의 지표수원 중 ① 蓮池는 '연꽃이 있는 못'으로 불교적인 색채가 강한 조경목적이다.

② 池塘과 ③ 貯水池는 상시로 흐르는 강물 및 골짜기의 물을 끌여 들여 사용하는 상수도와 농업용 목적의 제방이다. 따라서 ①~③은 전쟁을 위해 존재하는 성곽 내 용수시설 용어로는 적합하지 않다.

2) 지하수원

① 集水井-물을 모아 놓은 우물, 우물로부터 물을 모아 하류로 보내는 큰 우물

② 우물(井)-물을 얻기 위하여 땅을 파서 지하수를 괴게 한 곳

③ 샘(泉)-땅에서부터 물이 솟아 나오는 곳

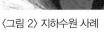

〈그림 2〉 지하수원 사례

위의 지하수원 중 ① 集水井은 물이 없는 장소(所)에 물을 모으는 '集水'의 개념과 모아져 있는 지하수를 찾아 사용하는 '우물(井)'의 개념 등 다른 개념이 조합된 것이다. 현재까지 지하수를 사용하는 우물에 주변의 유수를 모으는 시설이 구비된 예는 성곽 내에서 확인된 바 없으며, 이와 같은 시설은 후술하겠지만 기능상 존재하기 어려운 것으로 판단된다.

이상 삼국시대 성곽 내에서 확인되는 용수시설의 용어 중에 1) 지표수원은 ④ 貯水槽, 2) 지하수원은 ② 井과 ③ 샘(泉)이 가장 적절한 용어라 할 수 있다.

2. 立地 및 水入方式에 따른 구분

이처럼 수원형태를 고려할 때, 성곽 내 용수시설은 지표수를 모아 사용하는 것과 지하수를 찾아 사용하는 두 가지로 구분되는 것을 알 수 있었다. 한편, 용수시설은 지표수와 지하수를 사용하는 방식에 따라 입지가 명확히 구분된다. 따라서 여기에서는 용수시설의 입지와 그에 따른 수입방법을 살펴보도록 하겠다.

1) 입지에 따른 구분

용수시설은 입지에 따라 A. 低地의 谷部, B. 정상부 평탄면, C. 충적지 평탄면으로 구분된다.

A. 低地의 谷部

〈그림 3〉 예산 예산산성(좌), 창녕 화왕산성(우)

B. 頂上部 平坦面

〈그림 4〉 광양 마로산성(좌), 금산 백령산성(우)

C. 沖積地 平坦面

〈그림 5〉 풍납토성 경당지구 우물 위치(좌) 조사전 전경(우)

　　삼국시대 성곽 내 용수시설은 도면 및 사진에서 보는 것과 같이 산지의 경우 A. 저지의 곡부와 B. 정상부 평탄면, 강변의 C. 충적지 평탄면 등 세 가지로 구분됨을 알 수 있다.

2) 水入方式에 따른 구분

　　수입방식은 시설에 물을 채우는 방식을 말한다. 구분은 수원의 형태(① 지표수원, ② 지하수원)와 입지 (A. 저지대 계곡부, B. 정상부 평탄면, C. 충적지 평탄면)를 기준하여 살펴보았다.

① 지표수원 수입방식

　　A. 저지대 계곡부 : 수입은 雨水를 직접 모으거나 혹은 주변의 高地에서 흘러내려오는 流水를 모

으는 集水형태로 이루어진다(그림 6).

水入方式이 가장 잘 나타난 것은 대표적인 시설은 儉丹山城의 대형우물이다. 주변에 도수로가 시설되어 빗물과 주변의 高地에서 흐르는 물을 모아 사용하고 있다.

B. 정상부 평탄면 : 주변의 流水가 흘러들어갈 수 있는 조건은 성립되지 않는다. 현재 입수방법에 대한 증거가 확인되지 않아 雨水를 직접 받아 사용했던 것으로 추정하지만 雨水만으로 일정 수량을 유지하기는 매우 불규칙적이고 부족하다. 오히려 정상부 용수시설의 주된 입수방법은 외부에서 물을 길어다 채우는 貯水형태였던 것으로 파악된다(그림 7).

② 지하수원

C. 충척지 평탄면 : 충적지 평탄면은 지표수가 아닌 지하수를 사용하는 경우가 주로 확인된다. 대표적인 예로 풍납토성 경당지구 우물이 있다. 우물은 지하(대수층)에 고여 있는 물을 사용한 것이다. 따라서 내부에 물을 모으거나 채우기 보다는 지하에 있는 물을 찾아 사용한 것으로 확인된다.

이외에도 지하수원을 사용한 것에는 샘이 있다. 샘은 피압 대수층에서부터 올라온 지하수가 지표면에 용암과 같이 분출(용출)하는 것으로 현재까지 성곽 내에서 조사된 예가 없다.

〈그림 6〉 창령 화왕산성 연지

〈그림 7〉 금산 백령산성 목곽시설

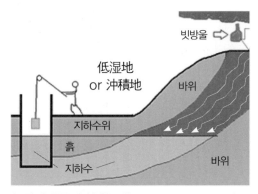

〈그림 8〉 우물 지하수원 모식도

이처럼 용수시설 水入方式에 있어 지하수원은 물이 있는 곳을 찾아 사용한 것으로서 확인되고, 지표수원은 물이 없는 곳에 물을 모으는 것을 알 수 있다. 그리고, 지표수원의 水入방법은 低地의 谷部는 자연적으로 물을 모으는 集水방식으로, 정상부 평탄면의 경우는 인위적으로 직접 채우는 貯水방식으로 이루어졌음을 알 수 있다.

이같은 구분을 기준하여 백제성곽 내 용수시설 용어는 지하수원→우물(井), 지표수원 저지의 곡부→集水池, 정상부 평탄면→貯水槽로 정리된다.

즉, 성곽 내에서 확인된 용수시설은 우물(井), 저수조, 집수지로 개념 정립되며, 현황은 다음 〈표 2〉와 같다.

〈표 2〉 백제성곽 내 용수시설의 개념정리 결과

水源形態	立地	水入方式	名稱	結果	
地表水	低地의 谷部	雨水 or 流水의 集水	集水池	○	山城內確認
	頂上部 平坦面	雨水 or 水을 길어다 貯水	貯水槽	○	
地下水	低湿地 or 沖積地	地를 掘鑿하여 地下水를 探索	井	○	
		地下에서 水이 湧出	泉	×	

Ⅳ. 우물의 立地와 構造

이상 현재까지 발굴 조사된 유적 현황을 통해 총 6개소의 백제성곽 내에서 백제시대 우물 4기, 신라시대 우물 1기, 고려시대 우물 1기, 조선시대 우물 2기, 일제강점기 우물 1기 등 총 10기가 발굴 조사되었다. 성 내에서 확인된 우물은 시기차이가 큰 편이지만 성곽 내라는 한정된 공간 조건을 고려할 때, 입지에서는 공통된 특징이 확인될 것으로 판단된다. 따라서 우물에 대한 입지 분석은 성곽이 활발하게 운용되는 백제~고려시대를 중심으로 살펴보았고, 구조 분석은 백제시대 축조된 우물을 중심으로 살펴보았다.

1. 立地

우물은 성문, 건물지, 저장공 등과 같이 성 내 축조되는 부대시설 가운데 하나이다. 하지만 우물의 축조는 다른 부대시설과 같이 사용의 편리함이나 전투 기능의 유리함이 우선되기 보다는 水源이 확보되는 입지선정이 우선시 되었을 것으로 판단하였다. 따라서 입지는 우물의 성 내 위치와 주변 지형을 대상으로 하였으며, 성 내 지형과 주변지형을 수치화하여 파악할 수 있는 해발 고도와 비고 를 중심으로 검토하였다(표 3).

〈표 3〉백제성곽 내 우물의 입지 현황 일람표

순번	유적명	해발(高~低)/ 비고(高~低)	유구명(시대)	우물 고도	위치 및 지세	주변 지형
1	서울 풍납토성	17.9~14.0m/ 7.0~0.2m	206호(백제)	약 14.6m	성 내 중심부 평탄지	해발 9~15m의 한강변 충적지
2	서울 몽촌토성	44.8~6.9m/ 30~4m	우물(통일신라)	16.4m	성 내 제일의 저지대인 북쪽 곡부에 위치	해발 9~15m의 한강변 충적지
3	증평 추성산성	239.7~219m/ 150~130m	우물(백제)	220.5m	성 내 제일의 저지대인 북향 곡부에 위치	해발 250m 내외의 산지
4	공주 공산성	108~18.01m/ 88~12m	목곽고(백제)	약 13~12m	성 내 제일의 저지대인 북쪽 곡부에 위치	해발 6~16m의 금강변 곡부
5	부여 부소산성	100~10m/ 90~1.0m	방형 우물지(백제)	약 15m로 추정	성 내 제일의 저지대인 북쪽 곡부에 위치	해발 9~12m 금강변 충적지
6	광양 마로산성	208.9~170m/ 165~105m	우물1(고려)	약 175m로 추정	성 내 제일의 저지대인 서쪽 곡부에 위치	해발 200~ 400m의 산지
			우물2(고려)	약 175m로 추정	성 내 제일의 저지대인 서쪽 곡부에 위치	

〈표 3〉에서 나타난 성곽 내 우물에 대한 위치를 보면 성곽 내에서 가장 고도가 낮은 부분에 위치 한 것을 알 수 있다. 2.서울 몽촌토성, 3.증평 추성산성, 4.공주 공산성, 5.부여 부소산성, 6.광양 마로산성은 저마다 산의 높이 차이는 있지만 구릉성 야산과 高山을 감싸며 축성된 산성이다. 우물 은 해당 성곽 내에서 가장 낮은 곳, 즉 저지대에 형성된 곡부에 위치한다.

일례로 구릉성 야산에 축성된 몽촌토성은 성 내 해발 고도는 약 44.8~16.9m로서 우물은 고 도가 가장 낮은 북쪽 곡부 해발 약 15.5m(지표 아래)에서 확인되었다. 험준한 高山에 축성된 증평 추성산성은 성 내 해발 고도는 약 239.7~219m로서 우물은 고도가 가장 낮은 북쪽 곡부 해발 220.5m에서 확인되었다. 4.공주 공산성, 5.부여 부소산성, 6.광양 마로산성 역시 성 내에서 고도 가 가장 낮은 곡부에서 우물이 확인되었다.

1.서울 풍납토성은 강에 접한 충적지에 축성된 평지성으로, 성 내 지형은 고저차가 큰 산성과 달 리 평탄하다. 성 내 해발고도는 17.9~14.0m로서 우물은 약 14.6m에서 확인되었고, 성 외부와 의 고저차도 0.4m이다.

입지를 통해 우물 현황을 살펴본 결과, 우물은 산성이든 평지성이든 성 내에서 고도가 낮은 저지대에 위치한 것을 알 수 있다. 그리고, 지형조건은 평지성일 경우 충적지에, 산성일 경우 곡부에 입지한 특징을 확인할 수 있다(표 4).

〈표 4〉 백제성곽 내 우물의 입지 구분

성곽 입지	성 내 높이	우물 입지
A. 평지성	성 내 저지대	충적 평탄지
B. 산성	성 내 저지대	곡부

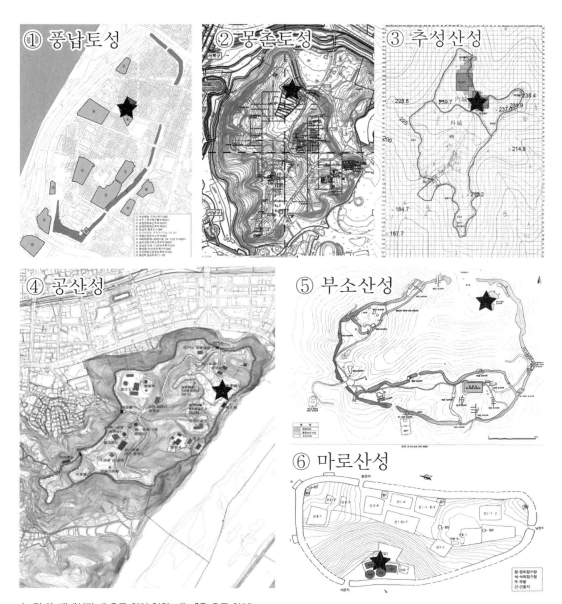

〈그림 9〉 백제성곽 내 우물 위치 현황도("★"은 우물 위치)

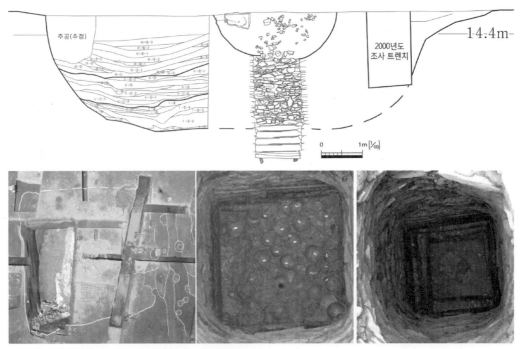

〈그림 10〉 서울 풍납토성 백제시대 우물(206호) 조사현황

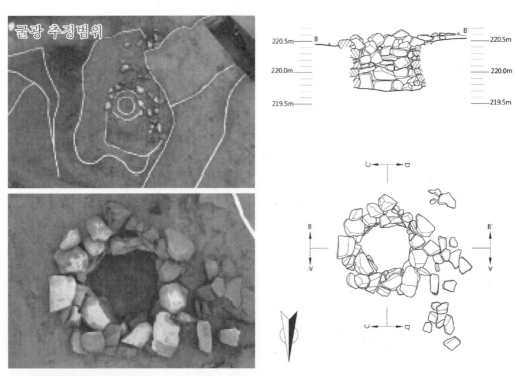

〈그림 11〉 증평 추성산성 백제시대 우물 조사현황

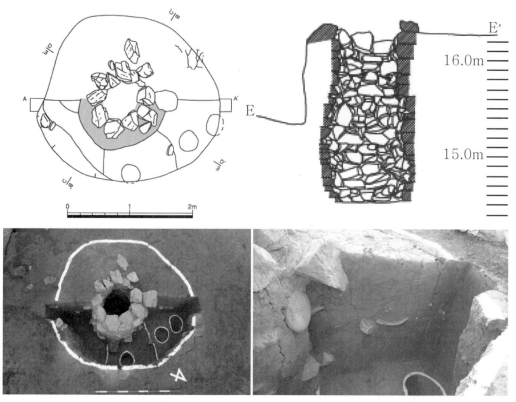

〈그림 12〉 서울 몽촌토성 통일신라시대 우물 조사현황

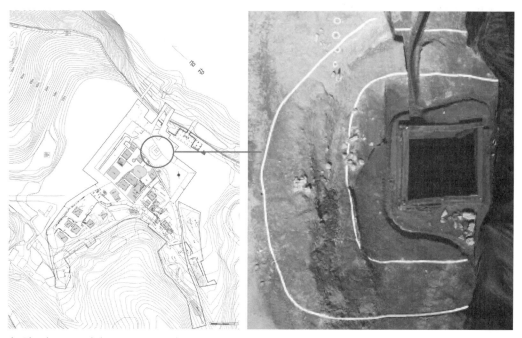

〈그림 13〉 공주 공산성 공북루 주변 우물(목곽고) 조사 현황도

〈그림 14〉 공주 공산성 공북루 주변 우물(목곽고) 근경

〈그림 15〉 부여 부소산성 백제시대 방형 우물지 조사현황

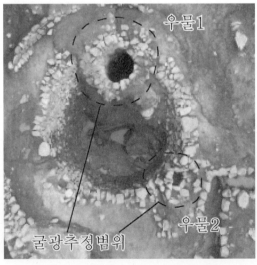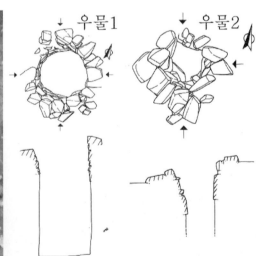

〈그림 16〉 광양 마로산성 고려시대 우물1~2 조사현황

2. 構造

입지 검토를 통해 우물은 성 내에서 가장 낮은(저지대) 곳에 위치하며, 지형은 충적지 또는 곡부에 해당함을 확인하였다. 현재까지 발굴조사된 성곽 내 백제 우물은 서울 풍납토성 1기, 증평 추성산성 1기, 공주 공산성 1기, 부여 부소산성 1기 등 총 4기에 한한다(표 5). 조사 예는 적지만 모두 백제시대 조성된 우물로서 백제의 축조 속성이 반영되었을 것이다. 따라서 이번 장에서는 성곽 내에서 축조된 백제 우물의 구조를 검토하고, 기존에 조사된 일상생활 유적의 백제 우물 사례와 비교를 통해 특징을 살펴보도록 하겠다.

〈표 5〉 백제성곽 내 우물 구조 현황 일람표

유적명	유구명	굴광 평면	우물 평면	벽 축조 재료	굴광 가로×세로	우물		뒤채움	바닥
						가로×세로 (직경)×깊이	벽 단면 형태		
서울 풍납토성	206호	방형	방형15	할석+목재 (각목)	1,100× 1,050cm	(250)× 300cm	수직	점질과 사질을 교호다짐	사질토 및 할석
증평 추성산성	우물	장방형 (추정)	원형	석재(할석)	약 200× 300cm 추정	(100)× 80cm	역제형 (상협하광)	사질점토 (점성강함)	사질점토 (점성강)
공주 공산성	목곽고	방형 (말각)	방형	목재(판목)	1,280× 1,600cm	320~350 ×260cm	수직	고운 점토 다짐	회색 개흙
부여 부소산성	방형 우물지	방형	방형	석재(장방형, 방형)	약 140× 150cm 추정	70~80× 80cm	수직	·	암반

1) 굴광 평면과 우물 평면 형태

굴광 평면 형태는 풍납토성·공산성·부소산성 우물은 방형이며, 추성산성 우물은 장방형으로 확인된다. 원형은 확인되지 않는다. 조사 예는 적지만 성곽 내의 우물 굴광은 원형보다는 방형 및 장방형이 중심을 이루었던 것으로 보인다. 우물 평면 형태는 풍납토성·공산성·부소산성 우물은 방형이고, 추성산성은 원형이다. 평면 방형으로 굴광될時 우물 역시 방형으로 축조한 특징이 확인된다.

---

15 우물은 하부는 목재를 사용하여 방형으로 축조하였고, 상부는 하부의 목재구조를 따라 할석으로 모를 줄인 방형으로 축조하였다. 입구부분에서 벽체의 폭을 찌그러진 원형으로 마무리되었다. 하지만 우물의 본체를 이루는 전반적인 축성형태는 방형으로 벽체를 수직으로 조성한 평면 방형(말각)의 우물로 판단하였다.

2) 굴광 평면과 우물 평면의 규모와 비율

굴광 규모와 우물 규모는 대소차가 뚜렷하게 양분된다. 풍납토성과 공산성 우물은 굴광 규모가 1,050~1,680㎝(한변 길이)이며, 우물 규모가 250~350㎝(한변 길이)로 대규모이다. 하지만 추성산성과 부소산성 우물은 굴광 규모는 140~300㎝(한변 길이)이며, 우물 규모는 70~100㎝(한변 길이)로 소규모

〈표 6〉 굴착 및 우물의 규모 상대비율

구분	굴착 규모 : 우물 규모
풍납토성	약 3.5 : 1
추성산성	약 2~3 : 1
공산성	약 3.7~5 : 1
부소산성	약 2~1.7 : 1

이다. 이와 관련하여 굴광 규모는 우물 규모와 비례하며, 그 비율은 〈표 6〉과 같다. 굴광 및 우물의 평면 규모와 조성 비율은 대규모일 경우 3.5 : 1 이상이며, 소규모의 경우 2 : 1 이하로 확인된다.

3) 벽 축조재료와 단면 형태

벽 축조재료는 풍납토성 할석+목재(각목), 공산성 목재(판목), 추성산성 석재(할석), 부소산성 석재(장방형, 방형)이다. 앞서 우물 규모를 고려할 때, 목재를 사용한 경우 250㎝(한변 길이) 이상으로 크(大)고, 석재를 사용한 경우 100㎝(한변 길이) 이하로 작(小)다.

우물벽 단면 형태는 풍납토성·공산성·부소산성은 수직, 추성산성은 역제형(상협하광)이다. 평면 형태와 우물벽 단면과 관계는 우물의 평면이 방형일 때 벽 단면은 수직이고, 평면 원형일 때 벽 단면 역제형이다. 이와 관련해 부여에서 발굴 조사된 구아리·관북리·가정리 우물A[16] 역시 '우물평면 방형-벽 단면 수직'임을 고려할 때, 평면 방형과 단면 수직은 구조적으로 밀접한 관련이 있는 것으로 판단된다.

평면 방형우물은 축조재료가 목재(각목, 판목)든, 석재(방형, 장방형)든 잘 다듬어 사용한 특징을 보인다. 따라서 방형우물 벽체는 면과 면을 잘 맞춰 단면수직 조성한 것으로 판단된다. 하지만 재료를 다듬지 않은 할석의 벽단면은 면이 잘 맞춰지지 않은 역제형이다.

이는 성곽 외의 생활유적에서 확인된 우물의 경우, 잘 다듬어진 석재를 사용한 우물(구아리·관북리·가정리 우물A)은 벽단면이 수직이고, 다듬지 않은 할석을 사용한 우물은 중광형(궁남지 우물), 제형(화지산 1호) 등의 형태가 나타난 것과 같은 양상으로 확인된다.

---

16 全英來, 1973, 『井邑 佳井里 井戸遺蹟』, 全北遺蹟報告 第2輯; 扶餘文化財硏究所, 1993, 『扶餘 舊衙里遺蹟 發掘調査報告書』; 尹武炳, 1999, 『扶餘 官北里 百濟遺蹟 發掘調査報告(Ⅱ)』, 忠南大學校博物館.

〈표 7〉 벽 축조재료와 우물 규모 및 평면 · 벽단면 형태 일람표

구분	축조재료	우물 규모	평면	벽단면
풍납토성	석재(할석)+목재(각목:가공)	대규모(한변 길이 250cm 이하)	방형	수직
공산성	목재(판목:가공)	대규모(한변 길이 250cm 이하)	방형	수직
부소산성	석재(방형or장방형:가공)	대규모(한변 길이 250cm 이하)	방형	수직
추성산성	석재(할석)	소규모(한변 길이 100cm 이하)	원형	역제형

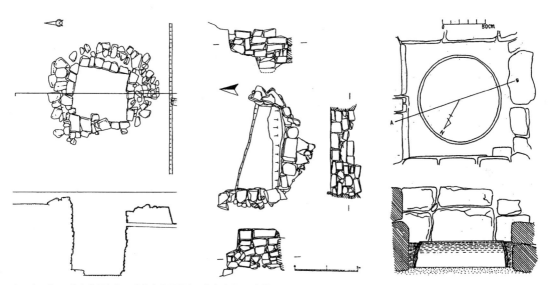

〈그림 17〉 구아리 우물(좌), 관북리 우물(중), 가정리 우물A(우)

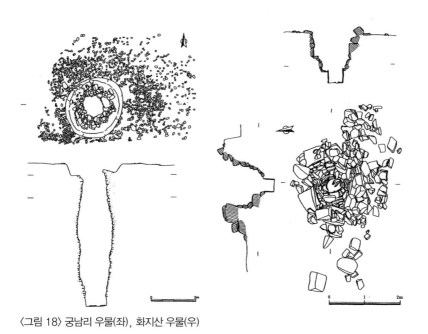

〈그림 18〉 궁남리 우물(좌), 화지산 우물(우)

4) 뒤채움

굴광된 어깨선과 우물벽 사이의 뒤채움은 풍납토성의 경우 점질토와 사질점토를 교호다짐하였고, 공산성은 점성이 강한 고운점토를 다짐하였다. 추성산성은 점성이 강한 사질점토를 채웠고, 부소산성은 할석으로 일정부분 채움 후 나머지 부분을 흙과 석재를 혼합하여 뒤채움 한 것으로 파악된다. 우물 뒤채움은 성 내 구비된 용수시설인 저수조와 비교하면 뚜렷한 차이가 확인된다.

저수조는 많은 양의 물을 길어다 채우기 때문에 정선된 고운 점토를 뒤채움하여 물이 빠져나가지 않도록 전체 방수처리 한다. 그리고 고운 점토만으로 뒤채움 해도 수압에 지탱 가능한 단단한 생토층을 기반으로 조성되었다. 하지만 우물벽 뒤채움은 고운점토 외에도 사질 또는 석재를 함께 사용하며, 지하수가 형성된 충적지 및 곡부 등 연약한(생토층 보다) 퇴적층을 기반으로 조성되었다. 우물은 물을 가득 채우는 저수조와 달리 지하수면부터 지표면까지는 벽에 물이 채워지지 않는다. 따라서 우물 뒤채움은 벽 전체를 방수 처리할 이유는 없다. 굴광된 지반이 생토층보다는 연약한 충적지 및 곡부 퇴적토임을 고려할 때, 방수 처리보다는 견고성이 주목적이었던 것으로 파악된다. 따라서 벽체의 견고성 보강을 위해 사질토와 점질토를 교호다짐하고, 할석을 혼합하여 뒤채움했던 것으로 파악된다.[17]

5) 바닥면

우물 바닥은 서울 풍납토성이 ① 사질토 및 할석, 증평 추성산성은 ② 점성 강한 사질점토, 공주 공산성은 ③ 회색 점토(개흙), 부여 부소산성은 ④ 암반 등으로 구분된다. 이들 바닥면의 현황을 보면, ① 사질토 및 할석(풍납토성)과 ④ 암반(부소산성)은 우물 축조 이전에 존재하던 자연 기반층으로 확인된다. 하지만 ② 점성 강한 사질점토(추성산성)와 ③ 회색 점토(개흙 : 공산성)는 자연 기반층은 아니다. 후술하겠지만 우물 축조 이전에 존재했던 유구의 상면에 퇴적된 폐기층으로 확인된다.[18] 즉, 성

---

17 백제 우물 중에는 왕궁리 우물 및 가탑리 우물 2호와 같이 토기조 우물도 있다. 토기조 우물 역시 지반을 굴광 후 뒤채움 하며, 뒤채움은 토기의 뒷면에 주먹 크기의 강돌을 2~3겹 채웠다. 이에 대해 이신효는 토기조 우물은 다른 우물에 비해 견고하게 뒤채움 하였고, 이는 수압에 의한 토기의 파손을 막으려는 의도로 보았다(이신효, 2004, 「백제 우물 연구」『호남고고학보』 20, 167쪽). 따라서 우물의 뒤채움은 방수 처리 목적이 전혀 없다고 볼 수는 없지만 이 보다는 견고성을 고려한 뒤채움이 중심을 이루었던 것으로 파악된다.

18 증평 추성산성은 우물 아래층에서 물이 고여 있던 습지(개흙)층이 확인되었다. 추성산성 우물은 곡부가 시작되는 곳으로 물이 경사 아래로 내려가는 지형이어서 물이 고인 습지가 형성될 가능성이 적다. 따라서 우물 이전 물이 고여 있던 유구의 존재 가능성이 높다. 이 같은 현황은 공산성 공북루 주변 우물(목곽고) 바닥

곽 내 백제 우물의 바닥면은 강돌을 30㎝ 두께로 깔아 놓거나,[19] 또는 판석 모양의 할석과 자연석을 깔아 놓거나,[20] 부여 화지산 우물처럼 바닥에 나무껍질과 할석재를 이용하여 깔대기 모양을 만들거나 또는 정읍 가정리 우물 A호와 같이 상하가 잘린 대옹을 거꾸로 안치하는 등의 별도 시설을 하지 않았다. 모두 흙바닥 및 암반 그대로 사용한 공통성을 보인다. 이것은 물이 나올 가능성이 있는 깊이까지 우물을 파내려 갔으며, 지하수가 고여 있는 대수층을 우물 바닥면으로 하려는 의도라고 볼 수 있다. 하지만 그 구성현황은 자연 기반층을 그대로 사용한 경우와 이전 유구의 퇴적층(폐기층)을 사용한 경우 두 가지로 구분되며, 이는 성곽 외의 일상 생활 유적에서 확인되는 우물과는 다른 특징으로 볼 수 있다.

자연 기반층	서울 풍납토성 경당지구 우물	부여 부소산성 우물
유구 이전 폐기층	공주 공산성 우물(목곽고)	증평 추성산성 우물

〈그림 19〉 성곽 내 백제 우물의 바닥면 현황

면 역시 유사한 현황으로 확인된다.

19 朴淳發・李亨源 外, 2003, 『泗沘都城−陵山里 및 軍守里地點 發掘調査 報告書』, 忠南大學校百濟研究所.

20 忠南發展研究院, 2001, 『扶餘 百濟 五千決死隊 忠魂塔 豫定敷地內 文化遺蹟 試掘調査 報告書』.

이상 백제성곽 내 우물의 구조 검토 결과 확인된 특징을 정리하면 다음과 같다.

첫째, 굴광 평면이 방형(풍납토성, 공산성, 부소산성)이면 우물 평면도 방형이고, 방형이 아닌 장방형(추성산성) 같은 경우는 우물 평면이 원형인 특징을 보인다.

둘째, 굴광/우물 평면규모는 대·소로 구분된다. 大규모는 굴광평면 1,050㎝(한변 길이) 이상, 우물평면 250㎝(한변 길이) 이상이고, 小규모는 굴광평면 300㎝ 이하(한변 길이), 우물은 100㎝(한변 길이) 이하이다. 굴광/우물 평면규모 비율은 大가 3.5:1 이상, 小가 2:1 이하이다.

셋째, 우물벽 축조재료는 목재와 석재 두 가지이다. 재료에 따른 우물 규모를 보면, 목재를 사용한 경우 250㎝(한변 길이) 이상의 대규모이고, 석재를 사용한 경우 100㎝(한변 길이) 이하의 소규모이다. 대규모 우물은 목재를 사용하여 조성한 것을 알 수 있다.

넷째, 평면 방형우물은 목재(각목·판목)든 석재(장방형·방형)든 재료를 잘 다듬어 사용하였다. 그리고, 벽단면은 잘 다듬어진 재료로 면과 면을 맞추어 수직을 이룬다. 반면 재료를 다듬지 않은 석재(할석)우물은 벽단면이 역제형이다. 이는 생활유적에서 확인된 우물 경우 잘 다듬어진 석재(장방형·방형)를 사용한 것은 벽단면이 수직이고, 다듬지 않은 할석을 사용한 것은 중광형, 제형 등의 형태가 나타난 것과 같은 양상이다.

다섯째, 벽면 뒤채움은 사질토가 혼용된 점토를 사용한다. 우물은 지하수면부터 지표까지 물이 채워지지 않아 벽면 전체를 방수 처리할 필요 없다. 방수보다는 충적지·곡부 퇴적토 등 연약 지반에 조성된 현황을 고려해 견고성을 주목적으로 뒤채움한 것으로 파악된다.

여섯째, 바닥면은 판재·강돌·할석 등의 시설 없이 흙바닥과 암반을 사용하였다. 이는 우물을 파내려가면서 물이 나오는 대수층을 바닥으로 하려는 의도라 볼 수 있다. 한편, 바닥면은 자연 기반층을 그대로 사용한 경우와 이전 유구의 퇴적층(폐기층)을 사용한 경우 등 두 가지로 구분되며, 일상 생활유적의 우물과는 다른 백제성곽 우물의 특징으로 볼 수 있다.

백제성곽 내 우물은 서울 풍납토성 1기, 증평 추성산성 1기, 공주 공산성 1기, 부여 부소산성 1기 등 총 4기에 한한다. 하지만 굴광 및 우물의 형태, 규모, 벽 축조재료, 뒤채움, 벽 단면, 바닥면 등의 구조와 성곽 외의 생활유적에서 확인된 백제 우물 사례의 비료를 통해 특징을 파악할 수 있었다.

우물의 축조는 지하수가 존재하는 충적지 및 곡부라는 입지조건, 그리고 단단한 생토층에 비해 연약한 퇴적층을 굴착해야하는 토목조건이 영향을 끼쳤고, 세부적으로는 축조 재료로 사용되는 목재와 석재의 가공 정도 여부에 따라 우물의 평면과 벽단면 구조가 달라진 것을 알 수 있다.

Ⅴ. 우물의 水文學的 環境과 造成過程

1. 우물의 水文學的 環境

이상 백제성곽에서 확인되는 우물의 입지와 구조를 살펴 세부적인 특징과 축조상의 제반 현황을 검토하였다. 성곽 내 우물의 구조적인 특징은 현재까지 발굴 조사된 자료에 한한 것이다. 추후 발굴조사를 통해 새로운 자료가 확보 된다면 현재 파악된 것보다 더 많은 부분이 새롭게 파악될 수 있을 것으로 생각된다.

다음으로는 구조와 입지 검토를 통해 파악된 성곽 내 우물이 어떠한 지하수를 사용한 것인지에 대해서 살펴보겠다. 지하수는 우물 축조 이전에 확인해야 할 가장 중요한 기본요소로서, 지하수가 있는 곳에 우물이 조성된다. 따라서 이번 장에서는 지하수가 형성되는 수문학적인 환경을 살펴보고, 이를 통해 성곽 내 우물 조성환경을 검토하도록 하겠다. 검토대상은 백제우물이 확인된 성곽

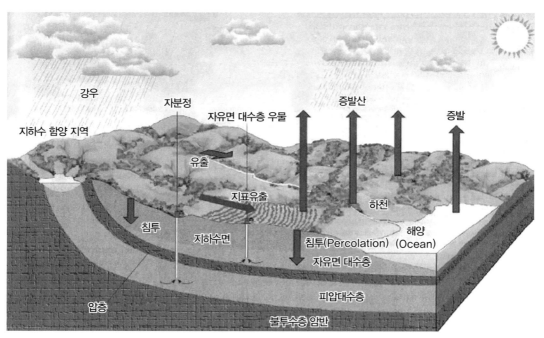

〈그림 20〉 물의 수문학적인 순환과정
* 출처 : Miller Jr., living in the environment : principles, connections, and solution, 1998.

외에도 〈그림 9〉와 같이 몽촌토성과 마로산성도 포함하였다.[21]

지하수에 대한 수문학적인 자연조건 및 순환과정을 보면 〈그림 20〉과 같다.

지구상 대부분의 물은 해양에 존재하며, 편의상 물의 순환에 그 출발점으로 본다. 그리고, 물은 "증발-강우-침투(지하)-유출(지표유출, 기저유출, 유출)"의 순환 과정을 밟는다. 이 순환 과정에서 지하수는 지표 아래로 물이 이동(전달)되고 저장된다. 물을 저장하고 전달되는 층을 대수층(aquifer)이라 한다.

대수층은 "우물이나 샘에 상당한 양의 물을 방출하기에 충분한 포화 투수 매질체의 지질학적 형성"으로 정의되며, 대수층 매질체는 모래나 자갈, 사암, 석회암, 현무암 열극암반 등이다. 반면 대수층 주변에는 물을 전혀 저장하지 못하는 불투수층이 있고, 물을 저장할 수 있으나 천천히 전달하는 낮은 투수지층인 지연대수층 등이 있다.

따라서 일반적으로 지표 아래부터 지하수가 담수되어 있는 층까지는 "지표-대수층-지연 대수층-불투수층"의 순서이며, 지하수는 대수층과 지연대수층 사이에 저장되어 있다.

지하수를 저장하고 있는 대수층은 ① 자유면 대수층, ② 피압 대수층, ③ 부유 대수층 등 크게 세 가지 형태로 구분된다.

① 자유면 대수층(충적 대수층)

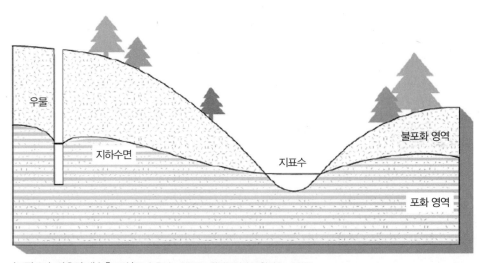

〈그림 21〉 자유면 대수층 모식도 * 출처 : 김동주, 환경오염과 복원기술, 2007.

---

21 몽촌토성과 마로산성은 성 내에서 우물이 확인된 몇 안 되는 백제성곽이다. 성 내에서 통일신라 우물(몽촌토성), 고려시대 우물(마로산성)이 조사되었지만 성곽이라는 제한적인 공간에 우물이 입지하는 환경을 고려할 때, 백제성곽 내에서 우물이 형성되는 환경 연구에 필요한 것으로 판단했기 때문이다.

자유면 대수층(충적 대수층)은 지하수면 대수층이라고 하며, 지표면 가까이 있으면서 높은 투수지층으로 구성된 매질체가 지표면에서 대수층 하부까지 뻗쳐있는 대수층이다. 이러한 대수층에는 지하수가 함양되어 있는 포화영역과 불포화대 영역으로 구분된다.

② 피압 대수층(암반 대수층)

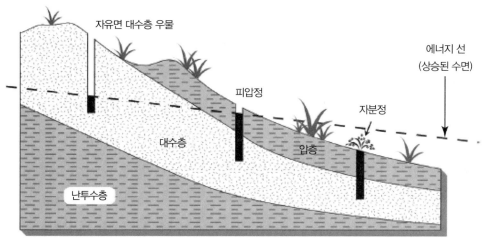

상류 보충수지역
자유면 대수층 우물
에너지 선 (상승된 수면)
피압정
자분정
대수층
압층
난투수층

〈그림 22〉 피압 대수층 모식도 * 출처 : 김동주, 환경오염과 복원기술, 2007.

피압 대수층은 물이 투과대지 않는 압층(불투수층) 아래에 위치한다. 따라서 피압 대수층의 물 저장은 일반적인 지표를 통해서 물이 침투되지 않는다. 피압 대수층이 지표로 연결된 상류 보충지역이나 주수압층을 통해서 물의 저장(함량)이 이루어진다.

그리고 피압 대수층 내의 지하수는 압력하에 있으므로, 굴착된 우물의 지표 위치가 상승된 수면(지하수 에너지선) 보다 낮은 곳에 존재하게 된다면 자분정이 되며, 양수기 없이 채수가 가능하다. 즉, 샘, 용천수 등과 같다.

③ 부유 대수층(perched aquifer)

지하수 중에는 때때로 낮은 투수성 매질체가 투수성 매질체 한 가운데 렌즈상태로 존재하여 불포화대 하부로 이동이 차단되어 렌즈 상부에 축적(함양)된 경우가 있다.

이렇게 주 지하수면 상부에 형성되는 포화층을 부유 대수층이라하며, 부유 대수층에 저장된 지하수를 부유 지하수라 한다.

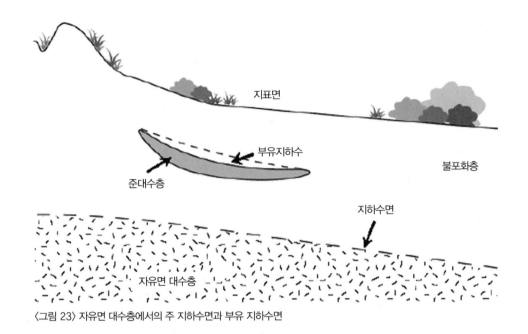

지표면

부유지하수

불포화층

준대수층

지하수면

자유면 대수층

〈그림 23〉 자유면 대수층에서의 주 지하수면과 부유 지하수면

위와 같이 우물이 사용하는 지하수의 수문학적인 현황을 고려할 때, 백제성곽 내에서 확인되는 우물은 다음과 같은 경우에 해당한 것을 알 수 있다.

〈그림 9-①〉 서울 풍납토성은 평지성으로 한강변 충적지에 입지한 것으로, 지하수는 〈그림 21〉 자연 대수층(충적 대수층)에 해당할 것으로 판단된다.

〈그림 9-②〉 서울 몽촌토성은 산성(구릉성 야산)으로 한강에 인접한 충적지와 접하며, 지하수는 〈그림 21〉 자연 대수층(충적 대수층)에 해당하는 것을 알 수 있다.

〈그림 9-④〉 공주 공산성은 산성(구릉성 야산)으로 금강변 곡부를 포함한 것으로, 지하수는 〈그림 21〉 자연 대수층(충적 대수층)에 해당한다.

〈그림 9-⑤〉 부여 부소산성은 산성(구릉성 야산)으로 금강변 충적지 일부를 포함한 것으로, 지하수는 〈그림 21〉 자연 대수층(충적 대수층)에 해당한다.

위의 4개소 백제성곽은 모두 강변에 자리하며, 성 내 지역은 자연 대수층(충적 대수층)을 포함한다. 따라서 이 층에 함유된 지하수를 사용하기 위해 우물이 조성된 것으로 파악된다.

한편, 〈그림 9-③〉 증평 추성산성(해발 239m)과 〈그림 9-⑥〉 광양 마로산성(해발 208m)은 해발 200~400m 내외의 산지에 위치한 산성으로, 수문학적인 지하수의 환경이 형성되기 어려운 입지

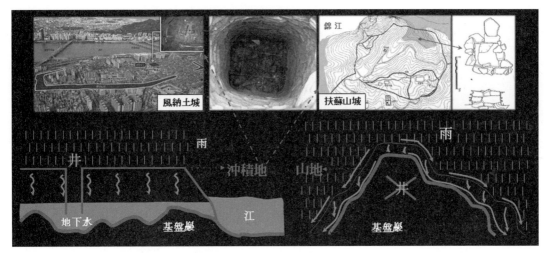

〈그림 24〉 성곽 내 우물 형성의 입지조건 사례와 예시(풍납토성과 부소산성)

이다. 즉, 높은 산지는 우물과 같은 생활용수를 사용할 수 있을 정도로 많은 지하수량이 저장되기에 어려운 지형 조건이다. 高地에 입지한 산성은 雨水가 성 내 지표 또는 지하에 침투하더라도 모두 경사 아래로 흘러 내려간다. 따라서 산성 내에는 지하수가 저장되는 수문학적인 자연 조건이 형성되기 어렵다(그림 24).

2. 山城 內 우물의 造成過程과 用水施設

그렇다면 높은 산에 위치한 산성은 지하수가 형성되기 어려운 지형임에도 불구하고 추성산성과 마로산성에서는 어떻게 우물이 축조되었지 다시 한번 살펴볼 필요가 있다.

추성산성의 우물과 마로산성의 우물 1~2호는 기반층을 보면 모두 우물 축조이전에 유구가 존재했던 것으로 확인된다. 마로산성과 추성산성의 우물 축조 이전 유구현황은 다음과 같다.

마로산성 : 우물 1~2호는 산성의 서쪽 곡부에 조성되었다. 우물 1~2호 조성 전에는 바로 아래층에 2호 석축집수정이 존재한다. 석축 집수정은 물을 모으는 집수시설('집수지'라 함)로서 포곡식 산성에는 필히 구비되는 용수시설이다. 집수지 내 물이 모아지는 과정은 雨水를 직접 받거나 성 내의 高地에서 흘러 내려오는 流水를 모은다. 물을 모으는 과정에서 낙엽, 나뭇조각, 할석, 각종 토사 및 생활 쓰레기(목기, 토기, 기와편) 등이 집수지에 유입된다. 특히, 집중 雨期時(7~8月)에는 많은 양의 流水

〈그림 25〉 마로산성 우물 1~2 및 집수지 조사전경

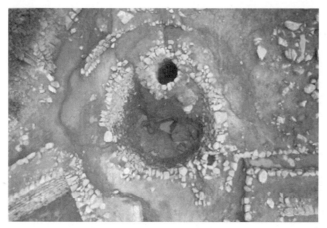

〈그림 26〉 마로산성 2호 집수정과 우물 1~2호 근경

와 성 내 유기물이 유입·퇴적 되었다. 따라서 집수지 내에는 물과 함께 다량의 퇴적토가 지속적으로 쌓였고, 일정기간 동안 물에 잠긴 퇴적토는 무거운 입자가 침하되면서 사질 집적층과 미세사질(실트)점토 집적층, 점토(개흙)층 등이 형성된 것으로 파악된다.

마로산성의 서쪽 곡부는 2호 석축집수정 뿐만 아니라 5기 이상의 집수지[22]가 조사되었다. 각 집수지 내 퇴적토는 사용 당시 流水와 성 내 퇴적토가 쌓여 사질–점질화로 구분 침하되는 과정을 거쳤을 것으로 파악된다. 광양 마로산성의 서쪽 곡부는 오랫동안 집수지의 "사용–폐기–신축" 과정이 진행되었고, 성 내 퇴적토와 유수가 높게 쌓여가면서 집수지 폐기층이 두껍게 형성되고, 곡부가 넓게 평탄화 된 것을 알 수 있다. 집수지 폐기층은 여전히 성 내 저지대 곡부로서 流水가 모여 수분이 가득한 상태가 유지되었을 것으로 여겨진다.

2호 석축 집수정 폐기층을 기반으로 조성된 우물 1~2호는 집수지에 퇴적된 미세사질(실트)점토층 또는 점토(개흙)층을 기반으로 굴착 조성되어, 우물 바닥면은 개흙과 같은 회청색의 점토로 판단

---

22 3호 석축집수정 아래층에서는 이전시기의 집수지로 추정되는 목곽 구조물이 확인되었다(光陽市·順天大學校博物館, 2009,『光陽 馬老山城Ⅱ』, 299~306쪽, 사진 112~131). 넓적하게 다듬어진 각재에는 원형의 기둥 구멍이 뚫여 있는 구조이다. 추후 석축 집수지 이전에 존재했던 유구에 대한 자료가 확보되기를 기대한다.

된다. 그리고, 우물은 지하에 폐기된 다수의 집수지와 퇴적토(폐기 및 복토층) 내에 다량의 물이 저장되어있는 점을 고려하여 조성된 것으로 여겨진다.

추성산성 : 우물은 내성의 북쪽 곡부에서 확인되었다. 우물 조성 전 유구는 바로 확인되지 않았다. 하지만 우물 주변 트렌치 조사결과 우물 아래층에서 회청색의 개흙(뻘)층(XII층 : 암갈색+회청색 뻘층)이 확인되었다(그림 27). 개흙(뻘)층 상면은 점성이 강한 사질점토층(IX ~XI층)을 다짐했고, 다짐층을 바탕으로 우물 등이 조성된 것으로 보고되었다.[23]

일반적으로 산 정상부에 위치한 곡부 최상단부에 개흙층이 존재한 것은 쉽게 이해되지 않는다. 곡부 상단부는 경사가 급한 편이어서 주변에서 흘러 내려온 물이 각종 유기물과 함께 경사아래쪽

〈그림 27〉 증평 추성산성 우물 및 주변 토층 현황

〈그림 28〉 곡부 내 자연 퇴적층위 현황

으로 흘러내려간다. 따라서 일반적인 곡부 퇴적층은 물이 흘러내려가기 때문에 흑색 유기물이 포함된 사질점토층이 경사방향으로 비스듬히 형성된다(그림 28). 개흙(뻘)층과 같이 물이 한 곳에 모여 서서히 침하되는 수평한 점토(泥)층이 두껍게 형성되기 어렵다.

하지만 추성산성의 북쪽 곡부에 위치한 우물의 아래층에서는 흑색 유기물층보다는 회청색의 개흙(뻘)층이 두껍게(도면 추정 두께 약 50㎝ 내외) 확인되었다. 개흙(뻘)층이 존재한 것은 주변에서 곡부쪽

---

23 충청북도문화재연구원, 2017.7,『증평 추성산성 7차 발굴조사 약보고서』, 18쪽.

으로 흘러 내려온 물이 경사 아래로 모두 내려가지 않고, 일정량 이상 모여 있던 것으로 보아야 한다. 그리고 모여진 물과 함께 유입된 퇴적토가 서서히 침하되면서 개흙(뻘)층이 형성된 것으로 판단된다. 우물 아래층에 개흙(뻘)층이 존재하는 것은 물에 오랜 동안 잠겨있기 때문에 형성된 것으로 볼 수 있다. 따라서 추성산성 내성의 북쪽 곡부에는 우물 아래층으로 광양 마로산성과 같이 일정량의 물을 모으는 집수지 혹은 관련 유구(수혈)가 존재했을 가능성이 높다.

이처럼 높은 산지에 위치한 백제성곽의 우물 축조 배경이 이전에 존재했던 집수지 및 관련유구의 폐기층이 기반이 된다면, 집수지의 폐기층은 우물이 사용될 수 있도록 지하수 저장이 가능한 지형으로 변화된 것으로 보아야 할 것이다.

이상 추성산성과 마로산성처럼 높은 산지에 성이 축성된 이후 우물이 조성되기까지 용수시설이 변화되는 과정을 정리하면 다음과 같다(그림 29).

1) 높은 산지는 雨水가 지표 또는 지하에 침투하더라도 모두 경사 아래로 흘러 내려간다. 따라서 산지에는 지하수가 저장되기 어려운 기본지형을 지닌다(그림 29-①).

2) 축성초기 산성에는 저수조와 집수지를 시설하였다(그림 29-②~③).

貯水槽는 정상부 평탄면을 굴착·시설하여 물을 직접 길어다 채웠고(그림 29-④), 集水池는 곡부에 암반 및 생토 기반층(불투수층)을 굴착·시설하여 雨水를 직접 모으거나 성 내 高地에서 흘러내려오는 물(流水)을 모았다(그림 29-⑤). 즉, 산성 축성 초기에는 지표수를 모으는 용수시설만 사용된 것으로 파악된다.

3) 산성은 오랫동안 사용되면서 集水池에는 流水와 함께 성 내 토사가 유입되고(그림 29-⑥), 이 과정에서 집수지는 완전히 매몰되어 폐기되고 토사가 두껍게 쌓이면서 곡부의 지표면이 상승하고 평탄하게 변화된다(그림 29-⑦).

4) 集水池는 폐기 이후, 雨期時 성 내의 流水가 낮은 곳으로 향하면서 곡부의 매몰층(집수지 폐기층)으로 침투한다. 침투된 물은 매몰된 集水池와 곡부 퇴적층 전체에 걸쳐 모이게 된다(그림 29-⑧). 침투된 물은 매몰된 集水池와 곡부 퇴적층에 계속 모여 일정량 이상의 지하수를 형성한다(그림 29-⑨). 즉, 매몰된 集水池와 곡부 퇴적층은 지하수를 저장하는 지형으로 변화된 것이다.

5) 우물은 이전시기 조성된 集水池 폐기층을 기반으로 한다. 지표를 파내려가 우물을 조성하고, 매몰된 집수지와 퇴적층에 저장된 지하수를 사용하였다(그림 29-⑩). 수문학적인 환경은 "투수성 매질체가 투수성 매질체 한 가운데 렌즈상태로 존재하여 불포화대 하부로 이동이 차단되어 렌즈 상부에 축적(함양)된 경우"로서, 〈그림 23〉 부유 대수층에 해당한다.

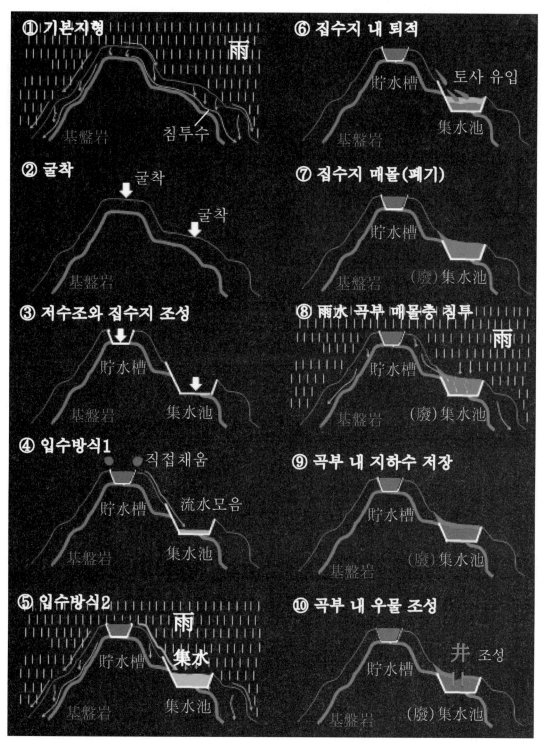

<그림 29> 산성 내 용수시설 조성과 변천과정 모식도

우물 아래층에 물을 모으는 집수지 및 관련 유구가 존재한 경우는 서울 몽촌토성, 공주 공산성 등에서도 확인된다. 서울 몽촌토성은 통일신라시대 우물 아래층에 물을 집수하던 백제시대 집수지 와 사질점토를 단단히 다짐한 백제시대 2~4호 도로가 조성되었다.[24]

공주 공산성은 조선시대 우물의 아래층에는 물을 집수하던 통일신라시대 연못 1~2와 집수시설, 백제시대 저수시설과 연못, 목곽고(우물) 등이 다수 조성되어 있다.[25]

몽촌토성과 공산성은 강변에 접한 충적지에 형성되어 높은 산지에 입지한 산성과 달리 축성 초 기부터 우물을 조성할 수 있는 지형이 형성되어 있다. 하지만 백제시대 이후에도 성곽이 지속적으 로 사용되었고, 곡부에는 백제시대부터 쌓여온 성 내 퇴적토가 두껍게 쌓였을 것이다. 이에 따라 자 연 대수층의 지하수면과는 높이 차이가 5~10m 이상 벌어지면서 우물을 조성하기 어려웠을 것이 다. 우물을 조성하려면 아주 깊게 굴착해야 했을 것으로 보인다.

하지만 지하수는 기존에 폐기된 집수시설과 퇴적층에 물이 저장되면서 성 내 부유 지하수면(그 림 23)이 형성되었고, 지하수면은 폐기된 퇴적층 높이만큼 수위가 높아져 우물 조성을 위해 5~10m 이상 굴착이 필요 없었던 것으로 파악된다. 따라서 몽촌토성이나 공산성은 백제시대 이후에도 곡 부에 우물을 조성하기 위해 깊게 굴착할 필요 없이 기존 깊이(200~260㎝)로 굴착해도 지하수를 사용 할 수 있었던 것으로 여겨진다.

3. 山城 內 用水施設의 機能과 우물의 登場

이상 검토를 통해 성곽 내 우물이 형성되는 수문학적인 조건과 조성과정을 살펴보았다. 우물은 지하수가 형성되어있는 강변의 충적지 및 곡부에 조성되기 때문에, 강변에 접한 풍납토성, 몽촌토 성, 공산성, 부소산성 등은 축성 초기부터 우물 조성이 가능했다. 성곽 내의 범위에 지하수를 포함 한 충적지가 포함되어 있기 때문이다.

하지만 추성산성과 마로산성은 높은 산지에 입지하여 지하수가 형성된 충적지를 포함하지 않기 때문에 축성 초기부터는 우물을 조성하기 어려웠다. 따라서 저수조 및 집수지와 같은 지표수를 모

24 한성백제박물관, 2017.11, 『몽촌토성 북문지 일원 발굴조사 2차 자문회의 자료』.

25 공주대학교박물관, 2012.11, 『사적 제12호 공산성 성안마을 내 유적 제4차 발굴조사 약보고서』; 공주대 학교박물관, 2014.12, 『사적 제12호 공산성 성안마을 내 유적 제7차 발굴조사 약보고서』; 공주대학교박 물관, 2015.12, 『사적 제12호 공산성 성안마을 내 유적 제8차 발굴조사 약보고서』.

아 사용하는 용수시설을 구비하였다. 하지만 우물은 집수지가 폐기되는 과정에서 지하수가 모일 수 있는 조건(부유대수층)이 형성되어 조성되기 시작한다.

그럼 이처럼 산성의 집수지를 폐기하거나 혹은 폐기된 이후에 추가적으로 우물을 시설하는 이유는 무엇일까. 축성 초기 우물이 조성되지 않더라도 저수조와 집수지만으로도 산성 내 생활이 가능했던 것은 분명하다. 하지만 새롭게 우물을 시설하는 것은 우물이 지니고 있는 기능에서 비롯된 것으로 파악된다.

현재 산성 내에 구비되는 용수시설 중에 저수조와 집수지에 관해서는 기존 연구를 통해 세부적인 구조와 기능에 대해 연구된 바 있다.[26] 기존 연구에 의하면 저수조와 집수지는 지표수를 이용해 물을 모으는 용수시설로서 수원은 동일하지만 입지와 물을 모으는 방법, 기능에서 뚜렷한 차이가 있는 것으로 밝혀졌다.

먼저, 저수조는 산 정상부에 입지한다. 물을 모으는 방법은 집수지와 같이 주변에 물이 유입되는 환경도 아니고, 雨水만으로는 물을 저장하는데 한계가 있다. 따라서 직접 길어다 채웠던 것으로 파악된다.

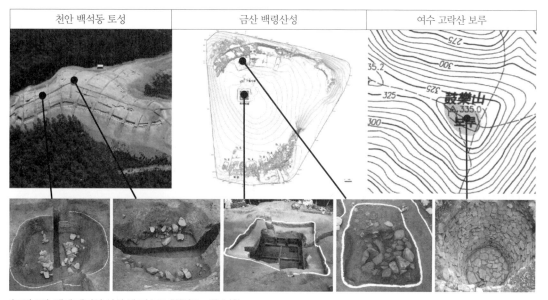

천안 백석동 토성	금산 백령산성	여수 고락산 보루

〈그림 30〉 백제 테뫼식 산성 내 저수조 현황(● : 貯水槽)

---

26 崔炳華, 2010, 「百濟山城 用水施設에 대한 檢討」『韓國上古史學報』 69, 韓國上古史學會.

집수지는 성 내 저지대인 곡부에 입지한다. 물을 모으는 방법은 雨水를 직접 모으거나 주변의 高地에서 흘러 내려오는 물을 모은(集水)다.

이 같은 저수조와 집수지의 환경에 의해서 규모가 작은 테뫼식 산성에서는 성 내 고저차가 그리 크지 않아 집수지는 조성되지 않고, 정상부에 저수조만이 조성된다. 실례로 천안 백석동 토성,[27] 금산 백령산성,[28] 여수 고락산 보루[29]는 산정상부 일부만을 둘러싼 소규모 테뫼식 산성으로 발굴조사 결과 정상부에 저수조만이 조성된 것이 확인되었다(그림 30).

반면 규모가 큰 포곡식 산성에서는 곡부에 집수지를 조성하며, 정상부에는 여전히 저수조를 조

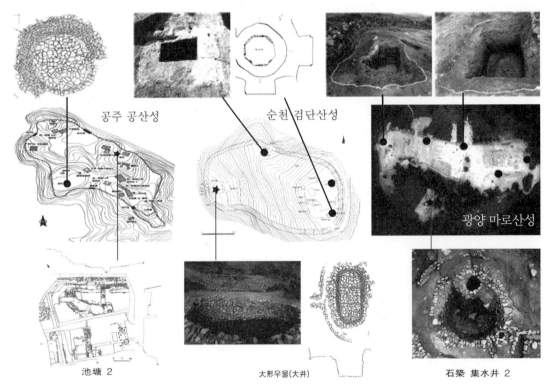

공주 공산성   순천 검단산성   광양 마로산성

池塘 2   大形우물(大井)   石築 集水井 2

〈그림 31〉 백제 포곡식 산성 저수조 및 집수지 현황(● : 貯水槽, ★ : 集水池)

27 李南奭, 2008, 『天安 白石洞 土城』, 公州大學校博物館·忠淸南道天安市.

28 忠淸南道歷史文化研究院, 2007, 『錦山 栢嶺山城 1·2次發掘調査報告書』.

29 順天大學校博物館, 2004, 『麗水 鼓樂山城Ⅱ』.

성하고 있다. 실례로 공주 공산성,[30] 순천 검단산성,[31] 광양 마로산성[32] 등은 산정상부와 곡부를 둘러싼 규모있는 포곡식 산성으로 발굴조사 결과 곡부에 집수지와 정상부 평탄면에 저수조가 조성된 것이 확인된 바 있다(그림 31).

작은 규모의 테뫼식 산성에서는 성 내 고저차가 적어 집수지가 형성될 수 없는 조건이기 때문에 저수조만 조성된 현황은 알 수 있지만 규모가 큰 포곡식 산성에서 집수지가 구비되었음에도 불구하고 성 내 정상부에 저수조가 함께 조성되는 점은 쉽게 이해가 가질 않는다. 이 점은 집수지가 존재함에도 주변에 우물이 공존하거나 집수지가 폐기된 이후에도 다시 집수지를 조성하지 않고 우물을 조성하는 배경과 유사할 것으로 생각된다.

만일 산성 내 용수시설 조성 목적이 많은 水量확보가 우선이었다면, 작은 규모의 우물과 저수조 보다는 대규모에 해당하는 집수지를 시설하여 월등히 많은 량의 물을 확보하는데, 용이했을 것이다. 사실 규모만으로 보면 집수지가 월등히 크고, 다음 저수조, 다음 우물은 가장 규모가 작다(大 : 집수지 → 저수조 → 우물 : 小).

또한, 산성의 지형적인 특성상 초축 시에 우물을 조성할 수 있는 조건이 되지 않았다 하더라도 저수조는 그리 지향하지 않았을 것이다. 힘들여 물을 길어다 부어 채우는 저수조보다는 물의 저장 용량이 월등히 큰 집수지를 성 내 곳곳에 설치하여 고지에서 흘러 내려오는 유수를 확보하는 것이 용이했을 것이다. 하지만 산성의 규모에도 상관없이 포곡식 산성에서도 성 내 정상부에는 여전히 저수조가 시설되고 있다. 집수지보다 저수조가 우선시되었던 것으로 보이는데, 이것은 바로 우물이 조성되기 이전 저수조가 집수지보다도 더욱 중요한 용수시설로서 산성의 운용에 꼭 필요한 기능을 담당하였음을 추정케 한다.

이러한 필요성은 水質의 차이에서 비롯된 것으로 추정된다. 용수시설은 성 내에서 '식수, 청소, 하수, 소화 등' 다양한 용도로 사용되는데, 이 가운데 '식수'의 기능이 가장 우선시 되었을 것이다. 따라서 水質은 매우 깨끗하고 맑아야 한다. 깨끗하고 맑은 양질의 물은 지표수원 보다는 지하수원이 더욱 유리하다. 하지만 산성에서는 축성 초기부터 깨끗하게 정제된 양질의 물을 확보할 수 있는

30 安承周 · 李南奭, 1987, 『公山城百濟推定王宮址發掘調査報告書』, 公州師範大學博物館; 李南奭 · 李勳, 1999, 『公山城 池塘』, 公州大學校博物館 · 忠淸南道.

31 순천대학교박물관, 1998.12, 「순천 검단산성 1차 발굴조사 현장 설명회자료」; 순천대학교박물관, 1999.4, 「순천 검단산성 2차 발굴조사 현장 설명회자료」; 순천대학교박물관, 2002.2, 「순천 검단산성 3차 발굴조사 약보고」.

32 順天大學校博物館, 2005, 『光陽 馬老山城 II』.

지하수원이 조성되기 어렵다는 것을 앞서 살펴보았다. 따라서 지하수원을 대신한 지표수원을 이용한 집수지와 저수조를 시설하였던 것이다.

그렇다면 이 가운데 양질의 물을 대신하여 저장하였던 용수시설은 무엇일까. 이것은 집수지와 저수조 내부로 물이 유입되는 입수방식에서 뚜렷하게 확인할 수 있다.

집수지는 저지대 계곡부에 입지하여 주변의 高地에서 흘러내려오는 流水를 모으고 있다. 따라서 집수지 내부로 흘러들어오는 물은 주변에 산재한 각종 지표의 유기물과 동반 입수되었을 가능성이 크다. 심하면 흙탕물과 같은 현황이었을 것으로 고려되는데, 아무래도 집수지의 물은 지하수처럼 깨끗하고 맑은 양질의 물을 얻기에는 어려웠을 것으로 파악된다.

수량 또한 매우 불규칙하고 부족했을 것으로 보인다. 다량의 물이 풍부하게 확보되는 깊은 계곡물이 자리한 곳과는 다른 상황이어서, 평소 물의 흐름이 눈에 보이지 않을 정도로 열악했을 것이다. 다만 비오는 특정시기에 한에서 많은 量의 물이 흘러들어갔을 것으로 보이는데, 특히 우기가 집중되는 7~8월의 장마기간에는 오히려 주변지형 및 내부시설, 성벽 등을 훼손시킬 정도로 수량이 넘쳐났을 것이다.

이처럼 때에 따라 수량이 넘쳐 날 때는 배수로 및 출수구를 통해 성 밖으로 배출시켰던 것으로 보이는데, 집수지는 양호한 수질확보 보다는 성 내 시설 및 성벽 등을 집중된 강수의 위험으로부터 보호하기 위해 하수처리 기능을 주 목적으로 하였던 것으로 파악된다.

반면 저수조는 집수지와 달리 정상부에 입지하고 있어, 유수가 흘러들어 올 수 있는 조건이 형성되지 않는다. 입수방법은 雨水를 직접 받기도 했겠지만 주된 방법은 물을 길어다 직접 채우는 방식이었다. 따라서 저수조 내부에 저장된 물은 집수지처럼 성 내 주변의 유기물 및 흙탕물과 같은 이물질이 유입될 가능성이 적으며, 입수된 물의 양이 넘쳐서 성 밖으로 배출시켜야 할 정도로 다량의 물이 불가피하게 유입될 가능성도 낮다. 오히려 저수조는 어떠한 상황에서도 인위적으로 수량을 조절할 수 있는 형태이며, 수질 또한 양질의 물을 선별하여 저장할 수 있는 조절 능력이 가능한 용수시설이다.

따라서 지하수원을 대신하여 정제된 양질의 물을 확보할 수 있는 용수시설은 저수조였던 것이다. 즉, 집수지는 성 내에 흐르는 유수를 정리하는 하수처리 기능이 주 목적이었으며, 저수조는 식수를 목적으로 하는 양질의 물을 저장하기 위한 물탱크 기능이 주 목적이었다.[33]

---

33 여기서 분명히 해두어야 할 것이 있다. 기능 논의에서 "집수지–하수처리, 저수조–식수저장"으로 구분하였지만 이는 평상시에 한한 것이다. 만약 다수의 적들에게 둘러싸여 소수의 인원으로 성 내에서 장기적인 농성을 벌일 때에는 집수지 및 저수조 구분 없이 모두 식수로서 중요하게 사용되었을 것이다. 따라서 위의 논

이 같은 저수조와 집수지의 기능을 고려할 때, 우물은 집수지는 물론이고 저수조보다도 더욱 깨끗한 양질의 물을 얻을 수 있다. 그리고, 저수조와 같이 힘들여 물을 길어다 붓지 않아도 자연스레 지하에 고여 있는 물을 찾아 사용할 수 있기 때문에 물을 입수하는 노동력 면에서도 상당히 수월하고 효율적이었을 것이다.

특히, 지하에 저장된 물은 물이 지표층을 통과하여 대수층에 도달하는 과정 중 여과되어 매우 맑고, 여름과 같은 경우 저수조의 물은 지표상에서 뜨거운 온도에 노출되어 변질 및 오염 될 수 있는 반면, 우물은 지하에서 저온으로 시원하게 보관되어 변질과 오염의 가능성이 매우 낮기 때문이다. 따라서 기능만으로 본다면 산성 내에 존재하는 저수조, 집수지, 우물의 용수시설 가운데, 우물이야말로 성 내 생존 유지를 위해 가장 필요하고 효율적인 용수시설이라 할 수 있다.

현재 백제성곽 가운데 초축과 함께 우물이 확인되는 유적으로 볼 수 있는 것은 서울 풍납토성, 공주 공산성, 부여 부소산성 등 모두 王城으로 비정되는 유적이다. 백제 王城이 강변에 자리한 입지를 고려할 때, 초축 당시부터 우물이 조성될 수 있던 것으로 파악된다. 이 같은 현황을 감안한다면 서울 몽촌토성은 아직 백제시대 우물이 확인되지 않았지만 추후 발굴조사 진행 여부에 따라 확인될 가능성이 높다.

반면 왕성을 제외한 높은 산위에 축성된 지방소재의 백제 산성(증평 추성산성 등)은 축성 초기 우물이 조성되지 않고, 지표수만을 사용하는 집수지와 저수조가 조성되었다. 이후 곡부에 조성된 집수지가 폐기 및 퇴적된 후에는 우물이 조성된 것으로 확인된다.

이처럼 우물이 조성되는 환경과 입지, 조성과정을 살펴보았을 때, 우물은 성 내 용수시설 가운데 가장 선호도가 높으면서도 높은 산지에 입지한 산성에는 처음부터 조성될 수 없는 현황이었던 것이다.

또한, 우물은 곡부를 포함한 포곡식 산성에서만 확인되고 소규모 테뫼식 산성에서는 우물을 거의 확인할 수 없는 점도 자연스레 이해할 수 있다. 즉, 백제시대 성곽 중 높은 산정에 위치한 산성에서는 포곡식 산성에서만 우물이 조성되며, 소규모 테뫼식 산성에서는 조성되지 않는 것을 알 수 있다.[34]

의는 성 내 용수시설 종류에 상관없이 모두 위급한 상황에는 다용도로 쓰일 가능성이 있음을 전제해 두고 분석하였다.

34 저수조 또한 폐기·퇴적된 이후에도 집수지처럼 지하에 물을 저장할 수 있는 지형이 형성된다. 하지만 저수조 폐기 및 퇴적층을 기반으로 우물은 조성되지 않는다. 그 이유는 곡부지역과는 다르게 지하에 저장된 수량이 많지 않기 때문이다.

Ⅵ. 맺음말

이상 백제성곽에서 조사된 우물에 대한 입지와 구조, 그리고 수문학적인 환경과 우물의 조성과정에 대해 살펴보았다. 맺음말은 성곽 내 용수시설의 구분과 우물의 조성환경, 그리고 우물의 조성과정과 용수시설의 변화 등 앞장의 내용을 간략하게 정리하는 것으로 대신하겠다.

첫째, 백제성곽의 용수시설은 지표수를 모아 사용하는 집수지, 저수조와 지하수를 사용하는 우물 등 세 가지가 있다.

둘째, 우물은 평지성일 경우 충적 평탄지(서울 풍납토성)에 위치하며, 산성일 경우 성 내 저지의 곡부(공주 공산성, 부여 부소산성, 증평 추성산성)에 위치한 특징을 지닌다.

셋째, 우물의 분석결과 굴광 평면이 방형 일때 우물 평면 역시 방형으로 조성되는 특징을 보이고, 목재와 석재를 잘 다듬는 경우는 우물 평면이 모두 방형으로 벽단면은 수직을 이룬다. 잘 다듬지 않은 경우의 할석은 평면 원형으로 벽단면은 불규칙한 사선형태이다.

넷째, 우물벽의 뒤채움은 저수조처럼 정선된 점토를 뒤채움하고 방수 처리하여 많은 양의 물을 채우는 것과는 다르다. 오히려 고운 점토에 사질토를 혼용하여 뒤채움 하였다. 우물의 벽면은 지하수면부터 지표까지 물이 채워지지 않고, 연약한 충적지에 조성되는 환경 때문에 방수보다는 벽체의 견고함과 보강을 주목적으로 하였다.

다섯째, 우물은 지하수가 존재하는 충적지 및 곡부에 위치하는 입지조건으로 인해 단단한 생토층에 비해 연약한 퇴적층을 굴착해야하는 토목조건이 축조에 영향을 미쳤고, 세부적으로는 축조 재료로 사용되는 목재와 석재의 가공 정도 여부에 따라 우물의 평면과 벽단면 구조가 달라진 것으로 파악된다.

여섯째, 우물은 수문학적으로 자연 대수층(충적 대수층)을 굴착하여 사용한다. 이와 관련하여 서울 풍납토성, 공주 공산성, 부여 부소산성 등의 백제성곽은 모두 강변에 자리하여 자연 대수층에 함유된 지하수를 사용하기 위해 우물을 조성한 것으로 확인된다.

일곱째, 증평 추성산성과 광양 마로산성(해발 208m) 등 높은 산 위에 위치한 포곡식 산성은 수문학적으로 지하수가 저장되기 어려운 환경이다. 따라서 축성 초기에는 집수지와 저수조 등 지표수를 사용하는 용수시설을 구비하며, 우물은 조성하지 않았다.

여덟째, 일정시간이 흐른 뒤, 높은 산지의 산성은 곡부에 조성된 기존 집수지가 폐기된 이후, 폐기된 퇴적층을 기반으로 우물을 조성한다. 기존 집수지 폐기층 및 곡부 퇴적층이 지하수가 저장될 수 있는 부유 대수층 환경으로 변화되었기 때문이다.

아홉째, 산성의 집수지를 폐기하거나 혹은 폐기된 이후에 추가적으로 우물을 시설하는 이유는 양질의 식수를 공급하는 우물의 기능에서 비롯된 것으로 파악된다.

이와 관련한 성 내 용수시설의 기능을 보면, 집수지는 성 내 저지대 곡부에 위치하여 雨水의 流水를 모아 저장하기 때문에 수질이 탁하고, 식용보다는 집중 雨期 성 내 流水로 인해 성벽시설이 훼손되는 것을 방지하기 위한 하수처리 기능을 한다.

저수조는 정상부 평탄면에 위치하여 雨水로만은 저장에 한계가 있어 선별된 양질의 물을 직접 길어다 채운다. 따라서 산성 축성 초기 우물을 조성할 수 없는 환경에서는 저수조가 식수를 공급하는 물탱크 기능을 하였을 것이다.

하지만 집수지가 폐기되면서 곡부에 지하수가 모이는 환경(부유 대수층)이 형성되자 우물을 조성하였다. 우물은 저수조처럼 외부에서 힘들여 물을 채워 넣지 않고도 물을 공급할 수 있고, 지표에서 대수층까지 지하수로 모이는 과정에서 여과되어 물이 더욱 맑다. 그리고, 여름과 같은 더운 날씨 등에 변질 및 오염되지 않고 지하에서 저온의 상태로 깨끗하게 유지할 수 있기 때문이다.

이 같은 기능을 고려할 때, 우물이야말로 백제성곽에서 구비되는 용수시설 가운데 가장 선호하는 용수시설이었을 것으로 판단된다.

우물의 선호성은 광양 마로산성에서 확인된 고려시대 우물의 현황을 감안한다면, 백제시대뿐만 아니라 고려시대까지도 유사한 양상이었을 것으로 여겨진다. 이와 관련된 것은 추후 연구를 통해 백제시대 이외의 전반적인 고대 성곽 내 용수시설 변화에 대해 살펴 볼 수 있는 기회를 갖도록 할 것이다.

따라서, 앞으로는 백제시대 성곽을 포함한 대부분의 산성 조사과정에서 우물이 확인된다면 우물 아래층에 집수지와 같은 이전 유구가 존재할 가능성이 높으므로, 만약 우물에 대한 발굴조사를 진행한다면 반드시 우물 조성 이전의 유구 존재 여부를 명확히 확인해야 할 것이다.

참고문헌

공주대학교박물관, 2012.12, 『사적 제12호 公山城 성안마을 내 유적 제5차 발굴조사 개략보고서』.

공주대학교박물관, 2014.12, 『사적 제12호 公山城 성안마을 내 유적 제7차 발굴조사 개략보고서』.

공주대학교박물관, 2015.12, 『사적 제12호 公山城 성안마을 내 유적 제8차 발굴조사 개략보고서』.

國立扶餘文化財研究所, 2003, 『扶蘇山城Ⅴ』.

권태효, 2005.6, 「우물의 민속, 그 신화적 상징과 의미」 『생활문물연구』 16집, 국립민속박물관.

권태효, 2012, 「우물의 공간적 성격과 상징성 연구」 『민족문화연구』 56호, 고려대학교 민족문화연구원.

김동주, 2007, 『환경오염과 복원기술』.

金允兒, 2007, 「남한지역 고대산성의 집수시설 현황과 그 특징」 『新羅史學報』 11, 新羅史學會.

金昡㚬, 2015, 『統一新羅 王京 우물 研究』, 경북대학교 고고인류학과 석사학위논문.

閔德植, 2002, 「發掘調査資料로 본 古代 城郭의 연못」 『白山學報』 63, 白山學會.

閔德植, 2002, 「發掘調査資料로 본 古代 城郭의 연못」 『白山學報』 64, 白山學會.

朴淳發 李亨源 外, 2003, 『泗沘都城-陵山里 및 軍守里地點 發掘調査 報告書』, 忠南大學校百濟研究所.

扶餘文化財研究所, 1993, 『扶餘 舊衙里遺蹟 發掘調査報告書』.

순천대학교박물관, 1998.12, 「순천 검단산성 1차 발굴조사 현장 설명회자료」.

순천대학교박물관, 1999.4, 「순천 검단산성 2차 발굴조사 현장 설명회자료」.

순천대학교박물관, 2002.2, 「순천 검단산성 3차 발굴조사 약보고」.

順天大學校博物館, 2003, 『麗水 鼓樂山城Ⅰ』.

順天大學校博物館, 2004, 『麗水 鼓樂山城Ⅱ』.

順天大學校博物館, 2005, 『光陽 馬老山城Ⅱ』.

오승연, 2007, 「新羅 山城池의 機能과 展開」 『慶文論叢』 創刊號, 慶南文化財研究院.

尹武炳, 1999, 『扶餘 官北里 百濟遺蹟 發掘調査報告(Ⅱ)』, 忠南大學校博物館.

安承周·李南奭, 1987, 『公山城百濟推定王宮址發掘調査報告書』, 公州師範大學博物館.

李南奭·李勳, 1999, 『公山城 池塘』, 公州大學校博物館·忠淸南道.

李南奭, 2008, 『天安 白石洞 土城』, 公州大學校博物館·忠淸南道天安市.

이신효, 2004, 「백제우물연구」 『湖南考古學報』 20輯, 湖南考古學會.

이한솔, 2014, 『한성 백제기 우물제사에 대한 고찰』, 인하대학교 한국사전공 석사학위논문.

全英來, 1973, 『井邑 佳井里 井戶遺蹟』, 全北遺蹟報告 第2輯.

鄭義道, 2006, 「昌寧 火旺山城 蓮池 研究」 『한국성곽학보』 제9집, 한국성곽연구회.

중원문화재연구원·문경시, 2007.6, 『문경 고모산성 2차 발굴조사 -현장설명회의 자료집(3)-』.

忠南發展研究院, 2001, 『扶餘 百濟 五千決死隊 忠魂塔 豫定敷地內 文化遺蹟 試掘調査 報告書』.

忠北大學校 中原文化研究所, 2005, 『報恩 三年山城 -2003年度 發掘調査 報告書-』.

忠北大學校 中原文化研究所, 2007, 『報恩 三年山城 -2005年度 蛾眉池 整備區域 內 發掘調査-』.

忠淸南道歷史文化研究院, 2007, 『錦山 栢嶺山城 1·2次發掘調査報告書』.

忠清南道歷史文化研究院·公州市, 2010, 『공주 공산성 성안마을 유적』.

충청남도역사문화연구원, 2016.8, 『천안 성거산 위례성 내 용샘 발굴조사 개략보고서』.

충청남도역사문화연구원, 2017.11, 『천안 성거산 위례성 내 용샘 2차 발굴조사 개략보고서』.

충청북도문화재연구원, 2017.7, 『증평 추성산성 7차 발굴조사 약보고서』.

崔炳華, 2010, 「百濟山城 用水施設에 대한 檢討」 『韓國上古史學報』 69, 韓國上古史學會.

하병엄, 2008, 『井字銘과 古代社會의 儀禮』, 경북대학교 교육학석사 학위논문.

한성백제박물관·한신대학교박물관, 2015, 『風納土城 ⅩⅦ, −慶堂地區 206號 遺構에 대한 報告−』.

한성백제박물관, 2016, 『夢村土城 Ⅰ−2013·2014년 몽촌토성 북문지 내측 발굴조사 보고서』.

한성백제박물관, 2017.6, 『夢村土城 2017년 몽촌토성 북문지 일원 발굴조사 제1차 학술자문회의 자료』.

한성백제박물관(백제연구소), 2017.11, 『몽촌토성 북문지 일원 발굴조사 학술자문회의 자료집』.

許義行, 2004, 「土器造 우물에 對한 考察」 『錦江考古』 創刊號, 忠淸里藏文化財研究院.

제2부 제10장

百濟 泗沘期 木塔 築造技術의 對外傳播*

조원창
(한얼문화유산연구원)

Ⅰ. 머리말

Ⅱ. 백제 사비기 목탑지의 자료 검토

Ⅲ. 백제 조탑기술의 일본 · 신라 전파

Ⅳ. 맺음말

Ⅰ. 머리말

백제는 한성기부터 중국 남북조와 적극적인 교섭을 맺어왔고, 이에 따라 다양한 건축물의 축조 기술과 瓦塼[1]의 문양 · 제작기술 등이 도입되었다. 그리고 이 과정에서 목탑의 조탑기술 또한 자연

---

* 이 글은 조원창, 2017, 「백제 사비기 목탑 축조기술의 대외전파」『한국미술사학회 춘계학술대회』의 내용을 대폭 수정한 것이다.

1 풍납토성에서 수습된 연화문 와당 중 판단첨형은 중국 북조와 밀접한 연관성이 있다(조원창, 2009, 「백제 판단첨형 연화문의 형식과 편년」『문화재』제42권 제3호, 국립문화재연구소).

스럽게 유입되었을 것으로 생각된다.[2]

　백제는 한성기인 침류왕대(384년)에 불교가 유입되었고, 동시에 堂塔을 중심으로 한 가람도 축조되었을 것으로 판단된다. 그러나 현재 한성기[3] 및 웅진기[4]의 백제사원은 추정과 문헌에만 존재할 뿐 발굴조사 과정에서는 아직까지 확인된 바가 없다. 또한 부여 및 익산지역에 전해오는 백제사지는 모두 사비기의 것으로서 시기적으로는 6세기 중반~7세기 전반에 해당되고 있다.[5]

〈도판 1〉 중국 운강석굴 제11굴의 목탑 조각(북위)

　백제의 탑파는 부여에 남아 있는 고고학적 자료로 보아 초기에는 목탑이었음이 확실하다. 이는 사비천도 후 부여에 조영된 군수리사원(6세기 중반)과 능사(567년), 왕흥사(577년) 등의 사례를 통해 확인할 수 있다.[6] 아울러 석탑의 등장은 정림사의 창건 시기와 비교해 볼 때 7세기 전후로 파악된다.[7]

　목탑은 석탑과 마찬가지로 기단부와 탑신부, 상륜부로 구성되었다. 이는 중국 남북조시

2　한성기의 목탑이 조사된 바 없어 그 계통은 확인할 수 없다.

3　『三國史記』卷 第二十四 百濟本記 第二 枕流王條. 二年 春二月 創佛寺於漢山 度僧十人.

4　大通寺는 527년 무렵 웅천주에 조성된 것으로 기록되어 있으나 이의 위치 및 실체는 아직까지 확인된 바 없다(조원창, 2014, 『수수께끼의 대통사를 찾아서』, 공주시·공주대학교백제문화연구소).

5　물론 강진 월남사지에서 백제 사비기 와당이 출토되는 것으로 보아 지방에도 백제사원이 축조되었음은 확인할 수 있다. 하지만 이의 위치나 가람배치 등이 밝혀지지 않아 탑파의 재료나 유구 파악은 불가능한 실정이다. 월남사지 출토 와당에 대한 내용은 아래의 자료를 참조.
　이수경, 2013.6, 「월남사지 조사 성과와 고대 기와」『강진의 고대문화와 월남사지』, 한국고대학회·민족문화유산연구원.

6　寺名에서 군수리사원은 지명, 능사는 사리감의 내용을 근거로 붙인 것이다. 왕흥사의 경우는 이곳에서 '王興寺'명 기와가 출토되었다.

7　국립부여문화재연구소, 2011, 『扶餘 定林寺址』; 조원창, 2013, 「定林寺 創建時期의 檢討」『백제사지 연구』, 서경문화사.

기의 돈황석굴 및 운강석굴(도판 1),[8] 용문석굴 등에 남아 있는 탑과 조각을 통해 확인할 수 있다. 하지만 현재 백제 목탑이 한 기도 남아 있지 않아 목부재의 세부적인 결구 모습과 지붕 및 상륜부 등이 어떻게 축조되었는지는 파악하기 어렵다.[9]

백제의 造塔技術은 삼국 중에서도 차지했던 비중이 제법 컸던 것으로 보인다. 이는 일본 최초의 사원인 飛鳥寺 목탑과 황룡사 구층목탑의 조영에 백제 장인이 참여한 사실로도 충분히 인지할 수 있다. 이들 목탑은 한 나라의 랜드마크에 해당된다는 점에서 백제인의 조탑기술이 얼마나 뛰어났는지를 상징적으로 보여준다.

하지만 현재 이들 목탑의 위용은 그 어느 곳에서도 찾아볼 수 없다. 이에 따라 백제 목탑이 과연 어떤 모습이었는지에 대해서도 확인하기 어렵다. 다만, 고고학적 발굴조사를 통해 그 형적[10]만이 밝혀졌을 뿐이다.

따라서 본고에서는 백제의 조탑기술을 기단부와 軸基部 등에 한정하여 일본 비조사 목탑 및 황룡사 구층목탑과 상호 비교해 보고자 한다. 이를 통해 백제의 건축기술과 토목기술이 이들 나라에 어떻게 전파되었는지에 대해 검토해 보도록 하겠다.

Ⅱ. 백제 사비기 목탑지의 자료 검토

여기에서는 발굴조사를 통해 확인된 유구만을 대상으로 삼았다. 그리고 출토지가 확실한 심초석 겸 공양석[11]에 대해서는 그 현황에 한해 개략적으로 기술하였다. 목탑지는 모두 백제 사비기의 것으로서 부여 및 익산지역에 남아 있다. 발굴조사 중에 드러난 기단부와 축기부를 중심으로 설명하고자 한다.

---

8 云岡石窟文物保管所, 1994, 『中國石窟 云岡石窟 二』, 文物出版社, 사진 94.
9 현재 공주 및 부여지역에 복원된 백제의 목조건축물은 기본적으로 중국이나 일본의 고대 건축물을 근간으로 하였다.
10 축기부와 기단, 계단, 초석과 심초부 등 주로 하부구조에 해당되고 있다.
11 목탑에서 심초석과 공양석은 보통 하나의 석재로 제작된다. 여기서 전자는 심주를 받치는 기능적 측면에서 바라본 것이고, 후자는 사리를 공양하는 종교적 측면에서 살핀 것이다.

1. 부여 군수리사지 목탑지[12]

목탑지(도면 1)[13]는 중문지와 금당지 사이에서 확인되었다. 기단의 한 변 길이는 14.14m이고, 하층기단만 남아 있다. 이는 남북면의 계단지와 기단 내부의 초석 부존재를 통해 확인할 수 있다.

기단에 사용된 전돌은 길이 0.18m, 너비 0.365m, 두께 0.045m의 장방형 무문전으로 기단토를 'U'자 모양으로 굴토한 후 수직횡렬식으로 조성하였다. 기단 안쪽으로 1~1.1m 떨어진 지점에는 각 면 4개씩의 목주흔이 확인되고 있다.

심초부(도면 2)[14]는 구지표면 아래 2.5m 지점에서 확인되었다. 장방형의 수혈 구덩이(남북 길이 1.88m, 동서 길이 2.44m, 깊이 1.8m)를 굴광하고, 그 한 가운데에 심초석 겸 공양석을 안치하였다. 석재의 크기는 한 변 0.94m이고, 두께는 0.38~0.45m이다. 석재 상면에는 깊이 5mm 정도의 홈 3개가 0.8m 간격으로 조성되어 있다.

심초부 서쪽으로는 계단처럼 보이는 경사진 斜道가 시설되어 있다. 남북 길이 1.8m, 동서 너비 4.74m이고 15° 경사도로 7단이다. 사도의 내부는 적갈색 및 황갈색 사질점토로 성토되어 있다.

심초부에 대한 조사는 이미 일제강점기에 실시된 바 있어 토층상에서의 심주 흔적은 확인되지 않았다. 심초석 겸 공양석 주변으로 반원형의 목탄 흔적이 찾아지는데 이는 심주 보호를 위한 외곽

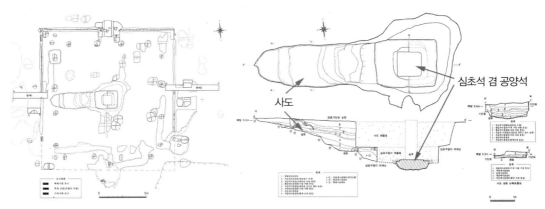

〈도면 1〉 부여 군수리사지 목탑지 평면도　　　〈도면 2〉 부여 군수리사지 목탑지 사도 및 심초석 겸 공양석 평·단면도

12　국립부여문화재연구소, 2010, 『扶餘軍守里寺址Ⅰ-木塔址·金堂址 發掘調査報告書-』.

13　국립부여문화재연구소, 2010, 『扶餘軍守里寺址Ⅰ-木塔址·金堂址 發掘調査報告書-』, 63쪽 도면 26.

14　국립부여문화재연구소, 2010, 『扶餘軍守里寺址Ⅰ-木塔址·金堂址 發掘調査報告書-』, 76쪽 도면 33.

의 나무 판재가 탄화된 것으로 추정된다.[15]

　심초부에서는 석조여래좌상과 금동보살입상을 비롯해 금환, 소옥, 토기, 철기 등이 수습되었다. 그러나 사리를 봉안한 사리함 혹은 사리병 등은 검출되지 않았다.

2. 부여 능산리사지 목탑지[16]

　목탑지(도면 3)[17]는 금당지 중심에서 남쪽으로 21m의 거리에 위치하고 있다. 기단은 이중기단이며, 하층기단의 동서 길이는 11.73m, 남북 길이는 11.79m이다. 상층기단의 한 변 길이는 10.3m이다.

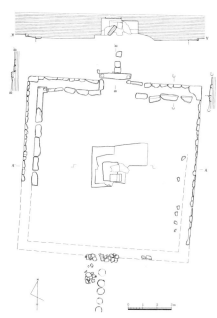

〈도면 3〉 부여 능산리사지 목탑지 평 · 단면도

〈도판 2〉 부여 능산리사지 목탑지 심초석 겸 공양석과 심주, 사리감

15　동일하진 않지만 일본 尼寺廢寺 목탑지의 심주와 외곽의 나무 판재를 연상시킨다.
　　佐川正敏, 2008, 「古代日本と百濟の木塔基壇の構築技術および舍利容器 · 莊嚴具安置形式の比較檢討」『扶餘 王興寺址 出土 舍利器의 意味』, 國立扶餘文化財硏究所, 89쪽 도 14.

16　國立扶餘博物館 · 扶餘郡, 2000, 『陵寺』.

17　國立扶餘博物館 · 扶餘郡, 2000, 『陵寺 −圖面 · 圖版−』, 11쪽 도면 8.

하층기단은 길이 0.4~0.6m, 너비 0.15~0.2m, 높이 0.06~0.1m의 치석된 장대석을 사용하였다. 장대석의 상부에서 갑석을 얹을 수 있는 홈이 발견되지 않아 갑석은 처음부터 시설되지 않았음을 알 수 있다.[18] 상층기단은 현재 지대석만 남아 있는데 본래는 면석과 갑석까지를 갖춘 가구기단으로 추정된다.

상층기단과 하층기단 사이의 간격은 약 0.7m이고, 하층기단 상면에서의 초석이나 적심석은 검출되지 않았다. 상층기단 지대석 상면 외연에서 0.11m 떨어진 안쪽에는 면석을 올리기 위한 턱이 마련되어 있다. 하지만 통일신라기의 지대석에서 흔히 살필 수 있는 모접이는 조성되지 않았다.

심초석 겸 공양석(도판 2)[19]은 평면 방형으로, 상층기단토 아래 1.14m 지점에서 확인되었다. 크기는 남북 길이 1.30m, 동서 너비 1.06m이다. 석재 상면에서는 지름 0.4~0.5m 정도의 절단된 심주(느티나무)[20]와 뚜껑이 유실된 화강암제의 사리감이 발견되었다. 사리감의 뚜껑과 내부의 사리는 도굴된 것으로 파악되었다. 사리감의 명문으로 보아 능사의 목탑은 567년경에 조영되었음을 알 수 있다. 심초석 겸 공양석 위에서는 소조보살상을 비롯해 소조나한머리, 금동판불, 은제구슬, 유리구슬, 옥제품, 심엽형 고리(허리띠 장식), 동제팔찌 등 다양한 공양구가 수습되었다.

심초부가 지하에 시설된 것으로 보아 군수리사지와 같은 사도가 존재하였을 것으로 생각되나 발굴조사에서는 그 형적이 검출되지 않았다. 아울러 심주는 백제 멸망과 함께 인위적으로 절단되었음이 확인되었다. 한편, 심초석 겸 공양석의 아래에서는 굵은 모래층이 약 1m 두께로 검출되었는데 이는 능사의 입지와 관련하여 배수 기능을 담당하였던 것으로 판단된다.

3. 부여 왕흥사지 목탑지[21]

목탑지(도면 4)[22]는 금당지 남면기단에서 7m 떨어져 확인되었다. 기단은 이중기단으로 하층은 치석된 장대석으로 조성되었으며, 한 변 길이가 14m이다. 상층기단은 0.3m 크기의 할석과 작은 석

---

18 이는 층위상으로도 밝혀졌다. 즉, 하층기단 상면에는 목탑에서 흘러내린 와적층이 형성되어 있었다.

19 國立扶餘博物館·扶餘郡, 2000, 『陵寺 -圖面·圖版-』, 243쪽.

20 심주는 도끼로 절단된 상태였고, 이를 자를 때 생긴 나무 부스러기가 0.22m의 두께로 쌓여 있었다.

21 국립부여문화재연구소, 2009, 『王興寺址 木塔址 金堂址 發掘調査 報告書』Ⅲ.

22 국립부여문화재연구소, 2009, 『王興寺址 木塔址 金堂址 發掘調査 報告書』Ⅲ, 33쪽 도면 5 중.

재를 이용한 할석기단으로 축조되었다.[23]

기단토 아래에는 대지조성 후 되파기하여 조성한 축기부(도면 5)[24]가 시설되어 있다. 이는 한 변 길이 12m이고, 깊이는 잔존 기단토에서 0.8m이다. 축기부의 최하부는 황갈색사질점토를 이용하여 0.4m 두께로 성토하였으며, 그 위로 적갈색사질점토, 황갈색사질점토 등을 0.05m 내외로 교차 축토하였다.

목탑지 기단토 내에는 공양석을 안치하기 위한 동서 장축의 수혈 구덩이(심초부)가 조성되어 있고, 서쪽에 치우쳐 장방형의 공

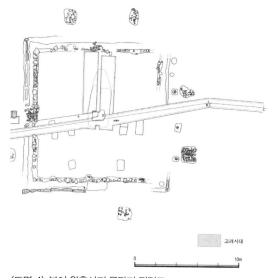

〈도면 4〉 부여 왕흥사지 목탑지 평면도

양석 1매가 자리하고 있다. 공양석의 크기는 1.0×1.1m이며, 현재 남아 있는 기단토 아래 0.5m 지점에서 확인되었다. 장방형의 수혈 구덩이 동쪽에는 斜道가 마련되어 있고, 공양석 아래에는 토석혼축의 적심시설이 구비되어 있다(도면 6).[25]

사도는 목탑지 동면 기단에서 1.78m 떨어져 심초부까지 계단상으로 조성되어 있다. 사도의 규모는 남북 길이 1.96m, 동서 너비 5.30m이다. 기단토를 완성한 후 되파기 하였으며, 경사도는 약 10°이다.

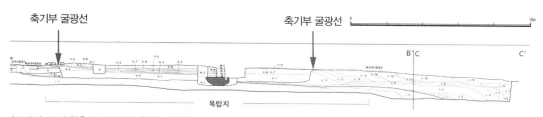

〈도면 5〉 부여 왕흥사지 목탑지 축기부 단면도

---

23 이러한 기단 형식은 백제 장인들이 파견되어 축조한 일본 비조사 동·서 금당지 기단에서도 확인할 수 있다.
24 국립부여문화재연구소, 2009, 『王興寺址 木塔址 金堂址 發掘調查 報告書』Ⅲ, 33쪽 도면 5 중.
25 국립부여문화재연구소, 2009, 『王興寺址 木塔址 金堂址 發掘調查 報告書』Ⅲ, 53쪽 도면 10.

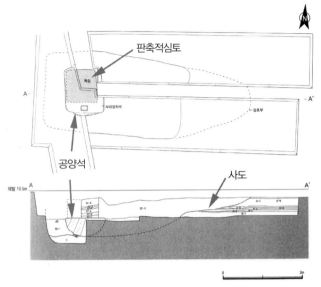

〈도면 6〉 부여 왕흥사지 목탑지 심초부 평·단면도

〈도면 7〉 부여 왕흥사지 목탑지 심초석과 공양석의 배치 모식도

한편, 공양구가 안치된 후 장방형의 수혈 구덩이는 성토다짐되었고, 이후 가로×세로가 각각 0.8m인 방형 수혈이 다시 되파기되었다. 이 구덩이 내부는 황색점토 및 사질토로 교차 판축되었고, 이 판축토 위로 심초석이 위치하였을 것으로 추정되었다(도면 7).[26]

공양석의 남쪽 중앙 끝단에는 사리기가 안치된 장방형의 사리공(0.16×0.12×0.16m)이 조성되어 있다. 이 내부에는 금제사리병(높이 4.6cm)과 은제사리호(높이 6.8cm), 청동제사리합(높이 10.3cm) 등이 차례로 담겨 있다. 사리공의 뚜껑돌은 가로 0.25m, 세로 0.19m, 두께 0.08m로 단면은 사다리꼴 모양을 하고 있다. 뚜껑돌의 윗면은 전체적으로 붉은 칠이 되어 있고, 연화문을 비롯한 인동문, 화문 등이 장식되어 있다.

왕흥사지 목탑지와 같은 심초부는 중국 남북조시기인 동위~북제시기의 鄴城 趙彭城寺址(도면 8, 도판 3)[27]에서 찾아볼 수 있다. 이는 중국 남북조시기의 조탑기술이 백제 사비기에 유입되었음을 의미하는 것으로서 목탑지 공양석 주변에서 수습된 북제시기의 동전(상평오수전)을 통해서도 파악할 수 있다.

---

26 김연수, 2008, 「扶餘 王興寺 木塔址 出土 舍利莊嚴具에 대하여」『扶餘 王興寺址 出土 舍利器의 意味』, 國立扶餘文化財研究所, 44쪽 도 4-⑥.

27 이에 대한 자료는 아래의 논저를 참조.
文物出版社, 2003, 『鄴城遺址東魏北齊佛寺塔基遺跡』『2002 中國重要考古發現』, 99쪽; 朱岩石, 2006, 「鄴城遺跡趙彭城東魏北齊佛寺跡の調査と發掘」『歴史と文化』第40號, 東北學院大學學術研究會; 佐川正敏, 2008, 「고대 일본과 백제의 목탑기단 구축기술 및 사리용기·장엄구 안치형식의 비교검토」『扶餘 王興寺址 出土 舍利器의 意味』, 90쪽 도 17-1 재인용.

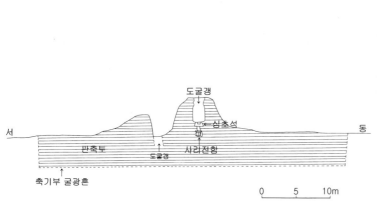

〈도면 8〉 중국 업성 동위~북제시기의 조팽성사지 목탑지 단면도

〈도판 3〉 중국 업성 조팽성사지 목탑지의 사리전함과 심초석

4. 부여 용정리사지 목탑지[28]

목탑지는 금당지 남쪽지역에서 확인되었다. 정밀 발굴조사가 진행되지 않아 기단 형식이나 구조, 심초석 겸 공양석 등은 정확히 알 수 없다. 다만, 축기부(도면 9)[29]가 조사되어 이의 현황을 살펴

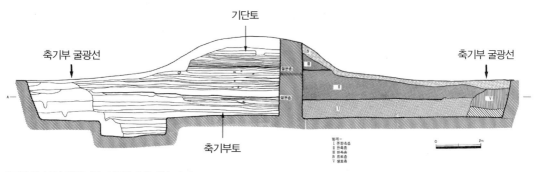

〈도면 9〉 부여 용정리사지 목탑지 축기부 단면도

---

28 扶餘文化財研究所·扶餘郡, 1993, 『龍井里寺址』.

29 扶餘文化財研究所·扶餘郡, 1993, 『龍井里寺址』, 21쪽 삽도 4 중.

보고자 한다.

목탑지는 사역의 원 퇴적토(굵은 모래층)와 사원조영을 위해 조성된 성토층을 3.5m 깊이까지 사다리꼴 형태로 되파기한 후 그 내부를 판축하여 완성하였다.

축기부의 하부는 1.6m 두께로 점토와 사질토를 교차하여 준판축하였으며, 상층부는 1.9m 두께로 점토와 사질토, 풍화 암반토를 혼합하여 판축하였다. 특히 판축토 내에 형성된 철분층은 축기부 판축토의 침강방지와 수분침투 억제를 위해 인위적으로 포함시켰다고 추정하였다.[30] 심초부는 판축토상에서 미확인되어 기단 상면에 놓인 것으로 판단되었다.[31]

목탑지 기단은 상면에서 초석이나 적심석 등이 검출되지 않는 것으로 보아 어느 정도 멸실이 이루어졌음을 알 수 있다. 목탑지 한 변 길이는 18.5m이며, 잔존 높이는 1.5m이다.

5. 부여 금강사지 목탑지[32]

지금까지의 백제사지 중 유일한 동향가람이다. 아울러 심초석 겸 공양석이 검출되지 않은 사찰로도 알려져 있다. 목탑지는 금당지 동면기단에서 8.48m 정도 떨어져 있다.

목탑지(도면 10)[33]는 기단토의 축토상황으로 보아 창건 이후 두 차례에 걸쳐 개축된 것으로 파악되었다. 창건기는 백제시기, 1차 개축은 통일신라시기, 2차 개축은 고려시기에 이루어진 것으로 판단되었다.

남아 있는 창건 판축토로 보아 하층기단의 한 변 길이는 47척(14.24m)[34]으로 계측되었다. 판축의 두께는 잔존 상태가 양호한 북변 중앙의 경우 약 6척으로 조사되었다.[35] 판축기단토를 축토(0.05~0.06m 이내)하기에 앞서 동서남북 사방에 생토면을 굴착하여 축기부(도면 11)[36]를 조성하였다.

---

30 扶餘文化財研究所・扶餘郡, 1993, 『龍井里寺址』, 62쪽.

31 이처럼 심초부가 지상에 놓인 예는 傳 구아리사지, 부소산사지, 미륵사지, 제석사지 등에서 살필 수 있고, 반대로 지하에 놓인 경우는 능산리사지, 군수리사지, 왕흥사지, 금강사지 등에서 찾아볼 수 있다.

32 國立博物館, 1969, 『金剛寺』.

33 國立博物館, 1969, 『金剛寺』, 圖面 5.

34 국립부여문화재연구소, 2009, 『한・중・일 고대사지 비교연구(1) ─목탑지편─』, 44쪽.

35 이 수치는 구지표상에서 기단토 상면까지의 높이가 아니라 축기부 바닥에서 기단토 상면까지의 높이를 의미한다.

36 國立博物館, 1969, 『金剛寺』, 圖面 13 중.

판축기단토 바깥쪽으로는 지대석 자리로 추정되는 폭 2척 내외, 깊이 3~4촌의 凹溝가 확인되었다. 기단의 동북·서북 모서리에서는 금당지에서 출토된 것과 동일한 지대석(우석)이 검출되었다. 창건 기단의 높이가 5척을 넘어 이중기단[37]으로 파악되었다.

하층기단은 폭 0.6m 내외의 요구 흔적과 지대석(우석)에 우주를 세우기 위한 치석 흔적으로 보아 가구기단으로 판단되었다. 아울러 요구의 안쪽 끝단에서 1.5m 안쪽으로 계단상의 평탄면이 조사되었는데 이는 상층기단의 지대석 자리로 추정되었다.

조사 당시 탑지 내부에서 창건기의 초석이나 적심석(토) 등의 형적이 전혀 검출되지 않은 것으로 보아 구지표면 및 기단토의 멸실이 극심하였음을 알 수 있다. 또한 발굴조사 과정에서 새로운 기단 형식이나 석축렬 등의 유구가 미확인되어 백제시기 이후 고려시기까지 부분적인 보수 작업이 이루어졌음을 추정케 하였다.

심초부(도면 12)[38]는 탑 기단 평면의 대각선이 교차하는 중심점으로부터 동쪽으로 약 0.75m 이동하여 조성되었다. 심초부는 장방형의 수혈 구덩이로 남북 길이 2.1m, 동서 너비 4m, 깊이 0.66m이다.

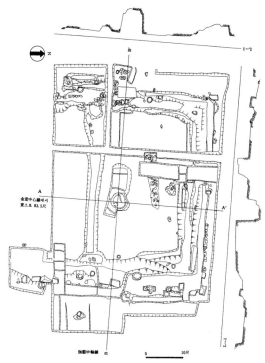

〈도면 10〉 부여 금강사지 목탑지 평·단면도

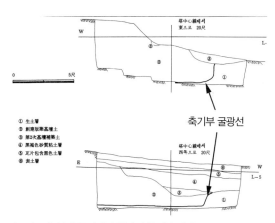

〈도면 11〉 부여 금강사지 목탑지 축기부 단면도

---

37 보고서상에는 이층기단(國立博物館, 1969, 『金剛寺』, 32쪽)으로 명기되어 있으나 현 학계에서의 경우 이중기단으로 통칭하고 있어 이를 따르고자 한다. 아울러 상층기단의 형식에 대한 보고서의 언급은 살필 수 없다.

38 國立博物館, 1969, 『金剛寺』, Fig. 4.

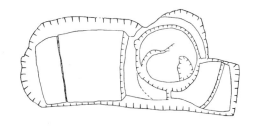

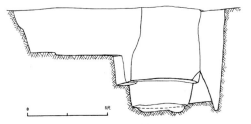

〈도면 12〉 부여 금강사지 목탑지 심초부 평·단면도

사도는 심초부의 서쪽에 위치하며 남북 길이 2.1m, 동서 너비 2.41m로 조성되어 있다. 군수리사지 및 왕흥사지 목탑지의 사도와 달리 초입부가 급경사로 이루어져 있다.

구덩이의 바닥면은 구지표면에서 약 0.66m의 깊이에 위치하고 있다. 이곳에는 원형 기둥(심주)을 세워 두기 위한 동그란 구멍이(지름 1.2m) 굴착되어 있다. 여느 백제사지 목탑지에서 볼 수 있는 심초석 등은 조성되지 않았고, 화려한 공양구 또한 발견되지 않았다. 다만, 바닥에서 나뭇가지를 엮어서 만든 용기 하나가 부식된 채 발견되었다.

6. 부여 부소산사지 목탑지[39]

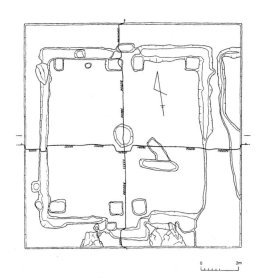

〈도면 13〉 부여 부소산사지 목탑지 평·단면도

금당지와 마찬가지로 풍화암반층을 주위보다 약간 높게 삭토·정지하여 기단 내부를 조성하였다. 기단석이 놓인 부분은 'U'자 모양으로 요구가 축조되어 있으며, 이의 너비는 0.4~0.5m, 깊이는 0.5m이다. 기단 남북에는 돌출형의 계단이 마련되어 있다.

목탑지(도면 13)[40]의 평면은 방형으로 길이 약 7.95~8.05m이다. 탑지 중심부에는 심초석이 안치되었던 것으로 추정되는 구덩이가 조성되어 있다. 남북이 동서보다 약간 넓은 1m 내외

---

39 國立文化財研究所, 1996, 「扶蘇山城 -廢寺址 發掘調査報告-(1980年)」『扶蘇山城』.

40 國立文化財研究所, 1996, 「扶蘇山城 -廢寺址 發掘調査報告-(1980年)」『扶蘇山城』, 25쪽 도면 4.

의 타원형으로 바닥 직경은 0.8m 내외이고, 바닥까지의 잔존 깊이는 0.3m 정도이다.

심초석 및 凹溝 내의 기단석까지 모두 멸실된 것으로 보아 후대에 극심한 훼손이 이루어졌음을 짐작할 수 있다. 탑지 중심부의 레벨이 금당지 중심보다 약 0.4~0.5m 정도 낮은 것으로 보아 자연 경사면에 금당과 목탑을 조영하였음을 알 수 있다.

7. 부여 傳 구아리사지 목탑지[41]

사지는 과거 부여경찰서 부지로 추정되고 있다. 일제강점기 말 藤澤一夫에 의해 사지에 대한 발굴조사가 진행되었을 뿐, 이에 대한 보고서는 간행되지 않았다. 다만, 사지 조사를 통해 심초석 겸 공양석, 기와 등 다양한 유물이 수습되었다.[42]

심초석 겸 공양석(도판 4·5)[43]은 현재 국립부여박물관 야외전시장에 자리하고 있다. 길이 1.08m, 너비 0.94m, 두께 0.5m의 화감암으로 제작되었다. 측면이 자연석에 가까운 반면, 상면은 치석되어 있다.

〈도판 4〉 부여 전 구아리사지 목탑지 심초석 겸 공양석

〈도판 5〉 부여 전 구아리사지 목탑지 심초석 겸 공양석의 사리공

---

41 이는 傳 天王寺址로 불리기도 한다. 심초석 겸 공양석에 대한 설명은 아래의 자료 참조.
    李殷昌, 1964, 「扶餘 舊衙里 寺址心礎石」 『考古美術』 第五卷 第六·七號, 538~540쪽.

42 이에 대해선 아래의 자료를 참조.
    國立扶餘博物館, 1988, 『百濟寺址出土遺物』; 國立扶餘博物館, 1989, 『百濟의 瓦博』.

43 필자 사진.

석재의 중앙에서 약간 치우쳐 방형의 사리공이 투공되어 있다. 이곳에는 뚜껑(四角板石蓋)[44]을 덮을 수 있는 한 단의 턱이 조성되어 있고, 외연의 한 변 길이는 0.175m, 깊이는 0.03m이다. 아울러 내부 공간은 한 변 길이 0.12m, 깊이 0.1m로 치석되어 있다.

한편, 심초석 겸 공양석의 출토 위치에 대해선 확실하게 알려진 것이 없다. 따라서 이것이 기단토 아래에 있었는지, 아니면 상면에 놓였는지는 확인하기 어렵다. 다만, 방형의 사리공이 크기만 다를 뿐, 백제의 조탑기술과 밀접하게 관련이 있는 비조사 목탑과 황룡사 구층목탑 등에서 검출되었다는 사실은 큰 의미가 있다.

8. 익산 미륵사지 중원 목탑지[45]

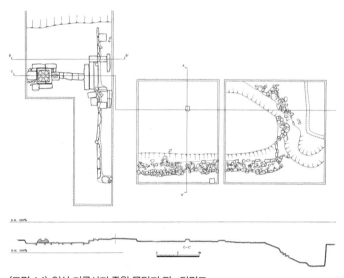

목탑지(도면 14)[46]는 중원 금당지 남쪽에서 확인되었다. 축기부는 하층기단보다 약 1.5m 넓게 조성되었으며, 깊이는 대략 3.43m이다. 바닥면에서 1.5m까지는 0.2~0.25m 크기의 할석을 수평으로 축석해 놓았고, 이의 상면으로도 마사토와 점토 등을 교대로 판축하였다.

하층기단의 한 변 길이는 18.56m이고, 상층기단은 16.83m이다. 기단 구조는 금당지 및 서탑과 마찬가지로 하층은 결구기단, 상층은 가구기단으로 이루어졌다. 상층기단의 면

〈도면 14〉 익산 미륵사지 중원 목탑지 평·단면도

44 뚜껑은 한 변 길이 0.17m 내외, 두께 0.023m 내외의 정방형 화강암재로 알려져 있다(李炳鎬, 2007, 「扶餘 舊衙里 出土 塑造像과 그 遺蹟의 性格」 『百濟文化』第36輯, 92쪽 사진 49).
45 文化財管理局 文化財研究所, 1987, 『彌勒寺 遺蹟發掘調査報告書』Ⅰ.
46 文化財管理局 文化財研究所, 1987, 『彌勒寺 遺蹟發掘調査報告書(圖版編)』Ⅰ, 圖面 7.

석은 횡판석으로 이루어졌고, 모서리에는 별석의 우주가 시설되었던 것으로 생각된다.

목탑지 상면에서 심초석 겸 공양석 및 이를 안치하기 위한 수혈 구덩이(심초부)의 흔적이 검출되지 않은 것으로 보아 기단토 상면의 많은 유실이 추정된다. 잔존 상황으로 보아 심초석은 기단토 상면에 위치하였을 것으로 판단된다.

9. 익산 제석사지 목탑지[47]

금당지 남면기단에서 17.26m 떨어져 목탑지(도면 15)[48]가 자리하고 있다. 한 변 길이 약 21m 정도의 축기부를 마련하고, 그 위에 이중기단을 조성하였다. 하층기단은 한 변 길이가 21.2m이고, 상층기단은 19m이다. 하층은 면석과 갑석으로 이루어진 결구기단, 상층은 가구기단으로 추정된다.

축기부와 연결된 기단토는 판축토로서 모두 3개 층위로 구분되고, 세부 층위는 0.02~0.04m의 두께를 보이고 있다. 전체 높이 약 3.32m의 판축토 중 축기부토는 0.76m, 기단토는 2.56m로 계측되고 있다.

기단토 상면에는 두 매로 절단된 심초석 겸 공양석이 자리하고 있다. 석재의 복원 규모는 남북

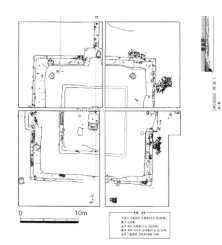
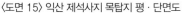

〈도면 15〉 익산 제석사지 목탑지 평 · 단면도

〈도판 6〉 익산 제석사지 목탑지 심초석 겸 공양석의 사리공

47 국립부여문화재연구소, 2011, 『帝釋寺址 발굴조사보고서』 I .
48 국립부여문화재연구소, 2009, 『한 · 중 · 일 고대사지 비교연구(1) −목탑지편−』, 54쪽 도면 2.

길이 1.82m, 동서 길이 1.75m, 두께 0.76m이다. 석재의 상면 중앙에 위치한 장방형의 사리공(도판 6)[49]은 남북 길이 0.6m, 동서 길이 0.26m, 깊이 0.16m이나 傳 구아리사지 목탑지와 같은 사리공의 턱은 치석되지 않았다.

제석사지 목탑지는 심초석 겸 공양석이 지상에 시설됨으로 인해 7세기대의 변화된 백제 목탑 구조를 보여주고 있다. 6세기대의 심초부는 대부분 지하에 시설되어 심주 역시도 지하에 조성되었다. 이는 습기로 인한 심주 柱根의 부식을 가속화시키는 한편, 심주의 재시공(혹은 교체)을 재촉케 하였다. 이에 반해 7세기대에는 심초석이 기단토상에 시설됨에 따라 심주 역시도 지상에 축조되었다. 심주가 지하에서 지상으로 이동됨에 따라 목탑의 축조기법도 자연스럽게 변화하였을 것으로 생각된다.

이상으로 백제 사비기 목탑지를 검토해 볼 때 대부분의 목탑은 대지를 성토한 후 이를 되파기하고 축기부를 조성하였음을 알 수 있다. 그리고 기단은 치석(장대석, 판석 등), 전 등을 사용하고 있으나 전자가 압도적으로 많이 사용되었음을 볼 수 있다. 아울러 단면 구조에 있어서도 단층 보다는 상하의 이중기단으로 축조되었음을 살필 수 있다. 특히, 상층의 가구기단은 중국 남북조시기의 건축문화와 밀접하게 관련되어 있음을 알 수 있다. 하지만 낙양 영령사 목탑(북위)이나 투루판지역의 고창고성 목탑(북위) 등과 같이 항토탑심체는 구비되지 않았음을 확인할 수 있다.

심주를 올리기 위한 심초석은 6세기대 목탑지의 사례처럼 대부분 기단토 아래에 시설되었으나 7세기 이후에는 제석사지나 미륵사지와 같이 기단토 상면에 놓여 있음을 살필 수 있다. 특히, 군수리사지나 왕흥사지, 금강사지 등과 같이 심초석 겸 공양석이 지하에 위치하는 경우는 斜道[50]가 마련되어 있음도 확인할 수 있다. 따라서 7세기 이후가 되면 사도는 자연스럽게 생략되고 있음을 볼 수 있다.

사리를 안치하기 위한 사리공은 군수리사지나 능산리사지 등에서는 살필 수 없고, 왕흥사지의 경우는 한 쪽 측면에서 장방형으로 확인되었다. 이러한 고고학적 자료는 적어도 577년 무렵 이전에는 사리공이 없이 별도의 사리감에 사리를 안치하였음을 판단케 한다. 그리고 왕흥사 목탑이 조영될 즈음인 577년 무렵 이후에야 비로소 사리공이 출현하였음을 알 수 있다.

傳 구아리사지 및 제석사지 목탑지의 사리공은 심초석 겸 공양석 중앙에 방형으로 조성되어 있

---

49 필자 사진.

50 이의 조성 목적에 대해서는 심초석 겸 공양석을 지하 또는 지상으로 운반하거나 심주 입주, 사리장엄구를 봉안하고 진단의식을 거행하는 공간 등으로 해석하고 있다(국립부여문화재연구소, 2010, 『扶餘軍守里寺址Ⅰ -木塔址·金堂址 發掘調査報告書-』, 153~154쪽).

다. 특히, 전 구아리사지 목탑지의 경우는 뚜껑을 덮을 수 있는 한 단의 턱이 마련되어, 일본의 飛鳥寺 목탑지 및 신라의 황룡사 구층목탑지의 그것과 친연성을 보이고 있다. 이는 다른 한편으로 일본 및 신라의 심초공 축조기술이 계통상 백제와 밀접한 관련이 있음을 확인케 한다는 점에서 큰 의미가 있다. 이에 대해선 다음 장에서 상술해 보고자 한다.

이상의 내용을 중심으로 백제 사비기 목탑지의 현황을 살피면 아래의 〈표 1〉과 같다.

〈표 1〉 백제 사비기 목탑지 조사 현황

	축기부	심초석 겸 공양석		사도	기단		비고
		위치	사리공		구조	재료	
군수리사지	×	지하	× (사리감?)	○ (경사형)	이중	전	6세기 중반
능산리사지	○ (미조사)	지하	× (사리감)	미조사 (존재 가능)	이중	치석	567년
왕흥사지	○ (약 11m)	공양석-지하 심초석-지상	○ (장방형, 측면 배치)	○ (경사형)	이중	치석+할석	577년
금강사지	○ (약 14m)	×	×	○ (계단형)	이중	치석	6세기 말
부소산사지	×	지상. 형적 확인	미확인	×	?	치석 추정	7세기 초반
미륵사지	○ (약 21.56m)	지상 추정	?	×	이중	치석	7세기 초반
제석사지	○ (약 21m)	지상	○ (방형, 중앙 배치)	×	이중	치석	7세기 초반
용정리사지	○ (18.5m)	미조사	?	?	?	?	시굴.정밀 발굴(×)
傳 구아리사지 (傳 천왕사지)	미조사	확인불가	○ (방형, 중앙 배치)	?	?	?	미조사

한편, 정림사지의 경우 일부 연구자들에 의해 오층석탑 이전에 목탑지가 있었을 것으로 추정되고 있다.[51] 이러한 견해는 기본적으로 오층석탑 아래의 축기부 판축토에 의해 기인된 바 크다고 생

---

51 이는 김정기에 의해 처음으로 주장되었다(金正基, 1984, 「彌勒寺塔과 定林寺塔 –建立時期의 先後에 관하여–」『考古美術』164호, 韓國美術史學會, 2~8쪽). 그는 이 논고에서 석초건축물의 축기부는 석재(토석혼축), 목초건축물의 기초부는 굴광판축으로 이해하였다. 그러나 백제 사비기 부여 왕흥사지 목탑지의 경우 축기부가 판축토가 아닌 성토다짐토로 축토되었고(국립부여문화재연구소, 2009, 『王興寺址 Ⅲ 木塔址 金堂址 發掘調査 報告書』, 50쪽), 고신라기 경주 황룡사지 구층목탑지(文化財管理局 文化財研究所, 1984, 『皇龍寺 遺蹟發掘調査報告書(圖版編)』Ⅰ, 도면 29) 및 통일신라기 경주 사천왕사지 동·서 목탑지도 축기부

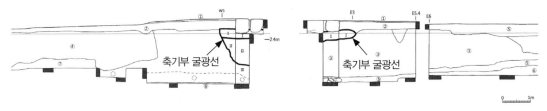

〈도면 16〉 부여 정림사지 오층석탑 아래 축기부 단면도

각된다. 하지만 판축된 축기부의 최대 너비가 약 6.2m 정도로 협소하여 다른 백제 목탑지의 축기부와 확연한 차이를 보여주고 있다. 일본 및 신라에 조탑기술을 전파할 정도의 기술력을 보유하고 있었던 백제 장인이 과연 이처럼 좁게 목탑의 축기부를 조성할 이유가 있었는지 의문이 든다.

아울러 토층도(도면 16)[52]를 살피면 축기부토 또한 불안정하게 축토되어 있음을 볼 수 있다. 이는 동쪽의 토층 양상에서 분명하게 확인할 수 있는 데 서쪽에 비해 낮게 굴광·축토되었음을 살필 수 있다. 따라서 이 축기부는 목탑과 관련이 없는 현 오층석탑과 연관시켜 보는 것이 더 합리적이라 할 수 있다.

가 토석혼축으로 확인되었다(국립경주문화재연구소, 2013, 『四天王寺 Ⅱ 回廊內廓 발굴조사보고서』, 87쪽 사진 69). 아울러 고려시기의 여주 원향사지 추정 목탑지의 경우도 축기부가 토석혼축으로 조성되었다 (畿甸文化財研究院·韓國道路公社, 2003, 『元香寺』, 45~50쪽).
반면에 서천 비인오층석탑(고려)은 석탑임에도 불구하고, 이의 축기부는 판축토로 축토되었다(백제문화재연구원, 2010, 『瑞山 大竹里 貝塚 大田 智足洞 遺蹟 舒川 庇仁 5層石塔 遺蹟』, 201~203쪽). 이처럼 탑파의 축기부는 그것을 축조하는 조탑공의 경험과 기술력, 당시의 시대적 상황에 따라 영향을 받았던 것으로 생각된다. 따라서 축기부의 재료에 있어 석탑은 토석혼축, 목탑은 판축토라는 도식적인 해석은 잘못된 것이라 할 수 있다.
김정기의 견해는 이후 고고학 및 건축학, 미술사를 전공하는 여러 연구자들에게 적지 않은 영향을 미쳤다. 趙焄哲, 1997, 「定林寺址의 美術史的 考察」『文化史學』 6·7호, 韓國文化史學會, 187쪽; 李炳鎬, 2005, 「扶餘 定林寺址 出土 塑造像의 製作技法과 奉安場所」『美術資料』 제72·73호, 71쪽; 탁경백, 2016, 「정림사지 창건시기 재고」『건축역사연구』 제25권 4호 통권 107호, 61~62쪽.
한편, 발굴조사에 직접 참여한 심정보와 조사를 참관하였던 최맹식은 목탑이 존재하지 않았던 것으로 보고 있다. 특히, 최맹식의 경우는 판축된 축기부를 석탑 조성을 위한 것으로 기술하고 있다. 아울러 필자의 경우도 토층도와 정림사지 대지조성토 및 각 건물지 기단토에서 검출된 와당 등을 통해 정림사는 6세기 4/4 분기 후반경에 창건되었고, 굴광축기부 판축토는 목탑이 아닌 석탑과 관련된 것으로 기술한 바 있다. 崔孟植, 2008.10.18, 「발굴사례로 본 백제 건물지의 몇가지 특징」『2008년 한국건물지 고고학회 제2회 학술대회』, 63~65쪽; 趙源昌, 2010, 「百濟 定林寺址 石塔 下部 軸基部 版築土의 性格」『韓國古代史探究』 제5권; 趙源昌, 2013, 「定林寺 創建時期의 檢討」『백제사지 연구』, 서경문화사.
52 忠南大學校博物館·忠淸南道廳, 1981, 『定林寺』, 圖面 19 및 20의 필자 재작도.

Ⅲ. 백제 조탑기술의 일본 · 신라 전파

1. 일본

백제 위덕왕은 588년 은솔 수신, 덕솔 개문, 나솔 복부미신 등을 파견하여 조를 보냄과 동시에 불사리, 승 영조율사, 영위, 혜중, 혜숙, 도엄, 영개 등과 사공 태량말태, 문가길자, 노반박사 장덕 백말순, 와박사 마내문노, 양귀문, 릉귀문, 석마제미, 화공 백가 등을 보내주었다.[53]

이들 장인들에 의해 비조지역에 일본 최초의 사찰인 飛鳥寺(도판 7·8)[54]가 만들어졌다. 이 사찰은 豊浦寺와 더불어 당시 대화정권의 실권자였던 蘇我馬子의 氏寺였다. 이후 나라지역에는 檜隈寺 및 山田寺 등의 사찰이 조영되었다.

飛鳥寺 목탑의 축조는 593년부터 596년까지 약 3년에 걸쳐 진행되었다. 즉, 593년(추고 1)에 사리를 심초의 중앙에 안치하고 심주를 세웠으며, 594년(추고 2)부터 595년(추고 3)까지 탑을 조영하였다. 그리고 596년(추고 4)에 노반을 완성하여 마침내 목탑을 창건하였다.

하지만 현재 경내에서 목탑과 관련된 형적은 그 어디에서도 찾아볼 수 없다. 1956년과 1957년 奈良縣敎育委員會, 奈良國立文化財硏究所에 의한 발굴조사 결과 심초석 겸 공양석만 지하에서 확인되었을 뿐, 탑신부 및 상륜부 등은 이미 폐기되어 살필 수 없었다. 따라서 여기에서는 발굴조사

〈도판 7〉 현 일본 飛鳥寺 전경

〈도판 8〉 일본 飛鳥寺 가람 복원도

---

53 『日本書紀』卷 第21 崇峻天皇 元年 是歲條.
54 필자 사진.

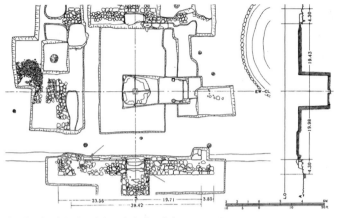

〈도면 17〉 일본 비조사지 목탑지 평·단면도

내용을 중심으로 목탑지의 유구 현황을 알아보고자 한다.

목탑지(도면 17)[55]는 먼저 대지를 성토다짐한 후 11.05m 너비로 되파기하여 축기부를 조성하였다. 그리고 그 내부를 판축한 후 다시 되파기하여 심초부를 마련하고, 지하에 심초석 겸 공양석을 안치하였다. 심초석 겸 공양석에서 기단토면까지는 부여 군수리사지 및 왕흥사지 목탑지처럼 사도를 설치하였다. 목탑지 기단 한 변의 길이는 약 12m이다.

심초석 겸 공양석은 평면 방형의 화강암제로서, 길이×너비×두께가 각각 2.6m×2.42m×0.51m이다. 정 중앙부에는 동서 0.33m, 남북 0.30m, 깊이 0.21m의 방형 사리공이 뚫려 있다(도판 9).[56] 이처럼 심초석 겸 공양석의 중앙부에 방형 구멍이 뚫려 있는 경우는 7세기 초반의 백제 제석사지 및 645년경의 경주 황룡사지 목탑지 등에서 확인할 수 있다.[57]

방형 사리공의 사방으로는 십자 모양의 구가 굴착되어 있는데 너비 0.03m, 깊이 0.015m이다. 이는 배수구로 추정되는 것으로서 이러한 형적은 황룡사지 목탑지에서도 일부 살펴지고 있다.

심초석 겸 공양석의 상면에서는 심주의 흔적이 검출되지 않았다. 다만, 공양구로 보이는 찰갑, 숫돌 형태의 대리석, 사행철기, 금환 3개, 마령 1개, 금판, 환옥, 곡옥, 관옥, 유리소옥 등이 수습되었다(도판 10).[58] 여기서 주목되는 것이 금환 및 금동제품인데 당시 일본의 경우 사금을 채취할만한 기술이 전무하였기 때문에 이들 금 역시도 백제에서 수입하였을 가능성이 매우 높다.[59]

목탑의 기단은 대부분 유실되었으나 남면에서 일부 확인할 수 있다. 정면이 치석된 장대석과 판

---

55 국립부여문화재연구소, 2009, 『한·중·일 고대사지 비교연구(1) −목탑지편−』, 104쪽 도면 2.

56 奈良國立文化財硏究所飛鳥資料館, 1996, 『飛鳥資料館 案內』.

57 이 외에 부여 傳 구아리사지 심초석 겸 공양석의 중앙부에서도 방형 구멍을 살필 수 있다.

58 奈良國立文化財硏究所飛鳥資料館, 1996, 『飛鳥資料館 案內』, 원색도판.

59 일본의 사금 생산은 百濟王敬福과 동대사 대불의 기사로 보아 749년 무렵으로 생각된다.

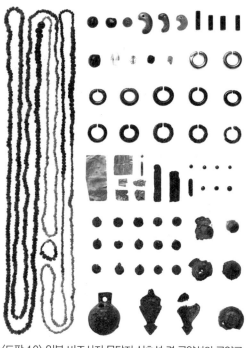

〈도판 9〉 일본 비조사지 목탑지 심초석 겸 공양석의 조사 모습 　〈도판 10〉 일본 비조사지 목탑지 심초석 겸 공양석의 공양구

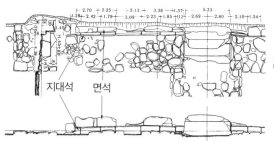

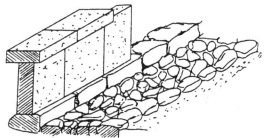

〈도면 18〉 일본 비조사지 목탑지 기단 세부 평·입면도 　〈도면 19〉 일본 비조사지 목탑지 및 중금당지 기단 복원도

석을 이용하여 지대석과 면석을 쌓아올렸다〈도면 18〉.[60] 다만, 기단석 내부에서 초석이나 적심석 등이 검출되지 않는 것으로 보아 면석 위에는 갑석이 올려 졌을 것으로 판단된다.

　이렇게 볼 때 목탑의 기단은 단층의 가구기단으로 파악된다. 다만, 지대석 상면에서 우주나 탱주

---

60 국립부여문화재연구소, 2009, 『한·중·일 고대사지 비교연구(1) −목탑지편−』, 105쪽 도면 5.

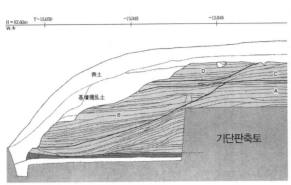

〈도면 20〉 일본 길비지사지 목탑지 기단판축토(서변) 단면도 　　〈도판 11〉 일본 길비지사지 목탑지의 심초석 겸 공양석이 놓였던 자리

를 놓기 위한 흔적(홈)이 발견되지 않아 고식의 가구기단(도면 19)[61]임을 알 수 있다. 아울러 이러한 기단 형식은 중금당지에서도 동일하게 찾아지고 있으며, 이의 시원적 계통은 시기적으로 보아 부여 능산리사지 목탑지의 상층기단으로 추정해 볼 수 있다.

　목탑지의 평면은 방형으로 당시 고구려에서 유행하였던 8각형과는 전혀 다른 형태를 취하고 있다. 따라서 백제 노반박사를 비롯한 장인의 파견과 이에 따른 비조사의 창건은 『일본서기』의 기록과 일치한다고 볼 수 있다.

　기타 백제의 조탑기술은 山田寺[62] 및 檜隈寺,[63] 吉備池寺址(百濟大寺) 등에서도 확인되고 있다. 특히 길비지사지 목탑지는 기단토가 판축공법(도면 20)[64]으로 축토되어 있고, 심초석 겸 공양석(도판 11)[65]

61　フランソウ・ベルチエ, 昭和 49年, 「飛鳥寺問題の再吟味−その本尊を中心として」『佛敎藝術』96號, 毎日新聞社, 63쪽.

62　趙源昌, 2006, 「日本 山田寺址에 나타난 百濟의 建築文化」『文化史學』26호, 韓國文化史學會.

63　趙源昌, 2007, 「飛鳥時代 倭 檜隈寺址에 나타난 百濟의 建築考古文化」『韓國上古史學報』58호, 韓國上古史學會.

64　奈良文化財硏究所, 2003, 『吉備池廢寺發掘調査報告 −百濟大寺跡の調査−』, 48쪽.

65　이는 심초석 겸 공양석이 빠져나간 탈취공을 통해 확인할 수 있다.
　　朝日新聞社, 2002, 『奈良文化財硏究所創立50周年記念 飛鳥・藤原京展』, 54쪽 상단 사진.
　　한편, 길비지사지 목탑지의 심초석은 지상식 중 가장 오래된 것으로 파악되기도 한다(佐川正敏, 2015, 「日本 佛塔의 展開와 構造的 特徵 −韓・中의 새로운 發見과 比較를 바탕으로−」『百濟硏究』第62輯, 忠南大學校 百濟硏究所, 114쪽).

이 지상에 놓여 있어 익산 제석사지 목탑지와 친연성을 보이고 있다.[66]

2. 신라

선덕여왕은 자장의 건의로 황룡
사 구층목탑의 조영을 결심하고, 당
시 신라와 적대적 관계였던 백제 승
阿非知를 초청하여 김용춘과 더불어
조탑 작업을 진행시켰다. 구층목탑
은 643년(선덕왕 12)에 착수되어 645
년(선덕왕 14)[67]에 완공되었으나 1238
년(고종 25) 몽고전란 시 소실되어 현재
그 터만 남아 있다. 목탑지에는 지대
석(기단석)을 비롯한 塔區(상·하단의 장대
석렬), 계단, 초석,[68] 심초석 겸 공양석
등이 발굴조사 과정에서 확인되었다
(도면 21).[69]

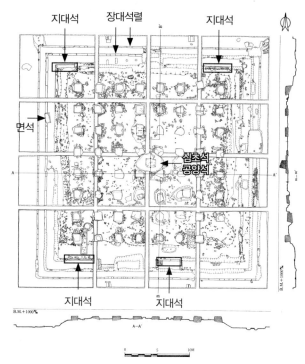

〈도면 21〉 경주 황룡사지 구층목탑지 평·단면도

기단석은 남면과 서북면, 그리고 북면 일부에서 발견되었다. 지대석은 굴광된 凹溝 내에 정치되
어 있으며, 지대석 아래에는 소형 할석들이 충전되어 있다. 지대석은 남면에서 5매,[70] 서북면에서 1

---

66 그러나 길비지사지 목탑지의 경우 별도의 축기부가 시설되지 않아 세부적 차이가 발견되기도 한다.

67 「황룡사찰주본기」에는 646년(선덕왕 15)에 완공된 것으로 기록하고 있다.

68 목탑지 초석의 평면 형태는 방형, 장방형, 원형, 부정형 등 다양하다. 또한 쇠시리의 유무도 확인되고 있
다. 그러나 주좌면의 조출 흔적으로 보아 기둥의 단면은 원형으로 살펴진다.

69 文化財管理局 文化財研究所, 1984, 『皇龍寺 遺蹟發掘調査報告書』Ⅰ, 圖面 4.

70 5매 중 2매는 계단지와 잇대어서 확인되었다. 나머지 3매에 대한 길이×높이×폭은 다음과 같다. 6척×
0.7척×0.8척, 6.3척×0.7척×0.9척, 4.5척×0.8척×0.8척의 크기를 보이고 있다.
보고서에서 기단과 축기부와 관련된 尺의 치수(cm)는 정확하게 제시되지 않았다. 다만, 금당지의 설명에서
1.7척을 약 0.5m로 표기하고 있음을 볼 수 있다(文化財管理局 文化財研究所, 1984, 『皇龍寺 遺蹟發掘調
査報告書』Ⅰ, 50쪽). 이렇게 볼 때 1척은 0.3m가 넘지 않는 것으로 이해할 수 있다. 이는 기존에 나와 있
는 여러 논고나 보고서와 비교해 볼 때 차이가 있음을 알 수 있다.

매,[71] 북면 동쪽에서 3매[72]가 각각 조사되었다.

　지대석은 모두 장대석으로 이루어져 있으나 치석기법이 각기 다양하여 동 시기의 것으로는 파악할 수 없다. 먼저 남면 지대석은 하단 외연에 1단의 각형 모접이가 마련되어 있다. 그리고 서북면의 지대석에도 1단의 각형 모접이가 치석되어 있으나 상면에서 홈 2개가 확인되어 남면의 지대석과 약간의 차이를 보여주고 있다. 마지막으로 북면의 지대석은 1단의 각형 모접이가 없이 장대석으로만 조성되어 가장 단순한 형태를 나타내고 있다.[73]

　이 중 서북면 지대석은 보고서에도 명기되어 있듯이 후대에 보축된 것으로 파악되고 있다. 이는 치석의 정도뿐만 아니라 상면의 홈(도면 22)[74]을 통해서도 충분히 인지할 수 있다. 이는 위치로 보아 우주와 탱주를 꽂아둔 자리로 파악되며, 이러한 치석기법의 지대석은 경주 사천왕사(679년)의 금당지(도면 23)[75] 및 목탑지에서도 검출된 바 있다.

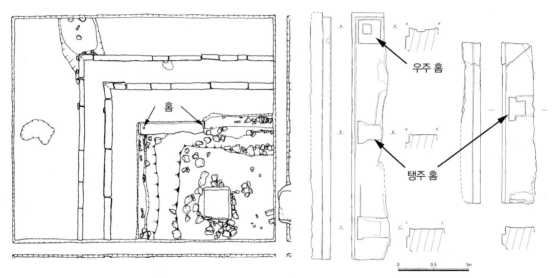

〈도면 22〉 경주 황룡사지 구층목탑지 서북면 지대석 평면도　　　〈도면 23〉 경주 사천왕사 금당지 지대석 평·단면도

　이러한 치수는 아마도 당시 일본에서 수입한 척자와 밀접한 관련성이 있을 것으로 생각된다(건축도시공간연구소 국가한옥센타, 2015, 『와본 김동현 구술집』, 94~95쪽).

71　길이×높이×폭은 9.5척×1.2척×1.8척이다.

72　심하게 파손된 상태로 원 위치를 지키고 있다. 길이 2~5척, 높이 1~1.2척, 폭 0.8~0.9척이다.

73　文化財管理局 文化財研究所, 1984, 『皇龍寺 遺蹟發掘調査報告書』I, 61쪽.

74　文化財管理局 文化財研究所, 1984, 『皇龍寺 遺蹟發掘調査報告書』I, 圖面 4 중.

75　국립경주문화재연구소, 2012, 『四天王寺 金堂址 발굴조사보고서』I, 166쪽 도면 42.

황룡사 구층목탑지에 남아 있는 지대석
의 또 다른 특징 중의 하나는 바로 남면에
서 볼 수 있는 하단 외연의 각형 모접이다
^(도판 12).[76] 그러나 이러한 특징을 북면의
지대석에서는 확인할 수 없어 두 지대석
간에 어느 정도의 시기 차가 있었음을 파
악케 한다.

〈도판 12〉 경주 황룡사지 구층목탑지 남면 가구기단 지대석

이러한 근거는 기단의 축조 목적이 止
土施設 외에 외장적인 측면도 간과할 수
없기 때문이다. 이는 어느 한 시기에 서로 다른 속성을 보이는 지대석을 동일 유적에 함께 사용하
기가 쉽지 않았음을 의미한다. 이는 그 동안 다양한 기단 건축이 발굴된 백제의 경우도 예외가 아
니다.[77]

지대석에서 관찰되는 각형의 모접이는 통일신라기의 가구기단에서 어렵지 않게 살필 수 있는 치
석기법이다. 즉, 사천왕사지 당탑지^(679년경)를 비롯해 경주 감은사지^(682년경) 금당지^{(도면 24)[78]} · 강당

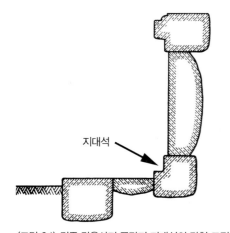

〈도면 24〉 경주 감은사지 금당지 지대석의 각형 모접이

〈도판 13〉 경주 불국사 대웅전 지대석의 각형 모접이

---

76 文化財管理局 文化財研究所, 1984,『皇龍寺 遺蹟發掘調査報告書』Ⅰ, 54쪽 圖版 32-1.

77 이는 부여 왕흥사지 강당지처럼 남면은 가구기단이고, 동 · 서면은 할석기단으로 축조된 것과는 다른 의미
    이다.

78 國立慶州文化財研究所, 1997,『感恩寺』, 92쪽 삽도 24 중.

지 · 회랑지, 불국사(751~780년경) 대웅전(도판 13)[79] · 극락전 · 무설전 · 비로전, 동화사 극락전(9세기 전반), 합천 영암사지 금당지(9세기 중반 이후), 군위 인각사지(통일신라) 등에서 확인할 수 있다.[80]

그런데 이러한 지대석의 각형 모접이는 그 동안 백제의 가구기단에서 전혀 검출된 바 없기 때문에 이것이 과연 阿非知의 건축기술이었는지는 많은 의구심이 든다. 이는 한편으로 모접이가 있는 남면 지대석이 서북면의 지대석과 마찬가지로 어느 시점에 後補되었을 가능성이 높다는 점을 암시케 하고 있다.

이 같은 추론은 다음의 유구를 통해서도 확인할 수 있다. 즉 황룡사지 목탑지에는 여러 방향으로 계단이 시설되어 있다. 즉, 남면에 3개소, 동, 서, 북면에 각각 1개소의 계단이 축조되어 있다.

그런데 특이한 속성으로 남면 및 동면, 서면의 계단지 지대석에 직경 0.7척, 깊이 0.36척의 원형 구멍(도판 14)[81]이 뚫려 있음을 확인할 수 있다. 이는 불국사 자하문과 안양문 아래의 계단에서 볼 수 있는 것처럼 법수석(도판 15)[82]을 꽂아 놓았던 자리로 파악된다. 이러한 계단에서의 원형 구멍은 사천왕사지 당탑지를 비롯해 감은사지 금당지, 황룡사지 경루지, 망덕사지, 숭복사지, 인각사지 등에서도 찾아볼 수 있다.[83]

〈도판 14〉 경주 황룡사지 목탑지 계단지 원형 구멍

〈도판 15〉 경주 불국사 안양문 계단 아래의 법수석

---

79 필자 사진.

80 조원창, 2014, 「寺刹建築으로 본 架構基壇의 變遷 硏究」『백제 사원유적 탐색』, 서경문화사.

81 필자 사진.

82 필자 사진.

83 국립문화재연구소, 2012, 『한국 고대건축의 기단 경북 · 경남 · 대구 · 울산편』.

이러한 원형 구멍은 그 동안 백제 및 고구려의 계단(址)에서는 확인된 바 없다. 특히, 원형 구멍에 꽂았을 것으로 보이는 법수석의 경우도 전혀 검출된 적이 없다. 따라서 계단 하단에서 보이는 원형 구멍과 이와 관련된 법수석은 통일신라기라는 시기성과 경주 중심이라는 공간성을 내포한 신라만의 고유한 석조기술로 이해할 수 있다.

〈도판 16〉 익산 미륵사지 중원 금당지 상층 가구기단

이렇게 볼 때 현재 남아 있는 구층목탑지의 여러 지대석 중 북면의 지대석만이 창건기의 것으로 추정할 수 있다. 이는 阿非知가 활약하였던 7세기 전반의 백제 가구기단 지대석이 모두 모접이가 없는 단순 형태인 것으로도 파악해 볼 수 있다. 예컨대 제석사지 목탑지나 미륵사지 금당지(도판 16),[84] 그리고 639년에 창건된 미륵사지 서탑의 기단에서도 각형의 모접이는 확인할 수 없다.[85]

또한 584년 무렵에 창건된 황룡사 중금당[86]의 지대석에서도 이러한 각형의 모접이가 검출되지 않아 좋은 비교 자료가 될 듯싶다. 이는 적어도 6세기 중반 이후 7세기 전반에 이르기까지 백제뿐만 아니라 신라 가구기단에서도 모접이가 장식된 지대석은 출현하지 않았음을 의미하는 것이다.

그렇다면 後補되었을 것으로 추정되는 서북면의 지대석과 계단의 법수석은 과연 어느 시기에 조성되었을까? 이는 『삼국사기』 및 『삼국유사』의 기록을 통해 그 시기를 대략 추정해 볼 수 있다. 즉, 718년(성덕왕 17) 낙뢰로 인해 구층목탑이 피해를 입었고, 이의 중수가 720년에 이루어졌다는 기사

---

84 필자 사진.

85 그렇다고 하여 백제에 모접이 기술이 전혀 없었다는 것은 아니다. 이는 미륵사지 서탑의 층급받침를 비롯한 동문의 좌우 지도리 상부 석재, 4·5·6층 탑신석 등에서 확인할 수 있다(전라북도익산지구문화유적지구관리사업소, 2001, 『미륵사지석탑』, 사진 97·108·169). 이러한 석탑의 모접이 기술은 삼국통일 후 백제 조탑공들에 의해 신라 건축 기단에 영향을 미쳤던 것으로 생각된다.

86 2매의 지대석이 서면기단에서 확인되었다. 다만, 면석과 갑석은 모두 멸실되어 살필 수 없다. 이는 하층기단도 마찬가지이다. 따라서 중금당지 이중기단(상층 : 가구기단, 하층 : 장대석)에서의 모접이는 창건기에 조성되지 않았던 것으로 생각된다. 이에 따라 보고서의 금당지 기단 추정 복원도(文化財管理局 文化財研究所, 1984, 『皇龍寺 遺蹟發掘調査報告書』I, 54쪽 삽도 6) 역시 수정되어야 할 것으로 판단된다.

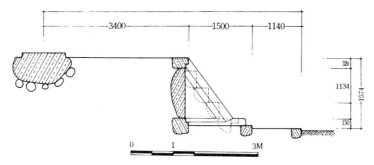

<도면 25> 경주 황룡사지 구층목탑지 기단 추정 복원도

이다.[87] 주지하듯 720년은 이미 사천왕사 및 감은사가 완공된 시기였다. 두 사지의 지대석에는 각형 모접이가 시설되어 있으며, 계단에는 법수석이 조성되어 있다. 특히 전자의 당탑지 지대석에는 우주와 탱주의 홈이 조출되어 있다. 이러한 유적 사례는 결과적으로 720년 황룡사 구층목탑의 중성 과정에서 새로운 치석기술로 단장된 지대석이 후보될 수 있음을 보여주는 충분한 자료라 생각된다.

황룡사 구층목탑의 기단 형식은 지대석만 남아 있지만 서면기단부에서 밀려난 면석(횡판석)으로 보아 가구기단(도면 25)[88]이었음을 알 수 있다. 다만, 창건기의 지대석과 후보된 지대석의 형태가 서로 다른 것으로 보아 마지막 단계의 지대석은 모접이를 갖춘 것으로 판단된다.[89] 또한 대부분의 가구기단에서 지대석과 갑석의 치석기법이 동일한 것으로 보아[90] 중성된 갑석의 상단 외연에도 1단의 각형 모접이가 치석되었을 가능성이 높을 것으로 사료된다.

한편, 심초석 겸 공양석의 중앙부에는 한 변 길이 0.49m, 깊이 0.345m의 2단으로 치석된 방형 사리공(도판 17)이 조성되어 있다. 상단은 깊이와 너비가 각각 0.085m인 턱받이를 마련하여 이

---

87 "震皇龍寺塔"(『三國史記』新羅本紀 第八 聖德王 十七年 夏六月條).
　　"第三十三 聖德王代庚申歲重成"(『三國遺事』塔像 第四 皇龍寺九層塔條).
　　황룡사 구층목탑은 5차에 걸쳐 중성이 이루어지고 있다. 이에 관한 내용은 강현, 2016.04, 「백제건축의 대신라 영향 관계 재고 -목탑 구조기술을 중심으로 한 쟁점 검토 시론-」『古代 三國 문화교류의 양상』, 한국고대학회·국립중앙박물관, 133~135쪽 참조.
　　한편, 권종남은 제1차 중성 시에 창건 당시의 목탑제도가 그대로 유지된 것으로 보았으나(2006, 『한국 고대 목탑의 구조와 의장 皇龍寺 九層塔』, 미술문화, 200~201쪽), 기단의 형식적 차이로 보아 그렇지 않을 가능성이 높다.

88 文化財管理局 文化財研究所, 1984, 『皇龍寺 遺蹟發掘調査報告書』I, 62쪽 삽도 15.

89 이를 통해 이강근의 경우는 황룡사 기단 형식이 감은사에 영향을 미친 것으로 파악하고 있다(2009.3.20, 「7세기 신라 불교건축의 전통과 신조류」『학술연구 심포지움 신라 감은사와 삼층석탑』, 국립문화재연구소·경주시, 96쪽). 하지만 이는 황룡사 중건가람 초창기의 것이 아닌 720년 무렵에 後補된 것이기에 시기적으로 감은사 창건 기단과 상호 비교할 수 없음을 알 수 있다.

90 그러나 예외가 전혀 없는 것은 아니다. 예컨대 감은사지 금당지의 경우 갑석이 지대석과 달리 상하면이 호형 및 각형으로 정교하게 치석되어 있음을 볼 수 있다.

곳에 한 변 길이 0.49m, 두께 0.085m의 뚜껑돌이 놓이도록 하였다. 1단의 턱받이 아래로는 깊이 0.26m, 너비 0.29m의 공간이 설치되어 사리장엄구를 봉안할 수 있게 하였다.

사리공의 외곽으로부터 0.11m 떨어진 지점에는 너비 0.07m, 깊이 0.02m의 홈이 굴착되어 있다. 이는 사리공 내부로 물이 스며들지 않게 하기 위한 배수시설(절수구)[91]로 이해되었다. 이러한 굴착 홈은 지금까지 백제 장인들에 의해 조성된 일본 비조사 목탑지의 심초석 겸 공양석에서 만 검출되었다. 따라서 비조사 목탑을 축조하였던 백제 조탑공의 치석기술이 황룡사 구층목탑에도 조금이나마 영향을 미쳤던 것으로 판단해 볼 수 있다.

〈도판 17〉 경주 황룡사지 구층목탑지 심초석 겸 공양석의 사리공과 주변 배수 홈 (切水溝)

Ⅳ. 맺음말

이상에서와 같이 백제 목탑지를 중심으로 이와 친연성이 있는 일본의 비조사 목탑지 및 신라의 황룡사 구층목탑지에 대해 개략적으로 살펴보았다. 이들 목탑지는 용어에서 알 수 있듯이 상부구조는 모두 훼실되었고, 현재 그 터만 남아 있다.

백제의 목탑은 기본적으로 대지조성을 하고, 그 다음에 축기부를 조성하였다. 그리고 이를 매립한 후 심초부를 축조하였다. 심초부는 사도 및 심초석 겸 공양석으로 크게 구분되는데 전자의 경우 군수리사지 및 왕흥사지, 금강사지 목탑지 등에서 확인되고 있다. 그리고 심초석 겸 공양석은 목탑의 기능적인 면과 종교적인 면을 내포한 것으로서 6세기 중·후반에는 지하에 시설되었고, 7세기 이후에는 지상에 조성되었다.

백제의 조탑기술은 『일본서기』와 『삼국유사』 등의 기록으로 보아 588년 및 643년에 일본 및 신라에 전파되었다. 이는 탑파의 평면(방형)과 축기부, 그리고 심초부를 구성하는 심초석 겸 공양석 및

---

91 이에 대해 보고서에는 周溝라 기술되어 있다(文化財管理局 文化財研究所, 1984, 『皇龍寺 遺蹟發掘調査報告書』Ⅰ, 307쪽).

사도 등을 통해 확인할 수 있다.

비조사 목탑지는 평면 방형으로 심초석 겸 공양석이 지하에 조성되어 있고, 정 중앙에 방형의 사리공이 마련되어 있다. 그리고 배수를 위한 홈이 사리공을 중심으로 十자 형태로 음각되어 있다. 이는 백제 조탑공에 의해 만들어진 것으로 6세기 4/4분기 무렵 백제 조탑기술 중 하나였음을 짐작할 수 있다.

백제 아비지에 의해 창건된 황룡사 구층목탑은 문헌으로 보아 여러 번의 중성이 있었음을 알 수 있다. 그리고 그 때마다 새로운 부재가 後補되었음도 확인할 수 있다. 이는 기단 지대석 및 계단 등에서 확연히 살펴지는 데 지대석의 경우 크게 세 가지 형식으로 구분되고 있다. 이 중 아비지의 치석기술로 만들어진 지대석은 모접이와 우주 및 탱주의 홈이 없는 단순 형태의 장대석으로 판단되었다. 그리고 심초석 겸 공양석의 방형 사리공 및 주변 배수 홈(周溝, 切水溝) 등을 통해서도 백제의 조탑기술을 확인할 수 있다.

백제 목탑지의 발굴조사는 앞으로도 계속적으로 진행될 것이다. 이에 따라 새로운 건축고고자료 또한 출현할 가능성이 적지 않다. 아울러 중국 및 일본, 신라 등의 목탑지 조사도 꾸준하게 실시될 것으로 생각된다. 향후 이들의 상호 비교를 통해 새로운 백제의 조탑기술과 또 다른 기술 교류가 밝혀지기를 기대해 본다.

참고문헌

『三國史記』, 『三國遺事』, 『日本書紀』

강현, 2016.04, 「백제건축의 대신라 영향 관계 재고 -목탑 구조기술을 중심으로 한 쟁점 검토 시론-」 『古代 三國 문화교류의 양상』, 한국고대학회 · 국립중앙박물관.

건축도시공간연구소 국가한옥센타, 2015, 『와본 김동현 구술집』.

國立慶州文化財研究所, 1997, 『感恩寺』.

국립경주문화재연구소, 2012, 『四天王寺 金堂址 발굴조사보고서』 I.

국립경주문화재연구소, 2013, 『四天王寺 回廊內廊 발굴조사보고서』 II.

國立文化財研究所, 1996, 「扶蘇山城 -廢寺址 發掘調査報告-(1980年)」 『扶蘇山城』.

국립문화재연구소, 2012, 『한국 고대건축의 기단 경북 · 경남 · 대구 · 울산편』.

國立博物館, 1969, 『金剛寺』.

扶餘文化財研究所 · 扶餘郡, 1993, 『龍井里寺址』.

국립부여문화재연구소, 2009, 『한 · 중 · 일 고대사지 비교연구(1) -목탑지편-』.

국립부여문화재연구소, 2009, 『王興寺址 木塔址 金堂址 發掘調査 報告書』 III.

국립부여문화재연구소, 2011, 『扶餘 定林寺址』.

국립부여문화재연구소, 2010, 『扶餘軍守里寺址 -木塔址 · 金堂址 發掘調査報告書-』 I.

국립부여문화재연구소, 2011, 『帝釋寺址 발굴조사보고서』 I.

國立扶餘博物館 · 扶餘郡, 2000, 『陵寺』.

國立扶餘博物館, 1988, 『百濟寺址出土遺物』.

國立扶餘博物館, 1989, 『百濟의 瓦塼』.

권종남, 2006, 『한국 고대 목탑의 구조와 의장 皇龍寺 九層塔』, 미술문화.

畿甸文化財研究院 · 韓國道路公社, 2003, 『元香寺』.

김연수, 2008, 「扶餘 王興寺 木塔址 出土 舍利莊嚴具에 대하여」 『扶餘 王興寺址 出土 舍利器의 意味』, 國立扶餘文化財研究所.

金正基, 1984, 「彌勒寺塔과 定林寺塔 -建立時期의 先後에 관하여-」 『考古美術』 164호.

文化財管理局 文化財研究所, 1984, 『皇龍寺 遺蹟發掘調査報告書』 I.

文化財管理局 文化財研究所, 1987, 『彌勒寺 遺蹟發掘調査報告書』 I.

백제문화재연구원, 2010, 『瑞山 大竹里 貝塚 大田 智足洞 遺蹟 舒川 庇仁 5層石塔 遺蹟』.

李炳鎬, 2007, 「扶餘 舊衙里 出土 塑造像과 그 遺蹟의 性格」 『百濟文化』 第36輯.

李炳鎬, 2005, 「扶餘 定林寺址 出土 塑造像의 製作技法과 奉安場所」 『美術資料』 제72 · 73호.

이강근, 2009.3.20, 「7세기 신라 불교건축의 전통과 신조류」 『학술연구 심포지움 신라 감은사와 삼층석탑』, 국립문화재연구소 · 경주시.

이수경, 2013.6, 「월남사지 조사 성과와 고대 기와」 『강진의 고대문화와 월남사지』, 한국고대학회 · 민족문화유산연구원.

李殷昌, 1964,「扶餘 舊衙里 寺址心礎石」『考古美術』第五卷 第六·七號.

전라북도익산지구문화유적지관리사업소, 2001,『미륵사지석탑』.

趙源昌, 2006,「日本 山田寺址에 나타난 百濟의 建築文化」『文化史學』26호.

趙源昌, 2007,「飛鳥時代 倭 檜隈寺址에 나타난 百濟의 建築考古文化」『韓國上古史學報』58호.

趙源昌, 2009,「백제 판단첨형 연화문의 형식과 편년」『문화재』제42권 제3호.

趙源昌, 2010,「百濟 定林寺址 石塔 下部 軸基部 版築土의 性格」『韓國古代史探究』제5권.

趙源昌, 2013,「定林寺 創建時期의 檢討」『백제사지 연구』, 서경문화사.

趙源昌, 2014,『수수께끼의 대통사를 찾아서』, 공주시·공주대학교백제문화연구소.

趙源昌, 2014,「寺刹建築으로 본 架構基壇의 變遷 研究」『백제 사원유적 탐색』, 서경문화사.

趙源昌, 2016,「高麗時期 異形基壇의 事例와 建築考古學的 意味」『고려사지와 건축고고』, 서경문화사.

趙焄哲, 1997,「定林寺址의 美術史的 考察」『文化史學』6·7호.

佐川正敏, 2008,「고대 일본과 백제의 목탑기단 구축기술 및 사리용기·장엄구 안치형식의 비교검토」『扶餘 王興寺址
        出土 舍利器의 意味』.

佐川正敏, 2015,「日本 佛塔의 展開와 構造的 特徵 −韓·中의 새로운 發見과 比較를 바탕으로−」『百濟研究』第62輯.

崔孟植, 2008.10.18,「발굴사례로 본 백제 건물지의 몇가지 특징」『2008년 한국건물지 고고학회 제2회 학술대회』.

忠南大學校博物館·忠淸南道廳, 1981,『定林寺』.

탁경백, 2016,「정림사지 창건시기 재고」『건축역사연구』제25권 4호 통권 107호.

黃壽永, 1984,『皇龍寺 遺蹟發掘調査報告書』I, 文化財管理局 文化財研究所.

文物出版社, 2003,「鄴城遺址東魏北齊佛寺塔基遺跡」『2002 中國重要考古發現』.

云岡石窟文物保管所, 1994,『中國石窟 云岡石窟 二』, 文物出版社.

朱岩石, 2006,「鄴城遺跡趙彭城東魏北齊佛寺跡의 調査와 發掘」『歷史と文化』第40號, 東北學院大學學術研究會.

奈良國立文化財研究所飛鳥資料館, 1996,『飛鳥資料館 案內』.

奈良文化財研究所, 2003,『吉備池廢寺發掘調査報告 −百濟大寺跡의 調査−』.

朝日新聞社, 2002,『奈良文化財研究所創立50周年記念 飛鳥·藤原京展』.

제2부 제11장

거제 다대산성을 통해 본
신라산성의 구조와 축성법*

서 정 석

(공주대학교 교수)

Ⅰ. 머리말

Ⅱ. 다대산성의 현황

Ⅲ. 성벽의 축성법

Ⅳ. 부대시설의 특징과 그 의미

Ⅴ. 맺음말

Ⅰ. 머리말

거제(巨濟) 다대산성(多大山城)은 경남 거제시 남부면 다대리 산 88번지 일원에 자리하고 있는 고대 산성이다.[1] 산성이 자리한 거제시는 한국의 최남단 경남 남해안의 중심부에 위치하고 있는 섬으로,

---

* 이 논문은 2017년 제 8회 전국해양문화학자대회에서 발표한 것을 대폭 수정 보완한 것이다.

1 다대산성에 대해서는 동서문물연구원에 의해 지표조사가 이루어진 바 있다. 따라서 다대산성에 대한 일 반적인 설명은 이러한 지표조사 보고서를 참조하였다(동서문물연구원, 2012, 『巨濟 多大山城 기초조사

제주도 다음으로 큰 섬이다. 북쪽으로는 창원시·고성군, 서쪽으로는 통영시와 경계를 이루고 있으며, 동쪽과 남쪽은 남해(대한해협)와 닿아 있다.

섬 내의 지형은 산악지형을 이루고 있는데 비해 해안은 남해안의 특징인 리아스식 해안으로 되어 있어 매우 복잡한 구조를 이루고 있으며, 그 때문에 곳곳에 항만이 발달해 있는 것이 특징이다. 현재에도 대규모 조선소가 이곳에 자리하고 있는 것은 이러한 자연지형과 무관하지 않을 것이다.

그런가 하면 지리적으로는 거제도 자체가 동해와 서해의 통로 역할을 하기 때문에 과거부터 군사적 요충지이자 물자수송(조운)의 요지로 여겨져 왔다.[2] 그 때문에 항구마다 지역적 특성에 맞게 성(城)·진(鎭)·보(堡)를 설치하여 해상교통로에 필요한 조운시설과 외침에 대비해 왔다. 예를 들어 『신증동국여지승람』에 나와 있는 지세포영(知世浦營)의 경우 '현 동쪽 29리 지점에 있다. 석성이 있는데 둘레는 1천 6백 5척이고, 높이는 13척이다 … 본국 사람으로서 일본으로 가는 자는 반드시 여기에서 바람을 기다리다가 배를 띄워 대마도(對馬島)로 향한다'라고 되어 있다.[3] 거제도가 갖고 있는 지리적 중요성을 단적으로 설명한 것이라 할 수 있다.

이렇게 동해에서 서해로 가는 길목이고, 일본과 통하는 출발점이기 때문에 거제지역에는 고대에서 조선시대에 이르는 다양한 시기의 성곽이 자리하고 있다. 더구나 이 지역에는 남해안지역이 아니고는 좀처럼 찾아보기 어려운 왜성(倭城)도 4개소(영등왜성, 장문포왜성, 송진포왜성, 견내량왜성)나 자리하고 있어 가히 성곽 박물관이라고 해도 과언이 아니다.[4]

다대산성도 거제에 자리하고 있는 이러한 다양한 성곽 중 하나다. 다대산성이 자리하고 있는 남부면은 거제시의 9개면(面) 중에서 가장 남쪽에 자리하고 있는데, 바다를 향해 돌출한 일종의 반도 같은 형태로 되어 있다. 따라서 동쪽과 남쪽, 서쪽은 바다로 둘러싸여 있고, 북쪽만이 동부면과 이어지고 있다.

그러한 남부면의 한가운데 쯤에 자리하고 있는 것이 해발 585m의 가라산(加羅山)이다. 산성은 이 가라산에서 남쪽으로 흘러내린 지맥의 정상부에 자리하고 있다. 산성이 자리한 산봉(山峰)은 해발 283m에 해당되지만 실제로는 평지에서 그다지 높지 않은 나지막한 산봉에 해당된다.

　보고서』).

2　東西文物研究院, 2012, 『巨濟 多大山城 기초조사보고서』, 12쪽.

3　『新增東國輿地勝覽』 권32, 「巨濟縣」, 關防條. "知世浦營 在縣東二十九里 有石城 周一千六百五尺 高十三尺 … 本國人往日本者 必於此 風開洋 向對馬島"

4　심봉근, 1995, 『韓國 南海沿岸 城址의 考古學的 研究』, 학연문화사, 371쪽.

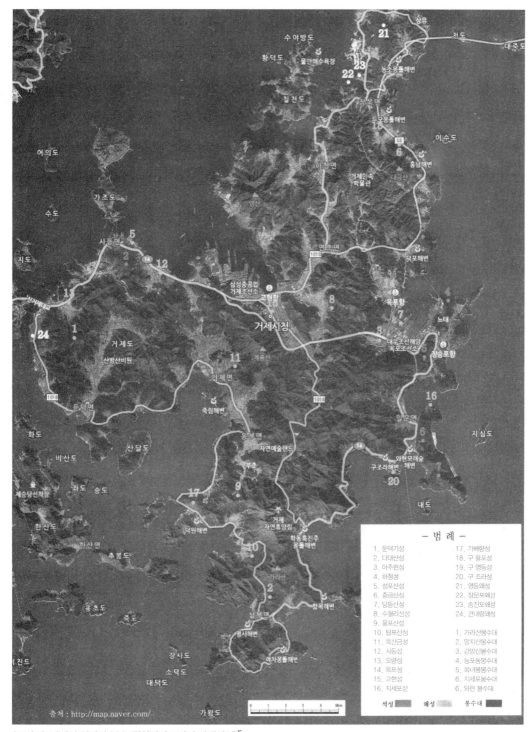

〈그림 1〉 거제의 성곽과 봉수대(최하단 2번이 다대산성)[5]

---

5 동서문물연구원, 2012, 위의 보고서, 110쪽.

이렇게 산성은 그다지 높지 않은 산봉에 자리하고 있지만, 산성에 오르면 멀리 대한해협과 한산만(閑山灣)이 한눈에 들어오는 등 전망이 좋은 편이다. 아울러 석성임에도 성벽 역시 비교적 잘 남아 있어 축조 방법이나 축성 시기를 살펴볼 수 있는 좋은 자료가 되고 있다.

주지하는 바와 같이 성곽은 고분이나 사찰, 건물지, 가마터 등과 더불어 역사시대를 연구하는 핵심적인 고고학 주제다.[6] 더구나 다른 유적과 달리 대부분이 지상에 드러나 있어 지표조사만으로도 축조 시기나 성격을 살펴볼 수 있는 강점을 지니고 있는 유적이다.

이러한 장점이 있음에도 불구하고 아직까지 성곽에 대한 연구는 큰 진전을 이루지 못하고 있다. 고대 성곽의 경우, 같은 성곽을 두고도 백제성곽인지 신라성곽인지에 대한 의견이 엇갈리는 경우가 허다하다.[7] 사정이 이렇다보니 연구에 큰 진전을 이루지 못하고 있는 실정이다. 여기에서 굳이 거제의 다대산성에 대해서 살펴보고자 하는 것도 그 때문이다.

잘 알다시피 다대산성이 자리한 거제지역은 백제의 영토가 된 적이 없다. 따라서 다대산성은 비록 규모는 작지만 신라성곽의 특징을 잘 갖추고 있다고 생각한다.[8] 그런 점에서 앞으로 특정 산성의 축성 연대를 따져볼 때에는 다대산성이 갖고 있는 특징을 참고하면 적어도 백제산성과 신라산성을 손쉽게 구분할 수 있지 않을까 한다.

II. 다대산성의 현황

다대산성은 〈그림 1〉에서 보는 바와 같이 해발 283m의 산봉 정상부에서 중복(中腹)에 걸쳐 자리하고 있다. 대체로 북벽은 산봉의 정상부 가까이를 지나고 있는데 비해 남벽은 중복까지 내려와 있어 성 내 지형은 북고남저(北高南低)형을 이루고 있다.

성벽은 전체 구간을 석성으로 축조하였다. 성벽의 상부까지 완전하게 남아 있는 구간은 전혀 없

---

6   강인구, 1979, 「회고와 전망」 『歷史學報』 84, 252쪽.

7   예컨대 대전 계족산성을 둘러싼 논의가 대표적인 사례가 된다.
    심정보, 2000, 「계족산성의 지정학적 위치와 그 성격」 『충청문화』 1, 한남대학교 충청학연구센타; 박순발, 2000, 「계족산성 국적 : 신라인가 백제인가」 『충청문화』 1, 한남대학교 충청학연구센타.

8   물론 정확하게는 신라산성과 통일신라산성을 구분할 필요가 있지만 앞서 설명한대로 현재는 신라산성과 통일신라산성을 구분하기는 고사하고 백제산성이냐, 신라산성이냐, 가야산성이냐를 놓고도 의견을 일치를 보지 못하고 있는 것이 사실이기 때문에 여기에서는 통일신라까지를 포함해서 신라산성이라고 해 둔다. 굳이 구분을 한다면 다대산성은 통일신라 산성이라고 하는 것이 옳을 것이다.

지만 전 구간에 걸쳐 성벽 높이의 절반정도는 원형을 간직한 채 비교적 잘 남아 있는 편이다. 따라서 성벽의 통과선과 함께 전체 성벽을 석성으로 축조한 것을 쉽게 확인할 수 있다.

다른 일반적인 산성과 마찬가지로 다대산성은 자연지형을 적절히 활용하면서 성벽을 축조하였다. 따라서 산성이 자리한 산봉은 그다지 높지 않은 편이지만 성벽 바깥쪽으로는 급경사면이 이어지고 있어 성벽에 접근하기조차 쉽지 않은 편이다. 특히 북벽과 서벽은 성벽이 지나는 곳이 경사가 심한 편인데, 그래서 그런지 이 구간에는 성벽의 기저부를 보강한 기단보축이 남아 있다. 이 구간의 지형이 급경사면을 이루고 있는 것과 무관하지 않을 것이다. 다시 말해서 성벽의 붕괴를 방지하기 위해 이 구간만 특별히 기단보축을 쌓아 올린 것이 아닌가 한다.

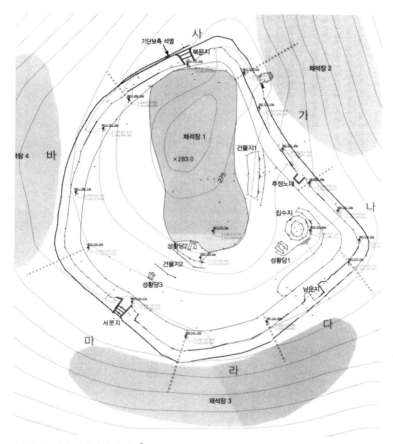

〈그림 2〉 거제 다대산성 평면도[9]

9   동서문물연구원, 2012, 앞의 보고서, 29쪽.

다대산성의 전체적인 평면형태는 동벽이 긴 반면에 서벽이 좀 짧아서 전체적으로 사다리꼴 형태를 하고 있다. 성벽의 둘레는 444m이며, 성 내의 면적은 13,810㎡이고, 성곽과 관련된 부대시설로는 문지 3개소, 집수지 1개소, 건물지 2동, 성황당 터 등이 자리하고 있는 것으로 지표조사 결과 확인되었다.[10] 성벽과 그 부대시설의 현황을 간단히 살펴보면 〈그림 2〉와 같다.[11]

1. 성벽

다대산성의 성벽은 대부분이 붕괴되어 원형을 남기고 있는 구간은 전혀 없다. 다만 성벽이 완전히 붕괴된 것이 아니라 전체 성벽 높이의 절반 정도만 붕괴된 상태기 때문에 나머지 절반 정도가 남아 있어 이 부분을 통해 축성법을 살펴볼 있다.

〈사진 1〉 다대산성 동벽(좌) 및 서벽[12]

동벽은 다대산성이 자리한 산봉의 정상부에서 남벽과 만나는 중복(中腹)에 이르기까지 능선을 타고 거의 일직선으로 이어지는 구간인데, 내외 협축식(夾築式)으로 축조되어 있다. 외벽은 두께 15~30㎝, 너비 20~60㎝에 이르는 세장한 성돌을 이용하여 한단한단 수평을 맞추면서 바른층쌓기 방식으로 축조하였다. 면석의 가로 : 세로의 비가 2 : 1 정도 되는 장방형의 성돌도 있지만 대체로

---

10 기존에 다대산성의 둘레는 395m인 것으로 알려져 있었지만(심봉근, 1995, 앞의 책, 415쪽), 정밀조사를 진행한 결과 444m인 것이 새롭게 확인되었다(동서문물연구원, 2012, 앞의 보고서, 34쪽).

11 다대산성의 현황에 대해서는 동서문물연구원, 2012, 앞의 보고서를 참조하였다.

12 동서문물연구원, 2012, 앞의 보고서, 37쪽.

3 : 1 이상의 세장방형 성돌로 축조하였다. 다시 말
해서 벽돌처럼 얇고 길쭉하게 가공한 성돌을 이용
하여 축성한 것이 특징이다.

　성돌과 성돌 사이는 이가 잘 맞아 틈이 없는 편
이지만 틈이 있는 경우에는 주먹크기 정도의 작은
성돌을 끼워넣어 한층 더 견고하도록 하였다. 성벽
의 폭은 420~500㎝에 이르고 있다.

　한편, 조망권이 우수한 곳에는 내벽면에 누대(樓
臺), 또는 각루(角樓)로 추정되는 석축시설의 흔적이
남아 있다. 이러한 누대, 혹은 각루로 추정되는 석
축시설은 두께 15~25㎝, 너비 20~30㎝ 정도 되
는 장방형 석재와 할석을 혼용하여 쌓은 것으로, 내
벽에 덧대어 축조하였다.

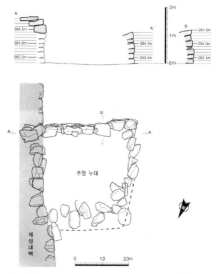

〈그림 3〉 동벽 추정 누대 실측도(S : 1/60)[13]

　동벽과 이어지는 남벽도 양상은 비슷하다. 남벽 역시 원래는 협축식으로 축조하였는데, 내벽은
잔존 상태가 불량하여 1~2단 정도만 남아 있는데 비해 외벽은 비교적 잔존 상태가 양호한 편이다.
외벽은 두께 15~30㎝, 너비 20~60㎝에 이르는 세장방형 성돌을 이용하여 한단한단 수평을 맞추
면서 바른층쌓기 방식으로 축조하고 있다. 동벽과의 차이점을 굳이 찾으라고 한다면 남벽의 경우
성벽의 하단부에 놓여져 있는 성돌이 성벽 상부에 놓여져 있는 성돌에 비해 약간 큰 편이다. 현재
외벽은 높이 180~300㎝ 정도가 남아 있으며, 성벽의 폭은 420~500㎝에 이른다.

　서벽은 남벽과 이어지면서 경사면을 타고 올라가는 구간인데, 남벽과 서벽이 만나는 서남우(西南
隅) 구간이 성 내에서 레벨이 가장 낮은 지점이다.

　이 구간의 성벽도 남벽과 축성법에서 별 차이가 없다. 벽돌처럼 얇고 세장하게 가공한 성돌을 이
용하여 한단한단 바른층쌓기 방식으로 축조하였다. 이른바 품자(品字)쌓기 방식으로 축조하였다.

　내외 협축식으로 축조한 성벽은 내벽이 3~5단 정도 남아 있는데 비해 외벽은 7~10단, 즉 150
~230㎝ 높이로 남아 있다. 성벽 하단부에 붕괴된 성돌이 쌓여있는 만큼 이러한 붕괴된 성돌을 제
거하면 성벽의 높이는 더 높아질 가능성이 있다.

13　동서문물연구원, 2012, 앞의 보고서, 40쪽.

〈사진 2〉 다대산성의 북벽[14]

　서벽과 이어지는 북벽 역시 협축식으로 축조하였다. 내벽은 1~2단 정도가 남아 있는데 비해 외벽은 200~290㎝ 정도가 남아 있다. 특히 북문지 주변과 북벽과 동벽이 만나는 북동우(北東隅)의 성벽은 잔존 상태가 가장 양호한데, 여기에서의 성벽은 250~450㎝ 정도가 남아 있다.

　한 가지 주목할 점은 이 북벽의 경우에도 성벽 하단부의 성돌이 그 위의 성돌보다 약간 크다는 사실이다. 성돌은 다른 구간과 마찬가지로 세장방형으로 가공한 성돌을 이용하여 한단한단 바른층 쌓기 방식으로 축조하였는데, 성벽 하단부의 성돌이 그 위쪽의 성돌보다 큰 성돌을 이용하고 있는 것이 눈에 띈다.

　아울러 북벽의 경우 기저부보축의 성돌이 남아 있는 것이 확인되었다.[15] 이 기저부보축은 북문

14　동서문물연구원, 2012, 앞의 보고서, 54쪽.

15　동서문물연구원, 2012, 앞의 보고서, 52쪽.
　　보고서에서는 '기단보축'이라 하였고, 이 용어가 연구자 사이에서도 일반적으로 받아들여지고 있지만 여기에서는 '기저부보축'으로 부르고자 한다.

지 근처에서부터 성벽의 잔존 상태가 양호한 지점까지 약 40m 정도에 걸쳐 남아 있다. 기저부보축에 사용된 석재는 성벽의 외벽면 축조에 사용된 장방형의 성돌과 동일한 것을 가공하여 축조한 것으로, 잔존 규모는 높이 60~80㎝, 길이 40m, 너비 100~120㎝ 정도이며, 단면 형태는 방형을 하고 있다.

2. 문지

문지는 산성의 내외를 연결하는 통로다.[16] 따라서 보통은 출입이 편리한 곳에 만들기 때문에 유사시에는 가장 1차적인 공격 목표가 된다. 성문을 현문식(懸門式)으로 만든다든지, 평문식(平門式)일 경우에는 성문 앞에 옹성을 쌓기도 하고, 또 성문 좌우에 적대(敵臺)를 마련하는 등 각종 다양한 방어시설이 성문 주변에 집중되어 있는 것도 그 때문이다. 그런가 하면 능선에서 약간 비켜선 곳에 성문을 개설하는 것도 유사시 성문에 대한 방어력을 높이기 위한 방안 이라고 할 수 있다.

이러한 성문이 다대산성에서는 3개소 확인되었다. 서문지, 남문지, 북문지 등이 그것이다. 동벽을 제외한 서벽, 남벽, 북벽에 각각 성문이 1개소씩 개설되어 있는 셈이다.

북문지는 능선에서 남서쪽으로 약간 비켜선 곳에 자리하고 있는데, 현문식 성문이다. 다시 말해서 지면에서 일정 높이 만큼 성벽을 쌓아 올린 다음 그 위에 성문의 출입구를 개설하였다. 따라서 외부에서 본 북문지의 단면 형태는 '요(凹)'자형을 이루고 있다. 북문지 출입구의 폭은 520㎝ 정도로 비교적 넓은 편이며, 출입구의 동서 측벽은 다른 구간의 성벽과 마찬가지로 벽돌모양의 세장방형 성돌을 이용하여 축성하였다.

주목되는 점은 동쪽 측벽의 경우 내벽과 연결되는 모서리 부분은 직각을 이루고 있는 반면에 외벽과 연결되는 모서리 부분은 호상(弧狀)을 이루고 있다는 사실이다. 이러한 사실은 서쪽 측벽에서도 확인되는데, 서쪽 측벽은 외벽과 연결되는 모서리 부분 이외에 내벽과 연결되는 모서리도 호상을 이루고 있는 것이 특징이다.

아울러 출입구 바닥면에는 동서방향으로 두 단의 석렬이 지나고 있다. 마치 계단처럼 두 단이 남아 있는데, 자세한 성격은 잘 알 수 없다.[17]

16　손영식, 1987, 『韓國城郭의 硏究』, 문화재관리국, 117쪽.

17　보고서에서는 계단, 또는 등성(登城)을 위한 목적으로 축조한 것으로 보고 있다(동서문물연구원, 2012, 앞의 보고서, 57쪽).

남문지는 북문지와는 정반대의 지점에 자리하고 있다. 다시 말해서 다대산성 중에서 레벨이 가장 낮은 지점에 자리하고 있다. 지금도 이곳은 마을에서 산성을 오르는 등산객이 가장 많이 이용하는 통행로로, 그 때문에 남문지 좌우의 측벽은 모두 붕괴되어 있어 이곳이 문지(門址)라는 사실만을 겨우 알 수 있을 뿐이다.

이렇게 남문지는 크게 파괴된 상태지만 역시 현문식의 형태로 되어 있다. 아울러 세장방형 형태의 성돌을 이용하여 바른층쌓기 방식으로 축조하였다. 성돌의 가공수법과 축성법은 다른 구간의 성벽과 별반 차이가 없는 셈이다. 출입구 폭은 480㎝로 북문지보다는 약간 좁다.

서문지는 성문 출입구 폭이 약 500㎝에 이른다. 역시 다른 구간의 성벽과 마찬가지로 세장형으로 가공한 성돌을 이용하여 바른층쌓기 방식으로 축조하고 있다. 남문지 동서쪽 측벽은 내벽과 연결되는 모서리 부분이 직각을 이루고 있는 반면에 외벽과 연결되는 부분은 곡면을 이루고 있다.

한편, 이 서문지의 문지 내부 북쪽과 남쪽에는 성벽의 동쪽과 서쪽으로 2m 정도 폭으로 넓어지는 석축을 확인할 수 있는데, 육축의 역할과 함께 내옹의 역할을 동시에 수행하도록 고안된 것이 아닌가 한다.

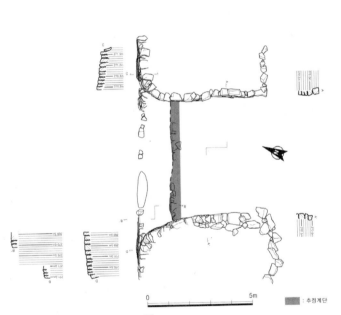

■ : 추정계단

〈그림 4〉 다대산성 북문지 실측도[18]

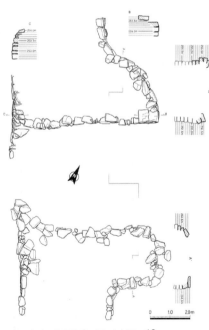

〈그림 5〉 다대산성 서문지 실측도[19]

---

18 동서문물연구원, 2012, 앞의 보고서, 62쪽.
19 동서문물연구원, 2012, 앞의 보고서, 67쪽.

3. 집수지

집수지(集水池)는 저장시설, 집수정(集水井), 연지(蓮池), 지당(池塘) 등 여러 명칭으로 불리우고 있는데, 대체로 물과 못의 개념을 모두 포함하여 사용하고 있다.

다대산성의 집수지는 남문지에서 동북쪽으로 22m 정도 떨어진 지점에 자리하고 있다. 구릉 정상부에서 약간 남쪽으로 비탈진 곳으로, 성 내에서 우수(雨水)가 잘 모일 수 있는 곳은 아니다.

발굴조사를 거친 것이 아니기 때문에 다대산성의 집수지를 저수시설로 보아야 할지, 아니면 우물로 보아야 할지가 분명하지 않다. 단순히 우수를 저장하는 곳이라든지 성 내에서 흘러내리는 물을 모아두는 곳이라면 집수지로 불러야겠지만 우물이라고 한다면 집수지라는 표현보다는 말 그대로 우물이라고 부르는 것이 더 좋지 않을까 한다.

지표상에서 확인되는 집수지의 평면형태는 원형이다. 직경 33m, 잔존 깊이 210~300㎝, 면적 86㎡의 크기다. 전체 산성의 둘레에 비해서도 규모가 큰 편임을 알 수 있다. 집수지는 성벽 축조에 사용된 성돌과 동일한 세장방형 석재를 이용하여 바른층쌓기 방식으로 축조하였는데, 계단상으로 축조하여 아래로 내려갈수록 단이 지며 폭이 좁아지는 형태로 되어 있다.

4. 기타 및 수습유물

그 밖에 성 내에서는 건물지 2동과 성황당터가 확인되었다. 지표조사만 마친 것이라서 정확한 구조와 규모는 알 수 없다.

성 내에서 수습된 유물은 다량의 토기편과 난석(卵石)이다. 토기류는 통일신라 때로 볼 수 있는 인화문토기편과 단각고배편, 그리고 고려시대 도기편 등이 수습되었다.

〈사진 3〉 다대산성 수습유물[20]

---

20 동서문물연구원, 2012, 앞의 보고서, 82~83쪽.

아울러 난석은 15~25㎝ 정도의 몽돌인데, 투석용으로 사용하기 위해 외부에서 의도적으로 가져온 것으로 보인다.

Ⅲ. 성벽의 축성법

주지하다시피 한국의 성곽은 성벽이 한겹으로 되어 있는 것이 대부분이기 때문에 성곽에서 성벽이 차지하는 비중이 그 만큼 높다.[21] 성벽이 뚫리게 되면 그것이 곧 성곽의 함락을 의미한다. 성곽에서 성벽이야말로 방어력을 제공하는 가장 중요한 수단인 셈이다. 그래서 성벽 방어를 위한 여장(女墻)이나 치성(雉城), 포사(鋪舍), 각루(角樓) 등이 발달하였다.

뿐만 아니라 성벽을 높고 견고하게 축조하기 위한 다양한 방법이 시도되었다. 조선시대 읍성에는 일정 구간마다 공사를 담당한 감독자의 이름이나 축성을 담당한 고을의 이름을 표시하였는데, 이는 성벽을 견고하게 축조하기 위한 일종의 실명제라 할 수 있다.

또한 축성에 따른 상벌제도를 운영하기도 하였다. 예컨대 경주 남산신성비(南山新城碑)에 보면 축성한지 3년 이내에 성벽이 붕괴되면 죄를 받을 것을 서약하고 있다.[22] 그런가 하면 조선시대 때에는 의정부에서 "주현(州縣)의 읍성을 쌓는 것을 감독하는 관리에게 논상(論賞)하는 법이 있으니, 양계(兩界) 행성(行城)의 감축관리(監築官吏)도 역시 이 예에 따라, 5년 안에 무너지지 않는 자는 자급(資級)을 승진시키고, 1천 척 이상이 잇따라 무너진 자는 논죄(論罪)하며, 1천 척 이하가 무너진 자는 비록 죄는 가하지 않더라도 상은 주지 마소서" 하니 그대로 따랐다는 기록도 있다.[23]

이렇게 성벽의 축조는 삼국시대에서 조선시대에 이르기까지 성곽 축조시에 가장 역점을 두는 부분이었다. 그래서 그런지 성벽에는 축조 당시의 특징이 그대로 남아 있다. 성벽을 정밀하게 조사하면 초축 당시의 성벽과 수·개축이 이루어진 성벽을 구별할 수 있는 것도 그 때문이다.

앞서 설명한 대로 다대산성의 성돌은 〈사진 1〉과 〈사진 2〉에서 볼 수 있는 것처럼 벽돌모양으로 세장(細長)하게 가공한 성돌로 축조한 것이 특징이다. 모두가 그런 것은 아니지만 대체로 면석의 가

---

21 손영식, 1987, 앞의 책, 163쪽.

22 진홍섭, 1960, 「新發見 南山新城碑 小考」『歷史學報』13, 140쪽; 이명식, 1992, 「12. 慶州 南山新城碑」『譯註 韓國古代金石文』(제2권 신라1·가야편), 가락국사적개발연구원, 107쪽.

23 『世宗實錄』권110, 세종 27년 12월 23일조. "議政府據兵曹呈啓 州縣邑城監築官吏 已有論賞之法 兩界行城監築官吏 亦依此例 五年內不頹者 陞資 連千尺以上頹者 論罪 千尺以下頹者 雖不加罪 亦不行賞 從之."

로 : 세로가 3 : 1 이상이 되도록 얇고 길쭉하게 가공한 성돌을 이용하여 한단한단 수평을 맞추면서 바른층쌓기 방식으로 축조하였다. 그렇다면 다대산성이 갖고 있는 이러한 특징은 곧 신라산성의 특징이라고 보아도 좋을 듯하다.[24]

사실 다대산성이 언제 축조되었는지는 관련 기록이 눈에 띄지 않는다. 다만『신증동국여지승람』에 송변폐현(松邊廢縣)에 대한 기록이 있는 것이 주목된다.

원래 다대산성이 자리한 거제지역은 신라 문무왕이 처음으로 상군(裳郡)을 설치하고, 그 영현(領縣)으로 거로현(巨老縣 = 鵝洲縣), 매진이현(買珍伊縣 = 溟珍縣), 송변현(松邊縣 = 南垂縣)을 두었던 곳이다.[25] 상군은 현재의 거제시 사등면(沙等面) 사등리(沙等里) 일대, 거로현은 거제시 아주동 일대, 명진현은 거제면 명진리(明珍里) 일대, 송변현은 현재의 거제시 남부면(南部面) 일대로 비정된다.[26]

자연히 다대산성은 남부면에 설치되어 있었던 송변현과 관련된 산성으로 생각되는데, 그 송변현은 조선 초기에 이미 폐현(廢縣)이 되었다.[27] 따라서 다대산성은 고려시대 이전에 축조된 산성임을 알 수 있다. 아울러 여기에 다대산성이 갖고 있는 성벽의 특징을 함께 고려할 때 신라, 좀 더 구체적으로는 통일신라 때에 축조된 산성으로 생각된다.

지금까지 지표상에 드러나 있는 성벽의 축조법을 통해 그 성곽의 축성 시기를 추론해 보고자 하는 노력은 오래 전부터 있어 왔다. 그 결과 삼국시대 성곽의 경우 그 축조 시기와 관련된 몇 가지 사실들이 속속 확인되었다.[28] 즉, 지금까지의 연구에 의하면 신라성곽은 판석형(板石形) 성돌을 이용

---

24 다대산성처럼 협축 방식의 全面石築으로 축조한 산성을 신라산성의 특징으로 보는 견해도 있다(심광주, 2013,「淸州 父母山城과 周邊 堡壘의 築城技法」『한국성곽학보』 24).

25 『三國史記』 권34,「雜志」 3, 地理 1 康州, 巨濟郡條. "巨濟郡 文武王初置裳郡 海中島也 景德王改名 今因之 領縣三 …"

26 정구복 외, 1997,『譯註 三國史記』 4, 주석편 (하), 한국정신문화연구원, 220~222쪽.

27 『新增東國輿地勝覽』 권32,「巨濟縣」, 古跡條. "… 松邊廢縣 亦在本島 新羅景德王 改名南垂來屬 高麗復舊名 仍屬 距縣南四十五里"

28 이렇게 지표조사 결과만 가지고 연구하는 것에 대해서 심사자 중 한분이 70~80년대 연구로의 회귀가 아니냐는 우려를 해 주셨다. 그런데 그때는 막연히 백제 故地에 있는 산성은 백제산성, 신라 故地에 있는 산성은 신라산성이라는 전제 속에서 연구가 이루어져 문제가 된 것이고, 여기에서는 입지나 축성법, 부대시설의 특징, 그리고 관련 문헌기록의 검토 등과 같은 일정한 틀을 바탕으로 접근하는 것이기 때문에 단순한 70~80년대로의 회귀는 아니라고 생각한다.
  물론 발굴조사가 이루어진 유적과 달리 한계가 있는 것은 사실이고, 필자와 같은 연구방법이 잘못된 것일 수도 있지만, 성곽은 고분이나 사찰과 달리 지상에 드러나 있는 유적이기 때문에 연구방법만 개발한다면 얼마든지 지표조사만으로도 일정 부분 연구를 진행할 수 있다고 믿고 있다. 따라서 단순히 지표조사 결과만을 가지고 접근하는 것에 대해 부정적으로 평가할 필요는 없지 않을까 한다.

하여 축조하는 경우와 벽돌처럼 얇고 길쭉한 세장방형 성돌을 이용하여 축조하는 사례가 있는 것이 확인되었다.

예를 들어 보은 삼년산성(三年山城), 문경 고모산성(姑母山城), 충주 충주산성(忠州山城), 단양 온달산성(溫達山城), 대전 계족산성(鷄足山城) 등은 판석형의 성돌을 이용하여 축성한 대표적인 사례다. 성돌을 이렇게 판석형으로 가공하여 축성하는 것은 지금까지 신라산성에서만 확인되고 있다.[29] 따라서 이러한 축성법으로 축성된 산성은 모두가 신라산성으로 보아야 할 것이다. 그런 점에서 그 동안 논란이 되어왔던 대전 계족산성은 적어도 현재 남아 있는 석성벽은 신라산성으로 보는 것이 옳지 않을까 한다.[30]

신라산성 중에는 이러한 판석형 성돌 이외에 벽돌처럼 세장방형 형태로 가공한 성돌을 이용하여 축조한 성곽도 있다. 면석의 두께가 얇은 대신에 너비가 길어서 세장한 느낌을 주는 것인데, 양주 대모산성(大母山城), 남양주 불암산성,[31] 영월 정양산성(正陽山城), 충주 대림산성(大林山城), 함안 성산산성(城山山城), 창녕 구진산성(九鎭山城), 의령 벽화산성(碧華山城) 등 전국에 걸쳐 대단히 많은 수가 분포하고 있다.[32] 다대산성 역시 이러한 유형에 해당된다.

다대산성이 신라산성이 틀림없는 이상 이렇게 벽돌처럼 세장방형으로 가공하여 축조한 산성 역시 신라산성으로 보아야 할 터인데,[33] 그런 점에서 그 동안 한성기 백제산성으로 이해되어 왔던 충주의 장미산성(薔薇山城)은[34] 한성기 백제산성이라고 하기 보다는 신라산성으로 이해하는 것이 더 옳지 않을까 한다.

참고적으로, 많은 수는 아니지만 백제에도 석성이 자리하고 있는데, 백제지역의 석성은 신라(통일신라 포함)의 석성과 달리 면석의 두께가 상대적으로 두꺼운 방형, 혹은 장방형으로 가공한 성돌을 이

---

29 서정석, 1994, 「牙山地域의 山城」『滄海朴秉國教授停年紀念史學論叢』, 242~243쪽.

30 이와 달리 이러한 판석형 성돌에 의한 축성은 산성 부근에서 채석할 수 있는 축성재료의 차이에 의한 것이라고 보고, 계족산성을 백제산성으로 보는 견해도 있다.
심정보, 2000, 앞의 논문; 심정보, 2010, 「新羅山城의 築造技法과 性格」『韓國城郭 研究의 새로운 觀點』, 112쪽.

31 심광주, 2003, 「Ⅳ. 신라성곽」『京畿道의 城郭』, 경기문화재단, 192쪽, 〈그림 12〉.

32 이남석 · 서정석, 1995, 『魯城山城』, 공주대학교 박물관.

33 6세기에서 7세기 중엽까지는 이렇게 細長方形으로 성돌을 가공하여 축성하다가 7세기 중엽 이후에는 정방형에 가까워지고, 성돌도 더 정연하게 가공하여 축성한다고 하는 견해도 있다(심광주, 2000, 「二聖山城의 築城技法과 機能」『2000年度 博物館誌』, 한양대학교 박물관, 24~30쪽).

34 차용걸 · 우종윤 · 조상기, 1992, 『中原 薔薇山城』, 충북대학교 박물관.

용하여 축조한 것이 특징이다.[35] 예컨대 부여 나성(羅城)과 같은 경우가 그것이다.

한편, 다대산성은 성벽 하부에서 기저부보축도 확인되었다. 아직 정식 발굴조사가 이루어지지 않아 더 정확한 것은 발굴조사를 기다려야겠지만 북벽에서 약 40m 정도 남아 있는 것이 확인되었다. 기저부보축에 사용된 석재는 성벽의 외벽면 축조에 사용된 장방형의 성돌과 동일한 것을 가공하여 축조하였으며, 잔존 규모는 높이 60~80㎝, 길이 40m, 너비 100~120㎝ 정도이며, 단면 형태는 방형을 하고 있다.

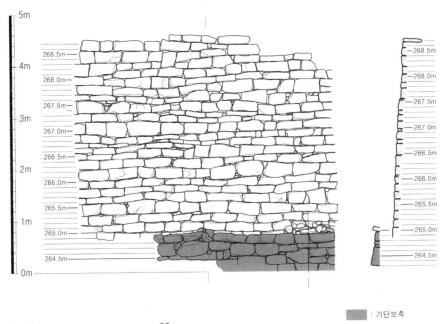

: 기단보축

〈그림 6〉 다대산성 북벽의 기저부보축[36]

종래에 이러한 기저보축에 대해서는 이것이 신라산성의 특징이라는 주장과[37] 백제산성에도 이러

---

35 서정석, 1998, 「論山 魯城山城에 대한 考察」『先史와 古代』 11, 234쪽.

36 동서문물연구원, 2012, 앞의 보고서, 56쪽.

37 김정기 외, 1990, 『楊州 大母山城 發掘報告書』, 한림대학교 박물관·문화재연구소; 박종익, 1994, 「古代 山城의 築造技法에 대한 研究」『嶺南考古學』 15, 140쪽; 박종익, 2012, 「신라 석축산성의 입지와 기단보축 검토」『嶺南考古學』 63, 178~183쪽; 안성현, 2007, 「慶南地域 古代 石築山城 築造技法에 관한 연구 ─基壇補築을 중심으로─」『한국성곽학보』 11; 백영종, 2009, 「소백산맥 북부 일원의 신라산성 이해」『중원

한 기저부보축이 있다는 주장[38]이 맞서 있었는데, 다대산성의 성벽에서 확인된 만큼 이는 신라산성의 특징으로 보아야 할 것이다. 그런 점에서 이러한 기저부보축이 발견된 이천 설봉산성과 설성산성, 포천 반월산성, 양주 대모산성, 대전 월평동산성·계족산성, 예산 임존성, 여수 고락산성 등은 백제산성 이라기 보다는 신라산성으로 보는 것이 옳을 것이다.[39] 이러한 유적들은 비단 기저부보축한 산성일 뿐만 아니라 축성에 사용된 성돌이나 성문의 형태, 그리고 성문 출입구 외벽의 형태에서도 뒤에서 보듯이 다 같이 신라산성의 특징을 갖고 있기 때문이다.

Ⅳ. 부대시설의 특징과 그 의미

1. 성문의 특징

성곽은 크게 보면 성벽과 부대시설로 나누어 볼 수 있다. 그러한 부대시설중 첫 머리에 오는 것이 성문이다.

주지하다시피 성문은 성곽의 내외를 연결하는 통로다. 따라서 성곽을 구성하고 있는 여러 요소중에서 가장 중요한 것이 성문이라고 해도 과언이 아니다. 문제는 이렇게 필수불가결한 것이 성문이지만, 유사시에는 방어에 가장 취약한 곳이 성문이기도 하다는 사실이다. 성문을 평문식(平門式)이 아닌 현문식(懸門式)으로 만드는 것도 그 때문이다.

그런데 이렇게 현문식으로 성문을 만든다 해도 모든 성문을 현문식으로 만드는 것은 아니다. 성문중 1~2개소는 평문식으로 만드는 것이 보통이다. 이러한 현상은 특히 군현(郡縣)의 치소성(治所城)에서 쉽게 찾아볼 수 있는데, 현문식 성문이 대체로 계곡부에 자리하고 있는데 비해 이러한 평문식 성문은 능선 주변에 자리하고 있는 것이 특징이다. 물론 능선의 한가운데로 성문의 출입구가 개설되어 있는 것은 아니고, 능선에서 약간 비켜선 곳에 자리하고 있는 것이 보통이다.[40]

문화재연구』 3.

38 심정보, 2004, 『백제산성의 이해』, 주류성, 166~170쪽.

39 반월산성과 설봉산성, 설성산성이 신라산성이라는 주장은 이미 제시된 상태다.
    김영, 2011, 「백제 초축설이 있는 경기지역 일부 산성의 재검토」 『嶺南考古學』 58.

40 서정석, 2016, 「한국 고대의 지방 郡縣과 治所城」 『百濟文化』 54, 124~127쪽.

이렇게 능선 부근에 평문식 성문을 배치해 놓은 것은 수취체제(收聚體制)와 관련이 깊을 가능성이 크다. 그런 점에서 성 내에서 발견되는 차관(車輨)[41]이나 자물쇠[42]는 시사하는 바가 크다고 할 수 있다.

다대산성에는 세 개의 성문이 있는데, 그 중 두 개의 성문이 현문식이고 다른 하나는 평문식 성문이다. 북문과 남문이 현문식의 형태로 남아 있는데, 이로써 볼 때 일단 현문식 성문은 신라산성의 특징으로 보아도 좋지 않을까 한다. 실제로 지금까지 현문식 성문은 충주산성 동문지, 삼년산성 남문지·동문지, 온달산성 남문지·동문지·북문지, 청주 부모산성 북문지, 문경 고모산성 서문지·남문지, 양주 대모산성 동문지·서문지·북문지, 포천 반월산성 동문지, 이성산성 동문지, 대전 계족산성 서문지, 이천 설성산성 서문지, 영월 정양산성 동문지·북문지·남문지, 금산 백령산성 남문지 등지에서 발견된 바 있다.

종래 현문식 성문을 갖고 있는 산성도 백제산성으로 판단하는 경우가 있었는데,[43] 다대산성의 예를 놓고 본다면 현문식 성문을 백제산성의 특징으로 판단하는 것은 좀 신중할 필요가 있는 것이 아닌가 한다.

한편, 다대산성의 성문과 관련하여 한 가지 더 주목하고 싶은 것은 성문의 출입구 측벽과 외벽이 만나는 모서리 부분이 곡면으로 연결되고 있다는 사실이다. 성문 출입구 측벽과 성벽의 외벽, 혹은 내벽은 자연히 연결될 수밖에 없는데, 이때 출입구 측벽과 외벽이 곡면을 이루면서 이어지는 산성도 있고, 직선으로 이어지는 산성도 있다. 따라서 이 점에 주목하여 성벽의 내외벽과 출입구 측벽이 직선으로 연결되는 산성은 신라산성이라 보고, 곡면으로 연결되는 산성은 백제산성이라는 견해가 있다.[44]

실제로 삼년산성 남문지나 고모산성 서문지·남문지 등은 출입구 측벽과 외벽이 직선을 이루고 있다. 또 현문식인 계족산성의 동문지·서문지, 설성산성의 서문지도 직선으로 이어지고 있다. 그런 점에서 출입구 측벽과 내외벽이 직선으로 연결되는 성문은 신라산성이라 불러도 크게 잘못된 것은 아닐 듯하다.[45]

41　김길식, 2013, 「양주 대모산성 출토 금속유물의 성격과 그 위상」『楊州 大母山城의 再照明』, 한림대학교출판부, 170~173쪽.

42　이형원, 2005, 「삼국~고려시대 열쇠·자물쇠의 변천 및 성격」『百濟研究』 41.

43　심정보, 2010, 앞의 논문, 119쪽.

44　차용걸, 2008, 「신라 석축산성의 성립과 특징」『석당논총』 41; 2016, 『한국축성사연구』(고대산성의 성립과 발전), 진인진, 39쪽.

45　이와 달리 계족산성과 설성산성을 백제산성으로 보는 견해도 있다(심정보, 2010, 앞의 논문, 119쪽).

문제는 곡면으로 연결되는 산성인데, 백제 때 축조된 부여 나성의 동문지·북문지, 성흥산성 동문지 등이 곡면으로 이어지고 있다는 점에서 백제산성의 특징으로 보아도 큰 무리는 아니라고 생각되지만 다대산성 또한 〈그림 4〉에서 보는 것처럼 외벽과 측벽이 곡면으로 이어지고 있다. 외벽과 측벽이 곡면으로 이어지는 것이 백제산성의 전유물이 아니라는 뜻이다. 실제로 금산 백령산성은 7세기대의 백제산성으로 알려진 유적이지만,[46] 현문식 성문형태를 하고 있으며, 다대산성과 마찬가지로 출입구 측벽과 외벽이 곡면으로 연결되고 있고, 또 내옹성도 있다는 점에서 재검토의 여지가 있다고 생각한다.[47] 지금까지 발굴조사된 자료를 놓고 본다면 통일 이전의 신라산성은 측벽과 내외벽이 직선으로 연결되는데 비해 통일신라시기에 축조된 산성은 외벽과 출입구 측벽이 곡면으로 이어지는 공통점이 엿보인다.

한편, 고대산성 중에는 성문의 안쪽으로 내옹성을 만들어 놓은 산성이 있어 주목된다. 당장 다대산성만 해도 〈그림 5〉에서 보는 것처럼 내옹성의 형태로 생각되는 시설물이 남아 있다. 이 외에도 삼년산성 동문지, 고모산성 서문지·남문지, 백령산성 남문지, 설성산성 서문지, 부모산성 북문지, 이성산성 동문지에서도 현문식 성문 안쪽에 내옹성이 있는 것이 확인되었다. 그런 점에서 이러한 내옹성의 존재도 신라산성의 특징을 말해주는 요소라고 볼 수 있지 않을까 한다.

2. 다대산성의 성격

그렇다면 다대산성의 성격을 어떻게 볼 수 있을까. 다대산성의 성격에 대해서는 해안방어성으로 본 견해가 있다.[48] 대마도를 바라볼 수 있는 최일선에 자리하고 있다는 점에서 해안과 관련된 산성임은 틀림없겠지만 좀 더 구체적으로 살펴볼 필요가 있지 않을까 한다.

산성의 성격을 이해하기 위해서는 그 산성이 갖고 있는 입지조건이나 성벽의 둘레, 성 내 시설물 등을 두루 살펴야 할 터인데, 그 중 하나가 입지조건과 평면형태다.

다대산성은 그다지 높지 않은 나지막한 구릉 위에 자리하고 있다. 아울러 산성의 평면형태는 한쪽이 높고 다른 한쪽이 낮은 삼태기형을 하고 있다. 대체로 이러한 산성은 테뫼식으로 분류되고 있

---

46 최병화, 2007, 「금산 백령산성의 구조와 성격」 『호서고고학』 17.
47 실제로 백령산성의 남문지, 설성산성 서문지, 부모산성 북문지, 이성산성 동문지는 현문식이고, 고식의 내옹성을 갖추고 있다는 점을 들어 신라산성과 친연성이 있다는 지적도 있다(심정보, 2010, 앞의 논문, 119쪽).
48 심종훈, 2010, 「경남지역 삼국통일기 석축산성 연구」 『韓國城郭研究의 새로운 觀點』, 131쪽.

지만,[49] 이 산성의 핵심은 성 내에 계곡이 포함되어 있느냐 아니냐가 아니라, 북벽이 산봉(山峰)의 거의 정상부를 지나는데 비해 남벽은 그 보다 약 30m 정도 레벨이 낮은 지점을 통과하고 있다는 사실이다. 이렇게 되면 북벽쪽의 방어에는 유리하지만 남벽쪽의 방어는 상대적으로 취약할 수밖에 없다. 그런데도 남벽이 북벽에 비해 레벨이 낮은 지점을 통과하도록 한 것은 무언가 다른 의도가 있었던 것으로 보아야 할 것이다. 실제로 이러한 평면을 갖고 있는 산성들이 바로 그 지역 군현의 치소성일 가능성이 높다는 견해가 있다.[50]

실제로 다대산성처럼 성의 명칭이 '지명(地名)+성(城)'의 형태로 되어 있는 성곽, 다시 말해서 '읍호(邑號)+(성)城'의 형태로 되어 있는 성곽이 그 지역의 치소성일 가능성이 높다고 한다.[51] 예컨대 밀양 추화산성(推火山城)은 추화군(推火郡)의 치소성이고,[52] 광양 마로산성(馬老山城)은 마로현(馬老縣)의 치소성이며,[53] 공주 이인산성(利仁山城)은 이인부곡(利仁部曲)의 치소성으로 알려져 있다.[54]

다대산성이 자리한 남부면(南部面) 다대리 일대는 통일신라 때 이래로 송변현(松邊縣)이 자리하고 있었다. 따라서 이러한 송변현의 치소로 기능했던 것이 다대산성이 아닌가 한다.

Ⅴ. 맺음말

거제 다대산성은 경남 거제시 남부면 다대리 산 88번지 일원에 자리하고 있는 고대산성이다. 산성은 위치나 성 내에서 출토되는 유물을 통해서 볼 때 통일신라 때의 산성으로 생각된다. 그런 점에서 다대산성이 갖고 있는 특징은 곧 신라산성의 특징이라고 보아도 크게 잘못된 것은 아닐 것이다. 여기에서 다대산성의 특징을 살펴보고자 한 것도 그 때문이다. 다대산성이 갖고 있는 특징을

---

49 동서문물연구원의 보고서에서도 테뫼식으로 설명하고 있고, 연구자들도 보통 테뫼식으로 보고 있다(심종훈, 2010, 「경남지역 삼국통일기 석축산성 연구」『韓國城郭研究의 새로운 觀點』, 127쪽).

50 서정석, 1992, 「忠南地域의 百濟山城에 관한 一研究」『百濟文化』 22,

51 박성현, 2002, 「6~8세기 신라 漢州의 郡縣城과 그 성격」『韓國史論』 47, 서울대학교 국사학과, 156쪽; 최종석, 2005, 「고려시기 治所城의 분포와 공간적 특징」『歷史敎育』 95; 최종석, 2014, 『한국 중세의 읍치와 성』, 신구문화사, 46~47쪽.

52 이동주, 2004, 「밀양 추화산성의 구조와 성격」『한국성곽학회 춘계학술대회 요지』, 84쪽.

53 최인선, 2006, 「전남지방의 백제산성과 마로산성」『한국성곽학보』 10, 62쪽.

54 서정석, 2011, 「公州 利仁部曲城에 대한 一考察」『한국성곽학보』 19, 14~15쪽.

통해 신라산성의 모델을 찾을 수 있다고 생각했기 때문이다.

다대산성은 해발 283m의 나지막한 구릉 위에 자리하고 있다. 북벽과 동벽이 만나는 동북우(東北隅)의 성벽이 산봉(山峰)의 정상부를 지나는데 비해 남벽과 서벽이 만나는 서남우(西南隅)의 성벽은 산봉의 중복(中腹)을 지나고 있어 성 내의 지형은 북고남저형을 이루고 있다. 전체 성벽의 둘레는 444m이며, 성벽 전체 구간을 석성으로 축성하였다.

성벽은 벽돌처럼 납작하고 길쭉하게 가공한 성돌을 이용하여 한단한단 바른층쌓기 방식으로 축조하였다. 다듬은 성돌을 여기서처럼 납작하고 길쭉하게 가공하여 성벽을 축조하는 것은, 이미 다대산성이 조사되기 전부터 신라산성의 특징으로 알려져 있었는데, 다대산성의 성벽을 통해 다시 한 번 확인하게 되었다.

아울러 성벽 바깥쪽에는 기단보축의 흔적이 남아 있다. 종래에 기단보축에 대해서는 신라산성의 특징이라는 주장과 백제산성에도 기단보축이 있다는 주장이 맞서왔는데, 다대산성의 존재로 볼 때 신라산성의 특징으로 보는 것이 옳을 듯하다. 단순히 기단보축 한 가지만을 가지고 판단하는 것은 아니고, 기단보축이 있는 산성은 이 다음에 보게 될 현문식의 성문 구조, 내옹성, 벽돌처럼 얇고 길쭉하게 가공한 성돌의 사용 등의 공통점이 함께 나타난다. 이러한 특징이 곧 신라산성의 특징임을 고려해 볼 때 기단보축은 신라산성의 특징으로 보는 것이 옳지 않을까 한다.

산성과 관련된 부대시설로는 성문과 건물지, 저수시설 등을 들 수 있는데, 그 중에서 주목되는 것이 성문이다. 북문지와 남문지가 현문식으로 되어 있기 때문이다. 그 동안 현문식 성문 또한 기단보축과 마찬가지로 신라산성의 특징이라는 주장과 백제산성에도 있다는 주장이 맞서왔는데, 다대산성의 성문이 현문식으로 되어 있는 것으로 볼 때 신라산성의 특징으로 보아야 하지 않을까 한다.

성문에서 또 하나 주목하고자 하는 것은 성문 출입구 측벽과 성벽의 외벽이 곡선으로 연결되느냐, 아니면 직선으로 연결되느냐 하는 점이다. 그 동안 신라산성은 출입구 측벽과 성벽 외벽이 직선으로 연결되는데 비해 백제산성은 곡선으로 연결된다는 주장이 있어왔다. 그래서 출입구 측벽과 외벽이 곡선으로 연결되면 백제산성으로 간주하려는 경향이 있어왔다.

그런데 다대산성의 경우, 성문 출입구 측벽과 외벽이 곡선으로 연결되어 있다. 다시 말해서 출입구 측벽과 외벽이 곡선으로 연결되어 있다고 해서 무조건 백제산성이라는 주장은 재고의 여지가 있음을 알 수 있게 되었다.

아울러 다대산성에서는 내옹성의 존재가 확인되었는데, 이러한 내옹성은 이전에도 삼년산성의 동문지, 고모산성의 서문지와 남문지, 충주산성의 동문지에서도 확인된 바 있다. 다시 말해서 신라산성의 특징으로 보아도 크게 잘못된 것이 아닐 듯하다.

다대산성을 통해서 알게 된 이러한 특징을 감안해 볼 때 그 동안 백제산성, 혹은 백제산성일 가능성이 있다고 알려져 왔던 이천 설성산성·설봉산성, 양주 대모산성, 하남 이성산성, 충주 장미산성, 청주 부모산성, 대전 계족산성, 금산 백령산성 등은 신라산성과의 친연성이 더 크다는 것을 알 수 있다.

한편, 다대산성이 자리한 거제지역은 문무왕이 처음으로 상군(裳郡)을 설치하고, 그 영현(領縣)으로 거로현(巨老縣 = 鵝洲縣), 매진이현(買珍伊縣 = 溟珍縣), 송변현(松邊縣 = 南垂縣)을 두었던 곳으로, 송변현 지역에 해당된다. 다대산성처럼 산성의 명칭이 '지명+성'의 형태로 되어있는 산성이 고려 이전까지 그 지역의 치소성일 가능성이 높다는 견해와 산성의 평면형태가 삼태기형(사모봉형)을 하고 있다는 점, 그리고 성황당이나 성황사와 같은 것이 산성 안, 혹은 산성과 가까운 곳에 있는 산성이 그 지역의 치소성일 가능성이 크다는 주장을 고려해 볼 때 다대산성은 송변현의 치소성으로 생각된다.

참고문헌

김정기 외, 1990, 『楊州 大母山城 發掘報告書』, 한림대학교박물관 · 문화재연구소.

동서문물연구원, 2012, 『巨濟 多大山城 기초조사보고서』.

동아세아문화재연구원, 2011, 『巨濟 屯德岐城 東門 · 建物址』.

국립가야문화재연구소, 2008, 『경남의 성곽』.

동아대학교박물관, 1995, 『巨濟 城址 調査報告書』.

심봉근, 1995, 『韓國 南海沿岸 城址의 考古學的 硏究』, 학연문화사.

심정보, 2004, 『백제산성의 이해』, 주류성.

이남석 · 서정석, 『魯城山城』, 공주대학교 박물관.

차용걸 · 우종윤 · 조상기, 1992, 『中原 薔薇山城』, 충북대학교 박물관.

차용걸, 2016, 『한국축성사연구』(고대산성의 성립과 발전), 진인진.

최종석, 2014, 『한국 중세의 읍치와 성』, 신구문화사.

김길식, 2013, 「양주 대모산성 출토 금속유물의 성격과 그 위상」, 『楊州 大母山城의 再照明』, 한림대학교 출판부.

金洛, 2011, 「백제 초축설이 있는 경기지역 일부 산성의 재검토」, 『嶺南考古學』 58.

박성현, 2002, 「6~8세기 신라 漢州의 郡縣城과 그 성격」, 『韓國史論』 47, 서울대학교 국사학과.

박순발, 2000, 「계족산성 국적 : 신라인가 백제인가」, 『충청문화』 1, 한남대학교 충청학연구센타.

박종익, 1994, 「古代山城의 築造技法에 대한 研究」, 『嶺南考古學』 15.

박종익, 2005, 「城郭遺蹟을 통해 본 新羅의 漢江流域進出」, 『畿甸考古』 5호.

박종익, 2012, 「신라 석축산성의 입지와 기단보축 검토」, 『嶺南考古學』 63.

백영종, 2009, 「소백산맥 북부 일원의 신라산성 이해」, 『중원문화재연구』 3.

서정석, 1992, 「忠南地域의 百濟山城에 관한 一研究」, 『百濟文化』 22, 공주대학교 백제문화연구소.

서정석, 1994, 「牙山地域의 山城」, 『滄海朴秉國敎授停年紀念史學論叢』.

서정석, 1998, 「論山 魯城山城에 대한 考察」, 『先史와 古代』 11, 한국고대학회.

서정석, 2011, 「公州 利仁部曲城에 대한 一考察」, 『한국성곽학보』 19, 한국성곽학회.

서정석, 2016, 「한국 고대의 지방 郡縣과 治所城」, 『百濟文化』 54, 공주대학교 백제문화연구소.

심광주, 2003, 「Ⅳ. 신라성곽」, 『京畿道의 城郭』, 경기문화재단.

심광주, 2013, 「淸州 父母山城과 周邊 堡壘의 築城技法」, 『한국성곽학보』 24.

심정보, 2000, 「계족산성의 지정학적 위치와 그 성격」, 『충청문화』 1, 한남대학교 충청학연구센타.

심정보, 2010, 「新羅山城의 築造技法과 性格」, 『韓國城郭 研究의 새로운 觀點』.

심종훈, 2010, 「경남지역 삼국통일기 석축산성 연구」, 『韓國城郭研究의 새로운 觀點』.

안성현, 2007, 「慶南地域 古代 石築山城 築造技法에 관한 연구 -基壇補築을 중심으로-」, 『한국성곽학보』 11.

이동주, 2004, 「밀양 추화산성의 구조와 성격」, 『한국성곽학회 춘계학술대회 요지』, 한국성곽학회.

이명식, 1992, 「12. 慶州 南山新城碑」, 『譯註 韓國古代金石文』(제2권 신라1 · 가야편), 가락국사적개발연구원.

이형원, 2005, 「삼국~고려시대 열쇠 · 자물쇠의 변천 및 성격」 『百濟硏究』 41, 충남대학교 백제연구소.

진홍섭, 1960, 「新發見 南山新城碑 小考」 『歷史學報』 13.

차용걸, 2008, 「신라 석축산성의 성립과 특징」 『석당논총』 41.

최병화, 2007, 「금산 백령산성의 구조와 성격」 『호서고고학』 17, 호서고고학회.

최인선, 2006, 「전남지방의 백제산성과 마로산성」 『한국성곽학보』 10, 한국성곽학회.

최종석, 2005, 「고려시기 治所城의 분포와 공간적 특징」 『歷史敎育』 95.